EHRHART NEUBERT
Unsere Revolution

EHRHART NEUBERT

Unsere Revolution

Die Geschichte
der Jahre 1989/90

Mit 42 Abbildungen

Piper
München Zürich

Mehr über unsere Autoren und Bücher:
www.piper.de

In Zusammenarbeit
mit der Bundesstiftung
zur Aufarbeitung der
SED-Diktatur

Mix
Produktgruppe aus vorbildlich bewirtschafteten
Wäldern und anderen kontrollierten Herkünften
www.fsc.org   Zert.-Nr. GFA-COC-1298
© 1996 Forest Stewardship Council
FSC

ISBN 978-3-492-05155-2
2. Auflage 2009
© Piper Verlag GmbH, München 2008
Satz, Druck und Bindung: Kösel, Krugzell
Printed in Germany

Inhalt

5

Inhalt

Zum Geleit

Die friedliche Revolution des Jahres 1989 ist ein herausragendes Ereignis der deutschen Geschichte. In jenen Herbsttagen brachten die Menschen in Ostdeutschland die SED-Diktatur zu Fall. Der Staat, der sich einst selbst eingemauert hatte, musste nun den Offenbarungseid leisten. Die über vierzig Jahre währende, scheinbar unbeschränkte Macht der SED brach unter dem Druck der Oppositionsbewegung und der friedlich demonstrierenden Massen wie ein Kartenhaus zusammen.

Kaum jemand hätte Anfang 1989 für möglich gehalten, dass sich in diesem verknöcherten Land mit seiner reformunwilligen und reformunfähigen politischen Führung etwas ändern könnte. Doch dann war die Wucht der sich überschlagenden Ereignisse einfach mitreißend: die Massenfluchten über Ungarn und Prag, die Friedensgebete, Kundgebungen und Demonstrationen, die Formierung der Opposition, der durch den Druck der Massen bewirkte Mauerfall, die Runden Tische im ganzen Land und schließlich die freien Wahlen. Dinge, die sich die Menschen jahrelang erhofft und über die sie immer wieder diskutiert hatten, waren auf einmal möglich: Freiheit und Demokratie sowie nur kurze Zeit später ein wiedervereintes Deutschland. Es waren die friedliche Revolution und die Selbstdemokratisierung der DDR, die den Weg frei machten zur deutschen Einheit im Jahre 1990. Mit der Wiedervereinigung und dem anschließenden europäischen Integrationsprozess war dann das Ziel erreicht, von dem viele vorher nur träumen konnten: Deutschland war in Frieden, Freiheit und Demokratie vereint, umgeben und geachtet von seinen Nachbarn, schließlich gar mit ihnen in EU und NATO partnerschaftlich verbunden.

Beschrieben wird hier nicht nur ein glückliches Ereignis ostdeutscher Regionalgeschichte. Die Jahrzehnte der Zweistaatlichkeit und der kommunistischen Diktatur in der DDR sind vielmehr Teil der Geschichte aller Deutschen und damit keineswegs Angelegenheit nur der Ostdeutschen. Auch an die gesamteuropäische Dimension des Geschehens ist zu erinnern. Denn 1989/90 befreite sich fast der gesamte Ostblock. Der innere Zerfall der Sowjetunion und der demokratische Aufbruch im Osten beendeten überraschend schnell den Kalten Krieg. Dies war weniger ein Sieg des Westens über den Osten als vielmehr ein Triumph des Freiheitswillens der Menschen in den kommunistischen Staaten Europas. So wie die friedliche Revolution in der DDR die Voraussetzung für die deutsche Wiedervereinigung schuf, ebneten die Revolutionsbewegungen Ostmitteleuropas den Weg zum Zusammenwachsen eines vereinten, demokratischen Europas.

Als Zeitzeuge und Zeithistoriker zugleich lässt uns Ehrhart Neubert einen Blick auf die ereignisreichen Jahre 1989/90 zurückwerfen. Sein Buch ist ein dichtes Mosaik dieser spannungsreichen Tage, Wochen und Monate. Wir werden zu Zeugen von Massenflucht und Massenprotest, von Selbstbehauptungswillen und Widerspruchsgeist, von Zivilcourage und Heldenmut, von Ängsten und Hoffnungen. Der Autor zeigt die Handlungsoptionen der neuen demokratischen Kräfte auf und verdeutlicht zugleich die politischen Realitäten. Zahlreiche Akteure, namhafte und unbekannte, werden vorgestellt und gehört. Doch Geschichte wird hier nicht ausschließlich als Handeln der Politiker beschrieben. Ehrhart Neubert erzählt die Revolution gewissermaßen aus der Perspektive »von unten«. Er beschreibt, wie Menschen zu Bürgern werden, sich rühren und erheben, die Furcht vor den Machthabern überwinden und auf die Straße gehen, um die starrsinnigen Herrscher aus dem Amt zu vertreiben und ihre Zukunft selbst in die Hand zu nehmen. So zeigt uns Ehrhart Neubert die friedliche Revolution als das Ergebnis von Bürgermut und Bürgersinn und setzt jenen ein Denkmal, die ihren Traum von einer freien Gesellschaft Wirklichkeit werden ließen.

Vielen Menschen in Ost und West bietet sich auf den folgenden Seiten die Möglichkeit, die Ereignisse mit dem Abstand von zwei Jahrzehnten noch einmal zu betrachten, sich zu erinnern, aber auch, sich neu damit auseinanderzusetzen. Für viele Jüngere, die diese Zeit nicht selbst erlebt haben, eröffnet sich hier die Chance, ein wichtiges Stück jüngster Zeitgeschichte besser nachzuvollziehen. Ehrhart Neubert ordnet die vielschichtigen, teils verwirrenden Gegenwartseindrücke in ein größeres politisch-historisches Beziehungsgeflecht ein. Durch seine sorgfältige Rekonstruktion der jüngsten Vergangenheit leistet er einen wichtigen Beitrag zur Erinnerung an den gewaltigen Epochenumbruch von 1989/90. Die Bundesstiftung zur Aufarbeitung der SED-Diktatur hat die Erarbeitung dieses Buches gerne begleitet und sein Erscheinen unterstützt, legt es doch Zeugnis ab von der herausragenden Bedeutung dieser Ereignisse für die deutsche und europäische Freiheits- und Demokratiegeschichte.

Berlin, im Juli 2008

Markus Meckel, MdB und Rainer Eppelmann
Vorsitzende von Rat und Vorstand der Bundesstiftung zur Aufarbeitung der SED-Diktatur

Einleitung

Deutschland mitten in einem friedlichen und sich Jahr um Jahr näherkommenden freiheitlich verfassten Europa – wie selbstverständlich wirkt dies inzwischen schon. Ein glücklicher Ausgang eines schrecklichen Jahrhunderts der Diktaturen. Die ostmitteleuropäischen Völker, die nach dem Zweiten Weltkrieg in die Fesseln des Kommunismus gelegt worden waren, haben in einer beispiellosen Welle von Revolutionen 1989 und 1990 ihre Freiheit errungen und demokratische Republiken gegründet. Eine dieser Revolutionen ist auch die deutsche – »unsere Revolution«. Für die Deutschen ist sie schon deshalb etwas Einzigartiges, da es die erste Revolution war, die erfolgreich die Ideen von Freiheit und Nation miteinander verband. Unmittelbar und ohne Umwege ging aus ihr die Bundesrepublik als ein geeinter Nationalstaat hervor. Schon deswegen ist sie »unsere Revolution«. Aber auch weil sie sich im Zusammenhandeln und -wirken von West und Ost vollzog und vollendete.

Die deutsche Geschichte nach 1945, auch die Geschichte der Demokratie, lässt sich nicht als zwei Geschichten zweier deutscher Staaten erzählen. Der Anschluss der DDR an die Bundesrepublik war 1990 möglich, weil es unabhängig von staatlichen Beziehungen und politischen Wechselwirkungen immer auch gesellschaftliche, kulturelle, religiöse und mentale Bindungen und Verknüpfungen gab. Das Wissen um die Zusammengehörigkeit war nicht verloren gegangen, obwohl die Teilung Europas und Deutschlands seit der Konferenz der Siegermächte im Februar 1945 kaum radikaler hätte sein können. Es standen sich nicht nur militärisch hochgerüstete Machtblöcke gegenüber, sondern durch den desaströsen Umbau der östlichen Gesellschaften, ihrer Wirtschaften und ihrer Kultur auch völlig veränderte Hemisphären. Die Hauptlast dieser Teilung hatten die Ostmitteleuropäer und die Ostdeutschen zu tragen. Als durch die Revolutionen die Teilung überwunden wurde, entstand etwas, was es so vorher noch nicht gegeben hatte. Und dies wäre ohne den Westen nicht möglich gewesen – das geeinte Deutschland und das sich einigende Europa.

Die Deutschen hatten zuvor nicht viel Glück mit demokratischen Revolutionen gehabt. 1848 fand eine »ungewollte Revolution«[1] statt, die selbst in der Erinnerung »verdrängt«[2] wurde. 1918 gab es eine »gebremste Revolution«[3], die von der Beamtenschaft, dem Militär und Teilen der intellektuellen Eliten nicht angenommen wurde.[4] Der Preis war unendlich hoch. Als sich in der DDR die Bevölkerung am 17. Juni 1953 erhob, geriet dies zu einer »gescheiterten Revolution«[5], die schließlich auch wieder verdrängt wurde.[6]

Der Revolution 1989/90 haftet zwar nicht mehr das Odium der Vergeblichkeit an. Aber können die Vorgänge überhaupt als Revolution bezeichnet werden? So wird vom »Mythos Revolution« gesprochen, da es sich um eine Implosion des Systems gehandelt habe, aus der die westdeutschen »Polit-Profis«[7] dann Auswege fanden. Andere Kommentatoren betonen die Wirkung der Massenflucht oder die großen Demonstrationen und bestreiten anderen Akteuren eine revolutionäre Rolle.[8] Da der Revolutionsbegriff an den großen geschichtlichen Umbrüchen der Neuzeit, etwa der Französischen Revolution von 1789 oder dem bolschewistischen Militärputsch in Petrograd 1917, geschärft worden ist, werden deren Phänomene – die Krisen der Herrschenden, Gründe der Massenbewegung, Anwendung von Gewalt oder in ihr wirkende Utopien – als unerlässliche Bestandteile einer Revolution betrachtet. Das aber erklärt wenig und zwängt die geschichtlichen Daten in unhistorische Raster. Und wenn schon einmal ein bloßer Machtwechsel zu einer Revolution erklärt wird, wird diese auf eine nationale Bürgerkriegsgeschichte verkürzt.[9] Unerlässlich ist daher eine historisch unterlegte inhaltliche Qualifizierung der Revolutionen.[10]

Die Revolutionen in Ostmitteleuropa 1989 legen es nahe, nach deren demokratischen und nationalen Gehalten zu fragen. Diese Revolutionen haben, wie die bürgerlichen Revolutionen in England, Frankreich oder Amerika, die Macht der Gesellschaft über sich selbst installiert und ihren Bürgern Freiheitsrechte zuerkannt. Im völligen Gegensatz dazu stand die Machtübernahme der totalitären Regime. Sie schöpften ihre Legitimität nicht aus dem Recht der Bürger, sondern aus übergeschichtlichen Sendungen von Min-

14

derheiten, die sich berufen fühlten, die Gesellschaften zwangsweise zu einer Gemeinschaft der sozial oder rassisch Gleichen zu formen. Die demokratischen Revolutionen wollten sich diesem Zugriff entziehen. In diesem Sinne wurde der Begriff Revolution 1989 und 1990 hundertfach als Ausdruck für die Selbstermächtigung der Gesellschaft verwendet, und zwar von den Oppositionellen wie von den Teilnehmern an den Runden Tischen, der Volkskammer und bundesdeutschen Politikern.

Der demokratische Gehalt der Revolution erschließt sich auch aus den spontanen Zusammenschlüssen nach dem demokratischen Strukturprinzip der Machtteilung. Hannah Arendt unterschied zwischen der Rebellion, die die Befreiung zu bringen vermag, und der Revolution, die auf die »Gründung der Freiheit«[11] zielt. Die Revolution perpetuierte auf friedliche Weise die Rebellion gegen Gewalt und Chaos durch deren Eindämmung mithilfe von Vertrag und Recht und schließlich durch die Gründung der Republik. Daraus ergibt sich, dass »unsere Revolution« in einem Stück, aus einem Guss erzählt werden muss, eben bis zum 3. Oktober 1990.

Allerdings steckt in einem solchen Revolutionsbegriff auch eine teleologische Versuchung. Das Ergebnis, die schließlich erreichte Freiheit und die Gründung eines auf Recht beruhenden Gemeinwesens, drängt sich als Struktur der Erzählung geradezu auf. Jens Reich, einer der Mitbegründer des Neuen Forums, schrieb: »Erst wenn es geschehen ist, werden wir uns einbilden, genau zu wissen, warum es so geschehen musste. Die Versuchung ist heute groß, die DDR nur von ihrem Ende her zu betrachten. Sozusagen mit einer Jahreszählung mit negativen Zahlen. Da sieht es dann zwangsläufig so aus, als ob der Konus sich stets verengt und auf das unausweichliche, aber nicht vorverlegbare Ende zugespitzt hätte. Tatsächlich ist das Handlungsfeld zu allen Zeiten und in allen Situationen weit offen, sind stets prinzipielle Alternativen möglich, können wir an Scheidewegen andere Richtungen einschlagen ... Zwänge gibt es immer, auch ökonomische Zwänge. Aber sie wirken nur, wenn die Handelnden sie als solche verinnerlichen ... Wir wussten, dass es nicht ging, also ging es nicht. Wir wissen, dass es erst 1989 geschah, also nicht bereits 1983. Wir lebten unter der Diktatur. Etwas war unmöglich, weil es unmöglich war.«[12]

Wenn die Ergebnisse des Umbruchs in die Vergangenheit projiziert werden, kommt es fast unvermeidbar zu Urteilen, die bestimmten Akteuren, etwa Ausreiseantragstellern, Oppositionellen

15

oder Demonstranten, besondere Verdienste zuschreiben. Ebenso ergibt sich dann ein Gefälle in der Bewertung der Effektivität von Institutionen, etwa der Bürgerkomitees, der Runden Tische oder der Parlamente. Und schließlich bekommen bestimmte Ereignisse, etwa die Öffnung der ungarischen Grenze am 11. September 1989, der 9. Oktober als Ende der Gewalt in Leipzig oder der Mauerfall am 9. November, ein besonderes Gewicht. In dieser Erzählung sollen dagegen politische Handlungen, revolutionäre Institutionen und Ereignisse als Stationen eines offenen Prozesses behandelt werden. Die Revolution wurde zur Geschichte, folgte aber keinem »Strom der Geschichte« und noch weniger der Genialität einiger politischer Subjekte. Solche Überschätzungen lassen sich an der Bedeutung ablesen, die dem letzten KPdSU-Chef Michail Gorbatschow zugebilligt wird. Dieser erscheint gleichsam als Deus ex Machina, der den Wandel überhaupt erst ermöglicht hat. Dass er auch selbst getrieben und ein Produkt der Krise war, wird dabei übersehen. Schließlich hat er nichts gewährt, was nicht zu dem Versuch gehörte, sein zerfallendes Imperium zu stabilisieren.

Zahlreiche Autoren fahnden nach einer inneren Logik oder Sendung der Revolution, die dann von der Realität gestört oder zerstört worden sei. Sie knüpfen an Enttäuschungen, das Ausbleiben sozialethischen Heils[13] und weiträumige soziale Utopien an.[14] Auch die Rede von der »protestantischen Revolution«[15] war dem religiösen »Sinnüberschuss« bei zahlreichen Oppositionellen geschuldet. Trivialer sind Verschwörungstheorien, etwa die Entdeckung eines Masterplans von Gorbatschow oder die Behauptung, das MfS habe die Revolution angezettelt. Und schließlich gibt es auch eine postsozialistische Trotzgeschichte, in der das Volk zum dümmlichen Opfer erklärt wird: »Geistig und strategisch führungslos, wandten sich die Menschen in ihrem Vereinigungswunsch der politischen Führung der Bundesrepublik zu.«[16] Dieses Buch folgt einer Feststellung, die Ralf Dahrendorf 1990 getroffen hat. »Revolutionen, einschließlich der Revolution von 1989, gelingen, insoweit sie das alte Regime endgültig beseitigen. Revolutionen scheitern indes, insoweit sie die völlig andere Welt einer fundamentalen Demokratie nicht schaffen. In diesem Sinn enttäuschen sie unausweichlich die extravaganten Hoffnungen, die sie geweckt haben.«[17]

Schließlich sei auch auf den populären Begriff der »friedlichen Revolution« verwiesen, der die strategischen und ethischen Elemente der Gewaltlosigkeit fast aller Akteure aufnimmt. Diese Etikettierung zeigt, dass es verführerisch ist, geschichtliche Kontingenzen auf Formeln zu bringen. Die Revolution war bis zum 9. Oktober 1989 nicht friedlich und die Herrschenden auch danach lediglich am Ende ihrer politischen Kunst, was nicht unbedingt als friedfertig interpretiert werden muss. Selektiv, wenn auch nicht falsch ist die Rede von einer »nachholenden Revolution«[18] oder im Gegenzug von einer »vorholenden«[19]. Aber bei den Adjektiven, die einer Revolution zugeschrieben werden, verhält es sich ähnlich wie mit denen, die man einer interessanten Dame zufügt: Sie ändern nichts, auch wenn sie sich immer mit empirischen Daten anreichern lassen.

Beiträge zur Erklärung der Revolutionen lieferte auch die internationale Transitions- und Transformationsforschung.[20] Sie inventarisiert die inneren und außenpolitischen Krisen des Herrschaftssystems und formuliert sozialwissenschaftlich definierte Determinanten des Zusammenbruchs. Zum Letzteren gehören vor allem die utilitaristischen Motive der Akteure, der Herrschenden wie auch der Gegenkräfte, also der Flüchtlinge, Oppositionellen und Protestierenden auf der Straße. Ihre Grenzen haben solche Ansätze, weil Handlungsoptionen in der Revolution keineswegs auf ein Kosten-Nutzen-Kalkül reduziert werden können. Kulturelle und individuelle Dispositionen, Unschärfen der Gemeinwohlerfahrung, asketische Haltungen, Gewissheiten, Spontaneität, Emotionalität oder Intuition kommen dabei zu kurz.

Ohne die Bedeutung solcher Erklärungsansätze zu mindern, soll der Fokus in diesem Buch auf die Machtfrage gerichtet sein, das Wechselspiel zwischen dem Zusammenbruch der kommunistischen Herrschaft und dem Entstehen neuer Machtzentren. Dass sich trotz deren ausgeklügeltem System zur Herrschaftssicherung überhaupt eine Gegenmacht zur SED entfalten konnte, kann nicht allein mit einem instrumentellen und funktionalen Machtbegriff erklärt werden, der die Fähigkeit zu Zwangsmaßnahmen beschreibt. Hannah Arendt gibt dafür eine Anregung: »Macht aber besitzt eigentlich niemand, sie entsteht zwischen Menschen, wenn sie zusammen handeln, und sie verschwindet, sobald sie sich wieder zerstreuen ... So können Volksaufstände gegen die materiell absolut überlegenen Gewaltmittel eines Staates eine fast unwiderstehliche Macht erzeugen, und zwar gerade, wenn sie sich selbst der Gewalttätigkeit enthalten, in der sie ohnehin die Unterlegenen wären ... Die einzige rein materielle, unerlässliche Vorbedingung der Machterzeugung ist das menschliche Zusammen selbst.«[21]

Nach Arendt könne nur der Terror dieses »Zusammen« der Menschen verhindern, weil Gewalt zur Atomisierung der Gesellschaft führe. Wenn aber Menschen sich versammeln, entstünde im »Zwischenraum« zwischen ihnen Macht. Dieses »zwischen« den Menschen ist für sie ein gefüllter Raum: »Die Kraft, die diese Versammelten zusammenhält ... ist die bindende Kraft gegenseitiger Versprechen, die sich schließlich im Vertrag niederschlägt.«[22] Die »gegenseitigen Versprechen« hat sie konkret als politische Sprachakte beschrieben. Denn diese Versprechen binden auch in Umständen, welche die Sprecher nicht vorhersagen können. »Mit realisierter Macht haben wir es immer dann zu tun, wenn Worte und Taten untrennbar miteinander verflochten erscheinen, wo Worte nicht missbraucht werden, um Absichten zu verschleiern, sondern gesprochen sind, um Wirklichkeiten zu enthüllen, und wo Taten nicht missbraucht werden, um zu vergewaltigen und zu zerstören, sondern um neue Bezüge zu etablieren und zu festigen, und damit neue Realitäten zu schaffen.«[23]

Fritz Mauthner hat darauf aufmerksam gemacht, dass Sprache eine »soziale Wirklichkeit« ist, die »zwischen den Menschen« als eine Tätigkeit stattfindet: »Sprache im Sinne von Sprechen ist folglich eine Handlung«[24], ist handlungsauslösend und handlungsleitend und hat damit eine Machtfunktion. Sprache wird daher auch zur Festigung von Herrschaft und Macht benutzt. Victor Klemperer ging den Sprachstrukturen und -schöpfungen der Nationalsozialisten[25] ebenso nach, wie er die Wirkungsmacht kommunistischer Propagandaformeln[26] aufspürte. Die kommunistischen Sprachregelungen sollten die Denkmöglichkeiten durch Beseitigung der Ausdrucksmöglichkeiten verringern. Sarkastisch kommentierte Stefan Heym: »Die Sprache ist Hoch-DDRsch, gepflegt bürokratisch, voll hochtönender Substantiva, die mit den entsprechenden Adjektiven verbrämt werden ... Es handelt sich also um Beschwörungsformeln, je voller der Mund, desto tiefer die Wirkung ...«[27]

Obwohl bis 1989 die DDR-Menschen bei öffentlichen Akklamationen die SED-Sklavensprache sprachen oder nachsprachen, gab es einen subversiven Umgang mit der Sprache. Dies schlug sich in alternativen Jugendsprachen, in einer »ironischen Distanzierung«[28] der privaten Sprache und in der Witzkultur[29] nieder. Unverfängliche Metaphern bekamen einen doppelten Boden, nahmen die Sprache der SED auf, enteigneten diese durch Verfremdungen und kompensierten das Unbehagen: »Warum gibt es in der DDR so viele Schlaglöcher? – Weil sie nicht exportiert werden können.«[30]

Kritische Literaten und Dissidenten rangen daher immer um einen Gebrauch der Sprache, in der sich das Wirkliche gegen das Unwirkliche durchsetzen sollte. Die Kurzformeln lauteten »In der Wahrheit leben!« (Václav Havel) und »Gegen die Lüge leben« (Alexander Solschenizyn). Darum war der Kampf um die Macht ein Kampf um die richtige Bedeutung der Wörter. Die machtpolitischen Auseinandersetzungen 1989/90 wurden daher mit, um und durch die Sprache geführt. Bis heute ist ein Großteil der Erinnerung an die Revolution an Sprachereignisse geknüpft: »Wer zu spät kommt, den bestraft das Leben« »Wir wollen raus« und »Wir bleiben hier«, »Wir sind das Volk« und »Wir sind ein Volk«, »Ich liebe euch doch alle«, »Der Sozialismus steht nicht zur Disposition«, »Sofort, unverzüglich!«, »Jetzt wächst zusammen, was zusammengehört« und »Überwindung der Teilung durch Teilen«.

Nach Wolf Oschließ, der auch auf frappierende Parallelen in allen ostmitteleuropäischen Staaten hinwies, wurde die Revolution »durch die Sprache vorbereitet, ausgelöst, umgesetzt und fortgeführt«[31]. Zunächst habe es ein »erleichtertes Aufatmen« über das Verschwinden ideologischer Lügenworte, dann einen »sprachlichen Transfer« demokratischer Begriffe und schließlich ein »emotionales Aufräumen« unter den aufgezwungenen Worthülsen gegeben. Die Emanzipation der Sprache in der »Sprachrevolte«[32], wie dies Peter von Polenz, bezeichnete, war ein machtpolitischer Akt, der offenlegte, dass »die offizielle Lenkung der Sprache durch die SED-Führung in allen Phasen der DDR-Geschichte dysfunktional war im Hinblick auf die Erlangung eines einheitlichen (sprachlichen) Verhaltens der Bevölkerung im Sinne der Doktrin des Marxismus-Leninismus. So gesehen war die SED-Herrschaftselite lange vor der friedlichen Revolution im Herbst 1989 in ihrer Sprachpolitik gescheitert. Dies ist insofern als schwerwiegend zu beurteilen, als mit der Sprachpolitik die Artikulierung der gesamten normativen Grundlagen der DDR verbunden war ... Im Herbst 1989 scheiterte dann die Sprachpolitik der SED endgültig ...«[33]

Im Sprechen selbst ereignete sich die Revolution, kam es zur Enttabuisierung des Bestehenden und zur Entdeckung neuer Möglichkeiten. Die Sprache wurde zum »Medium mentaler und kognitiver Verarbeitung«[34] der Veränderungen und eröffnete Auswege und Perspektiven.

Ähnlich verhielt es sich mit der Verarbeitung der gehörten Sprache. Aufgenommen und angeeignet wurde, was Horizonte erweiterte. Die Leute hörten sich Gesagtes und Gesungenes zurecht. Viele Sprüche der SED-Oberen wurden nicht aus der Intention der Sprecher, sondern aus der Zukunftserwartung der Hörer aufgenommen und wurden so zu Versprechern, die die Revolution beförderten. Als 1990 im Rundfunk immer häufiger das Lied »Wind of Change« der Rockgruppe Scorpions lief, wurden selbst die Unbilden des Transformationsprozesses verzaubert:

> »Take me to the magic of the moment
> On a glory night
> Where the children of tomorrow share their dreams
> with you and me ...
> In the wind of change.«

Progression und Evolution der Revolution vollzogen sich in der Erweiterung des Sprachraums. Das kommunistische Projekt war von Anfang an eine Utopie, eine Fiktion, ein Phantasma. Der Wirklichkeitsverlust war der Grund von Krisen, führte aber nicht zum Zusammenbruch.[35] Das System war am Ende, als ihm durch Sprache und von Sprechern eine Alternative entgegengestellt wurde.

Freilich, auch Oppositionelle konnten von der Sprache der Herrschenden kontaminiert sein. Im Gegenpart zur kommunistischen Macht, bei der Suche nach Systemfehlern, Unaufrichtigkeiten und Wahrheit haben sie sich in die Sprache ihrer ärgsten Feinde hineinbegeben, die sie dann bisweilen überrumpelte. Auch sie mussten sich frei-sprechen. Das Dilemma fand auch in einer Episode am Runden Tisch seinen Ausdruck. Der Zyniker der Revolution, der sprachgewandte SED-Chef Gregor Gysi, amüsierte sich über einen SPD-Vertreter, der meinte, im Namen des Volkes zu sprechen: »Ich nehme wohlwollend zur Kenntnis, wie Altformulierungen anderer Parteien so sich wieder bei neuen einschleichen.« Darauf antwortete Werner Schulz vom Neuen Forum: »Manches in unserem Vokabular, um auf die polemische Bemerkung von Herrn Gysi zu reagieren, gehört natürlich zu den fatalen Sprachfertigteilen, die Ihre Partei uns hinterlassen hat, aber ich denke, dass wir diese noch schleifen werden.«[36]

Sprach- und Kommunikationsunfähigkeit führten zum Machtverlust. Die Sprache der Revolution soll in diesem Buch deswegen besonders berücksichtigt werden. Schriftsteller, Laien- und Familiendichter, Liedermacher und Schlagersänger, Prediger und Agitatoren, Briefeschreiber und Demonstranten erarbeiteten sich im Sprechen und Dichten eine Perspektive, welche die kommunistische Macht hinter sich ließ. Wer in seinen Erinnerungen oder in Zeitungen, Dokumenten oder Tagebüchern kramt, wird diese Sprache wiederfinden, die nichts von ihrer Kraft eingebüßt hat. Der Faden des hier Erzählten kann weitergesponnen werden. Die Authentizität dieser Texte vermittelt die existenziellen Aspekte oft eindringlicher als jede soziologische Analyse. Sie verdichten Situationen und Konstellationen und können häufig mühelos, die Zeit überspannend, Verstehen ermöglichen. Das sowjetische Imperium mitsamt seinen Filialen in Ostmitteleuropa ging nicht sang- und klanglos unter. Gesprochen und gesungen wurde viel. In der DDR traten Liedermacher auf, und die Leute sangen alles, was passte. Gesungen wurde in Polen, sehr viel in der Tschechoslowakei, für die Balten waren es »singende Revolutionen«.

Die Kommunikation zwischen dem Volk und den herrschenden Kommunisten war direkt, spontan und vernichtend. Blitzschnell reagierten die Menschen mit Sprache und schnürten den Herrschenden allein damit die Kehle zu. Timothy Garton Ash schilderte die Absetzung des verhassten KP-Chefs von Prag, Miroslav Stephan, im Zusammenhang mit einer Demonstration: »Wieder zeigt die Menge ihre außergewöhnliche Fähigkeit, direkt durch rhythmische Zurufe mit den Sprechern zu reden … Als eine lange Liste politischer Häftlinge verlesen wird, rufen sie ›Stephan ins Gefängnis!‹ ›Vielleicht sollten wir ihm einen Spaten geben‹, sagt Václav Maly von der Plattform. ›Er wird ihn klauen!‹, kommt die sofortige Antwort einer halben Million wie aus einer Kehle.«[37] Noch in derselben Nacht wurde Stephan von den eigenen Leuten zum Rücktritt gezwungen.

Auf zwei Elemente der Revolutionserzählung muss noch hingewiesen werden, die unmittelbar mit dem Sprechen zu tun haben: die Wiederherstellung des Rechts und die Erinnerung. Nach Hannah Arendt enthalten Sprachakte auch rechtliche Aspekte, die in der »bindenden Kraft gegenseitiger Versprechen, die sich schließlich im Vertrag niederschlägt«, zum Ausdruck kommen. Die Zähmung der Willkür in der Revolution zeigte sich im beharrlichen

Ringen um verbindliches Recht und im Anspruch von Individuen auf das Recht, Rechte zu haben. Das setzte voraus, dass sich die Revolutionäre selbst an das Recht, und sei es noch so rudimentär, gebunden haben. Es war geradezu ein Kennzeichen der ostmitteleuropäischen Revolutionen, dass nahezu alle Akteure einem Legalismus huldigten, der vielfach als Schwachstelle der Revolution betrachtet wurde, als Zeichen einer »unvollendeten Revolution«[38] oder mit dem Mischwort aus Revolution und Reform »Refolution«[39]. Möglicherweise kann dies aber auch als ihre Stärke betrachtet werden, da es nicht um letzte Gerechtigkeit, sondern um Verlässlichkeit ging.

Zu den eindrücklichsten Folgen des Machtverlusts der Herrschenden gehörte die nachhaltige Aufklärung der kommunistischen Geschichtsmythen. Der Glaube an die Endgültigkeit des Kommunismus und dessen deterministische Geschichtstheorie hatte viele Geister gelähmt. In den geschichtspolitischen Kontroversen der Revolutionen holten sich die Völker Ostmitteleuropas ihre Geschichte, ihre Identität und Handlungsfähigkeit zurück. In Polen gab es eine Auseinandersetzung um den sowjetischen Massenmord in Katyn. In der Tschechoslowakei rehabilitierte die Revolution den von den Sowjets niedergeschlagenen »Prager Frühling« von 1968 und seine Symbolgestalt, Alexander Dubček. In Ungarn wurde am 16. Juni 1989 die feierliche Umbettung des von den Kommunisten hingerichteten Führers der Volksrevolution von 1956, Ministerpräsident Imre Nagy, zur größten revolutionären Manifestation. Auch der Verlauf der Revolution in der DDR spiegelt sich in der Eskalation der Geschichtsdebatte. Das reichte von der Thematisierung der stalinistischen Verbrechen im September 1989 über die Israel-Deklaration der Volkskammer bis zur Sicherung der MfS-Akten für die historische Aufarbeitung im September 1990. Im Erinnern und Erzählen sowie in der symbolischen Darstellung zurückliegender politischer Ereignisse wurden die Geschichtsstoffe nicht nur neu sortiert, sondern veränderten auch die politischen Handlungsmuster. Das Ende der kommunistischen Weltmacht mit Ewigkeitsanspruch hat auch das Ende der »Nichtgeschichte« gebracht.

Die Revolution legte die Grundlagen für die Erinnerung an die Revolution. In der Dessauer Magnetbandfabrik gründeten fünf Betriebsangehörige Anfang Dezember 1989 die »Initiativgruppe 6. Dezember«, die die Entwaffnung der SED-Kampfgruppen durchsetzte. Sie fanden 1250 Kalaschnikow, 174 Maschinengewehre, 87

Panzerbüchsen und 171 Pistolen. Die Gruppe erreichte, dass diese Waffen eingeschmolzen wurden. Die Schmelze ergab einen Block von vier Tonnen Stahl, aus dem eine Glocke gegossen wurde. Sie steht seit dem 3. Oktober 2001 vor dem Dessauer Rathaus mit der Inschrift: »Keine Gewalt – Ich läute für Frieden und Freiheit – ohne Freiheit kein Frieden – ohne Frieden keine Freiheit«.[40]

Die Quellen auf die sich dieses Buch stützt, sind das Schriftgut des DDR-Staates, vor allem des MfS. Benutzt wurden aber auch Texte der Bürgerbewegung, die schon im Herbst 1989 die Vorgänge dokumentierten. Ihr Schwerpunkt liegt auf der Zivilcourage, den Gründungsakten der Bewegungen und den frühen Demonstrationen. Manche dieser Chroniken enden nahezu folgerichtig mit dem Bedeutungsverlust der Opposition im Frühjahr 1990. Erinnerungen und Tagebücher bundesdeutscher Politiker setzen in der Regel erst mit dem 9. November 1989 ein und sind weniger auf die gesellschaftlichen Vorgänge im Osten als vielmehr auf die politischen Entscheidungen bezogen. Die außerordentliche Verdichtung der Zeit, das Staunen über die täglichen Neuheiten und auch die Überforderung, die auftretende Dynamik intellektuell zu verarbeiten, haben eine ganz eigene Literatur hervorgebracht: Tagebücher, Chroniken oder zeitlich geordnete Dokumentationen. Sie sind beträchtlich näher an den Ereignissen als viele später verfasste Memoiren, fädeln sie doch die Tage auf einen roten Faden, der den Weg aus dem Labyrinth der Wahrnehmungen in eine übersichtliche Konstruktion der Wirklichkeit weisen soll. Sie beginnen zumeist mit überraschenden Konstellationen und führen schließlich zu einem Ziel, mit dem sich die Autoren identifizieren oder das als Menetekel künftiger Ereignisse verstanden wird. Nicht die Ereignisse überzeugen, sondern die Überzeugungen konstruieren die Zusammenhänge. Viele dieser Tag für Tag aufgehäuften Erinnerungen unterscheiden sich derart, dass bisweilen der Eindruck entsteht, es hätten gleich mehrere nicht miteinander verbundene Revolutionen stattgefunden. So sind diese Literaturen Quellen von doppelter Natur. Einerseits halten sie Daten und Geschehen fest. Andererseits erschließen sich aber auch innere Haltungen zum realen Geschehen. Einem Verlierer der Revolution, er war ein SED-Funktionär, ist die Trauer um seine Partei anzumerken. Er setzt mit dem 7. Oktober 1989 ein. Am 9. und 10. November berichtet er nur über die Sitzung des Zentralkomitees der SED. Am 8. Mai 1990, nach den Kommunalwahlen, beendet er seine Eintragungen unter der Überschrift »Trotz alledem«. In dieser Passage kommt auch der Tag der Maueröffnung vor, der jetzt zum »Staatsstreich vom 9. November«[41] geworden ist. In Tagebüchern vieler Westdeutscher spiegeln sich Begeisterung, Engagement und Anteilnahme an »unserer Revolution«[42]. Dem verdienstvollen Horst Teltschik unterläuft mit den letzten Sätzen seines Tagebuchs eine Doppeldeutigkeit. Er beschreibt seinen Heimweg in der Nacht nach der Wiedervereinigungsfeier: »Überall liegen Scherben herum. Deutschland ist geeint.«[43]

Schon 1990 gab eine Reihe von Journalisten oder Zeitungen ihre Sicht der spannenden Vorgänge in Buchform heraus, wie etwa die Korrespondentin der *Zeit,* Marlies Menge[44]. Auch Schriftsteller haben ihre damaligen Aufzeichnungen gesammelt, etwa Thomas Rosenlöcher, Walter Kempowski, Christa Wolf oder Helga Königsdorf[45]. Ein wertvoller Quellenbestand sind auch die vielen regionalgeschichtlichen Broschüren und Bücher, die über die Vorgänge in Städten und Kommunen berichten. Vielfach sprechen aus ihnen der Stolz und das durch die Revolution gewonnene Selbstbewusstsein. Bei allen Autoren spielt die Sprache eine zentrale Rolle. So etwa in den essayistischen »Notizen vom Untergang der DDR« von Rolf Schneider, die eine amüsierte Sammlung merkwürdiger Sprachleistungen der Revolution sind. Er berichtet von Buchhändlern, welche die Schriften von Erich Honecker mit dem Preisschild »Alles umsonst« auszeichneten. Über die Empörung von DDR-Bürgern, die es nach dem SED-Ausschluss des Honecker-Freundes Günter Mittag als Zumutung betrachteten, dass dieser nun zu ihnen, den Parteilosen, gehöre.[46]

An dieser Stelle sei allen Dank gesagt, die mir Quellen vermittelten, Anregungen gaben und Auskünfte erteilten. Dazu gehören die Mitarbeiter der Stiftung Aufarbeitung, des Matthias-Domaschk-Archivs in Berlin, Mitarbeiter der BStU – besonders Carsten Repke – und viele Freunde und Bekannte der Bürgerbewegung und aus der Politik. Meine Frau Hildigund hat das größte Verdienst, da sie meine Panikattacken erfolgreich therapiert hat. Dieses Buch will zeigen, dass Menschen im und durch Sprechen diese demokratische Revolution veranstalteten. Das waren viele Tausende. Nur sehr wenige von ihnen konnte ich hier nennen.

1

Brüchiger Kitt –
Die DDR und ihr Personal im 40. Jahr

Im letzten Jahr vor dem Ende der DDR spürten viele Menschen eine rational kaum definierbare Veränderung: »Über diesem Land schwebt ein stummer Schrei – wer nicht völlig taub ist, wird das spüren. Und wenn diese Gesellschaft noch zu retten ist, dann schreit sie nach Veränderung.«[47] Nichts verändern, sondern weitermachen wie bisher wollte hingegen die SED-Führung. »Die Mauer wird noch 50 oder 100 Jahre stehen, solange wie die Bedingungen noch existieren, die zu ihrer Errichtung geführt haben«[48], so die Worte Erich Honeckers vom 19. Januar 1989, des mächtigsten Mannes der DDR. Der Sechsundsiebzigjährige hatte sich für dieses Jahr 1989 viel vorgenommen. Er wollte den vierzigsten Jahrestag der Gründung der DDR am 7. Oktober mit großem Aufwand feiern lassen. Seit 1945 hatte der Kommunist Spitzenämter in Partei und Staat innegehabt. Am 13. August 1961 leitete er die Abriegelung der DDR durch den Bau der Berliner Mauer. Nachdem er 1971 seinen Vorgänger Walter Ulbricht nach Rückversicherung in Moskau gestürzt hatte, baute er seine Alleinherrschaft aus. Er betrieb eine politische und ideologische Abgrenzung gegenüber der Bundesrepublik, bezeichnete den deutschen Weststaat 1972 als »imperialistisches Ausland« und ließ 1974 den Begriff »Deutschland« aus der Verfassung streichen. Jetzt wollte er der Weltöffentlichkeit die DDR als den Staat der sozialistischen Nation präsentieren, der nicht nur völkerrechtlich anerkannt war, sondern dem auch soziale, wirtschaftliche und kulturelle Erfolge bescheinigt wurden.

Eigentlich hätte Honecker es besser wissen müssen. Die Wirtschaft der DDR war am Ende. Die sozialen Geschenke gemäß der »Einheit von Wirtschafts- und Sozialpolitik«, wie dürftig und problematisch sie auch ausfielen, waren nicht mehr gedeckt. Die SED-Führung war von Fachleuten gewarnt worden. Doch die Selbsttäuschung Honeckers und das willige Sich-täuschen-lassen des gesamten Politbüros des Zentralkomitees der SED ließen Einsichten nicht mehr zu. Diktatoren haben sich wohl nie von Krisen beeindrucken lassen, sie nahmen immer, was ihnen nicht gehörte, sie gaben, was sie nicht hatten, und waren von Sinnen, weil es in den von ihnen selbst geschaffenen Landschaften der Lüge keine Wahrheit und keine Wirklichkeit mehr gab.

Darum musste die Fiktion der Einheit von Partei und Volk immer wieder rituell demonstriert werden. Die sozialistische Inszenierungsmaschine bereitete die zur Feier gehörigen Zeremonien mit kommunistischer Rhetorik und militärischem Gerassel vor. Es gab wohl keine Ausgabe der Tageszeitungen, die nicht wenigstens einmal Honecker abbildete und seine Titel nannte: Vorsitzender des Staatsrates der Deutschen Demokratischen Republik, Generalsekretär des Zentralkomitees der Sozialistischen Einheitspartei Deutschlands und Vorsitzender des Nationalen Verteidigungsrates. Im Parteinamen war »Deutschland« nicht gestrichen, vielleicht eine Erinnerung an ihre Wurzeln. Anders war es der Nationalhymne ergangen, die Johannes R. Becher 1949 gedichtet hatte:

»Auferstanden aus Ruinen/ und der Zukunft zugewandt,/ lass uns Dir zum Guten dienen,/ Deutschland einig Vaterland./ Alte Not gilt es zu zwingen,/ und wir zwingen sie vereint,/ denn es muss uns doch gelingen,/ dass die Sonne schön wie nie/ über Deutschland scheint.«

Die Sonne sollte unter Honecker aber nur über der sozialistischen DDR scheinen. Der Text wurde 1974 zurückgezogen. Hinfort hatte der »Arbeiter- und Bauernstaat« eine sprachlose Nationalhymne, und wer die Melodie nicht nur mitsummte, sondern die dazugehörigen Worte sang, war tendenziell staatsfeindlich. Auch für den 7. Oktober 1989 war vorgesehen, dass Millionen SED-Mitglieder und die gesamte Bevölkerung darüber schwiegen, was einst die kommunistische Partei mit ihrer Hymne versprochen hatte.

Deutschland durfte nicht die Geschichten hervorbringen, die »von den Ursprüngen, dem Sinn und der geschichtlichen Mission politischer Gemeinschaften handeln, um Orientierungen und Handlungsoptionen zu ermöglichen«, die die Bürger zusammenführen und ihnen einen »politischen Mythos« zur Verfügung stellen, der »für die Herstellung kollektiver Handlungsmacht«[49] Sorge trägt. Stattdessen gab es den Großmythos Antifaschismus, ein

Herrschafts- und Drohinstrument, das nicht einmal verhinderte, dass sich junge Menschen dabei langweilten oder gar rechtsextrem betätigten. Auch die Konstruktionen der SED und ihrer Historiker, Martin Luther oder die Preußen als Kitt des Kleinstaates zu benutzen, bewirkten kein Heimatgefühl, zumal die darob verwunderten Bürger in den Jahren zuvor sehr böse Dinge über die neuen Legendenträger gelernt hatten. Sie stifteten keine Identität, und aus ihnen konnte keine Zukunft der DDR herausgesponnen werden.

»Sozialismus in den Farben der DDR«

Honecker hatte es Anfang 1989 bitter nötig, seinem Staat eine Zukunft zuzusprechen. Die SED hatte jahrelang auf politische Herausforderungen oft genug mit Sprachlosigkeit reagiert. Die Parteiführung musste zur Kenntnis nehmen, dass das sowjetische Großreich, der kommunistische Ostblock, in eine Bewegung geraten war, deren Verlauf für die DDR unabsehbar war. Der Generalsekretär der KPdSU, Michail Gorbatschow, versuchte mit den Slogans Glasnost und Perestroika, Transparenz und Umgestaltung, unter dem Druck der innenpolitischen Verwerfungen und Zerfallserscheinungen des Vielvölkerstaates die Erstarrung des politischen Systems aufzulösen. Die Preisgabe einiger Grundlagen des repressiven kommunistischen Systems barg jedoch das 1989 schon erkennbare Risiko, dass die Rettungsversuche den Reformern entglitten und die Perestroika zur »Destroika« geriet.[50]

Abgesehen von den durch die SED begrüßten Abrüstungsschritten der Sowjetunion seit 1986 betrachtete Honecker die innenpolitischen Lockerungen, etwa die Neubewertung der sowjetischen Geschichte, die Freilassung von Dissidenten, die Duldung informeller Gruppen sowie ein neues Wahlgesetz, mit größtem Argwohn. Honecker – und auch der Minister für Staatssicherheit, Erich Mielke – erhob bei den sowjetischen Genossen vergeblich Einspruch. Beide erkannten, dass das monolithische kommunistische Herrschaftsgebilde in die Brüche gehen könnte.[51]

Besonders alarmierend war, dass Gorbatschow 1987 erklärte, die Sowjetunion werde sich nicht mehr in die inneren Angelegenheiten der Ostblockstaaten einmischen, wie das durch Leonid Breschnew 1968 gegen den »Prager Frühling« in der Tschecho-

slowakei blutig exekutiert worden war. Die Aufhebung der sogenannten Breschnew-Doktrin bekräftigte Gorbatschow noch einmal
im Juli 1989 in Bukarest bei einem Treffen der Ostblockführer.[52]
Honecker brach zusammen und wurde schwer krank nach Berlin
gebracht. Mit der Lockerung der eisernen Klammern trug Gorbatschow einer Entwicklung Rechnung, die Ende der 1980er-Jahre
durch die sich verstärkenden Freiheits- und Unabhängigkeitsbewe-
gungen in den »Volksrepubliken« und selbst in der Sowjetunion
begonnen hatte.

In Ungarn wurde seit 1987 über eine Demokratisierung nachgedacht. Am 11. Januar 1989 wurden unabhängige Parteien zugelassen. Im Laufe des Jahres demontierten die Ungarn ihre Grenz-
absperrungen zu Österreich. In Polen erstarkte die freiheitliche
»Solidarność« derart, dass sich die Regierung auf Verhandlungen
am Runden Tisch einlassen musste. Nach halb freien Wahlen
wurde am 24. August Tadeusz Mazowiecki als erster nichtkommu-
nistischer Ministerpräsident ernannt. Und selbst in Ländern, die
sich bislang jeder Liberalisierung verweigert hatten, wurden die
Gesellschaften unruhig. Am 21. August kam es auf dem Prager
Wenzelsplatz zu einer Massendemonstration, bei der Hunderte
verhaftet und viele Menschen misshandelt wurden.

Die SED wollte verhindern, dass diese Entwicklungen auf die
DDR überschwappten. Hier hatten sich die Konflikte im Inneren
mit der Opposition, den Kirchen, den Künstlern, den Flüchtlingen
und der gesamten Bevölkerung verschärft.[53] Die SED-Führung war
jedoch unfähig, den Rahmen ihrer traditionellen Handlungs- und
Sprachstereotypen mitsamt deren ideologischen Glücksverheißun-
gen zu verlassen. Unangenehmes wurde ignoriert, verboten und
verfolgt. Dabei musste sich die Propaganda auf einem schmalen
Grat bewegen, um eine Konfrontation mit der Sowjetunion zu vermeiden. Der wichtigste Ideologe der SED, Kurt Hager, hatte in
einem Interview, das er im April 1987 dem *Stern* gab, eine Abgrenzung zur Sowjetunion versucht.[54] Auf die Frage, ob es in der DDR
ebenfalls zu vergleichbaren Reformen wie in der Sowjetunion kommen werde, antwortete er: »Würden Sie, nebenbei gesagt, wenn
Ihr Nachbar seine Wohnung neu tapeziert, sich verpflichtet fühlen,
Ihre Wohnung ebenfalls neu zu tapezieren?« Damit hatte Hager
unbeabsichtigt allen Kritikern der SED in Ost und West eine grif-
fige Metapher für die verweigerten Reformen geliefert: »Tapeten-
wechsel« wurde nun eingeklagt.

Wie aber konnte sich die DDR, die zunehmend eine Insel wurde, an deren Westufer imperialistische und an deren Ostufer ketzerisch-sozialistische Wellen schlugen, selbst noch positiv definieren, ohne sich offen von anderen sozialistischen Ländern abzugrenzen? Am 29. Dezember 1988 kreierte Honecker die Formel: »Sozialismus in den Farben der DDR«. Doch da die DDR ohnehin sozialistisch und der Sozialismus immer schon auf den Raum der DDR beschränkt war, sagte die neue Formel nur etwas reichlich Tautologisches aus – der Winter in den Farben des Schnees. Jedermann war an die Unschärfen und Unklarheiten der politischen Sprache gewöhnt sowie an die Suche nach dem wirklich Gesagten. Die Menschen waren gewöhnt an Losungen, die das Unwirkliche als politischen Auftrag ausgaben, etwa an den Spruch »Die Lehren von Karl Marx sind ewig, weil sie wahr sind.« Dazu passte »Sozialismus in den Farben der DDR«. Im »Simulationsraum der Ideologie« konnten bei den Gutgläubigen »die eigenen Zweifel und inneren Widerstände als Indizien für die Größe der Aufgabe« gehalten werden.[55] Und es gab ja auch noch Menschen, die das Bestehende für ewig hielten und sich über die auferlegte unfreiwillige Knechtschaft hinwegträumten wie der bekannte marxistische Gesellschaftswissenschaftler Jürgen Kuczynski: »Der Zwiespalt zwischen Traum und Wirklichkeit ist nicht schädlich, wenn nur der Träumende ernstlich an seinen Traum glaubt, wenn er das Leben aufmerksam beobachtet, seine Beobachtungen mit seinen Luftschlössern vergleicht und überhaupt gewissenhaft an der Realisierung seines Traumgebildes arbeitet.«[56]

Doch die Mächtigen verließen sich nicht auf die tätigen Träumer, sondern beschlossen am 7. Februar 1989 entsprechend alter kommunistischer Praxis einen Umtausch der Parteidokumente, um so eine Parteisäuberung durchführen zu können. Verlassen konnte sich die Parteiführung vor allem auf die Nomenklaturkader, die perspektivisch für leitende Positionen ausgewählt worden waren. Die millionenfache Mitgliedschaft war Teil der Gesellschaft, und viele der opportunistischen Mitglieder hatten selbst erfahren, dass zwischen den Egokraten an der Spitze, »denen da oben«, und der Bevölkerung ein tiefer Graben lag. So richtig stolz auf die DDR mit ihrem Wappen Hammer und Zirkel im Ährenkranz waren diese Menschen nicht. Ein junger Dichter schrieb:

»Ährenkranz
Die Meinung an den Tag lügen
das Herz zum Ährenkranz verbiegen
dementsprechend Lorbeeren kriegen
einfach auf der Linie liegen.«[57]

Die innere Stabilität der DDR beruhte auf der dauerhaften Verhinderung jeder nicht systemgerechten politischen Artikulation. Niemand vermochte dem SED-Staat ohne Risiko gegenüberzutreten. Dieser Effekt verstärkte sich durch eine tief verinnerlichte Angst, die zur Selbstkontrolle mutieren konnte. Das SED-Parteiorgan *Neues Deutschland* widmete seine Wochenendausgabe vom 12. und 13. August 1989 dem Mauerbau von 1961. Die dritte Seite stand unter der Schlagzeile »Dem Imperialismus wurde ein Strich durch die Rechnung gemacht«. Der Westen sei mit Sabotage, Diversion, Hetze, Abwerbung, Menschenhandel und Wirtschaftsboykott gegen die DDR vorgegangen. Es habe Planungen unter hohen Offizieren der ehemaligen faschistischen Wehrmacht für einen militärischen Überfall auf die DDR gegeben. Der 13. August habe den Westen abgeschreckt und den erfolgreichen sozialistischen Aufbau stabilisiert. In einem Auszug aus Erich Honeckers Autobiografie wurden die außenpolitischen Folgen benannt, der Weg »von der Konfrontation hin zu Verhandlungen« und zur »Anerkennung der in Europa bestehenden Grenzen«. Eines der Bilder zeigte die militärischen Einheiten der SED, »Genossen der Kampfgruppen«, mit Maschinenpistolen vor dem Brandenburger Tor. Das Ganze war eine Botschaft, ein Durchhalteappell an die getreuen Genossen und eine Drohung an die Bevölkerung. Die SED befand sich im Kampf gegen die eigene Perspektivlosigkeit und hatte nur hohle Parolen zu bieten. »Wie viele müssen bestreiten, was die Parolen behaupten, damit es notwendig wurde, sie so ängstlich zu wiederholen?«[58]

Der Sozialismus und »das Nervensystem«

In der DDR erzählten sich die Leute gern einen Witz: »Welches System steht in einem unversöhnlichen Gegensatz zum sozialistischen System?« Die Antwort: »Das Nervensystem.«[59] Politische Schulungen, die Propaganda in den Medien und die gesamte öffentliche Sprache der Herrschenden »nervte«. Immerfort wurde gekämpft und gesiegt, bei Ernte- und Produktionsschlachten, beim Erwerb des Abzeichens für gutes Wissen und beim Manöver Schneeflocke für die Kleinen, bei der sozialistischen Ausformung des Kollektivs und bei der Einsparung von Material. Freunde, wahre Freunde, gab es nur in der Sowjetunion, Feinde gab es viele: Imperialisten, Bonner Revanchisten, Faschisten, Grenzverletzer und auch das Wetter – und das »in Größenordnungen«. Und es nervte, wenn Erwachsene – tüchtige Frauen, gestandene Männer – zu irgendwelchen Feierlichkeiten ein sozialistisches Ordensblech verliehen bekamen und ihre Dankbarkeit erweisen mussten. Genervt war auch eine CDU-Ortsgruppenvorsitzende, Else Ackermann, über deren Fragen das MfS 1988 besorgt war: Sind »diese Menschen nur einfach müde geworden in 40 Jahren Klassenkampf, in 40 Jahren Ernteschlachten, in 40 Jahren Entmündigung und 40 Jahren Versorgungsschwierigkeiten?«[60] Es nervte, wenn bei »freimütigen« Diskussionen die Redner ihren Zettel aus der Tasche zogen, weil kaum jemand das Kauderwelsch frei sprechen konnte. Und viele Menschen fühlten sich erschöpft, wie ein Gedicht über eine Dienstbesprechung vermittelt:

»Einer hat Mut,
den Mut der Verzweiflung.
Er stellt eine Frage.
Lautlos schwebt sie im Raum.
Blickkontakte zerreißen.
Die Frage breitet sich aus.
Heimtückisch kriecht sie an uns herauf.
Ihre spitzen Finger zerren an uns.
Müde geworden winkt einer ab.
Unter dem Tisch hockt
eine winzige Hoffnung.
Die Frage schwillt an.
Die Stille will platzen.
Der Raum dröhnt,
Gehirnwindungen knacken.
Die kleine Hoffnung kichert albern.
Da verzieht sich zynisch ein Mund.
Er spricht alles entscheidende Worte.
Zwei Augen füllen sich mit Tränen.
Die kleine Hoffnung stirbt leise.«[61]

Das war nur erträglich, wenn die Bürger, die im Lande blieben, im alltäglichen Leben nach Bereichen fahndeten, wo es tatsächliche oder scheinbare »Grenzen der Diktatur«[62] gab. Irgendwie mussten die Leute sich durchmogeln. »Es sind dies die sprachlichen (oder bildlichen) Dimensionen jener Schwejkiaden, in der sich die angeblich ›kleinen Leute‹ ihre eigene Zeit und ihren eigenen Raum in den Unübersichtlichkeiten der Herrschafts- und Ausbeutungsverhältnisse ›moderner‹ Gesellschaften zu sichern suchen.«[63] Dies aber war eben auch eine Strategie, um den Alltag möglichst von politischen Ansprüchen freizuhalten, eigensinnig zu gestalten, den »totalitären Geltungsanspruch der SED [zu] unterlaufen«[64]. Dazu gehörte ein Handel zwischen dem Bürger, der auf öffentliche Konfrontation mit dem SED-Staat verzichtete, und dem Staat, der als Gegenleistung seine Ansprüche stillschweigend zurücknahm. So konnten die DDR-Bürger privat unbehelligt bundesdeutsche Medien konsumieren, wenn sie gleichzeitig öffentlich loyal blieben. Freilich war dies letztlich Ausdruck einer nicht gelingenden Gesellschaftssteuerung der Herrschenden, und der Tauschhandel war ein brüchiger Kitt, der die abgegrenzte DDR-Gemeinschaft gerade so zusammenhielt, dass die unterschiedlichen Interessen der Herrschenden und der Abhängigen überspielt werden konnten.

Ab 1988 wurde die Fragilität dieses Gleichgewichts unübersehbar. Die Risse reichten bis in die SED hinein. Der SED-Staat hatte sich ausschließlich über sein Geschichtsbild legitimiert, das jedoch im Zuge der sowjetischen Perestroika-Politik durch die Debatten über die stalinistischen Verbrechen Schaden nahm. Am 19. November 1988 wurde der Vertrieb des sowjetischen Magazins *Sputnik* auf Anweisung des Politbüros verboten, und es wurden fünf sowjetische Filme zurückgezogen, in denen die Massenmorde unter Stalin, dessen politische Verbindung zu Hitler sowie dessen verheerende Kriegsführung thematisiert worden waren. Am 28. November kam es in Leipzig zu öffentlichen Protesten. In den folgenden Wochen wurden weit über 10 000 Eingaben gegen die Verbote bei der SED eingereicht. Honecker polemisierte gegen das »Gequake wild gewordener Spießer, die die Geschichte der KPdSU und der Sowjetunion umschreiben«[65] wollten. Die Erschütterung ergriff vor allem die gläubigen und oft auch älteren SED-Genossen, die in der Sowjetunion nach wie vor den Garanten des Sozialismus sahen. In der SED, die 1987 2 328 331 Mitglieder zählte, kamen die internen Debatten seit den Verboten nicht mehr zur Ruhe.

Außerdem hatten sich die Versorgungslage und die medizinische Betreuung dramatisch verschlechtert. Die Umweltbelastung nahm unerträgliche Ausmaße an. Die Wohnungsnot war trotz der Massensiedlungen bei dem raschen Zerfall der Städte nicht zu beheben. Reisebeschränkungen und Verbote verärgerten die Bürger. Die Genossen schwiegen. So hieß es im August 1989 in einem Spitzelbericht über die Stimmung in der Bevölkerung: »Der GMS schätzt ein, dass Genossen sich hier heraushalten, da sie auch keine Antworten darauf hätten.«[66]

Viele trösteten sich angesichts des überalterten Politbüros der SED mit dem Hinweis auf eine baldige »biologische Lösung«. Empörte und verunsicherte SED-Mitglieder traten aus der SED aus. Im August 1989 betrugen die Verluste schon etwa 30 000 Mitglieder.[67] Andere wurden wegen ihrer politischen Unzuverlässigkeit, die bis zu Fluchtversuchen und Ausreiseanträgen reichte, aus der SED ausgeschlossen.[68] Seit dem Frühjahr 1989 war es sogar zu ersten Verweigerungen in den Partei-Kampfgruppen gekommen. Bei Übungen mit Schlagstöcken, um – so das angenommene Szenario – aufgewiegelte »kirchliche Kreise« von den Straßen zu vertreiben, verweigerten sich einige der »Kämpfer«, weil sie nicht als »Knüppelgarde«[69] missbraucht werden wollten.

Passivität, Orientierungs- und Sprachlosigkeit erschienen wie der »Wille zur Ohnmacht«[70], da die einstmals so starre kommunistische »Wirklichkeitsordnung« zerbröselte. Die SED-Genossen schienen »sehenden Auges in den Untergang«[71] zu laufen. Sie haben die Symptome des Verfalls wahrgenommen, haben sie aber zugleich verdrängt, weil sie hofften, dass der Parteiführung noch etwas zur Rettung einfallen werde. Aufsehen erregte, dass sich einige prominente SED-Leute nun offen zur Opposition bekannten. Im April 1989 erschien Rolf Henrichs Buch *Der vormundschaftliche Staat – Vom Versagen des real existierenden Sozialismus* in der Bundesrepublik, von dem rasch zahlreiche Exemplare in die DDR gelangten. Im Sommer 1989 veröffentlichte Salomea Genin in einem Blatt der Opposition den Essay »Wie ich in der DDR aus einer jüdisch-sich-selbst-hassenden Kommunistin zu einer Jüdin wurde«. Sie schrieb: »45 Jahre nach meinem Eintritt in den KJV und 40 Jahre nach meinem Eintritt in die Kommunistische Partei stelle ich fest, den Sozialismus, für den ich mich mein Leben lang eingesetzt habe, gibt es nicht.«[72]

In den politischen Witzen waren jetzt Anzeichen einer Untergangsstimmung zu erkennen. 1987 wurde erzählt: »Ein neues DDR-Emblem wird entworfen. Das Wappentier soll ein Nilpferd werden. Es steht bis zum Hals im Wasser und reißt doch das Maul auf.« Jetzt wurde das Ausbleiben von Reformen zum Thema. Unter Anspielung auf den zweiten Mann nach Honecker, Günter Mittag, hieß es: »Wann kommen endlich die Reformen in die DDR? – Das genaue Datum ist noch unbekannt, aber die Tageszeit lässt sich schon sagen: nach Mittag.« Der DDR wurde eine schlechte Prognose gestellt: »Es hat sich ein internationales Team zusammengefunden, um die ›Titanic‹ zu heben: die USA, die Sowjetunion und die DDR. Nach erfolgreicher Hebung wird das Geborgene aufgeteilt. Die USA nehmen den Tresor mit Gold und Diamanten, die UdSSR die Maschine, da man am modernen technischen Knowhow interessiert ist. Die DDR will die Kapelle, die auf dem Schiff noch bis zum Untergang gespielt hat.« Und auch Honeckers Kreation des »Sozialismus in den Farben der DDR« bewitzelte man: »Sag mal ein anderes Wort für saure Gurke. – Banane in den Farben der DDR.«[73]

Selbst die von der SED lizenzierte Forschung stellte das rasante Schwinden der Zufriedenheit fest. In den 1980er-Jahren durften solche Ergebnisse nicht mehr veröffentlicht werden. Spätere Auswertungen des DDR-Materials ergaben, dass die DDR-Bürger vor allem mit der sich verschlechternden Umweltsituation, der Versorgungslage, den Reisebeschränkungen und der Vorenthaltung politischer Freiheitsrechte unzufrieden waren. Diese Unzufriedenheit hatte seit 1988 ein kritisches Niveau erreicht.[74] Davon wusste die SED-Spitze, die regelmäßig Stimmungsberichte vom MfS erhielt, die aus Spitzelberichten, abgehörten Telefonaten und konspirativ geöffneten Briefen gewonnen wurden. 1988 hieß es, dass »Diskussionen zu Versorgungsfragen auch immer nachhaltiger von Personen mit beeinflusst werden, die nach erfolgten Reisen in die BRD/West-Berlin in ihren Arbeitskollektiven ausführlich über das dort vorgefundene ›überwältigende‹ Warenangebot, über Sauberkeit und Ordnung in den Geschäften und Orten, über pünktliches Reisen ... berichten und dabei Vergleiche mit der Lage auf diesen Gebieten in der DDR anstellen.«[75] Auch meldete das MfS, dass die Bürger immer energischer nach westlicher Währung verlangten.[76]

Ein anschauliches Exempel für die Differenz zwischen der Propaganda und der Gesinnung im Volk lieferte ein Sprachduell in der vogtländischen Stadt Plauen. Am 22. August war in der SED-Zeitung *Freie Presse* in Plauen ein Leserbrief einer westdeutschen Besucherin, Ingrid Sacks, aus Stuttgart zu lesen. Nach ihrer Klage über die schlechte soziale Lage im Westen und die Täuschung der Flüchtlinge, die zu Zweidrittel »als Obdachlose auf der Straße enden«, lobte sie die Freiheit im Osten: »Wir BRD-Bürger lehnen ›Nestbeschmutzer‹ bzw. ›Republikflüchtlinge‹ auf jeden Fall ab, zumal wir wissen, dass die DDR ein soziales Land ist und ›Freiheit‹ größer geschrieben wird als bei uns.« Und für sich und ihren Mann erklärte sie, »wenn wir die Wahl hätten, würden wir uns für Ihr Land entscheiden«[77].

Der Brief erregte die Plauener, und da sie in der Presse nicht zu Wort kommen konnten, verfasste ein unbekannter Dichter einen Gegentext. Die Verse wurden von Hand zu Hand weitergegeben, vielfach abgeschrieben und verbreitet.

> »Aus Stuttgart schrieb die ›Rote‹ Tante,
> sie hätt 'nen Haufen Ost-Verwande
> und könnt, es ist fast nicht zu glauben,
> ein Urteil sich dazu erlauben,
> wie ›frei‹ man hierzulande lebt
> und fast im 7. Himmel schwebt,
> und käm sofort, hätt sie die Wahl,
> in Erichs großen Wartesaal.
> Die gute Frau, die würde lauschen,
> müsst sie mit uns die Wohnung tauschen,
> mit leerem Korb durch Läden hetzen
> und nicht von Weitem ›saudumm‹ schwätzen.
> Das Ost-Geld in der Hand rumdrehen,
> den Intershop von außen sehen.
> Dann könnt sie hinterm Mond mal bellen
> Und könnt ihr Auto hier bestellen.
> Sie braucht es auch nicht gleich zu kaufen
> und könnt noch 17 Jahr ›frei‹ laufen.
> Vom Schweizerkäs gibt's nur die Löcher,
> nur Wodka gibt es noch und nöcher,
> die Butter schmeckt wie Sahnequark,
> 's Pfund Kaffee kost' bald 40 Mark…
> Ob Autobahn, ob Eurostraße,
> das Auto hoppelt wie ein Hase.

Gar vieles ist hier nur Attrappe,
wie unser ›Trabi‹ – alles Pappe …
Wer denkt, hier ist er im Geschick:
Willkommen in der Republik!«[78]

Chaos in der Kulturpolitik

Nach kommunistischer Doktrin hatten die Künstler und Schriftsteller den Auftrag, den »Massen« die kommunistischen Geschichtsmythen nahezubringen, damit sie sich willig in das politische System fügten. Das unmögliche Vorhaben wurde jedoch
selbst Thema der Literatur. Christoph Hein warf in seinem 1985
erschienenen Roman *Horns Ende*[79] der DDR-Geschichtsschreibung Verdrängung, Tabuisierung, Fälschung und Irrtum vor. Noch
erstaunlicher war aber, dass der Roman überhaupt erscheinen
konnte. Denn immer noch wurden durch die Zensur Bücher verboten und eingestampft.[80] Auch das MfS kontrollierte nach wie
vor unbotmäßige Schriftsteller, versuchte sie zu beeinflussen oder
wollte die schärfsten Kritiker »zersetzen«[81]. Doch es kam auch
vor, dass die SED die Verbote wieder zurückzog, weil einige
Werke auch im Westen veröffentlicht wurden und die Partei
daher Peinlichkeiten vermeiden wollte.[82] Die 1980er-Jahre waren
von einer »chaotischen Kulturpolitik ohne strategisches Konzept«[83] bestimmt. Nach der Ausbürgerung von Wolf Biermann
1976 kam es zu einem Exodus der Künstler im großen Stil, etwa
einhundert bekannte Schriftsteller[84] gingen bis 1989 in die Bundesrepublik, manche wurden dorthin ausgebürgert, einige mussten von der Bundesrepublik aus den Gefängnissen freigekauft
werden.

Auf dem X. Schriftstellerkongress im November 1987 in Berlin
wollte die SED noch einmal die Fassade einer sozialistischen Kul-
turfront aufbauen, doch dies gelang nur teilweise. Aufsehen erregte die Rede von Christoph Hein »Die Zensur ist überlebt, nutzlos, paradox, menschen- und volksfeindlich, ungesetzlich und
strafbar«[85], die mit der Bevormundung der Künstler und der Entmündigung der Leserschaft abrechnete. Seit 1988 wagte es die
SED offiziell nicht mehr, Zensur zu üben. Kurt Hager, der Chef-
ideologe der SED, grollte zwar, fand aber keine Lösung. Der Ober-
zensor, der Leiter der Hauptverwaltung Verlage und Buchhandel,

Klaus Höpcke, versuchte sich mit Verboten zurückzuhalten, auch wenn er das Erscheinen einiger Bücher zu verhindern wusste. Doch diese Lockerungen heilten den Riss nicht mehr. So trat der renommierte Maler Wolfgang Mattheuer am 7. Oktober 1988 aus der SED aus: »Ich fühle mich mitverantwortlich, im Engen wie im Weiten, und ich denke nicht daran, meine Verantwortung zu leugnen oder nach ›oben‹ zu delegieren und mich zum Mitläufer zu entwerten. Ich kann nicht jubeln und kann auch nicht ›Ja‹ sagen, wo Trauer und Resignation, Mangel und Verfall, Korruption und Zynismus, wo bedenkenloser, ausbeuterischer Industrialismus so hochprozentig das Leben prägen und niederdrücken und wo programmatisch jede Änderung heute und für die Zukunft ausgeschlossen wird.«[86]

Künstler, die substanzielle Beiträge für die Opposition leisteten, wurden weiterhin verfolgt. Das Künstlerpaar Freya Klier und Stefan Krawczyk musste Anfang 1988 nach ihrer Verhaftung in die Bundesrepublik gehen. Als am 22. Februar 1989 19 Oppositionsgruppen gegen die Verhaftungen und Aburteilungen von Václav Havel und anderen tschechoslowakischen Bürgerrechtlern öffentlich protestierten, schwiegen die Schriftsteller. Einige protestierten unter Ausschluss der Öffentlichkeit.

Längst schon hatte sich die Jugend von der Ost-Kultur verabschiedet. Die Bands der verschiedenen Musikszenen verließen den Untergrund und missachteten die kulturpolitischen Auflagen. Im Land breiteten sich private Tonstudios aus, deren Kassettenproduktion sogar von Rundfunkanstalten übernommen wurde. Selbst Punkbands spielten öffentlich, obwohl sie noch vom MfS verfolgt wurden. So versuchte die SED aus der Not eine Tugend zu machen. In Ost-Berlin fanden unter der Schirmherrschaft der FDJ die Konzerte »Rock für den Frieden« mit internationalen Popstars statt, zu denen Tausende kamen. Doch die Absichten waren zu eindeutig und die Scheinliberalisierung zu unglaubwürdig. Als bei einem Rockkonzert mit westlichen Stars SED-Propaganda mit DDR-Sportstars eingefädelt werden sollte, ging der Versuch in Gelächter und Pfeifkonzert unter.[87] Die Jugend freute sich an der Honecker-Satire des friedensbewegten Udo Lindenberg, der mit seinem populären Titel »Sonderzug nach Pankow« auf die Verweigerung eines Auftritts in Ost-Berlin reagiert hatte.

»Entschuldigen Sie, ist das der Sonderzug nach Pankow
ich muss mal eben dahin, mal eben nach Ost-Berlin
ich muss da was klären, mit eurem Oberindianer
ich bin ein Jodeltalent, und ich will da spielen mit 'ner Band
Ich hab 'n Fläschchen Cognac mit und das schmeckt lecker
das schlürf' ich dann ganz locker mit dem Erich Honecker...«

Er schickte Honecker 1987 eine Lederjacke und dieser ihm im Gegenzug eine Schalmei, aber keine Erlaubnis, in der DDR aufzutreten.

In Großstädten, vor allem in Leipzig, blühte die alternative Kunstszene auf und fand teilweise Anschluss an die politische Opposition. Die jüngeren Künstler scherten sich kaum noch um Vorgaben der SED. Mail Art, jahrelang als subversive Ausdrucksform verfolgt, wurde immer frecher. Die für die Bekämpfung der alternativen Kulturszenen zuständigen MfS-Offiziere hatten ein schweres Leben. Immer häufiger dichteten und sangen die jungen Leute über die Tristesse der DDR:

»Leipzig City – kalt und verdreckt,
hässliche Häuser hinter Fassaden versteckt...
Vorgetäuschter Luxus, kalt und verlogen.
In Eden, Ex und Deli ums Geld betrogen.
Leipzigs Leute: ›Neuer Shop im Merkur!‹
Da kann man alles haben, doch für DM nur.
Zweimal im Jahr stellt die Welt sich aus.
Science Fiction im Messehaus.
Besoffene Ganoven auf leeren Straßen bei Nacht
wieder einer nach der Disco umgebracht.
Jauchegruben wie Elster und Pleiße
wasserlos und stinkend nach Scheiße.
Leipzig in Trümmern, Leipzig in Trümmern!«[88]

Die Kirche als »trojanisches Pferd«

1988 kam der DEFA-Film »Einer trage des anderen Last« in die Kinos. Inszeniert hatte ihn der häufig zensierte Lothar Warneke. Jetzt durfte er einen Stoff drehen, der mehr als ein Jahrzehnt verboten gewesen war. Die Filmstory, ins Jahr 1950 verlegt, bringt in einem Sanatorium zwei Todkranke, einen kommunistischen Volkspolizisten und einen evangelischen Geistlichen, zusammen. In der existenziellen Krise entwickelt sich aus der vorurteilsbefrachteten Ablehnung zwischen den beiden Männern eine opferwillige Zuwendung. Der sentimentale Film bot tatsächlich Neuheiten. Zum einen wurden ein Christ und dessen ethische Einstellung erstmals in einem DDR-Film positiv dargestellt. Zum anderen wurde die gleichberechtigte und gegenseitige Tolerierung von Christen und Kommunisten als Voraussetzung eines funktionierenden Gemeinwesens gezeigt. Der Film wurde vom Publikum freundlich, manchmal auch begeistert aufgenommen.

Die SED hatte den Film allerdings aus nicht ganz uneigennützigen Gründen drehen lassen. 1988 war das Verhältnis zwischen Staat und Kirche in eine ernsthafte Krise geraten. Mit dem Film wollte die SED noch einmal um die evangelischen Kirchen werben, deren verhaltene Gefolgschaft endgültig verloren zu gehen drohte. Die Vereinbarungen zwischen dem SED-Staat und der Evangelischen Kirche am 6. März 1978 hatten der Kirche formal die Anerkennung als eigenständige gesellschaftliche Größe zugesichert und eine Art Burgfrieden hergestellt. Fortan wurden die Kirchen zur letzten und wichtigsten nichtkommunistischen Legitimationsstütze des SED-Staates, der im Inneren und im Ausland für sich mit dem angeblich guten Staat-Kirche-Verhältnis warb. Die Formel dafür hieß »Kirche im Sozialismus«, die offenließ, ob sich die Kirche für den Sozialismus aussprach oder ob sie nur den Staat als solchen akzeptierte.

Doch hinter der kirchenpolitischen Fassade sah es anders aus. Die Kirchen waren die einzige verbliebene Institution, die eine eigene Öffentlichkeit hatte, die nicht direkt vom Staat kontrolliert wurde, obwohl das MfS auch dort seine IM eingeschleust hatte. Dieser öffentliche Raum wurde für nahezu alle kritischen und unterdrückten Potenziale, etwa Künstler und jugendliche Subkulturen, interessant. Auch die Kritik von Kirchenleuten konnte nie ganz unterbunden werden. Für solchen Protest stand das Selbstopfer des Pfarrers Oskar Brüsewitz, der sich am 18.8.1976 in Zeitz selbst verbrannte.[89] Es war ein Akt der individuellen Selbstbehauptung, als der kritische Pfarrer unter staatlichen und kirchlichen Druck geriet, und ein Protest gegen die totalen ideologischen Ansprüche der SED. Auf den bei der Selbstverbrennung mitgeführten Plakaten stand: »Die Kirche in der DDR klagt den Kommunismus an! Wegen Unterdrückung in Schulen, an Kindern und Jugendlichen.«[90]

Der SED-Staat musste erkennen, dass sich innerhalb der kirchlichen Strukturen in den 1980er-Jahren oppositionelle Friedens-, Umwelt- und Menschenrechtsbewegungen formiert hatten. Teilweise waren die Gruppen und ihre Netzwerke mit kirchlichen Strukturen identisch. Von Kirchenleuten war oft zu hören, dass die Kirche kein »Oppositionslokal« sei und sie »für alle, aber nicht für alles« offen stünde.[91] Oppositionelle Phänomene waren dennoch nicht zu verhindern. Die religiöse und ethische Orientierung lieferte ohnehin die Motive für kritische Einsprüche. Theologen, etwa der Erfurter Propst Heino Falcke, legitimierten oppositionelle Gruppen auch theologisch.[92]

Ende der 1980er-Jahre gingen kirchliche Verantwortliche immer häufiger auf Distanz zum SED-Staat. So erklärte Landesbischof Werner Leich die vieldeutige Formel »Kirche im Sozialismus« für unbrauchbar. Am 19. Februar 1988 verhandelten der Beauftragte des Politbüros Werner Jarowinsky und Bischof Leich vertraulich über die durch oppositionelle Aktivitäten verschlechterten Beziehungen zwischen Kirche und Staat. Jarowinsky sprach vom Missbrauch »der Kirche als ›trojanisches Pferd‹«[93]. Die Krise in der Kirchenpolitik spitzte sich noch zu, als Bischof Leich vor der Synode am 20. September 1988 forderte, dass die Gesellschaft »ein menschliches Angesicht«[94] haben müsse. Umgehend reagierte Honecker am 26. September 1988 auf einer Kampfgruppenparade: »...ich möchte im Gegensatz zu manchem verantwortungslosen Gerede von Leuten, die es besser wissen müssten, sagen, dass das Antlitz des Sozialismus auf deutschem Boden noch nie so menschlich war wie heute...«[95] Das neue kirchliche Selbstbewusstsein veranlasste die SED im Frühjahr 1989, einen Freidenkerverband zu gründen, um dem öffentlichen Einfluss der Kirche gegenzusteuern.

Größte Unruhe löste der von Heino Falcke initiierte »Konziliare Prozess für Frieden, Gerechtigkeit und Bewahrung der Schöpfung« aus, der 1988 zu den Ökumenischen Versammlungen in Dresden und Magdeburg und 1989 noch einmal in Dresden führte. Die theologischen Motive lagen in der protestantischen Sozialethik, die ambivalente politische Züge hatte. So konnten Protestanten durchaus ein loyales Verhältnis zum SED-Staat als Träger einer politischen und sozialen Utopie entwickeln. Andere, die solche Versprechen nicht eingelöst sahen, benutzten die Sozialethik als ein

Instrument, die Staatspraxis politischer Kritik zu unterziehen. Politisch von Bedeutung wurden diese kirchlichen Großtreffen, weil sie wichtige Vertreter der Amtskirchen und Teile der Oppositionsgruppen zusammenführten und auch personell die Basis der Opposition verbreiterten.[96] Die von der Ökumenischen Versammlung verabschiedeten Texte verlangten einen »freimütigen und ehrlichen Meinungsaustausch«, mehr »Rechtssicherheit«, eine »klare Trennung der Kompetenzen von Staats- und Parteifunktionen«, eine Wahlrechtsreform, »gleiche Chancen für alle unabhängig von ideologischen Überzeugungen« und für »mündige Bürger« die »ungehinderte Möglichkeit, sich zu versammeln und in selbstständigen Vereinigungen«[97] handeln zu können.

Zu den Besonderheiten gehörte, dass 1987 die katholischen Bischöfe der DDR zur Mitarbeit im »Konziliaren Prozess« aufriefen und zahlreiche Gemeinden und katholische Amtsträger ihre spezifischen Themen einbrachten. Deutlicher als die Protestanten betrieben sie Ideologiekritik und setzten sich für den Schutz des werdenden Lebens ein. Mit dieser Beteiligung ging die in der DDR kleine katholische Kirche einen deutlichen Schritt in Richtung öffentlicher Kritik und überwand teilweise ihre bisherige Strategie einer politischen Abstinenz bzw. »Überwinterung«.

Zu den Kuriositäten des zerrütteten Staat-Kirche-Verhältnisses gehörte die Wiedereinweihung des Domes von Greifswald nach mehrjährigen, im Wesentlichen vom Westen bezahlten Renovierungsarbeiten am 11. Juni 1989. Der staatsloyale Greifswalder evangelische Bischof Horst Gienke hatte Honecker zur Einweihung geladen, der neben zahlreichen westdeutschen Politikern am Festgottesdienst teilnahm. Um den Gästen das traurige Bild der verfallenden Innenstadt Greifswalds zu ersparen, waren kurzerhand einige Straßenzüge abgerissen worden. Gienke und Honecker tauschten anschließend Briefe aus, die im *Neuen Deutschland* veröffentlicht wurden. Daraufhin distanzierte sich die Konferenz der Evangelischen Kirchenleitungen von Gienke.

Für die Konferenz der Kirchenleitungen ergab sich im Mai und Juni 1989 eine schwierige kirchenpolitische Situation. Oppositionsgruppen hatten unter Beteiligung von kirchlichem Personal im Mai die Wahlfälschungen aufgedeckt und planten Protestdemonstrationen. Die Konferenz monierte auf ihrer Tagung vom 2. bis 3. Juni 1989 »die beobachteten Unstimmigkeiten bei der Auswertung der Wahl« und appellierte an die SED, für »eine Weiterent-

wicklung des Wahlverfahrens« Sorge zu tragen. Zugleich hieß es:
»Wir bitten Gemeindeglieder und Mitarbeiter unserer Kirchen,
ihre Anfragen sachlich vorzubringen, damit immer deutlich bleibt,
dass wir aus der Verantwortung für das Ganze, in die uns der
Glaube stellt, reden und handeln ... Übertriebene Aktionen oder
Demonstrationen sind kein Mittel der Kirche. Auch der Einsatz für
Wahrheit und Wahrhaftigkeit muss in der Liebe geschehen.«[98] Gegen diese Erklärung protestierten oppositionelle Kirchenleute wie
etwa Heino Falcke. Die Oppositionellen waren nicht mehr zu beeindrucken.

Die evangelischen Kirchen haben bis zum Vorabend der Revolution und später auch während des Umsturzes eine wichtige politische Rolle gespielt. Zunächst aber mahnten die Kirchen die Gemeinden und die Bevölkerung zur Ruhe. Das hatten sie auch schon
in der ersten großen Krise des SED-Staates, am 17. Juni 1953, getan. Damals wandten sich die Kirchenleitungen an die sowjetische
Besatzungsmacht, die allein noch die Ordnung verkörperte. Wie
1953 »offenbarten« sie auch 1989 »ihr tief in protestantischer
Mentalität verankertes Bewusstsein, dass nur eine intakte staatliche Ordnung protestantische Existenz garantiert«. Eine »kirchliche Existenz im anarcho-revolutionären Raum«[99], wie er sich
schon im Sommer 1989 ankündigte, war für die Kirchen schwer
erträglich. In beiden Konstellationen mit anomischen Verhältnissen handelten die Kirchen gemäß ihrem eigenen politischen Rol-
lenverständnis und erwiesen sich in den instabilen Verhältnissen
als stabile Institutionen.[100] Dies aber schloss grundsätzliche revolutionäre Haltungen aus.

Das Erstarken der Opposition

»Aktion Falle«

Es war wie ein Krimi – als hätte die SED das alte Spielchen »Räuber und Gendarm« gespielt. 1987 wollte die SED-Führung die Opposition mit einem nächtlichen Coup, der »Aktion Falle«, vor-
führen. Doch es kam anders, die Opposition fand internationale
Aufmerksamkeit und wurde in der bundesdeutschen Presse und
Politik beachtet. Das war nicht selbstverständlich. Die Opposition
wurde in der Regel nämlich nur wahrgenommen, wenn außer-

gewöhnliche Ereignisse zu vermelden waren, wobei die Ignoranz politische Gründe hatte. Seit den 1970er-Jahren hatten oppositionelle Bestrebungen in den politischen Konzepten im Ost-West-Konflikt keinen Platz mehr, da ganz überwiegend die Doktrin vertreten wurde, dass der Frieden nur zu erhalten sei, wenn die kommunistische Herrschaft nicht destabilisiert würde. Die Opposition im Ostblock war also eher ein Störfaktor.

Die SED nahm die Opposition in ihrem Land hingegen sehr ernst. Im Juni 1986 war die erste Nummer der illegalen Samisdatzeitschrift *Grenzfall* erschienen, den eine Redaktionsgruppe der »Initiative Frieden Menschenrechte« herausgab. Der scharfe, kritische Ton der Zeitschrift rief sofort das MfS auf den Plan, das den *Grenzfall* politisch[101] und rechtlich[102] begutachten ließ, was zu dem gewünschten Ergebnis – strafbare Handlungen – führte. Nach längeren Vorbereitungen glaubte das MfS mit der »Aktion Falle« zuschlagen zu können: »In Zusammenarbeit zwischen der Hauptabteilung XX … wird bei Feststellung der Vervielfältigung ein operativer Einsatz auf der Grundlage des eingeleiteten Ermittlungsverfahrens durchgeführt, um die Täter auf frischer Tat zu stellen, zuzuführen, die Drucktechnik einschließlich der bis dahin hergestellten Vervielfältigungen zu beschlagnahmen.«[103] Als das MfS durch Spitzel erfuhr, dass in der Nacht vom 24. zum 25. November 1987 der *Grenzfall* in der Umweltbibliothek der Zionskirchengemeinde gedruckt werden sollte, stürmte eine zehnköpfige Einsatzgruppe des MfS mit einem Staatsanwalt die Druckerei. Der Pfarrer der Gemeinde, Hans Simon, wurde aus dem Bett geholt. In der Bibliothek wurden die Druckgeräte und schon gedruckte Exemplare beschlagnahmt. Sieben Mitarbeiter wurden verhaftet. Allerdings wurde das eigentliche Ziel des Überfalls nicht erreicht, da nicht der *Grenzfall,* sondern die *Umweltblätter,* ein als legales kirchliches Informationsmaterial geltendes Blatt, gedruckt wurden. Somit konnten die entscheidenden Beweismittel nicht beigebracht werden. Das MfS war zunächst noch davon ausgegangen, dass der Coup gelungen sei, und informierte am Morgen des 25. November die Kirchenleitung, dass der *Grenzfall* dort gedruckt worden sei. Auch berichtete der Stasi-Chef Erich Mielke noch am 25. November Honecker persönlich, dass die Mitarbeiter der Umweltbibliothek »auf frischer Tat gestellt« worden seien. Erst im Laufe des Tages wurde der Irrtum bemerkt. Jetzt meldete Mielke Honecker die Aufhebung der Haftbefehle mit der »Bitte um Bestätigung«[104]. Die

Verhafteten wurden bis auf Wolfgang Rüddenklau und Bert Schlegel auf freien Fuß gesetzt.

Noch in der Nacht wurden auch die Oppositionellen aktiv. Ralf Hirsch informierte telefonisch den schon 1983 ausgebürgerten Oppositionellen Roland Jahn in West-Berlin, der für die Veröffentlichung in den westdeutschen Medien sorgte. In Ost-Berlin trafen sich Oppositionelle im Atelier von Bärbel Bohley und beschlossen, Mahnwachen abzuhalten und am Nachmittag vor der Zionskirche eine Protestdemonstration durchzuführen. Dort sammelten sich einige Hundert Demonstranten und westliche Journalisten. Ein großes Polizeiaufgebot war aufmarschiert und zwang die Demonstranten zum Rückzug in die Kirche, wo Protestmaßnahmen beschlossen wurden. Die erste Mahnwache vor der Kirche wurde von der Polizei festgenommen.

Seit dem 25. November entwickelte sich in der DDR eine breite Solidaritätswelle. Das MfS versuchte die Bewegung einzudämmen, verhaftete zahlreiche Oppositionelle und veranstaltete Hausdurchsuchungen. In Berlin kamen zu den täglichen Solidaritätsveranstaltungen bis zu 2000 Menschen. Als auch internationale Proteste gemeldet wurden, lenkte der SED-Staat ein. Die Verhafteten wurden am 28. November freigelassen. Die Kirchenleitung versuchte abzuwiegeln und drängte zum Abbruch der Mahnwache. Erst als versprochen wurde, dass die Ermittlungsverfahren eingestellt und die Druckmaschinen zurückgegeben würden, was allerdings nie geschah, wurden die Protestaktionen eingestellt. Der SED-Staat hatte eine Niederlage erlitten, erstmals war er vor der Opposition zurückgewichen.

Aktivitäten 1988/1989

Der Vorgang löste eine ununterbrochene Kette gegen das Regime gerichteter Aktivitäten bis zum Herbst 1989 aus. Die Opposition war in den 1980er-Jahren in über 200 Friedens-, Umwelt- und Menschenrechtsgruppen, die zumeist eine kirchliche Anbindung hatten, organisiert. Innerhalb dieses Spektrums gab es jedoch auch einige von den Kirchen unabhängige Gruppen. Die innere Kommunikation zwischen den Gruppen wurde über verschiedene Netzwerke, einen sich stetig ausweitenden illegalen oder halblegalen Samisdat und über kirchliche Kommunikationsstrukturen aufrechterhalten. Nach der gescheiterten »Aktion Falle« wollte das MfS noch einmal durch einen Rundumschlag die Opposition schwächen. Dieser weitere Versuch, der mit einem Pyrrhussieg der SED endete, wurde anlässlich der Beteiligung von Oppositionellen und Ausreiseantragstellern an der jährlich propagandistisch groß aufgezogenen »Kampfdemonstration zu Ehren von Karl Liebknecht und Rosa Luxemburg« am 17. Januar gestartet. Oppositionelle Demonstranten führten Losungen wie das Luxemburg-Zitat »Freiheit ist immer die Freiheit der Andersdenkenden!« mit. Das MfS verhaftete bekannte Oppositionelle wie Bärbel Bohley, Werner Fischer, Ralf Hirsch, Freya Klier, Stefan Krawczyk, Lotte und Wolfgang Templin, Vera Lengsfeld-Wollenberger. Wieder sammelten sich Tausende zu Protestveranstaltungen in den Kirchen der gesamten DDR. Die Protestwelle flaute erst ab, als die Inhaftierten in die Bundesrepublik abgeschoben wurden.

Am 5. Juni 1988 fand in Leipzig der erste »Pleißegedenkmarsch« mit 200 Demonstranten statt, der auf der Abdeckung des zur Kloake gewordenen Flusses verlaufen sollte. In dieser Stadt waren die seit 1981 stattfindenden Friedensgebete im Jahr 1988 so stark politisiert worden, dass die örtliche Kirchenleitung, allerdings vergeblich, versuchte, die oppositionellen Gruppen und die Ausreiseantragsteller von diesen Gebeten auszuschließen. Hier entwickelten die politisch aktivsten Gruppen wie die »Initiativgruppe Leben«, die »Arbeitsgruppe Menschenrechte« und die »Arbeitsgruppe Gerechtigkeit« auch das Schema der demonstrativen Erweiterung der Friedensgebete. Nach der Veranstaltung in der Kirche wurde auf der Straße demonstriert.[105]

Im November organisierten Berliner Oppositionelle öffentliche Proteste, als an der Carl-von-Ossietzky-Oberschule in Berlin-Pankow Schüler wegen politischer Kritik relegiert wurden. Im Herbst 1988 gab es in Berlin Demonstrationen von Oppositionellen gegen das Verbot von Kirchenzeitungen. Mehr als 100 Demonstranten wurden dabei verhaftet. Öffentliche Demonstrationen wurden auch im Vorfeld des vierzigsten Jahrestages der UN-Erklärung zu den Menschenrechten am 10. Dezember 1988 organisiert. In Leipzig rief die »Demokratische Initiative« zum Jahrestag der Luxemburg-Demonstration in Berlin zu einer Demonstration für die Demokratisierung zum 15. Januar auf. Sofort setzten Verhaftungen ein. Trotzdem kam es zu einer Kundgebung mit etwa 800 Teilnehmern, die durch die Polizei gewaltsam aufgelöst wurde.

Einen Erfolg erzielte die Opposition anlässlich der kommunalen »Volkswahlen« am 7. Mai 1989.[106] Um diese Kommunalwahlen mit Einheitsliste als Akklamation der Bevölkerung zu inszenieren, sollten wieder einmal Wahlunwillige mit Versprechen und Einschüchterungen zur Teilnahme bewogen werden. Fälschungen waren schon vorgeplant. Oppositionelle riefen zum Wahlboykott auf und organisierten die Kontrolle der Stimmauszählung. Erstmals beteiligten sich auch Mitglieder der Blockparteien CDU und LDPD daran. Obwohl die Behörden und das MfS die Kontrollen zu verhindern suchten, gelang es in Hunderten von Wahllokalen, die tatsächlichen Ergebnisse festzuhalten. Als der Wahlleiter Egon Krenz das Ergebnis bekannt gab, stellte sich heraus, dass die Behörden im großen Ausmaß gefälscht hatten. Die Oppositionellen veröffentlichten die richtigen Ergebnisse und stellten Strafanzeigen wegen Wahlfälschung. Das MfS hatte den Staatsanwaltschaften Anweisung gegeben, wie durch verzögerte Bearbeitung die rechtlichen Vorschriften unterlaufen werden sollten.[107]

Am Wahltag gelang es der Opposition in Leipzig, eine Demonstration mit über 1000 Menschen zu organisieren. In Berlin wurden am 7. Juni Demonstrationen mit größter Härte aufgelöst und etwa 150 Personen festgenommen. Am 4. Juni fand in Leipzig nach einem Umweltgottesdienst der zweite Pleißegedenkmarsch statt, an dem 500 Menschen teilnahmen. Am 10. Juni hatten Oppositionelle ein Straßenmusikfestival unter dem Motto »Freiheit mit Musik« organisiert. Die Sicherheitskräfte nahmen 84 Musiker und Festteilnehmer fest. Dabei solidarisierten sich viele Passanten mit den Verhafteten und skandierten erstmals »Stasi raus! Stasi raus!«

Nach der Niederschlagung der Demokratiebewegung in China empörten sich sehr viele Menschen öffentlich über die Berichterstattung in den offiziellen DDR-Medien. Einzelne, aber auch Betriebsgruppen wie die Gewerkschaftsgruppe an der Akademie der Wissenschaften in Jena verschickten Protestresolutionen.[108] Die oppositionellen Gruppen organisierten den Protest systematisch. So gaben 25 Gruppen aus dem ganzen Land am 21. Juni eine Erklärung ab, in der »die bewusste Ignoranz gegenüber der Unmenschlichkeit des Vorgehens der Machthaber in China«[109] durch die Regierung kritisiert wurde. Der Eisenacher »Frauenfriedenskreis«[110] und der »Arbeitskreis Solidarische Kirche Thüringen«[111] gaben Erklärungen heraus und klebten nachts Protestplakate. In Berlin wurde vor der chinesischen Botschaft am 22. Juni 1989 demonstriert. Es gab eine größere Zahl von Verletzten und Verhaftungen. Auch bei den Vernehmungen wurde geschlagen. In Berlin,

Potsdam, Erfurt und Dresden wurden für die Opfer Klagegottesdienste durchgeführt, zu denen bis zu 2000 Besucher kamen. Die Nervosität der Herrschenden nahm zu. In einer internen Rede des 1. Sekretärs der SED-Bezirksleitung Erfurt, Gerhard Müller, betonte dieser mehrfach, dass die SED – falls nötig – auch Gewalt anwenden werde: »Wir werden nicht gestatten, dass sich unter dem Dach der Kirchen in der DDR eine innere Opposition entwickelt, und wenn Herr Musigmann[112] hier in Erfurt das Wort redet, dass man sich nicht nur in den Kirchen treffen soll, sondern auch auf der Straße, möchten wir ihm sagen, er möchte das unterlassen, es würde für ihn schlecht ausgehen. Wir glauben nicht, dass man in der DDR eine Konterrevolution wie in China niederschlagen muss, die paar Hanseln, die sich da in der Kirche treffen, werden unseren Weg oder uns auf dem Weg nicht aufhalten, aber wenn der Herr Musigmann nass werden will auf dem Anger oder anderswo, können wir ihm das natürlich auch bescheren.«[113]

Im Juli initiierten Oppositionelle während des Kirchentags der sächsischen Landeskirche in Leipzig eine größere Demonstration, der sich 1500 Kirchentagsbesucher und Passanten anschlossen. Der Polizei gelang es nur mit Mühe, den Zug zu zerstreuen. Am 6. August demonstrierten in Dresden etwa 1500 Menschen gegen ein geplantes Reinst-Siliziumwerk im Stadtgebiet. Mit diesen Demonstrationen sprang der Funke des Aufbegehrens auf die Bevölkerung über.

Politische Gehalte der Opposition

Eine der Eigenarten des Großteils der Opposition war deren enge Bindung an die Kirchen und die religiöse Motivation ihres politischen Handelns. Ihr Maßstab war die Sozialethik, deren politisch motivierende Kraft aus der ihr innewohnenden Universalität rührte. Eine Politik zur Rettung der Menschheit konnte für Oppositionelle nicht von einer Kommandostelle zur Zwangsbeglückung ausgehen, sondern war an den Raum verwiesen, in dem Menschen Beziehungen durch die gegenseitige Anerkennung ihrer Rechte und ihrer Schuld unterhielten. Die Formeln Frieden, Bewahrung der Schöpfung und Gerechtigkeit drückten einen universellen Anspruch Gottes aus, dem der politische Akteur in einer dramatischen Herausforderung gerecht werden musste.

1988 stellte Friedrich Schorlemmer auf dem Kirchentag in Halle ein Thesenpapier vor, in dem Reformstau und Krise der DDR in

Verbindung mit der »Lebensbedrohung globalen Ausmaßes« gebracht wurden, weshalb ein »Umsteuern« nötig sei. »Es geht uns
Christen zuerst um unser Umdenken und um eine Umkehr, die jeden Einzelnen in der Tiefe betrifft und eine Umgestaltung gesellschaftlicher Strukturen braucht. Wir betrachten unsere gesellschaftliche Apathie als eine zeitgenössische Gestalt der Sünde.«[114]
Der sich daraus ableitende politische Forderungskatalog enthielt
u. a. das Einklagen politischer Partizipation, die Forderung nach
freien Wahlen, Rechtsstaatlichkeit, Aufhebung des kommunistischen Wahrheitsmonopols und Reform des Wirtschaftssystems. Indem das politische Handeln als Auftrag verstanden wurde, die
menschlichen Fehlleistungen Einzelner und der Gesellschaft gegenüber der aus den Fugen geratenden Schöpfung zu korrigieren,
wurde Politisches dem Drama der Gott-Mensch-Beziehung zugeordnet. Die Missstände waren durch Buße abzustellen. Dass dabei
pragmatisches politisches Handeln zu kurz kommen konnte, lag
auf der Hand. Allerdings stützte, ähnlich wie in Polen, die Verbindung zur traditionellen und durch den Kommunismus gefährdeten
Religion ein unmittelbares Freiheitsverlangen, das dem Ringen um
politische Partizipation immer neue Energie verlieh.

Das Verbot oppositioneller Aktivitäten konnte durch den re-
lativen Freiraum der Kirchen unterlaufen werden. Im vorpoli-
tischen Raum wurden Voraussetzungen für das Politische geschaffen. Hier konnte Opposition praktiziert werden, ohne auf den
Begriff selbst zurückgreifen zu müssen. 1988 hat der Oppositionelle Hans-Jochen Tschiche ein programmatisches »Konsenspa-
pier« vorgelegt, in dem soziale und politische Aspekte ineinan-
derfließen: Die Gruppen »suchen Mittel und Wege, um ihren
Widerstand und ihr Ziel unübersehbar durch zeichenhaftes Handeln an die Öffentlichkeit zu bringen ... Die Gruppen fordern die
pluralistische, demokratische und dezentralisierte Organisation
des wirtschaftlichen und gesellschaftlichen Lebens in der DDR ...
Um diese Ziele zu erreichen ... mit Enttäuschungen und massivem
Druck von unterschiedlichen Seiten leben zu können, brauchen die
Gruppenmitglieder Trainingsfelder ... zur Einübung der eigenen
alternativen Lebensweise ... zur Verarbeitung der eigenen Ohn-
machtserfahrungen angesichts staatlichen Zwangs.«[115]

Dies entsprach den zivilgesellschaftlichen Konzepten, wie sie ost-
mitteleuropäische Autoren wie Václav Havel oder György Konrád
vertraten, die die Entwicklung einer von der kommunistischen Par-

tei und des von ihr okkupierten Staates unabhängigen Gesellschaft als Faktor der Machtbegrenzung der Kommunisten betrachteten.[116] Mit dem Versuch, einen offenen politischen Raum zu schaffen bzw. zu rekonstruieren, mussten Oppositionelle zugleich auch bestimmen, wie und mit welchen Mitteln dieser Raum zu füllen war. Dabei ging es weniger um politische Programme, die erst in einer fernen Zukunft zum Zuge hätten kommen können, sondern um die Entwicklung von Alternativen zu den drei Kernbereichen totalitärer Herrschaft. Diese Alternativen waren ein anderer Gebrauch der Sprache, die Wiederherstellung des Rechts und die Debatte über die Geschichte.

1988 schrieb die oppositionelle Theologin Dorothea Höck zum Gebrauch der Sprache: »Begriffe müssen die Erfahrungen der Menschen mit einschließen. Schlagwörter müssen vermieden werden, das in ihnen Enthaltene stattdessen umschrieben werden. Worte dürfen nicht in einer ihrem ursprünglichen Sinn entfremdeten Bedeutung verwendet werden ... Wir müssen uns der Macht der Worte bewusst sein und darauf verzichten, diese Macht zur Ausübung von Herrschaft zu missbrauchen.«[117] Die Leidenschaft und auch die Freude am freien Sprechen und Handeln wuchsen mit der Erfahrung des Autonomiegewinns und der Erfahrung, dass aus der freien Rede auch ein gemeinsames Handeln mit der eingeschüchterten Bevölkerung entstand.

Auf unzählige Bitten um einen politischen Dialog, Anfragen und Beschwerden reagierte die Staatsmacht nur ablehnend. Das MfS sah darin eine konterrevolutionäre Strategie, »Versuche der Führungskräfte politischer Untergrundtätigkeit, mit der Partei und dem Staat in einen politischen Dialog zu treten und sich somit Legalität zu erschleichen«[118]. Um diese Blockaden zu überwinden, blieb der Opposition nur, die geringsten Ansätze innerhalb des Systems aufzuspüren und auszuweiten. Das führte zu einem Legalismus, der Konfrontationsstrategien nahezu ausschloss. In dieser systemimmanenten Gegnerschaft koexistierten pragmatische Ansätze mit reformerischen Utopien. Einerseits forderte die Opposition stets Rechtsstaatlichkeit und die Einhaltung der Menschenrechte. Andererseits blühten in ihr Träume von einem »Sozialismus mit menschlichem Antlitz« oder von einem »verbesserlichen Sozialismus«. Der Legalismus stand in der Wahrnehmung der Opposition nicht im Gegensatz zur Forderung nach Demokratisierung und damit auch nach der Frage der Macht. Angesichts der Stagnation und des allgemeinen Reformstaus beschrieb 1988 Ludwig Mehlhorn die Aufgabe der Opposition: »…um die überholten Kommandostrukturen ersetzen zu können, muss die Öffentlichkeit als Raum des Politischen reorganisiert werden … Die Anerkennung der unter Menschen stets vorhandenen Pluralität – dies schließt in der Politik eine Opposition ein …«[119]

Eine strategische Komponente war der Versuch, eine der Wahrheit verpflichtete Geschichtssicht zu kreieren. In den 1980er-Jahren gab es immer neue Anläufe, die Befreiungsgeschichte in Ostmitteleuropa zu thematisieren und sich selbst in diese Geschichte einzuordnen. Die im Herbst 1988 gegründete »Initiative zur demokratischen Erneuerung unserer Gesellschaft«, die sich im Januar 1989 »Demokratische Initiative (DI)« nannte, hatte in ihrem Gründungspapier ihre »Zielvorstellungen und Grundsätze« geplant: »Einrichtung eines Archivs zur Öffentlichkeitsarbeit und zu zivilem Ungehorsam (vor allem in der DDR), jährliche Berichte und Analysen zum Zeitgeschehen und zur Geschichte.«[120] 1988 erschien die erste Geschichte der Friedensbewegung im Samisdat unter dem Titel »Spuren«[121]. Auch die Neubewertung des 17. Juni 1953 war ein Thema der Opposition.[122]

Deutschlandpolitische Vorstellungen

Der Wunsch, die allgemeine Ratlosigkeit der internationalen Politik, den Status quo und damit auch die deutsche Teilung zu überwinden, veranlasste einige Oppositionelle, deutschlandpolitische Modelle zu entwickeln, die auf eine Überwindung der Abgrenzungspolitik zielten. Den bekanntesten Vorstoß unternahm die 1987 gegründete »Initiative Absage an Praxis und Prinzip der Abgrenzung (IAPPA)«. Ludwig Mehlhorn, einer ihrer Gründer, stellte schon 1986 fest, dass an den Folgen der Abgrenzung »unser gesamtes gesellschaftliches Leben – und viele, die weggehen, meinen: tödlich – erkrankt ist«[123]. Die Initiative stellte mehrere Anträge zur Abgrenzungsfrage an die Synoden.[124] Als Honecker am 19. Januar 1989 erklärte, die Mauer werde noch fünfzig oder hundert Jahre stehen, schickte die Initiative ihm einen Brief, in dem es hieß: »Jeder weiß, dass die Mauer nicht gegen irgendwelche Räuber nach außen, sondern vor allem nach innen gerichtet ist … Wir wollen nicht noch fünfzig Jahre warten.«[125]

Der oppositionelle Theologe Edelbert Richter arbeitete an einem

Konzept, bei dem eine Verbindung von Freiheit und Sozialismus die Lösung der deutschen Frage ermöglichen sollte. Deutschland litt unter der Spannung zwischen dem Liberalismus, der »die Anliegen des Kommunismus nie eigentlich ernst genommen«, und dem Kommunismus, in dem »die bürgerlichen Freiheiten nie eigentlich eine Chance gehabt«[126] hätten. Die Blockkonfrontation sei nur durch die Vermittlung der Deutschen aufzulösen. Deutschland könne die Mittlerrolle spielen, wenn die Wirtschaft humanisiert und ökologisiert und die Gesellschaft demokratisiert würde. Dann könne auch die Teilung in Form einer Konföderation überwunden werden. Dieses idealistische Konzept Richters löste aber auch Widerspruch einiger pragmatisch denkender Oppositioneller wie Günter Nooke aus, der nur in der Beendigung des Experiments DDR eine Lösung sah. Insgesamt befand sich die Opposition in der deutschen Frage in einem fast unlösbaren Konflikt zwischen ihrer Rolle als systemimmanente Opposition und der Formulierung solcher Ziele, die das System sprengen würden.

Im Sommer 1989 war den Oppositionellen bewusst, dass es zu politischen Veränderungen kommen würde. Sie hatten allerdings kaum eine Vorstellung, wie diese ablaufen könnten. Auch wenn sie nicht an eine Revolution dachten, wussten sie um den Ernst der Lage. Bärbel Bohley schrieb in einer der illegalen Oppositionsschriften: »Die Millionen Unentschlossenen entscheiden sich vielleicht auch für dieses Land, wenn sich die Möglichkeit für sie ergibt, es so zu verändern, wie sie es wollen. Diese Möglichkeit muss von ihnen und uns erkämpft werden, sie wird uns nicht einfach gegeben werden. Und dieser Kampf darf nicht ausgehen wie am 17. Juni 1953.«[127] Der Dissident und Schriftsteller Jürgen Fuchs, der 1977 nach einjähriger Haft in den Westen abgeschoben worden war, mahnte im Sommer 1989: »Und … es wird sich viel ändern. Wie in Polen und Ungarn, wie in Moskau. Bald, sehr bald. Sind wir wirklich darauf vorbereitet?«[128] Die Vorstellungen über die Zukunft waren uneinheitlich. Rolf Henrich riet der SED, nach dem Fehlstart des Sozialismus von 1952 nun »einen zweiten Versuch« im Zeichen von »Perestroika« zu wagen.[129] Dagegen schrieb Katja Havemann über den DDR-Sozialismus, dass es sich erübrigt habe, ihn noch »zu verbessern und zu verändern«[130].

Gesellschaft auf der Flucht

Politisierung der Ausreise

Es gab keine Gewöhnung an die Grenze, sie schnitt das Naheliegende ab und versagte Zeit und Raum. Sie erklärte zu Feinden, die sich über die Grenze sehnten:

> »Staatsgrenze
> Die Peitschenlampen.
> Licht im Rücken.
> Die Grenze zwischen Thüringen und Hessen.
> Beton im Walde.
> Blaue Blumen läuten.
> Die Blaue Blume des Novalis ist es nicht.
> Die Rentner reisen.
> Anders als im Westen.
> Nicht nach Mallorca.
> Nur zu Sohn und Tochter.
> Die auch schon alt sind.
> Alles ist schon alt.«[131]

»Abstimmung mit den Füßen« war seit Jahrzehnten ein fester Begriff, der die Unfähigkeit der SED, die Bürger an ihren Staat zu binden, benannte. Bis 1961 waren drei Millionen Bürger geflohen. Eine halbe Million Menschen gelangte danach bis 1989 in den Westen. Obwohl die DDR die Ausreiseantragsteller mit Schikanen, Arbeitsentlassungen, Vermögensentzug und im Falle von öffentlichen Protesten mit Haftstrafen verfolgte, stieg die Zahl der Ausreisewilligen ständig. Seit 1984 stellten jährlich bis 50 000 Menschen Anträge, 1987 warteten schon 100 000, und ein Ende war nicht absehbar. Die große Zahl der Antragsteller wurde zu einem sozialen Problem. Allein in Erfurt hatten knapp 2000 Bürger einen Ausreiseantrag gestellt. Der Ausreiseantrag war stets eine Totalabsage an die DDR und eine Option für die demokratische Bundesrepublik.[132]

Die DDR hat nur zaghafte Schritte zur rechtlichen Regelung der Ausreise unternommen, zuletzt mit einer Verordnung der Regierung vom 1. Januar 1989, die nur Familienzusammenführungen ermöglichte. Nach Lesart der SED-Propaganda war die Flucht »Menschenhandel«. Doch diesen betrieb nur die DDR selbst. Seit 1964 konnte die Bundesregierung politische Häftlinge aus der DDR gegen hohe Beträge freikaufen, insgesamt etwa 34 000 Personen. Auch für Ausreiseantragsteller wurde gezahlt. Drei Milliarden DM kassierte die SED für ihre Landeskinder.[133]

Die Antragsteller selbst hatten in den 1980er-Jahren eine Fülle von gewaltfreien Symbolhandlungen entwickelt, die ihre Kriminalisierung erschweren sollten. Personalausweise und andere Dokumente wurden zurückgegeben und Verwaltungsakte ignoriert. Im Straßenbild waren Autos mit dem Hoheitszeichen der Bundesrepublik D oder mit einem A zu sehen, das für »Ausreiseantragsteller« stand. Antragsteller brachten weiße Schleifen an den Autoantennen an, die die baldige Hochzeit mit dem Westen symbolisierten. Aber es wurden auch direkte und offene Protestformen gewählt, wie etwa die »Weißen Kreise«, scheinbar zufällige Treffen mit weißer Oberbekleidung. Sie zündeten Kerzen an, die sie als »Licht der Hoffnung« bezeichneten.[134] Manche trafen sich zu gemeinsamen Spaziergängen an zentralen Punkten einer Stadt. Mehrfach kam es zu Kirchenbesetzungen.[135] 18 Ilmenauer besuchten am 9. September 1988 die dänische Botschaft in Ost-Berlin, um die Dänen zu bitten, sich für ihr Ausreisebegehren einzusetzen. Ihre Forderung hatten die Ilmenauer auf ein Bettlaken geschrieben: »In Freiheit wollen wir uns wähnen, und zwar genauso wie die Dänen.«[136]

Trotz verschiedener kirchlicher Entsolidarisierungsversuche kam es fast überall zu einem Zusammengehen von Antragstellern mit Kirchengemeinden, oppositionellen Theologen und Oppositionsgruppen. In der Opposition stand das Recht auf Freizügigkeit nicht zur Debatte. Die Ursachen für die Absetzbewegung wurden allein der Politik der SED angelastet. Umstritten und uneinheitlich beantwortet war allerdings die Frage, in welcher Form die Mitarbeit von »Ausreisern« verlaufen sollte und wie die Ausreiseproblematik politisch zu bewerten sei. Wie die deutsche Frage im Allgemeinen, setzte auch die spezielle Ausreisefrage der Legitimation einer systemimmanenten Opposition Grenzen. Die Antragsteller haben direkt und indirekt die Frage nach der Einheit Deutschlands gestellt, während Oppositionelle sich mit der offenen Thematisierung dieser Frage ihrer Handlungsbasis beraubt hätten. Während die Trägergruppe der Berliner Umweltbibliothek die Ausreisebewegung als

»Schlaraffenland-Bewegung«[137] bezeichnete, haben andere Oppositionsgruppen mit den Antragstellern intensiv zusammengearbeitet. In Berlin konstituierte sich am 27. September 1987 eine »Arbeitsgruppe Staatsbürgerschaftsrecht der DDR«, die sich um den Theaterregisseur Günter Jeschonnek gesammelt hatte. Auch in Leipzig, Weißenfels, in Thüringer Städten und anderen Orten gab es Kooperationen. In der Bekenntnisgemeinde Berlin-Treptow mit Pfarrer Werner Hilse bildete sich der »Arbeitskreis Gottesdienste für Gerechtigkeit und Frieden«, der sich mit der sozialen Lage und mit Rechtsfragen beschäftigte. In einem Papier vom September 1988 hieß es, der Ausreiseantrag sei »der Endpunkt eines Prozesses von Demütigung, Frustration und Auseinandersetzung ... Unsere Erfahrungen lehren uns, dass es uns nicht gelingen wird, in unserer aktiven Lebenszeit in diesem Land Wesentliches zu verändern ... Wir können uns nicht zufriedengeben mit Veränderungen, die von vornherein die Möglichkeit einer deutschen Einheit, einer europäischen Friedensordnung ausschließen.«[138]

Aus der politischen Zusammenarbeit von Ausreisewilligen und Oppositionellen in Leipzig gingen die dann immer mehr eskalierenden Demonstrationen seit 1988 hervor. Am 1. März 1989 veröffentlichte eine Oppositionsgruppe eine Erklärung, in der neben der Forderung auf das Recht, das Land zu verlassen, von den Antragstellern zugesagt wurde, »kirchliche Gruppen in ihrem Anliegen zur gesellschaftlichen Erneuerung zu unterstützen, ihren Einfluss ausbauen zu helfen«[139]. Trotz Verhaftungen, Deportationen und manchmal auch kirchlichem Druck konnte die Staatsmacht diese Entwicklung nicht aufhalten. Sie war weder in der Lage, die Ausreiseantragsteller aus der Öffentlichkeit zu verdrängen, noch vermochte sie die Oppositionellen von dieser Zusammenarbeit abzuhalten.

Die Fluchtbewegung

Am 5. Februar 1989 erschossen Grenzsoldaten an der Berliner Mauer den zwanzigjährigen Chris Gueffroy beim Fluchtversuch und verletzten dessen Freund schwer. Er war nicht das letzte Todesopfer. Im März stürzte in Berlin ein Mann mit einem selbstgefertigten Ballon ab. Weitere Menschen ertranken in der Ostsee und der Oder, einige wurden an den Grenzen von Ungarn, der Tschechoslowakei und Bulgarien erschossen. Die zynische Haltung der

SED-Führung zu den vielen Tötungen an der Grenze bekräftigte im April 1989 Stasi-Chef Mielke gegenüber seinen Generalen: »Wenn man schon schießt, dann muss man det so machen, dass nicht der Betreffende noch wegkommt, sondern dann muss er dableiben bei uns. Ja, so ist die Sache! Was ist denn das: 70 Schuss loszuballern, und der rennt nach drüben, und die machen 'ne Riesenkampagne?«[140]

Wie ernst es den Menschen war, der DDR zu entkommen, zeigten über Jahrzehnte die immer neu unternommenen, riskanten Fluchtversuche über die immer perfekter abgeriegelte Grenze. Zu Lande, zu Wasser und zur Luft wurden die kühnsten Pläne ins Werk gesetzt. Den geglückten stehen viele gescheiterte Versuche gegenüber. Menschen kamen an der Grenze ums Leben oder mussten nach solchen Versuchen ins Gefängnis.[141] Diese Fluchten demonstrierten der internationalen Öffentlichkeit, dass es trotz der Entspannungspolitik keine Gewöhnung an die Grenze gab. 1988 blieben etwa 12 000 Menschen nach Besuchsreisen in der Bundesrepublik. Besonders peinlich vor der internationalen Öffentlichkeit waren für die DDR die seit 1988 verstärkt auftretenden Botschaftsbesetzungen. Am 1. Januar 1989 besetzten DDR-Bürger die Ständige Vertretung der Bundesrepublik in Ost-Berlin. Zwanzig von ihnen verließen am 11. Januar die Vertretung mit der Zusage auf Straffreiheit. Bis zum Frühsommer stieg die Zahl der Besetzer der bundesdeutschen Botschaften in Warschau, Prag und Budapest auf fast 800 Personen an.

Die Bundesregierung schloss im August ihre Botschaften und die Vertretung in Ost-Berlin. Vor allem Ungarn wurde für die DDR zum Problem. Am 2. Mai 1989 hatte die ungarische Regierung bekannt gegeben, dass sie die Grenze zwar noch bewachen würde, es solle aber nicht mehr geschossen werden. Wenig später hob Ungarn das Grenzsperrgebiet auf. In der bundesdeutschen Botschaft sammelten sich etwa 200 Flüchtlinge, mehr noch hielten sich illegal in Ungarn auf. Vielen gelang die Flucht über die grüne Grenze nach Österreich. Am 19. August flohen während des von ungarischen Oppositionellen veranstalteten paneuropäischen Picknicks 900 Personen, als kurzzeitig die Grenze geöffnet wurde.[142] Am 24. August gestattete die ungarische Regierung den etwa 200 Botschaftsbesetzern die Ausreise. Während des Sommers hatte es zahlreiche diplomatische Kontakte und auch Geheimverhandlungen zwischen der Bundesregierung und Ungarn gegeben, um humanitäre Lösungen zu finden. Mehrfach forderten die Ungarn beide deutsche Regierungen auf, das Flüchtlingsproblem selbst zu lösen.

Der Westen und die Mythen der DDR

Die Fragilität der DDR wurde in der Bundesrepublik erst spät wahrgenommen. Diese Wahrnehmungsblockade war nicht nur ein Ausfluss der Macht des Faktischen, sondern enthielt auch ideologische Bestandteile. So fanden der geschichtsmetaphysische Anspruch der DDR und die bundesrepublikanische Selbstbeschränkung unter dem Dach friedlicher Gesinnungen zueinander. Bundeskanzler Helmut Schmidt erklärte 1978: »Unsere Deutschlandpolitik baut auf der Realität auf, dass die deutsche Einheit nicht durch einen Aufstand gegen bestehende Machtverhältnisse erzwungen werden«[143] kann. Bis in den Herbst 1989 wurde eine Politik der Stabilisierung der DDR betrieben, da der Westen dies als friedenspolitisch notwendig ansah. Das Erfolgsmodell Bundesrepublik war sich selbst genug geworden und handelte mit der SED gegen klingende Münze lediglich zahlreiche menschliche Erleichterungen aus. Honeckers Politik blieb in der deutschen Frage auf den Bestandserhalt ausgerichtet. Der Status quo, wie er sich in der Nachkriegsordnung von Jalta herausgebildet hatte, garantierte zusammen mit dem moderneren Konzept der Sicherheitspartnerschaft bzw. in östlicher Lesart der »Koalition der Vernunft« den Bestand der DDR. Die Krise des europäischen Kommunismus war seit dem Frühjahr 1989 so offensichtlich, dass sich im Westen die Stimmen mehrten, die einen grundlegenden Wandel im Osten erwarteten.[144] Noch aber schlugen sich solche Einsichten in der offiziellen Politik nicht nieder.

Zwischen der Politik und der gesellschaftlichen Realität in beiden deutschen Gesellschaften hatte sich eine merkwürdige Differenz aufgebaut. Die Bundesdeutschen unterhielten millionenfache Beziehungen in die DDR. Materialien des MfS zeigen, dass die DDR-Bürger mehrheitlich auf die Bundesrepublik fixiert waren, fasziniert vom politischen System, von der wirtschaftlichen Kraft, vom Lebensstandard und der Technik, von der Lebensweise und der Unterhaltungskultur. Die Ostdeutschen konnten zwar nicht mit einer schnellen Wiedervereinigung rechnen, setzten aber auf die westdeutsche Politik, vor allem auf den jeweiligen Bundeskanzler. Dies kam sinnfällig zum Ausdruck, als Willy Brandt bei seinem Besuch im Rahmen der innerdeutschen Verhandlungen am 19. März 1970 in Erfurt von Tausenden Menschen gefeiert wurde. Als er wegen des DDR-Spions Günter Guillaume 1974 zurücktrat, wurde das von den Ostdeutschen sehr bedauert.[145] Und selbst bei den Jugendlichen blieb die Fixierung erhalten. Am 8. Juni 1987 strömten Tausende junger Leute an das Brandenburger Tor, weil auf der West-Berliner Seite der Mauer am Reichstag ein Rockkonzert stattfand. Als die Polizei die Menge zerstreuen wollte, riefen sie »Mauer weg« und »Macht das Tor auf«.

Der Besuch Honeckers in Bonn Anfang September 1987 zeigte die Bewegungslosigkeit der Politik. Während Bundeskanzler Helmut Kohl erklärte: »Die deutsche Frage bleibt offen, doch ihre Lösung steht zurzeit nicht auf der Tagesordnung der Weltgeschichte…«, stellte Honecker fest, Ausgangspunkt der Politik könnten »nur die Realitäten sein, die Existenz von zwei voneinander unabhängigen, souveränen deutschen Staaten mit unterschiedlicher sozialer Ordnung und Bündniszugehörigkeit«. Beide ließen erklären: »Von deutschem Boden darf nie wieder Krieg, von deutschem Boden muss Frieden ausgehen.«[146] Honecker betrachtete diesen Besuch als Bestätigung. Bundeskanzler Kohl erklärte im Dezember 1988, dass die Bundesregierung »kein Interesse an zunehmenden Schwierigkeiten in der DDR« habe. Stattdessen solle sie »das berechtigte Verlangen der Menschen nach umfassenden Reformen endlich erfüllen«[147]. Aber an eine Wiedervereinigung dachte auch er nicht. Als Bernhard Friedmann, ein Bundestagsabgeordneter der CDU, 1987 ein politisches Konzept für eine Wiedervereinigung veröffentlichte, nahm sein Parteivorsitzender das nicht ernst.

Deutschlandpolitische Erfolge hatte die SED 1988 der SPD zu verdanken. Um zur »Entlastung« der innerdeutschen Beziehungen beizutragen[148], trat sie für die Auflösung der Zentralen Erfassungsstelle Salzgitter ein, welche die Menschenrechtsverletzungen in der DDR registrierte.[149] Egon Bahr wurde 1986 in der DDR-Zeitschrift *Horizont* mit den Worten zitiert: »Wer will, dass die Menschenrechte im Sinne des Westens in Osteuropa gehandhabt werden müssen, müsste sich das Ende der kommunistisch bestimmten Regierungen zum Ziel setzen, was den militärischen Konflikt objektiv zur Folge hätte.«[150] Im Frühjahr 1989 forderte Klaus Bölling, die

Präambel des Grundgesetzes mit ihrem Auftrag zur Vollendung der Deutschen Einheit abzuschaffen. Er sprach von einem »alten Hut«, der »endlich über Bord« geworfen werden müsse.[151] Diese Haltung hatte sich auch in zahlreichen Parteikontakten zwischen SED und SPD niedergeschlagen. Daraus ging im August 1987 das zwischen SED und SPD ausgehandelte gemeinsame Papier »Der Streit der Ideologien und die gemeinsame Sicherheit«[152] hervor. Es schien, als würde die SED mit diesem Papier Reformbereitschaft zeigen. Enttäuscht über die Folgenlosigkeit brachen die Sozialdemokraten jedoch im Sommer 1989 die Verhandlungen über das Papier ab. Erhard Eppler hatte in seiner Festrede am 17. Juni 1989 im Bundestag erstmals das Scheitern der westlichen Befriedungspolitik angedeutet. Angesichts der Entwicklung in Osteuropa meinte er, dass »wir … bisher nicht präzise und detailliert genug sagen können, was in Deutschland geschehen soll, wenn der Eiserne Vorhang rascher als erwartet durchrostet«[153].

Völlig ignorant gegenüber dem Wandel im Ostblock gaben sich die Grünen, vor allem deren kryptokommunistischer Flügel. Als im August 1989 die Botschaftsbesetzungen durch DDR-Flüchtlinge dramatisch zunahmen, forderten Harald Wolf und Peter Lohauß, das »nationalistische und revanchistische Staatsbürgerschaftsgesetz« der Bundesrepublik abzuschaffen. »Eine solche Politik würde der Masse der DDR-BürgerInnen letztlich mehr bringen als die hohle Bonner Wiedervereinigungsrhetorik mit ihren international destabilisierenden Folgen.«[154] Andere Grüne hielten die Demokratisierungsforderung für eine Variante einer »Heim-ins-Reich«-Politik.[155]

Einen völlig neuen Politikansatz auch in der deutschen Frage beschritt der US-Präsident Ronald Reagan mit seiner Politik der Stärke gegenüber der Sowjetunion. 1987 kam es zu einem Durchbruch in den Abrüstungsverhandlungen, der die Abschaffung der Mittelstreckenraketen in Europa ermöglichte. Reagan bestand auch auf der Lösung des deutschen Problems. Am 12. Juni 1987 rief er in einer Ansprache vor dem Brandenburger Tor die viel zitierten und auch viel gescholtenen Worte: »Herr Gorbatschow, öffnen Sie dieses Tor! Herr Gorbatschow, reißen Sie diese Mauer nieder!«[156] In West-Berlin protestierten Tausende gegen die Politik Reagans, in Ostdeutschland schöpften Millionen neue Hoffnung. Als im Januar 1989 George Bush neuer Präsident der USA wurde, setzte er die Politik Reagans fort. Bush sah in der Teilung und Abriegelung Europas und Deutschlands[157] die Ursachen der Friedensgefährdung, nicht aber in einer künftigen Wiedervereinigung. Damit ging Bush über das hinaus, was die Bundesregierung sich zutraute, öffentlich zu erklären.

Die westliche Politik, welche die innere kritische Lage des Kommunismus verkannte und darum den kommunistischen Ländern eine Stabilisierungsleistung nach der anderen zuteil werden ließ, wurde später als »wilde Ehe mit den Diktaturen«[158] bezeichnet. Diese erst nachträglich illegitim erscheinende Verbindung entwickelte sich nicht nur unter dem Schirm moralisch korrekter, friedenspolitischer Absichten, sondern war auch eine Wirkung der politischen Mythen der DDR. Seit den 1970er-Jahren wurde in der Publizistik, der Wissenschaft und der Politik die DDR immer schöner geredet und geschrieben. Ihr wurde eine Zustimmung der Bevölkerung unterstellt, die sie nie besaß. Auch fielen viele Legenden der SED im Westen auf fruchtbaren Boden, etwa die eigentlich unglaubliche Geschichte, dass die DDR die zehntgrößte Industriemacht der Erde sei.

Besonders betroffen von der Verkennung der inneren Lage der DDR war die dortige Opposition. Die bundesdeutsche Politik sah die DDR-Opposition lediglich als ein ungelöstes humanitäres Problem und billigte ihr keine politische Rolle zu. Nur eine Liberalisierung der SED könnte aus dieser Sicht mehr Freiheit ermöglichen. Insofern war die DDR-Opposition nicht nur dem Zwangskorsett des SED-Regimes »ausgeliefert«[159], sondern auch von den bundesdeutschen politischen Diskursen isoliert. So haben Oppositionelle das zwischen SED und SPD ausgehandelte gemeinsame Papier heftig kritisiert, weil die SED entgegen den im Text bekundeten Absichten jeden innergesellschaftlichen Dialog verweigerte.[160] Den »Dialog nur zwischen Politikern führen zu wollen und ihn zwischen den Gesellschaften zu verweigern«, behindere »die Reformen des sozialistischen Systems«[161]. Ausgeschlossen wurden Oppositionelle von westlichen Politikern zur Genugtuung der SED auch in den offiziellen Ost-West- Städtepartnerschaften. Friedrich Schorlemmer forderte die SPD noch im Frühjahr 1989 auf, der »Verbonzung«[162] der Städtepartnerschaften entgegenzuwirken. Ausgeschlossen wurden in den Westen vertriebene Schriftsteller beim ost-westdeutschen Schriftstellertreffen vom 28. bis 31. Mai 1989 in West-Berlin, das im Rahmen des Ost-West-Kulturabkommens stattfand. Einer sprach vom »Export der Zensur«[163].

Vor allem aber gab es einen regelrechten politischen Boykott der bundesdeutschen Parteien gegenüber der DDR-Opposition. Später offenbarten die Akten, dass SPD-Politiker wie Karsten Voigt der SED Ratschläge erteilten, wie Oppositionelle abgeschoben werden könnten, oder Liberale wie Otto Graf Lambsdorff Honecker versicherten, dass sie für diese Leute keine Sympathie hätten.[164] CDU- und SPD-Ministerpräsidenten meldeten sich Ende der 1980er-Jahre immer häufiger zur Audienz bei Honecker an. So mancher, wie Björn Engholm, Lothar Späth und Oskar Lafontaine, äußerte sich bei solchen Gelegenheiten über angeblich zunehmende Freiheiten in der DDR. Lafontaine bot noch im August 1989 Honecker Unterstützung wegen der Botschaftsbesetzungen an. Fatal für die Opposition war, dass zahlreiche bundesdeutsche Politiker den Konsistorialpräsidenten Manfred Stolpe als Informationsquelle über die inneren Verhältnisse in der DDR nutzten, ohne zu wissen, dass dieser Kontakte zum MfS hatte. Stolpe bremste, wo er konnte. Im Sommer 1989 bezeichnete Stolpe »das flotte Reden von Wiedervereinigung« als »friedensgefährdenden Versuch, unabsehbare Irritationen in Gang zu setzen«, die sich »gegen die Nachkriegsordnung, die 45 Jahre Frieden erhielt«[165], richten würden.

Allerdings gab es auch westdeutsche Politiker aller Parteien, die einen anderen Blick auf die DDR-Opposition hatten. Bei den Sozialdemokraten waren es Gert Weisskirchen, Horst Sielaff, Jürgen Schmude, Freimut Duve und manchmal auch Hans-Jochen Vogel, die Kontakte zu Oppositionellen oder kritischen Kirchenleuten pflegten und auch Unterstützung gewährten. Bei den Liberalen war es Dieter Herbst aus Niedersachsen. Seit 1987 versuchten auch Politiker der CDU/CSU, Kontakte zur DDR-Opposition aufzunehmen, die über sporadische Einzelaktivitäten wie die von Norbert Blüm hinausgingen. Vermittelt durch den Vorsitzenden der Jungen Union in Rheinland-Pfalz, Stefan Schwarz, erregte ein Treffen am 13. Juli 1987 von Eduard Lintner, Heribert Scharrenbroich, Uwe Lehmann-Brauns, Ulf Fink und Werner Schreiber mit Oppositionellen Aufsehen. Bei den Grünen waren es Wilhelm Knabe, Alfred Mechtersheimer, Lothar Probst, Henning Schierholz, Jürgen Schnappertz, Eva Quistorp, Antje Vollmer, Petra Kelly und andere, die sich um die DDR-Opposition kümmerten. Einige der westdeutschen Politiker bekamen in ihren eigenen Parteien wegen solcher Kontakte Schwierigkeiten oder wurden von der DDR mit Einreiseverbot belegt.

Drohen und vorbeugen

Nach dem Aufstand vom 17. Juni 1953 waren die Kampfgruppen der SED gegründet, neue mobile Polizeibereitschaften aufgestellt und alle anderen militärischen Formationen auch auf innenpolitische Auseinandersetzungen vorbereitet worden. Das wichtigste Instrument hierzu war der »Vorbeugekomplex«[166]. Seit den 1960er-Jahren hatte das MfS für den Fall einer inneren Krise, einer Spannungsperiode oder für den Verteidigungszustand geplant, Lager für Regimegegner einzurichten. 86 000 DDR-Bürger, die festgenommen, isoliert oder verstärkt überwacht werden sollten, waren im November 1988 systematisch erfasst. Betroffen wären Oppositionelle, Kirchenleute, unzuverlässige staatliche Leiter und andere sogenannte feindlich-negative Personen gewesen.

Als sich seit 1988 die innenpolitische Lage verschlechterte, die Unruhe in der Bevölkerung wuchs, die Flüchtlings- und Ausreisebewegung zunahm, die Opposition erstarkte, Kirchen und Künstler aufmüpfiger wurden, es immer öfter zu spontanen Protesten kam, ergriff die SED weitere Maßnahmen. Zunächst baute sie eine Drohkulisse auf. Als Anfang Juni die Nachrichten von der blutigen Niederschlagung der chinesischen Demokratiebewegung kamen, verbreiteten die SED-Medien die zynischen Mitteilungen der chinesischen Kommunisten über den Kampf gegen die bürgerliche Liberalisierung. Honecker gratulierte dem neuen Parteichef Jiang Zemin. Hochrangige Besucher aus der DDR, unter anderen Hans Modrow, weilten zu Freundschaftsbesuchen in China. Die Ehefrau Honeckers, die Volksbildungsministerin Margot Honecker, erklärte am 13. Juni 1989 auf dem IX. Pädagogischen Kongress: »Unsere Zeit ist eine kämpferische Zeit, sie braucht eine Jugend, die kämpfen kann ... wenn nötig, mit der Waffe in der Hand.«[167]

Im Dezember 1988 stimmte Mielke seine Offiziere auf eine härtere Gangart ein und riet, die politische Strafrechtspraxis zu verschärfen.[168] Im Vorfeld des Jahrestages des Volksaufstands vom 17. Juni 1953 ordnete das MfS »höchste tschekistische Wachsamkeit« an, um »Überraschungen von außen und innen auszuschließen«, die »feindlichen, oppositionellen und anderen negativen Personenkreise gründlich operativ« zu durchdringen und »öffentlichkeitswirksame Aktionen bereits in der Vorbereitungs-bzw. Anfangsphase wirksam (zu) unterbinden«[169].

In Berlin wurde Anfang Juli eine »Soforteinsatzgruppe operative Beobachtung« aufgebaut, die »im Falle unvorhersehbarer operativer Erfordernisse« der »Vorbeugung und Bekämpfung besonders bedeutsamer Vorkommnisse in den Hauptrichtungen der Feindtätigkeit«[170] dienen sollte. Angesichts absehbarer Konflikte versuchte das MfS die Öffentlichkeitsarbeit der Opposition lahmzulegen und gab Hinweise, »solche öffentlichkeitswirksame Aktivitäten wie ›Schweigemärsche‹, öffentliche ›Mahnwachen‹, ›Fahrraddemos‹, ›Sitzblockaden‹ usw. wirkungsvoll vorbeugend zu bekämpfen«[171]. Im Frühjahr 1989 ging die SED daran, die »Kampfgruppen der Arbeiterklasse« auf den Einsatz gegen Demonstranten vorzubereiten. Mitte des Jahres wurden Einheiten der Nationalen Volksarmee für den Einsatz im Inneren trainiert und aus den militärischen Strukturen Hundertschaften gebildet. Um die Vielzahl der bei inneren Unruhen einsetzbaren Truppen, Polizei, Armee, MfS, Kampfgruppen sowie zivile Kräfte zu koordinieren, konnten die Strukturen der sogenannten Bezirks- bzw. Kreiseinsatzleitungen unter Führung der regionalen SED-Chefs genutzt werden. Der besorgte MfS-Chef Mielke fragte seine Generale bei einer Dienstbesprechung am 31. August: »Ist es so, dass morgen der 17. Juni ausbricht?«[172]

Aber es gab für die führenden Genossen auch positive Nachrichten. Als Honecker als große technische Leistung der erste in der DDR produzierte – allerdings wegen seiner langen Entwicklungszeit auch schon wieder überholte – 32-Bit-Chip überreicht wurde, gelang dem glücklichen Staatschef die am 15. August 1989 im *Neuen Deutschland* abgedruckte Sentenz »Den Sozialismus in seinem Lauf, hält weder Ochs noch Esel auf«, die zum geflügelten Wort werden sollte. Und aus dem Westen kam noch eine weitere gute Nachricht, die zu diesem Spruch passte. Die konservative Tageszeitung *Die Welt* gab noch Anfang August 1989 die von ihr bis dahin geübte Praxis auf, die drei Buchstaben DDR in Anführungszeichen zu setzen.[173] Aus der staatsrechtlich infrage gestellten »Sowjetzone«, »Ostzone« und »DDR« war nun doch noch – selbst für den Springer-Konzern – ein ordentlicher Staat geworden.

2

Der Konflikt wird öffentlich

September 1989

Der September wurde zum Auftakt einer politischen Revolution, die nichts so beließ, wie es einmal war. Jeder neue Tag brachte überraschende Ereignisse. Was bisher anscheinend unabhängig voneinander das SED-Regime belastet hatte, ballte sich nun im drögen Lauf der DDR-Verhältnisse zusammen, und so aufgestaut stieg der Druck, bis alles wie in einem Gebirgsbach von Klippe zu Klippe hinabstürzte.

Die schleichende Erosion des sowjetischen Imperiums erreichte im September eine kritische Phase. Polen und Ungarn trafen für die SED ungünstige Entscheidungen über die Flüchtlinge aus der DDR. Die Opposition trat mit neuen Strukturen an die Öffentlichkeit. Die Kirchen verließen ihren Beschwichtigungskurs. In den Blockparteien CDU und LDPD rumorte es. Künstler begehrten auf. Erste Demonstrationen in Leipzig übertrafen die Befürchtungen der Sicherheitsorgane. In wenigen Wochen wurden die Konflikte öffentlich. Es gab keinen eindeutigen Anfang, das Geschehen verdichtete die Zeit, alles wirkte auf jedes ein, verstärkte und beschleunigte sich gegenseitig. Doch in diesem bewegten September vermochte die SED nur defensiv zu reagieren. Der genesene Honecker ließ die Vorbereitungen zu den Jubelfeierlichkeiten des 40. Jahrestags der DDR weiterlaufen, als geschehe in und mit seiner DDR nichts. Aber er traf heimliche Vorkehrungen.

So standen sich in einer unüberbrückbaren Spannung seit Anfang September die Sorgen der Herrschenden um die Ruhe im Staat und die Hoffnungen der Gesellschaft auf Veränderung gegenüber:

»Die Welt scheint wieder eine Scheibe.
Uns fehlen viele Galileis,
die einfach aufsteh'n
und ganz klar sagen,
dass diese Erde sich noch dreht.«[174]

MfS-Generalleutnant Manfred Hummitzsch aus Leipzig schilderte am 31. August Mielke die Lage: »Die Stimmung ist mies ... Ansonsten, was die Frage der Macht betrifft, Genosse Minister, wir haben die Sache fest in der Hand, sie ist stabil ... aber es ist außerordentlich hohe Wachsamkeit erforderlich ... Es ist tatsächlich so, dass aus einer zufälligen Situation hier und da ein Funke genügt, um etwas in Bewegung zu bringen.«[175]

Noch klagen die Reimeschreiber im Volk, aber sie warnen auch schon mit ihrer eigenen Entschlossenheit. Jo Winter dichtete:

>>das röhrt aus angst
in die nacht
selbst verschuldet
und wohl auch recht
das ist nicht sorgen
um euer Volk
zaumgehalten
und nie wirklich euch
war'n vierzig fackeln
schon leichenbegängnis
die vöglein schreien im Walde
wartet nur wartet nur«[176]

Seit dem 20. September kursierte in Arnstadt ein anonymes Flugblatt, verfasst von dem damals unbekannten Günther Sattler, das für den 30. September zu einer Protestkundgebung aufrief. Der junge Mann hatte dem Aufruf ein selbstverfasstes Gedicht beigefügt:

>>was für ein leben?
wo die wahrheit zur lüge wird,
wo der falsche das zepter führt.
was für ein leben?
wo die freiheit tot geboren,
wo schon scheint alles verloren.
was für ein leben?
wo alte männer regieren,
wo noch menschen an grenzen krepieren,
was für ein leben?
wo die angst den alltag bestimmt,
wo das ende kein ende nimmt...«[177]

Die Entgrenzung beginnt

Die Beschleunigung der Krise zeigte sich im sprunghaften Anwachsen der Fluchtbewegung. Das Getöse der SED-Propaganda wurde schrill. Aber sie verhallte wirkungslos, da der Raum, in den sie hineintrompetet wurde, im September seine Konturen verlor. Die Entgrenzung der DDR begann vor den Augen der Menschen dort und der Weltöffentlichkeit. Die westlichen Medien berichteten über die anschwellende Fluchtwelle und den Ruf »Wir wollen raus«, der in Leipzig bei den ersten Demonstrationen vor der Nikolaikirche zu hören war. Sie wollten raus aus der wirtschaftlichen Misere, aus dem Braunkohlengestank, aus den verfallenen Häusern und der heruntergekommenen Infrastruktur, aus der Angst um ihre Zukunft, aus der politischen Lüge. Das Vertrauen, dass die SED noch irgendwelche Probleme lösen könne, war endgültig erloschen. Das »Raus« zerrüttete das Phantasma von der Einheit des Volkes und der Partei. Die SED-Führung versuchte die Angelegenheit als westliche Aggression darzustellen.

Verhandlungen mit der Bundesregierung wegen der neuerlichen Besetzung der Ständigen Vertretung verschafften der SED-Führung eine kleine Atempause. 117 Flüchtlinge verließen die Vertretung am 8. September. Ihnen war Straffreiheit zugesichert worden. Bedenklicher war, was aus Ungarn gemeldet wurde. Am 1. September erhielten dort die DDR-Bürger die Zusage für ihre Ausreise. Sie sollten Pässe des Roten Kreuzes erhalten. Völlig unklar war, wie viele Flüchtlinge sich in Ungarn aufhielten. In den von den Ungarn eingerichteten Flüchtlingslagern meldeten sich Tausende. In den Lagern tummelten sich auch Mitarbeiter des MfS, die vergeblich versuchten, Flüchtlinge zur Rückkehr zu bewegen. Die Ungarn hatten die Lage kaum noch im Griff. Nach Gesprächen mit der Regierung in Bonn und nach gescheiterten Verhandlungen mit der DDR öffnete Ungarn nach Unterrichtung der Bundesregierung am 11. September die Grenzen zu Österreich – eine Weltsensation. Bilder von verlassenen Fahrzeugen und von überglücklichen Menschen gingen um die Welt.

Die ungarische Regierung hatte alle Abkommen mit der DDR über die Auslieferung von Flüchtlingen außer Kraft gesetzt. Etwa 20 000 Menschen gelangten über Zwischenlager in Österreich in die Bundesrepublik. Wie vor dem Mauerbau 1961 musste sich die

Bundesregierung auf die Massenflucht einstellen, die Aufnahme der Flüchtlinge organisieren und international politisch aktiv werden. Das Datum prägte sich derart ein, dass es später immer wieder als Wendepunkt des Herbstes 1989 betrachtet werden sollte. Die DDR-Bürger wussten nun, dass beharrlicher Druck die Politik zu bewegen vermag.

Die Grenzöffnung in Ungarn wirkte auch sofort auf die Bundesrepublik zurück. Am 11. September begann ein Parteitag der CDU in Bremen. Bundeskanzler Kohl hatte seinen Generalsekretär Heiner Geißler entlassen, nachdem seine innerparteilichen Gegner mobil gemacht hatten. Die Nachricht aus Ungarn bot ihm die Möglichkeit zu deutschlandpolitischer Profilierung. Jetzt öffnete sich der Weg für Veränderungen im Ostblock. Plötzlich erschien sein Beharren auf einer zukünftigen Wiedervereinigung als politische Klugheit. Der Parteitag bestätigte ihn glänzend.

Auch bei den Sozialdemokraten hatte der 11. September Folgen. SPD-Politiker forderten die SED auf, mehr politische Pluralität zuzulassen und Reformschritte wie in der Sowjetunion zu unternehmen. Deswegen wurde vor allem Hans-Jochen Vogel von der SED bezichtigt, deutschlandpolitische Positionen der CDU/CSU zu übernehmen, während Walter Momper und Egon Bahr noch gelobt wurden.[178] Verärgert sagte der SED-Volkskammerpräsident Horst Sindermann am 15. September eine vereinbarte Parlamentsbegegnung ab.[179] Es mag ein schwacher Trost für die SED gewesen sein, dass Bahr in einer Strategiedebatte der SPD im September erkennen ließ, er gehe nicht von einem Zusammenbruch der DDR aus. Veränderungen seien nicht gegen das System zu erreichen.[180]

Die Tragweite des Ereignisses wurde besonders in Ost-Berlin begriffen. Am 11. September hatten die Ungarn nicht wie noch im August stillschweigend einen Durchbruch geduldet. Diesmal hatte vielmehr ein sozialistisches »Bruderland« die Solidarität mit der DDR aufgekündigt. Prompt übermittelte die DDR-Regierung eine geharnischte Protestnote und forderte die sofortige Schließung der Grenzen. Neben dem Vorwurf, die Bundesrepublik habe sich in die inneren Angelegenheiten der DDR eingemischt, wurde der »Verrat« Ungarns um wirtschaftlicher Vorteile willen immer wieder zum Thema in den SED-Medien. Honecker befand sich aber auch in einem Dilemma. Er konnte schon aus wirtschaftlichen Gründen nicht alles diplomatische Porzellan zerschlagen. So stimmte er dem Antrag des Dresdener SED-Chefs Hans Modrow zu, der Einladung der SPD Baden-Württemberg vom 25. bis 29. September zu folgen. Modrow wurde in den Westmedien zum Hoffnungsträger. Der Westen rechnete noch nicht mit der erwachenden ostdeutschen Gesellschaft als politischem Subjekt.

Die ungarische Entscheidung wirkte in der DDR keinesfalls als Ventil. Vielmehr sahen jetzt die Menschen erst recht eine Chance, dem SED-Staat zu entkommen. Umgehend steuerten immer mehr Flüchtlinge die bundesdeutschen Botschaften in Prag und Warschau an. Am 12. September hielten sich in der Prager Botschaft, die seit August offiziell geschlossen war, etwa 400 Menschen auf. Die DDR unterbreitete über Vermittler ein Angebot für eine straffreie Rückkehr und eine baldige Bearbeitung der Ausreiseanträge. Aber nur die Hälfte der Botschaftsbesetzer ging darauf ein. Seit dem 13. September flüchteten auch immer mehr Menschen in die Botschaft in Warschau. Als ihre Zahl dort 600 erreicht hatte, wurde die Botschaft am 19. September geschlossen.

Die Gegenpropaganda der SED trieb absurde Blüten. Die Fluchtwelle sei »Menschenhandel« und von der Bundesrepublik »generalstabsmäßig vorbereitet«: »Unter Anwendung aller Methoden der Versprechungen, der Verlockungen, des psychologischen Drucks und unverhüllter Abwerbung werden Bürger der DDR dazu gebracht, über dritte Länder ihre Heimat zu verlassen.« Dies sei zur »Wiederherstellung des Großdeutschen Reiches in den Grenzen von 1937«[181] angezettelt. Gelächter erregte das *Neue Deutschland* mit dem Artikel: »Ich habe erlebt, wie BRD-Bürger gemacht werden.« Darin berichtete ein aus Ungarn zurückgekehrter Flüchtling, er sei mit einer präparierten Mentholzigarette betäubt worden:

»FRAGE: Wie und wo sind Sie wieder aufgewacht?
ANTWORT: In einem Reisebus, noch ziemlich benebelt. Mein ›Fremdenführer‹ aus Budapest saß neben mir, schlug mir auf die Schulter und antwortete auf meine Frage, wo wir seien: In der Freiheit, auf dem Weg in die BRD.
FRAGE: Wie erklären Sie sich dann, dass Sie in der Budapester Wohnung bewusstlos wurden?
ANTWORT: Offensichtlich hat man mir Betäubungsmittel gegeben, wie ich jetzt erfahren habe, eine beliebte Methode westlicher Geheimdienste und Handlanger.
FRAGE: Sie wurden also nicht schlechthin ›abgeworben‹, sondern regelrecht verschleppt?

ANTWORT: Ja, ich fühle mich als Opfer von Entführern, von Verbrechern ...«[182]

Das angebliche Entführungsopfer, ein Ost-Berliner Kellner, gestand später im November ein, dass er zu dieser Aussage genötigt worden war.

Täglich wurde in den Zeitungen über alle Übel des Westens berichtet: Wohnungsmangel, Obdachlosigkeit, Mietwucher, Preissteigerungen, Verschuldung, Kinderarbeit, Berufsverbote, Neofaschismus, Drogen, Doping oder Massenarbeitslosigkeit. Die verführten DDR-Flüchtlinge konnten nur in ihr Unglück laufen. Dagegen wurde das Leben in Sicherheit und Geborgenheit, wie es die DDR zu bieten hatte, gepriesen. Aus dem Ausland gab es freundschaftliche Grußadressen von den Diktatoren Kim Il Sung aus Nordkorea und Nikolae Ceaucescu aus Rumänien. Und fast täglich tauschte die DDR mit den neuen alten Freunden in der Volksrepublik China solidarische Grüße aus. Am 30. September veranstaltete die SED einen Festakt zum vierzigsten Jahrestag der Volksrepublik. Unverhüllt wurde erneut gedroht: »In den Kämpfen unserer Zeit stehen DDR und VR China Seite an Seite.«[183]

Die realen Probleme waren damit jedoch nicht aus der Welt zu schaffen. Polen versprach angesichts der Situation in der bundesdeutschen Botschaft in Warschau eine baldige Lösung. Diese wurde aber zuerst in Prag gefunden, wo sich inzwischen über 1000 Flüchtlinge in der Botschaft aufhielten. Kaum einer von ihnen nahm das Angebot an, straffrei in die DDR zurückzukehren. In der letzten Septemberwoche befanden sich bei schlechtem Wetter und unter unsäglichen Bedingungen etwa 5000 Menschen auf engstem Raum auf dem Botschaftsgelände. Eine junge Frau schrieb aus der Prager Botschaft an ihre Freundin in Eisenach: »Wir fuhren an die Grenze und kamen unbehelligt in der Botschaft an. Die Zustände sind katastrophal, aber das ist alles nicht so schlimm. Wir sind mit 20 Leuten in einem Zelt, und die Leute sind in Ordnung. Es ist so komisch, hier zu sein – ich denke manchmal, ich träume. Es ist so unfassbar. Ich hoffe, es dauert nicht so lang. Ich habe wieder viel gesehen ... Leute über den Zaun, weil alles abgesperrt ist ... es ist so deprimierend. Die Leute von der Botschaft sind ganz nett, trotz dem ganzen Stress hier. Sie haben keinen Überblick. Ich hoffe, es wendet sich alles zum Guten ...«[184]

Der öffentliche Druck auf die SED-Führung, nicht zuletzt durch die tschechischen Kommunisten, wuchs. Am 29. September beschloss das Politbüro der SED, die Ausreise der Botschaftsbesetzer in der CSSR über DDR-Territorium zu gestatten, um wenigstens noch formal eine geregelte Ausreise vortäuschen zu können, die hoheitsrechtlich von der DDR getragen wäre. Honecker hatte es eilig, weil er bei den bevorstehenden Feierlichkeiten zum 7. Oktober keine blamablen Schlagzeilen haben wollte. Tags darauf verkündete der angereiste bundesdeutsche Außenminister Hans-Dietrich Genscher den Flüchtlingen, dass sie ausreisen dürften. Das Fernsehen zeigte die Bilder des tausendfachen Jubels.

Selbst Mitglieder der SED trauerten seit Wochen, dass die Jugend das Land verließ. Christoph Hein erklärte am 14. September: »Ich bin darüber verzweifelt, dass der Staat offensichtlich diese Verluste für bedeutungslos hält, jedenfalls so bedeutungslos, dass er es nicht für notwendig erachtet, die Ursachen für diesen Verlust zu bekämpfen. Es macht mich krank, weil die Gesellschaft irgendwo krank ist.«[185] Und erschüttert waren auch viele Menschen, die bleiben wollten, um das Land zu verändern. Es wurde getrauert über Bekannte, Freunde und Verwandte:

> »Nebelmorgen, Septembertag.
> Ich muss immerzu an dich denken.
> Arbeitsweg – jeden Tag gleich grau,
> doch du bist einfach abgehau'n.
> Ich versteh dich und versteh dich nicht!
> Nebelmorgen, Regen im Gesicht ...
> Ich bleib, wer geht, kann nichts verändern,
> Bleib, solange Hoffnung in mir ist.
> Solange Hoffnung in mir ist.«[186]

Die Kritiker des Regimes waren empört, dass die SED die öffentliche Debatte und jedes politische Mittel zum Krisenmanagement verweigerte und die Schuld an der Situation stets anderen zuwies:

> »was für ein land
> wo leute hinausspritzen
> wie wassertropfen
> wenn ein stein in die pfützen
> geworfen wird
> wer wirft da.«[187]

Die neue Opposition

»Dass diese Leute endlich abtreten«

Die dramatisch anschwellende Fluchtwelle und die Verweigerung von Reformen durch die SED beschleunigten seit August 1989 den Formierungsprozess der Opposition. Für sie war die Fluchtwelle ein wesentlicher Indikator für den Zustand des Regimes. In allen Gründungsdokumenten der Opposition wurde auf die Massenflucht Bezug genommen. Die physische Entgrenzung der DDR ging mit dem Aufbrechen des geschlossenen politischen Raumes Hand in Hand. Bärbel Bohley schrieb in einem Samisdat-Text: »Eine legale politische Ebene muss dem Staat abgerungen werden, auf der die Menschen sich finden können, um ihre Aktivitäten für eine Veränderung der Gesellschaft zu entfalten ... Nur so haben wir als Individuum und als Gesellschaft eine Chance, unsere verlorene Sprache wieder zu finden und uns aus unserem knechtischen Dasein zu befreien.«[188] Und weiter: »Ich halte es für notwendig, dass diese Leute nun endlich abtreten ... Ich möchte nicht, dass bei der Abgabe der Macht Blut fließt oder überhaupt Gewalt im Spiel ist. Es wäre schon gut, wenn sie aus Einsicht zustande kommen würde. Aber ich glaube, diese Einsicht verhindert man, wenn man nicht sagt, dass die Macht abgegeben werden muss.«[189] Das gab die Stimmungslage der Oppositionellen wieder, die gerade neue Instrumente für den Machtkampf konstruierten.

Das entsprach auch den Erwartungen der bisher schweigenden und eingeschüchterten Bevölkerung. Ein Ost-Berliner gründete klammheimlich mit seiner Familie eine Vereinigung und schrieb in diesen Tagen eine Kritik des SED-Regimes. Er fügte hinzu: »Wir nennen unsere Namen nicht aus Vernunftgründen. Ja wir haben Angst!« Entsprechend hieß der Name seiner Vereinigung »DAS – daheim ausharrende Sozialisten«[190]. Oppositionelle aber handelten öffentlich, ohne zu wissen, wie es ausgehen würde.

Das politische System schloss Parteien oder andere Vereinigungen außerhalb der von der SED kontrollierten »Nationalen Front« aus. Überlegungen zu Parteigründungen hatte es dennoch immer wieder gegeben. Schon in den 1950er-Jahren haben kleine und kleinste Gruppen solche Unternehmungen gestartet, die allerdings regelmäßig unterdrückt wurden. So erging es auch der aus einigen Ost-Berliner Arbeitern bestehenden »Freien Demokratischen Unabhängigen Arbeiterpartei«.[191] Auch der Plan, im Jahr 1984 nach einem Treffen mit Petra Kelly und Gert Bastian eine DDR-Sektion einer Grünen Partei zu bilden, war fallen gelassen worden, weil eine solche Gründung unweigerlich kriminalisiert worden wäre. Eine Episode, mit der das MfS beschäftigt war, blieb auch die Aktion eines Einzelnen oder einer sehr kleinen Gruppe, die Anfang August 1989 eine »Freie Partei der Republik«[192] ausrief. Entsprechende Flugblätter waren in West-Berlin hergestellt und in Ost-Berliner Briefkästen gesteckt worden. Den Initiatoren fehlten elementare Kenntnisse der Verhältnisse.

Abgesehen von materiellen Schwierigkeiten behinderten auch interne Blockaden in der Opposition Parteigründungen. Die basisdemokratisch orientierten Gruppen lehnten größere, durchstrukturierte und vermeintlich hierarchisierte Organisationen ab und gaben sich mit den etablierten kirchlichen Netzwerken zufrieden. An dieser Haltung scheiterte auch ein Vorstoß von Hans-Jochen Tschiche während der Tagung des Netzwerks »Frieden Konkret VII« im Februar 1989 in Greifswald, wo er vorschlug, eine »Vereinigung zur Erneuerung der Gesellschaft« zu gründen. Es fand sich keine Mehrheit. Ähnlich erging es auch Rainer Eppelmann und Markus Meckel bei ihren ersten Anläufen, Mitstreiter für die Gründung einer sozialdemokratischen Partei zu finden.

In Leipzig führten die politischen Auseinandersetzungen zu Versuchen der Oppositionellen, ihre Aktivitäten besser koordinieren und nach außen vertreten zu können. Es entstanden mehrere Gruppen, u.a. mit Michael Arnold die »Arbeitsgruppe Umgestaltung Leipzig«, die am 29. Dezember 1988 eine Grundsatzerklärung verfasste. Zu etwas größerer Bedeutung kam die im Herbst 1988 gegründete »Initiative zur demokratischen Erneuerung unserer Gesellschaft«, die sich als »Demokratische Initiative (DI)« im Januar 1989 neu formierte. Diese Initiative vermochte sich aber nicht landesweit auszudehnen, zumal sie auf jegliche klare Strukturierung verzichtete.

Die monatelangen internen Debatten über neue Organisationsformen fanden schließlich durch den im September einsetzenden Gründungsprozess oppositioneller Initiativgruppen ein Ende. Vorhergehende Gespräche im August zwischen Oppositionellen der einzelnen Initiativen hatten weder eine Einigung über das strategische Vorgehen gebracht, noch konnte Übereinstimmung über die notwendigen Strukturen erzielt werden. Einen Konsens gab es allerdings in den aufgestellten Demokratisierungsforderungen. Diese wurden auf dem Hintergrund der Staatskrise jetzt aktualisiert. Fast durchweg spielten daher Rechts- und Menschenrechtsfragen eine Rolle. Gemeinsam war den Gründungsaufrufen auch der Hinweis auf die gegenwärtige Krise, deren Bewältigung der SED nicht zugetraut wurde. Auch wollten alle Initiativen Mobilisierungseffekte erzielen, um aus der Minderheitssituation herauszukommen und für die Bevölkerung Handlungsräume zu schaffen.

Differenzen gab es zwischen solchen Projekten, die lediglich einen öffentlichen politischen Dialog als Voraussetzung der Demokratisierung ermöglichen wollten, und denen, die eine programmatisch definierte Interessenvertretung anstrebten. Diese unterschiedlichen politischen Konzepte führten zur Gründung von Bürgerbewegungen, dem »Neuen Forum«, »Demokratie jetzt«, und »Vereinigte Linke«. Demgegenüber stand die Gründung zunächst einer Partei, der Sozialdemokraten – SDP. Der »Demokratische Aufbruch« nahm eine Zwischenposition ein.

Nahezu alle Initiatoren waren in der Opposition der 1980er-Jahre aktiv gewesen, in der Szene bekannt und konnten ihre Erfahrungen in der Auseinandersetzung mit der SED und dem MfS nutzen. Auf viele von ihnen waren die westlichen Medien in den Jahren zuvor aufmerksam geworden. In einigen Initiativgruppen dominierten Theologen und andere kirchliche Mitarbeiter. Durchgängig wollten die Initiatoren mit der Neuformierung die oft bremsende, wenn auch manchmal gut gemeinte kirchliche Bevormundung überwinden. Alle Neugründungen gingen von Berlin aus, allerdings wurden Oppositionelle aus dem Lande hinzugezogen. Die Beteiligung an den ersten Initiativen war oft von Zufallsfaktoren abhängig. Häufig wurden Oppositionelle bei zufälligen Begegnungen auf der Straße angesprochen. Auch spielten bei der Zusammensetzung persönliche Spannungen eine Rolle. Bärbel Bohley lehnte die Zusammenarbeit mit Wolfgang Schnur ab, weil sie ihn für einen MfS-Spitzel hielt.

Die Initiatoren mussten bis in den November hinein noch unter schwierigsten Bedingungen arbeiten. Dazu gehörten zahlreiche Behinderungen und Störungen in der Kommunikation, Telefonsperren, Hausarrest, Abriegelungen von Wohnungen, Zuführungen, Verhöre oder Sabotageakte an Fahrzeugen. Um die Akteure einzu-

schüchtern, war das MfS zur »Stoßstangenobservierung« übergegangen. Das MfS konnte auf zahlreiche IM in der Oppositions-
szene zurückgreifen, deren Einfluss auf die inhaltliche Arbeit, auf
die interne Polarisierung oder die Behinderung von Arbeitsprozes-
sen damals nicht erkannt wurde. Das MfS schleuste seine IM nicht
in Führungspositionen der Opposition ein. Die später enttarnten
IM wie Wolfgang Schnur im »Demokratischen Aufbruch« und
Ibrahim Böhme in der SDP sind ausdrücklich von Oppositionellen
um Mitarbeit gebeten worden. Schon bald versuchte allerdings das
MfS, gezielt Oppositionsgruppen zu unterwandern. Der Einfluss
der Geheimpolizei war begrenzt, da nicht wenige der IM die Gelegenheit wahrnahmen, sich innerlich und politisch vom MfS frei zu
machen.[193] Außerdem konnte das MfS mit der schnellen Ausbrei-
tung der Bewegung kaum Schritt halten. Die Verbindungen zur
westdeutschen Politik waren im September noch sehr dürftig, zumal westliche Politiker immer wieder an den Berliner Grenzübergangsstellen zurückgewiesen wurden.

Monatelang war es schwierig, eine hinreichende interne Kommunikation herzustellen. Gegenseitige Besuche und Treffen in den
Privatwohnungen konnten den Mangel an technischen Kommunikationsmitteln kaum ausgleichen. Für die Öffentlichkeitsarbeit
erwiesen sich die in Ost-Berlin akkreditierten Journalisten als äußerst hilfreich. Sie haben die wichtigsten Informationen über ihre
Medien verbreitet. Ansonsten konnten die Oppositionellen zunächst nur auf ihren Samisdat und die mit primitiver Abzugstech-
nik hergestellten fliegenden Blätter zurückgreifen. Manche Samis-
dat-Redaktionen strukturierten ihre Blätter neu, die *Umweltblätter*
wurden nun zu dem häufig erscheinenden *telegraph*. Die Texte der
Gründungsinitiativen wurden zu Tausenden verbreitet und in der
Bevölkerung immer neu abgeschrieben.

Trotz dieser widrigen Umstände war die Gründungsphase der
neuen Organisationen von einem beispiellosen Elan geprägt. Der
Schwung des Beginnens, das Aufbrechen einer Erstarrung, drückte
sich schon in den Namen der neuen Bewegungen aus. Der Begriff
»Aufbruch 89 – Neues Forum« assoziierte das selbstbewusste Auftreten auf einem Marktplatz der Ideen. »Die Zeit ist reif«, hieß es
im Gründungsaufruf. Die gleichen Ideen fanden sich auch in den
großen revolutionären Organisationen in Ungarn und der CSSR,
die sich die Namen »Demokratisches Forum« und »Bürgerforum«
gegeben hatten. Der Neuanfang auf der Zeitachse kam auch bei

»Demokratie jetzt« mit einem Schmetterling als Logo oder dem »Demokratischen Aufbruch« mit einem aufstrebenden Pfeil als Vignette zum Ausdruck.

Initiative Frieden und Menschenrechte (IFM)

Die 1985 gegründete Initiative Frieden und Menschenrechte (IFM) hatte am 11. März 1989 ein Papier veröffentlicht, in dem sie ihr Selbstverständnis erklärte und auf dieser Basis zur landesweiten Zusammenarbeit aufrief. Nach ihrem Selbstverständnis handelte sie unabhängig von der Kirche, auch wenn sie den kirchlichen Öffentlichkeitsraum nutzte. Zu den Besonderheiten der IFM gehörten ihre zahlreichen Aktionen, antizipatorische Strategien sowie ihr Friedensbegriff, der strikt an die Menschenrechtsfrage geknüpft war. Ihre Mitglieder verfügten über zahlreiche Kontakte zu Dissidenten in anderen Ostblockstaaten. Durch die Verhaftungen und Abschiebungen im Januar 1988 war die IFM zunächst sehr geschwächt, wurde aber bald wieder handlungsfähig. In die als gefährlich geltende Gruppe waren mehrere IM eingeschleust worden. Das März-Papier kann als Vorläufer der Gründungsaufrufe für die neuen Reformbewegungen vom Spätsommer 1989 gelten, löste aber noch keine Mobilisierung aus. Eine Zusammenarbeit mit einigen Leipziger Gruppen kam jedoch in Gang. Das Reformpapier hob vor allem auf »Rechtsstaatlichkeit und politische Gewaltenteilung«[194] ab. Zu den politischen Zielen gehörten eine Verfassungsreform zur Stärkung individueller Rechte, Meinungs- und Informationsfreiheit, unabhängige Gewerkschaften, Freiheit für Kultur und Bildung und die Überwindung der Grenzen.

Am 12. August 1989 gab die IFM in Berlin eine Einladung heraus, in der sie für den 28. Oktober zu einem Treffen in Berlin aufrief, um über den Aufbau eines Kommunikationsnetzes auf der Grundlage ihres Aufrufs vom 11. März zu beraten. Die kleinste und ihre Kontinuität wahrende Oppositionsgruppe wurde damit zur wichtigen Gestalterin des revolutionären Prozesses. Werner Fischer, Reinhard Weißhuhn und Gerd Poppe gehörten schon Ende der 1970er-Jahre zum Umfeld des damals bekanntesten Dissidenten Robert Havemann. Poppe zählte zu den profilierten Denkern der Opposition.

Die Sozialdemokratische Partei (SDP)

Die Gründung der Sozialdemokratischen Partei (SDP)[195] in der Frühphase der Revolution hatte den längsten Vorlauf aller neuen Initiativen, auch wenn ihre politische und gesellschaftliche Wirkung erst später als die des Neuen Forums zum Zuge kam. Die Entstehungsgeschichte dieser Partei weist für die deutsche Sozialdemokratie geradezu paradoxe Züge auf. Die Neugründung konnte sich nicht mehr auf eine nennenswerte soziale oder politische Tradition in den ehemaligen sozialdemokratischen Hochburgen Mitteldeutschlands stützen. Abgesehen von wenigen sehr alten ehemaligen SPD-Mitgliedern war auch keine personelle Kontinuität zu der in Ost-Berlin 1961 endgültig aufgelösten SPD herzustellen. Innerhalb der SED als kommunistischer Kaderpartei waren sozialdemokratische Rudimente nach der Zwangsvereinigung 1946 ausgelöscht worden. Die Neugründung konterkarierte zugleich die Dialogpolitik der bundesdeutschen SPD mit der SED.

Die Gründung der SDP war eine intellektuelle »Kopfgeburt«[196] zweier Pfarrer. Der geistige Vater dieser Gründung war Martin Gutzeit. Dessen Idee wurde von seinem Amtskollegen und Freund Markus Meckel aufgenommen, und beide entwickelten das Konzept weiter. Beide hatten schon als Pfarrerskinder Benachteiligungen erfahren und studierten in der kirchlichen Ausbildungsstätte, dem »Sprachenkonvikt« in Ost-Berlin. Hier wurde ihr Interesse an philosophischen Themen zu Politik und Gesellschaft geweckt. Sie engagierten sich in der kirchlichen, sozialethisch orientierten Opposition der 1980er-Jahre. Sie erkannten die politische Dimension der Friedensbewegung weit über deren sozialethische Aspekte hinaus und suchten seit Mitte der 1980er-Jahre nach politisch effizienteren Wegen. Nach den Verhaftungen von Oppositionellen im Januar 1988 stand für Gutzeit und Meckel fest, dass die ethisch motivierten, basisdemokratischen und zivilgesellschaftlichen Konzepte der bisherigen Oppositionsgruppen nicht ausreichten. Eine erste Frucht dieser Überlegungen war ein Projekt mit dem Titel »Bürgerbeteiligung. Verein zur Förderung der Mitarbeit am gesellschaftlichen und politischen Leben in der DDR«[197]. Der Verein sollte eine DDR-weite Struktur schaffen, in der Mitglieder nach demokratischen Regeln verbindliche und bindende Beschlüsse fassen, Öffentlichkeit herstellen, Interessen der Bürger vertreten, Maßnahmen zur Abwehr von MfS-Aktivitäten treffen, Solidarität mit Verfolgten organisieren und demokratische Ziele diskutieren.

In der Folgezeit kamen Gutzeit und Meckel Zweifel an den immer noch deutlich an Konsensvorstellungen angelehnten Vorstellungen. Gutzeit entwarf im Januar 1989 einen Text »Situationsanalyse und Problemlösungen«, in dem die Initiative zur Gründung einer sozialdemokratischen Partei als Möglichkeit angegeben wurde. Es sei notwendig, »selbstbewusst und selbstverständlich die politischen Rechte und Pflichten (Verantwortung) eines Bürgers in Anspruch zu nehmen ... die schon die rechtliche und demokratische Verfassung eines vernünftigen und freien Staatswesens strukturell (in Handlungsformen) antizipiert«[198].

Ab Februar 1989, zunächst bei dem Seminar »Frieden konkret« in Greifswald, informierte Meckel zahlreiche Oppositionelle von dem Vorhaben. Das Projekt stieß auf Ablehnung. Einige wollten sich nicht in die sozialdemokratische Tradition einklinken, da sie die Ostpolitik der SPD ablehnten, andere vertraten basisdemokratische Vorstellungen, und es gab auch solche, die die Gründung einer Partei als verfrüht oder als zu riskant ansahen. Davon unbeirrt erarbeiteten Gutzeit und Meckel weitere Entwürfe zur Bildung einer Initiativgruppe. Ein solcher Entwurf wurde nach einem Treffen im Pfarrhaus von Meckel in Niederndodeleben am 24. Juli in Umlauf gebracht. Am 28. August 1989 stellte während eines Menschenrechtsseminars in der Berliner Golgatha-Kirche Meckel den leicht überarbeiteten Aufruf vor. Veränderung sei nur noch durch »die grundsätzliche Bestreitung des Wahrheits- und Machtanspruchs der herrschenden Partei« möglich. Gefordert wurden »Rechtsstaat und strikte Gewaltenteilung«, »parlamentarische Demokratie«, »soziale Marktwirtschaft«, »Freiheit der Gewerkschaften und Streikrecht«[199]. Der Aufruf war von Ibrahim Böhme, Martin Gutzeit, Markus Meckel sowie den Pfarrern Helmut Becker und Arndt Noack unterschrieben. Böhme war erst kurz zuvor gewonnen worden.

Damit waren die Gründer in die Öffentlichkeit gegangen und lösten vielfältige Reaktionen aus. Bei den staatlichen Instanzen, vor allem beim MfS, herrschte höchste Aufregung. Letzteres hatte auch das Politbüro der SED informiert. Die Maßnahmen des MfS zielten neben den üblichen Störaktionen auf eine Disziplinierung der Initiatoren durch deren kirchliche Vorgesetzte. Meckel hatte allerdings schon seinen Bischof Christoph Demke in Magdeburg

76

informiert und erklärt, er werde die Parteigründung selbst verantworten und wolle auf kirchliche Unterstützung verzichten. Mehrfach kam es zu Disziplinierungsgesprächen, die allerdings ohne
Wirkung blieben.

Von SPD-Politikern aus der Bundesrepublik und West-Berlin,
wie etwa vom damaligen Regierenden Bürgermeister Walter Momper, kamen ablehnende Äußerungen, da sie Änderungen nur von
der SED erwarteten. So sehr einerseits die westliche Unterstützung
fehlte, konnten die Ost-Sozialdemokraten doch andererseits darauf verweisen, dass ihre Pläne nicht vom Westen initiiert worden
waren. Da im September weitere politische Initiativen wie das
Neue Forum, Demokratie jetzt und Demokratischer Aufbruch in
die Öffentlichkeit gingen, bestand für die sozialdemokratischen
Gründer auch ein gewisser Handlungsdruck. So gaben sie das am
12. September erarbeitete Papier »Zum Aufruf der Initiativgruppe
›Sozialdemokratische Partei in der DDR‹« heraus, das die Erklärung vom 28. August auf eine Seite gekürzt wiedergab. In diesem
Aufruf wurde angeregt, in den Regionen eigenständige Parteigrup-
pen zu bilden.

Ende September legte der Initiatorenkreis den 7. Oktober als
offiziellen Gründungstag fest. Aufgrund der Erfahrung eines massiven Einschreitens des MfS am 1. Oktober gegen die Gründung
des Demokratischen Aufbruchs hinterlegten die Initiatoren insgeheim am 2. Oktober eine »Gründungsurkunde der Sozialdemokratischen Partei (SDP) in der DDR«[200] bei einer Mitstreiterin, um im
Falle eines polizeilichen Zugriffs während der vorgesehenen Gründung den rechtlichen Gründungsakt nachweisen zu können.

Die meisten noch verängstigten DDR-Bürger sahen sich angesichts der durch die Sozialdemokraten gestellten Machtfrage
überfordert. Die SDP hatte nicht nur ein klares pragmatisches Programm, sondern gleichzeitig auch der SED einen geschichtspolitischen Fehdehandschuh hingeworfen. Allein die Neugründung der
Partei zerstörte den Mythos von der in der DDR vereinten Arbeiterklasse seit 1946, eine Säule der Legitimation des kommunistischen Staates. Trotz der Schwächen der unter schwierigsten Verhältnissen in Gründung befindlichen jungen Partei sollte sich aber
bald diese Gründung als Vorteil erweisen. Während ein Teil der
neuen Bewegungen sich noch in einem inhaltlichen Selbstfindungs-
prozess befand, wussten die Sozialdemokraten schon sehr genau,
was sie mit welchen Mitteln erreichen wollten.

Die Idee, eine sozialdemokratische Partei zu gründen, war nicht ganz singulär. Die Abhörzentrale des MfS stieß bei einem Telefonat zwischen Leipzig und Hamburg auf einen DDR-Bürger, Frank K., der angeblich schon im März 1989 »bei den zuständigen Organen der DDR« einen Antrag auf eine »Neugründung« der SPD gestellt habe. Er habe keine Antwort bekommen und sei mit Berufsverbot belegt worden. Das MfS ermittelte umgehend gegen K.[201] Aus diesem Versuch, so es ihn denn gegeben hat, war offenbar nichts geworden, zumal ein solcher offizieller Antrag auch sinnlos gewesen wäre.

Das Neue Forum (NF)

Zum ersten großen oppositionellen Ereignis in der Öffentlichkeit wurde die Gründung des Neuen Forums am 9. September in Grünheide in der Wohnung von Katja Havemann.[202] Die Westmedien werteten diesen Vorgang als Sensation. Auch die Popularität von Bärbel Bohley als Initiatorin des NF erhöhte die Aufmerksamkeit. Das NF hatte vor den anderen Gruppierungen einen kleinen, aber wichtigen zeitlichen Vorsprung. Bärbel Bohley hatte sich in den Vormonaten an der Diskussion über eine neue Organisationsform der Opposition beteiligt und sprach auch davon, selbst etwas mit Katja Havemann und Rolf Henrich unternehmen zu wollen. Angebote anderer Oppositioneller, etwa der Gründer des Demokratischen Aufbruchs, mit ihr gemeinsam vorzugehen, lehnte sie ab. Sie sprach dann selbst eine Reihe von Oppositionellen aus ihrem Freundes- und Bekanntenkreis an, die Einladungen an vertrauenswürdige Personen weitergaben. Auf diese Weise konnte verhindert werden, dass sich Spitzel des MfS selbst meldeten. Nur einer der 30 Erstunterzeichner war ein Spitzel, der IM »Paule«.

Die große öffentliche Resonanz in der DDR und die damit verbundene schnelle Verbreitung ergaben sich aber vor allem aus der programmatischen Offenheit des im Gründungsaufruf »Aufbruch 89 – Neues Forum« niedergelegten politischen Konzepts. Es verzichtete auf die systemsprengenden und konfrontativen Aussagen, wie sie die SDP und der Demokratische Aufbruch vertraten. Vielmehr beruhte es auf den in der Opposition der 1980er-Jahre verbreiteten basisdemokratischen Ansätzen. Bärbel Bohley hatte 1988 in einem Interview über die Kluft zwischen der SED und der ihr längst entglittenen Gesellschaft gesagt: »Ich gehe ernstlich davon aus, dass das Leben in unserem Land sowieso nur noch von unten

funktioniert. Dies ist uns nur nicht bewusst ...« Darum müsse es
Leute geben, die diesen emanzipatorischen Prozess in Gang setzen,
da »Opposition nicht allein etwas mit Parteipolitik, sondern mit
Menschenwürde gemein haben sollte. Das heißt also: Es gibt eine
breite Opposition in unserem Land. Die Menschen brauchen nun
die Möglichkeit, ihren Entwurf von einem menschlicheren, würdi-
gen Leben zu formulieren und zu realisieren.«[203]
Der Aufruf des Neuen Forums wollte diese Geburtshilfe leisten.
Er setzte bei den Erfahrungen der Menschen ein und erklärte:»In
unserem Lande ist die Kommunikation zwischen Staat und Gesellschaft offensichtlich gestört.« In der »gegenwärtigen krisenhaften
Situation« sei die Beteiligung vieler Menschen am »gesellschaftlichen Reformprozess« nötig. Dazu sollte das NF als eine gemeinsame »politische Plattform für die ganze DDR, die es Menschen
aus allen Berufen, Lebenskreisen, Parteien und Gruppen möglich
macht, sich an der Diskussion und Bearbeitung lebenswichtiger
Gesellschaftsprobleme in diesem Land zu beteiligen«, gebildet werden. In inhaltlichen Fragen hielt sich dieses erste Papier bewusst
zurück, vermied den Begriff Sozialismus und benannte dabei Alternativen, die indirekt traditionelle Vorstellungen eines demokratischen Sozialismus enthielten. So hieß es:»Wir wollen Spielraum
für wirtschaftliche Initiative, aber keine Entartung in die Ellenbo-
gengesellschaft ... Wir wollen geordnete Verhältnisse, aber keine
Bevormundung. Wir wollen freie und selbstbewusste Menschen,
die doch gemeinschaftsbewusst handeln.« Das Neue Forum werde
sich »Gerechtigkeit, Demokratie, Frieden sowie Schutz und Bewahrung der Natur«[204] verpflichtet fühlen.
Erstunterzeichner waren neben Bärbel Bohley und Katja Havemann zahlreiche bekannte Oppositionelle[205], die fast alle vom MfS
schon erfasst waren. Die Erstunterzeichner wurden umgehend in
ihre Dienststellen oder bei administrativen Behörden vorgeladen
und bedroht. Als Mobilisierungsbewegung gab sich das Neue Forum legalistisch und erklärte, dass es sich auf gesetzlicher Grundlage anmelden wolle.
Am 19. September versuchten Bärbel Bohley und Eberhard Seidel das Neue Forum beim Ministerium des Inneren anzumelden.
Sie erhielten den von Staatsorganen abgesprochenen mündlichen
Bescheid, dass für das Neue Forum »keine gesellschaftliche Notwendigkeit« bestünde. Schon am 18. September hatten Thüringer
ihre Bewegung in Erfurt und Gera bei den Bezirksbehörden anmel-

den wollen, wurden aber unter Drohungen rüde zurückgewiesen. Der Krankenpfleger und langjährige Oppositionelle Thomas Pilz aus Zittau hatte den Aufruf des Neuen Forums schon am 11. September persönlich bei Bärbel Bohley abgeholt und sofort verbreitet. Am 19. September versuchte er das Neue Forum anzumelden und wurde abgewiesen und verwarnt. Trotzdem stellte er das Neue Form in mehreren Orten bei kirchlichen Veranstaltungen vor und verteilte auch den Aufruf.

Die SED-Presse, zuerst in einer ADN-Meldung, veröffentlichte lediglich kurze Notizen, in denen das Neue Forum als »staatsfeindliche Plattform«[206] abqualifiziert wurde. Trotz vielfältiger Einschüchterungsversuche und massiver Drohungen unterzeichneten den Aufruf noch im September 5000 Bürger. Bis Mitte November sollten es 200 000 werden. Die Gründer des Neuen Forums waren über diese Mobilisierung selbst überrascht. Sie hatten in Grünheide verabredet, sich erst am 2. Dezember erneut zu treffen. Welche Erwartungen sie geweckt hatten, schlug sich auch in den manchmal mehr als einhundert Besuchern nieder, die allein Bärbel Bohley täglich in ihrer Wohnung zu verkraften hatte. Bald zeigten sich trotz der enormen Mobilisierung die Schwächen des basisdemokratischen Unternehmens, dem Strukturen und Programm fehlten. So schrieb ein Unterzeichner, der am 28. September in einer Kirche den Aufruf bekommen hatte, an einen der Initiatoren: »Als Unterzeichner des Aufrufs erkläre ich hiermit, dass ich es ablehne, nunmehr ungefragt als Mitglied einer Bürgerinitiative zu gelten, deren Programm und Organisationsform noch nicht eindeutig definiert sind.«[207] Um den dringenden Nachfragen um Orientierung entgegenzukommen, trafen sich die Initiatoren vor allem aus dem Berliner Raum am 1. Oktober in der Wohnung von Sebastian Pflugbeil in Berlin, umstellt von Sicherheitsorganen und Volkspolizei, und erarbeiteten einen »Problemkatalog«.

Mit diesem Text wurde das Konzept eines bloßen Dialogforums eingeschränkt und die Grundlagen für eine politische Organisation »für Veränderungen und Reformen« geschaffen. Im Rundbrief wurde, ganz auf Legitimation des Dialogansatzes bedacht, erklärt: »…wir wollen hier bleiben und arbeiten… Für uns ist ›Wiedervereinigung‹ kein Thema, da wir von der Zweistaatlichkeit Deutschlands ausgehen und kein kapitalistisches Gesellschaftssystem anstreben… Wir wollen uns weder in die Illegalität noch ausschließlich in den kirchlichen Raum abdrängen lassen.« Als Organisationsstruktur für eine »legale politische Plattform« wurde vorgeschlagen, Gruppen in Wohngebieten sowie regionale Zentren zu bilden und einen Sprecherrat aus den Regionen zu wählen. Außerdem sollten überregionale Themengruppen geschaffen werden. Darüber hinaus wurde im Problemkatalog aufgefordert, über wirtschaftspolitische und kulturpolitische Fragen zu diskutieren. Verlangt wurden »uneingeschränkte Grundrechte« und rechtliche Regelungen, damit »sämtliche Verwaltungsakte überprüfbar« und »uneingeschränkte Freizügigkeit«[208] gewährt seien. Mit diesem Katalog bekannte sich das Neue Forum prinzipiell zu den Grundlagen der bürgerlichen Demokratie, auch wenn es selbst den basisdemokratischen Aktionsrahmen nicht sprengte.

Durch die rasche Verbreitung des Aufrufs wurden in großen Veranstaltungen, häufig in den Friedensgebeten der Kirchen, die Themen des Neuen Forums debattiert und Arbeitsgruppen gebildet. Noch im September wurden in den Regionen erste Strukturen ausgebildet und Sprecher gewählt. In Erfurt begannen die Aufbauarbeiten mit Matthias Büchner und Werner Brunngräber schon am 12. September. Beide wurden am 28. September bei einer Zusammenkunft in einem kirchlichen Jugendhaus als Sprecher gewählt.

Nach der abgelehnten Anmeldung wurde nun die Zulassung des Neuen Forums zu einer zentralen Forderung der Demonstrationen, erstmals schon am 25. September in Leipzig. »Neues Forum zulassen« wurde noch lange auf den Straßen skandiert. SED und MfS machten sich über den Zuwachs an Zustimmungserklärungen die größten Sorgen, weil keines der eingesetzten Mittel die Bewegung eindämmen konnte.

Der Aufruf wurde selbst von vielen SED-Mitgliedern keineswegs als staatsfeindlich betrachtet, und viele teilten die Analyse der inneren Lage der DDR. Um Solidarisierungen zu verhindern, haben Parteistellen noch Ende September das Papier »Einige Argumente zum Konzept eines illegalen sogenannten ›Neuen Forums‹« entwickelt, das die neue Konfliktlinie schilderte. Der Aufruf des Neuen Forums wolle in der gegenwärtigen Massenflucht und tatsächlich »verständlicher Sorgen« »Indizien für nicht funktionierende Beziehungen zwischen Staat und Gesellschaft« erkennen. Der Aufruf »verdichtet jedoch wirkliche Sorgen und reale Widersprüche im Sozialismus zu einer Problemsicht, die eine Lösung der anstehenden Fragen gegen die bestehenden politischen Strukturen nahelegt und zugleich eine Legalisierung einer Opposition unter Berufung auf Verfassungsrechte einfordert«. Eine Gefahr für die sozialistische Ordnung stelle schon die »Sammlung von kritischen Bürgern, Andersdenkenden, Enttäuschten und – eine andere Sicht wäre Blauäugigkeit – offenen und verdeckten Gegnern« dar. Deswegen solle versucht werden, mit den Bürgern zu einer »neuartigen Konsensbildung« zu kommen, während Angriffe auf »die führende Rolle der SED nicht zugelassen«[209] werden dürften.

Während die SED die Gefahren spürte und die sich formierenden Oppositionsgruppen sehr ernst nahm, konnte die bundesrepublikanische Politik mit dem Phänomen nicht viel anfangen. Ein bundesdeutscher Staatssekretär besuchte eine gute Woche nach der Gründung des Neuen Forums eine Veranstaltung in der Gethsemanekirche, auf der sich die Bewegung vorstellte. Welche Schwierigkeiten für Oppositionelle bestanden, solche Dinge zu organisieren, allein ausreichend Papier und Vervielfältigungstechnik zur Verfügung zu haben, konnte sich der Politiker aus dem Westen nicht vorstellen. So schickte er eine Depesche an das Bundeskanzleramt, die erkennen lässt, wie wenig er mit den Verhältnissen in der DDR vertraut war und wie schlecht selbst der Bundeskanzler informiert wurde:

»Die Veranstaltung zeigte, dass die Arbeit neuer und alter Gruppen in der DDR weit entfernt ist von effektiver Oppositionsarbeit. Die in unserer Presse veröffentlichten Berichte über die ›Opposition‹ in der DDR sind übertrieben und aufgebauscht. Bärbel Bohley konnte keine Orientierungen geben ... Selbst einfachste Organisationsformen waren nicht beachtet worden. So war z. B. der Gründungsaufruf vielen Besuchern nicht bekannt, war aber auch nicht in genügender Anzahl zur Verteilung vorhanden ... Das Neue Forum wird durch derartige Veranstaltungen kaum zur Mobilisierung beitragen.« Und am Ende der Depesche folgt noch eine schon fast zynische Feststellung, die sich bald als Irrtum erweisen sollte: »Die Arbeit des Staatssicherheitsdienstes wird auch weiterhin dafür sorgen, dass die Aufbruchstimmung nicht zu einem tatsächlichen Aufbruch wird.«[210] Bärbel Bohley wurde ein »amateurhaftes Auftreten« bescheinigt, und es wurde moniert, unter den am Neuen Forum beteiligten Intellektuellen seien »keine politischen Talente«. Es gab tatsächlich einen Unterschied zwischen den karrierebewussten westdeutschen Berufspolitikern und den Bürgerrechtlern, die sich gerade unter hohen Risiken in die Angelegenheiten ihres eigenen Staates eingemischt hatten.

Bärbel Bohley, die seit dem 10. September zur Symbolgestalt der DDR-Revolution geworden war, hatte Anfang der 1980er-Jahre bei dem Mann ihrer Freundin Katja, dem Dissidenten Robert Havemann, die Erfahrung gemacht, dass die Verweigerung der Unterwerfung die Gewissheit eines Selbstwertes vermitteln konnte. Ihr Engagement in der emanzipatorischen Friedens- und Frauenbewegung brachte ihr eine sechswöchige Haft und den Ausschluss aus dem Verband Bildender Künstler ein. Mitte der 1980er-Jahre gehörte sie zur Menschenrechtsbewegung. Nach ihrer neuerlichen Verhaftung Anfang 1988 musste sie nach England gehen und erzwang ein halbes Jahr später ihre Wiedereinreise in die DDR. Bis in den Herbst 1989 trug sie mit ihrer ethisch motivierten Kritik an den patriarchalischen Strukturen in Kirche, Gesellschaft und Politik sowie ihrer Unversöhnlichkeit gegenüber der hinterhältigen konspirativen Zersetzung durch das MfS eine spezielle weibliche Note in die Politik hinein. Was im Zuge der Revolution in der Öffentlichkeit oft als Politikverweigerung und Realitätsverlust erschien, war in ihrer Abneigung gegenüber allem begründet, was die Authentizität menschlicher und politischer Willensbildung einschränkte.

Rolf Henrich, einer der führenden Köpfe des Neuen Forums, hatte als Rechtsanwalt eine dekorierte Parteikarriere hinter sich, als er sich Ende der 1980er-Jahre mit religiösen Themen zu beschäftigen begann und politisch auf Distanz zum SED-Sozialismus ging. Seit 1988 suchte er die Verbindung zu Oppositionellen. In seinem im April 1989 in der Bundesrepublik erschienenen Buch *Der vormundschaftliche Staat – Vom Versagen des real existierenden Sozialismus* unterzog er das politische System der DDR einer radikalen Kritik. Er wurde im Frühjahr 1989 aus dem Anwaltskollegium ausgeschlossen. Henrich warb schon bei einem Gespräch am 7. Mai 1989 mit Ulrike Poppe, Ulrich Stockmann und mir für eine Parteigründung. Als wir ablehnten, suchte er ein solches Vorhaben mit Bärbel Bohley umzusetzen.

Der Mediziner Jens Reich war seit 1980 Professor für Biomathematik. Schon Ende der 1960er-Jahre hatte er erste Kontakte zu Dissidentenkreisen. 1984 wurde er in seinem Institut zurückgestuft, weil er seine Westkontakte nicht aufgeben wollte. Seit 1985 engagierte er sich in oppositionellen Gruppen und schrieb seit 1988 unter dem Pseudonym »Thomas Asperger« in der Zeitschrift *Lettre International*.

Der evangelische Pfarrer Heiko Lietz aus Güstrow beteiligte sich schon seit seinem Studium an oppositionellen Gruppen, verweigerte den Wehrdienst und kam deswegen in Haft. Seit 1979 war er in der Mecklenburger Landeskirche führend in der Friedensbewegung tätig und musste sich zeitweise mit Hilfsarbeiten durchschlagen. Vom MfS wurde er ununterbrochen verfolgt. Er betreute die Hinterbliebenen zweier junger Männer, die 1984 in Güstrow von einem MfS-Offizier erschossen worden waren.

Reinhard Schult, der schon früh beruflich benachteiligt wurde, arbeitete seit 1977 in oppositionellen Friedensgruppen. 1980 kam er für ein knappes Jahr in Haft, da er illegale Schriften in Umlauf gebracht hatte. Seit Mitte der 1980er-Jahre war er führendes Mitglied der Gruppe »Gegenstimmen«, der »Kirche von unten« und des »Friedrichfelder Friedenskreises«. Außerdem war er an geheimen Aktionen wie dem Betreiben eines illegalen Senders beteiligt. Er gehörte zu den Organisatoren der Aufdeckung der Wahlfälschungen im Mai 1989. Schult war ein dezidierter Vertreter basisdemokratischer Konzepte.

Grüne Liste im NF

Die Umweltbewegung, die sich fast ausnahmslos innerhalb der Kirchen formierte, hatte seit einem Jahrzehnt dezentrale vernetzte Strukturen ausgebildet. Nach Streitereien unter den Berliner Aktivisten, die teils anarchistische, teils zentralistische Organisationsprinzipien befürworteten, gründete sich um Carlo Jordan am 10. Januar 1988 die »Arche – grün-ökologisches Netzwerk in der Evangelischen Kirche« bzw. »Grünes Netzwerk Arche«. In der vorläufigen Grundsatzerklärung hieß es: »Das Ziel des Netzwerkes ist die Verbesserung des Informationsaustausches, die Koordinierung gemeinsamer Aktivitäten zum Schutze der Umwelt und die Überwindung von organisatorischen Problemen und Konzeptionsschwächen.«[211] Tatsächlich entstand damit eine arbeitsfähige Struktur in der Umweltbewegung. Seit April 1989 wurde überlegt, wie bei zukünftigen Wahlen eine eigene »Grüne Liste« aufzustellen sei. Diese Planungen kamen allerdings nicht voran. Obwohl es im September auch Überlegungen zur Parteigründung in der Arche gab, wurde eine solche Entscheidung hinausgeschoben. Stattdessen gab es Absprachen mit Bärbel Bohley, innerhalb des Neuen Forums eine Sondergruppe, die »Grüne Liste im NF«, zu bilden.

Erst im November nahmen die Planungen zur Gründung einer grünen Partei Gestalt an.

Demokratie jetzt (Dj)

Die Bürgerbewegung »Demokratie jetzt (Dj)«[212] ging unmittelbar aus der von Stephan Bickhardt und Ludwig Mehlhorn initiierten »Initiative Absage an Praxis und Prinzip der Abgrenzung (IAPPA)« hervor. Am 13. August 1989 wurde durch Vertreter dieser Initiative bei einer Veranstaltung in der Treptower Bekenntnisgemeinde vor 400 Besuchern zur Bildung einer landesweiten politischen Organisation aufgerufen. Hans-Jürgen Fischbeck erklärte: »Das staatssozialistische System steckt in einer tiefen Krise, aus der es nur durch einen tiefgreifenden Wandel herauskommen kann. In der Sowjetunion, Ungarn und Polen wird deshalb ein Weg einschneidender, einen neuen Grund legender Reformen beschritten, die die Stabilität der Angst überwinden und eine neue Stabilität herbeiführen sollen ... Deshalb ist es an der Zeit, eine oppositionelle Sammlungsbewegung zur demokratischen Erneuerung ins Leben zu rufen.«[213] Und Gerhard Weigt bekräftigte, »dass auch eine ›sozialistische‹ Gesellschaft‹ nicht ohne eine qualifizierte Opposition auskommen kann, die über Wirtschafts- und Gesellschaftspolitik nachdenkt und Fach- und Sachverstand gegebenenfalls konstruktiv einbringen kann. Ohne sie ist eine Gesellschaft ein Torso, an Haupt und Gliedern amputiert, und sie kann ohne fremde Hilfe ihre eigenen Probleme nicht lösen...«[214]

Am 12. September verabschiedete die IAPPA den »Aufruf zur Einmischung in eigener Sache« und die »Thesen für eine demokratische Umgestaltung der DDR«. Darin wurde zu einer »Bürgerbewegung Demokratie jetzt« aufgerufen, die anstrebte, zu den nächsten Wahlen mit einer eigenen Liste anzutreten. In den Texten wurde die Notwendigkeit einer Umgestaltung mit den Folgen des »Staatssozialismus« begründet, die in der »staatlichen Verfügung der Produktionsmittel«, der »Uniformierung der Gesellschaft« und der »Entmündigung« der Bürger sichtbar geworden seien. In einer reformierten sozialistischen Gesellschaft, die eine Alternative zur westlichen Konsumgesellschaft wäre, sollten »soziale Gerechtigkeit, Freiheit und Menschenwürde« gewahrt, »der gesellschaftliche Konsens im öffentlichen Dialog gesucht«, durch verantwortliche Arbeit ein »lebendiger Pluralismus« geschaffen, durch »Rechtsstaatlichkeit und Rechtssicherheit« der innere Frieden gesichert, »Ökonomie und Ökologie in Einklang gebracht« und »Wohlstand nicht mehr auf Kosten der armen Länder gemehrt« werden. In den Erläuterungen wurde von einer zu erringenden »neuen Einheit des deutschen Volkes in der Hausgemeinschaft der europäischen Völker« gesprochen. Die deutschen Staaten sollten sich »um der Einheit willen aufeinander zu reformieren«[215]. Weiter wurde die Entstaatlichung der Medien, der Bildungseinrichtungen, der Parteien, der Gewerkschaften, der Wissenschaften und der Kunst gefordert. Die Wirtschaft solle unabhängig, dezentral, in den Preisbildungen marktorientiert sein und auch in privaten Eigentumsformen handeln können. Die Umweltpolitik solle eine öffentliche Kontrolle der Umweltdaten ermöglichen und auf der Grundlage eines Wandels der Werte und des Lebensstils beruhen.

Der Sozialismusbegriff, wobei er in der Gruppe umstritten war, trug protestantisch-sozialethische Züge und verband Gemeinschaftswerte mit Menschenrechten, Pluralismus und Marktmechanismen. Der Sozialismus sollte als Alternative zur »westlichen Konsumgesellschaft« nicht verloren gehen und mit der Demokratisierung zu seiner »eigentlichen«[216] Gestalt kommen.

Die Papiere wurden unter anderem auf der Synode des Bundes der Evangelischen Kirchen (BEK) am 15. September in Eisenach verbreitet. Noch im September konnte der Aufruf auch die nichtkirchliche Öffentlichkeit erreichen, auch wenn die Kristallisationskerne der entstehenden Bürgerbewegung zunächst kirchliche Zentren waren. Die Beteiligung blieb zwar weit hinter den Zahlen des Neuen Forums zurück, die Gruppen waren aber wesentlich konsistenter, da sie eine konkrete inhaltliche Vorgabe anboten.

Die Gruppe war stark intellektuell geprägt. Neben vier Theologen gehörten fünf Naturwissenschaftler und drei Künstler bzw. Geisteswissenschaftler zu den Erstunterzeichnern.[217] Fast alle hatten längere Erfahrungen in der Opposition. Alle Versuche, etwa in der Akademie der Wissenschaften, die Initiatoren einzuschüchtern, schlugen fehl. Dem MfS gelang es nicht, die Führungsgruppe zu unterwandern.

Demokratischer Aufbruch – sozial – ökologisch

Die Gründer des Demokratischen Aufbruchs[218] kamen ausnahmslos aus der kirchlich geprägten Opposition. Sie hatten bereits an den Debatten zur Neustrukturierung der Opposition teilgenommen. Gelegenheit für Absprachen bot ein Kolloquium in der Theologischen Studienabteilung beim BEK am 21. und 22. Juni 1989 in Berlin, das zur Klärung des Verhältnisses der politischen Gruppen und der Kirchen einberufen worden war. Am Rande dieser Tagung verabredeten Rainer Eppelmann, Rudi Pahnke, Edelbert Richter und ich einen Termin für ein konzeptionelles Treffen, das zur Gründung einer neuen Organisation führen sollte. Dieses Treffen fand konspirativ am 23. und 24. August in der Wohnung des Sozialdiakons Rolf Schmidt in Dresden statt. Teilnehmer waren außer den Genannten Friedrich Schorlemmer, Wolfgang Schnur, Thomas Sell, Harald Wagner und Thomas Welz, sechs Theologen, zwei Juristen und ein Drucker. Die Sicherheitsvorkehrungen sollten allerdings nicht viel bringen, da Eppelmann Schnur noch kurz vorher eingeladen hatte, der umgehend das MfS informierte.

Die Teilnehmer verabredeten die Bildung einer politischen Vereinigung »Demokratischer Aufbruch – sozial – ökologisch (DA)«. »Aufbruch« war von Welz vorgeschlagen worden. Nach einer Diskussion wurde statt des vorgeschlagenen Zusatzes »sozialistisch« das Wort »sozial« verwendet. Die Runde lehnte es ab, sich der sozialdemokratischen Initiative anzuschließen. Die Initiatoren kannten sich zumeist gut und waren mit ihren Aktionen und Schriften in der Öffentlichkeit präsent. Als intellektuelle Individualisten hatten sie nie Wert darauf gelegt, sich gegenseitig vor öffentlichen Äußerungen zu konsultieren.

Eppelmann, Pfarrer an der Samaritergemeinde in Berlin, galt seit einem Jahrzehnt als einer der wichtigsten Oppositionellen. Aus seiner Zusammenarbeit mit Robert Havemann war 1982 der »Berliner Appell« hervorgegangen, der das Selbstbestimmungsrecht der Deutschen forderte. Berühmt waren seine kritischen Bluesmessen, an denen auch Pahnke beteiligt war, die Tausende junge Menschen anzogen. Sein Friedenskreis, dem auch Welz und Sell angehörten, hatte die Staatsmacht seit Jahren mit immer neuen öffentlichen Aktionen herausgefordert. Pahnke, viele Jahre Jugendpfarrer, war Leiter der Kirchlichen Kommission für Jugendarbeit und von daher mit dem oppositionellen Milieu vertraut. Ich selbst, ebenfalls aus der Friedensbewegung kommend, hatte in religionssoziologischen Arbeiten die oppositionellen Gruppen als legitime gesellschaftliche Kraft dargestellt.

Durch die Friedensbewegung war Schorlemmer mit spektakulären Aktionen im Zusammenhang mit der Bewegung »Schwerter zu Pflugscharen« ein Begriff in der Öffentlichkeit. Auf Synoden und Kirchenversammlungen trat er häufig als pathetisch-charismatischer Redner auf. 1988 trug er auf einem Kirchentag in Halle die mit einem Gemeindekreis erarbeiteten »20 Thesen. Umkehr führt weiter«[219] vor, die analog zur sowjetischen Perestroikapolitik einen Reformkatalog enthielten. Die Thesen lösten eine wütende Attacke des Parteichefs des Bezirks Halle im *Neuen Deutschland* aus. Schorlemmer war einer der Exponenten des zivilisationskritischen Flügels des ostdeutschen Protestantismus.

Zu den wichtigsten konzeptionellen Denkern der DDR-Opposition gehörte der Dozent für Theologie und Philosophie Edelbert Richter, dessen Thesen auf dem Dresdener Treffen zur Diskussionsgrundlage wurden. Sein Verdienst war es, zahlreiche jüngere Oppositionelle in der DDR für die Ideen des Liberalismus erwärmt zu haben. Allerdings suchte er dezidiert einen dritten Weg zwischen westlicher Demokratie und Sozialismus. Das kam auch in seinen deutschlandpolitischen Vorstellungen zum Tragen. Ein Jahr vor dem Treffen schrieb er: »Den Status quo der Spaltung Deutschlands dürfen wir nicht anerkennen (auch nicht mehr in Gestalt einer friedlichen Koexistenz…), weil er genau die Spaltung der Menschheit, ihre politische Handlungsunfähigkeit, ihre Lähmung angesichts eines quasi-naturhaften Schicksals spiegelt.«[220]

In Dresden wurde Richter mit der Erarbeitung eines vorläufigen Programms beauftragt. Schnur sollte ein Statut entwerfen. Ich sollte Kontakte zu Bärbel Bohley und anderen Oppositionellen aufnehmen, um die Möglichkeiten einer Zusammenarbeit auszuloten. Ein landesweites Treffen wurde für den 1. Oktober verabredet. Wie auch bei den anderen Initiativen sollte sich zeigen, dass der Termin wegen der schnellen Entwicklung zu spät angesetzt worden war. Als Richter anlässlich einer Besuchsreise in der Bundesrepublik von der Gründung des Neuen Forums hörte, beschloss er nach Absprache mit mir, an die Öffentlichkeit zu gehen. Seit dem 14. September berichteten daher Radio und Presse über die bevorstehende Gründung des Demokratischen Aufbruchs. Sofort entstanden zahlreiche Gruppen, die sich allein auf die wenigen Informationen in den westlichen Medien oder auf sporadische Gespräche mit den Gründern stützen konnten. In Thüringen hatte es schon Anfang September erste Vorbereitungsgruppen gegeben, in Nordhausen wurde eine Gruppe von Erdmute Neubert, Detlef und Rita Müller initiiert. In Erfurt stellte Richter am 26. September den Demokratischen Aufbruch öffentlich vor. Die erste Mitgliederversammlung fand am 28. September im dortigen Augustinerkloster statt.

Das Treffen am 1. Oktober war mit größter Vorsicht vorbereitet worden, da bekannt war, dass das MfS die Gründung einer weiteren Organisation um jeden Preis verhindern wollte. Nachdem andere Möglichkeiten gescheitert waren, hatte ich meine Wohnung als Treffpunkt festgelegt, darüber aber mit niemandem gesprochen. Verbreitet wurde, dass das Treffen in den Räumen von Eppelmanns Samaritergemeinde durchgeführt würde. Dort sollte Eppelmann den Ankömmlingen auf kleinen Zetteln die Adresse meiner Wohnung geben. Als die etwa achtzig Delegierten am Gemeindehaus erschienen, war es vom MfS abgeriegelt. Sofort entwickelte sich ein Wettlauf mit den Sicherheitsorganen, die die Verfolgung der Abfahrenden aufnahmen. Insgesamt siebzehn Delegierte erreichten noch die Wohnung nahe des U-Bahnhofs Rosa-Luxemburg-Platz, bis das MfS den weiteren Zugang mit Bewaffneten bis in die Nachtstunden absperrte. Auch ein Ausweichquartier, die Gemeinderäume der Altpankower Gemeinde, wurde vom MfS abgeriegelt, sodass eine weitere Gruppe auf der Straße stand. Unter diesen befand sich auch der Berliner Bischof Gottfried Forck, der von den herbeigeeilten Staatsfunktionären aufgefordert wurde, die Versammlung zu beenden, was dieser jedoch zurückwies.

Die Gruppe in meiner Wohnung mit Pahnke, Heino Falcke, Günter Nooke, den Schriftstellerinnen Daniela Dahn, Margot Friedrich und Rosemarie Zeplin und anderen arbeitete an den vorbereiteten Texten. Eine Programmatische Erklärung[221] wurde redaktionell bearbeitet. Das MfS hatte das Telefon zeitweise gesperrt, schaltete die Leitung aber wieder frei, um abhören zu können. So konnten einige westdeutsche Journalisten informiert werden. Noch während der Versammlung meldeten die Sender den Vorgang. Inzwischen wurde auch bekannt, dass einige Delegierte, so auch Richter, durch das MfS festgehalten wurden. In der Nacht gelang es Pahnke und mir, zu Eppelmann zu fahren, wo Journalisten, darunter Ulrich Schwarz vom *Spiegel,* warteten. Diesen wurden die

Texte übergeben und erklärt, dass nun der Demokratische Aufbruch gegründet sei. Diese Vorwegnahme der eigentlichen Gründung schien notwendig, um die Vereinigung handlungsfähig zu machen. Als neuer Gründungstermin wurde der 29. Oktober vereinbart.

Die ersten DA-Papiere enthielten einen der Bewegung »Demokratie jetzt« ähnlichen Spagat zwischen einer konsequenten Liberalisierung, der Gewaltenteilung, der Entideologisierung des Staates sowie der Pluralisierung der Eigentumsformen und dem Beharren auf einem sozialistischen Charakter der anzustrebenden demokratischen Gesellschaftsverfassung. Der Demokratische Aufbruch strebte im Unterschied zum Neuen Forum eine höhere Verbindlichkeit und das Prinzip der Interessenvertretung an, verzichtete aber zunächst auf eine Formierung als Partei.

Initiative Vereinigte Linke (VL)

Am 4. September trafen sich nach vergeblichen Anläufen in Böhlen bei Leipzig verschiedene Vertreter von dezidiert linken Oppositionsgruppen wie »Gegenstimmen«, »Demokratische Sozialistinnen« und linker christlicher Gruppen mit einigen kritischen SED-Mitgliedern.[222] Als Ergebnis wurden eine »Mitteilung über ein Treffen von Vertretern verschiedener sozialistischer Tendenzen«, ein Appell »Für eine vereinigte Linke in der DDR« und das Papier »Mindestanforderungen für die Gestaltung einer freien sozialistischen Gesellschaft in der DDR« in Umlauf gebracht. Diese »Böhlener Plattform« verbreitete sich im September rasch in der DDR und wurde von Gleichgesinnten aufgegriffen. Zunächst waren keine Strukturen erkennbar. Ihre Vertreter Thomas Klein, Bernd Gehrke und Herbert Mißlitz stellten sich als »Initiativgruppe Vereinigte Linke« vor. Nicht überschaubar war, ob und in welchem Ausmaß es der Gruppe gelungen war, nennenswerte Potenziale kritischer SED-Genossen zu gewinnen. Am 2. Oktober traf sich in der Umweltbibliothek in Berlin eine Koordinierungsgruppe, die erste organisatorische Schritte unternahm, um die Initiative bis zu einem im November geplanten Treffen arbeitsfähig zu machen.

Thomas Klein gehörte in den 1980er-Jahren zum harten Kern der Berliner Opposition. Er war ein Jahr im Gefängnis, weil er 1979 eine Unterschriftenaktion gegen den Ausschluss von Schriftstellern aus dem Schriftstellerverband organisiert hatte. Seit 1981 arbeitete er im Friedenskreis der Berliner Studentengemeinde mit. Seit 1985 gehörte er zu den Oppositionellen, die eine marxistische und kollektivistische Menschenrechtsauffassung vertraten. Im Juli 1989 schrieb er im Samisdat den Artikel »Ist die DDR reif für eine Reform ihres gesellschaftlichen Systems?«. Er trat für eine Dezentralisierung der Wirtschaft und eine Reform des politischen Systems ein, da es darum gehe, »die weltweite Perspektive des Kommunismus zu rehabilitieren und als Alternative für die beiden anderen Welten wieder sichtbar auf die Tagesordnung zu setzen«[223].

Der Umgestaltungsprozess für einen »demokratischen und freiheitlichen Sozialismus« sollte die »Gefahren eines Ausverkaufs an den Kapitalismus oder einer Militärdiktatur mit neostalinistischer Option« bannen. Dies sollte auf der Basis »des gesellschaftlichen Eigentums an den Produktionsmitteln«, »des Ausbaus der Selbstbestimmung der Produzenten«, »des Prinzips der sozialen Sicherheit« und »der politischen Demokratie, Rechtsstaatlichkeit, konsequenten Verwirklichung der Menschenrechte und freien Entfaltung der Individualität« erfolgen. Die DDR solle von »Antidespotismus, Antistalinismus, Antifaschismus, Antimilitarismus, Antikapitalismus, Antinationalsozialismus, Antirassismus«[224] geprägt sein. Innerhalb des Spektrums der Oppositionsgruppen hatte die VL eine deutliche Außenseiterrolle, da allein schon deren ideologische Sprache Distanz bewirkte. Daher konnte sie auch nur kleinere Gruppen aufbauen. Die internen Reibungsverluste wegen fortgesetzter ideologischer Streitigkeiten waren erheblich.

Differenzen und Kooperationen

Die kurz hintereinander an die Öffentlichkeit getretenen neuen Organisationen konnten nicht alle oppositionellen Friedens- und Umweltgruppen älteren Typs integrieren. Vor allem die basisdemokratisch-anarchistisch Gesinnten verweigerten sich weitgehend, Punks, Antifagruppen und andere subkulturelle Gruppierungen, die teilweise auch in kirchlichen Zusammenhängen agierten. Ausgehend vom Friedrichfelder Friedenskreis wurde von den »Fröhlichen Friedrichshainer Friedensfreunden«[225] ein »Positionspapier zur Bildung einer transradikalen linken Föderative« in Umlauf gebracht, das entsprechend dem eigenen Selbstverständnis eine anarchistische Persiflage der Grundsatzerklärungen der neuen Organisationen darstellte.

Über längere Zeit agierte der durch viele Aktivitäten bekannt gewordene Pankower Friedenskreis im Herbst noch eigenständig. Auch entstand eine Reihe von neuen lokalen Gruppen, die selbstständig arbeiten wollten. Einige hatten sich im Zusammenhang mit dem Kampf gegen die Scheinwahlen im Mai 1989 gegründet. In Jena war dies der Arbeitskreis »Gesellschaftliche Erneuerung in der DDR« um den Pfarrer Albrecht Schröter, der später zum »Demokratischen Aufbruch« ging. In Merseburg bildete sich eine Demokratische Initiative, die mehrere Gruppen zusammenschloss.

Die Bildung der neuen Oppositionsorganisationen löste im Lande auch besorgte Reaktionen aus. Eine Gruppe von 66 Weimarer Bürgern fasste am 20. September eine Entschließung: »Wir, die Unterzeichnenden, begrüßen die Bildung von Initiativen zur demokratischen Umgestaltung in der DDR ... hoffen aber zugleich, dass sie zu einem einheitlichen politischen Handeln kommen!« Nur einer vermerkte neben seiner Unterschrift: »Bitte nicht einheitlich.«[226] Einen letzten Versuch, zu einer möglichst weitgehenden Zusammenarbeit zu gelangen, unternahm die »Initiative zur demokratischen Erneuerung (DI)« in Leipzig. Sie lud alle oppositionellen Bewegungen zum 24. September zu einem Gespräch in die Markusgemeinde ein. Tatsächlich kamen führende Vertreter der einzelnen Bewegungen, unter anderen Bärbel Bohley, Martin Gutzeit und Edelbert Richter, die sich aber nicht auf ein solches Unterfangen einließen. Die inhaltlichen und strategischen Unterschiede waren nicht überbrückbar. Daran scheiterte auch eine Reihe von Bemühungen, wenigstens einige der neuen Bewegungen zu verschmelzen.

Mehrfach gab es Versuche, die Mobilisierung der Bevölkerung zu verstärken. Die Oppositionellen Bernd Winkelmann und Ulrich Töpfer im Bezirk Suhl entwarfen einen »Offenen Brief an die Verantwortlichen unseres Staates und an alle Bürger unseres Landes«, der am 30. September von 60 Vertretern des 7. Thüringer Basisgruppentreffens, auf dem seit Jahren nahezu alle Thüringer Oppositionsgruppen vertreten waren, in Weimar angenommen und verschickt wurde. Der Brief forderte demokratische Grundrechte, etwa freie Wahlen, und rief die Bürger auf, sich mit anderen zusammenzuschließen.[227]

Während in den großen Städten der DDR, etwa in Berlin, Dresden, Leipzig und Erfurt, die Opposition rasch Fortschritte machte, blieb die Mobilisierung durch den spürbaren Druck der SED und des MfS in kleineren Städten zurück. Fast überall entstand eine neue Art der öffentlichen Präsentation. Vertreter mehrerer Initiativen stellten ihre Organisationen, Strategien und Ziele gemeinsam in oft überfüllten Kirchen vor. Eine dieser großen Veranstaltungen fand am 26. September in der Erfurter Augustinerkirche statt. Nur durch Mund-zu-Mund-Propaganda war der Termin verbreitet worden, zu dem etwa tausend Menschen kamen. Auf diesen Veranstaltungen, die oft in die Regionen hineinwirkten, wurden Informationsmaterial und vor allem Adressen mit Ansprechpartnern verteilt. Für die Besucher dieser Veranstaltungen war die Teilnahme noch mit Risiken verbunden. Viele wurden in ihren Betrieben diszipliniert oder von der Polizei verwarnt.

Trotz aller Differenzen riss der Gesprächsfaden zwischen den Initiatoren nicht ab. Noch im September wurde in Berlin eine Kontaktgruppe gebildet, die sich abgesehen von kleineren Unterbrechungen während des gesamten Herbstes bewährte. Da die Treffen im September kaum Ergebnisse gebracht hatten, wurde für den 4. Oktober eine neue Zusammenkunft in der Wohnung von Reinhard Weidauer vereinbart.

Aufmüpfige Gesellschaft

Die evangelischen Kirchen. Rollentausch

»Der Mensch denkt, Gott lenkt.« Das könnte auch heißen: Der Mensch dichtet und Gott interpretiert durch die Veränderung der Umstände. So ging es einem Kirchenlied, das der sprachgewandte Theologieprofessor Klaus-Peter Hertzsch aus Jena Anfang August gedichtet hatte. Hertzsch konnte mit seiner narrativen theologischen Rede auch den widrigsten Verhältnissen immer noch einen Funken Hoffnung anerzählen. Er dichtete Anfang August aus Anlass einer Trauung das Lied »Vertraut den neuen Wegen«. Er wollte dem jungen Paar Zuversicht in einer Zeit vermitteln, als viele resignierten oder das Land verließen.

> »Vertraut den neuen Wegen, auf die uns Gott gesandt!
> Er selbst kommt uns entgegen. Die Zukunft ist sein Land.
> Wer aufbricht, der kann hoffen in Zeit und Ewigkeit.
> Die Tore stehen offen. Das Land ist hell und weit.«[228]

Das Lied von den neuen Wegen wurde bald anders interpretiert, als es gemeint war. Der fromme Text bekam einen revolutionären Kontext und die politische Zukunftshoffnung damit eine spirituelle Grundlage. Ein solcher Wechsel galt auch weithin für die Verantwortlichen in den evangelischen Kirchen, die in der konfliktgeladenen Lage im September eine neue kirchenpolitische Justierung vornehmen mussten. Ihr Verhandlungspartner, der SED-Staat, konnte die gesellschaftliche Stabilität offenbar nicht mehr garantieren. Darum ergriffen jetzt mehrfach Kirchenleitungen die Initiative. Die Kirchen überblickten die Lage durch ihre Seelsorge an Ausreisewilligen und Flüchtlingen, unter ihnen viele Gemeindeglieder. Auch ein Großteil der Oppositionellen stand im kirchlichen Dienst, und die kirchlichen Strukturen und die Gotteshäuser wurden zum Medium der Öffentlichkeit. In vielen Orten waren es kirchliche Amtsträger, die Friedensgebete mit politischem Inhalt einführten, seit dem 18. September in Magdeburg, am 20. September in Nordhausen und am 22. September in Gotha[229] mit Superintendent Eckardt Hoffmann.

Mit knapper Mehrheit leitete die Konferenz der Kirchenleitungen im September einen Kurswechsel ein. Sie richtete am 2. September einen Brief an Honecker und gab diesen am 9. September zusammen mit einem Appell zum Bleiben in der DDR an die Gemeinden. Honecker wurde gebeten, eine »offene und wirklichkeitsnahe Diskussion« zuzulassen, statt mit »Belehrungen oder sogar Drohungen« zu reagieren. Es sollten »erkennbare Veränderungen wirksam«, »eine realistische Berichterstattung« ermöglicht, jeder »Bürger als mitverantwortlicher Partner« respektiert und »Reisemöglichkeiten« gewährt werden.[230] Der Brief löste hektische kirchenpolitische Aktivitäten aus. Ein schon verabredetes Treffen zwischen Honecker und hochrangigen Kirchenleuten wurde abgesagt. Landesbischof Werner Leich ging unmissverständlich auf Distanz zur SED und riet zur Absage für die Empfänge und Feierlichkeiten zum bevorstehenden 40. Jahrestag. Nahezu vergeblich versuchte der Staat, auf die Kirchen Einfluss zu gewinnen, um sie für die Stabilisierung der Lage zu gewinnen. Als der Staatssekretär für Kirchenfragen, Kurt Löffler, Leich in einem Gespräch am 4. September dringend bat, zur Beruhigung der Lage angesichts der Flüchtlingswelle in Ungarn beizutragen, meinte dieser, »dass die DDR solche Attacken doch nicht zum ersten Mal erlebe, wie der Juni 1953 und der August 1961 doch bewiesen hätten«[231].

Die Synode des Bundes der Evangelischen Kirchen vom 15. bis 19. September 1989 in Eisenach verschärfte die kirchenpolitische Situation trotz intensiver konspirativer Einflussnahme durch die Agenten des MfS weiter. Die kritischen Theologen und Laiensynodale gewannen die Oberhand. Am Rande der Synode wurden Papiere der Oppositionsbewegungen und einiger Ost-CDU-Rebellen verteilt. Auch Leich sprach sich offen für die nun außerhalb der Kirchen agierenden Oppositionsgruppen aus. Synodale verlangten den Boykott der Feierlichkeiten am 7. Oktober. Die Synode erklärte in ihrem Beschluss: »Wir brauchen: ein allgemeines Problembewusstsein dafür, dass Reformen in unserem Land dringend notwendig sind … verantwortliche pluralistische Medienpolitik; demokratische Parteienvielfalt; Reisefreiheit für alle Bürger; wirtschaftliche Reformen; verantwortlichen Umgang mit gesellschaftlichem und persönlichem Eigentum; Möglichkeit friedlicher Demonstrationen; ein Wahlverfahren, das die Auswahl zwischen Programmen und Personen ermöglicht.«[232]

Dieser Erklärung der Synode, die über alle politischen Stellungnahmen seit der Gründung des BEK hinausging und den Umschwung in nur wenigen Wochen offenbarte, folgten wütende Angriffe in der SED-Presse, welche die Kirche auf die Seite der Konterrevolution übergelaufen sah. Das *Neue Deutschland* titelte am 21. September »Großdeutsche Ladenhüter auf der Kirchenversammlung« und warf der Synode vor, von »Kreisen der BRD« beeinflusst zu sein. Dieser kirchenpolitische Bruch war nicht mehr heilbar. Hinter den Kulissen wurden für die letzten nützlichen Kirchenleute noch Wohltaten verteilt. So wurde im September für den Konsistorialpräsidenten Manfred Stolpe eine Ehrenpromotion in Greifswald vorbereitet.[233]

Neu war, dass trotz einiger Behinderungen der Opposition durch Kirchenvertreter nun selbst kirchenleitende Geistliche und Juristen sich für die und in der Opposition engagierten. So richteten am 23. September zwölf sächsische Superintendenten und Kirchenjuristen wegen der Nichtzulassung des Neuen Forums eine scharfe Protesterklärung an den Ministerrat.[234]

95

Die Künstler und »die fünfte Grundrechenart«

»Gibt es die ddr überhaupt?«, fragte im September Rainer Schedlinski, der Schriftsteller im Prenzlauer Berg und, wie sich später
herausstellen sollte, IM des MfS. Was, so sinnierte er, geschieht
jetzt mit den DDR-Deutschen, was wollen sie, was denken sie und
was bedrückt sie angesichts der Unbeweglichkeit, der Sprachlosigkeit der Mächtigen. Es sei nicht zuerst die Teilung, »sondern der
ganz existenzielle depressionszustand dieses landes«[235]. Die Depression lastete auf allen, auf den Kreaturen des Regimes ebenso
wie auf den Künstlern, die auf Veränderung des Regimes hofften.
Am 18. September verwunderte sich Manfred Wekwerth im Berliner Ensemble: »Warum wird immer wieder zu der alten Zauber-
formel gegriffen, dass, wenn die Kunst Bestehendes absegnet, die
Leute das Bestehende plötzlich als Segen empfinden, wo es doch eigentlich ein Segen wäre, es zu verändern?«[236] Manche Künstler
sagten sich von ihrer Sklavenzeit los. Der Dramatiker Heiner Müller schrieb:

»SELBSTKRITIK
Meine Herausgeber wühlen in alten Texten
Manchmal wenn ich sie lese überläuft es mich kalt Das
habe ich geschrieben IM BESITZ DER WAHRHEIT
Sechzig Jahre vor meinem mutmaßlichen Tod
Auf dem Bildschirm sehe ich meine Landsleute
Mit Händen und Füßen abstimmen gegen die Wahrheit
Die vor vierzig Jahren mein Besitz war
Welches Grab schützt mich vor meiner Jugend?«[237]

Die Künstlerverbände waren zumeist in der Hand von Kulturfunk-
tionären und ergebenen SED-Künstlern. Im September rumorte es
in einigen dieser Organisationen. Wenige Tage nach der Veröffentlichung des Aufrufs des Neuen Forums am 14. September brachten
bei der Verbandstagung des Berliner Schriftstellerverbandes sieben
Schriftstellerinnen – Daniela Dahn, Sigrid Damm, Helga Königsdorf, Helga Schütz, Gerti Tetzner, Christa Wolf und Rosemarie
Zeplin – eine Resolution ein. In ihr wurde angesichts der Krise, deren »Ursachen in nicht ausgetragenen Widersprüchen im eigenen
Land« bestünden, für »die weitere Entwicklung des Sozialismus«
der »demokratische Dialog« gefordert.[238]

Von noch größerer Wirkung war eine Resolution der Unterhaltungskünstler, die während einer Verbandstagung am 18. September verabschiedet wurde. Unter den Unterzeichnern befanden sich viele Liedermacher wie Gerhard Schöne und Musiker wie Conny Bauer, die seit Jahren bei kirchlichen und oppositionellen Veranstaltungen aufgetreten waren und der Opposition nahestanden. Im Text wurde ausdrücklich auf das Neue Forum Bezug genommen, Reformen wurden eingefordert und die Tolerierung basisdemokratischer Gruppen verlangt. Auch hieß es: Das »Land braucht die millionenfache Aktivierung von Individualität; die alten Strukturen sind offenbar nicht mehr in der Lage dazu«[239]. Da die Künstler diesen Aufruf in der Folgezeit vor ihren Auftritten und Konzerten vortrugen, wurde auf diese Weise eine große Öffentlichkeit erreicht. Am 26. September schrieben die »Vertrauensleute der Gewerkschaftsgruppe Künstlerisches Personal« des Deutschen Theaters einen »Offenen Brief« an Ministerpräsident Willi Stoph, in dem die Öffnung der DDR-Medien für das »Neue Forum und andere«[240] gefordert wurde. Am 27. September solidarisierten sich die Bezirksvorstände der Verbände Bildender Künstler in Dresden und Rostock mit dem Neuen Forum. Ihnen folgte in Berlin am 29. September das Berliner Ensemble. Andere erwiesen sich noch als Kreaturen der SED. So richtete das PEN-Zentrum mit Heinz Kamnitzer und Hermann Kant, beide auch als IM des MfS registriert, am 22. September aus Anlass des 40. Jahrestages eine Ergebenheitsadresse an Honecker.

Obwohl Künstler und Schriftsteller im September das Existenzrecht der DDR nicht bestritten, stellten sie einige Grundlagen des Systems mit dem Anspruch auf Einmischung in die politischen Angelegenheiten und dem Bestreiten der geistigen Hegemonie der SED infrage. Einen wichtigen Impuls gab Christoph Hein in seiner Rede am 14. September auf dem Berliner Schriftstellertreffen. Wie schon mehrfach zuvor zog er energisch gegen das Geschichtsverständnis der SED zu Felde. Er kreierte für die sozialistische Geschichtsschreibung die Metapher von der »fünften Grundrechenart«. Die ergebe sich aus der Methode, zuerst den »Schlussstrich« zu ziehen und »das erforderliche und gewünschte Ergebnis« darunterzuschreiben. Danach würden über dem Strich »die waghalsigen Operationen« erfolgen, die mit »Auslassungen, Vernachlässigungen und scholastischen Rösselsprüngen«[241] arbeiteten. Die systematische Geschichtsfälschung, die nicht nur die Verbrechen des Stalinismus und der

DDR ignoriert habe, verleugne auch jetzt die wahren Gründe der Massenflucht von DDR-Bürgern. Die Schriftsteller müssten jetzt reden, sonst werde sie später »keine noch so kluge und geschickte Antwort vor der Scham schützen können...«[242] Mehrere Schriftsteller suchten nun von sich aus die Verbindung zu den neuen Bürgerbewegungen. Daniela Dahn, Rosemarie Zeplin und sporadisch auch Christoph Hein besuchten Treffen des Demokratischen Aufbruchs.

Bewegung bei den Blockparteien CDU und LDPD

Die Anbindung der sogenannten Blockparteien LDPD und CDU an die SED verhinderte über Jahrzehnte jede eigenständige Aktivität. Obwohl das Führungspersonal dieser Parteien durch die Kommunisten weithin korrumpiert und die geistigen und politischen Traditionen der Gründungszeiten aus den 1940er-Jahren verschüttet waren, ließ sich die breite Mitgliedschaft nicht vollständig auf die Gefolgschaft zur SED festlegen. Viele Mitglieder hatten sich für eine der Blockparteien entschieden, um sich dem Zugriff der Staatspartei zu entziehen. In der CDU wirkten überdies christliche Orientierungen, die eine vollständige Anpassung ausschlossen. Ende der 1980er-Jahre grummelte es häufig an der Parteibasis. Im April 1989 klagte das MfS schon über »Tendenzen der Überbetonung der Eigenständigkeit«[243], obwohl die Abwehrarbeit auf der Führungsebene verstärkt worden war. Auch der langjährige LDPD-Chef Manfred Gerlach, der in den 1950er-Jahren selbst an der Liquidierung des Liberalismus mitgearbeitet hatte und einer der Gehilfen Honeckers bei der Zerstörung des Mittelstands gewesen war, versuchte sich seit dem Frühjahr in der parteieigenen Zeitung *Der Morgen* als eigenständiger Politiker zu profilieren, da er befürchtete, dass die DDR den Anschluss an das sowjetische Reformprojekt verpassen könnte.

Einige LDPD- und CDU-Mitglieder suchten Verbindung zur Opposition und hatten sich auch an den Aktionen gegen die Wahlfälschungen beteiligt. Bislang hatte die SED CDU- und LDPD-Funktionäre als sogenannte gesellschaftliche Kräfte bei kirchlichen und oppositionellen Veranstaltungen eingesetzt. Jetzt aber weigerten sich CDU-Gruppen, etwa in Berlin, als Agitatoren aufzutreten. Im Mai 1989 hatte sich in Thüringen eine Initiative aus LDPD-Mitgliedern gebildet, die eine »Unabhängige Liberale Demokratische Partei« gründen wollte, um sich aus der Vormundschaft der SED zu lösen.[244] Die Initiative wurde allerdings in der Öffentlichkeit kaum wahrgenommen.

Zu einer politischen Sensation wurde der »Brief aus Weimar« an die Mitglieder und Vorstände der CDU, den am 10. September vier Thüringer CDU-Mitglieder und kirchliche Mitarbeiter – Martina Huhn, Martin Kirchner, Christine Lieberknecht und Gottfried Müller – auf einer Pressekonferenz am Rande der Synode des DDR-Kirchenbundes in Eisenach veröffentlichten. In dreißig Punkten wurde die Krise der DDR beschrieben, die sich in der Ausreisebewegung und der Überforderung der Kirchen durch ihre politische »Stellvertreterrolle« zeige. Die »innerparteiliche Demokratie« solle sich nicht am »demokratischen Zentralismus« orientieren, die Meinungen der Mitglieder sollten vielmehr »authentisch zum Ausdruck« kommen. Im »Demokratischen Block« solle sich die CDU mehr profilieren, mehr Minister in der Regierung und in den Regionen mehr Einfluss fordern. Auf gesellschaftlicher Ebene sollten die Unabhängigkeit der CDU-Presse, die Nachprüfbarkeit von Verwaltungsentscheidungen, die Respektierung der »Mündigkeit des Bürgers«, völlige Reisefreiheit und Rückreiserecht von Ausgewanderten sowie eine »realistische Sicht ökonomischer Fakten« befördert werden.

Diese Forderungen bedeuteten im September geradezu eine Provokation der erstarrten Partei. Der Brief wurde in wenigen Tagen im ganzen Land verbreitet, wo vielerorts die Wiederbelebung der CDU als Oppositionspartei gefordert wurde. Die Reformbewegung gewann von Woche zu Woche an Boden. Als in Leipzig nach den Demonstrationen am 25. September der SED-Oberbürgermeister Bernd Seidel am 29. September in der Stadtverordnetenversammlung von »Talarträgern, die Aufruhr predigten«[245], sprach, stimmten CDU-Abgeordnete gegen seinen Bericht. Intern plante der völlig schockierte CDU-Parteichef Gerald Götting den Ausschluss der Autoren. Der Brief aus Weimar hatte ähnlich wie die Gründungsdokumente der Oppositionsbewegungen auch die höchsten SED-Führer beschäftigt. Das MfS lieferte eine »strafrechtliche Einschätzung«. Danach war der Straftatbestand der »staatsfeindlichen Hetze« erfüllt, der mit mehreren Jahren Haft geahndet werden konnte. Gegen eine Weitergabe des Briefes sollte mit Geldbußen vorgegangen werden.

Betriebsbelegschaften

Nach den Massenstreiks am 17. Juni 1953 hatte die SED die größten Anstrengungen unternommen, um die Arbeiterschaft ruhig zu stellen, zumal nach der kommunistischen Ideologie die Partei sich auf die Arbeiterklasse stützte. Darum strebte die Partei die dauerhafte soziale und politische Neutralisierung aller Konflikte mit den Industriearbeitern[246] an. Um Unruhen vorzubeugen, musste die soziale Lage der Arbeiter erträglich sein, auftretende Arbeitskonflikte sollten rasch bereinigt werden. Zu kleineren Streiks und politischen Protesten, an denen zumeist nur einzelne Arbeitergruppen stundenweise beteiligt waren, war es jedoch immer gekommen. Insofern war die Arbeitergeschichte auch eine »Geschichte potenzieller Konflikte«[247]. In Verkehrung seiner ursprünglichen Aufgaben hatte der »Freie Deutsche Gewerkschaftsbund (FDGB)« dafür zu sorgen, dass alle Konflikte schnell, unpolitisch und ohne Öffentlichkeit gelöst wurden.[248] Die Arbeiter konnten sich nicht selbst vertreten, und die Betriebe boten keinen Raum für eigenständige politische Artikulation. Die Arbeiterschaft »hatte gelernt, Schwejksche Bittbriefe zu schreiben, sich zu verweigern oder zu maulen«[249].

Umso größere Aufmerksamkeit erregte, dass sich am 28. September 21 Gewerkschaftsfunktionäre im Namen der Belegschaft des großen Berliner Betriebs VEB Bergmann-Borsig mit einem Offenen Brief an FDGB-Chef und Politbüromitglied Harry Tisch wandten. Sie berichteten über wachsende Unzufriedenheit und »nachlassende Leistungsbereitschaft« als Folge des Widerspruchs zwischen »Realität und Propaganda«. Ursache für die Massenflucht, die sich auch in ihrem Betrieb auswirke, sei »das gestörte Vertrauensverhältnis der Bevölkerung zum Staat und seiner führenden Partei«[250].

Leipzig – Kampf um die Straße

Friedensgebete und Demonstrationen

Das politische Geschehen des Septembers verdichtete sich exemplarisch in Leipzig. Die größte Stadt der DDR nach dem Torso Ost-Berlin war architektonisch, ökologisch und sozial heruntergekommen, auch geschändet durch die von Walter Ulbricht veranlasste Sprengung der gotischen Universitätskirche im Jahr 1968.[251] Leipzig war Schauplatz des Widerstands und der Opposition gegen die kommunistische Transformation am 17. Juni 1953, 1956, als marxistische Intellektuelle und die Evangelische Studentengemeinde ihre geistige Unabhängigkeit wahren wollten, 1965, als die Jugend gegen die SED ihre Beatmusik verteidigte, und in den 1970er- und 1980er-Jahren, als sich künstlerische und kirchliche Gruppen gegen die Ansprüche der SED wehrten. An dieser Stadt wurde auch der Versuch unternommen, die reichen intellektuellen und musischen Traditionen eines Johann Sebastian Bach oder Christian Fürchtegott Gellert für die kommunistische Ideologie zu missbrauchen. Das jedoch gelang nicht. Altes und Zugefügtes boten ein Bild der Verrottung und der Ausbeutung gewachsener Kultur. Sinnfällig war dies in Leipzig – wie in allen Städten – am Verfall der Altbausubstanz. Dieser hatte solche Ausmaße angenommen, dass das jahrzehntelang propagandistisch hochgespielte Wohnungsbauprogramm der SED mit den Einheitsplattenbauten die Verluste an Wohnraum nicht mehr ausgleichen konnte. Der oppositionelle Filmer Siegbert Schefke hatte im Frühjahr einen Film über den Untergang Leipzigs gedreht, der im September im ARD-Fernsehen gezeigt wurde.

Dennoch war Leben in der Stadt, sächsischer Fleiß und ein Schuss Weltoffenheit, die auch die zweimal im Jahr stattfindenden Messen mit sich brachten. Anfang September gab es in Leipzig 5000 Ausreiseantragsteller, eine höchst aktive Opposition, eine geistig bewegliche Pfarrerschaft mit ihren unruhigen Gemeinden, aufmüpfige kulturelle Szenen, eine massenweise Unzufriedenheit in der Bevölkerung sowie sehr viele verunsicherte Mitglieder der SED. Schon Anfang September kam es zu einem Zusammenwirken von Kirche, Opposition und Bevölkerung. Den Aufbegehrenden stand ein intakter Staatsapparat mitsamt einer schlagkräftigen Struktur des MfS gegenüber. Auch das Herrschaftszentrum, die Parteiführung, war entschlossen, der Unruhe Herr zu werden.

Der Kampf der SED zielte zunächst auf die Friedensgebete in der Nikolaikirche. Nach einer sechswöchigen Sommerpause sollten die wöchentlichen Friedensgebete am 4. September während der Herbstmesse wieder beginnen und von den verschiedenen Gruppen in eigener Verantwortung durchgeführt werden. Vor der Wiederaufnahme der Friedensgebete versuchten die staatlichen Behörden alles, diese zu verhindern, da sie öffentliche Demonstrationen befürchteten. Druck wurde auf Bischof Johannes Hempel, Superintendent Friedrich Magirius, den Gemeindepfarrer Christian Führer und den Gemeindekirchenrat der Nikolaikirche ausgeübt. Als alles nichts nützte, bat der Oberbürgermeister den Kirchenvorstand regelrecht um die Absetzung der Friedensgebete. In den Verhandlungen verwiesen die kirchlichen Vertreter darauf, dass die Friedensgebete nur deswegen diese Rolle spielten, weil der Staat den Dialog verweigere und mit Gewalt vorgehe. Ein Mitglied des Kirchenvorstands der Nikolaigemeinde erklärte, dass die Absage der Friedensgebete »noch schlimmere Auswirkungen«[252] haben würde.

Das Friedensgebet am Montag, den 4. September, um 17.00 Uhr, das der fünfzigsten Wiederkehr des Tages des Kriegsausbruchs und des Überfalls auf Polen gewidmet war, besuchten etwa 1000 Menschen. Magirius predigte über die Schuld als ein »Brücken abbrechen« und stellte dies in Beziehung zur gegenwärtigen Lage: »Wer auf Vernunft und guten Willen setzt, sucht das Gespräch, nicht ohne das Element, das Christus gestiftet hat: Versöhnung.« Doch diese Versöhnung dürfe nicht abstrakt bleiben: »Weil wir uns unserer Geschichte des Krieges und der Nachkriegszeit mit all ihren Fehlern und ihrer Schuld stellen, werden wir uns bei aller Respektierung der Trennung von Staat und Kirche nicht auf einen innerkirchlichen Bereich begrenzen lassen.«[253]

Nach dem Gebet sammelten sich die Besucher vor der Kirche. Oppositionelle hatten Transparente gemalt. Auf einem stand: »Für ein offenes Land mit freien Menschen«. Sofort griffen Einsatzgruppen des MfS zu. Die Menge protestierte und rief: »Stasi raus!« Der sich formierende Demonstrationszug wurde immer wieder von Polizeiketten abgedrängt. Mehrere Hundert Ausreiseantragsteller marschierten bis zum Hauptbahnhof und riefen dort »Freie Fahrt nach Gießen«. Insgesamt verhielten sich die Sicherheitsorgane angesichts westlicher Kamerateams zurückhaltend. Neu war bei diesen Tumulten, dass neben dem Ruf »Wir wollen raus!« der Antragsteller auch »Wir bleiben hier!« skandiert wurde. Damit war in der Öffentlichkeit die Forderung nach politischen Veränderungen im Lande erhoben. Oppositionelle gründeten noch am gleichen Abend eine Kontaktgruppe, die weitere Schritte koordinieren sollte.

Polizei und MfS wollten am nächsten Montag eine Wiederholung verhindern. Die *Leipziger Volkszeitung* machte sich über die

Minderheit der »Störenfriede« lustig. Die Masse der Leipziger habe einen »ganz normalen friedlichen Messe-Montagabend«[254] verbracht. Unverhüllt wurde dem Bischof und dem kirchlichen Personal von hohen SED- und Staatsfunktionären gedroht, dass mit Härte gegen mögliche Demonstranten vorgegangen werde. Aber das Friedensgebet wurde nicht abgesetzt.

Am Montag, dem 11. September, sprach in der Kirche Pfarrer Führer zum Ausreiseproblem, gerade waren die Nachrichten über die Grenzöffnung aus Ungarn gekommen. Magirius verlas den vom Staat ohnehin als Provokation empfundenen Brief der Konferenz der Kirchenleitungen vom 2. September an Honecker mit dem Verlangen nach Reformen. Der anwesende Bischof Hempel forderte die Besucher zur Besonnenheit auf dem Heimweg auf. Kurz nach Beginn des Friedensgebets führte die Polizei die Menschen, die wegen Überfüllung nicht mehr in die Kirche gekommen waren, ab. Nach dem Friedensgebet gingen die meisten Besucher nach Hause. Mehrere Hundert verharrten allerdings vor der Kirche und sahen sich von Sicherheitskräften umringt, die mit äußerster Brutalität den Platz räumten. Auch unbeteiligte Passantengruppen waren betroffen.

Knapp hundert Bürger waren von der Polizei abgeführt worden. 22 von ihnen wurden in einem Schnellverfahren zu Geldstrafen bis zu 5000 Mark verurteilt. Gegen 19 Personen, darunter eine Reihe von Oppositionellen und Theologiestudenten, wurden Haftbefehle wegen Verstoßes gegen § 217 (»Zusammenrottung«) erlassen.[255] Sie wurden eine Woche später zu mehrmonatiger Haft verurteilt. Viele Leipziger waren empört. Oppositionelle und Theologen richteten seit dem 14. September tägliche Fürbittandachten in mehreren Kirchen ein. An der Nikolaikirche wurden Blumen für die Inhaftierten niedergelegt und Kerzen entzündet. Rasch entwickelte sich eine breite Solidaritätswelle, die auch andere Städte erfasste. Am 17. September organisierte in Berlin eine Kontaktgruppe aus Vertretern verschiedener Oppositionsgruppen in der Gethsemanekirche ein erstes Fürbittgebet zur Solidarisierung mit den Leipzigern. Bald kamen auch internationale Proteste.

Beim Friedensgebet am 18. September verlas Führer die Namen der Inhaftierten. Er sagte dabei: »Durch solche Polizeieinsätze werden allmähliche Veränderungen auf friedlichem Weg immer unwahrscheinlicher.«[256] Das Gebet wurde vom katholischen Friedenskreis Lindenau gestaltet. Die Predigt befasste sich mit den

Posaunen von Jericho – Josua 6.1–21. In einer Meditation des Friedenskreises hieß es: »Wir kommen aus der Zeit der Grenzen und Mauern. Da gibt es die einen, die Macht haben und Grenzen setzen denen, die keine Macht haben ... Ja, so war das schon immer ... Nicht nur für uns, sondern für alle wollen wir ein Leben in Freiheit, Gerechtigkeit und Frieden. So wie es schon immer war, so soll es nicht bleiben.«[257] Die Besucher wurden aufgefordert, den Kirchplatz nach dem Friedensgebet zu verlassen, um keinen Anlass für Gewaltakte zu geben.

Die Teilnehmer des Friedensgebets hielten sich an diese Mahnung. Sie konnten zunächst durch die Absperrungen den Platz verlassen. Als die Polizeiketten dann unvermittelt geöffnet wurden, betraten erneut viele Menschen, die zumeist nicht am Gebet teilgenommen hatten, den Kirchplatz. Jetzt rückten die Sicherheitskräfte vor und nahmen 31 Personen fest, von denen acht umgehend zu mehrmonatigen Haftstrafen verurteilt wurden. An den Protesten waren zunehmend auch Leipziger Bürger beteiligt, die sich mit den Demonstranten solidarisierten und lautstark auf Polizei und MfS schimpften. Magirius und Führer warfen in einem Brief an die Staatsorgane der Polizei bewusste Provokation vor. Die Gebete und die politische Artikulation vor der Kirche hatten sich am 18. September verändert. Bedingt durch die Öffnung der ungarischen Grenze, traten erstmals die Ausreiseantragsteller in den Hintergrund, und die politischen Forderungen der »Hierbleiber« nach Reformen gewannen die Oberhand. Dazu hatte auch das MfS beigetragen. Es hatte Ausreiseantragsteller manchmal in Stunden des Landes verwiesen, um das Protestpotenzial abzubauen. Das allerdings ermutigte wiederum andere, es auf die gleiche Weise zu versuchen, um so der DDR schneller zu entkommen.

Der 25. September – erste Massendemonstration

Die drei ersten Septembergebete in Leipzig waren für die SED-Führung bedenklich ausgegangen, weil sich die Bevölkerung von Woche zu Woche stärker beteiligte. Der Mitte September noch kranke Honecker hatte seinen treuesten Gefolgsmann, Günter Mittag, zu seinem Vertreter bestimmt. Dieser leitete auch die Sitzung des Politbüros der SED am 19. September, das die Richtlinien und die Sprachregelung für die Eindämmungspolitik festlegte. Mittag bezeichnete die Beschlüsse der gerade beendeten Synode des Kirchenbundes mit dem Kampfbegriff »konterrevolutionär«[258]. Konterrevolution war für die SED »Klassenkampf der reaktionären Klassen«, die versuchten, die »gesetzmäßige gesellschaftliche Entwicklung gewaltsam« durch »Aufstände«, »Revolten«, »Terror« und »ideologische Unterwanderung« aufzuhalten. Der Begriff signalisierte zugleich aber eine Wahrnehmungsblockade. Nach kommunistischer Vorstellung war in »den sozialistischen Ländern die sozialökonomische und klassenmäßige Basis für eine K.[onterrevolution] beseitigt«. Jeder grundsätzliche Widerspruch, auch alle Formen von Opposition und Widerstand mussten daher von außen, vom »Imperialismus«[259] hineingetragen und gesteuert sein. Das erschwerte der SED außerordentlich, innere Gründe für die krisenhafte Entwicklung auch nur wahrzunehmen, geschweige denn anzuerkennen und angemessen mit politischen Mitteln zu reagieren. Die Verwendung dieses Begriffs war dazu angetan, die Partei und ihre bewaffneten Formationen auf einen harten Machtkampf einzuschwören.

Am 22. September ging ein von Honecker unterzeichnetes Fernschreiben an die ersten Sekretäre der Bezirksleitungen der SED, das zu den neuen oppositionellen Bewegungen Stellung nahm. Deren »feindliche Aktionen« müssten »im Keim erstickt werden, damit sie »keine Massenbasis« bekämen. Die »Organisatoren der konterrevolutionären Tätigkeit [müssten] isoliert werden«[260]. Damit stand eine mögliche Internierung von Oppositionellen im Raum. Zugleich wurde auch eine aggressive Pressekampagne gegen die Kirchen, die Oppositionellen und die Demonstrationen in Leipzig gestartet, bei der unverhüllt gedroht und immer wieder behauptet wurde, die Kritik sei aus der Bundesrepublik gesteuert und die DDR ein Opfer westdeutscher Hetze.

Die Vorkehrungen der Sicherheitsorgane waren unübersehbar. 1500 Mann waren am 25. September zur Verhinderung einer Demonstration in der Stadt bereitgestellt worden. Die Innenstadt wurde abgesperrt. So stand das Friedensgebet am 25. September atmosphärisch unter dem Eindruck einer möglichen Eskalation der Gewalt. Zum Friedensgebet kamen so viele Menschen, dass die Kirche wegen Überfüllung geschlossen werden musste. Draußen warteten noch Tausende.

Die Arbeitsgruppe Menschenrechte mit Pfarrer Christoph Wonneberger gestaltete das Friedensgebet, das sich explizit mit der Gewaltfrage befasste. Wonneberger konnte dabei an das ihn seit einem Jahrzehnt bestimmende Thema des gewaltlosen Widerstands anknüpfen. In seiner Ansprache führte er Menschenrechtsverletzungen der DDR auf, forderte die Kontrolle und Begrenzung staatlicher Gewalt und nannte die Namen der Inhaftierten. Unter Bezug auf ein Bibelwort sagte er:»Wer das Schwert nimmt, wird durchs Schwert umkommen. Wer die Kalaschnikow nimmt, hat mit einem Kopfschuss zu rechnen … Wer andere willkürlich der Freiheit beraubt, hat bald selbst keine Fluchtwege mehr.« Am Schluss der Predigt hieß es:»Deshalb müssen wir, die wir hier versammelt sind, strikt das Prinzip der Gewaltlosigkeit vertreten. Das gilt auch gegenüber Provokateuren, die in unseren Reihen sind.«[261] Die Predigt Wonnebergers wurde mehrfach von Beifall unterbrochen. Es wurden schriftliche»Anregungen zum gewaltfreien Handeln«[262] ausgegeben.

Christa Mihm, die durch den Vortrag jiddischer Lieder bekannt geworden war, sang»We shall overcome«. Die Menschen hielten sich an den Händen. Später erinnerte sich Christa Mihm:»Durch das Singen ging plötzlich die Angst weg, und Hoffnung kam auf, ein Gefühl, uns kann eigentlich nichts passieren. Ich denke, das war dieser Moment, der so emotional geladen war. Da war plötzlich klar, wir schaffen es. Wir sind nicht der kleine Rest, der dumme, der hierbleibt.«[263] Als die Menschen die Kirche verließen, wurde angesichts der Polizei das Lied noch einmal angestimmt.

An der Demonstration nach dem Friedensgebet beteiligten sich etwa 6000 Menschen. Erstmals schlossen sich Passanten in größerer Zahl an. Die Route führte über den Stadtring. Die Menge wich den Absperrungen der Polizeiketten aus und löste sich schließlich am Bahnhof friedlich auf. Die Polizei und das MfS hatten nicht zugeschlagen und nur wenige verhaftet. Die große Zahl hatte die Sicherheitsbehörden überrascht und überfordert. Sie konnten dem Demonstrationszug nur einige Wege verlegen, ihn aber mit den bisherigen Mitteln nicht aufhalten. Auch Stasi-Chef Mielke, der mehrfach bei den örtlichen Sicherheitsbehörden anrief, wusste keinen Rat. Die Verantwortlichen erkannten, dass nur mit einem großen Einsatz polizeilicher Hilfsmittel, Wasserwerfern, Schlagstöcken und der Verhaftung vieler Menschen die Demonstration hätte verhindert werden können. Umgehend wurden für den nächsten Montag Vorkehrungen getroffen.

In der Öffentlichkeit beschränkte sich die Staatsmacht auf eine Zeitungskampagne, in der vermeintlich Volkes Stimme inszeniert wurde. Die Leserbriefschreiber forderten äußerste Härte gegen die Feinde des Sozialismus.[264] Drohend wurde bekannt gegeben, dass am 29. September elf Teilnehmer der Demonstration vom 11. September mit Gefängnis bestraft wurden. Innerhalb der städtischen Kirchenleitung wurde aufgrund des Andrangs über die Öffnung weiterer Kirchen debattiert. Zunächst öffnete sich die Reformierte Kirche mit Pfarrer Hans-Jürgen Sievers. Auch für die Demonstranten, die nun mehrheitlich nicht mehr zu den kritischen gesellschaftlichen Minderheiten gehörten, war eine ungewohnte Lage entstanden, für die es keine Erfahrungen und Verhaltensregeln gab. So mancher von ihnen mag vorher widerwillig bei den kommunistischen Massenaufzügen mitgetrottet sein. Jetzt wollten sie ihre eigene politische Meinung vertreten und nahmen dafür ein hohes Risiko auf sich.

Die Friedensgebete stellten einen religiösen Kontext her, der das in der DDR geistig ganz andere repräsentierte. Auf der Straße, außerhalb des schützenden Raumes der Kirche, waren die Demonstranten auf ihresgleichen angewiesen und standen einer entschlossenen Staatsmacht gegenüber, die ihre Untertanen »in die Furche ducken« wollte, wie Mielke zu sagen pflegte. Dieser Staatsmacht wurde nun in Sprechchören und Gesängen mitgeteilt, dass die Demonstranten einer höheren Logik folgten, die von den Gesetzen und Befehlslagen der kleinen vierzigjährigen DDR nicht erreicht werden konnte. So ordneten sie sich in politische Räume und Zeitläufte ein, deren geschichtlicher Mehrwert an Legitimation die des Mauerstaats übertraf. Spontan, ohne Absprachen, stellten sich die Demonstranten in drei Traditionsstränge[265], die auch die SED für sich instrumentalisieren wollte und nun gegen sich gewendet sah. Dies geschah mit dem Lied der amerikanischen Bürgerrechtsbewegung »We shall overcome«. Der Bogen wurde noch weiter gespannt, als die Demonstranten den Schlachtruf der Französischen Revolution von 1789 skandierten »Freiheit, Gleichheit, Brüderlichkeit«. Und schließlich sangen Demonstranten auch noch den Refrain der »Internationale« und nahmen damit die kommunistische Revolutionsmystik auf:

> »Völker, hört die Signale!
> Auf zum letzten Gefecht!
> Die Internationale
> erkämpft das Menschenrecht.«

Die verärgerte SED ließ wenig später in der Zeitung schreiben: »Wir sprechen diesen Elementen das Recht ab, für ihre Zwecke Lieder und Losungen der Arbeiterklasse zu nutzen.«[266] Die Demonstranten riefen »Freiheit« und »Neues Forum zulassen«. Neu war auch, dass die Demonstranten am Ende riefen: »Montag sind wir wieder da.«

Die Entwicklung in Leipzig stellte Ende September allerdings noch die absolute Ausnahme dar. Bis dahin überwogen in der DDR noch die konspirativen Formen politischer Willensbekundungen. Vielerorts wurden heimlich in der Nacht Losungen auf Straßen und an Gebäuden angebracht, die die Zulassung des Neuen Forums forderten.[267] Demonstrationsversuche in Berlin scheiterten im September. Hier fehlten ein mit der Nikolaikirche vergleichbares Zentrum und vor allem ein den Leipziger Friedensgebeten entsprechender Vorlauf kontinuierlicher Protestformen. Eine Demonstration gegen die Wahlfälschungen am 7. September auf dem Alexanderplatz war von Tausenden Sicherheitskräften verhindert worden, die den Platz weiträumig umstellt und die U-Bahnstationen besetzt hatten. Es kam zu einigen Verhaftungen, als Demonstranten Plakate entfalten wollten. Ein Versuch der Kontaktgruppe, welche die Fürbittgebete zur Solidarisierung mit den Leipzigern in der Gethsemanekirche organisierte, am 26. September eine Demonstration auf die Beine zu stellen, blieb in den Anfängen stecken. Am 30. September fanden sich im thüringischen Arnstadt auf dem Markt nach dem Aufruf von Günther Sattler etwa 150 Demonstranten ein. Eine Demonstration konnte sich aber auch hier angesichts des großen Aufgebots an Sicherheitskräften nicht formieren.

Vorbeugemaßnahmen der Staatsmacht

Die Staatsorgane hatten mitansehen müssen, wie sich die eskalierende Protestwelle in Leipzig zu einem Aufstand der Leipziger Gesellschaft entwickelt hatte. Das MfS verlangte von den politischen Instanzen ein Verbot der Friedensgebete.[268] Strafverfahren gegen Oppositionelle hatte es bisher nicht gegeben, obwohl dies durchaus möglich gewesen wäre. Die SED glaubte bis Mitte September, die Bewegung mit ihren politischen Einfluss- und Unterwanderungsstrategien sowie ordnungsrechtlichen Mitteln aushebeln zu können.[269] Dann wurde aber auch die strafrechtliche Verfolgung von Oppositionellen durch das MfS vorbereitet. Es erstellte am 28. September 1989 zu den Oppositionsgruppen und -parteien »strafrechtliche Einschätzungen«, die sich auf die Grundsatzpapiere der Vereinigten Linken, der Demokratischen Initiative, des Neuen Forums, der Bürgerbewegung Demokratie jetzt und der SDP bezogen. Die Inhalte der Grundsatzpapiere wurden kurz referiert. Die vorgeschlagenen strafrechtlichen Maßnahmen differierten trotz der erheblichen Unterschiede in den politischen Strategien und in den Zielen der Oppositionsgruppen nicht. Fast gleichlautend heißt es: »Zusammenfassend ist einzuschätzen, dass der ›Gründungsaufruf‹ objektiv geeignet ist, die gesellschaftlichen Verhältnisse in der DDR zu diskriminieren, sodass die Herstellung, weitere Vervielfältigung oder Verbreitung dieses Textes mit dem Ziel, die verfassungsmäßigen Grundlagen der sozialistischen Staats- und Gesellschaftsordnung der DDR anzugreifen oder gegen sie aufzuwiegeln, strafrechtliche Verantwortlichkeit wegen staatsfeindlicher Hetze gemäß § 106 Absatz 1 Ziffer 2 StGB begründet.«[270] Die Verbreitung der Texte sollte mit Geldstrafen geahndet und die Texte sollten eingezogen werden, was aber durch deren massenhafte Weitergabe inzwischen illusorisch geworden war.

Ende September sollten durch die Befehle Honeckers und die Anordnungen Mielkes Demonstrationen und die Entfaltung der Opposition auf jeden Fall verhindert werden. Am 27. September unterschrieb Honecker einen Maßnahmeplan zur Sicherung des Feiertags am 7. Oktober. Neben vielen Vorbeugemaßnahmen wurde die bisherige strafrechtliche Praxis verschärft. Jetzt wurden die Straftatbestände der »staatsfeindlichen Hetze« und der »öffentlichen Herabwürdigung« genannt. Festgenommene sollten »nur nach Abstimmung mit dem zentralen Untersuchungsorgan des MfS«[271] entlassen werden dürfen. Um die Lage in Leipzig beherrschen zu können, wurde die dortige Parteileitung beauftragt, wirksamere Vorkehrungen zu treffen. Trotz der Fokussierung der Geschehnisse auf Leipzig ließen der spürbare Druck, die sich verschärfenden Drohungen in den Medien, die größere Bereitschaft zu öffentlichen Protesten und die Mobilisierung in nahezu allen gesellschaftlichen Bereichen Ende September vielen Menschen bewusst werden, dass es im Oktober zu einer Entscheidung kommen würde.

Bei allem Ernst der Lage verloren aber nicht alle ihren Witz. In Berlin wurde im oppositionellen »Freundeskreis der Wehrdiensttotalverweigerer« die Idee ausgebrütet, für den bevorstehenden

Staatsfeiertag ein »Geburtstagsgeld« auszugeben. So druckten sie im September in einer Berliner Wohnung etwa 7000 Scheine mit dem Aufdruck »Vierzig Quark der Deutschen Desinfizierten Republik«. Das Siebdruckverfahren hatten sie bei der polnischen Gruppe »Frieden und Freiheit« in Breslau erlernt. Auf dem Schein waren Stalin und eine marode Landschaft abgebildet. Als fiktiver Herausgeber war angegeben »Staatspunk der DDR – Vierzig Jahre Ruhe und Ordnung«. Und es gab noch den Hinweis: »Hierfür bekommt man nichts. Für die anderen aber auch nicht.« Die Seriennummer bestand aus Jahreszahlen mit historischer Bedeutung – 49.53.61.89. Der Schein wurde als Flugblatt verteilt.[272]

3

»Das Fenster aufreißen«

2. Oktober bis 8. November 1989

Der September hatte Tausenden von Flüchtlingen die Freiheit gebracht. Die Erwartungen der Opposition waren mehr als erfüllt worden, da die Bevölkerung ihre Angebote angenommen hatte. In Leipzig war der Funke auf die Straße übergesprungen. Die Kirchen drängten ebenso wie viele Künstler auf Reformen. Der über Jahrzehnte festgefügte gesellschaftliche Status quo zeigte Risse. Erwartung auf Veränderungen, aber auch Angst prägten die Atmosphäre. Würde die SED noch berechenbar bleiben, oder würde sie in dem Dilemma, in dem sie sich gefangen sah, auf Gewalt zurückgreifen? Es gab keine Anzeichen für ein Einlenken der SED-Führung. Die rasche Entwicklung sollte sich in der ersten Woche im Oktober noch einmal beschleunigen. Zwischen dem 2. und 9. Oktober überschlugen sich die Ereignisse derart, dass das Koordinatensystem der Macht aus den Fugen geriet und die Autorität der Herrschenden schwer beschädigt wurde. Von Tag zu Tag stieg die Spannung, brachte Neues hervor, öffnete Abgründe und Wege in die Zukunft.

> »im ersticken
> nicht das fenster
> aufreißen
> ist der dümmste selbstmord«[273]

Ein Revolutionskalender – 2. bis 9. Oktober

2. Oktober – Montag

Wer am Morgen des 2. Oktober das in Millionenauflage gedruckte *Neue Deutschland* aufschlägt, ist konsterniert. Die Notmaßnahme, Tausende Botschaftsbesetzer in Prag über DDR-Territorium ausreisen zu lassen, wird dort als ein »humanitärer Akt« ausgegeben.

Die Entrüstung entzündet sich an einem Kommentar, den Honecker zu verantworten hat. Unter der Schlagzeile »Sich selbst aus der Gesellschaft ausgegrenzt« wird eine angeblich vom Westen »stabsmäßig vorbereitete ›Heim-ins-Reich-Psychose‹« gegeißelt. Sie treibe die Menschen »in ein ungewisses Schicksal«. Diese schadeten sich selbst und verrieten ihre »Heimat«. Sie hätten die »moralischen Werte mit Füßen getreten«, und man »sollte ihnen deshalb keine Träne nachweinen«.[274] Im Land wird aber getrauert, über diejenigen, die gehen, und über die hoffnungslose Lage: »Ich möchte singen, was mir tief in der Seele brennt. Bleib bei uns; denn mit jedem, der geht, rückt die Nacht ein Stück näher.«[275]

In der Nacht des 1. Oktober rollen die Züge aus Prag in die Bundesrepublik. Die Bahnstrecke ist abgesperrt, damit nicht noch weitere Menschen die Waggons besteigen. In den Zügen zelebriert die DDR ihre Hoheit und stellt den Menschen ordentliche Ausreisevisa aus. Trotz scharfer Kontrollen von Straßen und Bahnhöfen gelingt es am 2. Oktober zahlreichen Menschen, nach Prag zu reisen. Flugblätter werden verteilt. In Meerane heißt es auf einem: »Plauen Oberer Bahnhof, Sonntag. 1. Oktober 89. Ich sah durchfahrende Züge voller junger Menschen, jubelnd. Morgen können es unsere Kinder sein, wenn wir weiter Angst haben.«[276] Die Sicherheitsorgane registrieren viele anonyme Zuschriften und Anrufe wütender Menschen.

Die Opposition kann sich weiter formieren, obwohl die Sicherheitsbehörden wie schon am Vortag gegen sie vorgehen. In Erfurt tritt die »Bürgerinitiative Frauen für Veränderung« mit einer Grundsatzerklärung an die Öffentlichkeit. Am 2. Oktober 1989 findet ein erstes DDR-weites Treffen der Vereinigten Linken in Berlin statt. In Merseburg wird der Jugendpfarrer Lothar König aus einer Versammlung des Neuen Forums von Sicherheitskräften abgeführt und vernommen. In Berlin wird in der Gethsemanekirche am 2. Oktober eine Mahnwache mit täglichen Informationsandachten für die in Leipzig, Berlin und Potsdam Inhaftierten eingerichtet. Wie in der Leipziger Versöhnungsgemeinde ist damit eine Fastenaktion verbunden, die sich als »konkretes Angebot zum gewaltfreien Widerstand«[277] versteht. Die Initiatoren um Angela Kunze verbreiten an Haltestellen und vor Geschäften Informationen. Die Gethsemanegemeinde entwickelt sich rasch zu einem Kommunikationszentrum der Berliner Opposition. Zur Kirche kommen Menschen, die Informationen liefern und für die Mahn-

Ein typisches DDR-Straßenbild im November 1989: Erfurt, Pergamentergasse.

Nach der Besetzung der Berliner Umweltbibliothek und der Verhaftung von Oppositionellen durch das MfS am 28. 11. 1987 treffen sich täglich einige Tausend Menschen zu Protestversammlungen, hier in der Zionskirche in Berlin.

In mehreren Städten der DDR organisieren Oppositionelle Protestaktionen gegen die gewaltsame Unterdrückung der chinesischen Demokratiebewegung und die Chinapolitik der SED. Hier Klagetrommeln in der Berliner Erlöserkirche im Juni 1989.

*Marianne Birthler in Handgemenge mit MfS-Leuten während einer Protest-
demonstration gegen die Verbote von Kirchenzeitungen am 10. Oktober 1988
in Berlin.*

*Die erste Demonstration der Revolution am 4. September 1989 in Leipzig. Von
links: N. N., N. N., Katrin Hartenhauer, Gesine Oltmanns, Thorsten Beinhof
(verdeckt), Christian Dietrich (verdeckt), Uwe Schwabe, Udo Hartmann, Carola
Bornschlegel, Bärbel Alex.*

Eine der ersten Massendemonstrationen fand am 7. Oktober am Staatsfeiertag der DDR in Plauen im Vogtland statt. Vergeblich versuchen die Sicherheitskräfte, die Demonstration auseinanderzutreiben.

Polizeiketten schließen in der Schönhauser Allee in Berlin an der Gethsemane-kirche Demonstranten ein – kurz vor dem gewaltsamen Eingreifen.

Anfang Oktober gestattet die DDR den in Prag zu Tausenden wartenden
Flüchtlingen die Ausreise über die DDR in die Bundesrepublik. Hier kommen
die Sonderzüge aus Prag in Hof/Bayern an.

Demonstration am 23. Oktober 1989 in Leipzig auf dem Stadtring.

Dieses Transparent fotografierte das MfS bei einer Demonstration in Gera
am 26.10.1989.

Kundgebung in Güstrow mit Heiko Lietz vom Neuen Forum am 3.11.1989.

*Nach einer Demonstration vor der Bezirksverwaltung des MfS Rostock
am 9. November 1989 beseitigen Mitarbeiter des MfS Kerzen und Plakate.*

*Seit Oktober 1989 wurden die Kirchen wegen der dort stattfindenden Friedens-
gebete zu Zentren der Revolution, hier in Gera.*

Friedensgebet am 2. November 1989 in Friedrichroda mit Superintendent
Frohmut Schurig (vor dem Altar) und Landesbischof Werner Leich (am Pult).

wache materielle Unterstützung leisten. Am 2. Oktober initiieren Geistliche und Oppositionelle in weiteren Orten Friedensgebete, so etwa in der sächsischen Stadt Riesa. Zur Unterstützung der Opposition und ihrer Forderung nach einem Dialog streikt die Belegschaft des Krankenhauses in Pfaffenrode bei Mühlhausen.

Gespannt blicken viele nach Leipzig. Dort will die Staatsmacht das Friedensgebet und die anschließende Demonstration verhindern. Um in die Offensive zu kommen, werden SED-Kader, Funktionäre der Blockparteien, das Universitätspersonal und Betriebsgruppen rekrutiert, um eine breite Protestbewegung gegen die Friedensgebete und die Demonstrationen vorzuspiegeln. In einer inszenierten Pressekampagne sprechen sich die angeblich besorgten Bürger gegen die Proteste aus. Der Staatssekretär für Kirchenfragen lädt Bischof Hempel vor und verlangt die Beendigung der Friedensgebete. Hempel weist dies zurück und erklärt zum wiederholten Male, dass die Ursachen der Demonstrationen in der Politik des Staates zu suchen seien. Von den örtlichen Organen ebenfalls vorgeladen und bedroht werden die Leipziger Pfarrer Führer und Wonneberger sowie die Superintendenten. Polizei und MfS überwachen an ihren Monitoren die Innenstadt, für auswärtige Oppositionelle und westliche Journalisten wird die Stadt gesperrt. Zuführungslager für eine größere Anzahl von Demonstranten werden eingerichtet. Bereitschaftspolizei, MfS, Kampfgruppen, Offizierschüler und andere Formationen mit schwerer Polizeitechnik werden bis 13 Uhr bereitgestellt.

Zu den Friedensgebeten kommen in die Nikolaikirche und in die Reformierte Kirche erneut mehr Menschen als in der Vorwoche. In beiden Kirchen wird in leidenschaftlichen Predigten der Aufbruch aus dem Schweigen, aus der Feigheit thematisiert. Klaus Kaden mahnt in der Nikolaikirche: »Es kommt jetzt nicht darauf an, sich ein Herz zu fassen, sondern auch in der Auseinandersetzung mit dem politischen Gegner sein Herz zu bewahren.«[278] Und der katholische Prediger Bernhard Venzke ruft in der reformierten Kirche: »Die Saat ist nun aufgegangen und zeitigt Früchte.«[279]

Nach den Friedensgebeten formiert sich eine Demonstration mit weit über 10 000 Menschen. Wie in der Vorwoche sind die Sicherheitsbehörden überfordert. Absperrketten der Polizei werden durchbrochen, und der Verlauf der Demonstration kann nicht gesteuert werden. Ein Teil der Demonstranten sammelt sich nach längerem Hin und Her vor der Thomaskirche. Hier kommt es zum gewaltsamen Einsatz von Polizei mit Hunden, Schilden und Schlagstöcken. Von den Übergriffen sind auch unbeteiligte Passanten betroffen, viele werden verletzt und verhaftet. Die gewalttätige Konfrontation belastet einen Teil der sehr jungen wehrdienstpflichtigen Polizisten und ebenso die älteren Kampfgruppenmitglieder außerordentlich. Sie haben es auf der Straße nicht mit Chaoten und Randalieren zu tun, wie ihnen eingeredet worden ist, sondern mit ihresgleichen, Durchschnittsbürgern, Arbeitern und Angestellten. Manche sprechen die Sicherheitskräfte an, um an deren Gewissen zu appellieren. Junge Männer im Waffenrock weinen, ältere ziehen sich zurück.

Die Demonstranten rufen: »Wir sind keine Rowdies!« So waren sie in der Presse tituliert worden. Doch der Satz ist eine holprige sprachliche Verneinung. Ins Positive gewendet wird daraus spontan: »Wir sind das Volk!« Die Revolution hat ihren Logos hervorgebracht. Die Bürger treten aus der Untertanenrolle, sie bestreiten die Legitimation des sogenannten Arbeiter- und Bauernstaates und ernennen sich selbst zum Souverän. Die SED hatte mit dem Wort »Volk« die Bevölkerung entmündigt, Volksrichter urteilten im Namen des Volkes, Volkspolizisten jagten die Volksschädlinge, die Partei führte die Volksmassen. Mit »Wir sind das Volk!« geht die Bevölkerung in die Offensive. Worte können »eine Macht werden. Vernichtend wie ein Sturmwind, der ein Lufthauch ist wie das Wort. Leicht kann das Wort stärker werden als eine Tat ...«[280] Andere Sprechchöre sind auf die unmittelbare Situation zugeschnitten. Neben den politischen Forderungen »Freiheit« oder »Neues Forum zulassen« heißt es, auf die Zuschauer gemünzt: »Schließt euch an, wir brauchen jeden Mann.« Vor den Polizeiketten wird skandiert: »Keine Gewalt«, »Kein neues China«, vor dem Gebäude des MfS ertönt: »Lasst die Gefangenen frei«, »Stasi raus«. Am späten Abend wird in den westlichen Medien über die Ereignisse berichtet.

3. Oktober – Dienstag

Der Zulauf von Flüchtlingen in die Prager Botschaft der Bundesrepublik ist ungebrochen. Mehr als 10 000 Menschen halten sich im Nachbarland auf und hoffen auf Ausreise. Wieder kommt es trotz der Hilfeleistung des Botschaftspersonals und der Prager Bevölkerung zu chaotischen Zuständen. Auf engstem Raum drängen sich unter freiem Himmel, ohne ausreichende Verpflegung, bei schlechtem Wetter, bedrängt von tschechischer Polizei Tausende Menschen. In Bonn bildet Bundeskanzler Kohl einen Krisenstab und versucht vergeblich, mit Honecker Kontakt aufzunehmen. Der SED-Chef will am 7. Oktober keine neuen dramatischen Bilder in den Westmedien haben. Er entschließt sich, die Flüchtlinge aus Prag wieder über DDR-Territorium ausreisen zu lassen. Gleichzeitig wird der visafreie Reiseverkehr in die CSSR gesperrt. Diese Maßnahmen verschärfen die innenpolitische Lage. Den DDR-Bürgern gehen die letzten bescheidenen Reisemöglichkeiten unmittelbar vor den Herbstferien verloren. Noch am 3. Oktober streiken Belegschaften in Thüringen, Eisenach, Ruhla, Seebach und in Altenberg im Erzgebirge.

An den Grenzübergangsstellen zur CSSR weist die Grenzpolizei mehrere Tausend Bürger zurück. An der grünen Grenze werden zahlreiche Personen festgenommen, auch aus Zügen werden Reisende geholt. Es gibt Gegenwehr. Die Züge werden daraufhin nach Dresden zurückgeleitet.[281] Dort finden Flüchtlinge in Kirchen Unterschlupf. An nahezu allen Bahnhöfen entlang der Strecke warten Menschen, die auf die Züge aus Prag aufspringen wollen. Sie werden von der Polizei vertrieben, viele verhaftet. Auf dem Dresdener Bahnhof sammeln sich einige Tausend Menschen, die von der Grenze zurückkommen und hier auf weitere Ausreisewillige treffen. In der Nacht wird ein leerer Zug gestürmt, der ursprünglich nach Prag fahren sollte. Jetzt gehen Sicherheitskräfte mit Gewalt gegen die Bahnhofsbesetzer vor und räumen zweimal den Bahnhof. Mehrere hundert Personen laufen den erwarteten Zügen auf den Gleisen entgegen. Ein Vermittlungsversuch des Superintendenten Christof Ziemer wird von den Kommandeuren zurückgewiesen. Am 3. Oktober kommt Egon Krenz von seinem Besuch aus China zurück. Die Begleitpropaganda enthält wieder die Botschaft, dass die SED die Pekinger Gewaltlösung auch in der DDR anwenden könnte.

In Karl-Marx-Stadt findet ein Solidaritätsgottesdienst in der Johanniskirche statt. Martin Böttger berichtet, dass das Neue Forum nicht zugelassen wird. Der Regisseur Hasko Weber kündigt an, dass am 7. Oktober eine Lesung des Schauspielensembles stattfinden werde, bei der alle Texte der Opposition verlesen werden sollen. Zu Beginn einer Vorstellung solidarisiert sich das künstlerische Kollektiv des Maxim-Gorki-Theaters in Berlin in einer Resolution mit der Opposition.

Die überaus nervöse Volkspolizei achtet auch auf Aktivitäten
westlicher Besucher. Sie meldet an diesem Tag: »In Waltershausen
wurde 09.45 Uhr durch Kräfte VP ein Ikarus-Bus des Kraftver-
kehrs Potsdam gestellt, im Fahrzeug befindet sich eine Delegation
aus der BRD mit Aufenthaltsberechtigung, im Bus war ein Schild
mit einer Karikatur und dem Wortlaut ›Frecher als die Partei‹ sichtbar angebracht. Dokumentation wird gefertigt, Näheres weiter
nicht bekannt.« Die Untersuchungen laufen auf Hochtouren, ein
Angriff auf die »Partei« wird befürchtet. Schon um 11.20 Uhr
kommt Entwarnung: »Es handelt sich um eine Delegation ›Junger Sozialisten‹ aus West-Berlin, das Plakat ist gegen Bundeskanzler Kohl gerichtet.«[282]

4. Oktober – Mittwoch

Die Sicherheitsorgane verzeichnen in den ersten Oktobertagen
einen sprunghaften Anstieg der gegen die DDR gerichteten
»Schmierereien«. Am 4. Oktober von 0.05 bis 23.50 Uhr stellt die
Volkspolizei allein im Bezirk Erfurt 16 solcher Graffiti an Haus-
wänden, Brücken und auf Straßen fest. Dort steht »Neues Forum«,
»Wir sind mündig«, »Reformen«, »Stasi raus« und immer wieder
»Freiheit«. Ein »Täter« wird gefasst. Außerdem registriert die Polizei eine zerschnittene DDR-Fahne und das Verteilen von Flugblättern. Ein anonymer Anrufer droht einer Parteistelle Gewalt an.
In einer Kirche in Weimar findet eine Veranstaltung des Demokratischen Aufbruchs und des Neuen Forums mit 1200 Besuchern
statt. In den Meldestellen der Volkspolizei sprechen zahlreiche Bürger vor, die sich über die Visapflicht bei Reisen in die CSSR be-
schweren.[283]

Am 4. Oktober wird in Zittau Thomas Pilz, der das Neue Forum
in seiner Region organisiert, erneut vom MfS verhört. Ihm wird
vorgehalten, dass er aus der Presse hätte wissen können, dass das
Neue Forum nicht zugelassen ist und seine Handlungen daher illegal seien. Seinen Einspruch, dass die Ablehnung nicht rechtsförmig
sei, weil die Fristen nicht eingehalten worden seien, übergeht der
Vernehmer. Pilz verweigert zu den meisten Fragen die Antwort.
Am Ende des von ihm unterschriebenen Protokolls steht: »Mitteilung des Untersuchungsorgans: Ihnen wird mitgeteilt, dass aufgrund des vorliegenden Sachverhaltes gegen Sie ein Ordnungsstraf-
verfahren in Höhe von 500.– Mark durchgeführt wird. Sie haben

sich am 05.10.1989 um 14.00 Uhr im VPKA Zittau zur Durchführung desselben zu melden.«[284]

Die gesellschaftliche Unterstützung für die Opposition nimmt zu. In einer öffentlichen Veranstaltung macht sich die Volksbühne in Berlin die Anliegen des Neuen Forums zu eigen. Die bislang staatstragende Ost-CDU-Zeitung *Union* in Leipzig stellt sich vorsichtig hinter die Friedensgebete. Die Nikolaikirche sei »offen auch für diejenigen, die die Erfahrung gemacht haben, dass negative Erscheinungen in unserer Gesellschaft in den zuständigen Gremien und Büros nicht zur Sprache gekommen sind ...«[285]

Die Friedensgebete weiten sich im Land aus. Ich stelle in der überfüllten Altendorfer Kirche in Nordhausen den Demokratischen Aufbruch vor, auch der Aufruf des Neuen Forums wird verlesen. In Nordhausen sind ebenfalls Sicherheitskräfte mobilisiert. Teilweise wird es für die Besucher zu einer Art Spießrutenlauf durch die Mannschaften. Während des Friedensgottesdienstes meldet sich ein Mann zu Wort, der berichtet, dass er aus den Kampfgruppen ausgetreten sei, weil diese seit Wochen am Schlagstock ausgebildet würden. Am gleichen Tag findet in Weimar in der Stadtkirche ein Informationsgottesdienst mit Edelbert Richter statt, zu dem 3000 Menschen erscheinen. Dort wird eine Resolution verfasst, die zur »Erneuerung der sozialistischen Gesellschaft«[286] aufruft.

Von großer Bedeutung ist die »Gemeinsame Erklärung« vom 4. Oktober, die von Vertretern von Demokratie jetzt, Demokratischer Aufbruch, Demokratische Sozialistinnen, Initiative Frieden und Menschenrechte, SDP, Neues Forum sowie verschiedenen Friedenskreisen in der Wohnung Reinhard Weidauers in Berlin formuliert und unterzeichnet wird. Die Erklärung, die später als Wahlplattform der Opposition bezeichnet wird, enthält ein Bekenntnis zur Vielfalt der oppositionellen Bewegungen und benennt auch den Konsens der Opposition: »Uns verbindet der Wille, Staat und Gesellschaft demokratisch umzugestalten.« Die Erklärung fordert das Ende der Repression und benennt die Mindestanforderungen für eine freie und geheime Wahl, die unter UNO-Kontrolle stattfinden müsse. Sie endet mit dem Aufruf: »Wir rufen alle Bürgerinnen und Bürger der DDR auf, an der demokratischen Erneuerung mitzuwirken.« Die gemeinsame Erklärung war allerdings keine Vorwegnahme des späteren Bündnis 90, wie sie häufig interpretiert wurde. Die Sozialdemokraten und die Vertreter des Demokratischen Auf-

bruchs wollen die Bündnisfrage offen halten und fügen darum den
Satz ein: »Wir wollen zusammenarbeiten und prüfen, in welchem
Umfang wir ein Wahlbündnis mit gemeinsamen Kandidaten verwirklichen können.«[287] Die Erklärung wurde in der DDR rasch
verbreitet und auch über die westlichen Medien bekannt gemacht.
Der Druck auf die Opposition, die sichtbare innere Aufrüstung
sowie die Vorgänge in Leipzig und Dresden veranlassen die Berliner Initiativgruppe des Neuen Forums zu einem Aufruf: »Gewalt
ist kein Mittel der politischen Auseinandersetzung! Lasst Euch
nicht provozieren!«[288] Aus Anlass des erwarteten Besuchs von Gorbatschow während der Feiern des 40. Jahrestages schreibt am
4. Oktober Jens Reich für das Neue Forum einen Brief an den Sowjetführer, in dem er in Anspielung auf die Reformen in der UdSSR
erklärt, dass man in der DDR »die Demokratie wie die Luft zum
Atmen«[289] brauche.

Am 4. Oktober spitzt sich die Lage im Dresdener Hauptbahnhof
erneut zu. Dort warten wieder mehrere Tausend Menschen auf die
Züge aus Prag. Die Polizei räumt Bahnhof und Bahnsteige. Doch
immer wieder erobern die Demonstranten das Gebäude zurück.
Gegen 20 Uhr haben sich dort 20000 Menschen versammelt. Jetzt
werden auch politische Losungen gerufen. Vor dem Bahnhof eska-
liert die Lage, als Pflastersteine und Molotowcocktails fliegen. Die
Polizei setzt Tränengas und Wasserwerfer ein und geht zu willkür-
lichen Verhaftungen über. Es entwickelt sich ein gewalttätiges Re-
volutionsszenario mit brennenden Autos und brutalen Polizeiein-
sätzen. Einige junge Polizisten verweigern den Befehl und werden
abgeführt. Die Inneneinrichtung und die Fensterscheiben des Bahn-
hofs werden von der aufgebrachten Menge zerstört. Auf beiden
Seiten gibt es Verletzte. Die Situation beruhigt sich, als die Polizei bekannt gibt, dass Ausreisewillige sofort einen Antrag stellen könnten, der umgehend genehmigt werde. Das geschieht aber
nicht, vielmehr rückt die Polizei mit neuen Verstärkungen an und
übernimmt gegen 2.30 Uhr die Kontrolle über den Bahnhof. Noch
am späten Abend fordert Modrow Militär an.

Auseinandersetzungen mit der Polizei gibt es in der Nacht auch
in anderen Orten entlang der Bahnstrecke mit den Flüchtlings-
zügen, im Kreis Auerbach, in Plauen, in Karl-Marx-Stadt (Chemnitz), Freiberg und Reichenbach. Dort haben sich Schaulustige ein-
gefunden, aber auch Ausreisewillige, die hoffen, auf die Züge
springen zu können.

5. Oktober – Donnerstag

In Dresden erreichen die Auseinandersetzungen am 5. Oktober eine neue Stufe. Die Demonstranten sind nun vorwiegend Dresdener Bürger, die sich friedlich verhalten. Mehrere Tausend Sicherheitskräfte sind zusammengezogen. Die Hundertschaften der Armee gehen mit der Polizei gegen die friedlichen Demonstranten vor, Hunderte Menschen sind inzwischen festgenommen. An den Sammelstellen der Gefangenen, den »Zuführungspunkten«, den provisorischen Unterkünften sowie der für diesen Zweck benutzten Haftanstalt Bautzen spielen sich unbeschreibliche Gewaltakte ab. Die Ereignisse sprechen sich schnell im Land herum, und die Stimmung wird erregter, besonders in den Städten, durch die die Züge fahren. Zu ihnen gehört Plauen im Vogtland. Hier hat der Superintendent Thomas Küttler, der in der Stadt das Neue Forum unterstützt, mit seinen Mitarbeitern für den 5. Oktober ein Friedensgebet in der Markuskirche angesetzt, um den Menschen Orientierung anzubieten. Am Morgen fordert ihn der Oberbürgermeister Norbert Martin auf, das Friedensgebet zu unterlassen, und droht mit strafrechtlichen Konsequenzen. Am Abend erscheint Polizei vor der Kirche. Zum Friedensgebet kommen fast 2000 Menschen. Die Andacht muss wiederholt werden. Eine Frau erklärt: »Wir möchten endlich ernst genommen werden als verantwortungsbewusste Bürger.«[290]

In Leipzig bereiten sich die Behörden auf neue Demonstrationen vor, die sie vor allem für den Feiertag am 7. und nach dem Montagsgebet am 9. Oktober erwarten. Neben den Sicherheitsvorkehrungen versuchen sie erneut, auf kirchliche Vertreter einzuwirken, die Friedensgebete einzustellen oder zumindest jeden politischen Bezug zu unterlassen. Das wichtigste Gespräch führen am 5. Oktober Bischof Hempel und die Leipziger Superintendenten mit dem Vorsitzenden des Rates des Bezirkes. Die Staatsvertreter lasten die Unruhen den Veranstaltern der Friedensgebete an und verlangen die Einstellung der Gebete. Superintendent Richter macht deutlich: »Endlich müssen Sie den Leuten etwas sagen. Wir brauchen authentische Aussagen des Staates, damit die Bürger merken, es tut sich etwas. Die Wahrheitsfrage in der Berichterstattung der Medien ist ein Angelpunkt. Ein Beispiel ist die Beschwörung der traditionellen Freundschaft DDR–China, obwohl hier 30 Jahre Funkstille geherrscht hat. Das nimmt Ihnen niemand mehr ab.« Und

Hempel erklärt, die Absetzung der Friedensgebete sei nur möglich, wenn er diese mit einer Erklärung verbinden könne, die die Lage im Lande zur Sprache brächte und sich auf tatsächliche »Veränderungen«[291] bezöge. Die Friedensgebete seien eher geeignet, die Unzufriedenheit der Menschen zu kompensieren, als die Situation zuzuspitzen.

In Berlin unterstützt bei einer Abendvorstellung das Kabarett »Die Distel« das Neue Forum mit einer öffentlichen Erklärung.

6. Oktober – Freitag mit Fackelzug

Der nervös gewordenen SED-Führung fällt nur noch Abschottung ein. Unter Bruch des Viermächteabkommens über Berlin lässt sie die Grenzübergänge in Berlin seit den Morgenstunden für Bundesdeutsche und West-Berliner unter Protest der Alliierten und der Bundesregierung schließen. Zeugen sind nicht gefragt. In Dresden halten die Unruhen an. Im Anschluss an ein Friedensgebet in der Kreuzkirche, das von etwa 3000 Menschen besucht wird, formiert sich eine Demonstration von 10000 Dresdnern. Die friedlichen Demonstranten, die Reformen und Freiheit fordern, rufen nach Gorbatschow. Einige singen die Internationale, wenn auch nur wenige Zeilen. Als Armee und Polizei prügeln und verhaften, auch Unbeteiligte, verzichten die Demonstranten auf gewalttätige Gegenwehr, Kerzen werden angezündet. Am späten Abend werfen kleine, aufgebrachte Gruppen mit Steinen. Am Bahnhof werden nach Mitternacht die letzten Demonstranten vertrieben und verhaftet.[292] Die Protestbewegung bekommt in Dresden von der Belegschaft des Dresdener Staatsschauspiels Unterstützung, deren Mitglieder seit dem 6. Oktober allabendlich einen umfangreichen Forderungskatalog vortragen. Der Schauspieler Joachim Zschocke liest: »Wir treten aus unserer Rolle heraus.«[293] Das Recht auf Information, Dialog, selbstständiges Denken, Pluralismus, Widerspruch und Reisefreiheit wird gefordert.

Am Abend trifft sich in einem Pfarrhaus in Halle das Neue Forum. Als die Teilnehmer nach Hause gehen, werden fünf von ihnen festgenommen, ihre Papiere beschlagnahmt und sie bis in die Morgenstunden verhört. Erstmals finden Friedensgebete mit politischen Inhalten in Görlitz, Lugau und Coswig statt. Mancherorts, wie in Saalfeld, bekommen traditionelle Friedensgebete eine neue Bedeutung. Dort waren die »Freitagsgespräche« seit Langem ein Kristallisationskern von Oppositionellen der Umgebung. Am 6. Oktober stellt sich dort der Demokratische Aufbruch vor, es kommen etwa 1000 Besucher. Die größte Veranstaltung dieser Art ist die zum 6. Oktober vom Berliner Stadtjugendpfarrer einberufene »Zukunftswerkstatt« unter der Frage »Wohin DDR?«. 2000 Menschen besuchen die Erlöserkirche, um mit Oppositionellen der neuen Bewegungen Wege aus der Krise zu diskutieren.

Die Initiatoren des Neuen Forums geben eine Erklärung zum 40. Jahrestag heraus, mit der besonders die Mitglieder der SED angesprochen werden: »Wenn in einer Führungspartei mit zwei Millionen Menschen die innere Diskussion und Zusammenarbeit verweigert wird, dann muss es allerdings zu qualvollen und unerträglichen Spannungen kommen. Die Diskussion, die die SED führen muss, ist ein wichtiger Teil der gesamtgesellschaftlichen Diskussion, die unser Land braucht.«[294]

Am 6. Oktober erreicht die psychische Anspannung einen neuen Höhepunkt. Kampfgruppeneinheiten werden durch das Land gekarrt, und die Gerüchte über die Vorbereitung der Armee und der Polizei auf den Einsatz gegen Demonstranten reißen nicht ab. Immer offener droht die SED-Führung im Namen der »Arbeiterklasse«. Am 6. Oktober stellt die SED ihrem Staatsvolk und der für dieses Volk sprechenden Opposition ein berühmt gewordenes Ultimatum in einem Artikel des Kampfgruppenkommandeurs Günter Lutz im Auftrag der Hundertschaft »Hans Geiffert«. »Bürger christlichen Glaubens« sollten »ihre Andacht und Gebete« in der Nikolaikirche »verrichten«. Gegen die »gewissenlosen Elemente«, die kirchliche Veranstaltungen missbrauchten, müssten aber die »Werte und Errungenschaften des Sozialismus« geschützt werden: »Wenn es sein muss, mit der Waffe in der Hand!«[295] In Windeseile spricht sich diese Drohung im Lande herum. Angst und Zorn sind überall zu spüren, besonders in Leipzig. Es hagelt Proteste, anonym und offen. Der Leipziger Theologe Peter Zimmermann gibt einen Orden zurück, den er gerade erst bekommen hat.

Im Gästebuch der Nikolaikirche drücken die Besucher ihre Empfindungen aus: »Was können wir beitragen, wenn die Angst uns zurückhält?« »Ich bleibe hier! Komme, was da wolle. Ich will keine Lügen mehr! Komme, was da wolle! Ich bin gegen jede Art von Gewalt! Komme, was da wolle.« »Ich bin ein Arbeiter, nach dem heutigen Artikel in der LVZ habe ich Angst vor den Kampfgruppen.«[296]

Am Abend beginnen in Berlin die Feierlichkeiten zum 40. Jahrestag. 70 000 Jugendliche im Blauhemd der FDJ sind von überallher
zusammengezogen worden. In den Nebenstraßen üben die Jugendlichen Sprechchöre: »FDJ, SED, alles ist bei uns o. k.!« Im Lauf-
schritt ziehen sie an der Tribüne der Staats- und Parteispitze mit
vielen internationalen Gästen in einem riesigen Fackelzug vorbei.
Honecker strahlt. Er hat sein Fest. Aber selbst bei den ausgewähl-
ten Jugendlichen, unter denen sich auch Mitarbeiter des MfS befinden, regt sich Unwillen. Das MfS entdeckt, dass Texte des Neuen
Forums verteilt werden. Einige Personen werden festgenommen,
weil sie Plakate mit Losungen wie »Mehr Freiheit« bei sich tragen.
Das MfS berichtet: »Um 21.20 Uhr wurden aus einer Marschfor-
mation zwei männliche Personen mit einem Schild herausgelöst,
auf dem das Wort ›Sch…‹ zu lesen war.«[297] Und es sind Rufe zu
hören: »Perestroika«, »Gorbatschow hilf.« Honecker ist blamiert,
vor allem vor seinem prominentesten Gast, Michail Gorbatschow,
der diese Pannen bemerkt.

7. Oktober – Staatsfeiertag

Am »Tag der Republik« ist das Land mit Großplakaten »40 Jahre
DDR« herausgeputzt. Die wirtschaftlichen und politischen Erfolgs-
meldungen sind maßlos. Bis in die kleinsten Orte sind Volksfeste
vorbereitet. Ein Auszeichnungs- und Ordensregen ergießt sich über
die Republik. Es gibt Bockwurst und Bier für die gute Stimmung
und eine gewaltige Militärparade zur Stärkung des Klassenbe-
wusstseins. Die politische Ignoranz des SED-Chefs drückt sich in
dem bald zum geflügelten Wort gewordenen Satz von Michail
Gorbatschow aus: »Wer zu spät kommt, den bestraft das Leben!«
Gorbatschow hatte diesen Satz so wörtlich nicht gesagt, sondern
mehrfach vor westlichen Journalisten und DDR-Bürgern auf die
Dringlichkeit schneller Reformen verwiesen. Das Anliegen verschafft sich über die Medien und über den Volksmund einen sprachlichen Ausdruck. Die Lageberichte, die dem Politbüro auf den
Tisch kommen, spiegeln aber die Krise, die Unruhe im Staatsvolk
wider. Schon bei den Vorfeiern hatte es Pannen gegeben. Geladene
Gäste hatten abgesagt, bei Ordensverleihungen erscheinen manchmal nicht einmal die Kandidaten.

Die Opposition soll eingeschüchtert werden. Gerhard Ruden,
Organisator des Neuen Forums in Magdeburg, wird von der Kri-

minalpolizei vernommen. Die Einreise von westlichen Journalisten ist am Feiertag verboten. Im Falle von Unruhen soll mit Gewalt vorgegangen werden. Die Fassade des Volksjubels muss aufrecht erhalten werden. Doch bei den Feierlichkeiten kommt es zu Aufläufen, Protesten kleiner Gruppen, in Markneukirchen zu einer kleineren Kerzendemonstration, ganze Veranstaltungen müssen ausfallen. Immer wieder gibt es Gelächter und Pfiffe, wenn Redner den Sozialismus preisen. Selbst in Dörfern brechen die Rituale zusammen. In Markgrafpieske bei Fürstenwalde sagt der Sozialethiker Matthias Schubert, der vom Bürgermeister eingeladen worden ist, zu den Bürgern:»Dieser Jahrestag bietet … wenig Anlass zum Feiern, wohl aber sehr viel Anlass zum Nachdenken, zum Umdenken, zum Umgestalten.«[298]

In den Friedensgebeten wird auf die Jubelfeiern Bezug genommen. Im Gothaer Friedensgebet werden 40 Kerzen als Zeichen der erloschenen Hoffnungen gelöscht. In Erfurt besuchen 2000 Menschen den Sonnabendgottesdienst in der Kaufmannskirche, der noch einmal wiederholt werden muss. Dort werden Stimmen laut, die eine Demonstration fordern, die aber noch nicht zustande kommt. In Leipzig kommt es erstmals ohne vorhergehendes Friedensgebet zu einer Demonstration. Seit dem Vormittag finden sich immer wieder Menschen in der Nähe der Nikolaikirche ein. Die Sicherheitskräfte können diese Ansammlungen zerstreuen und viele Beteiligte verhaften. Am Nachmittag sammeln sich erneut etwa 5000 Demonstranten. Erst am Abend gelingt es, die Demonstrationen nach Verhaftungen und hartem Vorgehen aufzulösen.

In Dresden zieht gegen 20 Uhr eine Demonstration mit bis zu 10000 Bürgern durch die Stadt. Vor dem Rathaus, in dem gerade ein Empfang mit internationalen Gästen zum Festtag stattfindet, ruft die Menge »Wir sind das Volk« und »Schämt euch«. Die Demonstration bleibt unter dem Einfluss von Kirchenleuten zunächst friedfertig. Auch die Sicherheitskräfte halten sich zurück. Am späten Abend kommt es wieder zu gewalttätigen Übergriffen, Prügelorgien und Verhaftungen.[299] Vorsorglich waren an die Polizei scharfe Schusswaffen ausgegeben worden.

Die eindruckvollste Demonstration findet in Plauen im Vogtland statt.[300] Dort kursieren schon seit einigen Tagen Flugblätter, die zur Demonstration am 7. Oktober aufrufen. Trotz des heftigen Regens erscheinen am Nachmittag bis zu 20000 Menschen auf dem Theaterplatz, wo eigentlich ein Volksfest stattfinden soll. Reformen werden gefordert, auch eine Deutschlandfahne wird gezeigt, und der Ruf »Deutschland« ist zu hören. Bald rücken Wasserwerfer an, und Polizeieinheiten formieren sich im Rücken der Demonstranten, Schlagstöcke werden eingesetzt. Einige Demonstranten werfen Flaschen auf die Wasserwerfer. Die Menge formiert sich zu einem Demonstrationszug durch die Straßen und vor das Rathaus. Dort sind Maschinengewehre aufgebaut. Ein Polizeihubschrauber kreist über der Menge. Die Lage wird prekär, da die Menschen aufs Äußerste erregt sind. In dieser Situation ergreift Superintendent Küttler die Initiative. Er versucht zum Rathaus zu gelangen, um mit dem Oberbürgermeister zu sprechen. Der verweigert sich, verlangt aber, dass Küttler zu den Demonstranten spricht und sie beruhigt. Schließlich bekommt er ein Megafon. Er fordert die Plauener auf, die Demonstration friedlich zu beenden. Sie hätten damit ihren politischen Willen zu Veränderungen gezeigt. Er wolle nun Gespräche zwischen dem Oberbürgermeister und den Bürgern vermitteln. Küttler wächst angesichts der orientierungslosen Menge unbeabsichtigt in die Rolle eines Volkstribuns hinein. Es gelingt ihm, den Abzug der Maschinengewehre und des Hubschraubers zu erreichen. Das wird von den Demonstranten gefeiert. Gegen 18 Uhr löst sich die Demonstration auf. In den späten Abendstunden geht die Polizei gegen vereinzelte friedliche Passanten vor. Etwa 60 Personen werden verhaftet und teilweise schwer misshandelt.

In Karl-Marx-Stadt (Chemnitz) kommt es schon am Vormittag des 7. Oktober zu Auseinandersetzungen. Kampfgruppen und MfS haben den Luxor-Palast umstellt. Dort sollte eine Schriftstellerlesung stattfinden und Informationsmaterial des Neuen Forums diskutiert werden. Die Lesung wird abgesagt. Danach formieren sich etwa 1000 Personen zu einem Schweigemarsch durch das Stadtzentrum, wo der Zug gewaltsam aufgelöst wird. Auch hier werden etwa 20 Personen festgenommen. Kleinere Demonstrationen mit einigen Hundert Personen finden auch in Magdeburg und Potsdam statt, die jeweils von den Sicherheitskräften gewaltsam zerstreut werden.

In welchem Maße der aufgestaute Unmut zu einer explosiven Situation geführt hat, in der lediglich ein Anlass genügt, um Demonstrationen auszulösen, zeigen die Vorgänge am 7. Oktober in den thüringischen Kleinstädten Arnstadt und Ilmenau. Nachdem sich in Arnstadt nach einem Aufruf von Günther Sattler am 30. September eine Demonstration wegen des frühen Eingreifens der Polizei nicht formieren konnte, gelingt dies am 7. Oktober. Diesmal sammeln sich über 300 Arnstädter. Nach kurzer Zeit greifen Polizei und MfS-Mannschaften den Zug an und gehen mit äußerster Härte vor. In der Nacht vom 6. zum 7. Oktober 1989 findet in der Ilmenauer Festhalle eine Disco-Veranstaltung statt, die von einem großen Aufgebot von Sicherheitskräften bewacht wird. Am Ende der Veranstaltung sammeln sich etwa 50 Jugendliche und ziehen in die Stadtmitte. Andere Bürger schließen sich an. Sie rufen »Gorbi, hilf uns« und »Freiheit für alle«. Die Sicherheitskräfte verhaften einen Teil der Demonstranten.

Die Unruhen am 7. Oktober in Ost-Berlin zeigen rasch Signalwirkung, weil sie über die Westmedien bekannt werden. Zunächst entwickelt sich im Berliner Stadtzentrum eine Demonstration auf dem Alexanderplatz, deren Initialzündung die monatlichen Proteste Oppositioneller gegen die Wahlfälschungen sind. Nach ersten Tumulten und dem Zugriff der Polizei zieht die Menge kurz nach 17 Uhr zum nahen »Palast der Republik«, wo der offizielle Festakt zum 40. Jahrestag stattfindet. Dort ist ein weiterer Demonstrationskern entstanden, der nun mit den Ankömmlingen verschmilzt. Während die Festveranstaltung im Gang ist, erklingen die Sprechchöre »Wir sind das Volk«, »Demokratie, jetzt oder nie« und der legendäre Ruf »Gorbi, Gorbi, hilf uns«. Honecker aber bleibt bei seiner starren Haltung und erklärt: »Ratschläge, die zur Schwächung des Sozialismus führen sollen, fruchten bei uns nicht.«[301] Die Peinlichkeit, die das Staatsvolk seiner Regierung bereitet, steigert sich noch, als manche der hohen Staatsgäste wie der rumänische Diktator Ceaucescu in der Nacht mit ihren Staatskarossen komplizierte Wege fahren müssen, da die Protokollstrecken von Demonstranten verstopft sind.

Stasi-Chef Mielke hat das Staatsbankett verlassen und begibt sich zu den leitenden Offizieren. Als er die Menschenmenge sieht, treibt er die Kommandeure unter unflätigen Beschimpfungen zur gewalttätigen Auflösung der Demonstration an. Unter diesem Druck ziehen die Demonstranten gegen 18 Uhr in Richtung Gethsemanekirche im Prenzlauer Berg. Als der Zug mit mehreren Tausend Menschen am Gebäude der Allgemeinen Deutschen Nachrichtenagentur (ADN) vorbeizieht, skandieren die Demonstranten »Lügner, Lügner«. Polizei und MfS-Einheiten versuchen immer wieder den Zug aufzuspalten. Viele Menschen werden festgenommen, es wird geprügelt. Nur etwa 1500 Menschen erreichen die Gethsemanekirche. Außerhalb der Polizeiketten sammeln sich Menschen, sodass sich die Demonstration wieder auffüllt. Die Polizei sperrt die Gegend um die Kirche und den S-Bahnhof Schönhauser Allee großräumig ab. Gegen Mitternacht erfolgt ein weiterer Großangriff der Sicherheitskräfte. Lastwagen mit Gitterschilden, Wasserwerfer, Hundestaffeln und andere Polizeitechnik kommen zum Einsatz.

Die im Stadtjugendpfarramt angesiedelte Kontakttelefongruppe, Mitglieder der Mahnwache und der Gethsemanegemeinde, sammelt noch in der Nacht des 7. Oktober die ersten Mitteilungen über die Übergriffe und nehmen Namen von Verhafteten auf. Viele kommen in die Kirche, um etwas über den Verbleib ihrer Angehörigen zu erfahren. Die von der Polizei abtransportierten Menschen erleben in den Zuführungspunkten eine äußerst brutale Behandlung. Sie werden gedemütigt und beschimpft, sie müssen in »Fliegerstellung« mit gespreizten Beinen und nur mit Fingerspitzen an Wänden in Garagen, Gefängniszellen oder Kellern stundenlang stehen. Viele werden durch Schläge verletzt. Einer berichtet: »In Wartenberg erfolgte die weitere Behandlung, geistig wie körperlich. Unterrichtung über das Strafgesetzbuch, alle Bewegungen nach Befehl ausführen, d.h. Rennen durch Spalier von VP-Angehörigen mit Gummiknüppeln, wobei willkürlich zugeschlagen wurde, nackt ausziehen, Befehl von Liegestützen auf der Erde, wobei Liegestütze laut mitgezählt werden mussten.«[302] In der Gewalt entlädt sich die Spannung der seit Tagen übernächtigten und auf die Niederschlagung einer Konterrevolution ideologisch aufgeputschten Polizisten. Unter den Misshandelten sind auch prominente Berliner wie der der SED zugetane Theologieprofessor Heinrich Fink.

Der 7. Oktober ist auch für die Oppositionsgeschichte von Bedeutung. An diesem Tag erfolgt im Pfarrhaus in Schwante bei Berlin die offizielle Gründung der SDP. Dank der gründlichen Vorsichtsmaßnahmen der Delegierten gelangen fast alle zum Versammlungsort. Hier wird das Statut angenommen, das politische Grundsätze der SDP formuliert und einen ersten Strukturplan vorgibt.[303] Es wird ein Vorstand aus fünfzehn Personen gewählt. Erster Sprecher wird Stephan Hilsberg, zweite Sprecher werden Angelika Barbe und Markus Meckel. Ibrahim Böhme wird Geschäftsführer. In seiner Grundsatzrede bezieht Meckel auch zur deutschen Frage Stellung: »Wir anerkennen die Zweistaatlichkeit Deutschlands als

Folge der schuldhaften Vergangenheit unseres Volkes. Damit sind zukünftige Optionen im Rahmen einer europäischen Friedensordnung nicht ausgeschlossen, doch können sie jetzt nicht handlungsorientierte politische Ziele sein.«[304] Gegenwärtig komme es darauf an, offene Grenzen zur Bundesrepublik, Blockfreiheit, vollkommene Selbstbestimmung der Deutschen und den Rückzug aller alliierten Truppen zu erreichen.

Nach der Gründung kommen Zustimmungen und Solidaritätserklärungen von der West-SPD. Andere, wie Egon Bahr, wollen die junge Partei immer noch nicht ernst nehmen. Einen beachtlichen politischen Erfolg erzielt die SDP durch ihre faktische Anerkennung seitens der Sozialistischen Internationale. Die Kontakte wurden durch westdeutsche Besucher hergestellt, die als Kuriere dienten. Zu dieser Zeit kann die SDP schon auf ein DDR-weites Verbindungsnetz zurückgreifen, das noch weitgehend an die innerkirchliche Kommunikation angelehnt ist. Allerdings ist trotz vieler Sympathien der Zulauf zu der neuen Partei zunächst noch schwach. Dies ist vor allem der überaus radikalen und damit riskanten Herausforderung der SED geschuldet.

8. Oktober – Sonntag

In unzähligen Sonntagsgottesdiensten wird zur Gewaltlosigkeit aufgerufen, Angst und befürchtete Stagnation werden thematisiert und der Opfer gedacht, auch der verletzten Polizisten. Der Jugendevangelist Theo Lehmann predigt in Karl-Marx-Stadt (Chemnitz) vor 2000 Jugendlichen über Jerusalem im Jahr 445 v. Chr. und meint die DDR: »Wir sind an einem Punkt unserer Geschichte angekommen, wo jeder, oder fast jeder, sieht, dass es so nicht weitergehen kann. Wir brauchen einen Neuanfang, und die Bibel zeigt uns, wie es zu einem Neuanfang kommen kann: Missstände nennen. Schuld bekennen. Nur so kommt es zu einer Veränderung. Veränderung ist ein Zeichen von Leben. Wo keine Veränderung mehr stattfindet, kann nur noch der Tod festgestellt werden.«[305] Im Land nimmt die Anzahl der Friedensgebete und ähnlicher kirchlicher Veranstaltungen mit politischem Inhalt rapide zu.

Die gewalttätigen staatlichen Übergriffe veranlassen Theater, Künstlerverbände und Künstlergruppen zu Protesten. So heißt es im »Aufruf im 41. Jahr der DDR« vom 8. Oktober der »Sprechergruppe junger Theaterschaffender im Verband der Theaterschaffenden«: »Schluss mit der Gewalt gegen friedliche Demonstranten.«[306] Am 8. Oktober drohen die Arbeiter der Großbäckerei in Jena einen Streik an, wenn es bei weiteren Demonstrationen zum Einsatz von Gewalt kommen sollte. Am Abend strahlt der Deutschlandfunk ein Interview des Journalisten Gerhard Rein mit Christa Wolf aus. Sie will vermitteln, zur Gewaltlosigkeit und Geduld mahnen, fordert den Dialog und einen Runden Tisch und will der SED-Spitze ausreden, »sie müssten Angst haben vor den Leuten, die sich jetzt informell äußern«. »Die Vernunft und die politische Reife ist in der DDR in diesen Wochen so schnell gewachsen, dass darüber ein wirklich vernünftiger Dialog möglich ist.«[307].

In Ilmenau wiederholen sich die Auseinandersetzungen vom Vortag. Jetzt demonstrieren schon einige Hundert Menschen. Sie werden niedergeknüppelt und an den Zuführungspunkten brutal behandelt. 50 von ihnen werden in Schnellverfahren zu Haftstrafen verurteilt. In der Kleinstadt Lindow werden am Morgen 20 Jugendliche festgenommen, die am Vorabend vor dem Rathaus »Gorbi« gerufen hatten. Als am Nachmittag ein Mann während eines Fußballspiels vom Platz weg verhaftet wird, solidarisieren sich Spieler und Zuschauer mit ihm. Ein Demonstrationszug zieht zum Rathaus, um seine Freilassung zu fordern. Als Sicherheitskräfte zusammengezogen werden, bauen die Lindower eine Barrikade, die sie aber nicht lange halten können.

Am Abend sammeln sich in Berlin einige Tausend Menschen um die Gethsemanekirche nach der Fürbittandacht. Vor der Kirche und in den Fenstern brennen Hunderte Kerzen, die Leute bringen Lebensmittel. Flüchtenden Demonstranten werden die Haustüren geöffnet. Auf der nahen Hochstrecke der U-Bahn stoppt ein Fahrer aus Solidarität seinen Zug und gibt Signale. Die Polizei fordert die Menschen über Lautsprecher auf, einzeln durch die Polizeiketten abzuziehen. Die Menge setzt sich auf das Straßenpflaster. Sie skandiert »Keine Gewalt!« Dennoch stürmt die Polizei gegen Mitternacht auf die Menschen los. Wer nicht in die Kirche flüchten kann, wird von den mit Spezialwaffen ausgerüsteten Polizisten und den Hundestaffeln geschlagen, verletzt, Hunderte werden festgenommen.

Ein Bericht: »Wahllos wurden Bürger geschlagen, getreten, an den Haaren gerissen, zu Boden gestoßen und weggeschleppt. Auch gegenüber Frauen und Mädchen wurde ›ohne Gnade‹, ein von mir mehrfach gehörter Satz der Schläger, vorgegangen. Unter den

Demonstranten kam es für mich nicht ersichtlich zu Ausschreitungen oder Gegengewalt. Ich rannte auf einen der zivilen Schläger zu und brüllte ihn an: ›Hört doch auf mit dem Terror, die Menschen sind friedlich.‹ Daraufhin wurde ich von drei anderen ergriffen, die glasige Augen hatten und nach Alkohol stanken, und von ihnen zu Boden gerissen. Dabei schlug mein Kopf auf das Straßenpflaster, meine Arme wurden extrem verdreht, ich erhielt mehrere Schläge und Tritte gegen den Kopf und die Magengegend. Ich versuchte mich loszureißen bzw. mich aus den äußerst schmerzhaften Griffen zu lösen, worauf sie meinen Kopf wiederum mehrmals auf das Straßenpflaster schlugen.«[308] Während des Vorgehens der Polizei ertönt aus Protest das Geläut der Kirche. An den Zuführungspunkten kommt es erneut zu regelrechten Gewaltexzessen. Die Kontakttelefongruppe mit Marianne Birthler und Werner Fischer beginnt, systematisch die Gedächtnisprotokolle zu sammeln und zu verbreiten.

Am Nachmittag demonstrieren die Dresdener erneut.[309] Ein gewaltiges Aufgebot der Sicherheitskräfte soll jede Ansammlung von Personen verhindern. Zusätzlich werden bis zu 500 »gesellschaftliche Kräfte« zusammengetrommelt, also SED-treue Zivilisten, welche die Demonstranten zum Aufgeben bewegen sollten. Ein Teil von ihnen erscheint gar nicht erst. Der Rest hat keinen Erfolg. Die Demonstrationszüge werden mehrfach zerstreut, doch die Protestierer sammeln sich immer wieder. Gegen Abend veranlasst der den Einsatz leitende Modrow aus grundsätzlichen politischen Erwägungen, die gewaltsamen Konfrontationen mit den Demonstranten zu beenden. Gestützt wird diese Haltung, weil auch in den Sicherheitsapparaten – vor allem in der NVA, selbst in Berlin – Zweifel an der Konfrontationspolitik und den Massenverhaftungen aufgekommen sind. Allein in Dresden sind etwa 1000 Personen festgenommen worden. Der Zug bewegt sich vorerst fast unbehindert durch die Stadt. Gegen 20 Uhr gerät ein Teil der Demonstration in einen Polizeikessel. In dieser Lage ergreifen zwei katholische Kapläne, Frank Richter und Andreas Leuschner, die Initiative. Richter wendet sich an einen der Polizeioffiziere und bietet an, die Demonstranten zum Beenden der Demonstration aufzurufen, wenn die Gegenseite als Gesprächspartner den Oberbürgermeister Wolfgang Berghofer benenne. Nach internen Verhandlungen wird das Angebot mit Zustimmung von Berghofer und Modrow angenommen. Vereinbart wird, dass Berghofer die Vertreter der Demonstranten am nächsten Tag um 9 Uhr im Rathaus empfangen werde. Richter fordert nun die Demonstranten auf, Sprecher für dieses Gespräch zu benennen. Man einigt sich auf 20 Personen, deren Personalien von der Polizei aufgenommen werden. Außerdem wird ein Forderungskatalog zusammengestellt:

> »Freilassung der politischen Gefangenen, besonders jener, die in den letzten Tagen in Dresden inhaftiert wurden, offener und gewaltfreier Dialog in der Gesellschaft, Reisefreiheit, Wahlfreiheit, Recht auf friedliche Demonstrationen, Einführung eines Zivildienstes, Legalisierung des Neuen Forums.«[310]

Zeitgleich werden Bischof Hempel und Superintendent Ziemer, denen es gelungen war, mit Berghofer zu sprechen, mit einem Polizeiwagen herbeigebracht. Ziemer erklärt, dass die Ergebnisse des Gesprächs mit Berghofer am Abend in den Kirchen bekannt gemacht würden. Die Demonstration löst sich umgehend auf. Nach Plauen ist Dresden der zweite Ort, wo ansatzweise ein Dialog eingeleitet wird. Richters Idee, aus der Masse der Demonstranten heraus eine Sprechergruppe bestimmen zu lassen, sollte noch zu großer Bedeutung kommen. Diese Gruppe nannte sich zunächst »Bürgerkomitee Dresden«, später dann »Gruppe der 20«[311].

Die gewalttätigen Einsätze gegen friedliche Demonstranten haben inzwischen auch in der SED ihre Spuren hinterlassen. Es ist nicht nur Modrow, der aus taktischen Gründen oder aus der Einsicht, dass sich die SED ihrer politischen Zukunft beraubt, versucht, die Konfrontation mit den Demonstranten zu minimieren und sie in Gespräche einzubinden. Er findet in Dresden und auch bei höheren Kommandeuren der Armee Zustimmung. Selbst innerhalb der eingesetzten Sicherheitskräfte wachsen Zweifel. Vor allem einige Mitglieder der Kampfgruppen und Polizisten verweigern den Einsatz. Einen geharnischten Protest schickt der Wehrleiter der freiwilligen Feuerwehr Plauen am 8. Oktober an den Rat der Stadt und das Volkspolizeikreisamt, weil die Löschfahrzeuge am Vortag als Wasserwerfer gegen »fast ausschließlich friedliche, unbewaffnete Bürger und Kinder«[312] eingesetzt worden waren. Das eingehämmerte Feindbild von Demonstranten und Oppositionellen als Konterrevolutionären stimmt mit der Wirklichkeit nicht mehr überein. Die SED-Genossin Gabriele Zimmer[313] war Anfang Oktober in Suhl als Agitatorin gegen das Neue Forum eingesetzt. Da sie die

Texte der Bürgerbewegung nicht kannte, schrieb sie diese mit anderen heimlich ab. Sie berichtete später: »Nachdem wir erstmalig vor allem den Aufruf des Neuen Forums vor uns liegen hatten, ihn aufmerksam lasen, waren wir erschrocken. Wir konnten nichts Feindliches entdecken. Im Gegenteil, manches, was uns vorher in vielen Diskussionen untereinander bewegt hatte, fanden wir hier wieder.«[314]

Am Tag nach den offiziellen Feierlichkeiten zum Jahrestag spricht Honecker lange mit Gorbatschow. Während Honecker Gorbatschow vorhält, dass es in der Sowjetunion Lebensmittelknappheit gebe, während die DDR-Bürger gut versorgt seien, mahnt ihn sein Gesprächspartner zu mehr Beweglichkeit. Der anmaßende Auftritt Honeckers in der anschließenden Sitzung im Politbüro ist selbst manchen dieser Spitzenfunktionäre peinlich. Honecker wird allmählich zur Belastung. Allerdings sprechen die Mitglieder des höchsten Gremiums der SED das noch nicht offen aus. Auf die Unruhen am Staatsfeiertag und den bevorstehenden Montag in Leipzig reagieren Honecker und bald darauf auch Mielke mit neuen, abermals verschärften Befehlen. Honecker richtet ein Telegramm[315] an die 1. Sekretäre der Bezirksleitungen der SED, in dem er sie auffordert, die Bezirkseinsatzleitungen zusammenzurufen, um neue Demonstrationen zu verhindern. Mielke befiehlt die volle Dienstbereitschaft und die Bereitstellung von Reserven zur Auflösung von Demonstrationen. Außerdem werden die Diensteinheiten angewiesen, eine große Verhaftungskampagne vorzubereiten. Oppositionelle und deren Sympathisanten sollen erfasst werden, »um erforderlichenfalls kurzfristig die Zuführung bzw. Festnahme solcher Personen zu realisieren«[316]. In den Bezirken wird der Befehl häufig im Sinne einer vorbeugenden Aktivität verstanden. Auch in Leipzig wird beim MfS fieberhaft an diesen Verhaftungslisten gearbeitet. Zudem ordnet Mielke an, dass die IM nicht nur schnell über neue Entwicklungen und die Absichten der Oppositionellen berichten, sondern auch ihre »individuellen Möglichkeiten … hinsichtlich der Beruhigung und Stabilisierung der Lage in ihrem Umfeld bzw. Einflussbereich«[317] ausschöpfen sollen.

Dieser Montag in Leipzig – der 9. Oktober

»Eine linde Zunge zerbricht Knochen!«

An diesem Montag herrscht eine unheimliche Stimmung, alles schaut nach Leipzig, die SED-Führung ebenso wie die Opposition und die Bevölkerung. Über westliche Medien, aber auch über die innerkirchliche Kommunikation wissen viele Menschen, dass es in Dresden ein Dialogangebot der regionalen Partei- und Staatsführung gibt. Das Rathausgespräch am Morgen des 9. Oktober ist für die Gruppe der 20 ambivalent. Berghofer spricht der Gruppe jede Legitimation ab und erklärt sich für grundsätzliche politische Fragen als unzuständig. Demonstrationen würden weiterhin polizeilich aufgelöst. Er betrachte die Zusammenkunft lediglich als ein Bürgergespräch, wie er es häufig führe. Ein gewisses Entgegenkommen Berghofers ist seine Zusage, dass Gefangene, die keine Gewalt ausgeübt haben, umgehend freigelassen würden. Er vereinbart mit der Gruppe einen neuen Termin am 16. Oktober, um über einzelne Sachfragen zu diskutieren. Immerhin hat nun eine offizielle Stelle mit der Zustimmung des regionalen SED-Chefs Vertreter der Demonstranten empfangen. Dieser Umstand wird in der Öffentlichkeit wahrgenommen. Darauf stützt sich auch Rainer Eppelmann, der am Morgen des 9. Oktober dem Deutschlandfunk ein Interview gibt und den Dresdener Dialog begrüßt.

Auch an diesem Tag geht in Dresden der Aufmarsch der Armeetruppen, der Polizei, der Kampfgruppen und des MfS weiter, aber die Lage bleibt ruhig. Die Bevölkerung wartet auf die Gesprächsergebnisse. Da die SED öffentliche Informationen verweigert, werden in der Kreuzkirche, der Christuskirche, der Versöhnungskirche und in der katholischen Hofkirche je zwei Informationsveranstaltungen abgehalten, an denen sich knapp 24000 Menschen beteiligen. Die Gruppe der 20, die weitere Berater wie Ziemer und den Kirchenjuristen Steffen Heitmann hinzugezogen hat, stellt die Ergebnisse vor, ruft zur Gewaltlosigkeit auf und verspricht, weiterhin die SED zum Dialog zwingen zu wollen. Die Bedeutung dieser Volksversammlungen liegt nicht nur in deren Forderungen nach Grundrechten und der Freilassung der Inhaftierten begründet, sondern auch in der Bestätigung der 20 Vertreter.

In der DDR-Presse werden die Ereignisse als vereinzelte Aktionen von Störern und Randalieren bezeichnet. Solche »Zusammenrottungen« würden nicht erlaubt werden. Auch der Druck auf Oppositionelle hält an. In Berlin wird der Initiator des Neuen Forums, Sebastian Pflugbeil, vor seiner Haustür verhaftet und bis Mitternacht von der Polizei festgehalten. In Mühlhausen haben die Ärzte Kerstin Barnstorf und Wolfgang Miosge eine Diskussionsrunde im Krankenhaus organisiert. Am 9. Oktober führt die dortige SED-Leitung ein Parteiausschlussverfahren gegen den Ärztlichen Direktor durch, der die Veranstaltungen zugelassen hatte.[318]

Dennoch weiten sich die Friedensgebete aus. Seit dem 9. Oktober finden fast täglich Fürbittandachten in der überfüllten Stadtkirche in Jena statt. Selbst in kleinen Orten, wie in der Stadt Bad Berka, werden jetzt Friedensgebete unter dem Motto »Wir bleiben hier« abgehalten. Solche Andachten und öffentliche Mahnwachen für Leipzig finden außerdem erstmals in Dingelstädt, Wurzen, Markneukirchen, Döbeln und Gelenau statt. In Lindow, wo es am Vortag zahlreiche Verhaftungen gegeben hat, findet am Abend ein Fürbittgebet mit großer Beteiligung statt. Als die Besucher die Kirche verlassen, kommen gerade die ersten Freigelassenen. In Halle formiert sich nach einer Informationsveranstaltung des Neuen Forums in der Marktkirche, die auch als solidarische Aktion für Leipzig gedacht ist, eine Schweigedemonstration mit 1200 Personen. Auf ihren Plakaten steht: »Gewaltloses Widerstehen« und »Schweigen für Leipzig«. Die Polizei knüppelt die Versammlung auseinander und verhaftet 40 Menschen. In Magdeburg haben sich etwa 4000 Menschen im Dom zum Friedensgebet versammelt. Draußen sind Bewaffnete in großer Zahl aufmarschiert. »Im Fürbitteil tritt ein etwa 17-Jähriger an die Lichterinsel und betet: ›Guter Gott, Vater im Himmel, ich bete jetzt für meinen Vater, der jetzt irgendwo in der Nähe des Domes mit anderen von den Kampfgruppen auf einem LKW sitzt und auf Befehle wartet. Verhindere, dass ein Schießbefehl gegeben wird!‹«[319]

In Leipzig gibt es Hinweise auf eine bevorstehende militärische Auseinandersetzung. Hier sind in großer Zahl Polizei, NVA, MfS und Kampfgruppen bereitgestellt, die Bürger werden aufgefordert, die Innenstadt zu meiden, Gerüchte über vorbereitete Krankenhausplätze und Blutkonserven gehen um. Tatsächlich – und davon sehen die Leipziger auch viele – stehen etwa 6000 Mann bei den Sicherheitskräften mit Wasserwerfern, LKW mit Sperrschilden, Schützenpanzerwagen und anderem Gerät bereit. Das MfS-

Gebäude wird durch Bewaffnete und MG-Nester geschützt. Hinzu kommen noch 5000 sogenannte gesellschaftliche Kräfte, die bei der Nikolaikirche eingesetzt werden sollen.

Seit dem Vormittag gibt es verschiedene Initiativen in der Stadt, die einen Beitrag zur Gewaltlosigkeit leisten wollen. Das Neue Forum ruft zu Gewaltlosigkeit auf und warnt vor Provokationen. In einem weiteren Appell Oppositioneller heißt es:

> »Wir haben Angst um die Zukunft unseres Landes.
> Wir bitten alle:
> Enthaltet Euch jeder Gewalt!
> Durchbrecht keine Polizeiketten, haltet Abstand zu
>   Absperrungen!
> Greift keine Personen oder Fahrzeuge an!
> Werft keine Gegenstände und enthaltet Euch gewalttätiger
>   Parolen!
> Seid solidarisch und unterbindet Provokationen!
> An die Einsatzgruppen appellieren wir:
> Enthaltet Euch der Gewalt!
> Reagiert auf Friedfertigkeit nicht mit Gewalt!
> Wir sind ein Volk!...«[320]

Auch Bischof Hempel unternimmt den Versuch, Gewalt zu verhindern. Im Gespräch mit Oberkirchenrat Dieter Auerbach und dem Leiter des Referates Kirchenfragen beim Rat des Bezirkes, Hartmut Reitmann, kündigt er an, dass er sich am Friedensgebet beteiligen werde. Es sei notwendig, dass der Staat mit den Menschen auf der Straße rede, die derzeitigen Äußerungen in der Presse seien ungeeignet. Er setze sich auch für die Freilassung der Inhaftierten ein. Gegenwärtig gebe es noch die Alternative zwischen Gespräch und Gewalt. Er verweist auf die in Dresden begonnenen Gespräche. Reitmann verspricht im Gegenzug, dass er am nächsten Tag mit 20 Vertretern der kirchlichen Gruppen reden werde, wenn der Bischof in der Nikolaikirche die Teilnehmer veranlasse, friedlich nach Hause zu gehen. Dieses Angebot ist neu, auch wenn nicht ersichtlich ist, inwieweit ein solcher Dialog die SED-Führung verpflichtet.

Gegen 14 Uhr beziehen die Sicherheitskräfte ihre Stellungen. Sie waren vorher instruiert worden: »Genossen, heute ist Klassenkampf.« Etwa zur gleichen Zeit strömen auch die »gesellschaftlichen Kräfte« in die Nikolaikirche. Sie sollen dort die traditionellen Besucher verdrängen. Andere stehen vor der Kirche, um die Sammlung von Demonstranten im Kircheninnern zu verhindern. Später erkennen sie, dass das ein Fehler ist, denn die zur Demonstration bereiten Besucher können sich nun schon draußen formieren. Die Friedensgebete beginnen um 17 Uhr in der Nikolaikirche, der reformierten Kirche sowie auch in der Thomas- und der Michaeliskirche. Bischof Hempel bringt das Kunststück fertig, in allen Kirchen kurz aufzutauchen. Er ruft zur Gewaltlosigkeit auf, bittet darum, ruhig nach Haue zu gehen, berichtet von der Gesprächszusage Reitmanns und verlangt, dass der Staat seine Medienpolitik ändert und die Gefangenen freigibt.[321]

Die Friedensgebete nehmen die Angst vor der drohenden Gewalt auf. Appelle werden verlesen. In den Predigten, Meditationen und Gebeten werden Wege aus der Angst gewiesen und der geistige und geistliche Gewinn des freien bürgerschaftlichen Engagements angesprochen. Gerd Kumbholz sagt im Anklang an ein Gleichnis in der Michaeliskirche: »Das Saatkorn Hoffnung auf Reformen. Was muss sterben, bevor Neues wachsen kann? Unsere Angst vor Nachteilen, Repressionen, unsere Angst vor der Benachteiligung unserer Kinder und unser Mangel an Zivilcourage – bei Vorsichtigen, den Zurückhaltenden unter uns.«[322]

Johannes Richter erinnert an die Pflicht zur furchtlosen Wahrheit mit dem Spruch: »Durch Geduld wird ein Fürst überredet, und eine linde Zunge zerbricht Knochen!« Aber ebenso sei auch Mäßigung angebracht: »Ein Mann der seinen Zorn nicht zurückhalten kann, ist wie eine offene Stadt ohne Mauern.«[323]

Gotthard Weidel in der Nikolaikirche schneidet seine Predigt auf die vielen erschienenen SED-Genossen zu: »Gott will uns helfen! Die Reformen, die schon vor Jahren fällig waren, werden kommen, wenn wir den Geist der Friedfertigkeit, der Ruhe und der Toleranz in uns einkehren lassen. Sie werden kommen, wenn wir wieder eine Sprache mit den jetzt Herrschenden finden. Dabei bin ich sicher, der neue Geist, der in unsere Herzen und Köpfe eingezogen ist, wird sich fortsetzen.«[324]

Und Hans-Jürgen Sievers predigt in der reformierten Kirche über das Erwachsenwerden und nimmt auf die folgende Demonstration Bezug: »Es wird ein langer Weg, es wird ein schwerer Weg. Es wird an Knüppeln nicht fehlen, die man uns über den Kopf schlagen oder zwischen die Beine werfen wird, doch dieser Weg kann nicht zurückgegangen werden. Wir haben begonnen abzutun, was kindlich ist. Wir werden laufen und laufen und laufen und uns nicht wieder wie Kinder behandeln lassen.«[325]

Als die Menschen aus den Kirchen strömen, trauen sie ihren Augen nicht. Die Straßen sind überfüllt. Etwa 70 000 Menschen aus Leipzig und anderen Städten sind gekommen, formieren sich zu einem Marsch über den Leipziger Innenstadtring und ziehen bis zum Bahnhof. Die Demonstranten rechnen noch damit, dass geschossen werden könnte. Doch die Angst verfliegt mit jeder Minute des Marsches mehr. Die Losungen »Wir sind das Volk!« und »Keine Gewalt!« mahnen an, die Voraussetzungen für eine friedliche Auseinandersetzung zu schaffen. Zudem wird über Lautsprecher eine Botschaft des Stadtfunks verbreitet. Die Sekretäre der SED-Bezirksleitung Kurt Meyer, Jochen Pommert und Roland Wötzel haben mit dem Dirigenten Kurt Masur, dem Theologen Peter Zimmermann und dem Kabarettisten Bernd-Lutz Lange am Nachmittag eine Erklärung verfasst, die schon in den Friedensgebeten verlesen worden war. Die »gemeinsame Sorge« habe sie »zusammengeführt«, um eine »Lösung« zu suchen, da alle den »freien Meinungsaustausch über die Weiterführung des Sozialismus in unserem Land« brauchten. Die Autoren versprechen, sich »dafür einzusetzen, dass dieser Dialog« auch »mit unserer Regierung geführt wird«. Um des friedlichen Dialogs willen rufen die »Sechs«, wie die Gruppe später genannt wird, die Bürger zur »Besonnenheit«[326] auf. Dieser Aufruf bringt dort, wo er gehört wird, noch während der Demonstration Entspannung. Er zielt zwar auf die Friedfertigkeit der Demonstranten und rennt damit offene Tore ein, bietet aber zugleich der SED-Seite die Möglichkeit, auch bei Gewaltverzicht ihr Gesicht nicht zu verlieren. Es wird nicht geschlagen, nicht geschossen.

Die Demonstranten haben den Eindruck, dass sich die staatlichen Befehlsträger inzwischen auf einen friedlichen Verlauf geeinigt haben, zumal Sekretäre der SED unter den »Sechs« sind. Davon kann aber keine Rede sein. Helmut Hackenberg, der Leiter der Bezirkseinsatzleitung, weiß von dem Aufruf, hält sich aber selbst heraus. Der Kommandeur der Polizei und der Kampfgruppen, Gerhard Straßenburg, erfährt von dem Aufruf erst nach der Demonstration.[327] Der entscheidende Faktor für den Gewaltverzicht ist die Überraschung, geradezu eine Überrumpelung der Sicherheitsorgane durch die ungeheure Menschenmenge, die ein Vielfaches der

Demonstration vom Montag zuvor ausmacht. Die geplanten polizeilichen Maßnahmen wie Abdrängen, Umleiten, Spalten, Rädelsführer herausgreifen sind zum Scheitern verurteilt. Es bleibt nur noch die Option, willkürlich in die Masse zu schießen. So wird der Einsatz der Truppen zunächst verschoben. Hackenberg will sich aber in Berlin rückversichern. Honecker ist nicht erreichbar. Er spricht kurz mit Krenz, der um Bedenkzeit bittet. Hackenberg wartet und wartet. Die Partei schweigt. Inzwischen hat die Demonstration den Leipziger Ring umrundet und löst sich allmählich auf.

Gleichsam als amtliche Bestätigung des Gewaltverzichts fällt hier der Satz des Kommandeurs: »Sie sind rum.« Und dann: »Nun braucht Krenz auch nicht mehr anzurufen.« Krenz ruft aber an, erst um 19.15 Uhr, und billigt den Verzicht auf Gewalt. Die Szene wurde zu Literatur. Erich Loest hat den Satz in seinem Roman *Nikolaikirche* in Leipziger Mundart zitiert: »Se sin rum« und »Nu braucht Krenz ooch nicht mehr anzurufen«. Und Loest nutzt die Freiheit des Dichters, um die Banalität dieses Wunders deutlich zu machen. Er legt dem General eine ordentliche Verschwörungstheorie ins Hirn. Just in dem Moment, als die Leipziger »rum« sind, erscheint ein Rechtsanwalt beim General, der seine Dienste anbietet, falls es für die Sicherheitsorgane einmal eng würde. Loest: »Der weiß mehr, begriff der General. Das macht er nicht ohne Rückhalt. Das war die Revolte, Markus Wolf im Bunde mit Gorbatschow, vielleicht hatte sich die NVA auch auf deren Seite geschlagen. Mit Krenz, mit Masur?«[328] Das Einfachste ist eben manchmal unfassbar.

Die Nachricht, dass die Demonstration in Leipzig friedlich verlaufen ist, löst in der gesamten DDR eine kaum zu beschreibende Freude aus. Als am Abend in der Gethsemanekirche in Berlin die Nachricht bekannt gegeben wird, jubeln eintausend Besucher begeistert. Noch am Abend gehen die Bilder des denkwürdigen 9. Oktober um die Welt. Das bundesdeutsche Fernsehen, dessen Korrespondenten in Leipzig nicht drehen durften, bekommt die Aufnahmen von Siegbert Schefke, der auch den Film über den Verfall der Altbausubstanz Leipzigs gedreht hatte. Schefke wollte am Vormittag von Berlin nach Leipzig reisen. Doch das MfS hatte Wind davon bekommen und beschattet ihn mit mehr als einem Dutzend Leuten, die ihn nicht aus den Augen lassen. Er flüchtet in die Wohnung von Stephan Bickhardt. Dort führt ihn Bickhardt über die verbundenen Dachböden in ein anderes Haus. Er leiht

Schefke sein in der Nähe geparktes Auto, der damit Leipzig erreicht. Dort bittet er Pfarrer Sievers, vom Turm seiner Kirche filmen zu dürfen. Die Stasi wartet in Berlin immer noch auf Schefke, als die Bilder schon im Fernsehen laufen.

»Heldenstadt« Leipzig

Die Bedeutung dieses Ablaufs wurde damals sofort erfasst, auch wenn es deutlich war, dass mit dem friedlichen Ausgang des Abends noch nicht alles gewonnen war. Zunächst aber gibt es das Gefühl: »Wir werden gewinnen! Die Revolution ist unumkehrbar geworden.«[329] Dieser Tag hat sich in der Erinnerung vieler Beteiligter in Leipzig und auch vieler Zuschauer in Ost und West festgesetzt. Auf der großen Berliner Demonstration am 4. November sprach Christoph Hein von der »Heldenstadt« Leipzig. Damit wählte er keine auf die demokratische Revolution bezogene militante Semantik, vielmehr wendete er den Begriff Heldenstadt gegen die kommunistische Agitation, die stets Heldentum und auch Heldenstädte für den Triumph des Sozialismus beansprucht hatte. Erst nachträglich konnte formuliert werden: »Der Tag, der Deutschland veränderte.«[330] Doch damals hatten viele Tage ein solches Gewicht, denen weitere folgen sollten. Bald schon setzte die Debatte ein, wem der friedliche Verlauf des 9. Oktober in Leipzig zu verdanken sei. Einer der Ersten, der dies für sich beanspruchte, war ausgerechnet Egon Krenz, der behauptete, in Leipzig gewesen zu sein. Die Legende platzte.

Ebenso ist unzutreffend, dass aus der SED-Spitze heraus Signale für eine vorsichtigere Gangart gekommen seien.[331] Es wurde nicht geschossen, weil die Konstellation, in der sich die Menschen auf der Straße und die Staatsmacht befanden, die Leipziger Befehlshaber zögern ließ, bis keine andere Option mehr möglich war. Dazu gehörten die 70 000 Demonstranten, die nicht nur eine gewaltige Masse darstellten, sondern die ihre Geschichte, ihre Entschlossenheit und ihre Erfahrungen mitbrachten und so auf eine subtile Weise auch auf diejenigen einwirkten, die sie von der Straße verjagen sollten.

Die überraschten und glücklichen Leipziger erwählten schließlich den prominenten Kurt Masur zum Täter des Wunders. Eine Frau schrieb: »Im Namen meiner Kinder, meiner Familie und meiner Freunde bedanke ich mich bei Ihnen, dass Sie uns das Leben gerettet haben!«[332] Der Dirigent des Gewandhauses beschrieb selbst das Ineinander von Angst und Mut: »Allen Leipzigern. Allen ... Jeder von den Politikern, der jetzt in Anspruch nehmen will, dass er das verhindern wollte, dem kann man nur sagen, es wurde ja nicht verhindert, dass die Menschen in Todesangst auf die Straße gegangen sind. Die Todesangst hatten sie. Sonst hätte man ihnen ja vorher am Fernsehschirm sagen können, hört zu, Leute, wir sprechen mit euch, wir tun nichts. Das hat man nicht getan, man hat gehofft, dass allein die Drohung ausreichen würde, um die Menschen wieder zur Raison zu bringen. Und allein das war ein Verbrechen, allein das war unmenschlich.«[333] Die Bürger haben am 9. Oktober ein gutes Stück der Kraft zurückgewonnen, die ihnen das kommunistische Herrschaftssystem geraubt hatte. Die SED war in die Defensive geraten. Für beide Seiten war eine neue, nicht überschaubare Lage entstanden. Nur eines war offenbar, der Riss zwischen Gesellschaft und SED war unüberbrückbar. Mit dem Ende der Fiktion der Einheit von Partei und Volk war die Macht der SED im Kern getroffen.

»Ein Zurückweichen« – Quellen der Gegenmacht

Frontbegradigung – Dialog

Die SED-Führung hatte mit dem Verlauf der Friedensgebete und der Demonstration in Leipzig eine schwere Schlappe einstecken müssen. Der Innenminister Friedrich Dickel stellte wenig später vor den Kommandeuren der Polizei fest: »Natürlich ist das in dem Augenblick ein Zurückweichen, aber ich sage Euch noch einmal, bei Größenordnungen von 20, 30, 80 oder gar 100 000 ist das gar nicht anders möglich.«[334] Allerdings hatte die SED noch nicht kapituliert. Dickel führte weiter aus: »Ich würde am liebsten hingehen und diese Halunken zusammenschlagen, dass ihnen keine Jacke mehr passt. Ich war 1953 verantwortlich hier in Berlin. Mir braucht keiner zu sagen, was die weiße Brut veranlasst ... Mir braucht keiner zu sagen, wie man mit dem Klassenfeind umgeht ... Schießen, liebe Genossen, und dass Panzer dann vor der Bezirksleitung und vor dem ZK stehen, das wäre noch die leichteste Sache. Aber solch eine komplizierte Situation nach 40 Jahren DDR?«[335]

Das *Neue Deutschland* veröffentlichte am 12. Oktober eine Erklärung des Politbüros vom Vortag, die den üblichen Propagandamustern zu folgen schien. Schuld seien der »Imperialismus der BRD«, »konterrevolutionäre Attacken« der Opposition und die Demonstranten, die »verantwortungslos Ruhe und Ordnung« störten. Aber es gab auch Neues. Erstmals wurde die Flucht von DDR-Bürgern bedauert, und es folgte der Satz: »Wir stellen uns der Diskussion.«[336] Damit war die Forderung nach einem Dialog aufgenommen. Der Erklärung war ein Tauziehen im Politbüro vorausgegangen. Krenz hatte den Text schon am 8. Oktober eingebracht. Honecker gab erst auf der Sitzung am 11. Oktober dem Drängen einer Mehrheit nach. Er hatte militärische Maßnahmen nicht ausgeschlossen. Andere suchten nach einem politischen Weg zum Machterhalt. Tagelang schwankte die verunsicherte SED-Führung zwischen diesen beiden Optionen. Die Verunsicherung war auch in der SED-Presse zu spüren. Einige Blätter drohten erneut und verleumdeten die Demonstranten als »Keine-Gewalt-Schreihälse«, die mit Steinen geworfen hätten. Die *Leipziger Volkszeitung* aber schrieb am 10. Oktober, dass die »nicht genehmigte Demonstration« »von Besonnenheit geprägt« gewesen sei. Die Polizei sei »deshalb nicht gezwungen [gewesen], einzugreifen«.

Honecker warb für seine harte Linie auf einem Treffen am 12. Oktober mit den Chefs der Bezirksparteileitungen. Aber auch hier gab es Widerspruch. Modrow benannte das strategische Ziel einer weicheren Politik. Es müsse auf die Erwartungen in Partei und Gesellschaft reagiert werden, um die verlorene »Initiative in die Hand zu bekommen«[337]. Am Tag darauf sprach Honecker mit den Vorsitzenden der »befreundeten« Blockparteien, da es auch in diesen Parteien schon Unruhe gab. Tatsächlich teilte die Runde seine Meinung. Nur der Vorsitzende der LDPD, Manfred Gerlach, vertrat eine abweichende Meinung. Er trug Honecker vor, was er am gleichen Tag in der LDPD-Zeitung *Der Morgen* veröffentlicht hatte. Unter Berufung auf Gorbatschow bestritt er, dass eine »Partei im Sozialismus a priori ... die politische Wahrheit für sich hat«. Darum müsse es zum Dialog kommen, in dem es aber nicht darum gehe, »bürgerlich parlamentarisches Schattenboxen« stattfinden zu lassen, sondern um »Interessenabwägung und auch um Kontrolle der Verantwortlichen«. »Einzubeziehen« seien deswegen auch die »Bürgerbewegungen«. Es müsse zwischen diesen und den »Feinden des Arbeiter- und Bauernstaates« unterschieden werden.

140

Letztere seien »in die Schranken zu weisen – mit den gebotenen Mitteln«[338]. Gerlach wollte die Bewegung durch Integration neutralisieren.

Die strategischen Differenzen schlugen auch auf die Sicherheitsplanungen durch. Während im MfS die Arbeiten zur Erfassung der »Exponenten der inneren Opposition«[339] für eine mögliche Verhaftungswelle weitergingen, bahnte sich in den Befehlsetagen eine wichtige Änderung an. Am 13. Oktober reisten Egon Krenz und die ranghöchsten Stabschefs des MfS, der Armee und der Polizei nach Leipzig, um vorbeugende Maßnahmen festzulegen. Der entwickelte Einsatzbefehl, der auch von Honecker unterschrieben wurde, legte erneut fest, dass »geplante Demonstrationen im Entstehen zu verhindern« seien. Andererseits hieß es: »Der aktive Einsatz polizeilicher Kräfte und Mittel erfolgt nur bei Gewaltanwendung der Demonstranten gegenüber den eingesetzten Sicherheitskräften bzw. Gewaltanwendung gegenüber Objekten auf Befehl des Vorsitzenden der Bezirkseinsatzleitung Leipzig. Der Einsatz der Schusswaffe im Zusammenhang mit möglichen Demonstrationen ist grundsätzlich verboten.«[340] Westliche Medien sollten wieder nicht in Leipzig arbeiten können. In den nächsten Tagen wurden Tausende Sicherheitskräfte nach Leipzig verlegt. Unter den Armeeeinheiten waren Spezialkräfte für den Nahkampf. Honecker habe gefordert, so wurde später berichtet, zur Abschreckung Panzer durch Leipzig fahren zu lassen. Das sei ihm wegen der unkalkulierbaren Reaktion der Bevölkerung ausgeredet worden.

Die Opposition und die Bevölkerung nahmen wahr, dass die SED ihre Drohkulisse nicht abbaute. Es gab neuerliche Nachrichten, dass die Staatsorgane noch immer gegen Oppositionelle vorgingen. Am 16. Oktober beschwerte sich die Sektion Rock beim Komitee für Unterhaltungskunst über zahlreiche Verbote, Geldstrafen und andere Schikanen gegen Kollegen, die sich für das Neue Forum ausgesprochen hatten. Andererseits erfolgten seit dem 14. Oktober erste Freilassungen. Vor allem hoffte man auf die angekündigten öffentlichen Diskussionen. In der regionalen Presse war positiv über begonnene Gespräche und bevorstehende Dialoge mit kirchlichen Vertretern und anderen Bürgern berichtet worden.[341] Völlig unerheblich waren hingegen zahlreiche Besuche von SED-Spitzenleuten in Großbetrieben, die den durchsichtigen Anschein einer Volksaussprache zu erwecken suchten.

Tatsächlich hatte es in Dresden, Leipzig, Plauen und anderen

Orten Gespräche mit Kirchenvertretern gegeben. In Dresden hatte Berghofer die Gruppe der 20 empfangen, und in Leipzig wurden am 17. Oktober Gespräche des Oberbürgermeisters Seidel mit oppositionellen Gruppen angekündigt, die als »kirchliche Gruppen«[342] firmierten. Gespräche führten einige Leipziger Oppositionelle mit dem für innere Angelegenheiten zuständigen Vertreter des Rates des Bezirks, Reitmann. Am 13. Oktober kam es auch zu einem Gespräch in Karl-Marx-Stadt (Chemnitz) zwischen dem Oberbürgermeister Eberhard Langer und 25 in der Johanniskirche gewählten Bürgervertretern. In Plauen führte Superintendent Küttler eine Delegation von 25 Bürgern in einem Gespräch mit dem Oberbürgermeister an. All diese Gespräche erbrachten inhaltlich nahezu nichts, da die staatlichen Gesprächspartner sich auf ihre kommunale Zuständigkeit beriefen und lediglich auf ein Ende der Demonstrationen drangen. In einer Pressekampagne wurde nun der »Dialog« als ureigene Sache des Sozialismus ausgegeben: »Dialog ist unsere Politik!« »Einheitlich und geschlossen handeln das Sekretariat der SED-Bezirksleitung und alle Genossen, um gemeinsam mit allen Bürgern des Bezirkes entsprechend der Stellungnahme des Politbüros in vielfältigen Formen und breiten Diskussionen alle Möglichkeiten unserer sozialistischen Demokratie für das Gespräch zu nutzen: DDR, Sozialismus und Frieden, Demokratie und Freiheit gehören für immer zusammen.«[343]

Diese Sprache machte die Oppositionellen misstrauisch. Die politische Debatte sollte in die Kanäle des Herrschaftssystem umgelenkt werden. So nahm die Opposition das Dialogangebot zwar an, stellte aber Bedingungen. Das Neue Forum begrüßte den Dialog in einer Erklärung am 12. Oktober und forderte, dass erst einmal die Voraussetzungen für einen »echten Dialog« geschaffen werden müssten. Außerdem müssten die Gefangenen freigelassen, die neuen Bewegungen zugelassen und die Grundrechte einschließlich des Rechts auf Demonstrationen gewährt werden. Die Regionalgruppe des Neuen Forums in Leipzig verlangte bis zum 15. Oktober eine Antwort. Dort hieß es: »Wir fordern sofort, jetzt und hier den öffentlichen, gleichberechtigten Dialog ...« Außerdem wurden eine »Öffnung der Medien und eine wahrheitsgemäße Berichterstattung«[344] verlangt. Zu denen, die den von der SED angebotenen Dialog radikal ablehnten, gehörte die Bürgerbewegung Vereinigte Linke, die am 12. Oktober stattdessen den Rücktritt des Politbüros forderte. Das wiederum erboste die Leipziger Regionalgruppe des

Neuen Forums, die solche Maximalforderungen als unrealistisch und ganz in der Sklavensprache befangen gar als »staatsfeindlich«[345] betrachtete. Am 15. Oktober traf sich eine Delegation des Neuen Forums in Halle mit dem Oberbürgermeister. Die staatliche Seite ignorierte deren Positionen, verwies auf den illegalen Status des Neuen Forums und warnte vor Demonstrationen. Als am nächsten Tag, dem 16. Oktober, sich etwa 2000 Demonstranten auf dem Marktplatz sammelten, war dort ein Großaufgebot von Sicherheitskräften aufmarschiert. Polizisten rempelten die Demonstranten an und versuchten laufend, durch Schläge und andere Gewaltakte zu provozieren, allerdings vergeblich.

In Dresden hatten sich die 20 Bürgervertreter in den ersten Tagen auch »Dialoggruppe« genannt. Jetzt nannten sie sich endgültig »Gruppe der 20«. Bei dem zweiten Rathausgespräch in Dresden am 16. Oktober erklärte Oberbürgermeister Berghofer, dass die Gespräche beendet werden müssten. Mitsprache könne nur durch Mitarbeit in den bestehenden Strukturen erfolgen. Oppositionelle Aktivitäten lähmten hingegen die gesellschaftliche Entwicklung. Politische Forderungen, die über die Erklärung des Politbüros vom 11. Oktober hinausgingen, seien nicht verhandelbar. Strikt lehnte er es ab, der Gruppe ein öffentliches Auftreten zu ermöglichen. Ziemer musste erneut die Kirchen zur Unterrichtung der Bevölkerung öffnen. Während der Verhandlungen demonstrierten 10 000 Dresdener. Tatsächlich konnte daraufhin Berghofer ein neuer Gesprächstermin abgetrotzt werden.

Der Staat wollte die Kirche für seine Rückbindungsstrategie gewinnen. In Dresden und Leipzig hatten sich kirchliche Verhandlungsführer solchem Ansinnen versagt. Auch in Halle weigerten sich Superintendent Günther Buchenau und der katholische Dechant Claus Herold, den staatlichen Forderungen entgegenzukommen. Dort konnten trotz Drohungen am 16. Oktober in zwei Kirchen Friedensgebete stattfinden. Amtsträger der Berlin-Brandenburgischen Kirche hatten unter dem Eindruck möglicher Gewalt schon am 9. Oktober einen Aufruf zur Beendigung der Demonstrationen herausgegeben. Die als »dringende Bitten«[346] formulierte Erklärung hatten eigenartigerweise auch einige Oppositionelle unterschrieben. Sie verfehlte ihren Zweck vollständig. Inzwischen waren unzählige Kirchengemeinden dazu übergegangen, ihre Logistik der Opposition zur Verfügung zu stellen. Dazu

gehörte etwa eine Flugblattaktion der evangelischen Kirchengemeinde Fennpfuhl in Berlin, die eine Untersuchungskommission zu
den Gewalttaten am 7. und 8. Oktober samt einer Stellungnahme
des Ministers für Staatssicherheit forderte.

In Berlin kam es zu einer energischen Zurückweisung des Dialog-
angebots durch die Berliner Initiativgruppen der Opposition. Hier
versuchten die Staatsorgane über offizielle und MfS-Kontakte, die
Kirche für eine Beruhigung, vor allem für eine Einstellung der Demonstrationen zu gewinnen. So bot in Berlin Oberbürgermeister
Erhard Krack ein Bürgergespräch an, an dem Oppositionelle teilnehmen sollten, allerdings nur als Privatpersonen. Vermittler sollte
Generalsuperintendent Günter Krusche sein, der Vertreter der
Opposition einlud, um sie für das Gespräch zu gewinnen. Als IM
»Günter« berichtete er auch dem MfS über seine Versuche. Bei der
ersten Verhandlung am 16. Oktober erklärten die Oppositionellen,
dass sie nur verhandeln würden, wenn sie als Vertreter ihrer Organisationen anerkannt und die Inhaftierten freigelassen würden sowie eine Untersuchung der Exzesse und eine Bestrafung der Schuldigen erfolge.[347]

Die Strategie der SED scheiterte auch auf den Straßen. Zahlreiche Aufrufe und Appelle in der SED-Presse boten den Dialog an
und verlangten die Einstellung der Demonstrationen, was ebenso
vergeblich war wie eine Flugblattaktion in Leipzig noch am 16. Oktober vor dem Montagsgebet, mit der einige Professoren der Uni-
versität die Demonstranten bedachten: »Nicht demonstrieren! Dialog, Besonnenheit, aufeinander zugehen – das ist der Weg!«[348]
Ebenso ignorierten die Menschen einen Appell zweier staatsloyaler
Pfarrer, Peter Weiß und Gottfried Schleinitz, die sich über Lautsprecher gegen die Demonstration und für den Dialog aussprachen. Die Bereitschaft zu demonstrieren nahm zu. In Plauen demonstrierten am 14. Oktober wieder mehr als 10 000 Menschen.
In Arnstadt, wo am 7. Oktober eine Demonstration niedergeknüppelt worden war, demonstrierten am 14. Oktober einige Tausend
Menschen, die in die Bachkirche am Markt strömten und nach
dem Friedensgebet durch die Straßen zogen.

Der eigentliche Test für die Propagandaerfolge fand in Leipzig
am 16. Oktober statt. In die montäglichen Friedensgebete in den
vier Kirchen wurde die neue Situation aufgenommen. Es gab keinen Triumph über den Ausgang des 9. Oktober, vielmehr wurde der
eingetretene Schwebezustand zum beherrschenden Thema. Und

immer wieder wurde um die Bedeutung eines Wortes gerungen: Dialog. War das Dialogangebot eine Täuschung, wurde in Meditationen und Predigten gefragt: »Ich habe das Gefühl, dass die SED einfach Begriffe wie ›Dialog‹, ›Reformen‹ und ›Offenheit‹ okkupiert und einseitig interpretiert.«[349] »Ich kann überall lesen, dass die Straße nicht der geeignete Ort ist, um den Dialog zu führen. Wo ist dann der geeignete Ort?«[350] »Dialog ist ein Wort, das in diesen Tagen in vieler Munde ist. Ich freue mich darüber und hoffe, dass es kein Schlagwort ist. Ein Schlagwort, mit dem dringend notwendige Veränderungen erschlagen werden sollen. Für echte Dialogbereitschaft gibt es eine unabdingbare Voraussetzung: die Bereitschaft zur und das Bemühen um Wahrhaftigkeit.«[351]

Nach den Friedensgebeten demonstrierten 120 000 Menschen – abermals eine Steigerung. Diesmal war Krenz nach Leipzig gereist und ordnete den Gewaltverzicht an. Bei dieser Demonstration wurden unzählige Spruchbänder gezeigt, ein Dialog der besonderen Art. Die riesige Demonstration am 16. Oktober in Leipzig beschleunigte noch einmal die Protestbewegung. Der Bann war gebrochen, der in vielen Orten die Menschen aus Angst oder einfach wegen des Mangels an Initialzündungen bislang gehindert hatte, auf die Straßen zu gehen. In Berlin – in einer direkten Übertragung des operativen Fernsehens – verfolgte Honecker mit den Spitzen der Sicherheitsorgane, Mielke, Dickel und Fritz Streletz, die Demonstration. Honecker war erschüttert.

Honecker-Rücktritt und Krenz-Wende

Unter dem Druck der gesellschaftlichen Entwicklung begann Krenz am Sturz Honeckers zu arbeiten. Sein Dilemma war, dass es für eine rechtlich geordnete Machtübertragung keine klaren Regeln gab. Er musste im Politbüro eine Mehrheit für eine Palastrevolution gegen Honecker finden. Krenz fand diese in der Sitzung am 17. Oktober unter den Getreuen Honeckers. Willi Stoph stellte den Antrag auf Abwahl, und selbst Mielke brachte Argumente vor. Der kleine Kreis der in die Verschwörung Eingeweihten ergänzte sich rasch durch die Opportunisten, die mit dem Sturz Honeckers auch einen Sündenbock für die schwierige Lage gefunden zu haben glaubten. Der überraschte Honecker wehrte sich nur kurz, prophezeite, dass ein neuer Mann keine Lösung brächte, und gab schließlich sein Einverständnis für einen Rücktritt »aus gesundheitlichen

Gründen«. Das bestätigte tags darauf das zusammengerufene Zentralkomitee. Auch Günter Mittag und Joachim Herrmann mussten gehen. Honecker selbst schlug Egon Krenz als seinen Nachfolger vor. Krenz erläuterte dem Zentralkomitee seine zukünftige Politik. Noch am Abend sprach Krenz in einer einstündigen Ansprache im Fernsehen zu den Bürgern der DDR.

Dass Krenz, der schon lange als Kronprinz galt, Honecker nachfolgte, verwunderte niemanden. Die Erwartungen an Krenz waren gering. Der Mann mit dem ewigen Grinsen war als langjähriger Vorsitzender der sogenannten Freien Deutschen Jugend bekannt und hatte wie kein anderer die Jugend entmündigt, gedemütigt und um ihre Freiheit gebracht. Er trug die Verantwortung für alles, was an den Grenzen geschah. Zuletzt war er als Wahlleiter für die Wahlfälschungen verantwortlich, hatte sich noch vor Kurzem zustimmend zu dem Massaker in Peking geäußert und war auch mitverantwortlich für die gewalttätigen Übergriffe der Sicherheitsorgane. Niemals hatte es auch nur den Anschein gegeben, Krenz habe Ambitionen, als Liberalisierer zu gelten. Seine Werte waren die der Diktatur. Schon die ersten Worte der Rede des neuen SED-Generalsekretärs bestätigten, dass alter Saft in alte Schläuche abgefüllt worden war. Krenz redete die Menschen, die gerade dabei waren, sich ihre Rechte als Bürger zu erkämpfen, mit »Liebe Genossen und Genossinnen« an. Ein Fauxpas, der die Unfähigkeit dokumentierte, Beziehungen zu den Bürgern aufzunehmen, und diese ein Gelächter anstimmen ließ.

Mit den Beschlüssen des Zentralkomitees, so kündigte er an, »werden wir eine Wende einleiten, werden wir vor allem die politische und ideologische Offensive wieder erlangen«. Die »Perestroika in der UdSSR« sei Vorbild. Es sei nicht zu »übersehen, dass die traditionelle Stärke unserer Partei, ihr Vertrauensverhältnis mit dem Volk, beeinträchtigt« sei. Krenz benannte Mängel in der Wirtschaft, bedauerte die Flucht von »mehr als Hunderttausend« Menschen und versprach mehr Rechtssicherheit für die Bürger. Der Opposition erteilte er eine Abfuhr: »Wir übersehen gleichzeitig nicht, dass die Gegner des Sozialismus – die äußeren wie die inneren – verstärkt versuchen, daraus Vorteile für sich zu ziehen. Sie wittern Morgenluft und setzen darauf – ohne das Risiko offener Aggression –, die DDR in kapitalistische Verhältnisse zurück zu ›reformieren‹.« Die »Sicherung von Ruhe und Ordnung« sei unbedingt notwendig. Man brauche einen Dialog, dessen Ziel es sei, »den

Sozialismus in der DDR weiter auszubauen…« Und in Richtung Westen sagte er: »Die Anmaßung einer ›Obhutspflicht für alle Deutschen‹, die realitätsfremde Beschwörung einer großdeutschen Einheit in den Grenzen von 1937« werde die Beziehungen zur Bundesrepublik belasten. »Der Sozialismus auf deutschem Boden steht nicht zur Disposition!« Und wie eine Drohung klang auch: »Unsere Macht ist die Macht der Arbeiterklasse und des ganzen Volkes unter Führung der Partei.« Wie eh und je bemühte er die kommunistischen Geschichtsmythen: »Zur Wahrheit, zu der wir stehen, gehört auch, dass wir unbeirrt dem Gesetz der Geschichte folgen, dass der Sozialismus die einzige humanistische Alternative zum Kapitalismus ist.«[352] Die Menschen konnten diese Phrasen nicht mehr hören. Nur mit einem Begriff hatte Egon Krenz Glück: die Wende.[353] Das Wort hakte sich fest. Für die SED sollte es das Signal sein, sich dem sowjetischen Vorbild zuzuwenden. Für die Kritiker reduzierte es die nötigen Veränderungen auf die Binnenperspektive des SED-Staates. Während Krenz durch die Wende die Macht der SED erhalten wollte, hieß es auf den Demonstrationen: »Wende um 360 Grad – Ohne uns! Revolutionäre Umgestaltung – Mit uns!«[354]

Die Oppositionellen reagierten zumeist ablehnend. Bärbel Bohley, Rainer Eppelmann, Christoph Wonneberger hielten Krenz seine politische Verantwortung für die Diktatur vor. Auch die westliche Presse war zurückhaltend, manchmal auch kritisch. Bundesdeutsche Politiker, so Bundeskanzler Helmut Kohl und der Vorsitzende der SPD Hans-Jochen Vogel, die von Krenz gerade wieder nach altem Muster mit Revanchismusvorwürfen abgestraft worden waren, begrüßten in Erklärungen noch am 18. Oktober die Ablösung Honeckers und mahnten Schritte zur Demokratisierung an.

In großer Aufmachung zeigte das *Neue Deutschland* am 20. Oktober den neuen Generalsekretär der SED zusammen mit den Bischöfen Leich und Demke sowie mit Manfred Stolpe und Martin Ziegler, wie diese sich im Park des Jagdschlosses Hubertusstock im Gespräch ergingen. Die Szene vermittelte den Eindruck, als sei das Verhältnis zwischen Staat und Kirche wieder heil. Ursprünglich war dieser Termin für ein Krisenmanagement noch mit Honecker vereinbart worden. Jetzt nutzte Krenz seine Chance, die Kirche für sich zu gewinnen, vor allem für das Ende der Demonstrationen. Die kirchliche Presse meldete, die Gesprächspartner seien übereingekommen, den beginnenden Dialog »nicht durch unbedachte

Handlungen« zu stören und durch Weiterentwicklung der »sozialistischen Demokratie« und »Gestaltung der Medienpolitik« »das Vertrauen der Bürger in die Politik des Staates zu entwickeln«[355]. Die Kirche hatte sich auf Krenz eingestellt und stabilisierte ihn. Die Opposition war verärgert. Ich schrieb seinerzeit von einer »patriarchalischen Versuchung« der »Demokratisierung von oben«. Die »ehrlichen Sorgen« der »fürsorglichen Väter« seien nur »Legitimitätsbeschaffer für sie selbst, wenn andere Legitimität sonst nicht zu beschaffen« sei.[356] Erst später sollte offenbar werden, dass besonders Leich hinter den Kulissen, im Gegensatz zu den anderen Gesprächspartnern, deutliche Worte der Kritik gefunden hatte. Krenz rechtfertigte die Pekinger Bluttat und wies den Vorwurf des Wahlschwindels zurück. Stolpe, der häufig in der Revolution mit der alten Macht Absprachen tätigte, meinte, es »nutze niemandem, in der Vergangenheit herumzukramen«, und »bei einer neuen Wahl brauche dazu das Wahlgesetz »nicht geändert [zu] werden«[357].

Und es gab noch einen zweiten Versuch Stolpes, Krenz vor Angriffen zu schützen. Das Landesjugendpfarramt hatte bis zum 22. Oktober etwa 150 Zeugenaussagen von am 7. und 8. Oktober festgenommenen und misshandelten Demonstranten gesammelt und vervielfältigt. Die Dokumentation sollte auf einer Pressekonferenz am 23. Oktober in der Berliner Kirchengemeinde Fennpfuhl der Öffentlichkeit übergeben werden. Der Termin überschnitt sich mit der geplanten Wahl von Krenz am 24. Oktober zum Staatsratsvorsitzenden in der Volkskammer. Da Krenz als Sicherheitsbeauftragter des Politbüros besonders für die Brutalitäten verantwortlich gemacht wurde, setzte die SED alles daran, seine Demontage zu verhindern. Das Politbüro-Mitglied Günter Schabowski versuchte über Stolpe, die geplante Pressekonferenz zu verhindern. Stolpe lud daraufhin Vertreter der Opposition ein und verlangte erst diplomatisch, dann energisch die Verschiebung der Pressekonferenz um 48 Stunden und schließlich um 36 Stunden, um die Wahl von Krenz ungestört ablaufen zu lassen. Stolpe drohte den bei der Kirche Angestellten mit dienstrechtlichen Konsequenzen. Die Absicht war eindeutig und wurde von den Oppositionellen, darunter Marianne Birthler, Werner Fischer, ich selbst und Angelika Barbe, zurückgewiesen. Christoph Singelnstein erklärte: »Zum ersten Mal haben wir ein politisches Mittel gegen Krenz, das lassen wir uns nicht aus der Hand nehmen.« Zur Pressekonferenz tauchten erstmalig auch DDR-Medien und ein Vertreter der Staatsanwaltschaft auf. Während der Pressekonferenz erschienen auch Stolpe und der Generalsuperintendent Krusche. Sie kamen von einem Dialoggespräch mit dem Oberbürgermeister Erhard Krack, das die Opposition boykottiert hatte.

Für die Opposition war das ein wichtiger Erfolg, da sie ihre Eigenständigkeit öffentlich dokumentieren konnte, die kirchliche Vermittlung zu ihrer Neutralisierung zurückgewiesen hatte und der Kanalisierung der Revolution zur Krenz-Wende mit kirchlicher Unterstützung entgegentrat. Vor den SED-Abgeordneten der Volkskammer beklagte sich tags darauf auch Schabowski kurz vor der Wahl von Krenz, dass sein Freund Stolpe es nicht geschafft habe, die Pressekonferenz zu verhindern. Er schlug vor, die von der Opposition geforderte Untersuchung solle minimiert und formalisiert werden. Die Rede hatte ein Techniker heimlich mitgeschnitten und Oppositionellen zugespielt. Sie wurde in den nächsten Tagen immer wieder in der Gethsemanekirche vorgespielt.[358]

Das berechtigte Misstrauen der Opposition wurde bestätigt durch ein Pamphlet, das am 18. Oktober von der SED herausgegeben worden war und Oppositionellen zugespielt wurde. Das Papier war noch unter Honecker entstanden, aber die Krenz-Administration hatte es nicht zurückgezogen. Hier hieß es: »Die Autoren dieses ›Neuen Forums‹ betreiben das Geschäft der Feinde des Sozialismus.« »Noch unverhohlener in ihrer antisozialistischen und konterrevolutionären Programmatik und ihrem verfassungsfeindlichen Handeln« seien der Demokratische Aufbruch und die SDP, die an den sozialistischen Eigentumsformen und dem Machtmonopol der SED rüttelten. »Wer ihnen Sympathie bekundet, muss wissen, worauf er sich einlässt.« Die westlichen Politiker würden den Konterrevolutionären »jede materielle und finanzielle Unterstützung« gewähren, was allerdings zum Bedauern vieler Oppositioneller nicht der Fall war. Während »Irregeführte« wiedergewonnen werden sollten, müsse sich die SED von allen, die »unter welcher Fahne auch immer für die Verbesserung des Sozialismus plädieren«, abgrenzen. Und die SED machte sich Mut: »Wo ein Genosse ist, kämpft die Partei.«[359]

Krenz wurde am 24. Oktober in der Volkskammer zum Staatsratsvorsitzenden gewählt. Das bislang immer einstimmig abstimmende Pseudoparlament leistete sich erstmals 26 Gegenstimmen und 26 Enthaltungen. Als sich der Volkskammerpräsident und Mitglied des Politbüros der SED, Horst Sindermann, beim Abzählen der Stimmen verhaspelte, erklärte er den Abgeordneten: »Ich werde das Ergebnis nicht verfälschen!«

Sofort nach der Wahl schickte Krenz ein Fernschreiben an die 1. Sekretäre der Bezirks- und Kreisleitungen der SED: »Die Lage im Lande hat sich weiter zugespitzt. Jetzt kommt es für jeden Genossen darauf an, überall das politische Gespräch und den Dialog mit allen Bevölkerungsschichten zu führen, alle anstehenden Fragen aufzugreifen und zugleich Vernunft und Besonnenheit bei Diskussionen, Demonstrationen und Ansammlungen zu sichern ... Keiner darf in dieser wichtigen Phase des Kampfes für die beschlossene Wende der Erneuerung und Kontinuität unserer sozialistischen Entwicklung abseits stehen, sondern muss sich im ständigen offensiven Dialog mit den Menschen als Kommunist bewähren. Er darf nicht zurückweichen und gegnerischen Kräften keinen Spielraum geben.«[360] Die alte Militanz der Sprache verdeckte die Schwäche eines vom Volk getriebenen Politikers.

Krenz zelebrierte seine Rolle als Staatsoberhaupt und zeigte sich in den Zeitungen gern mit den höchsten Militärs, auch das eine kraftlose Drohgebärde. Er wurde nicht mehr ernst genommen und erntete wütende Reaktionen in der Bevölkerung. In Berlin formierte sich nach seiner Wahl spontan eine Protestdemonstration mit bis zu 20000 Menschen. Sie skandierten »Wir sind keine Fans von Egon Krenz!« und »Egon allein, das darf nicht sein«. Die Demonstranten stellten Kerzen vor die Füße der Polizisten, die das Staatsratsgebäude bewachten. Auf der Berliner Demonstration am 4. November zeigte eine Fotomontage Egon Krenz mit Haube als Wolf im Bett der Großmutter. Auf der Tafel stand die Frage Rotkäppchens: »Großmutter, warum hast Du so große Zähne?«

Gewalt und Gewaltlosigkeit

Bis in den Oktober hinein war die Auseinandersetzung zwischen dem Regime und seinen Gegnern keineswegs friedlich verlaufen. Gewalt war im Kommunismus ideologisch gerechtfertigt und wurde praktisch ausgeübt. In Ungarn und Polen, wo der Machtwechsel 1989 friedlich ausgehandelt wurde, hatte es Kämpfe mit viel Gewalt seitens der Kommunisten schon viel früher gegeben. In der DDR dauerte dies bis Oktober an und stand als Möglichkeit noch länger im Raum. Auch jetzt noch waren die Herrschenden gewaltbereit in den Vorbereitungen zur Niederschlagung, übten

Gewalt aus durch Drohungen, mit der Vergewaltigung der Wahrheit in ihrer Kampfsprache und mit den aus der strukturellen Gewalt erwachsenen Zwangslagen. Bis zum 10. Oktober waren nach Angaben des MfS in der DDR mindestens 3318 Menschen[361] festgenommen worden. Fast alle waren misshandelt worden. Eine größere Anzahl war verletzt worden. Mehr als 600 Personen wurden mit einem Ermittlungsverfahren überzogen. Bis Ende Oktober waren unzählige Menschen wegen ihres Engagements verhört, drangsaliert, beruflich zurückgestuft und mit anderen Schikanen bedacht worden.

Auf der Seite der rebellisch gewordenen Gesellschaft wurde insgesamt gewaltlos gehandelt. Aber das Aufbegehren war nicht von vornherein, nicht in seiner Logik gewaltfrei. Das enorme Repressionspotenzial erzeugte auch Gegenwehr. Auf vielen Menschen lastete ein psychischer Druck, den sie nur mit Mühe kompensieren konnten. In extremen Situationen, etwa bei Zwangsmaßnahmen, kam es deswegen vereinzelt zu kollektiver Gewalt. Mehrfach wurden Mützen von Volkspolizisten in die Luft geworfen. Dies war während der Durchfahrt der Flüchtlingszüge in Dresden vom 2. bis 5. Oktober der Fall. Bei den Demonstrationen gab es immer wieder einmal Betrunkene oder aggressive Personen, die durch Flaschenwürfe oder Beschimpfungen auffielen. Dies war für die Polizei sofort Anlass, die Demonstranten unter Generalverdacht zu stellen. Oft blieb auch unklar, ob sich unter den Demonstranten nicht Provokateure befanden. Mehrfach wurden solche als Mitarbeiter des MfS erkannt. Ab Ende Oktober traten auch Rechtsradikale lautstark bei Demonstrationen auf. Staatliche Stellen, das MfS und die Polizei haben in den angespannten Tagen zahlreiche Drohanrufe, Briefe mit Ankündigungen von Racheakten und auch Bombendrohungen erhalten. So teilte die Polizei am 5. Oktober mit, dass eine gegen das Berliner Gebäude des Bundes der Evangelischen Kirchen gerichtete Bombendrohung eingegangen sei. In solchen Fällen konnte nicht überprüft werden, ob dahinter eine Provokation des MfS steckte. Offensichtlich jedoch waren die Unterstellungen der SED-Medien, die friedliche Demonstranten in die Gewalttäterecke drängen wollten. Hier tat sich besonders die FDJ-Zeitung *Junge Welt* hervor: »Dann wird marschiert. Geschrien. Diejenigen, die eben noch für Umweltschutz plädierten, zertrampeln Leipzigs Grün. Wie der Stier aufs rote Tuch wird immer die Richtung anvisiert, in der noch Polizisten stehen ...«[362] Auch Wonneberger wurde vorgeworfen, er habe am 25. September in der Nikolaikirche zur Gewalt aufgerufen.

Angesichts der angespannten Situation haben verantwortliche Oppositionelle, Kirchenvertreter und Künstler immer wieder zum Gewaltverzicht aufgerufen. Solche Aufrufe galten beiden Seiten, obwohl Entgleisungen von Demonstranten äußerst selten waren. Mit der Ausweitung der Demonstrationen war der »Volkszorn« allerdings nicht mehr berechenbar. Die Älteren wussten, dass am 17. Juni 1953 die Menge tatsächlich Gewalt ausgeübt hatte. Obwohl die Demonstranten schon von sich aus mit Sprechchören wie »Wir sind keine Rowdies« und »Keine Gewalt!« ihren friedlichen Charakter bekundeten, wurden in Friedensgebeten immer wieder Hinweise auf gewaltfreies Handeln gegeben. Die Oppositionellen der 1980er-Jahre hatten mit diesen Formen der politischen Auseinandersetzung ihre Erfahrungen gemacht und konnten deswegen detaillierte Verhaltensstrategien für den Fall gewaltsamer Polizeiaktionen weitergeben. Auch in den Kirchen waren solche Verhaltensweisen eingeübt worden.

Als am 7. Oktober in Dresden eine friedliche Demonstration stattfand, verteilte die katholische Gemeinde 1000 Flugblätter in der Menge: »Strategie der Gewaltlosigkeit nach M. L. King: Mit gewaltlosen Aktionen verschiedenster Art so lange fortfahren, bis ein definitiv greifbares Resultat in Bezug auf mehr Menschlichkeit erreicht ist! Während einer Demonstration auf der Straße niemals Alkohol oder andere Rauschmittel zu sich nehmen und die Mitnahme und Einnahme durch andere verhindern! Nüchtern und in Absprache mögliche Gewalttäter und Provokateure erwarten und aussondern! Jede Aktion durch begleitendes Gebet untermauern.«[363] Da es in Dresden zuvor zu schweren Übergriffen gekommen war, riefen die Demonstranten die aus christlicher Tradition stammenden Worte: »Vater, schlag nicht!« und »Bruder, schlag nicht!« Teilnehmer der Demonstrationen, die Zeugen der Gewalt von Sicherheitskräften wurden oder selbst betroffen waren, haben vielfach ihre Erschütterung geschildert. Solche Erfahrungen wurden auch in Gedichten ausgesprochen:

> »Du Liebfeind,
> schluck deinen Stock
> und verdau.
> Den Knüppel zurück

In den Rucksack
Unserer Geschichte.
Du Menschenbruder du,
Schlag nicht zu!«[364]

Das stärkste Symbol der Gewaltlosigkeit waren die Kerzen – in den
Kirchen, vor den Kirchen, bei Mahnwachen, auf Schweigemär-
schen und lauten Demonstrationen, abgestellt vor Rathäusern,
Regierungs-, Polizei- und MfS-Gebäuden. Seit dem 20. Oktober
standen Kerzen auch vor dem riesigen Karl-Marx-Monument in
Karl-Marx-Stadt (Chemnitz). Dort, wo an Inhaftierte erinnert
wurde wie an der Berliner Gethsemanekirche, waren ganze Ker-
zenberge zu sehen. Gegen die Kerzen fiel den SED-Propagandisten
nur das läppische Argument ein, die Demonstranten würden den
anständigen Bürgern mit ihren Kerzen unter der Nase herumfuch-
teln, diese seien mithin ein Sicherheitsrisiko.

Einen Reinfall erlitt die SED in Halle, als Hans-Joachim Böhme,
Mitglied des Politbüros und 1. Sekretär der Bezirksleitung Halle
der SED, plante, zuverlässige Genossen für eine Demonstration am
30. Oktober zur Unterstützung der SED zu gewinnen. Die Genossen sollten aus dem gesamten Bezirk herangekarrt werden.
Das Motto sollte lauten: »Rote Fahnen gegen weiße Kerzen!« Ein
Arbeiter aus dem Chemiekombinat Buna hatte davon erfahren
und berichtete öffentlich, dass selbst die Parteimitglieder in seinem
Betrieb das Vorhaben strikt ablehnten. Die makabre Demonstration fiel mangels Beteiligung aus. Wohl aber kamen 50 000 empörte Hallenser am 30. Oktober, um für eine Demokratisierung
zu demonstrieren.

Zweifellos hat die strikte Gewaltlosigkeit auch auf Polizisten
und Soldaten gewirkt, die vorher gegen die Demonstranten aufge-
hetzt worden waren. Am 24. Oktober erbat ein Soldat in einer
Inschrift an der Gebetswand in der Leipziger Thomaskirche das
Gebet anderer, weil »auch wir Soldaten keine Gewalt wollten und
wollen. Weil auch wir Angst haben.«[365] In Dresden, Plauen und anderen Einsatzorten verweigerten Soldaten den Befehl. Auch die von
der SED eingesetzten »gesellschaftlichen Kräfte« bekamen Zweifel. Eine Universitätsdozentin und SED-Mitglied musste am 9. Oktober das Friedensgebet in der Nikolaikirche besuchen, »um das
Feld nicht mehr denen überlassen« zu müssen. Als danach einer
der einweisenden Genossen von »Randalierern« sprach, so ihr Be-

richt, habe sie gesagt: »Schluss mit solchen Verunglimpfungen.«[366] Kampfgruppenmitglieder weigerten sich, gegen friedliche Demonstranten vorzugehen, zumal sie befürchten mussten, dort auf ihre Arbeitskollegen und -kolleginnen zu treffen. Von den über 2000 eingesetzten Männern entzog sich ein knappes Drittel durch Austritt oder Befehlsverweigerung.[367] In vielen dieser Fälle ging dies mit der Einsicht Hand in Hand, dass das politische System dringend reformiert werden müsse. Ungewollt wurden die erschöpften Mitläufer selbst Teil der gewaltlosen Konfliktregulierung. Und über die im Einsatz befindlichen Polizisten schrieb eine Karl-Marx-Städterin nach den Auseinandersetzungen am 7. Oktober: Während es im Krankenhaus »selbst an Pflaster fehlt, waren Knüppel, Helme, Schilde aus bestem Material. Die Einsatzkräfte geübt. Nur dem Augenkontakt hielten sie nicht lange stand. Eigentlich ein gutes Zeichen.«[368]

Eine wichtige Quelle des gewaltlosen Widerstehens waren die mit den ersten Verhaftungen eingerichteten Mahnwachen sowie die kirchlichen Informations- und Anlaufstellen für Angehörige von Verhafteten. Sie entstanden schon seit September und wurden nach Leipzig und Berlin in Dresden, Halle, Plauen und auch in kleineren Orten wie Ilmenau eingerichtet. Mancherorts wurden diese Mahnwachen Bestandteil der Demokratiebewegung, lieferten Informationen für die Friedensgebete, betrieben, soweit dies möglich war, Öffentlichkeitsarbeit und gaben den Protesten Inhalte. Eine besondere Rolle spielten beim Einsatz für Inhaftierte kirchliche Amtsträger, da sie noch am ehesten als Gesprächpartner von staatlichen Stellen akzeptiert wurden und auch über langjährige Erfahrungen verfügten. Sie wurden, oft ohne diese Rolle gesucht zu haben, zu unentbehrlichen Vermittlern. Dies trug etwa dem rastlosen Christof Ziemer in Dresden im Volksmund die Bezeichnung »Engel von Dresden« ein.

Die Staatsorgane gerieten oft in ein für sie nicht auflösbares Dilemma. Je mehr sie zur Gewalt griffen und je deutlicher die Demonstranten Gewaltfreiheit in den eigenen Reihen aufrechterhielten, desto schneller delegitimierten sie sich selbst. Schon das Verbot des Schusswaffengebrauchs, außer bei Gewalt gegen die Sicherheitskräfte und Objekte bzw. Gebäude, war aus der Sorge um die öffentliche Reputation ausgesprochen worden. Noch viel weniger ließ sich das gewaltsame Vorgehen gegen Zehn- oder Hunderttausende rechtfertigen. Im Fall des Gewaltverzichts durften die Staatsorgane ihr Gesicht nicht verlieren. Dies wurde erstmals in Dresden durch das Angebot der Beendigung der Demonstration, die ohnehin im Polizeikessel festsaß, möglich. In Leipzig wiederholte sich dies durch den Aufruf der »Sechs«, die den Gewaltverzicht der Demonstranten festhielten. Damit war »Gewaltlosigkeit« zu einer Formel geworden, die eine Art Minimalkonsens darstellte.

Gewaltlosigkeit war für die Kirchenleute eine ethisch-theologisch motivierte Hilfe zur Kompensation des politischen Konfliktpotenzials. Für die Oppositionellen war sie darüber hinaus ein strategisches Instrument zur Überwindung der Kommunikationsblockaden der SED. Und für den Staat garantierte sie die Wahrung des Gesichts sowie Zeitgewinn in einer verfahrenen Lage. So mancher Beobachter hat die Gewaltfreiheit der Revolution nicht verstanden: »Zur Revolution gehört die Gewalt, sanftmütige Revolutionen gibt es nicht.«[369] Unstimmig ist auch eine politikorientierte Deutung der Friedfertigkeit, die »als ein Musterbeispiel für den ›Anti-Chaos-Reflex‹ moderner, hocharbeitsteiliger Industriegesellschaften« gelten müsse. Alle Beteiligten hätten gewusst, »dass Gewalt und Gegengewalt die Funktionsfähigkeit nicht nur des Systems, sondern auch der Basisversorgung gefährden würden«[370]. Vielmehr war der Gewaltverzicht Ausdruck eines Machtverlusts der ratlosen SED und der orientierungslosen Obristen in konkreten Konstellationen. Gewaltanwendung hätte den staatlichen Machtverlust noch verstärkt. Es gab keine weitreichenden strategischen Überlegungen, sondern nur die Einsicht, dass ein Gewaltverzicht im Moment das kleinere Übel im Machtkampf bedeutete. Dass die Gewaltlosigkeit zum Herrschaftsverlust beitrug, lag schließlich auch daran, dass sie das kommunistische Prinzip »Wer wen?« als Gestaltungselement von Politik ad absurdum führte.

Friedensgebete

Die Friedensgebete[371] in den evangelischen und später auch in katholischen Kirchen waren sinnfällige Momente einer Synergie von Kirche, Opposition und Gesellschaft. Die Kirchengebäude stellten einen geschützten Raum dar, weil auch in der DDR, wie in nahezu allen Diktaturen, die Machthaber davor zurückschreckten, sakrale Orte direkt anzugreifen. Zwar haben die Kommunisten einige Kirchen, wie etwa die Leipziger Universitätskirche im Jahr 1968, abreißen lassen. Aber sie wollten die Kirchen auch als Ghetto nutzen, sie sollten Kritik einhegen und sie aus der Öffentlichkeit herausnehmen. Das schlug fehl, denn die Kirchen boten nicht nur kritischen Geistern eine Herberge, sondern waren schlechthin eine Alternative zum beherrschten Raum, den kontrollierten Straßen und Plätzen, den ausgespähten Arbeitsplätzen, Büros und Wohnungen. Die Menschen, die in diesen Raum eintauchten und ihn wieder verließen, nahmen die Erfahrung eines anderen räumlichen und zeitlichen Zuschnitts der Wirklichkeit mit. Damit waren sie selbst einer Wandlung ausgesetzt, die ihre Beziehung zur Außenwelt veränderte.

Die Friedensgebete standen monatelang im engsten Zusammenhang mit den Demonstrationen. Die Demonstranten warteten fast immer auf das Ende der Gebete. Nach spontanen und orientierungslosen Protesten boten in vielen Fällen Pfarrer Friedensgebete an, die dann zum Ausgangspunkt der Bewegung wurden. In kleinen Orten waren die Friedensgebete oft das einzige Forum. Selbst als der öffentliche Raum ab Ende November freigekämpft worden war und Veranstaltungen auch außerhalb der Kirchen stattfinden konnten, verloren die Friedensgebete ihre Funktion nicht. Die Kirchen wurden weiterhin als nun neutrale Orte genutzt, wo sich Bewegungen und Parteien vorstellen konnten, kulturelle Veranstaltungen stattfanden und strittige Fragen debattiert wurden. Die Friedensgebete waren ein Akt der Kooperation zwischen allen relevanten politisch agierenden Gruppen, den Ausreiseantragstellern, den kirchlichen Vermittlern, der Opposition, den Demonstranten, den Künstlern und bisweilen auch Vertretern der SED. Sie waren Nachrichtenbörse und Kommunikationsraum, Orte für Mahnwachen und Anlaufstellen für Verfolgte, Verteilstellen für Material, und hier wurden auch Solidaritätsgaben entgegengenommen. Sie waren Ruhepunkt und gaben der Hoffnung auf Veränderung eine Heimat. Die Gebete boten eine ritualisierte elliptische »Wiederholungsstruktur«[372] mit den Brennpunkten Kirchenbesuch und Demonstrationsteilnahme.

An den meisten Orten bildete sich schnell eine Tradition an bestimmten Wochentagen aus, so etwa »Donnerstag-Andachten« in Rostock. Zu dieser Traditionsbildung gehörten auch die örtlich verschiedenen Namen wie »Gebete für unser Land« in Erfurt, »Gebete um Erneuerung« in Wittenberg, »Gebet für gesellschaftliche Erneuerung« in Magdeburg, »Gottesdienste für gesellschaftliche Veränderungen« in Rostock oder »Andacht-konkret« in Zeitz. Die

Staatsorgane haben immer wieder vergeblich versucht, diese Strukturen zu stören, wenn sie die Friedensgebete schon nicht verhindern konnten.

So wurden die Friedensgebete ein wichtiges Medium im Ringen um die Macht. Während die ideologischen Worthülsen der SED die gesellschaftliche Realität verfehlten und selbst bei den bereitstehenden Bürgerkriegsbataillonen auf Unverständnis stießen, konnten Oppositionelle und Kirchenleute in den Friedensgebeten Beziehungen zwischen Menschen herstellen. Oft auch für die Akteure überraschend, wuchs mitten in einer Situation, wo die Angst noch die Zuversicht in Schach hielt, eine neu gewonnene Kraft der Schwachen, der Schweiger, der Ängstlichen. Zu den Friedensgebeten kamen Tausende, so viele, wie die Kirchen gerade noch fassen konnten. Vor den Kirchen warteten noch mehr Menschen. Sie fanden hier ein Zentrum, dessen Sprache und die in ihm verwendeten Symbole mehr Zukunft für eine Neuordnung des Gemeinwesens versprachen als die kommunistischen Trommelwirbel, die zum Gefecht aufriefen.

Unerwartet für die Veranstalter nahmen auch viele atheistisch erzogene Menschen die für sie ungewohnte politische Spiritualität an. Die für die meisten Oppositionellen und Kirchenleute vertraute Verknüpfung des Politischen mit dem Religiösen stellte für die nichtchristlichen Besucher einen Kontext her, der die enge Lebenswelt der DDR, die äußere und durch die gegenwärtigen Ängste auch innere Abschnürung auf einen universalistischen Horizont hin öffnete. Für manche westliche Beobachter war es oft schwer, eindeutige politische Orientierungen und Zielvorgaben in den Friedensgebeten auszumachen. Allenfalls hatten sie den Eindruck, hier werde umständlich und um drei Ecken herum eine Chiffrierung des Politischen betrieben. Auch das MfS fahndete mit seinen Spitzeln nach den genuin politischen Aussagen, die als Missbrauch von Religion und Kirche hätten verstanden werden können. Wenn diese ausblieben, schien das Friedensgebet harmlos, weil »rein religiös«. Die enorme Wirkung der Friedensgebete wurde verkannt, weil in ihnen ein Paradox der Moderne zum Zuge kam. Der Rückgriff auf die Verbindung des Religiösen mit dem Politischen in den Friedensgebeten leistete einen Beitrag zur Säkularisierung der politischen Religion der Kommunisten. Hier standen die Rituale der Befreiung den kommunistischen Ritualen der Unterwerfung, des Schweigens und des ohnmächtigen Mitmachens gegenüber. Die politische Vernunft, die Rationalität der Motive und Erwartungen war in den kirchlichen Friedensgebeten angesiedelt. Deren zivilisierender Kraft war der kommunistische Zauber nicht mehr gewachsen.

Schon Eric Voegelin hat darauf hingewiesen, dass der Weltanschauungsdiktatur nicht allein mit ethischen Urteilen und intellektueller Redlichkeit gewehrt werden könne. Es bedürfe in der Auseinandersetzung mit der »politischen Religion« einer religiösen Gegenposition. »Einer nicht nur sittlich schlechten, sondern religiös bösen, satanischen Substanz kann nur aus einer gleich starken religiösen guten Kraft der Widerstand geleistet werden.«[373] Als 1989 der Kommunismus zusammenbrach, zeigte sich, dass der Totalitarismus nicht zuletzt an dem unmöglichen Versuch gescheitert ist, die Gesellschaften überall in Ostmitteleuropa von ihren kulturellen und religiösen Wurzeln zu trennen, die ihnen eigenständiges und spontanes Handeln ermöglichten.

Die wichtigste Anzahlung auf die Freiheit war die Erfahrung des Glücks, frei reden zu können. Zeitzeugen beschreiben immer wieder und aus allen Orten der DDR, wie die Menschen in den Friedensgebeten zu ihrer eigenen Sprache, zu ihrem eigenen Denken und Wollen zurückfanden. Und die Menschen waren dafür dankbar. Jemand schrieb eilig an eine der vielen Wandtafeln in einer Kirche: »Ein Dank der Kirche die alle mit viel Liebe aufnehmen, zu hören und sprechen.«[374] Die Leute suchten Ansprechpartner und Podien. Die Seelsorger waren überlastet, die Versammlungen konnten nie alle Redner zum Zuge kommen lassen. So wurden Gebets- und Klagewände aufgestellt. Die Leute schrieben auf, was ihnen auf der Seele brannte.

Das Bedürfnis nach Aussprache zeigte sich auch außerhalb der Kirchen. Viele schrieben Briefe an Pfarrer wie Christian Führer, Schriftsteller wie Christa Wolf, Oppositionelle wie Bärbel Bohley. Manche schrieben sich auch ihren Zorn in Briefen an Größen der SED oder der Volkspolizei von der Seele. Die Leute knobelten an Losungen, und es entstanden unzählige Gedichte. In Leipzig wurde an der Oper eine Litfaßsäule aus überdachten Betonteilen improvisiert. Hier verbreiteten die Leute politische Nachrichten und persönliche Anliegen. Auch die Gewandhausgespräche mit Masur eröffneten freie Sprachräume.[375] Das Spezifische der Friedensgebete aber war, dass das religiöse Medium, Fastenaktionen, Rezitationen religiöser Texte, das Singen religiösen Liedguts und verschiedene Fürbittformen, die politischen Anliegen in Zukunftserwartungen transzendierten und antizipierten. Selbst lateinische Gesänge wie »Dona nobis pacem« oder Choräle wie »Verleih uns Frieden gnädiglich« wurden zu gültigen Zeugnissen aus einer fremden und zugleich berührenden Welt. Zu hören waren Texte des Widerstandskämpfers Dietrich Bonhoeffer, des amerikanischen Bürgerrechtlers Martin Luther King und auch Texte aus befreiungstheologischen Traditionen wie etwa das »Hohe Lied der Liebe« in einer afrikanischen Übertragung:

> »Da wir Sklaven waren, sprachen wir wie Sklaven,
> begriffen wir wie Sklaven, dachten wir wie Sklaven.
> Da wir frei werden,
> werfen wir die Ketten unserer Knechtschaft hinter uns.
> Glaube, Liebe, Hoffnung: sie bleiben gültig;
> doch ohne Gott, ohne Freiheit und Menschenwürde
> bleiben sie leere Schatten.«[376]

Die Ausstrahlung dieser politischen Spiritualität beruhte nicht zuletzt auf der religiösen Dramatisierung der unmittelbaren, aktuellen politischen Erfahrungen. Einer der theologischen Akteure und Praktiker einer politischen Spiritualität, Bernd Winkelmann[377], berichtet: »Am 15. Oktober 1989 luden wir in Suhl zum ersten großen ›Gebetsgottesdienst für unser Land‹ ein, d. h. wir mussten gar nicht einladen, denn der Termin sprach sich wie ein Lauffeuer rum. Es kamen über 2000 Menschen, die nicht alle in die total überfüllte Stadtkirche hineinkamen. Das Sicherheitsaufgebot der ganzen Region war verdeckt in den Suhler Straßen zusammengezogen worden. Wir begannen den Gottesdienst mit einem Orgelvorspiel, das die Unruhe und das laute Reden der Menschen still werden ließ. Dann wurden die Lampen im Kirchenschiff gelöscht, nur im Altarraum brannte eine Osterkerze. Ich sprach eine Meditation in den dunklen Kirchenraum hinein, die die Menschen bei ihren alten DDR-Depressionen abholte und dann das beginnende Aufstehen des Volkes umschrieb. Vom Licht der Osterkerze wurden Kerzen in die gesamte Kirche hineingetragen.«[378]
Winkelmann berichtet weiter: »Superintendent Kretschmann hielt eine Kurzpredigt zum gewaltfreien Kampf für Freiheit und Demokratie im Geiste Jesu und nach dem Vorbild Martin Luther Kings. Im folgenden Informationsteil wurden die verschiedenen politischen Aufrufe und Stellungnahmen der Kirchen und der

neuen oppositionellen Gruppen verlesen, die ja in den Medien noch längst nicht veröffentlicht werden durften. Dann setzte eine Aussprache ein, in der hier und in den folgenden Abenden alles hochkam, was das Volk 40 Jahre runtergeschluckt hatte: es war eine Flut von Klagen und Anklagen, Verzweiflungen und Hoffnungen, Weinen und Schreien und persönlichen Schicksalen, die erzählt wurden. Zum Schluss des Abends führten wir durch Orgelspiel, Gebet, Vaterunser und Segen noch einmal in die Stille. So etwa liefen alle Gebetsgottesdienste in der Wendezeit – das alles mit Menschen, die zum großen Teil noch nie in Kirchen waren. Wir fragten sie, ob die geistlichen Elemente für sie zu viel seien. Sie sagten: Macht das weiter so, wir verstehen zwar nicht alles, aber es bringt uns zur Ruhe, und das gibt uns Kraft.«[379]

Gescheiterte Dialogpolitik

Nahezu allen Oppositionellen war völlig klar geworden, dass die SED mit ihrer Dialogpolitik dem Zorn der Menschen ein Ventil geben wollte, um die Bürger von den Straßen herunter und in die Säle zu bringen. In Berlin scheiterten Bürgergespräche besonders auf Initiative von Martin Gutzeit von der SDP endgültig am 23. Oktober. Jetzt stellten Oppositionelle die Bedingungen für einen Dialog, der das bisherige asymmetrische Verhältnis zur SED korrigieren sollte. So formulierten die Vertreter des Kirchenkreises in Suhl am 24. Oktober Kriterien für einen »sinnvollen Dialog«. Dazu gehörten die »Zurücknahme aller Stasi-Aktivitäten«, das »Einstellen aller Repressalien gegen Einzelpersonen«, die »Anerkennung des Neuen Forums und anderer unabhängiger Gruppen«, die Forderung nach einem »Demokratisierungsprozess innerhalb der SED«, »auch die Frage nach dem Führungsanspruch der SED« müsse erlaubt sein, »Rechtssicherheit auf Veranstaltungen« und die Bürgerbewegung müsse »Zugang zu den Medien« bekommen.[380] Die SED ignorierte diesen Forderungskatalog und lud die Bevölkerung zu Dialogveranstaltungen in große Säle ein, bei denen sich die Politprominenz und hohe staatliche Funktionäre den Bürgern stellen sollten. Auch ihre Claqueure hatte sie bestellt. Doch die Leute durchschauten das Manöver. Sie kamen zu Tausenden. Die Säle waren überfüllt, draußen warteten Unzählige. Die Massenversammlungen im ganzen Land schlugen in vielen Orten in Rücktrittsforderungen und Anklagen um. Selbst viele SED-Mitglieder fanden kritische Worte und erfüllten nicht mehr die ihnen zugedachte Rolle.

Als am 25. Oktober nach dem Friedensgebet in der Johanniskirche in Neubrandenburg 20 000 Menschen in einem »Marsch der Hoffnung« zum Markt zogen, war dort eine Gegendemonstration der SED mit dem Bezirkschef Johannes Chemnitzer im Gange. Er wurde von den Ankommenden aufgepfiffen. Chemnitzer rief erbost: »Wenn ihr nicht ruhig seid, können wir auch anders!« Die Demonstranten blieben nicht ruhig.

Auch in Halle scheiterte eine solche Dialoginszenierung am 26. Oktober vollständig, als die Oppositionelle Katrin Eigenfeld das Wort ergriff. Im Saal befanden sich mehr als 1000 Menschen, vor dem Gebäude verfolgten weitere 5000 Hallenser die Debatte. Eigenfeld forderte unter dem Beifall der Versammelten, dass rechtliche Rahmenbedingungen für den Dialog geschaffen werden müssten sowie die Einschüchterung durch das MfS aufhören, Meinungs-, Presse-, Versammlungs- und Demonstrationsfreiheit gewährt und ein Gewaltverzicht ausgesprochen werden müsse.

Zu den großen Reinfällen zählte das Berliner Sonntagsgespräch am 29. Oktober mit Schabowski und anderen Spitzenfunktionären unter dem Motto »Offene Türen – offene Worte«, das im Rathaus stattfinden sollte. 20 000 Menschen kamen, und der Dialog musste im Freien stattfinden. Die Bürger verhinderten eine Propagandaveranstaltung. Sie setzten eine Schweigeminute für die Todesopfer an der Mauer durch. Nicht weit von dieser Stelle entfernt hatte 1848 der preußische König seinen Hut vor den Toten der Revolution ziehen müssen. Jetzt wurde der Polizeipräsident Friedhelm Rausch gezwungen, sich für die gewaltsamen Übergriffe zu entschuldigen. Zwar hatte die SED ihre Claqueure bestellt, diese kamen aber nicht durch.

Anfang November musste die SED ihre Dialogveranstaltungen aufgeben. Einer der aussagestärksten Berichte über die letzte Veranstaltung dieser Art stammt von dem Theologen und Aktivisten des Neuen Forums Christoph Kleemann. Am 5. November fand mit dem 1. Sekretär der SED-Bezirksleitung Rostock, Ernst Timm, ein Massendialog über Meinungspluralismus statt. Ein Vertreter des Neuen Forums, Reinhard Haase, stellte Timm: »Herr Timm, ich trete mit Ihnen in den Dialog. Ich habe drei Fragen. Erste Frage: ›Was verstehen Sie unter der Diktatur des Proletariats?‹ Als er zum dritten Mal ›äh… äh…‹ gesagt hatte, brachen die Anwesenden in

Lachen aus. Aber das mochte der Funktionär nicht auf sich sitzen lassen. ›Moment‹, rief er in den Saal, ›da müsste man erst mal nachschlagen.‹ Jetzt war es aus. Die Leute schlugen sich auf die Schenkel. Das Einfachste erwies sich doch wieder mal als das Schwierigste. Nachdem der Mann [Haase] auch seine beiden anderen Fragen gut platziert hatte, setzte er sich auf den einzigen freien Stuhl im Präsidium und entfaltete vor sich ein Schild: ›Neues Forum‹. So wurde auf schlichte, aber schlagfertige Art Parteienpluralismus symbolhaft hergestellt.«[381]

Das Staatsvolk der DDR war nicht wiederzuerkennen. Opposition und Bevölkerung waren dieser neuen Art Volksverbundenheit der SED-Funktionäre schnell überdrüssig. In einer der vielen Erklärungen der Opposition hieß es Ende Oktober in Zeitz: »Das Wort ›Dialog‹ ist in aller Munde und schon zur bloßen Floskel geworden. Wir warnen vor Überbewertung dieser Versuche, dem gesellschaftlichen Druck auszuweichen …«[382] Aus Protest wurde zu einem Schweigemarsch aufgerufen. Nach dem Zorn über den Dialog wurde er zum Gegenstand des Spotts der Bevölkerung. In Dresden stand auf Plakaten: »Ulbricht log, Honecker log, Krenz log, Dialog.« In Mühlhausen nannten die Leute den Dialog »Dialüge«, in einigen Orten Krenz einen »Dialügner«, und im Eichsfeld ging das Spottgedicht eines »Gehannes vum Lipsbaerge« um:

»Der Dia – log
Wer log?
Der Dia – log!
Heißt denn das nicht ›Der da log‹ oder ›Die da log‹?
Ach, egal wer da log.
Oder der da log oder die da log,
ob er da log oder sie da log,
darüber sollte man nicht streiten.
Zusammenfassend kann man von ›log‹ –
Die logen doch – ableiten! «[383]

Ein typisches Ereignis während der Dialogpolitik war die erste große Demonstration am 23. Oktober in Schwerin. Als das Neue Forum mit Martin Klähn und Heiko Lietz für den 23. Oktober nach dem Friedensgebet im Dom zu einer Demonstration aufgerufen hatte, beschloss die Schweriner SED-Bezirksleitung mit ihrem Chef Heinz Ziegner im Rahmen der SED-Dialogpolitik eine

Gegendemonstration auf dem gleichen Platz zur gleichen Stunde. Die Aktion war mit Krenz abgesprochen. Die SED wollte sich die Akklamation des Volkes organisieren und nachweisen, dass es Bereiche in der DDR gab, die ihr treu blieben. Für die inszenierte Zustimmungsdemonstration wurden zuverlässige Genossen herangefahren, ein Lautsprecherwagen spielte zusätzlich Beifall ein. Da aber nach alter SED-Methode nichts dem Zufall überlassen werden durfte, wurden an Funktionäre Waffen ausgegeben, Zuführungs- und Internierungspunkte vorbereitet und Kampfgruppen mobilisiert. Die SED plakatierte die Demonstration als Dialogveranstaltung, verweigerte aber den Schweriner Initiatoren des Neuen Forums das Rederecht und drohte ihnen offen. Erst wenige Stunden vor der Demonstration verabredeten die Oppositionellen, die Kundgebung zu verlassen, wenn die SED-Redner allein sprechen würden. Mit einem einzigen Telefon und über Mund-zu-Mund-Propaganda wurde über dieses Vorhaben informiert.

Als Ziegner im gewohnten SED-Stil die Menschen »als mündige und reife Staatsbürger« aufforderte »Vernunft an den Tag zu legen« und »fair zu sein gegenüber unserem Staat«, und auch »klar« sagte, dass die SED »kein Ohr und keine Zeit« habe für »Ratschläge, die darauf zielen, den Sozialismus zu beseitigen«[384], marschierte die Gruppe des Neuen Forums vom Platz. Ihr schlossen sich 40 000 Menschen an, die in einem Demonstrationszug durch die Stadt zogen. Die Sicherheitsorgane wagten angesichts dieser Massen nicht, den Zug aufzuhalten. Zurück blieb mit einigen Getreuen die blamierte SED-Spitze, die sich verzog und die Lautsprecher abstellen ließ, als der Demonstrationszug den Platz wieder erreichte. Lietz sprach zu den Menschen, hatte allerdings nur ein selbstgebastelten Megafon. Als sich nach der Kundgebung über eintausend Menschen anschickten, gegen ein Gebäude der SED vorzugehen, gelang es Lietz, eine gewaltsame Auseinandersetzung zu verhindern. Im Anschluss an die Demonstration strömten die Menschen in die geöffneten Kirchen. Im Dom war ein Mikrofon aufgestellt, über das viele Menschen erstmals über das Erlebte und ihre Anliegen öffentlich sprachen. Auch Kindergärten waren Sammelpunkte. Dort hatten Eltern Nachrichten hinterlassen, wo ihre Kinder abzugeben seien, wenn sie von der Demonstration nicht zurückkämen. Der Pfarrer und Mitorganisator des Neuen Forums in Mecklenburg, Wilhelm Wossidlo, sagte nach der ersten Demonstration in Schwerin: »Mut ist nicht das Gegenteil von Angst. Sondern Mut ist, das Nötige zu tun, auch wenn einem die Beine zittern.«[385]

Manchmal kamen die SED-Vertreter mit ihrer Dialogstrategie fast zum Ziel. In Nordhausen rangen sie den Vertretern des Neuen Forums und des Demokratischen Aufbruchs am 27. Oktober die Zusage ab, Volksversammlungen nur in Sälen durchzuführen. Die energische Ehefrau eines der beteiligten Pfarrer protestierte und warf den Verhandlungsführern Verrat vor, worauf diese Zusage zurückgenommen wurde. Schließlich zweifelten die SED-Funktionäre selbst an der Dialogstrategie. Der Schweriner SED-Chef Ziegner zog auf der Sitzung der Bezirksleitung der SED Bilanz: »Es war ja wie auf einer Anklagebank, und das ist ja auch zum Teil jetzt noch so ... D.h. die anderen haben erzwungen, was die Partei zu machen hat. Ich muss euch sagen, ich finde, das ist nicht das Allerschönste ... wir müssen sehen, dass so viel wie möglich in geordneten Bahnen läuft, in Räumen, in Beratungen ... Das war ein Fehler am Montag, den haben wir eingestanden, da haben wir Selbstkritik gemacht.«[386] Immerhin konnte er darauf verweisen, dass es Modrow in Dresden und Schabowski in Berlin auch nicht anders ergangen war. Und der Hallenser SED-Chef Böhme sprach von einem »Tribunal« und einer »Art Hexenverbrennung«[387].

Demonstrationen – Kraftproben

Mit der Dialogpolitik war für die SED ein ungewollter Effekt eingetreten. Die Opposition hatte zwar immer noch einen illegalen Status, musste aber faktisch geduldet werden. Seit dem 21. Oktober arbeiteten die Fachleute von Polizei, MfS und aus der Sicherheitsabteilung des ZK der SED an einer Konzeption zur »Zurückdrängung oppositioneller Sammlungsbewegungen«. Diese Konzeption sollte im Politbüro beschlossen werden. Aber weder in der Sitzung am 24. noch in der am 31. Oktober kam es dazu. Vielmehr wurschtelten sich die Apparate weiterhin mit unterschiedlichen Haltungen durch. In der letzten Fassung der Vorlage war das Dilemma offen benannt und auch die Ultima Ratio der drohenden Entwicklung eines unkontrollierbaren Machtgewinns der Opposition festgehalten: »Wenn es nicht gelingt, den Masseneinfluss mit politischen Mitteln zurückzudrängen, ist ein möglicher Ausnahmezustand nicht auszuschließen.«[388] Auch der Einsatz militärischer Mittel gegen die Demonstrationen blieb nicht ausgeschlossen, falls die Führungsrolle der SED verloren gehen würde. Tatsächlich trafen die Sicherheitsapparate bis in den November hinein dafür Vorkehrungen bei Demonstrationen und anderen Massenaufläufen. Die Sorgen der Staatsmacht waren berechtigt. Im Oktober stiegen sowohl die Anzahl der Demonstrationen als auch die Teilnehmerzahl rasant an. Nach Zählungen des MfS wurden vom 16. bis 22. Oktober 24 Demonstrationen mit 140 000 Teilnehmern festgestellt.[389] In der Woche vom 23. bis 30. Oktober waren es bei 140 Demonstrationen schon 540 000 Teilnehmer.[390] In der letzten Oktoberwoche wurde täglich in über 20 Orten demonstriert, von kleinen Orten bis zu den Großstädten. Spätere Forschungen ergaben, dass im Oktober 330 Demonstrationen in allen Bezirken der DDR stattfanden.[391] Die Zahlen sind auch im Verhältnis zur Einwohnerschaft zu sehen. Bei der Demonstration in Nordhausen am 31. Oktober mit 25 000 Teilnehmern waren etwa 70 Prozent der Erwachsenen auf den Beinen. Eine Woche später demonstrierten 40 000, viele Demonstranten aus der Umgebung waren gekommen. Die ansteigende Demonstrationswelle zeigte, dass es sich nicht um eine Revolution lediglich in einigen Zentren handelte, sondern dass sie alle Regionen erfasst hatte.[392] Die großen Demonstrationen sind zumeist in den kollekiven Erinnerungshaushalt der Städte eingegangen.[393] Die Bürger waren stolz auf sich. Häufig gab es symbolträchtige Handlungen. Am Reformationstag, dem 31. Oktober, wurden in Wittenberg sieben Thesen an die Rathaustür geschlagen.

Die Sicherheitsorgane, vor allem das MfS, registrierten jede dieser Demonstrationen[394] und vermerkten, wie diese zustande kamen – überwiegend nach Friedensgebeten, einige nach Dialogveranstaltungen, einige kleinere nach einem Jugendtanz. In kleineren Orten handelte es sich oft um die erste Demonstration, der später größere folgten. Das MfS verzeichnete die wichtigsten Losungen, die Teilnehmerzahlen und Besonderheiten, etwa Verkehrsstörungen, die geschätzte Anzahl der getragenen und abgestellten Kerzen oder den Alkoholkonsum einiger Demonstranten. Vermerkt wurde auch, welche Staats- oder SED-Funktionäre beschimpft oder gar beworfen wurden, sowie einige Versuche, in Rathäuser oder andere Gebäude einzudringen. Wichtig war dem MfS darüberhinaus, wie die Demonstration bekannt gemacht wurde, zumeist über Flüsterpropaganda, einige durch Plakate und viele durch Ansagen in den Kirchen. Registriert wurden die Redner, Oppositionelle, Kirchenleute und Bürger. Bisweilen wurde konstatiert, dass selbst

SED-Genossen den Rednern Beifall spendeten. Das MfS registrierte allerdings weder die vielfältigen Behinderungen noch die Sabotageakte, wie etwa die Sperrung eines Lautsprecherwagens am 31. Oktober in Nordhausen durch die Stadtverwaltung. In der ersten Novemberwoche steigerten sich die Demonstrationen noch einmal. In manchen Orten gingen die Menschen in der Woche mehrmals auf die Straße. Am 2. November kam es in Erfurt zu einer Großdemonstration mit 40 000 Menschen. Der Redner des Demokratischen Aufbruchs, Jürgen Döller, und der Redner der SDP, der aus Berlin angereiste Markus Meckel, forderten energisch, die Führungsrolle der SED zu brechen. Hier verlangten die Demonstranten den Rücktritt der Erfurter Parteigrößen, besonders der Oberbürgermeisterin. Schon am nächsten Tag gab es erneut eine Großdemonstration mit bis zu 100 000 Menschen.[395]

Mitteilungen des Volkes an seine Regierung

Die Sicherheitsorgane konnten sich die Wucht der Demonstrationswelle nicht erklären. Sie vermuteten, dass die Opposition über ein ausgefeiltes Kommunikationsnetz in den Strukturen der Kirche verfügte. Diese Überschätzung war zugleich eine Unterschätzung der Politisierung der Bevölkerung. Zwar gab es die elektronischen Medien der Bundesrepublik, die aber über viele Vorgänge erst mit zeitlicher Verzögerung oder wegen der Einschränkungen der DDR-Behörden überhaupt nicht berichten konnten. Die wichtigste Informationsquelle für die Bürger war die rasche Nachrichtenübermittlung im Kapillarsystem der gesellschaftlichen Kommunikation. Mit ungeheurer Schnelligkeit sprachen sich Neuigkeiten, wichtige Entwicklungen oder Treffpunkte herum. Im Oktober wurden auch interne Absichten der SED-Apparate rasch publik, da viele Funktionäre innerlich bereits die Seiten gewechselt hatten. Diese Flüsterpropaganda wurde von Oppositionellen immer wieder benutzt. In Halle wurde die erste Demonstration am 9. Oktober als Gerücht in Freundeskreisen und Gaststätten bekannt gemacht, über 1000 Menschen kamen. In Weimar telefonierten am Vormittag des 24. Oktober zwei Frauen mit Bekannten und fragten, was sie von der Demonstration später am Abend wüssten. Stunden später kamen mehrere Tausend Menschen zusammen.

Der politische Gehalt der Demonstrationen drückte sich in den Sprechchören und Spruchbändern aus. Das MfS sammelte diese

Texte akribisch. Bei jeder Demonstration trugen die schockierten Spitzel zusammen, was sie hörten und lasen. Jeder Spruch hätte noch kurz zuvor eine Zuchthausstrafe eingebracht. Jetzt füllten sie lediglich die Aktenordner.[396] Am Anfang lieferte vor allem Leipzig die Stichworte.[397] Dann brachte jede Stadt ihre Eigenheiten ein. Die sprechende Gesellschaft ging in die Offensive. »Das Sprachmonopol der Diktatur, das die Eingesperrten zur Doppelzüngigkeit zwang oder zum Verstummen brachte, herrschte in den Köpfen fort, als die Füße schon einen Schritt weiter waren. Der Wortwitz, der sich auf Plakaten und Spruchbändern von Demonstranten äußert, sagt aber, dass auch die Sprache nicht auf Dauer eingesperrt werden kann.«[398] Am Anfang war es bitter ernst, später wurde es gelöst, befreit und oft sehr witzig. Das Sprechen war der Vollzug der Revolution.[399] »Wer die Wucht der Demonstrationen nicht gespürt und deren langen Rhythmus nicht verarbeitet hat, dem ist Wesentliches entgangen.«[400] Die Selbstbefreiung durch die Sprache war eine elementare Form der Selbstbestimmung. Das Bedürfnis nach öffentlichem Reden war oft so groß, dass es die Organisatoren an den Rand ihrer Kräfte brachte. In Nordhausen wollte die Aktivistin des Neuen Forums, Gisela Hartmann, die öffentliche Aussprache am 31. Oktober gegen 19 Uhr nach gut zwei Stunden beenden. Da scholl ihr entgegen: »Wir sind das Volk!« Hartmann musste bis 23 Uhr weitermachen.[401]

In den ersten harten Auseinandersetzungen mahnten die Demonstranten »Keine Gewalt« und bei Zugriffen des Geheimdienstes »Stasi raus!« oder »Stasi weg, hat kein' Zweck«. Als ihre Vertretung benannten sie die Opposition: »Neues Forum zulassen«. Oft wurde auf die Rolle der Kirche angespielt: »St. Nikolai macht uns von Kadern frei!« Bald schon hieß es »Freiheit für die Inhaftierten!« Und selbstbewusst erklang: »Das Volk ist kein Bittsteller!« Die Demonstranten entwickelten im Gegenüber zur SED ein Gemeinschaftsgefühl, das sich in den »Wir«-Losungen äußerte und in gegenseitige Versprechen mündete. »Montags sind wir wieder da!« oder »Regiert die SED alleene, sind wir montags wieder off de Beene!«

Die Demonstranten reagierten sofort auf alle Geschehnisse. Heißsporne wurden zurückgehalten. Waren Demonstranten unschlüssig, riefen andere: »Losgehen, losgehen!« Die Selbstkontrolle bezog sich auch auf die Sprache. Sprüche auf Plakaten, Transparenten und Sprechchören wurden beklatscht, aber auch zurückgewiesen, wie in Dresden der Ruf »Dresden erwache!«. Neben den schon zum Ritual gewordenen Losungen entstanden laufend neue. Häufig waren es Einzelne, die eine Losung riefen. Ihr Sprachrhythmus wurde geprüft, und wenn er stimmte, brandete die Losung in Sekunden in der Masse auf, hielt sich eine Weile, rollte davon und kam zurück. Manche Losungen fanden auch eine Melodie und wurden gesungen.

Die Demonstranten kommunizierten aber auch mit den Menschen, die abseits standen, den Skeptikern, den Ängstlichen. Sie galt es zu mobilisieren. Sich selbst riefen die Demonstranten zu: »Jeder bringt noch einen mit!« Die anderen hörten: »Schließt euch an, wir brauchen jeden Mann!« oder »Fernseh'n aus, kommt heraus!« Als in Leipzig am 9. Oktober neugierige Zuschauer auf der Fußgängerbrücke auf den Zug herabschauten, erscholl der Ruf: »Schließt euch an, die Brücke bricht zusamm'!« Als eine Straßenbahn in der Demonstration steckenblieb, riefen die Leute: »Aussteigen, aussteigen, anschließen!«

Und es wurde mit den Sicherheitskräften kommuniziert. Auch ihnen galt: »Schließt euch an!« Oder es wurde an deren Gewissen appelliert: »Schämt euch!« Bei Absperrungen hieß es: »Gebt die Straße frei!« oder »Durchlassen, durchlassen!« In vielen Regionen hatten solche Losungen ein ausgesprochenes Lokalkolorit. Im katholischen Heiligenstadt hieß es: »Das Eichsfeld bleibt katholisch.« In Plauen wurde die vogtländische Heimat betont. Und immer wieder mussten die Namen der Spitzenfunktionäre für Sprachspiele herhalten. Als sich der Protest gegen den Rostocker Oberbürgermeister Henning Schleiff richtete, hieß es: »Rostock wurde lang genug geSchleifft.« Die Demonstranten gingen rasch auf die aktuelle Lage ein. Als in Dresden Modrow und Berghofer keine öffentliche Präsentation der Gesprächsergebnisse mit der Gruppe der 20 zulassen wollten, rief die Menge: »Die Kirchen sind zu klein, da passen wir nicht rein!« Als die Grenzen zur Tschechoslowakei geschlossen wurden: »Visafrei – Tschechoslowakei!« Der Rücktritt Honeckers war ab und an gefordert worden: »Erich geh, uns tut's nicht weh!« Als aber Krenz zu dessen Nachfolger bestellt wurde, gab es kaum noch Demonstrationen, die ihn nicht ins Visier nahmen: »Egon ist nicht unser Mann«, »Die Macht in einer Hand, das schadet unserem Land!«, »Krenz-enlose Freiheit«, »eGOn«, »Wer war Egon Krenz?«. Gegen den verhassten Agitator Karl-Eduard von Schnitzler mit seinem »Schwarzen Kanal« wurde gerufen »Schnitzler weg«,

»Lieber saubere Flüsse als Schwarze Kanäle«, »Karl-Eduard, mach den Kanaldeckel zu«. Gegen alle SED-Größen richtete sich: »Verantwortliche bestrafen.« Die des Dialogs Überdrüssigen riefen: »Nicht Worte – Taten!« Und immer wieder »Freie Wahlen!«

Mitte Oktober kamen Sprachspiele auf, die sich erst bilden konnten, als die Menschen das machtpolitische Patt spürten.[402] In ihnen vollzogen die Menschen einen »Sprachwandel«, bei dem ein Kernbereich der Herrschaft, die Kontrolle der Sprache, angegriffen wird. Statt »sozialistische Demokratie«, »bürgerliche Demokratie« oder »Volksdemokratie« hieß es nun: »Demokratie – jetzt oder nie!« Dann wurde die SED-Sprache enteignet: »Die führende Rolle dem Volk!«, »Die Demokratie in ihrem Lauf, hält weder Ochs noch Esel auf.«[403] »Privilegierte aller Länder, beseitigt euch!«[404] Durch Verfremdung wird ein Gegensinn etabliert: »Von der Sowjetunion lernen, heißt siechen [früher siegen!] lernen.« Oder: »Mein Vorschlag: Am 1. Mai zieht das Politbüro am Volk vorbei!« Und schließlich wird durch Bedeutungsverschiebungen eine politische Alternative angezeigt: »Wie wir heute demonstrieren [früher arbeiten!], werden wir morgen leben.« Das »Schlimmste, was dem spießigen Bierernst des SED-Jargons widerfahren konnte, war die (meist parodistische) Verhöhnung von Dogmen, Titeln und Privilegien. Nicht selten wurde aber auch der pathetische Ton der überlebten Parole mitverhöhnt, so etwa in ›Für Reformen unsere Kraft – Stasi in die Volkswirtschaft.‹«[405]

Vor allem war die Absage an die SED in der ersten Novemberwoche perfekt. Wenn SED-Führer Versprechungen machten, schallte ihnen entgegen: »Zu spät, zu spät!« Generell hieß es »SED – ade« und »Die Zeichen stehen auf Sturm, DDR!«. Einer der Leipziger Zeitzeugen am 6. November hielt dieses fest: »Die Zurückweisung der SED-Parteispitze durch die … Versammelten hatte etwas Endgültiges. Die Demontage der Partei- und Staatsmacht im Kopf war vollzogen oder geschah in diesem Augenblick, ohne dass die Beteiligten Tempo und Dynamik künftiger Ereignisströme auch nur annähernd vorauszusehen vermochten. Die Sprechchöre ›Zu spät!‹ hörten sich … wie der Kommentar eines antiken Chores zu einem Geschehen [an], das unaufhaltsam, unumkehrbar, endgültig seinen Lauf genommen hatte.«[406]

Gesellschaft außer Kontrolle

Die neue Öffentlichkeit

Mit kurzer Zeitverzögerung sprang die revolutionäre Bewegung aus den Oppositionszirkeln und von der Straße auf immer weitere gesellschaftliche Bereiche über. Bekannte Persönlichkeiten, die bislang nicht als dezidierte Kritiker des SED-Staates aufgefallen waren, wie der mit außerordentlichen Privilegien ausgestattete Wissenschaftler Manfred von Ardenne, meldeten sich zu Wort. Er erklärte schon am 18. Oktober, dass die SED offenbar den Ernst der Lage nicht erkannt habe. In den Massenorganisationen, der Wissenschaft, der Kultur und den Medien, den Gewerkschaften und der Wirtschaft wurde es unruhig. Und auch in der Studentenschaft rumorte es. Dabei hatte aufgrund der strengen politischen Selektion unter den Studierenden bislang meist eine konformistische Haltung dominiert. Am 17. Oktober versammelten sich 4000 Studenten der Berliner Humboldt-Universität, um über anstehende Reformen zu diskutieren. Die von der FDJ eingesetzten Versammlungsleiter wurden von den Studenten nach kurzer Zeit abgesetzt. Ähnliche Ereignisse gab es auch an anderen Universitäten. Ganze Studienjahrgänge traten aus der FDJ aus.[407] Die Studenten forderten Wissenschaftsfreiheit, den ungehinderten Zugang zu wissenschaftlicher Literatur und eine unabhängige Studentenvertretung. Bei solchen Selbstermächtigungen ging es oft nicht um eine Fundamentalkritik am politischen System. So sollten manche Reformwünsche das SED-Regime wieder handlungsfähig machen. Andere steuerten ein neues Ufer jenseits der SED-Kontrolle an. Beides aber trug dazu bei, das Herrschaftsgefüge zu destabilisieren.

Die bislang streng kontrollierten und durch Selbstzensur zusätzlich unglaubwürdig gewordenen Medien nutzten die Gelegenheit zur allmählichen Emanzipation. Krenz hatte mit den Lockerungen aber auch Disziplin verordnet. Noch in den letzten Tagen der Ära Honecker hatten die Zeitungen der Blockparteien eine Vorreiterrolle übernommen. Die sächsische Zeitung *Union* berichtete verständnisvoll über die Demonstration am 9. Oktober in Leipzig und druckte eine Woche später die Forderungen der Gruppe der 20 und die Ausführungen Ziemers in Dresden ab. Als Sensation wurde empfunden, dass am 24. Oktober das Jugendfernsehen »Elf99«

live eine Podiumsdiskussion aus dem Berliner »Haus der jungen Talente« übertrug, an der unter anderen Bärbel Bohley teilnahm. Jetzt sprachen sich immer mehr Journalisten für eine objektive Berichterstattung aus. Am 29. Oktober versprach die »Aktuelle Kamera« für die Zukunft wahrheitsgetreue Information. Journalisten wollten eine Arbeitsgruppe bilden, um ein neues Mediengesetz zu erarbeiten. Seit dem 30. Oktober wurden in den DDR-Medien ökologische Probleme diskutiert. Am Tag darauf veröffentlichten verschiedene Zeitungen die bislang als Staatsgeheimnis behandelten Umweltdaten. Das Postministerium kündigte an, das seit einem Jahr verbotene sowjetische Magazin *Sputnik* wieder zu vertreiben. Am 2. November entschuldigte sich das *Neue Deutschland* für die Lügengeschichte des angeblich in Ungarn von Westagenten mit einer Mentholzigarette betäubten und dann nach Österreich entführten Kellners. Auch die »Aktuelle Kamera« entschuldigte sich für ihren Opportunismus.

Am 30. Oktober eröffnete der Chefkommentator des Ostfernsehens Karl-Eduard von Schnitzler seine Sendung mit den Worten: »Guten Abend, meine Zuschauerinnen und Zuschauer, liebe Genossinnen und Genossen. Diese Sendung wird nach fast dreißig Jahren die kürzeste sein, nämlich die letzte.« »Einige mögen jubeln, wenn ich diese Fernseharbeit nun auf andere Weise fortsetze. Nicht dass ich etwas zu bereuen hätte …«[408] Die Sendung »Der schwarze Kanal« war jeden Montag seit 1960 ausgestrahlt worden. »Sudel-Ede« hieß Schnitzler im Volksmund, aber auch »Schni…«, weil die Fernseher bei seinem Erscheinen auf dem Bildschirm sofort abgeschaltet wurden.

Die Medien blieben trotz der ersten Schritte in die Unabhängigkeit noch fest in der Hand der SED. Die Journalisten waren indoktriniert und brauchten lange, um ihre neue Rolle auszufüllen. Nach wie vor überschütteten die DDR-Medien ihre Leser und Hörer täglich mit traurigen Nachrichten aus der »BRD«, wo Arbeitslosigkeit, Obdachlosigkeit, Hunger, Fremdenfeindlichkeit und andere kapitalistische Plagen grassierten. Sehr schnell lernten einige Journalisten einen Enthüllungsjournalismus, der zunächst im Dienst der Krenz-Wende stand. Er sollte den Wandel glaubhaft machen. Fast immer aber haben sie damit die Wut der Bevölkerung auf die »Bonzen« befördert. Zu den ersten Enthüllungen der *Berliner Zeitung* am 30. Oktober gehörte die Selbstbedienung des Vorsitzenden der IG Metall im FDGB, Gerhard Nennstiel, der den Bau eines aufwendigen Eigenheims aus Mitteln einer FDJ-Initiative umgelenkt hatte. Nennstiel trat zurück.

Die Opposition hatte immer noch keinen Zugang zu den Medien und musste sich mit Flugblättern und den westlichen Medien behelfen. Und es kam immer noch vor, dass bei Rundfunk- oder Fernsehübertragungen Redebeiträge von Oppositionellen herausgeschnitten wurden.

Die Kultur und die »verdorbenen Greise«

Viele Künstler waren inzwischen eine wichtige Stütze der Revolution geworden, wobei sie verschiedentlich selbst zu Sprechern wurden. In Weimar trat bei Demonstrationen der Schriftsteller Wulf Kirsten auf, der auch Mitglied der Bürgerbewegung Demokratie jetzt war. Auch Liedermacher wie Kurt Demmler in Berlin, Gerhard Schöne in Leipzig und Ingo Barz in Rostock begleiteten die akuellen Vorgänge. In Leipzig fanden seit dem 22. Oktober die »Gespräche im Gewandhaus« mit Kurt Masur statt.

Bärbel Bohley lud Ende Oktober Wolf Biermann zum Besuch der DDR ein. Er sollte auf der für den 4. November geplanten Demonstration singen. Doch Biermann blieb skeptisch: »Aber ich muss wirklich sagen, die affenartige Geschwindigkeit, mit der sich diese alten Schweinehunde jetzt ändern. Da hat man natürlich Angst … dass sie mit Wahrheiten wieder lügen.« Als die Einladung öffentlich wurde, ließ das *Neue Deutschland* am 27. Oktober empörte Bürger zu Wort kommen, die fragten: »Welches Recht hat Frau Bohley, so etwas in die DDR einzuladen?«[409] Biermann dichtete noch am gleichen Tag:

> »Ihr müsst euch nicht, ihr verdorbenen Greise,
> nun plötzlich Asche streuen aufs Haupt
> Bloß lernt es ertragen, wenn wir noch leise
> an eurer Wende zweifeln. Es glaubt kein Aas,
> wenn ihr schöne Worte drechselt
> wir geben euch einen Rat:
> der Worte sind genug gewechselt
> was zählt, ist nur eure gute Tat.«[410]

Tatsächlich versuchte Biermann am 4. November in Berlin einzureisen, wurde aber an der Grenze abgewiesen. Erst Anfang Dezember bekam er eine Erlaubnis und trat zusammen mit Jürgen Fuchs in Leipzig auf. Biermann sang später auch auf Demonstrationen. Sein Wort vom »verwüsteten FDJ-Gesicht« des Egon Krenz machte die Runde.

Eines der immer wieder von den Künstlern aufgegriffenen Themen waren die Gewalttätigkeiten der Sicherheitsorgane und die Massenverhaftungen in der ersten Oktoberdekade. Am 15. Oktober fand in der Berliner Erlöserkirche ein »Konzert gegen Gewalt« statt, bei dem nahezu alle prominenten Rocksänger und Liedermacher vor 4000 Menschen auftraten. Der wegen seiner gefühlsbetonten Lieder beliebte Liedermacher Gerhard Schöne gab bekannt, dass er das Preisgeld seines am 7. Oktober erhaltenen Nationalpreises für die Inhaftierten spenden werde. Am gleichen Tag forderte Christoph Hein bei einer Lesung im Berliner Ensemble eine unabhängige Kommission zur Untersuchung der Übergriffe der Sicherheitsorgane. Am 28. Oktober beteiligten sich über fünfzig bekannte Wissenschaftler und Künstler, unter anderen Stefan Heym, Stephan Hermlin und Günter de Bruyn, sowie Zeitzeugen in der Berliner Erlöserkirche unter dem Motto »Nachdenken über die schmerzliche Entwürdigung« erneut an der Diskussion über die staatliche Gewalt. Christa Wolf forderte eine Untersuchungskommission.

Weitgehende politische Forderungen stellte am 26. Oktober eine Mehrheit der Mitglieder des PEN-Zentrums der DDR, unter anderen Friedrich Dieckmann, Fritz Rudolf Fries, Stephan Hermlin und Helga Königsdorf: »Nur ein Umbau des Staates und weiterer Bereiche der Gesellschaft kann die Ursachen beheben, die zu der lange schwelenden ökonomischen, politischen, moralischen Krise geführt haben ... Wir erklären unsere Bestürzung gegenüber dem Versuch staatlicher Stellen, Zusammenschlüsse, die von der tiefen und berechtigten Sorge um die Zukunft des Staates und der Gesellschaft getragen sind, ungeprüft für verfassungswidrig zu erklären.«[411] Aus Protest gegen diese Erklärung trat der überstimmte Präsident des PEN-Zentrums, Heinz Kamnitzer, am gleichen Tag zurück.

Das Auftreten einer Reihe von beherzten Schriftstellern konnte nicht darüber hinwegtäuschen, dass die Mehrheit der im Schriftstellerverband organisierten Literaten treue Gefolgsleute der SED blieben. Auch in den Büros der SED-Kontrolleure waren die Funktionäre trotz der angekündigten Wende keinesfalls bereit, der Freiheit des Geistes ihren Lauf zu lassen. In der Arbeitsgruppe Kirchenfragen im Zentralkomitee der SED wurde an weiteren Möglichkeiten der Zensur gearbeitet. Statt genereller Zensur sollte bei »antisozialistischen Äußerungen« in den Manuskripten ein Voreinspruch erfolgen. Der zuständige Genosse schrieb am 1. November: »Gesamtgesellschaftlich ist die Zeit reif für eine Veränderung und Abschaffung der Druckgenehmigungspraxis. Gegenüber den betr. Verlagen der Kirchen würden wir aber ein Stück Machtausübung verschenken, die ... sich in den letzten Jahrzehnten durchaus bewährt hat.« Und er fügte hinzu: »Radikalen kirchlichen Kräften wird das natürlich nicht reichen.«[412]

Erste Schritte zur Machtkontrolle

Bei ihrem Versuch, über den politischen Dialog die Lage zu stabilisieren, musste die SED-Führung einige Mindestvoraussetzungen anbieten. So ging sie relativ schnell auf die Forderung ein, Inhaftierte freizulassen und die laufenden Ermittlungsverfahren gegen Demonstranten einzustellen. Als dies geschah, wenn auch zögerlich und häufig unter dem Druck angekündigter Demonstrationen, gaben sich die Gegenspieler der SED damit nicht mehr zufrieden. Inzwischen waren seit dem 23. Oktober die Gedächtnisprotokolle von Misshandelten im Umlauf. In Dresden hatte das Jugendpfarramt solche Protokolle herausgegeben. Durch diese Protokolle verlor die staatliche Gewalt immer rascher ihre Legitimität. Die Forderungen nach Untersuchungskommissionen wurden immer lauter. Die SED ließ am 17. Oktober im *Neuen Deutschland* Generalstaatsanwalt Günter Wendland erklären: »Die Gewalt ging nicht von der Polizei aus, die Gewalt richtete sich gegen die Polizei.« Außerdem versuchte sie die Einrichtung von Kommissionen zu hintertreiben. Christa Wolf protestierte. Wegen der Verzögerungstaktik bildeten Anfang November Oppositionelle und Künstler, unter anderen Daniela Dahn, Christa Wolf und Jürgen Rennert, eine unabhängige Kommission. Um diese Aktivitäten zu unterlaufen, setzte unmittelbar danach auch der Berliner Oberbürgermeister eine Kommission ein. Nach Verhandlungen arbeiteten beide Kommissionen ab dem 7. November zusammen. Ein Teil der Oppositionellen wie Marianne Birthler, Werner Fischer und Walter Schilling verließ die Kommission, andere folgten später, weil in ihr Verantwortliche für die Übergriffe mitarbeiteten. Die Kommission kam nur zu bescheidenen Ergebnissen, da sie von den Behörden mehr behindert als gefördert wurde. Politisch war sie jedoch sinnvoll, da erstmals die bislang unangreifbaren Chefs der Sicherheitsapparate öffentlich vorgeführt wurden.[413]

Auch in Dresden gab es ein zähes Ringen um die Einsetzung einer Untersuchungskommission. Obwohl Berghofer schon am 16. Oktober beim zweiten Rathausgespräch in Dresden der Einsetzung einer solchen Kommission zugestimmt hatte, verzögerte er deren Etablierung. Am 26. Oktober übergab Ziemer der Stadtverordnetenversammlung Gedächtnisprotokolle. Nach wochenlangem Tauziehen etablierte sich im November eine Untersuchungskommission. In Rostock kamen Menschenrechtsverletzungen schon seit Anfang Oktober in den Friedensgebeten zur Sprache. Nach entsprechendem Druck auf die Behörden richtete die Stadtverordnetenversammlung am 7. November einen »Gerechtigkeitsausschuss« ein. Am gleichen Tag verlangten kirchliche Vertreter eine Beteiligung am Ausschuss, die auch erreicht wurde. Vergleichbare Kommissionen wurden in Leipzig, Karl-Marx-Stadt (Chemnitz) und mehreren anderen Städten eingerichtet.

Allein der Umstand, dass der SED-Staat Untersuchungskommissionen zugestehen musste, bedeutete einen ersten, wenn auch noch kleinen Schritt zur Machtteilung. Eine weitere Form der Zusammenarbeit zwischen Oppositionellen und der Staatsmacht gewann ab Oktober an Bedeutung – die Sicherheitspartnerschaften mit der Polizei. Mit dem Anwachsen der Demonstrationen hatten die Organisatoren in vielen Fällen selbst Ordner gestellt, und es kam verschiedentlich auch zu Absprachen mit der Polizei wie am 19. Oktober in Zittau. Die Stadt genehmigte Lautsprecher und eine Sicherheitszone ohne Polizei um die Johanniskirche. Im großen Stil gelang dies am 4. November bei der Berliner Demonstration. Auch bei den Sicherheitspartnerschaften war den Oppositionellen klar, dass die Polizei zu den von der SED abhängigen Machtstrukturen zählte. Dennoch wurde dies als eine Antizipation rechtsstaatlicher Formen verstanden. Sicherheitspartnerschaften mit dem MfS gab es hingegen nie.

Die sichtbarsten Schritte zur Machtteilung konnten dort gegangen werden, wo es Oppositionellen gelang, Einfluss auf die staatliche und kommunale Politik zu nehmen. Dies wurde erstmals durch die Gruppe der 20 in Dresden erzwungen. Im zweiten Rathausgespräch hatte Berghofer angeboten, im Rahmen der vorhan-

denen politischen Strukturen der Nationalen Front und der Stadtverordnetenversammlung Arbeitsgruppen zu bilden, an denen Vertreter der Gruppe der 20 als Individuen teilnehmen könnten. Die
Gruppe lehnte dies ab, sie verlangte vielmehr ihre Anerkennung als
legitime Vertretung der Bürgerschaft, eine paritätische Besetzung
der Arbeitsgruppen und dass diese über die zu behandelnden Themen selbst entscheiden könnten. Die Gruppe baute inzwischen ihre
Strukturen aus, um ihre fachliche Kompetenz zu stärken. Nun kam
es zu einem Tauziehen zwischen der Gruppe der 20 und der Staatsmacht. Immer wieder setzte die Gruppe auch das Mittel der Demonstration ein.

Bei einer außerordentlichen Stadtverordnetenversammlung am
26. Oktober wurden zwar Themengruppen gebildet, die Gruppe
der 20 aber wieder übergangen und zu bloßen Zuschauern degra-
diert. Berghofer schien seinem Ziel näher gekommen zu sein, die
Gruppe in die Strukturen der Stadtverordnetenversammlung einzubinden, sie dort zu neutralisieren und den jetzt von der SED ge-
förderten Dialog in den Dienst der Vorbereitung des angekündigten XII. Parteitags der SED zu stellen. Am 26. Oktober sollte dazu
eine Massenaussprache nach altem Muster stattfinden. Es kamen
100 000 Menschen. Alle Versuche von Modrow und Berghofer, die
Versammlung für ihre Zwecke umzumünzen, wurden ausgepfiffen.
Selbst die Vertreter der Gruppe der 20 bekamen lautstarken Widerspruch, wenn sie nach Meinung der Demonstranten zu vorsichtig auftraten. Die Demonstranten spürten nun ihre Kraft.[414] Bei
dem dritten Rathausgespräch am 30. Oktober musste Berghofer
einlenken. Die Gruppe der 20 wurde mitsamt ihren kirchlichen
Beratern de facto anerkannt, sie erhielt ein festes Büro, sie konnte
bei der Themenwahl mitreden, und auch die »Zeitweiligen Arbeitsgruppen (ZAG)« wurden paritätisch besetzt. Die Opposition
war damit erstmals an der Selbstverwaltung einer Großstadt beteiligt.

Ihre Anerkennung hatte die Gruppe durch die äußerst erfolg-
reiche »Eine-Mark-Aktion« erreicht, die Friedrich Boltz von der
Gruppe der 20 gestartet hatte. Während Opposition und Demonstranten der SED vorwarfen, ihre staatlichen Funktionsträger seien
niemals gewählt worden, konterte diese mit dem Legitimations-
mangel der Opposition. Die »Arbeiter- und Bauernmacht« reprä-
sentiere nach wie vor die Mehrheit. Inzwischen hatten Demonstranten immer wieder die Gruppe der 20 per Akklamation als ihre

Vertretung bestätigt, und es waren Tausende von Beauftragungen für die Gruppe im Rathaus eingegangen. Die Dresdener wurden nun aufgefordert, je eine Mark auf ein bestimmtes Konto zu überweisen und damit ihre Unterstützung für das Mandat der Gruppe der 20 auszudrücken. Dies entsprach der sehr erfolgreichen Aktion »Eine Mark für Espenhain«, die im Juni 1988 vom Ökologischen Arbeitskreis der Dresdener Kirchenbezirke initiiert worden war. Das Dresdener Experiment übertraf alle Erwartungen. Über 100 000 Mark gingen auf das Konto ein, obwohl die SED-Behörden die Aktion behinderten und das Guthaben für einige Wochen einfroren.

Die Dresdener Gruppe der 20 wurde bald zum Vorbild für andere sächsische Städte, in denen die Bürgerbeteiligung durchgesetzt werden sollte. In Plauen hatte schon Superintendent Küttler für das erste Rathausgespräch am 11. Oktober aus einer Reihe von Interessenten 25 Bürger ausgewählt. Nach den wenig ergiebigen Gesprächen reduzierte sich die Gruppe auf 20 Personen. Im November erlangte die Gruppe allgemein anerkannten politischen Einfluss in der Stadt. Noch im Oktober kam es zu ähnlichen Konstruktionen in Meißen und Freital. Anfang November klagte Modrow, dass es zu einer Art »Doppelherrschaft« gekommen sei.[415]

Der 4. November in Berlin – zwei Demonstrationen in einer

In Berlin war es seit dem 7. und 8. Oktober nahezu ruhig geblieben, abgesehen von der spontanen Protestdemonstration gegen Krenz am 24. Oktober. Um den Druck auch hier zu erhöhen, schlug Jutta Seidel vom Neuen Forum der Schauspielerin Jutta Wachowiak vor, dass Künstler zum 4. November zu einer Demonstration aufrufen sollten. Verschiedene Theaterleute nahmen den Vorschlag auf. Sie stellten am 17. Oktober über den Vertrauensmann der Gewerkschaftsgruppe des Berliner Ensembles, Wolfgang Holz, einen Antrag auf Genehmigung einer Demonstration »für die Inhalte der Artikel 27 und 28 der Verfassung«[416], also für die Meinungs- und Versammlungsfreiheit. Am 1. November erließ Krenz einen Befehl, der die Sicherheitskräfte auf die erwartete Großdemonstration einstellte. Es sollte erreicht werden, dass »Demonstranten nicht in das Grenzgebiet eindringen. Im Falle solchen Eindringens sind die Demonstranten durch Anwendung körperlicher Gewalt daran zu hin-

dern, dass es in der Hauptstadt der DDR, Berlin, zu Grenzdurch-
brüchen nach Berlin (West) kommt.«[417]
Über zuverlässige Genossen und IM des MfS wurde auch versucht, das Unternehmen zu stoppen. Als das fehlschlug, bemühte
sich der gesamte SED-Apparat bis hin zu Mielke, die Demonstration zu benutzen, um die Krenz-Wende zu stabilisieren. Allerdings
hatte das MfS keinen Einfluss auf die Besetzung der Rednerliste.[418]
Immerhin sollte das Politbüro-Mitglied Schabowski als Redner
auftreten. Zuverlässige SED-Genossen und MfS-Mitarbeiter sollten sich unter die Demonstranten mischen. Tatsächlich haben diese
versucht, die ersten Ankömmlinge von einer Teilnahme abzuhalten. Die Vorbereitungsgruppe vereinbarte eine »Sicherheitspartnerschaft« mit der Polizei. Das DDR-Fernsehen übertrug die Demonstration live.

Als der Demonstrationszug begann, hatten sich mindestens eine
halbe Million Menschen versammelt. Der Zug führte am Gebäude der Nachrichtenagentur ADN vorbei zum Palast der Republik
und zurück zum Alexanderplatz. An der Spitze des Zuges wurden
Spruchbänder getragen, die »Recht auf freie Medien!« und »Protestdemonstration – Solidarität mit Václav Havel!« forderten. Zu
Beginn sang der Liedermacher Kurt Demmler:

> »irgendeiner ist immer dabei
> von der ganz leisen Polizei
> irgendeiner macht immer 'n Strick
> und wenn du's nicht bist, bin's ick
> so hat ein jeder Arbeiter in seinem Betrieb
> die Arbeit so lieb
> die Arbeit so lieb
> und neben seiner Arbeit hat er die Macht
> nur was er macht mit der Macht, wird genau überwacht.«

Als erster Redner trat ausgerechnet der ehemalige Spionagechef
und MfS-General Markus Wolf auf. Er stand auf der Rednerliste,
weil er bei Intellektuellen als Perestroika-Mann galt. In seiner Rede
versicherte er, dass »Hunderttausende Kommunisten« ebenfalls
auf Klarheit warteten, und bat, das MfS nicht »zum Prügelknaben
der Nation« zu machen. Seine berufliche Karriere kaum verleug-
nend, stellte er fest: Die »Gegner der Erneuerung, die müssen wir
überall dort suchen, wo sich Dunkel« breitgemacht habe. Damit

kein Blut mehr fließe, solle die »Vernunft Oberhand«[419] gewinnen. Ob Wolf damals Ambitionen hatte, als Reformpolitiker in der SED eine wichtige Rolle zu spielen, blieb unklar. Auf dem Alexanderplatz wurde er von der Menge ausgepfiffen und niedergeschrien. So war diese Reformkarriere bereits beendet, bevor sie noch begonnen hatte.

Als Schabowski versprach, das »Aktionsprogramm der SED« werde die Erneuerung festschreiben, und davor warnte, die errungenen Fortschritte auf den »Scheiterhaufen« zu werfen, sowie die Menschen damit zu trösten versuchte, dass es zum »Schulterschluss zwischen Krenz und Gorbatschow« gekommen sei, wurde er ausgepfiffen und immer wieder mit den Rufen »Aufhören!« bedacht. Gregor Gysi verhielt sich schlauer, er stichelte gegen das MfS. Christoph Hein rief: »Lassen wir uns nicht von unserer eigenen Begeisterung täuschen ... Die Kuh ist noch nicht vom Eis.« Und er bedankte sich bei der »Heldenstadt« Leipzig. Stefan Heym mahnte, der »Sozialismus – nicht der Stalinsche, der richtige«, sei aufzubauen, in dem die »Herrschaft des Volkes« garantiert sei. Ihnen war Beifall sicher. Die Redner der Opposition, Marianne Birthler von der IFM, Konrad Ellmer von der SDP und Friedrich Schorlemmer vom Demokratischen Aufbruch, verlangten konkrete Schritte zur Demokratisierung. Jens Reich forderte für das Neue Forum eine Zeitung und Zugang zu den elektronischen Medien.

Die ästhetisch gelungenste Rede hielt Christa Wolf: »Jede revolutionäre Bewegung befreit auch die Sprache. Was bisher so schwer auszusprechen war, geht uns auf einmal frei über die Lippen.« Aus den Losungen der Demonstranten montierte sie ein leidenschaftliches Plädoyer für den Wandel, der sich eben in der Sprache vollzog. »Die Sprache springt aus dem Ämter- und Zeitungsdeutsch heraus, in das sie eingewickelt war ...« Die Schriftstellerin, die ihre Schwierigkeiten mit dem Begriff »Wende« anmeldete, führte einen Begriff ein, der die akute Situation deutete und schon bald aus der politischen Situation nicht mehr wegzudenken war: »Wendehälse«[420]. Diese würden die neue Situation nutzen und einen glaubwürdigen Wandel blockieren. Andreas Kuhn dichtete bald darauf:

> »Der Wendehals
> kann höchstenfalls den Kopf um
> 180° verdreh'n
> mehr würde er nicht übersteh'n!«[421]

Während die Reden, von Ausnahmen abgesehen, die Reform des
Sozialismus betonten, ohne dies immer zu konkretisieren, fand die
eigentliche revolutionäre Dynamik auf dem Platz statt. Die Spontaneität und Energie der sich befreienden Bevölkerung drückte sich
vor allem in den Sprechchören und in Hunderten selbst gemachter
Plakate aus, ein wahres Sprachgewitter. Während auf der Tribüne
die Schriftsteller in schönen Wendungen das heraufziehende Neue
feierten, rissen unten die Losungen und Sprechchöre den Graben
zur SED in allen ihren Wechsel- und Wendevarianten unüberbrückbar auf. Auf der Tribüne ging es um Reformen, auf dem Platz um
Revolution.

Die Texte richteten sich zunächst vor allem gegen Krenz. »Zirkus
Krenz – Die Vorstellung ist aus!« »Krenz Xiaoping? Nein, Danke!«,
»Abschaffung der Krenztruppe«, »Wenn Egon von Reformen
spricht, vergesst die sieben Geißlein nicht!« Und in Abwandlung
seiner Erklärung zum Sozialismus hieß es: »Der Sozialismus der
DDR steht zur Disposition.« Die Sprüche richteten sich gegen die
Wahlfälschungen: »Freie Wahlen statt falsche Zahlen«, gegen den
Führungsanspruch der SED »SED in die Opposition«, und gegen
das MfS »130 000 Stasi-Knechte haben keine Sonderrechte«. Sie
plädierten für Meinungsfreiheit, für die Menschenrechte, für Reisefreiheit. Das Wetter war erträglich, bedeckt, und manchmal kam
die Sonne durch. Da tönte es dann: »Reisewetter, Reisewetter.«

Der Verband Bildender Künstler bat die Demonstranten, Plakate
und Transparente für Ausstellungszwecke abzugeben. Viele schrieben die Losungen ab. Die Junge Gemeinde aus Schildow bei Berlin
fertigte eine Sammlung der Losungen an, die sie später verbreitete.[422] Aber auch das MfS sammelte die Sprüche. Seine IM berichteten, und aus den heimlichen Aufnahmen des »operativen
Fernsehens« in der MfS-Zentrale wurden Hunderte Losungen abgeschrieben. Einem Spitzel war die Losung »Rechtssicherheit spart
Staatssicherheit« unverständlich. Darum schrieb er »Reichssicher-
heit spart Rechtssicherheit«[423].

Auf der riesigen Demonstration vermittelte sich den Beteiligten
die Gewissheit, dass es keine Rückkehr zu den alten Verhältnissen
mehr geben werde. »Es lebe die Straße«, hieß eine Losung. Jens
Reich erinnerte sich später: Schabowski »versuchte den Tiger zu
reiten und sich an die Spitze der Reform zu stellen. Auf der Kundgebung wurde er ausgepfiffen. Ich stand neben ihm und konnte
den plötzlichen, totalen Verfall seiner Gesichtszüge beobachten:

180

Das war für ihn das Ende. Ein Politiker wie Helmut Kohl steckt massenhaft Pfiffe weg ... Aber für einen Marxisten war dies das Ende: Das Volk geht auf die Straße. Das war die Petrograder Revolution von 1917, jetzt war es aus.«[424]

Die Opposition schätzte die Demonstration fast durchweg als einen Zwischenschritt ein. Bärbel Bohley äußerte sich kritisch. Der Vorstand des Demokratischen Aufbruchs sah in der Demonstration vor allem eine Kundgebung gegen Krenz und seinen Versuch, die SED zu retten. Er war verärgert, dass Schorlemmer im Gegensatz zur Politik des Demokratischen Aufbruchs und entgegen dem politischen Willen der Demonstranten Krenz zum Anwalt des Wandels erklärt hatte: »Denken wir daran, welche Befürchtungen der neue erste Mann auslöste – und welche neue Bewegung mit ihm schon in Gang gekommen ist! Ich meine: Wir wollen und wir können unser Land jetzt nicht ohne die SED aufbauen – aber sie muss nicht führen.«[425]

Die Chefs der Sicherheitsapparate – MfS, Polizei und Armee – verfolgten die Demonstration und die Kundgebung im operativen Fernsehen. Wie schon einmal am 17. Juni 1953 hatten sie sich in ihren Gebäuden verbarrikadiert. Alle – die Redner auf der Tribüne, die Demonstranten und die Sicherheitsleute – erfuhren die Wahrheit des allerletzten Satzes der Kundgebung; ein Brecht-Zitat, gesprochen von der greisen Schauspielerin Steffi Spira: »Und aus niemals wird: Heute noch!«[426]

Unwetter in Leipzig

An diesem 4. November wurde in fast 50 Städten demonstriert.[427] Darunter waren kleine Orte mit einigen Hundert Demonstranten und zahlreiche Städte mit mehreren Zehntausend. Über eine Million DDR-Bürger waren allein an diesem Tag auf den Beinen. Inzwischen waren die Forderungen nahezu überall so radikal, dass für bloße Reformen kein Spielraum mehr blieb. Je freier die Menschen wurden, desto mehr Freiheit wollten sie durchsetzen. Das zeigte sich in Leipzig auf der Montagsdemonstration am 6. November. Sie hatte mit 400 000 Menschen eine unglaubliche Beteiligung, also etwa 70 Prozent der Leipziger Bevölkerung und fast so viele wie in Berlin zwei Tage zuvor. Die selbstbewusste Stimmungslage wurde auch in den Friedensgebeten in sieben Kirchen aufgenommen. Johannes Richter predigte in der Thomaskirche: »Wer hat überhaupt noch die Vorstellung gehabt, dass so viel Kraft, so viel Geist, so viel Besonnenheit in unserem Volk noch vorhanden sind! Wer – vor allem von uns Älteren – hätte sich träumen lassen, dass die Massen wirklich eine Kraft sind, die unübersehbar ist in ihrer Friedfertigkeit, aber auch in ihrer Entschlossenheit? Wer konnte ahnen, dass wir wirklich an der Wende zu einer neuen Gesellschaft stehen? Erstmalig in meinem Leben habe ich das Gefühl, nicht mehr das Entwicklungsobjekt onkelhafter Demokraten zu sein, der Hilfsschüler, dem Nachhilfeunterricht von anderen Seiten erteilt werden muss.«[428] Und im Fürbittgebet klang es schon wie ein milder Nachruf auf die vergehende Macht: »Lasst uns beten für die Menschen, die Konsequenzen ziehen müssen. Hilf, Herr, dass sie nicht verzweifeln und mit ihrem Versagen zurechtkommen.«[429]

Zu den Rednern einer Kundgebung gehörten neben Oppositionellen solche Menschen, die spontan an das Mikrofon gingen, Intellektuelle, Arbeiter, Rentner. Grundtenor war die Forderung nach der Beendigung der SED-Herrschaft, die Kritik am neuen Reisegesetz und der Zustand der Stadt. Als der reformbereite Roland Wötzel, der gerade zum neuen 1. Sekretär der Bezirksleitung der SED gewählt worden war und am 9. Oktober zu den »Sechs« von Leipzig gehörte, zu den Demonstranten sprechen wollte, gingen seine Worte in Pfiffen und Buh-Rufen unter: »Zu spät, zu spät!«[430] Der Kabarettist Bernd-Lutz Lange, ebenfalls einer der »Sechs«, empfahl der SED, alles, was auf den Transparenten stehe, zu notieren, sie habe dann ein »gutes Aktionsprogramm«[431]. Der Schelm konnte lesen, was dort stand: »Der Fisch fault zuerst am Kopf«, »Bei SED und FDJ sitzen Sie in der letzten Reihe«, »Reform und SED ist wie Zuckerbrot und Peitsche«, »Kaputte Städte, Wälder, Seen – SED, wir danken schön«.

Auch in Dresden wurde am 6. November demonstriert. Inzwischen hatte sich die Gruppe der 20 im Rathaus festgesetzt. Dies nutzten Berghofer und Modrow zu einem neuerlichen Versuch, den revolutionären Prozess zu beeinflussen. Sie boten logistische Hilfe bei der Organisation der Demonstration an, stellten die Ordner und baten Vertreter der Gruppe, mitmarschieren zu dürfen. So demonstrierten an der Spitze des Zuges von 100 000 Dresdnern, umringt von der Gruppe der 20, die beiden ranghöchsten SED-Funktionäre der Region. Die SED-Propaganda verkündete, dass die beiden sich an die Spitze der »Volksbewegung« für Reformen gesetzt hätten. Nur – hinter ihnen liefen die Dresdener mit revolutionären Parolen: »8 – 9 – 10, SED muss geh'n!«[432] Auch auf der Abschlusskundgebung wollte die SED die Demonstration instrumentalisieren. Sie hatte Hunderte von ergebenen SED-Leuten und MfS-Mitarbeitern um die Tribüne herum platziert, die die Redner der Opposition niederschrien. Aus Schaden klug geworden, veranstalteten die Gruppe der 20 und Oppositionelle die künftigen Demonstrationen wieder selbstständig. Die Dresdener ließen sich trotzdem nicht aus der Ruhe und um ihre Freude an der eigenen Kraft bringen. Der Zug und die Kundgebung glichen einem Volksfest.

In Dresden und Leipzig gab es noch eine weitere Besonderheit. Im Oktober war das Wetter schön gewesen, warm für die Jahreszeit, und nur gelegentlich hatte es geregnet. Seit dem 5. November wurde es ungemütlich, nass und kalt. Schon das Klatschen bei den Kundgebungen wurde schwierig, weil die Leute die Stangen der Transparente und Regenschirme in den Händen hielten. Der Leipziger Schriftsteller Erich Loest, der 1980 nach jahrelanger Haft in Bautzen und massiver Behinderung als Schriftsteller einen umgehend bewilligten Antrag auf Übersiedlung in die Bundesrepublik gestellt hatte, hatte in seiner Biografie über den 17. Juni 1953 in Berlin auch über das Wetter geschrieben. Der Volksaufstand sei danach weniger wegen der sowjetischen Panzer als vielmehr wegen des schlechten Wetters gescheitert: »Und wieder prasselte ein Gewitterguss nieder, die Konterrevolution stellte sich unter.«[433] Doch 1989 hielten die Demonstranten Stunde um Stunde bei strömendem Regen und herbstlicher Kälte aus. Manche wärmten die klammen Finger an ihren Kerzen. Sie hielten aus, weil sie sich das lange herbeigesehnte und selbst geschaffene Spektakel des politischen Unwetters nicht entgehen lassen konnten, das gerade über der SED niederging.

Gewerkschaften

Die kommunistische Einheitsgewerkschaft FDGB kam, wie alle anderen von der SED abhängigen Massenorganisationen, im Oktober ins Visier der Kritik. Ihr Vorsitzender Harry Tisch suchte vergeblich in Großbetrieben Rückhalt. Die Arbeiterschaft beteiligte sich im Oktober zunehmend an den Straßendemonstrationen, begann aber auch zu streiken. Seit Anfang Oktober traten zahlreiche Betriebsbelegschaften in zumeist kurzfristige Streiks aus überwiegend politischen Gründen. Von den insgesamt 206 Streikaktionen während der Revolution fand der größte Teil in den südlichen Bezirken statt.[434]

Ab Mitte Oktober begann in einigen Betrieben ein Prozess der Selbstorganisation von Arbeitnehmerinteressen. Aktivitäten einzelner Kleingruppen in Thüringer Betrieben konnten zunächst noch vom FDGB aufgefangen werden. Am 17. Oktober riefen Mitarbeiter des VEB Geräte- und Reglerwerks in Teltow zur Gründung unabhängiger Gewerkschaften auf. Die Teltower Initiative, die zunächst aus sieben Mitarbeitern bestand, trat aus dem FDGB aus. Sie gründete die Betriebsgewerkschaft »Reform«. In ihrem Aufruf übernahm sie die Zielvorstellungen der Bürgerbewegungen. Zudem forderte sie die Eigenständigkeit wirtschaftlichen Handelns der Betriebe, das Streikrecht, die Mitbestimmung der Gewerkschaften und die Beendigung der Tätigkeit »nichtgewerkschaftlicher Organisationen und Parteien« sowie der »Kampfgruppen der SED« in den Betrieben.[435] Die Initiative stagnierte. Erst als eine weitere Gruppe von Ingenieuren Ende Oktober zur »Reform«-Gruppe stieß, konnten etwa 100 Sympathisanten gewonnen werden. Nun kam es zur Gründung eines Betriebsrats. Eine größere Mobilisierung außerhalb des eigenen Betriebes blieb jedoch aus.

Etwas mehr erreichte die »Initiative für unabhängige Gewerkschaften (IfUG)« mit Uwe Bastian, Renate und Joachim Hürtgen, die zu dem kleinen alternativ-marxistischen und sozialromantischen Flügel der Opposition gehörten. Nach Vorarbeiten im Oktober veröffentlichte die Gruppe ihren Aufruf Anfang November. Heiner Müller verlas ihn teilweise auf der großen Berliner Demonstration am 4. November. Zeitweise erreichte sie einige Hundert Interessenten in mehreren Städten der DDR. Ihr basisdemokratisches Konzept, das Arbeiterräte und Arbeiterkomitees vorsah, war utopisch, weil es auf einem Klassenbegriff beruhte, der die Wirklichkeit der Arbeitswelt nicht mehr erreichte. Die Prinzipien der Selbstorganisation überforderten die Arbeitnehmer. Diese ideologische Kopfgeburt gewann kaum eine Basis und stieß bei denjenigen, die an der Entwicklung unabhängiger Gewerkschaften nach westlichem Vorbild interessiert waren, auf Ablehnung.

Die Rebellion innerhalb der Betriebe, so wenig sie auch systematisiert war, zeigte sich häufig in Neuwahlen der Betriebsgewerkschaftsleitungen. Auch bildeten sich Unterstützergruppen für das Neue Forum. Einzelne neu gebildete Betriebs- und Arbeiterräte sowie Arbeiterinitiativen dienten dem gleichen Zweck. Einige politische Initiativen wurden von Arbeitern und Angestellten in Großbetrieben gebildet, etwa die »Initiative zur demokratischen Umgestaltung der Gesellschaft« in Plauen im Vogtland, die aber nur am Rande gewerkschaftliche Aufgaben übernahm. Seit Ende Oktober lösten sich immer mehr Gewerkschafter von der SED. Nach schweren Vorwürfen gegen Harry Tisch kündigte dieser am 31. Oktober seinen Rücktritt als FDGB-Voristzender zum 2. November an. Seine Nachfolgerin wurde Annelies Kimmel, die sich aber nur bis Anfang Dezember halten konnte.

Hiobsbotschaften und Absetzbewegungen

Keine Ruhe in der Flüchtlingsfrage

Die rasante Emanzipation der Gesellschaft von der SED hatte den genetischen Defekt des kommunistischen Systems offengelegt, die »Spaltung der Gesellschaft«, die es »abzuschaffen behauptete«[436]. Dieser unerfüllbare Anspruch war der »Keim des Untergangs« oder der »Keim seines Verderbens«[437]. Treffend stellte am 30. Oktober Steffen Reiche von der SDP fest, dass nicht die Bürgerbewegung, sondern die SED in Opposition zum Mehrheitswillen stehe. Je mehr die SED darum kämpfte, den Riss zu kitten, desto mehr riss die Gesellschaft ihn weiter auf. Im Oktober war es wie im Märchen vom Hasen und vom Igel. Die Partei demonstrierte Volksverbundenheit, verzichtete auf Gewalt, bot den Dialog an, ging Kompromisse ein. Aber nach jedem Schritt in der sich beschleunigenden Bewegung scholl ihr aus der Gesellschaft entgegen: »Wir sind schon da.« Egon Krenz traf dieser Sog besonders. Er wollte den Zentralismus herunterschrauben und zerstörte damit ungewollt die Kaderpyramide der SED. Die »Strukturlosigkeit«[438] der diktatorischen Herrschaft wurde offensichtlich. Die ehemaligen Bollwerke dieser Herrschaft, die Doppel- und Dreifachstruktur der Apparate, blockierten nun die eigene Macht. Die SED-Kader suchten in der Flucht nach vorn Schuldige, um von sich abzulenken. Zunächst konnte noch der abgesetzte Honecker zum Sündenbock gemacht werden, aber schon bald fielen die noch amtierenden Spitzenleute übereinander her.

Im Bemühen, die akuten Konflikte zu entschärfen, suchte Krenz nach Ansätzen für eine Lösung der Ausreiseproblematik – er musste Zugeständnisse machen. Die in Warschau wartenden Flüchtlinge durften umgehend in die Bundesrepublik ausreisen. Zusätzlich verfügte er die ungehinderte Rückkehr von Flüchtlingen, was zur Abschreckung bislang verhindert worden war. Am 27. Oktober wurden nicht zuletzt wegen Streikdrohungen die am 3. Oktober verhängten Reisebeschränkungen in die Tschechoslowakei aufgehoben. Obwohl damit die hermetische Abriegelung der DDR erneut durchbrochen war, bedeutete dies keine generelle Öffnung der Grenzen. Die Flucht war immer noch schwierig. Der letzte Flüchtling ertrank am 30. Oktober beim Versuch, über die Oder nach Polen zu gelangen.[439]

Die wiedergewonnene Möglichkeit, in die Tschechoslowakei zu reisen, führte sofort zu einem neuen Zustrom von Flüchtlingen nach Prag. In wenigen Tagen wurden die Verhältnisse dort erneut wie Ende September untragbar. Bonn drängte, und am 4. November wurde den in Prag wartenden DDR-Bürgern gestattet, in die Bundesrepublik auszureisen. Als sich in wenigen Tagen bis zu 50 000 Menschen über die CSSR auf den Weg in die Bundesrepublik machten, protestierte die tschechoslowakische Regierung energisch, weil die Flüchtlinge Unruhe in das bislang eisern kommunistisch regierte Land trugen. Die DDR solle ihre Probleme selbst lösen, war aus Prag zu hören.

Die SED-Führung versuchte umgehend die Lage zu beruhigen. Am 6. November veröffentlichte das *Neue Deutschland* einen Entwurf für ein Gesetz zur Reisefrage. Dieser enthielt allerdings wieder zahlreiche Einschränkungen wie die Limitierung der Reisetage, ein undurchsichtiges und langes Genehmigungsverfahren sowie die Beschränkung, nur 15 Mark als Reisemittel eintauschen zu dürfen. Dies löste noch am gleichen Tag energische Proteste der Opposition und lautstarke Unmutsäußerungen auf den Demonstrationen aus. Am 7. November tagte das Politbüro der SED und beschloss, der Ministerrat solle eine ergänzende Verordnung zum Reisegesetz erlassen, um das CSSR-Problem zu lösen.

Milderung der Repression

Seit dem Machtantritt von Krenz verzichtete das Regime auf viele der zuvor üblichen Repressionen. Dazu gehörte auch die am 30. Oktober erfolgte Wiederzulassung von im Herbst 1988 von

der Carl v. Ossietzky-Oberschule in Berlin-Pankow relegierten
Schülern durch das Volksbildungsministerium. Die notgedrungene
Rücknahme restriktiver Maßnahmen und die Korrektur von Entscheidungen, die gerade erst kurz zuvor zur Eindämmung des Aufbegehrens getroffen worden waren, lösten in den Apparaten des
SED-Staates Verunsicherungen aus. Davon war auch das Justizwesen betroffen, das von der SED abhängig und weithin bis in einzelne Verfahren vom MfS gesteuert worden war. Schon als der
Dresdener Oberbürgermeister Berghofer am 9. Oktober die Freilassung von Demonstranten ankündigte, kamen vom Justizpersonal Beschwerden. Die Konfusion griff auch auf Polizei und MfS
über. Am 27. Oktober verkündete der Staatsrat eine Amnestie für
wegen Republikflucht Verurteilte und für verurteilte Demonstranten, die in wenigen Tagen freikamen. Das Dilemma, den Bürgern
entgegenkommen zu müssen, führte zu einem Autoritätsverlust,
der im Innern der Herrschaftsbürokratie kaum verkraftbar war.

Hiobsbotschaft: Schulden

Noch einmal machte die SED den Versuch, die DDR-Bürger mit
neuen wirtschaftlichen Versprechen zu beruhigen. Am 26. Oktober
erklärte der Vorsitzende des Ministerrats, Willi Stoph, es werde
eine bessere Versorgung mit Importwaren und Konsumgütern geben. Die gute Nachricht wurde allerdings überhört. Und sie widersprach auch den Sorgen, die Krenz plagten. Dieser hatte am 24. Oktober auf der Sitzung des Politbüros eine Arbeitsgruppe mit dem
Vorsitzenden der Staatlichen Plankommission, Gerhard Schürer,
und dem Leiter des Bereichs Kommerzielle Koordinierung, Alexander Schalck-Golodkowski, beauftragt, eine realistische Analyse der
wirtschaftlichen Lage der DDR vorzunehmen, welche die Grundlage für eine Wirtschaftsreform bilden sollte.[440] Am 31. Oktober lag
dem Politbüro das Arbeitsergebnis vor, das »Schürer-Papier«. Es
zog eine vernichtende Bilanz. Das Wirtschaftswachstum war gesunken, die Milliardeninvestitionen in die mikroelektronische Industrie hatten keine Ergebnisse gebracht, die Erträge der Landwirtschaft waren rückläufig und mussten durch Importe ausgeglichen
werden, die Infrastruktur war verbraucht, zu hohe Einkommen der
Bevölkerung bewirkten inflationäre Tendenzen, der Verfall der Altbausubstanz war nicht aufzuhalten, das System der Planung und
Lenkung der Volkswirtschaft funktionierte nicht mehr. Zudem sei

die Arbeitsproduktivität um 40 Prozent niedriger als in der Bundesrepublik. Die Verschuldung gegenüber dem Westen sei auf 49 Milliarden DM und die innere Verschuldung auf 123 Milliarden Mark
angewachsen. Durch rückläufige Exporte drohe die Verschuldung
derart zuzunehmen, dass es zu Zahlungsunfähigkeit kommen
könne. Dies könne nur verhindert werden, wenn in der DDR die
Konsumtion auf 25 bis 30 Prozent reduziert würde. Gelinge dies
nicht, müsste die DDR eine Umschuldung in Kauf nehmen, die zu
Eingriffen des Internationalen Währungsfonds führen und die bisherige staatliche Planwirtschaft völlig aus den Angeln heben würde.

Krenz wurde von den Autoren in einer Zusatzinformation außerdem geraten, sich um neue Kredite bei der Bundesregierung zu bemühen. Die zukünftigen Einnahmen aus der »Transitpauschale«,
also den vertraglich geregelten Zahlungen für die Durchfahrt nach
West-Berlin, sollten als Sicherheit eingesetzt werden. Die Bundesregierung solle zur Kreditvergabe außerdem mit dem Hinweis gekö-
dert werden, dass »durch diese und weitergehende Maßnahmen
der ökonomischen und wissenschaftlich-technischen Zusammenarbeit DDR-BRD noch in diesem Jahrhundert solche Bedingungen
geschaffen werden könnten, die heute existierende Form der Grenze
zwischen beiden deutschen Staaten überflüssig zu machen«[441]. Die
bloße Möglichkeit, die Grenze, also die Mauer, zum Objekt eines
Deals um einen Kredit zu machen, erschien Krenz und dem Politbüro so gefährlich, dass beschlossen wurde, selbst das Zentralkomitee auf der kommenden Sitzung nicht vollständig zu unterrichten und Passagen aus dem Schürer-Papier zu streichen.

Neue Wendungen bei den Blockparteien

Die Blockparteien, vor allem die LDPD und die CDU, nutzten die
politische Krise, um sich der Umarmung durch die SED stärker zu
entziehen. Zunächst fielen die Profilierungsversuche des LDPD-
Vorsitzenden Manfred Gerlach auf. Die LDPD-Führung veröffentlichte am 18. Oktober ein Positionspapier, das als Flugblatt
erschien. Das Papier kritisierte die SED und deren Disziplinie-
rungsversuche gegenüber Gerlach. Dieser wollte aber immer noch
»keine Opposition«[442] sein. Vielmehr betonte die LDPD, dass sie
auf der Grundlage der Verfassung handle, also in Anerkennung des
Führungsanspruchs der SED. Seit der letzten Oktoberwoche überraschte die LDPD die Öffentlichkeit jeden Tag mit neuen Reform-

vorschlägen und gerierte sich nun deutlicher als bürgerliche Partei. Sie verlangte Rechtsstaatlichkeit, ein größeres Gewicht der Volksvertretungen und die Förderung privater wirtschaftlicher Initiativen. Der mutigste Schritt erfolgte am 3. November, als die Parteizeitung *Der Morgen* die Forderungen der LDPD-Führung veröffentlichte: den »Rücktritt der Regierung«[443] und die Wahl von Gerlach zum Präsidenten der Volkskammer. Die Veranstalter der Berliner Demonstration am 4. November hatten auch Gerlach als Redner eingeladen. Als er in seiner Rede nach »Freiheit, Gleichheit, Brüderlichkeit!«[444] verlangte, schien es, als habe er schon immer die Grundsätze freiheitlicher Politik beachtet.

Am 10. November veröffentlichte der *Spiegel* ein Interview mit Gerlach, das schon vor dem Mauerfall am 9. November geführt worden war. Gerlach, der neue Machtchancen witterte, wollte nun nicht mehr von der »führenden Rolle« der SED sprechen, sondern fand, dass die SED lediglich »Primus inter pares« sei. Das hieß für ihn auch: »Wir glauben, es ist eine Revolution, die in der DDR stattfindet.«[445] Der LDPD-Vorsitzende verdankte seinen kritischen Äußerungen im Oktober und November 1989 eine ungewöhnliche Popularität, die ihn vorerst davor bewahrte, in die Rücktrittswelle, welche die alte Kaderelite fortschwemmte, hineinzugeraten.

Einen ähnlichen Lohn des rechtzeitigen Umschwenkens konnte der Vorsitzende der CDU, Gerald Götting, nicht kassieren. Noch Mitte Oktober gab der Hauptvorstand der CDU eine Propagandaschrift heraus, in der im SED-Stil erklärt wurde, dass faktisch alle Forderungen der CDU-Rebellen im »Brief aus Weimar« vom September in der Partei ohnehin erfüllt seien. »Nicht rütteln« lassen wollte die Parteiführung am »bewährten Prinzip der Gemeinsamkeit aller Kräfte der Nationalen Front«[446]. Doch die Parteibasis wurde immer unruhiger. Nachdem am 10. Oktober die Betriebsleitung und die Gewerkschaftsgruppe der CDU-Druckerei Union eine »objektive, realistische, kritische und umfassende Berichterstattung«[447] verlangt hatten, gingen immer mehr CDU-Zeitungen zu einer eigenständigen Pressearbeit über. Aus der Partei heraus kam es zu zahlreichen Protesten gegen die eigene Führung. Mancherorts versuchten CDU-Funktionäre, sich bei Demonstrationen als Redner zu profilieren.

Am 26. Oktober veröffentlichte das Zentralblatt der CDU, die *Neue Zeit*, den »Brief aus Weimar«. Am 28. Oktober gab die Partei ein ausführliches Papier zu anstehenden Reformen heraus. Sie bekannte sich erneut zum Sozialismus und zum Bündnis mit der SED, klagte aber auch Grundrechte ein, etwa die Gleichbehandlung christlicher Kinder im Bildungsbereich. Sie erklärte sich als eigenständige Partei, die im Demokratischen Block mitarbeite.[448] Der innerparteiliche Druck erzwang am 2. November Göttings Rücktritt. Unbelastetes Personal war an der CDU-Spitze knapp. Göttings Stellvertreter Wolfgang Heyl wurde von einem CDU-Journalisten gefragt: »Warum haben Sie, der Sie doch vielfach auch als ein ›Vordenker‹ in unserer Partei gelten, so lange Zeit zum ›Nachdenken‹ gebraucht?«[449] Die Selbstbefreiung der CDU aus der Umklammerung durch die SED verlief wie die der anderen Blockparteien mit schweren inneren Verwerfungen, zumal auch sie vom MfS unterwandert war. Am 10. November wurde Lothar de Maizière zum CDU-Vorsitzenden gewählt, der rasch auf innerparteiliche Reformen drängte.

Dorfrepublik Rüterberg

Ein höchst außergewöhnliches Exempel für die Absetzbewegung wurde in dem kleinen Mecklenburger Dorf Rüterberg an der Elbe statuiert. Das Dorf war seit Jahrzehnten vollständig von einem Grenzsperrzaun umschlossen. Nur mit einem Passierschein konnten die Bewohner durch ein bewachtes Stahltor den Ort verlassen oder betreten. Besuch durfte nicht empfangen werden. Gedemütigt, isoliert und von Heimatverlust bedroht, hatten die Dorfbewohner in Angst gelebt. Der Schneider Hans Rasenberger beantragte am 24. Oktober eine Einwohnerversammlung. Diese fand am 8. November statt. Aus der Kreisstadt Ludwigslust kamen höhere Staatsfunktionäre. »Den Rüterbergern war es anzusehen – heute würden sie sprechen und nicht wie gehabt die Köpfe gesenkt den Mund halten ... Es sprudelte heraus, was sich in Jahren angestaut hatte.« Das Streitgespräch brachte nichts. Als die Einwohner wieder unter sich waren, schritten sie zur Tat. Sie gründeten auf einmütigen Beschluss die »Dorfrepublik Rüterberg«. Ihr Vorbild war dabei die Verfassung der schweizerischen Urkantone. Rasenberger hatte 1988 als Rentner eine Reise in den Westen gemacht und war Zeuge einer schweizerischen Freiheitsfeier geworden, bei der auch Teile des »Wilhelm Tell« von Friedrich Schiller mitsamt dem Rütlischwur aufgeführt wurden: »Wir wollen sein ein einig Volk von Brüdern.«

Die Versammlung in Rüterberg beschloss ein von Rasenberger vorbereitetes Papier: »Der Souverän ist das Volk (Ausspruch der Schweizer). Das Volk bestimmt, was geschieht … Alle DDR-Bürger und alle BRD-Bürger sowie alle Menschen auf der Erde dürfen uns besuchen! Das Dorf darf nicht länger ein geschlossenes Gebiet sein. Wir fordern nicht mehr und nicht weniger wie alle Bürger unseres Landes normales Menschenrecht.«[450] Wenig später rissen die Rüterberger die Grenzbefestigungen ab, empfingen tatsächlich aus anderen Ländern Besuch und durften auf ihren Ortsschildern seit 1991 den Schriftzug »Dorfrepublik Rüterberg« zeigen.

Die Opposition – Arbeitsbedingungen, Strukturen, Wirkungen

Die politische Stellung der Opposition und ihr Gewicht in der Auseinandersetzung mit der SED nahm in der zweiten Oktoberhälfte rasch zu. Nahezu in allen Städten waren ihre Vertreter die Wortführer der Auseinandersetzungen mit der SED. Nach Feststellungen des MfS hatten bis zum 23. Oktober weit über 100 000 Personen an Informationsveranstaltungen der Opposition in den Kirchen teilgenommen. Die »antisozialistischen Sammlungsbewegungen« würden ein »beachtliches Potenzial der Bevölkerung der DDR, vor allem jüngere Bürger, in ihrem Sinne beeinflussen«[451]. Und es hieß, die Opposition »durchdringt zwischenzeitlich – vor allem das ›Neue Forum‹ betreffend – ausnahmslos alle wesentlichen Bereiche der Gesellschaft«[452].

Auch wenn das MfS über eine »flächendeckende Ausbildung und Festigung ihrer Strukturen« sowie »eine sich vervollkommnende Organisation«[453] der Opposition berichtete, konnte davon tatsächlich kaum die Rede sein. Nach wie vor war eine enorme Organisationsarbeit zu leisten, ohne dass die Kritiker des SED-Staates über nennenswerte Kommunikationsmittel oder materielle Ressourcen wie Geld, Papier oder Telefone verfügten. Oppositionelle mussten sich um Friedensgebete und Demonstrationen kümmern, interne Konferenzen organisieren, Verbindungen zu Journalisten pflegen, später zu westlichen Politikern und ausländischen Botschaften Beziehungen unterhalten, Besuchergruppen und Revolutionstouristen aus aller Welt betreuen; auch spintisierende Welterlöser beanspruchten sie bis zum Übermaß. Die große öffentliche

Aufmerksamkeit, die die Oppositionsgruppen im Westen erlangt hatten, täuschte über ihre tatsächliche Lage hinweg. Der Mangel an Kommunikationsmitteln war bedrückend und konnte erst Ende November etwas gemildert werden.

Die offenen Repressionen und Behinderungen durch das MfS ließen ab Mitte Oktober nach. Damit war aber die Situation der Opposition noch nicht verbessert. Die SED mobilisierte ihr Drohpotenzial, wo sie es noch vermochte. Spürbar war dies in vielen kleineren Orten, Betrieben und Einrichtungen. Das MfS arbeitete nach wie vor auf Hochtouren, sammelte Material, hielt jede oppositionelle Regung fest und plante auch noch Repressionsmaßnahmen.[454] Damit verschaffte das MfS der SED stets einen Informationsvorsprung. Nur selten gelang es, derartige Machenschaften zu durchkreuzen. Am 23. Oktober entdeckten Mitglieder des Neuen Forums während eines Gesprächs mit dem SED-Ortsvorsitzenden in Schöneiche eine Abhöranlage, die sie jedoch ausschalten konnten. Die physische Belastung und Überforderung der in wenigen Wochen zu politischer Bedeutung gekommenen Opposition und die Geschwindigkeit der Entwicklung erschwerten programmatische Klärungsprozesse. Schon im Oktober zeichneten sich in den neuen politischen Formationen strategische und inhaltliche Differenzen ab.

Als Unterstützung für die DDR-Opposition war ein Zusammenschluss von in die Bundesrepublik abgedrängten Oppositionellen gedacht. Am 19. Oktober gründete sich in West-Berlin die »Initiative Demokratisches Forum West«, die ideelle und materielle Unterstützung leisten wollte. Zu ihr gehörten Gundolf Herzberg, Freya Klier, Regina und Wolfgang Templin. Allerdings gab es auch für die Exilanten schwer verständliche Vorbehalte unter DDR-Oppositionellen, die sich nicht dem Vorwurf aussetzen wollten, vom Westen gesteuert zu sein. Zahlreiche dieser Exilanten, etwa Templin und Lengsfeld-Wollenberger, kamen ab November in die DDR zurück und beteiligten sich an der Arbeit der Opposition. Andere wie Klier, Fuchs, Lothar Rochau, Thomas Auerbach oder Roland Jahn stellten in der Bundesrepublik Öffentlichkeit her.

Neues Forum

Aufgrund des enormen Zulaufs zum Neuen Forum bestimmte diese Gruppierung vielerorts die Demonstrationen und Friedensgebete. Auch unter Betriebsbelegschaften wurden die Papiere des Neuen Forums diskutiert. Die oft großen Gruppen waren zumeist nur informell organisiert und thematisch gegliedert. Ein Druck zur Strukturbildung ergab sich aus den Kommunikationsbedürfnissen und dem Versuch, legal aufzutreten. Am 14. Oktober fand in Berlin trotz Behinderungen durch das MfS die erste landesweite Regionalgruppenvertreterkonferenz in den Räumen der »Kirche von unten« statt. Die 110 Delegierten kamen aus 35 Städten. Dort waren teilweise schon Sprecher benannt worden. Die allein durch Unterschriften auf dem Gründungsaufruf ausgewiesenen Mitglieder konnten allenfalls in großen thematischen Arbeitsgruppen erfasst werden. Da die Zusammenkünfte zumeist in Kirchen stattfanden und den Charakter von Volksversammlungen hatten, bildeten sich häufig kleinere Kerngruppen, welche die politische Arbeit trugen. Rolf Henrich schlug vor, lokale und regionale Sprecherräte zu installieren, die dann Delegierte in einen DDR-weiten Sprecherrat entsenden sollten.

In der Berliner Initiatorengruppe dominierten basisdemokratische Vorstellungen. Am 23. Oktober veröffentlichte das Neue Forum das Papier »Ansätze zur Basisdemokratie«[455], das aber mehr eine Anleitung zur Konsensfindung und zum Verfahren der Meinungsbildung in Gruppen darstellte, als dass es eine politische Orientierung geliefert hätte. Dieser Mangel an politischer Orientierung und Programmatik zeigte nun schnell die Schwächen des zivilgesellschaftlichen Konzepts auf. Dieses hatte zwar seit September eine enorme Mobilisierung ermöglicht, war aber kaum geeignet, die Interessen der Bevölkerung zu vertreten.

Kritik an den amorphen Strukturen und unklaren Aussagen äußerte sich deswegen sehr schnell in den Regionen. Aus Camburg bei Jena schrieb einer der Aktivisten am 24. Oktober an Bärbel Bohley: »Die Menschen brauchen arbeitsfähige Vereinigungen, in die hinein sie ihr riesengroßes Engagement tragen wollen. So wichtig theoretische Arbeitsgruppen auch sind, so ist es auf der jetzigen Stufe der gesellschaftlichen Entwicklung meines Erachtens doch viel entscheidender, dass sich die vielen in Bewegung geratenen Menschen fester und verbindlicher formieren können.«[456] Auch wurde nach weiteren Inhalten der Politik gefragt: »Die Zeit hat unser Herangehen, wie mir scheint, schon etwas überholt. Die Bürger wollen das Neue Forum nicht in einen Diskutier- und Schimpfklub abgleiten sehen, wo sich jeder mit seiner Meinung zu Hause fühlen kann, sondern wollen strategische und taktische Ziele deutlicher benannt wissen. Begriffe wie ›Minimalkonsens‹ sind zu stark ›defensiv‹ und lassen einen eher an eine Position der Schwäche denken, wie überhaupt die Sprache etwas ›kopflastig‹, zu intellektuell ist.«[457]

Zu schweren Irritationen kam es bei den Anhängern des Neuen Forums und bei den anderen Oppositionsgruppen, als einige Berliner Initiatoren Ende Oktober öffentlich erklärten, dass die Bestreitung der Führungsrolle der SED illusorisch oder überhaupt nicht angebracht sei. Das MfS notierte: »So äußerte die Bohley, grundsätzlich sei die führende Rolle der SED nicht abzulehnen; sie müsse lediglich so gestaltet werden, dass sie erkennbar und sichtbar erlebbar sei und allen diene.«[458] Dies führte zu einem inneren Differenzierungsprozess im Neuen Forum. Gemildert wurden diese Aussagen, weil entschlossene Oppositionelle wie Lietz in Güstrow, Tschiche in Magdeburg, Böttger in Karl-Marx-Stadt (Chemnitz) oder Arnold Vaatz in Dresden eine andere Politik betrieben und die Führungsrolle der SED in aller Deutlichkeit bestritten. Noch im Oktober setzte eine Abwanderung von Engagierten aus dem Neuen Forum in andere Organisationen ein.

Demokratischer Aufbruch

Erst bei einem landesweiten Treffen am 29. Oktober bis in die Morgenstunden des folgenden Tages im evangelischen Königin-Elisabeth-Krankenhaus in Berlin gelang es, die bisherigen informellen Strukturen des Demokratischen Aufbruchs durch eine ordentliche Kommunikations- und Leitungsstruktur zu ersetzen, die in einem Statut festgeschrieben wurde. Das Treffen galt hinfort als der eigentliche Gründungsakt des Demokratischen Aufbruchs. Von über einhundert Vertretern wurde auf Antrag der Jenaer Delegierten beschlossen, dass sich der Demokratische Aufbruch bis zum Mai 1990 in eine Partei umwandeln solle. Damit war der Weg zu einem entschlossenen, pragmatischen Politikverständnis frei.

Zum Vorsitzenden wurde Wolfgang Schnur und in den Vorstand wurden Eppelmann, ich selbst, Nooke, Pahnke, Richter, Fred

Ebeling, Britta Kögler, Herbert Wirzewski und Christiane Ziller gewählt. Der Vorstand wurde verpflichtet, Beauftragte und Arbeitsgruppen für verschiedene Politikfelder einzurichten. Die »Vorläufige Grundsatzerklärung« war eine redaktionelle Überarbeitung der Erklärung vom 1. Oktober. Sie stellte einen Kompromiss zwischen den noch eindeutig am demokratischen Sozialismus orientierten und den liberalen Tendenzen dar und stützte sich deutlich auf die politische Konflikttheorie Richters. Ein Kompromiss war die Passage über die deutsche Frage. Hier hieß es: »Das besondere Verhältnis zur Bundesrepublik Deutschland, begründet in der Einheit deutscher Geschichte und Kultur, wird durch den DA hoch bewertet ... Wir gehen von der deutschen Zweistaatlichkeit aus. Ein aktives Aufeinanderzugehen der beiden deutschen Staaten im Rahmen einer europäischen Friedensordnung unterstützen wir.«[459]

In einer »Resolution« wurden eine sofortige »Überarbeitung der Verfassung«, eine Diskussion über die »Grundwerte und Ziele« eines demokratischen Sozialismus, die »strikte Trennung von Legislative, Exekutive und Gerichtsbarkeit«, die »Reduzierung und Kontrolle des Sicherheitsapparates« und die »Offenlegung aller politischen, wirtschaftlichen und ökologischen Daten«[460] gefordert. Außerdem wurde ein »Brief an die Jugend« sowie nach einem Entwurf von Margot Friedrich ein »Brief an die Kinder« in Anlehnung an einen Text der Ökumenischen Versammlung herausgegeben. Dieser endete mit dem Zuspruch: »Glaubt uns, dass wir alles tun wollen, damit unser Leben in unserem Land wieder Spaß macht.«[461]

Noch in der gleichen Nacht berichtete der neue Vorsitzende seinen Führungsoffizieren beim MfS über Verlauf und Ergebnisse des Gründungstreffens. Schnur hatte schon während des Treffens, unterstützt von Schorlemmer, versucht zu verhindern, dass sich der Demokratische Aufbruch auf die Beseitigung des Führungsanspruchs der SED und die Thematisierung von Menschenrechtsverletzungen festlegte. Dies konnte von Eppelmann, mir und Richter abgewehrt werden. Bei der ersten ordentlichen Vorstandssitzung[462] am 4. November wurde dann beschlossen, dass nur mit oppositionellen Gruppierungen zusammengearbeitet werden könne, die den Führungsanspruch der SED ablehnten. Der Vorstand verständigte sich darauf, dass auf der geplanten Delegiertenversammlung am 16. Dezember ein Antrag zur Umbildung des Demokratischen Aufbruchs zur Partei gestellt werden sollte.

Demokratie jetzt

Die Bürgerbewegung Demokratie jetzt wurde im Oktober zwar nicht zur Massenbewegung wie das Neue Forum, konnte sich aber auf eine ganze Reihe von Gruppen im Lande stützen, die sich auf der Basis des Gründungsdokuments zumeist in kirchlichen Zusammenhängen selbst organisiert hatten. Die hohe Konsistenz und Autorität der Berliner Initiativgruppe blieb lange unbestritten. Eine der wichtigsten Initiativen war der Vorschlag eines Volksentscheids gegen den Führungsanspruch der SED, der am 27. Oktober bei einer Vorstellung der Bewegung in der Gethsemanekirche öffentlich vorgetragen und anschließend verbreitet wurde. Zwar hatten auch andere Oppositionsgruppen von Anfang an den Führungsanspruch der SED direkt oder indirekt infrage gestellt und entsprechende Erklärungen abgegeben, doch mit dem Aufruf zum Plebiszit gewann er politische Kontur. In der gleichen Veranstaltung wurde von Wolfgang Ullmann auch die Einrichtung eines Runden Tisches gefordert. Dieser Vorschlag wurde von den Sozialdemokraten und dem Demokratischen Aufbruch aufgegriffen.

Im Zuge des Machtverfalls der SED veränderte sich auch die politische Semantik von Demokratie jetzt. Hatte die Gruppe noch im Septemberaufruf vom eigentlichen demokratischen Sozialismus gegenüber dem Staatssozialismus gesprochen, verstärkte sich nun die sozialethische Komponente dieser Sozialismusauffassung. Im Aufruf zum Volksentscheid hieß es noch, dass der Sozialismus ohne Führungsanspruch der SED »mit lebendiger Demokratie erst richtig«[463] anfinge. Anfang Oktober gab Demokratie jetzt das Papier »Was können wir tun?« heraus. Darin wurde der Führungs- und Machtanspruch der SED wieder scharf zurückgewiesen, ohne auf den Sozialismus Bezug zu nehmen. Gefordert wurden mehr Freiheit im wirtschaftlichen Bereich, freie Wahlen, eine unabhängige Justiz, Freizügigkeit und die Entideologisierung des Staates. Daneben aber wurden nun Hinweise für den »Wandel unseres Lebensstiles« gegeben, weil es um ein »freundliches Land« ginge. Ab November tauchte die Chiffre Sozialismus bei Demokratie jetzt nicht mehr auf. Die Bewegung wählte als Signet einen Schmetterling als Symbol der Vielfalt und Friedfertigkeit. »Denn unser Land gleicht einer Raupe, die sich eingesperrt hat und zu einem unansehnlichen Kokon geworden ist ... Doch es kann aus ihm auch ein freier und freundlicher Schmetterling geboren werden.«[464]

Sozialdemokratische Partei

Durch die klaren Strukturvorgaben bei der Gründung der SDP am 7. Oktober in Schwante kam es trotz aller Ungleichzeitigkeiten zu einer steten Entwicklung der Sozialdemokraten. Schon am 14. Oktober konnte der Vorstand Kontaktadressen in allen DDR-Bezirken benennen. Mancherorts entstanden auch spontan sozialdemokratische Gruppen, die erst später Anschluss an die Gesamtpartei fanden. Die Partei verfügte über klare Entscheidungsstrukturen und konnte ihren Mitgliedern ein politisches Programm anbieten. Für die SED war die SDP auch aus geschichtspolitischen Gründen ein besonderes Problem. Am 23. Oktober 1989 lag dem Politbüro der SED ein Papier der höchsten Sicherheitsebenen vor, das die Verfassungswidrigkeit der SDP feststellte. Die neue Partei richte sich »gegen die führende Rolle« der SED, gegen den »sozialistischen Staat«, gegen den »demokratischen Zentralismus« und die »sozialistische Planwirtschaft«[465].

Schon im Oktober stellte sich für die SDP die Frage, wie sie es mit der Mitgliedschaft ehemaliger SED-Mitglieder halten wollte. Sie wurde überall unterschiedlich beantwortet. Meckel hatte schon bei der Gründungsversammlung ein Angebot an SED-Mitglieder unterbreitet. Einige Gruppen, die von langjährigen Oppositionellen bestimmt waren, wiesen hingegen SED-Leute zurück, da sie eine Unterwanderung befürchteten. Andere Gruppen versuchten, mit derartigen Aufnahmen die SED gerade zu schwächen. Anfang November erging von der Basisgruppe 3 im Prenzlauer Berg ein »Aufruf an alle ehemaligen und alle Noch-SED-Mitglieder«. Die SED versuche jetzt, »ihre Herrschaft zu retten«, sie sei »von Kopf bis Fuß vom Geist des Stalinismus, der Willkür und der Intoleranz verdorben. Der Stalinismus stand an der Wiege dieser Partei und hat die Sozialdemokraten der ehemaligen Sowjetischen Besatzungszone in ihre Reihen gezwungen ... Genossen und Kollegen! Die SDP ist auch und gerade für Euch die demokratische Alternative!«[466]

Anfang November bildeten sich erste Bezirks- und zahlreiche Ortsverbände. Die neuen Mitglieder, auch ehemalige SED-Mitglieder, veränderten mancherorts schon seit Anfang November den Charakter der jungen Partei, der nun immer mehr Menschen zuströmten, weil diese Partei Erfolg versprechend erschien. In Sachsen nahmen viele Gruppen eine dezidiert antikommunistische Haltung ein. Andere hielten wiederum an einer sozialistischen Orientierung fest. Diese Spannung wurde sichtbar in den Unterschieden zwischen den Theologen der Initiativgruppe und Ibrahim Böhme, der wohl auch ideologisch seinen Auftraggebern beim MfS noch Rechnung tragen musste. Für die SDP war wichtig, dass mit den Bundestagsabgeordneten Norbert Gansel und Gert Weisskirchen seit Ende Oktober regelmäßige Arbeitskontakte zur SPD bestanden.

Initiative Frieden und Menschenrechte

Nachdem der Selbstorganisationsprozess der IFM in verschiedenen Städten in Gang gekommen war, fand am 28. Oktober in Berlin das erste landesweite Treffen mit Vertretern aus 17 Orten der DDR statt. Ausdrücklich wurde erklärt, dass sich die IFM nicht als »Massenbewegung« verstünde, sondern in den kleinen Gruppen eine »hohe Verbindlichkeit« anstrebe. Als Struktur der IFM wurden Regionalgruppen und 20 themenbezogene Projektgruppen festgelegt. Inhaltlich konnte die IFM immer noch an ihre Selbstverständniserklärung vom März 1989 anknüpfen. Neben Gruppen, die sich mit der Menschenrechtssituation beschäftigten, wurde als eines der wichtigsten Vorhaben die Gründung einer Gruppe zur Wahlrechtsreform und zur Ausarbeitung eines Wahlprogramms verabredet. Diese Gruppe sollte auch eng mit den anderen Oppositionsbewegungen zusammenarbeiten. Als Sprecher wurden die Berliner Werner Fischer und Gerd Poppe sowie der Leipziger Thomas Rudolph gewählt. Die eigentliche Bedeutung der Initiative Frieden und Menschenrechte lag in ihrer intensiven Beteiligung an gemeinsamen politischen Projekten der Opposition.

Grüne Partei der DDR (GP)

Die Gründung einer Grünen Partei zog sich über den Oktober hinaus weiter hin. Die Bildung einer »Grünen Liste im Neuen Forum« war an den unklaren Strukturen gescheitert. Im Oktober war es zu verschiedenen Kontaktgesprächen zwischen kirchlichen und staatlichen Umweltgruppen gekommen, um die Möglichkeit einer Parteigründung zu erörtern. Bei diesen Gesprächen mit der »Interessengemeinschaft Stadtökologie« (IG) der Gesellschaft für Natur und Umweltschutz (GNU) im Kulturbund konnte zunächst keine Einigung mit den Initiatoren aus den kirchlichen Gruppen erzielt werden. Immerhin hatten sich die staatlichen Gruppen seit einem Treffen am 7. Oktober in Potsdam von der bisherigen Bevormundung gelöst und sich zu Reformen bekannt.[467] Zu einer heftigen Auseinandersetzung mit der IG kam es am 25. Oktober bei einem Treffen, da die Vertreter des Grünen Netzwerks Arche, welches das Projekt besonders befördert hatte, nur ein Zusammengehen auf der Grundlage einer Einzelmitgliedschaft anerkennen und weder die landesweiten Strukturen der oppositionellen kirchlichen Umweltbewegung noch die Kulturbundstrukturen übernehmen wollten. Erst am 5. November gab die »Gründungsinitiative für eine Grüne Partei in der DDR« einen Gründungsaufruf heraus. Die Unterzeichner stellten sich »auf die Seite aller Kräfte, die sich für Demokratie und Freiheit« einsetzen, und kennzeichneten ihre Initiative als »ökologisch, feministisch und gewaltfrei«[468]. Weil sich der Gründungsprozess so lange hinausgezögert hatte, arbeiteten zahlreiche der kirchlichen Umweltgruppen zunächst noch eigenständig ohne Anbindung an eine der neuen Oppositionsgruppierungen.

Die Kontaktgruppe der Opposition

Die zahlreichen informellen Kontakte der Berliner Initiativgruppen vom September wurden im Oktober auf Anregung von Stephan Bickhardt von Demokratie jetzt durch die Installierung einer Kontaktgruppe wesentlich verbessert. Nach einer schwierigen Anlaufzeit, bei der das Neue Forum keine große Bereitschaft zur Mitarbeit zeigte, wurde die Berliner Kontaktgruppe zu einem wichtigen politischen Instrument der Revolution. Beim ersten Treffen der reorganisierten Kontaktgruppe am 3. November wurde über den Vorschlag zur Einberufung eines Runden Tisches debattiert. Zunächst aber formulierten die Teilnehmer der Runde, Vertreter von Demokratie jetzt, des Demokratischen Aufbruchs, der SDP, der Vereinigten Linken, des Grünen Netzwerks Arche, der Initiative Frieden und Menschenrechte, einen Grundkonsens, der auch vom Vertreter des Neuen Forums mitgetragen wurde. In der Erklärung wurden »eine Verfassungsreform ... ohne festgeschriebene Führungsrolle der SED«, »freie und geheime Wahlen«, »Versammlungs- und Vereinigungsfreiheit« sowie »Pressefreiheit einschließlich der Zulassung unabhängiger Zeitungen und gleichberechtigter Zugang zu den elektronischen Medien« gefordert. Die Bürger der DDR wurden gebeten, diese »Forderungen mit eigenen Beiträgen und Aktionen zu unterstützen«[469].

In den Regionen arbeiteten die verschiedenen Gruppen zumeist intensiv zusammen, da sie die ständig zunehmenden Aufgaben anders nicht hätten bewältigen können. Aus der Zusammenarbeit erwuchs eine Vielzahl politischer Initiativen. So gaben am 4. November die Dresdener Oppositionsgruppen Gruppe der 20, Demokratischer Aufbruch, Demokratie jetzt, Initiative Demokratische Erneuerung, Neues Forum, SDP, Ökumenischer Friedenskreis und Ökologischer Friedensarbeitskreis der Dresdener Kirchenbezirke eine Resolution heraus, die den »sofortigen Rücktritt der Regierung«[470] forderte.

Um den politischen Druck seitens der Opposition abzuschwächen, lenkte die SED Ende Oktober vorsichtig ein. Am 26. Oktober empfing Schabowski einige Initiatoren des Neuen Forums wie Bärbel Bohley, Jens Reich und Sebastian Pflugbeil. Ähnliche Gespräche zwischen Parteigrößen und Oppositionellen fanden unter anderem in Rostock, Gera und Dresden statt. Am 31. Oktober kündigte das Innenministerium an, die Zulassung des Neuen Forums erneut prüfen zu wollen. Von anderen Oppositionsgruppen war allerdings nicht die Rede.

Trotz aller Erfolge mehrten sich Anfang November die kritischen Stimmen gegenüber der Opposition, die vor allem mit dem Neuen Forum identifiziert wurde. Uwe Kolbe, der 1987 nach vielen Schikanen in die Bundesrepublik gegangen war, kannte die Berliner Oppositionellen sehr gut. Am 8. November schrieb er an Bärbel Bohley: »Die potenzielle Opposition der DDR tritt nicht klarer hervor, weil sie an Sprachregelungen gebunden ist, die unmittelbar aus dem Vorhandensein zweier deutscher Staaten resultieren. Sie sucht verzweifelt nach einem dritten Weg, um die Abgrenzung vom anderen Deutschland nicht aufgeben zu müssen. Demokratie westlicher Prägung, bürgerliche Demokratie im Sinne der großen Menschenrechtserklärungen, sie wird zwar verlangt, aber es verbietet sich, dies so direkt zu formulieren. Die Teilung Deutschlands soll als Ergebnis der zwei von Deutschland ausgelösten Kriege hingenommen, ja gefestigt werden. In dem gedachten Haus Europa wäre sie ohnehin irrelevant (ja, sie wäre nämlich beendigt). Freunde, es spricht sich schlecht mit gebundener Zunge.« Kolbe forderte Bärbel Bohley auf, ein Referendum zu unterstützen: Das »Volk soll selbst sprechen, in seiner Gesamtheit«[471].

»Die Partei« in Verwirrung

Unruhe in der SED und »SED-Reformer«

Die Unzufriedenheit in der SED hatte dazu geführt, dass sich viele ihrer Mitglieder auch an den Demonstrationen beteiligten. Andere waren verärgert, dass die Parteiführung keine schlüssigen Konzepte besaß. Die Parteiaustritte nahmen zu, ohne indes zu einer Massenbewegung zu werden. In kleinen, oft auch nur in privaten intellektuellen Kreisen wurde über Reformen nachgedacht, ohne dass dies politische Bedeutung bekommen hätte. In der zweiten Oktoberwoche wurden Papiere einer Arbeitsgruppe der Humboldt-Universität »Philosophische Fragen der Erarbeitung einer Konzeption des modernen Sozialismus« mit dem Titel »Zur gegenwärtigen Lage der DDR und Konsequenzen für die Gestaltung der Politik der SED« bekannt. Die Autoren wurden bald als SED-Reformer gehandelt. Zwar enthielt das Papier eine schonungslose Bestandsaufnahme der politischen Lage der DDR, war aber letztlich ein strategisch-taktisches Programm zur Machtsicherung. Als Ausweg empfahlen die Reformer eine »öffentliche Diskussion mit dem Ziel einer konsequenten, offenen und zugleich bedachtsamen, abgewogenen und ruhigen Neubestimmung der Gesellschaftsstrategie«. »Grundvoraussetzung einer erfolgreichen Erneuerung des Sozialismus« sei »eine funktionsfähige Partei« mit lernfähigen, demokratischen »Formen der Auseinandersetzung und Strategiebildung«. Die Partei solle eine »große Aussprache« über den aufgestauten Unmut einleiten. Die SED-Reformer beschworen die Idee, dass die DDR »der andere deutsche Staat« sei, der um der »Begrenzung der Expansionsfähigkeit des Imperialismus der BRD« und der »Verhinderung der Herausbildung einer erneuten regionalen Übermacht ›Deutschland‹« willen dazu herausfordere, »einen anderen deutschen Weg« zu gehen.

Im Unterschied zur Artikulation der Bevölkerung auf den Straßen sowie zur Opposition wollten die SED-Reformer die Dynamik der Veränderung zugunsten der SED kanalisieren und waren dafür bereit, ein breites Spektrum gesellschaftlicher Kräfte zu integrieren, um einen neuen »Konsens« zwischen Volk und SED zu erreichen. Für die Opposition war hingegen keine politische Funktion vorgesehen. Es sei kurzfristig »zu verhindern, dass diese Artikulation die Form von neuen politischen Parteien mit Anspruch auf die Macht annimmt. Die Funktion der sog. ›oppositionellen‹ Gruppen ist auf das Gebiet der öffentlichen Diskussion einzuschränken, damit organisiertes Handeln gegen den Sozialismus ausgeschlossen wird.« Dies sei mit rechtlichen Mitteln »legal festzulegen«. Um Entwicklungen wie in »Polen und Ungarn« zu verhindern, sollten Wahlen »mit klarer Terminierung verschoben und die Bildung von oppositionellen politischen Organisationen mit unmittelbarem Anspruch auf Machtbeteiligung verhindert werden«[472].

Am 22. Oktober verschärfte die Reformergruppe ihr Verdikt gegen die Opposition noch einmal und sprach der SED das Recht zu, die Opposition zu verbieten.[473] Kontakte sollten nur mit den Oppositionellen aufgenommen werden, die die Führungsrolle der SED anerkennen würden. Dieses Konzept konnte für die Opposition nicht zur Grundlage einer Zusammenarbeit mit der SED werden. Die SED-Reformer machten schließlich unter dem Druck der Verhältnisse Ende Oktober Schritt um Schritt weitere Zugeständnisse an die Opposition. Am 24. Oktober erklärte Dieter Segert bei einer öffentlichen Veranstaltung, dass die Führungsrolle einer Partei in einem modernen Sozialismus nicht mehr möglich sei. Dies bedeutete die Option für einen sozialistischen Pluralismus, war aber keine Absage an das sozialistische System. Die Reformergruppe suchte Anfang November Kontakte zu Oppositionsgruppen. Rainer Land, der von Gruppe zu Gruppe eilte, konnte mit DA-Vertretern für den 10. November in der Wohnung von Christiane Ziller ein Gespräch erreichen, das aber ergebnislos verlief. Die Reformer hatten sich teilweise auch beim MfS abgesichert und waren, im Gegensatz zu den Oppositionellen, keine Risiken eingegangen. Die SED-Führung schenkte den Reformern zunächst keine Beachtung. Die Gruppe kam erst kurz vor der Tagung des ZK vom 8. bis 10. November innerhalb der SED zum Zuge und wurde an der Ausarbeitung von Grundsatzpapieren beteiligt.

Eine ähnliche Position bezog auch eine Gruppe in der Akademie der Wissenschaften. Das dortige Parteiaktiv mit Dieter Klein verbreitete am 31. Oktober einen »Standpunkt«, in dem gefordert wurde, dass sich die Partei »an die Spitze der von den Massen ausgehenden Reformbewegung stellen« müsse, »statt wie bisher nur dem Druck der Massen nachzugeben«. Dies sollte durch eine neue »handlungsfähige« Parteiführung, »öffentliche Rechenschaftslegung«, »innerparteiliche Demokratie«, »rechtsstaatliche

Formen«, »Demokratisierung der gesamten Gesellschaft«[474], Untersuchung der Wahlen vom Mai und der Übergriffe im Oktober sowie größere Handlungsspielräume der Wissenschaften erreicht werden.

Beteiligt an Reformkonzepten in Vorbereitung der ZK-Tagung waren auch marxistische Philosophen im ZK-Institut für Gesellschaftswissenschaften wie Alfred Kosing und Gesellschaftswissenschaftler wie der Mitautor des SED-SPD-Papiers von 1987, Rolf Reißig. Deren Papier wurde nicht berücksichtigt, aber im *Neuen Deutschland* am 5. und 9. November veröffentlicht.[475] Aus diesem Kreis erging Anfang November an Eppelmann eine Einladung von Otto Reinhold für ein Gespräch zwischen DA-Vertretern und dem ZK-Institut für Gesellschaftswissenschaften, das am 16. November auch zustande kam. Solche Gespräche waren indes müßig, da die SED-Vertreter die Dynamik der Revolution auf dem jeweils erreichten Stand einzufrieren suchten. Einen weiteren Grund für die Ineffizienz der Reformer beschrieb später Werner Hübner, einer der Beteiligten an der Ausarbeitung des Aktionsprogramms der SED: »Den Zugang zur neuen Denkungsart zu finden war qualvoll. Mir und meinen Freunden fiel er schwer. Ständig ertappten wir uns bei den alten Formulierungen.«[476]

Krenz bei Gorbatschow

Am 1. November traf sich Krenz mit Gorbatschow. Ein Antrittsbesuch in Moskau gehörte zu den politischen Ritualen der Satrapen der Sowjetunion. Krenz hoffte, dass ihm die Sowjetunion als Schutzmacht aus der Krise helfen würde. Er appellierte an die Verantwortung der UdSSR: »Die DDR sei in gewisser Weise das Kind der Sowjetunion, und die Vaterschaft über seine Kinder müsse man anerkennen.«[477] Gorbatschow hatte dagegen eine andere Botschaft an Krenz, nämlich die Unabdingbarkeit einer realistischen Einschätzung der politischen Lage. Gorbatschow verwies auf den Vorgänger von Krenz: »Erich Honecker habe sich offensichtlich für die Nummer 1 im Sozialismus, wenn nicht sogar in der ganzen Welt gehalten. Er habe nicht mehr real gesehen, was wirklich vorgehe.« Krenz berichtete ausführlich über die sich anbahnende wirtschaftliche Katastrophe, über die er selbst gerade erst seit einem Tag unterrichtet war: »Wenn er jedoch die Wahrheit über die Volkswirtschaftslage vor dem ZK darlege, dann könne dies einen

Schock mit schlimmen Folgen auslösen.«[478] Ebenso sah er es als höchst gefährlich an, der Bevölkerung mitzuteilen, dass der Lebensstandard gesenkt werden müsse. Gorbatschow, der über die eigenen wirtschaftlichen Schwierigkeiten sinnierte, kommentierte: »Allmählich sei es jedoch notwendig, die ganze Wahrheit auszusprechen.«[479] Ansonsten würden die Schwierigkeiten Krenz angelastet werden. Er solle den Menschen in der DDR schonend beibringen, dass sie bisher über ihre Verhältnisse gelebt hätten. Wirtschaftliche Hilfe gewährte Gorbatschow nicht und berichtete stattdessen über die eigenen Nöte.

Krenz sprach über die erstarkenden oppositionellen Kräfte und erörterte Strategien zu deren Eindämmung: »Es müsse verhindert werden, dass sich etwas Ähnliches entwickle wie die Solidarność in Polen.« Gorbatschow gab ihm den Rat, »insgesamt könne man das Volk nicht als Feinde betrachten … Man dürfe den Zeitpunkt nicht verpassen, damit solche Bewegungen nicht auf die andere Seite der Barrikade geraten.«[480] Und er mahnte »Wenn die Prozesse an Spontaneität gewinnen oder die politische Orientierung verlieren, dann wäre das ein großes Unglück. Es könne dadurch eine ausweglose Lage entstehen.«[481]

Nur in einer Frage beruhigte Gorbatschow seinen Gast. Als Krenz fragte, welche Rolle die DDR und die Bundesrepublik im sowjetischen Kalkül spielten, erklärte Gorbatschow unter Berufung auf westliche und östliche Politiker: Eine mögliche »Einheit Deutschlands würde von ihnen allen als äußerst explosiv für die gegenwärtige Situation betrachtet«[482]. Das Gleichgewicht in Europa müsse erhalten bleiben. Er selbst wolle ein politisches Dreieck zwischen der Bundesrepublik, der DDR und der Sowjetunion entwickeln, das zu Kooperationen führen könne.

Zurück in Berlin, ließ Krenz das Protokoll dieser Unterredung für die ZK-Tagung aufbereiten. Dabei handelte er nicht nach den Ratschlägen Gorbatschows, sondern ließ Passagen streichen, die auf die wirtschaftliche Lage hätten schließen lassen. Außerdem wurden brisante Personalfragen und Äußerungen über die Opposition eliminiert. Trotz dieser Manipulationen glaubte er mit dem Besuch bei Gorbatschow in der ganz großen Politik mitreden zu können. Und er glaubte eine Bestätigung von Gorbatschow für den Machtanspruch der SED erhalten zu haben.

Rücktritte

Der dramatische Autoritätsverlust der SED-Führung beunruhigte die Funktionäre in den Parteiapparaten Ende Oktober derart, dass sie nach personellen Veränderungen verlangten. In Schwerin wurde wegen des missglückten Kraftaktes gegen die Opposition der 1. Sekretär der SED-Bezirksleitung, Ziegner, zum Rücktritt gezwungen und am 2. November durch Hans-Jürgen Audehn ersetzt. Auch der 1. Sekretär der Bezirksleitung Gera, Herbert Ziegenhahn, trat am 2. November zurück. Einen Tag später geschah das Gleiche in Suhl, wo Hans Albrecht abgelöst und Peter Pechauf Bezirksvorsitzender wurde. Am 5. November wurde in Leipzig Roland Wötzel auf diesen Posten gehievt. Bereits am 3. November hatte in Leipzig Oberbürgermeister Seidel seinen Stuhl geräumt. Am gleichen Tag, der bald der Tag der Rücktritte genannt wurde, traten der FDGB-Vorsitzende Harry Tisch, der CDU-Vorsitzende Gerald Götting und der Vorsitzende der NDPD, Heinrich Homann, zurück. Letzterer war 1948 von der SED in die von ihr kreierte Blockpartei geschickt worden. Zusätzlich traten zahlreiche Spitzenfunktionäre in den SED-Medien, den Gewerkschaften und anderen gesellschaftlichen Bereichen zurück. Krenz erklärte in seiner Fernsehansprache an diesem Tag, dass weitere Politbüromitglieder, unter anderen Erich Mielke und Kurt Hager, ihre Abdankung angekündigt hätten.

In Erfurt stemmte sich der Bezirkschef der SED, Gerhard Müller, gegen einen solchen Schritt. Am 3. November raffte er sich in der Sitzung der Bezirksleitung noch einmal auf und versuchte sein politisches Gewicht in die Waagschale zu werfen: »Hindere ich die Erneuerung des Sozialismus, die Erneuerung der Partei im Bezirk Erfurt, dann sagt mir das ehrlich, dann geh ich. Hindere ich sie nicht, dann kämpf ich mit Euch bis zum letzten. (Beifall) Ich weiß nicht, wie ich den Beifall auffassen soll ... Weil ich auch der Auffassung bin, mit der Rücktrittswelle müssen wir aufhören. Keiner von uns hat keine Fehler gemacht ... Aber wir dürfen natürlich weder von der Sache her das Kind mit dem Bade ausschütten noch umgekehrt. Es kann doch nicht sein, dass wir nur Fehler gemacht haben. Wo wäre denn die DDR geblieben, wenn die SED nur Fehler gemacht hätte oder andere oder ihre Mitglieder oder ihre Funktionäre. Ich sage noch einmal ... es geht um die Macht, und um die Macht zu erhalten, geht es um die Organisierung der Partei ... Keinen Schritt mehr zurück vor dem Klassenfeind, sondern voran, damit unsere Sache siegt (Beifall).«[483] Zwei Tage nach diesem notvollen Appell sprach die Bezirksleitung der SED Müller noch einmal das Vertrauen aus. Gerhard Müller, stets ein Scharfmacher gegen Oppositionelle, sprach noch die alte Sprache. Aber dass er den Beifall der Delegierten nicht deuten konnte, war neu. Einige Wochen zuvor war noch klar gewesen, was in der SED Beifall bedeutete.

Um möglichst wenige Angriffspunkte zu bieten, opferte Krenz schon am 7. November die noch amtierende Stoph-Regierung. Mit der Regierung musste auch die unbeliebte Volksbildungsministerin Margot Honecker gehen. Doch die Rücktritte konnten den Vertrauensverlust nicht mehr wettmachen.

Bonn – von humanitärer Hilfe zur Intervention

Die westdeutsche politische Klasse saß im Oktober an den Fernsehapparaten. Niemand hatte mit dieser Entwicklung in der DDR gerechnet. Die DDR war für die westdeutsche Politik immer auch eine Projektionsfläche eigener Ideen gewesen. Jetzt interpretierte jede politische Richtung die Vorgänge nach ihrer eigenen Lesart, auch wenn jeder Tag der Revolution die bisherige Deutschlandpolitik über den Haufen warf. Am 25. Oktober trat Petra Kelly von den Grünen in der Berliner Marienkirche auf. Sie war tief gerührt über das zivilgesellschaftliche und gewaltlose Engagement. Einen Blick in die Zukunft riskierte sie allerdings nicht. Manche Sozialdemokraten taten sich noch immer schwer, sich von ihrer Sonderaußenpolitik gegenüber der SED zu lösen. Aber ihre noch sehr kleine Schwesterpartei, die SDP, hatte Fakten geschaffen, denen sich die SPD nicht verschließen konnte. Die SPD hatte mit der Anerkennung der SDP faktisch den ideologischen Alleinvertretungsanspruch der SED für die »Arbeiterklasse« zurückgewiesen. Innerhalb der SPD wurden aber auch Stimmen laut, die auf die Krenz-Wende als Dauerlösung setzten. Der Regierende Bürgermeister von West-Berlin, Walter Momper, besuchte am 29. Oktober Vertreter des Neuen Forums. Neben Bärbel Bohley, Jens Reich sowie Jutta und Eberhard Seidel war auch Ibrahim Böhme von der SDP anwesend. Böhme und die Vertreter des Neuen Forums versicherten, den Machtanspruch der SED nicht infrage stellen zu wollen, sondern sich lediglich für eine Öffnung der Gesellschaft einzusetzen. In einem Bericht des MfS hieß es: »Momper äußerte, es gebe gegenwärtig keine Kraft, die die SED ablösen könnte. Demzufolge stehe der Artikel 1 der Verfassung der DDR nicht zur Disposition; wäre die SED bereit, die Macht zu teilen, würde sie sich als kommunistische Partei aufgeben.« Eine »Belebung« der Vorstellungen von einer Wiedervereinigung »durch die BRD« sei »eine der größten Heucheleien«[484].

Manche Gliederungen der SPD hielten ihre Kontakte zur SED noch aufrecht, als diese schon in schwerster Bedrängnis war. Die Bremer SPD-Landesvorsitzende Ilse Janz beklagte sich bei dem Rostocker SED-Chef Ernst Timm noch am 30. Oktober 1989, dass die SED ihre Zusagen nicht einhalte, Vertreter zum Parteibesuch nach Bremen zu schicken. Darauf schrieb der SED-Genosse Siegfried Unverricht aus Rostock am 10. November an die »Genossin Ilse«, dass die »jüngsten Veränderungen in unserem Land« eine Verschiebung nötig machten. Timm war inzwischen gestürzt, und Unverricht musste noch am Tage seines Schreibens zurücktreten. Am 24. November kam ein neuer Brief aus Rostock, der den Bremern von der »sehr komplizierten Situation« der SED berichtete. Der Schreiber, der in der verwaisten SED Bezirksleitung als »fast der Einzige aus dem Kreis Eurer Rostocker Gesprächspartner«[485] den Posten hielt, versprach dem inzwischen telefonisch aus Bremen übermittelten Wunsch zum Parteibesuch im Dezember gerecht zu werden, wenn es eine neue Parteileitung gäbe.

Völlig anders verhielt sich der SPD-Vorsitzende Hans-Jochen Vogel. Er verlangte am 2. November, dass die SED die Grundrechte garantieren, ihren Führungsanspruch aufgeben und die Opposition, und damit auch die SDP, anerkennen müsse. Das seien Prüfsteine der Reformbereitschaft der SED. Das *Neue Deutschland* hielt das für »einen weiteren Versuch, sich massiv in die inneren Angelegenheiten der DDR einzumischen ...«[486]

Krenz schätzte die Aufwertung, wenn bundesdeutsche Ministerpräsidenten ihm ihre Aufwartung machten. Am Mittag des 9. November besuchte ihn der nordrhein-westfälische Ministerpräsident Johannes Rau. Anschließend berichtete Krenz den ZK-Mitgliedern, dass Rau gesagt habe, das DDR-Fernsehen sei so spannend und er bedaure, dass es nicht überall im Westen zu sehen sei. Rau hatte sich dabei auf die Revolutionsbilder bezogen. Krenz aber verstand dies als Anerkennung seiner Politik.

Die bundesrepublikanische Regierungskoalition stand seit Wochen wegen der Fluchtproblematik in diplomatischen Verhandlungen mit der DDR, Polen, der Tschechoslowakei, Ungarn und der Sowjetunion. Die demokratische Entwicklung in Polen und Ungarn verlangte nach neuen Konzepten, was auf europäischer Ebene häufig Gegenstand von Erörterungen war. Die Entwicklung in der DDR schien noch offen zu sein. Die deutsche Frage, das war der Bundesregierung sofort klar, konnte nur im Zusammenhang eines europäischen Prozesses behandelt werden. Aber die alte Ostpolitik »Wandel durch Annäherung« war durch den »Wandel durch Auflehnung«[487] an ihr Ende gekommen.

Bundeskanzler Helmut Kohl gratulierte Krenz unmittelbar nach dessen Wahl. In einem Telefongespräch am 26. Oktober bekundete Kohl sein Interesse daran, dass in der DDR nicht »eine ruhige, vernünftige Entwicklung unmöglich gemacht wird«. Nachdem Kohl eine Neuregelung der Reisefrage, eine Amnestie für politische Häftlinge und die Lösung der Botschaftsfragen angemahnt hatte, erklärte Krenz: »Wende bedeutet keinen Umbruch, da, hoffe ich, stimmen Sie mit mir überein, dass eine sozialistische DDR auch im Interesse der Stabilität in Europa ist.« Kohl verwies auf die Notwendigkeit, Spannungen zu minimieren. Krenz setzte nach und meinte, dass man »nicht gegenseitig sich Ratschläge erteilt, die nicht annehmbar sind«. In »voller Souveränität« werde die DDR Reisegesetze erlassen, die »erhebliche zusätzliche ökonomische Belastungen« für sie bedeuteten. Und »seitens der BRD« solle »nachgedacht werden«, dass durch praktische Maßnahmen die »Respektierung der Staatsbürgerschaft der DDR deutlicher wird«. Mit diesem Ansinnen stieß er bei Kohl auf Ablehnung, da dieser in keiner Form Rechtsansprüche der DDR-Bürger einzuschränken gedachte. Seine Absage formulierte er mit einer Wendung, die er schon 1987 gegenüber Honecker gebraucht hatte. Es gebe Grundfragen, über die sie »nicht einig sind und nie einig werden«. Aber in »allen Feldern, wo man vernünftig zusammenarbeiten kann«[488], müsse dies im Interesse der Menschen praktiziert werden.

Das Gespräch lag noch vollständig im Trend der Deutschlandpolitik der Vorjahre. Kohl zeigte Entgegenkommen im Rahmen der Entspannungspolitik, blieb aber in der Frage der Staatsbürgerschaft unnachgiebig. Wohl aber hatte er Krenz auch indirekt zu verstehen gegeben, dass dieser die inneren Turbulenzen selbst in den Griff zu bekommen habe. Die Lage in der DDR spitzte sich mit jedem Tag zu, und für die Bundesregierung wurde immer deutlicher, dass Krenz die Bewegung schwerlich eindämmen konnte. Nachrichtendienste berichteten von der immer stärker werdenden Politisierung der Bevölkerung. Die Wirkung der Opposition, hier in einem konkreten Fall auf das Neue Forum bezogen, wurde dabei nicht besonders hoch eingeschätzt. »Neues Forum« als »Demonstrationsparole« stünde lediglich »überwiegend als Synonym für Freiheit und Demokratie«[489].

Die Bundesregierung kannte die schwierige Lage der SED-Führung, wusste aber bis zum 6. November noch nichts von der außerordentlichen Zwangslage, in der sich Krenz befand, seit ihn Schürer über eine mögliche Zahlungsunfähigkeit der DDR aufgeklärt hatte. Krenz hoffte, auf der für den 8. bis 10. November angesetzten Tagung des Zentralkomitees die SED wieder zum geschlossenen Handeln führen zu können. Er wusste, dass die schwierigste Botschaft für die Delegierten die Offenlegung der wirtschaftlichen Lage war. Da auch Gorbatschow Hilfen ausgeschlossen hatte, blieb nur noch eine Adresse, die um Hilfe angegangen werden konnte – die Bundesregierung, die er aber in seinen jüngsten Verlautbarungen immer wieder angegriffen hatte.

Am 6. November schickte er zu diesem Zweck Schalck-Golodkowski nach Bonn, wo dieser mit Kanzleramtsminister Rudolf Seiters und Bundesinnenminister Wolfgang Schäuble verhandelte. Schon am 24. Oktober hatte der DDR-Unterhändler in Bonn den enormen Finanzbedarf der DDR erwähnt. Diesmal waren seine Bitten dringlicher und die Schilderung der verzweifelten Lage drastischer. Schalck ersuchte um einen 13-Milliarden-Kredit für die Schuldentilgung, für laufende Zinszahlungen und die Finanzierung des Reiseverkehrs nach einem neuen Reisegesetz, für dessen Kosten allein 3,8 Milliarden DM veranschlagt worden waren. Er wollte die Finanzhilfen als ein Zeichen Bonns zugunsten der SED-Reformer verstanden wissen.

Die Forderungen waren hoch, aber sie erschienen nicht unerfüllbar. Viele Milliarden waren der DDR in den zurückliegenden Jahrzehnten aus der Bundesrepublik zugeflossen. Immer hatte die DDR sich menschliche Erleichterungen vom Häftlingsfreikauf bis zur Gewährung von Reisen gut bezahlen lassen. Schon 1983 und 1984 retteten zwei Milliardenkredite die DDR vor der Zahlungsunfähigkeit. Am 6. November verabschiedete sich Bundeskanzler Kohl von dieser Politik und machte »einen ersten intervenierenden Schritt«[490]

von weitreichender Bedeutung. Kohl kreierte ein Novum in der deutsch-deutschen Verhandlungsgeschichte. Er stellte als Bedingungen für finanzielle Hilfen die Aufgabe des Machtmonopols der SED, die Zulassung der Opposition und in einem überschaubaren Zeitraum freie Wahlen. Diese Forderungen übermittelte Schalck umgehend an Krenz, der nun nach Wegen suchen musste, diese Bedingungen zu erfüllen, ohne sein Konzept der Wende unter Beibehaltung der SED-Oberhoheit aufgeben zu müssen.

Noch am Abend des 6. November verfassten Kohl, Seiters und Schäuble eine Passage, die in den schon vorliegenden Text des »Berichtes der Bundesregierung zur Lage der Nation im geteilten Deutschland« eingefügt werden sollte. Diesen Bericht erstattete der Bundeskanzler am 8. November im Bundestag. In der einstündigen Rede sprach er über die Notwendigkeit der Regelung der Reisefragen, von Reformen in der DDR sowie von der Bereitschaft der Bundesrepublik, humanitäre Hilfen zu gewähren. Die entscheidende Passage lautete: »Wir wollen nicht unhaltbare Zustände stabilisieren. Aber wir sind zu umfassender Hilfe bereit, wenn eine grundlegende Reform der politischen Verhältnisse in der DDR verbindlich festgelegt wird. Die SED muss auf ihr Machtmonopol verzichten und muss freie Wahlen und damit die freie Zulassung von Parteien verbindlich zusichern. Unter dieser Voraussetzung bin ich auch bereit, über eine neue Dimension unserer wirtschaftlichen Hilfe zu sprechen. Dabei ist auch klar, dass ohne eine grundlegende Reform des gesamten Wirtschaftssystems, den Abbau bürokratischer Planwirtschaft und den Aufbau einer marktwirtschaftlichen Ordnung jede wirtschaftliche Hilfe letztlich vergeblich bleiben wird. Einen grundlegenden politischen und wirtschaftlichen Wandel in der DDR zu fördern ist unsere nationale Aufgabe.«[491]

Diese Erklärung des Bundeskanzlers wirkte umgehend. Ein Wort in diesem Abschnitt stimmte allerdings nicht: Reform. Diese Erklärung hatte eindeutig einen revolutionären Impetus. Die Substanz der Forderungen Kohls entsprach sowohl den Losungen der Demonstranten als auch der Mehrheit der Opposition. Diese Erklärung war möglich, weil die Revolution die Voraussetzungen für eine neue Ostpolitik der Bundesregierung geschaffen hatte. Die Rede Kohls ist kaum in die kollektive Erinnerung der Deutschen eingegangen. Das lag daran, dass einen Tag später ein über diese Sätze noch weit hinausgehendes Ereignis eintreten sollte.

Die Tagung des Zentralkomitees der SED am 8. und 9. November

Krenz lavierte zwischen Scylla und Charybdis. Die Zukunft der DDR stand ohne westliche Hilfen ebenso auf dem Spiel wie im Falle der Kreditgewährung. Es gab für Krenz nur die Hoffnung, dass die Bürger der DDR an ihrem Staat festhielten. Immerhin hatte er das letzte Sicherheitsnetz des Regimes noch aufgespannt. Auch wenn der Schusswaffengebrauch verboten blieb, erließ er für den Fall der Fälle einen neuen Befehl, um einen Umsturz zu verhindern. Am 3. November wurde »erhöhte Führungsbereitschaft«[492] aller Einsatzleitungen angeordnet. Die DDR-Bürger wussten nichts von diesen Vorkehrungen, nichts über die wirtschaftliche Misere, und sie wurden auch über das Treffen mit Gorbatschow falsch unterrichtet. Aber das, was sie sahen und hörten, reichte, um der SED eine Totalabsage zu erteilen. Auf den Demonstrationen hieß es »Vorwärts zu neuen Rücktritten!« und »Ade – SED«. Doch nicht nur die Bevölkerung wurde belogen, selbst die Mitglieder des nominell höchsten Organs der SED, des Zentralkomitees, wurden, als sie am 8. November zum ersten Sitzungstag in Berlin erschienen, immer noch nicht genau über die wirtschaftliche Lage aufgeklärt und wussten auch nicht, dass Krenz ihnen die Passage des Schürer-Papiers vorenthielt, welche die Mauer für bundesdeutsches Geld zur Disposition gestellt hatte. Die Mitglieder des ZK befanden sich im »Blindflug«[493].

»Außergewöhnliche Zeiten erfordern außergewöhnliche Maßnahmen.« So eröffnete Krenz die 10. Tagung des ZK der SED am 8. November. Und er gab das Ziel vor: »Die Erneuerung unserer Gesellschaft, die Rolle unserer marxistisch-leninistischen Partei verlangen auch die Erneuerung des Kampfbundes. Erneuerung unserer Partei heißt zuallererst, Bedingungen zu schaffen für eine wissenschaftlich begründete Politik im Sinne des Marxismus-Leninismus, für die Nutzung der Erfahrungen, des Wissens und der Schöpferkraft aller Parteimitglieder und vieler Bürger unseres Landes, die den sozialistischen Idealen unserer Revolution verbunden sind.«[494]

Zunächst ging es um eine personelle Erneuerung. Krenz nannte fünf neue und elf alte Namen für das neue Politbüro. Das war selbst der erprobten Zustimmungsmaschine zu viel. Schon bei der

211

Nominierung des ersten Kandidaten, dem Hallenser Parteichefs Hans-Joachim Böhme, begann eine Debatte. Böhme hatte am Vortag in Halle eine Demonstration von 70 000 Bürgern erlebt, die seinen Rücktritt gefordert hatten. Das disqualifizierte ihn. Der in Dresden arg gebeutelte Modrow erinnerte an die politische Realität. Modrow gestand ein, dass die SED mit so »etwas wie einer Doppelherrschaft leben«[495] müsse. Und das bedeute: »Wir treffen keine Kaderentscheidung, unabhängig von dem, was draußen vor sich geht ...«[496] Immerhin wurde nun drei weiteren Kandidaten der Einzug ins Politbüro verweigert. Zu den wichtigsten Entscheidungen gehörte die Wahl von Modrow in das neue Politbüro und seine Nominierung als Ministerpräsident.

In seiner Grundsatzrede konnte Krenz kein Konzept vorstellen, das die Entfremdung zwischen Bevölkerung und der SED hätte heilen können. Zu den Kernaussagen gehörte der Verweis auf die Verfassung der DDR und damit die Beibehaltung der führenden Rolle der SED. Die Nagelprobe der Reformversprechen war der Umgang mit der Opposition. Siegfried Lorenz, der am 29. Oktober vom Politbüro als Leiter der Kommission zur Ausarbeitung eines Entwurfs für ein Aktionsprogramm der SED berufen worden war, unterbreitete dem ZK einen Vorschlag, der den Bedingungen für Finanzhilfen aus Bonn gerecht werden sollte. Nach dem Vorschlag sollten die Anmeldungen des Neuen Forums entgegengenommen und genehmigt werden, wenn im Gegenzug das Neue Forum die Führungsrolle der SED anerkannte. Und typisch für kommunistische Unterwanderungstaktiken hieß es: »Die leitenden Parteiorgane und die Grundorganisationen unserer Partei nehmen auf die zu erwartenden Gründungsprozesse in ihrem Verantwortungsbereich Einfluss, um vor allem Verfassungstreue zu sichern und antisozialistischen Tendenzen entgegenzuwirken.«[497] Auch wenn zu dieser Zeit das Neue Forum in der Frage der Führungsrolle Entgegenkommen gezeigt hatte, verfehlte das Vorhaben dennoch völlig die Realität. Die oppositionellen Bewegungen ignorierten die sozialistische Rechtspraxis längst. Am Nachmittag wurde in der Öffentlichkeit bekannt, dass das Neue Forum zugelassen werden solle, was angesichts der faktischen Verhältnisse kaum noch der Rede wert war.

Während des Nachmittags sammelten sich vor dem Gebäude des ZK einige Tausend Berliner SED-Mitglieder. Sie hofften darauf, dass das ZK eine Erneuerung der SED zustande bringen würde, die ihre Partei aus dem politischen Tief herausholen könne. Der Ummut stieg, als sie erfuhren, dass kaum neue Leute in Spitzenämter kamen. Die Forderungen nach personeller Erneuerung bekamen eine zusätzliche Dynamik, weil in der DDR-Provinz machtbewusste, pragmatisch denkende jüngere SED-Funktionäre darauf warteten, die alte SED-Garde beerben zu können. Die jüngeren Aufsteiger hatten die kommunistischen Praktiken mit der Muttermilch aufgesogen und waren in der Wahl ihrer Mittel nicht zimperlich. Um etwa den Hallenser Parteichef Böhme zu verdrängen, wurden durch seinen Nachfolger Roland Claus unzutreffende Vorwürfe erhoben, die diesen kriminalisieren sollten.[498] Krenz äußerte am Schluss der Tagung seine Besorgnis über die Erregung: »Nur keine Unruhe«, »keine Streiks in den Betrieben«. Und er bekräftigte: »So einfach können wir die Plätze nicht räumen ... Auf, auf zum Kampf!«[499]

Am Morgen des 9. November wurde im *Neuen Deutschland* ein Appell zum Bleiben in der DDR veröffentlicht. Diesen Aufruf hatte Christa Wolf schon am 7. November angeregt. Auf ihre Bitte hin unterschrieben das Papier neben einigen Künstlern auch Berliner Oppositionelle, die damit erstmals mit den Namen ihrer Bewegungen im *Neuen Deutschland* genannt wurden. Das Politbüro hatte am Morgen des 7. November beschlossen, in den Massenmedien die Bürger zum Bleiben aufzufordern.[500] Im Text hieß es: »Was können wir Ihnen versprechen? Kein leichtes, aber ein interessantes Leben. Keinen schnellen Wohlstand, aber Mitwirkung an großen Veränderungen. Wir wollen einstehen für: Demokratisierung, freie Wahlen, Rechtssicherheit, Freizügigkeit ... Helfen Sie uns, eine wahrhaft demokratische Gesellschaft zu gestalten, die auch die Vision eines demokratischen Sozialismus bewahrt – kein Traum, wenn Sie mit uns verhindern, dass er wieder im Keim erstickt wird ... Fassen Sie zu sich und uns, die wir hierbleiben wollen, Vertrauen.«[501] Doch wenn in diesen Tagen Menschen ihre Fluchtabsichten aufgaben, dann nicht wegen neuer Versprechen, sondern vielmehr wegen der sich immer deutlicher zeigenden Schwäche der SED.

Den zweiten Tag der ZK-Sitzung leitete Krenz mit einer Medienschelte ein. Die Medien würden über die Demonstrationen und nicht über die Bemühungen der Partei berichten. Er sei für eine Medienreform, aber selbstverständlich hätten sich die SED-Journalisten noch an das Parteistatut zu halten. Auch in der Personalfrage versuchte er zu bremsen, da immer mehr Spitzenkader zum Rücktritt gezwungen wurden. In den mehr als zwanzig Debattenbeiträgen ließen sich die Redner über die missliche Situation aus, klagten und klagten an, schoben die Verantwortung auf Honecker. Aber die ZK-Mitglieder bekamen es auch mit der Angst vor der Courage einiger ihrer Genossen zu tun und sorgten dafür, dass deren Beiträge nicht veröffentlicht werden durften. So ging es den Rednern, die über die wirtschaftliche Misere sprachen. Das blieb geheim. Auch Krenz wollte die Republik nicht schockieren.

Die Missverständnisse erreichten ihren Höhepunkt, als der wichtigste Ideologieproduzent der SED, Otto Reinhold vom ZK-Institut für Gesellschaftswissenschaften, redete. Er fragte »ob alle in unserer Partei bereits den Ernst der Lage begriffen haben«[502]. Diese Lage sei auch deshalb entstanden, weil die Parteiführung die Studien zur gesellschaftlichen Entwicklung, die seine Einrichtung geliefert habe, in den Panzerschränken habe verschwinden lassen. Jetzt sei er dankbar, dass die Arbeiter bisher nicht gestreikt hätten. Seine Worte lösten Entrüstung aus. Kurt Hager erklärte wider besseres Wissen, die Studien seien doch verteilt worden. Krenz erinnerte Reinhold daran, dass dieser auch gegen Gorbatschows Reformen polemisiert habe. Andere riefen empört, dass die Ausführungen Reinholds beim Volk Öl ins Feuer gießen würden. Immerhin fasste das ZK den Beschluss, eine Parteikonferenz vom 15. bis 17. Dezember einzuberufen, keinen Parteitag, der wesentlich weiter reichende Vollmachten haben würde. Für das erwartete Aktionsprogramm der SED wurde eine Redaktionskommission eingesetzt.

Am Nachmittag, gegen 15.30 Uhr, schob Krenz einen eiligen Tagesordnungspunkt ein, das Reisegesetz. Die Proteste zeigten, dass die letzte Fassung eines Reisegesetzes nicht zur Beruhigung beigetragen hatte. Nach einem Beschluss des Politbüros vom 7. November war am Morgen des 9. November eine Arbeitsgruppe aus Offizieren des Innenministeriums und des MfS gebildet worden, die für das Problem der »ständigen Ausreise« einen Vorschlag erarbeiten sollte, der auch die tschechoslowakische Regierung zufrieden stellen könne. Diese Arbeitsgruppe hatte erkannt, dass man nicht für Flüchtlinge eine Lösung anbieten könne, während für private Reisen ein kompliziertes Genehmigungsverfahren noch Geltung behalten sollte. So schlug sie vor, dass Privatreisen ohne »Vorliegen von Voraussetzungen (Reiseanlässe und Verwandtschaftsverhältnisse) beantragt«[503] werden könnten. Bedingung für die Antragstellung war allerdings der Besitz eines Reisepasses, über den nur wenige DDR-Bürger verfügten. Visa für die ständige Ausreise sollten »unverzüglich« erteilt werden. Eine entsprechende Presseerklärung war vorbereitet. Als Sperrfrist war der frühe Morgen des 10. November vorgesehen.

Für diesen Vorschlag holte Krenz die Zustimmung des ZK ein. Danach kam es zu einer Kaskade der Pannen. Zunächst hielt sich Krenz nicht an die verabredeten Verfahren. So wollte er den Regierungssprecher Wolfgang Meyer veranlassen, den Vorschlag, der noch nicht im Umlauf durch die Ministerien bestätigt war, zu veröffentlichen. Offenbar versprach sich Krenz von der Reiseregelung auf der Basis der minimalen Regulierung eine Entlastung. Er kommentierte: »Wie wir's machen, machen wir's verkehrt.«[504] Schließlich gab er den unabgestimmten Vorschlag Schabowski, der – wie schon am Vorabend – die Presse über die Ergebnisse der ZK-Sitzung unterrichten sollte. Auch das erfolgte gegen die Absprachen, denn nicht die Partei, sondern die Regierung sollte die Verordnung bekannt geben. Günter Schabowski brach kurz vor 18 Uhr zur Pressekonferenz auf. Er konnte nicht ahnen, dass er eine Stunde später der bekannteste Mann der Weltpolitik sein würde.

4

»Der grenzenlose Hunger
der vielen Millionen«

9. November 1989 bis Januar 1990

Unmittelbar nach dem Fall der Mauer schrieb Rosemarie Zeplin ihren Essay »Die Geschichte ist offen«. Was würde nun kommen? Ein irgendwie neu definierter Sozialismus oder eine bürgerliche Demokratie, deren Errungenschaften im Sozialismus »positiv aufgehoben« wären? »Denn nach eben jenen Errungenschaften besteht ja der grenzenlose Hunger der vielen Millionen jetzt über die Grenze Wallfahrenden, jener vom Sozialismus gnadenlos Verlassenen, die jahrzehntelang ausschließlich auf ihre kompensatorischen Bedürfnisse verwiesen worden sind. Sie melden jetzt alles, das ihnen verweigert war, an – auch die politischen Forderungen ...«[505] Wie würde nun dieser Hunger gestillt werden? Nach dem 9. November mussten Antworten gesucht werden. Ein vielstimmiger Chor erhob sich. Bald schon ging es nicht nur um Reisefreiheit, sondern auch um die Verletzungen der Seelen. Nach dem Mauerbau 1961 hatten sich zwei junge Männer ihre Karriere im SED-Kulturbetrieb mit einem FDJ-Lied verdient – Heinz Kahlau, der den Text, und Wolfgang Lesser, der die Musik schrieb:

> »Im Sommer einundsechzig,
> am 13. August,
> da schlossen wir die Grenzen
> und keiner hat's gewusst.
> Klappe zu, Affe tot,
> endlich lacht das Morgenrot.«

Jetzt, am 9. November 1989, lachte das Volk am offenen Käfig, und die mächtigsten Politiker in Ost und West schauten sorgenvoll drein.

Der Fall der Mauer

9. November

Die zeitlichen Abläufe und die politischen Konstellationen des Mauerfalls am 9. November sind inzwischen akribisch rekonstruiert worden.[506] Die sorgfältige Bearbeitung der Quellen und Zeitzeugenberichte vernetzt die mehrdimensionalen Handlungsabläufe in einer Matrix, welche die Wechselwirkungen der unterschiedlichsten Faktoren abbildet. Der Handlungsrahmen wurde durch den Verlauf der Revolution im Oktober vorgegeben, der Krenz an die Partei- und Staatsspitze gebracht hatte, um dessen Macht sofort infrage zu stellen, zuletzt durch die großen Demonstrationen am 4. November in Berlin, Jena und Suhl und in Dresden und Leipzig am 6. November. Die chaotische Tagung des Zentralkomitees am 8. und 9. November hatte bis in die Abendstunden keine neue Strategie der SED hervorgebracht. Günter Schabowski begann kurz nach 18 Uhr seine Pressekonferenz vor gelangweilten Journalisten aus vielen Ländern. Er sprach über die »Wende« und benutzte Worte aus dem Propagandaarsenal seiner Partei, auch der Begriff »befestigte Staatsgrenze« fiel. Er berichtete unklar über die neuen Regelungen des Reisegesetzes, dazu hatte ihm Krenz einen Zettel zugesteckt. Kurz vor 19 Uhr wurde Schabowski von dem italienischen Journalisten Riccardo Ehrmann nach dem Inkrafttreten der Reiseregelung gefragt. Dabei kam es zu einem folgenreichen Missverständnis. Schabowski, der die geplante Presseerklärung von seinem Zettel ablas, ohne die Hintergründe und Absichten der Formulierungen genau zu kennen, reagierte auf die Frage nach dem Zeitpunkt des Inkrafttretens nur, indem er einige ihm besonders ins Auge stechende Worte vortrug. So sagte der für Journalisten und Fernsehzuschauer sichtlich verunsicherte Schabowski »sofort, unverzüglich«. Auf Nachfragen antwortete er, dass die Ausreisen »über alle Grenzübergangsstellen«[507] erfolgen könnten.

Diese sprachliche Ungenauigkeit ließ ungewollt und unvorhergesehen die Auffanglinie des Regimes zerreißen. Die Dokumentation des genauen Wortlauts der wenigen entscheidenden Minuten der Pressekonferenz offenbarte auch die Unfähigkeit des Politbüromitglieds zu klarer Kommunikation. Ohne nachzudenken sprach er die Journalisten als »Genossen« an und flüchtete sich, nach dem

Schicksal der Berliner Mauer gefragt, in eine propagandistische Friedensrhetorik, um die Existenz der Mauer zu rechtfertigen. Schabowskis Unkenntnis der konkreten Strategie seiner Partei und der von ihm verbreitete ideologische Unsinn wurden von den Journalisten überhaupt nicht registriert. Allein zwei eigentlich unbedeutende Zeitworte setzten auf die Tagesordnung, was von den Herrschenden bislang verweigert und von den Beherrschten – aber auch von Außenstehenden – erhofft oder gewünscht wurde, auch wenn es kaum denkbar erschien. Diese Worte verstellten jetzt alle anderen Interpretationsweisen. Seit Wochen waren diese Worte, »ab jetzt«, »sofort«, »unverzüglich« immer wieder ausgesprochen worden, radikal Neues war fast jeden Tag geschehen. Es passte in die Wahrnehmung dieser Tage, dass dort, wo »Grenzverletzer« noch vor Kurzem erschossen wurden, nun jedermann friedlich passieren sollte.

Das DDR-Fernsehen hatte die Pressekonferenz übertragen. Die DDR-Bürger und die West-Berliner hörten diese Worte als die Verkündung der Maueröffnung. Im mecklenburgischen Hagenow wurde um 19 Uhr nach dem Friedensgebet demonstriert. Nach kurzer Zeit gehen Fenster auf und Leute rufen: »Häst du all hört? Dei Grenz ist up!«[508] Überall hatten Wünsche Schabowskis Stottern in eine gute Nachricht verwandelt. Daraufhin machten sich einige Berliner auf, um zur Mauer zu gehen. »Nur mal gucken!«, sagten viele, denn das bislang Unvorstellbare hätte doch auch immer noch eine Sinnestäuschung sein können.

Wer dem Ostfernsehen misstraute, erfuhr das Gleiche über die westlichen Medien, die dies wenige Minuten später meldeten, ohne das beabsichtigte immer noch restriktive Regulierungsverfahren zu erwähnen. Schon die ARD-»Tagesschau« meldete um 20 Uhr, dass die Grenzen offen seien. Dort hieß es: »Die DDR öffnet Grenze.«[509] Auch die westlichen Journalisten hatten die unklaren Signale Schabowskis als Maueröffnung dechiffriert, obwohl es noch eine Fiktion war.[510] Es erschien als wirklich, was erst für möglich gehalten wurde. Die Meldung sickerte und strömte schließlich schnell durch beide Seiten der Großstadt. Auch die West-Berliner wollten sehen, ob der Bannkreis, der sie einschloss, gebrochen war. Westliche Journalisten eilten zur Mauer. Doch in der ersten Stunde blieb es ruhig, nur wenige Menschen kamen. Fälschlich begrüßten Journalisten der Presseagentur dpa ihre westlichen Kollegen von der *Tageszeitung (taz)* als erste Ankömmlinge aus dem Osten.

Einige Kommandeure der Grenzübergänge hatten die Sendung mit Schabowski gesehen und konnten sich darauf keinen Reim machen. Ihre Nachfragen bei höheren Dienstgraden brachten keine Klärung. So versahen sie ihren Grenzdienst wie gewohnt und wiesen die ersten Ost-Berliner an der Grenze zurück. War es also doch eine Täuschung? An den Grenzübergangsstellen in und um Berlin nahm der Zustrom der Menschen zu. So stauten sich bis gegen 22 Uhr mehrere Zehntausend Menschen vor allem am Übergang Bornholmer Straße, weil dieser von den Bewohnern des Prenzlauer Berges besonders gut zu Fuß zu erreichen war. Die verunsicherten Grenzkommandeure bekamen dort zu dieser Zeit die Anweisung, besonders lautstark auftretende Personen ausreisen zu lassen und ihre Personalausweise ungültig zu stempeln. Damit wären sie ausgebürgert gewesen. Diese absurde Notmaßnahme, als Ventillösung gedacht, brachte aber die wartenden Menschen erst recht auf, weil sie nicht verstanden, warum Einzelne passieren durften, während sie mit dem Hinweis auf Genehmigung ihres Ausreisewunsches durch die zuständigen Dienststellen auf den nächsten Tag vertröstet wurden. Westjournalisten an den Grenzübergangsstellen meldeten, dass das DDR-Grenzpersonal offenbar noch keine Weisung habe. Trotzdem berichteten die »Tagesthemen« im ARD-Fernsehen kurz vor 23 Uhr, dass die Mauer nun Geschichte sei. Hanns Joachim Friedrichs erklärte entgegen der tatsächlichen Situation an der Mauer emphatisch: »Die Tore der Mauer stehen weit offen.«

Diese Meldung war ein neues Signal an die Berliner auf beiden Seiten. Zunächst wurde der Druck an der Bornholmer Straße so stark, dass die Grenzoffiziere eine Eskalation befürchteten. Gegen 23.30 Uhr öffnete der Kommandeur Harald Jäger den Grenzübergang. Einer der Offiziere sagte: »Wir fluten jetzt.« Wenig später gaben die Grenzer am Grenzübergang Invalidenstraße auf. Hier erzwangen Tausende West-Berliner die Öffnung der Grenze. Nun dauerte es nicht mehr lange, bis alle Übergänge geöffnet waren. Am weltberühmten Checkpoint Charlie, den der Kommandeur entschlossen absperren wollte, gaben die Offiziere gegen Mitternacht auf. Zu den eindrücklichsten Bildern dieser Nacht gehört die Besetzung der Mauer am Brandenburger Tor durch die Berliner aus beiden Teilen der Stadt. Hier gelang es den Grenztruppen, die Leute mit Wasserwerfern kurzfristig von der Panzersperrmauer zu vertreiben. Bald aber war diese wieder von den Berlinern erobert.

Etwa um 1 Uhr waren auch die Grenzübergangsstellen an den Transitübergängen geöffnet.

Die ostdeutschen Militärs an der Grenze und die Passkontrolloffiziere des MfS verhielten sich wie deutsche Obristen seit eh und je. Nachdem eine für sie bislang undenkbare Situation eingetreten war, konnten sie nur versuchen, wieder Ordnung herzustellen und den Ansturm zu regulieren. Vergeblich bemühten sie sich, Order zu bekommen. Die Generale, gewohnt, auf politische Vorgaben zu reagieren, waren ebenso hilflos wie ihr Personal. So scheiterten alle Regulierungsmaßnahmen und auch die Versuche, zumindest die Personalausweise zu kontrollieren. Die geplanten Ausbürgerungen waren aufgrund des Rückstroms Tausender und des Zustroms der West-Berliner wirkungslos. Das Chaos führte zur Kapitulation, zur Einstellung der Kontrollen als einzig noch möglicher Handlungsoption.

Schon seit Tagen bestand die Anordnung, dass die Grenzer keine Waffengewalt anwenden sollten. Um unglückliche Zufälle zu vermeiden, ordneten manche Offiziere an, alle Waffen abzulegen. Andere forderten beim Grenzregiment Verstärkung an. Am Grenzübergang Invalidenstraße rückte daher eine schwer bewaffnete Einheit an. Angesichts Tausender Zivilisten gaben aber auch hier die Offiziere auf und schickten die Soldaten wieder zurück.

Dennoch kam es, für die feiernden Menschen völlig unbemerkt, noch zu kritischen Situationen. Gegen Mitternacht löste der Chef der Grenztruppen, Klaus-Dieter Baumgarten, auf Veranlassung des Verteidigungsministers die »erhöhte Gefechtsbereitschaft« aus. Dieser Befehl war allerdings missverständlich, da vorher schon »volle Arbeitsbereitschaft« angeordnet worden war. Für einige Kommandeure änderte sich nichts. Andere, vor allem an der Grenze des Berliner Umlands, begannen eilig Einheiten der Grenztruppen zu mobilisieren, die im Berliner Raum etwa 11 500 Mann stark waren. Schweres Kriegsgerät wurde bereitgestellt und aufmunitioniert. Aber auch dieses Unternehmen brach zusammen, weil sich die Kommandeure an den Grenzübergangsstellen um Berlin herum wieder mit Tausenden Zivilisten konfrontiert sahen.

Die West-Berliner Politik war dem Ereignis am nächsten. Schabowskis Erklärung war gehört und durchaus richtig interpretiert worden, als Erleichterung einer schon erwarteten Besuchsregelung. Der Regierende Bürgermeister Walter Momper sprach um 19.30 Uhr in der Berliner »Abendschau« und begrüßte die Besucher, die er für die nächsten Tage erwartete. Aber einige seiner Worte wurden von seinen Hörern wiederum anders als gemeint verstanden: »Dies ist der Tag, auf den wir 28 Jahre gewartet haben.« Auch dies verstärkte den Zustrom an die Grenze. Um 22 Uhr wurde eine Sondersitzung des Senats einberufen. Es herrschte die Sorge vor, dass die DDR-Führung die eingetretene Entwicklung wieder rückgängig machen und es damit zu großen Problemen kommen könnte. In einer Fernsehsendung appellierte Momper eindringlich an die Ost-Berliner, ihren Besuch im Westen der Stadt zu verschieben. Kurz nach Mitternacht wurde er Zeuge des Durchbruchs in der Invalidenstraße. Während sich die Grenzsoldaten zurückzogen, stieg er auf einen Tisch, redete mit einem Megafon zu den Menschen und forderte sie auf, sich diszipliniert zu verhalten. Seine Worte gingen unter, denn was geschah, war nicht aufzuhalten.

Das politische Bonn erhielt die Nachricht kurz nach 19 Uhr. Bundeskanzler Kohl weilte zu einem Staatsbesuch in Polen. Die Stallwache im Kanzleramt, Rudolf Seiters und Eduard Ackermann, leitete die Nachricht an den zunächst noch ungläubigen Bundeskanzler weiter. Dieser beauftragte Seiters, vor dem gerade debattierenden Bundestag eine Erklärung abzugeben. Nach der Erklärung von Seiters sangen die Abgeordneten tief bewegt die Nationalhymne. Wenig später gab Kohl ein erstes Interview für das »heute-journal« des ZDF. Noch einmal bekräftigte er, dass es in der DDR demokratische Veränderungen geben müsse, damit die Menschen dort leben könnten. Kohl unterbrach seinen Besuch in Polen, um am nächsten Tag in Berlin sein zu können.

Auch die alliierten Stadtkommandanten von West-Berlin waren sehr schnell unterrichtet worden. Sie informierten umgehend die Regierungen in London, Paris und Washington. George Bush zeigte sich erfreut über die Öffnung der Mauer, ohne über Zukünftiges zu spekulieren. Noch bevor die Berliner die Mauer tatsächlich überwanden, lief dies schon als Topnachricht um die Welt. Die Interpretation des Missverständnisses von Schabowski folgte der Logik von der Unerträglichkeit der Mauer. Nur die Großmacht, die selbst auf die Mauer angewiesen war, die Sowjetunion, war in dieser Nacht nicht ansprechbar. In Moskau war es schon Nacht, und die Spitzenleute wurden von den sowjetischen Diplomaten und Geheimdiensten in Ost-Berlin nicht mehr erreicht. Im Kreml brannte kein Licht mehr. Krenz hatte vergeblich bei Gorbatschow angeklingelt.

»Wahnsinn« – spontane Einheitsfeier

Glückliche Menschen feierten in Berlin ein spontanes Fest, eine Einheitsfeier. Die Berliner beklatschten sich, umarmten sich, küssten sich, tranken Sekt, sangen und tanzten an den Grenzübergangsstellen, auf dem Kurfürstendamm, unter dem Brandenburger Tor. Jubeln, Schreien, Lachen, viele, viele Glückstränen, Blumen und Geschenke, knallende Sektkorken, spontane private Einladungen, freigebige Gastwirte, kostenlose Taxen, Autokorsos, Hupkonzerte, hilfsbereite Menschen überall. West-Berliner Polizisten taten, was sie konnten, übersahen Parksünden und andere Ordnungsverstöße. Das DDR-Grenzpersonal schaute ernst drein. Aber so mancher Soldat konnte sich ein Lächeln nicht verkneifen, wenn er umarmt oder beschenkt wurde. Die Freude übertrug sich in Millionen Wohnungen in Ost und West, wo Menschen am Fernseher Zeugen wurden. Die West-Berliner Bevölkerung hatte durchaus Anteil an dieser Revolution, auch sie hatte Übergänge geöffnet. Am Tage nach der denkwürdigen Nacht in Berlin begann ein unendlicher Besucherstrom in beide Richtungen über die »grüne Grenze«. Oft überboten sich die Westdeutschen bei der Begrüßung der Ostdeutschen. Später erst sollte vielen bewusst werden, dass sich die Lebenswelten und Mentalitäten sehr verschieden entwickelt hatten. Doch erst mal galt es, die Nähe zu genießen.

Das Unvorstellbare war Wirklichkeit, und die Menschen riefen sich zu: »Wahnsinn, Wahnsinn, Wahnsinn!«

> »›Det ist Wahnsinn!‹ sag'n die Leute, und sie dreh'n sich noch
> mal um:
> ›Stimmt es wirklich, oder ist das nur ein Spuk?‹
> Und sie wischen sich die Augen, und sie gehen wie im Traum –
> springen, lachen, klatschen, tanzen: Glück's genug!«[511]

»Wahnsinn? Das Unnormale, die Einsperrung, war so sehr zur Normalität geworden, dass das Normale, die Freiheit, nur noch mit einem Wort für Trugwahrnehmung zu beschreiben blieb ... Wahnsinn, unfassbar – der Gebrauch dieser Worte für das Normale, Lebendige zeigt an, dass die Diktatur elementare menschliche Werte pervers ins Negative verkehrt hatte. Unbeschreiblich? Die Diktatur hatte den Eingesperrten die Sprache genommen, um Ausdrücke für das Normale, Lebendige zu finden.«[512]

Die Berliner waren dabei, ihre »Mauerkrankheit« zu therapieren. Der Stendaler Arzt und Psychologe Ludwig Drees, engagiert in der oppositionellen Gruppe »Ärzte für den Frieden«, hatte diese Krankheit 1987 in einer regimekritischen Zeitschrift beschrieben: »Aber wir haben uns lange in einer eigenartigen Verleugnung der Wirklichkeit damit abgefunden ... wir forderten nichts mehr ein. Wir nahmen Reiseerleichterungen als großzügige Geschenke dankbar hin; und niemand hat gegen die Beleidigung protestiert, dass man erst als Rentner reisen durfte. Wir ließen uns die nachträgliche Rechtfertigung des 13. August gefallen, als sei ein ›antifaschistischer Schutzwall‹ vielleicht doch berechtigt und als könne man damit das Reiseverbot und den Schießbefehl gegen flüchtende DDR-Bürger rechtfertigen ... Wir gingen in dieser Verleugnung schließlich so weit, dass wir die staatliche Ideologie der Rechtfertigung übernahmen und sogar in die Christlichkeit transformierten, nämlich dass der Wunsch, die DDR zu verlassen, unmoralisch sei ... ein Christ müsse auf dem Platz bleiben, auf den ihn Gott gestellt habe.« Auch habe man den Ausreiseantragstellern »die Krankheit«, das »Isolierungssyndrom« zugesprochen, das doch in Wahrheit die »Hierbleiber« hätten. »Die Verleugnung betrifft auch ganz Deutschland ... im Hintergrund aber lebt eine heimliche Liebe zu Deutschland, in der Vorstellung der Zugehörigkeit zu Deutschland als Nation.« Durch die Verinnerlichung von Tabus verliefe die Abgrenzung nicht nur zwischen dem Staat und der Bevölkerung, »sondern auch durch uns selbst«, weil die Menschen in einer »Gespaltenheit« »doppelgleisig«[513] lebten.

Im Rausch der Entkrampfung befanden sich Millionen in Ost und West, auch wenn sie die Vorgänge nur im Fernsehen miterlebten. Sie haben sich tief in der Erinnerung festgesetzt und werden bis heute erzählt. Es war eben für sie »Mein 9. November«[514]. Noch in der Nacht machten sich idealistische wie geschäftstüchtige »Mauerspechte« ans Werk, um mit Hammer und Meißel das Bauwerk zu zerbröseln und Betonstücke mit Farbtupfern von der Westseite als Souvenirs zu bergen, welche die Erinnerung an diese Nacht in alle Welt trugen. 15 Jahre später hat Thomas Brussig die Erinnerung an diese Zeit in einem Roman, der als komischer und ernster Kramladen der Episoden des Geschehens angelegt ist, der persönliche Brüche ans Licht bringt und Blinde wider Willen sehend macht, treffend betitelt »Wie es leuchtet«[515].

Zur größten Massendemonstration der Revolution kamen in Berlin am 4. November 1989 weit über eine halbe Million Menschen.

Am 4. November 1989 vor dem Palast der Republik.

Nach der größten Massendemonstration der Revolution in Berlin vom 4. November 1989 werden zahlreiche Transparente von Künstlern eingesammelt und in Ost-Berlin und später auch in Bonn ausgestellt. Hier Transparente und Plakate im Depot.

Demonstration am 4. November in Erfurt.

Seit dem 7. November tagte im Berliner Rathaus die Untersuchungskommission zu den Gewalttätigkeiten gegen Demonstranten am 7. und 8. Oktober.

Die Initiativgruppe des Neuen Forums in der Wohnung von Bärbel Bohley am 29.10.1989.

Seit Ende September wird auf der Straße die Zulassung der Opposition verlangt. Hier Carlo Jordan und Ingrid Köppe mit einem Plakat am 4. November 1989.

West- und Ost-Berliner besetzen am 10. und 11. November 1989 die Mauer am Brandenburger Tor.

In den Tagen nach dem Fall der Mauer werden rasch neue Grenzübergangs-stellen eingerichtet, hier am Potsdamer Platz.

Die Bundesbürger begrüßen an den Grenzübergangsstellen begeistert die
DDR-Bürger, hier in Helmstedt am 10. November 1989.

Bei der Demonstration Weimarer Künstler auf dem Weimarer Theaterplatz
am 19. November 1989 demonstrieren symbolisch auch Goethe und Schiller.

Dresdener Bürger begrüßen Helmut Kohl bei seinem Besuch am 19. Dezember 1989.

Der Chefarzt des Eisenacher Diakoniekrankenhauses, Mitglied des DA und des Bürgerkomitees, Dr. Gerhard Hasse, während der Entwaffnung der Kreisdienststelle des MfS in Eisenach am 5. 12. 1989.

Nach der Besetzung der Bezirksverwaltung des MfS Leipzig, der »Runden Ecke«, am 4. 12. 1989 sammeln sich immer wieder aufgebrachte Bürger vor dem Gebäude.

Topografie der Revolution

»Immer müssen Millionen müßige Weltstunden verrinnen, ehe eine wahrhaft historische, eine Sternstunde der Menschheit in Erscheinung tritt.«[516] Den von Stefan Zweig künstlerisch durchgestalteten *Sternstunden der Menschheit* könnte zweifellos das Ereignis der Maueröffnung hinzugefügt werden. Der 9. November 1989 hat tief in das Leben jedes Deutschen, jedes Europäers eingegriffen, und seine weltpolitische Bedeutung wirkt bis heute nachhaltig. Diese Wirkungsgeschichte verleiht dem Datum seinen Glanz, seinen Ernst und manchmal auch seinen Witz. Das Geschehen dieses Tages hat sich so verselbstständigt, dass der 9. November 1989 bereits in einer Ereigniskette der deutschen Geschichte aufgereiht wird. Dazu gehört die Erschießung von Robert Blum in Wien 1848, die Ausrufung der Republik 1918, Hitlers Putschversuch in München 1923 und der Pogrom der »Reichskristallnacht« 1938.[517]

Die Maueröffnung war kein Urereignis schlechthin, auch wenn sie als chronologischer Anfang der späteren Vereinigung Deutschlands und Europas angesehen wird. Die deutsche wie die europäische Nachkriegsgeschichte bildete sich aus vielen Sedimenten der Teilung des Kontinents, der Aufteilung gemäß der Konferenz von Jalta, der Abgrenzung im Kalten Krieg, der allmählichen Entspannung und der sich zuspitzenden Krisen im Ostblock. Das finale Ereignis war die zur Gegenwart gewordene Vorgeschichte. Zu dieser Vorgeschichte gehören auch die freilich selten gewordenen politischen Einsprüche aus dem Westen, Ronald Reagans Appell 1987 an Gorbatschow, die Mauer niederzureißen, oder Helmut Kohls Beharren auf einer zukünftigen Wiedervereinigung. Fortlaufend gab es Einsprüche in der ostdeutschen Gesellschaft. Unzählige Widerstandshandlungen, Flugblätter, Schriften auf Mauern und Straßen[518], waghalsige Fluchten und Fluchtversuche sowie Ausreiseanträge zeugten von dem Willen, die Mauer zu überwinden.

Zu den Besonderheiten des Mauerfalls gehört aber, dass sich nicht eindeutig bestimmen lässt, wer die entscheidenden Akteure waren. Die westliche Politik hatte daran keinen Anteil. Aufseiten der SED gab es interne Missverständnisse, Kommunikationsdefizite und Orientierungslosigkeit. Später machten etliche Beteiligte ihren Anteil an der Maueröffnung geltend. Krenz wollte es gewesen sein, der angeblich die Schlagbäume öffnen ließ.[519] Auch der Grenzoffizier, der genervt resignierte und den Schlagbaum heben ließ, reklamierte die »Heldentat« für sich, doch hatte er angesichts der Menschenmassen keine andere Wahl mehr gehabt.[520] Am deutlichsten lässt sich noch die aktive Rolle der Ost- und West-Berliner Bevölkerung erkennen, deren Ansturm jedoch erst durch die Medien ausgelöst worden war. Die Medien wiederum hatten die Kommunikationspanne Schabowskis irrtümlich zugespitzt.

Der Vorgang der Maueröffnung erschließt sich, wenn sie als die Überwindung der in dem Bauwerk erstarrten Zeit sowie als Aufbrechen des eingehegten politischen Raumes verstanden wird. Die Erfahrung von messbarer Zeit und pulsierendem Raum ist eigentlich die Regel. Diese Normalität stellte sich am 9. November wieder ein, und daran entzündete sich die Erregung. Die nahezu zum Stillstand gekommene Zeit, deren Lauf sich seit dem Spätsommer langsam wieder messen ließ, nahm nun unerwartet schnelle Fahrt auf. Die fünfzig oder hundert Jahre, die nach Honeckers Äußerung im Januar 1989 noch bis zum Mauerfall vergehen sollten, waren in dieser Nacht zusammengeschrumpft. Das Warten mit geringen Erwartungen, weil immer etwas geschieht, doch in allem nichts geschieht, das »Es geht seinen Gang«[521], wie es Erich Loest mit seinem klassischen Alltagsroman geschildert hat, war zu Ende. Mit dem Fall der Mauer machte die eigene Zeit, die Lebenszeit wieder Sinn. Plötzlich wurde in Ost und West ein banaler Satz politisch akut: »Dass ich das noch erlebe!«

Die Revolution hatte schon seit Wochen Straßen und Plätze in Besitz genommen. Nun aber war wie nie zuvor deutlich geworden, dass nicht nur Zeit wieder zur Verfügung stand, sondern auch der Raum. Zeit und Raum waren wieder zu Mitteln des politischen Denkens, des Ergreifens der Welt und der Orientierung geworden. So ist es auch nahezu logisch, dass viele Memoiren von Politikern mit dem 9. November beginnen. Mit dem Fall der Mauer war »die ganze Geografie der Macht zusammengebrochen«[522] und eine völlige Neuordnung des politischen Raumes in Deutschland und Europa eingeleitet. In diesem Geschehen war Zukunft angelegt, die freilich damals in vieler Hinsicht noch offen war und noch unterschiedliche Handlungsoptionen ermöglichte. Aber sofort vermittelte sich, dass die Umhegung des ungeheuren Raumes vom Japanischen Meer bis zur Elbe, in dem das kommunistische Machtgebälk in den letzten Jahren lautstark geächzt hatte, an einer wichtigen Stelle gebrochen, durchbrochen worden war, geöffnet für neue politische Konzepte und offen für jeden Bürger.

Der berühmte russische Cellist und Dissident Mstislaw Rostropowitsch hörte vom Mauerfall in Paris und entschloss sich, sofort
nach Berlin zu fliegen. Er setzte sich an die Mauer und spielte Johann Sebastian Bachs Suite in C-Dur. Er schrieb: »Plötzlich ist
dieses Gefühl wieder da wie 1945, als wir den Sieg über Deutschland feierten. Jetzt feiert Deutschland den Sieg über die Trennung.
Ich fühle wie damals, als der Krieg aus war.«[523]

Der Mauerfall wurde elementarer wahrgenommen als die Ent-
grenzungsprozesse im Mai und September in Ungarn sowie im
Oktober in der Tschechoslowakei. Die Mauer war schlechthin das
Symbol der Unantastbarkeit und Beständigkeit der kommunistischen Welt, so unnatürlich und grotesk sie auch war. Das spiegelte
sich auch im westlichen Begriff vom »Eisernen Vorhang« wider.
Die Großen dieser Welt hatten die Mauer besichtigt, allen voran
die amerikanischen Präsidenten und die sowjetischen Partei- und
Staatsführer, aber auch Persönlichkeiten des öffentlichen Lebens
und Touristen aus allen Ländern. Sie standen auf den Podesten,
um einen Blick auf ein real-existierendes Szenarium zu werfen, das
die Teilung der Welt in der Teilung einer Stadt darstellte. Bis heute
ist noch der kümmerliche Rest dieser Mauer eine Attraktion. Und
bis heute wird passend oder auch nicht passend an die Berliner
Mauer erinnert, wenn irgendwo auf der Welt Menschen getrennt
werden.

Schließlich zerrüttete der Mauerfall in kürzester Zeit alle Politik-
ansätze, in denen diese Mauer seit Jahrzehnten einen festen Platz
hatte. Mit der Entspannungspolitik war der Versuch unternommen
worden, trotz der Mauer Wege der Vertrauensbildung zwischen
den Blöcken zu finden. Die Mauer trat vor der Kulisse der Frie-
denspolitik in den Hintergrund. Es war Michail Gorbatschow
vorbehalten, die letzte sprachliche Formel zu etablieren, die das
blutbefleckte Monster in die Watte eines friedlichen Neben- und
Miteinanders verpackte – mit seinem Topos vom »Gemeinsamen
europäischen Haus«. Er hatte diesen Begriff im April 1987 in Prag
kreiert und in seinem Buch *Perestroika* als Grundlage künftiger
West-Ost-Beziehungen erläutert. Die Metapher wurde im Westen,
wenn auch nicht unwidersprochen, schnell aufgenommen. Das
Bild vom Haus mit Zimmern, Fenstern und Türen assoziierte Geborgenheit, die Pflicht zur Einhaltung der Hausordnung, Austausch und all jenes, was in die Entspannungsrhetorik hineinpasste.
Des Pudels Kern in dieser Konstruktion war die Festschreibung der

Zweistaatlichkeit Deutschlands: »Was in hundert Jahren sein wird, darüber entscheidet die Geschichte.«[524]

Wie wirksam dies auch in der westdeutschen Politik war, zeigte sich noch im Juli 1989. Oppositionelle um Christoph Wonneberger hatten während des offiziellen und weithin entpolitisierten Leipziger Kirchentages vom 6. bis 9. Juli zu einem »StattKirchentag« in der Lukasgemeinde aufgerufen, zu dem über 1000 Oppositionelle kamen. Als Höhepunkt fand eine Podiumsdiskussion mit dem SPD-Politiker Erhard Eppler, der Vertreterin der Internationalen Föderation für Menschenrechte Hester Minnema und den Oppositionellen Richter, Mehlhorn und Wonneberger zum Thema »Haus Europa« statt. Eppler erklärte, dass für »die Statik des europäischen Hauses« die Existenz der zwei deutschen Staaten unerlässlich sei. Die Deutschen dürften die anderen europäischen Länder und die Großmächte nicht »in die Angst vor einem neuen gesamtdeutschen Nationalstaat hineinjagen«[525]. Dem wurde widersprochen, so auch von Richter: »Ich verstehe nicht ganz, wie man die Teilung überwinden will, wenn man diese Wand, die die Teilung geradezu symbolisiert und verkörpert, wenn man sie stehen lässt, und zwar möglichst lange. Also das ist mir nicht einleuchtend.«[526] Vier Monate später musste das europäische Haus tatsächlich ohne die Statik der Mauer auskommen. Und – es war sicherer geworden.

Diese Mauer konnte den Zweck nie erfüllen, den ihre Erbauer ihr zugedacht hatten, die Identifikation der Bürger mit einem Staat, der sie eingemauert hatte. Alle wussten, dass die Abriegelung des Landes durch das vom Regime als »antifaschistischer Schutzwall« oder als »befestigte Staatsgrenze« ausgegebene Monster dem gewaltsamen Einschluss der eigenen Bevölkerung galt. Und diese Bevölkerung hatte 28 Jahre zugesehen, dass sich die Utopie in dem Maße verflüchtigte, wie die Mauer sie ersetzen musste. Als sich die Bürger trauten, sich selbst und ihre Wahrnehmung ernst zu nehmen, konnte es keine andere Lösung geben als diejenige, die nun eingetreten war. Jedes Wort, das nicht als Lüge gesagt, gehört und interpretiert wurde, konnte all den monströsen Betonteilen, den scharfen Hunden an Laufleinen, dem Stacheldraht, den Gräben, den Unterständen, den Wachtürmen, den Minen, den Leuchtraketen mit Stolperdrähten keinen Geist der Zukunft mehr einhauchen. So wurde in der Nacht des 9. November die Destruktion des politisch Absurden zum Zeichen der neuen Macht der Revolution.

Wirkliche Macht braucht Orte, sie sind der Raum, wo Menschen zusammen handeln, wo sie aus politischen Gründen ein Bauwerk errichten oder eines schleifen. Das war so bei der Bastille 1789 in Paris gewesen. Jetzt hatte auch die deutsche Revolution ihren Ort.

Erste Reaktionen in der Politik – ratlose SED

Während die Bevölkerung noch feierte, am 10. November der Zustrom der Ostdeutschen nach West-Berlin noch zunahm und im Lande neue Grenzübergänge geöffnet werden mussten, kam es zu hektischen politischen und diplomatischen Aktivitäten. Das Fest war noch im Gange, als die Politik den Einsturz der Mauer abzufedern versuchte. Dieses Problem bestand zuallererst für die SED. Krenz, der am späten Abend ratlos versucht hatte, Gorbatschow zu sprechen, war noch am nächsten Morgen bei einer Besprechung des Politbüros völlig konsterniert. Um 8 Uhr wurde eine »operative Führungsgruppe« zusammengestellt, die die Grenze wieder unter Kontrolle bringen sollte. Kurz nach 9 Uhr begann der dritte Tagungstag des ZK der SED. Krenz sprach über die komplizierte Lage, aber weder er noch andere Redner gingen auf die Ereignisse der Nacht ein. Immerhin hatte die SED in dieser Nacht mit der Mauer ihr letztes Faustpfand verloren, das sie nach dem Vorschlag von Schürer der Bundesregierung für die Gewährung finanzieller Hilfen hätte anbieten können. Auch ohne Mauer wollte der konzeptionslose Krenz irgendwie weitermachen. In der Nacht, ohne Wissen von der Entwicklung an der Mauer, hatte Schalck-Golodkowski in einer Beratungsrunde den Vorschlag unterbreitet, die Konföderationsidee aufzunehmen. Das war entrüstet abgelehnt worden.[527]

Krenz fand vor dem ZK keine Worte, weil seine bis zum 9. November gültige Sprache nur Absurditäten hätte produzieren können. Er konnte schließlich nicht behaupten, dass der antifaschistische Schutzwall von Faschisten durchbrochen oder die befestigte Staatsgrenze vom Feind erobert worden sei. So war es folgerichtig, dass sich das orientierungslose ZK erbittert in gegenseitigen Schuldzuweisungen erging. Die Personaldebatte führte zu Rücktritten, Mittag und Joachim Herrmann wurden aus dem ZK ausgeschlossen. Das Aktionsprogramm der SED, das die Partei wieder handlungsfähig machen sollte, wurde im Entwurf gebilligt. Schon an seiner Sprache war zu erkennen, dass es sich um eine Neuauf-

lage der alten Parolen handelte. Trotz einer Reihe von Versprechungen zur Demokratisierung wie der Abhaltung freier Wahlen
waren die als »radikale Reformen« angekündigten Veränderungen
durch die Festlegung auf die DDR-Verfassung mit dem darin verankerten Führungsanspruch der SED höchst begrenzt. Statt Nationaler Front und Demokratischem Block sollte nun eine »Koalitionsregierung« installiert werden und »das Wirken neuer politischer
Vereinigungen auf dem Boden der Verfassung« in einem gesuchten
»Konsens«[528] möglich sein. Selbst den Mitgliedern des ZK flößte
das Programm nicht viel Mut ein. In den Reden war der Mangel an Zuversicht zu hören. »Zu viel Macht macht machtlos«[529],
klagte Werner Jarowinsky. Kurt Hager erklärte: »Die Situation
heute ist schärfer, ernster als 1953.«[530] Verzweifelt rief einer: »Wie
sollen wir denn jetzt an die Arbeit gehen? Die Partei ist kaputt im
Grunde genommen.«[531]

Noch während der Sitzung des ZK kam eine Botschaft von Gorbatschow, der eine Erklärung verlangte. Krenz telegrafierte, dass
die Menschenmenge die Öffnung erzwungen habe, und behauptete, die Lage sei unter Kontrolle. Davon konnte allerdings keine
Rede sein. In Moskau stand fest, dass sowjetische Truppen nicht
eingreifen würden. Auch billigte der sowjetische Staats- und Parteichef die Maueröffnung, obwohl er befürchtete, dass die Lage in
Berlin unbeherrschbar werden könne und die Bundesregierung
sofort auf eine Überwindung der Zweistaatlichkeit hinarbeiten
würde. In diesem Sinne schickte er Telegramme an den amerikanischen Präsidenten George Bush, die britische Premierministerin
Margaret Thatcher sowie den französischen Staatspräsidenten
François Mitterrand. Ähnliche Botschaften erhielten auch der Bundeskanzler und Willy Brandt. Kohl hatte inzwischen zu den Verbündeten selbst Verbindung aufgenommen. Am 11. November telefonierte der Bundeskanzler auch mit Krenz. Dieser behauptete,
die Grenzöffnung sei eine Maßnahme der DDR gewesen. »Aber
die Grenze durchlässiger zu machen bedeutet ja noch nicht, die
Grenze abzubauen.«[532] Der gemeinsame Tenor dieser eiligen diplomatischen Bemühungen aller Seiten war, eine mögliche Destabilisierung zu verhindern. Niemand hatte im ersten Moment konkrete
Vorstellungen von der weiteren Entwicklung.[533] Auch Kohl blieb
zurückhaltend, als erste Stimmen im Westen eine mögliche Wiedervereinigung ansprachen.

Am Nachmittag des 10. November fand vor dem Schöneberger

Rathaus in West-Berlin eine Kundgebung statt. Auf dem Platz mit der Freiheitsglocke hatten in den Jahrzehnten seit der Blockade West-Berlins durch die Sowjets Politiker in dramatischen Situationen zu den West-Berlinern geredet, und diese hatten hier ihren Freiheitswillen bekundet: Ernst Reuter, Konrad Adenauer, Willy Brandt, John F. Kennedy. Jetzt, am 10. November, sprachen Kohl, Genscher und Momper. Sie verzichteten darauf, die Einheit Deutschlands als nahes politisches Ziel zu benennen. Aber bei der Kundgebung traten auch Leute auf, die die Reden und das Singen der Nationalhymne mit einem gellenden Pfeifkonzert störten. Das Milieu derer, welche die Freude über den Mauerfall nicht teilen konnten, war in West-Berlin nicht unerheblich – Anhänger der Alternativen Liste und kommunistischer Sekten sowie Sympathisanten der SED.

Als am 11. November West-Berliner, die die Mauer am Brandenburger Tor besetzt hielten, damit begannen, eine Bresche in die Mauer zu reißen, befürchteten westliche und östliche Politiker eine nicht mehr kalkulierbare Dynamik der Volksbewegung. Auf der Ostseite versuchte Verteidigungsminister Heinz Kessler den Chef der Landstreitkräfte Horst Stechbarth zu veranlassen, die Mauer am Brandenburger Tor wieder unter Kontrolle zu bekommen. Unmittelbar nach dem chaotischen Ende der ZK-Sitzung am 10. November waren durch Streletz zwei Potsdamer Regimenter, für den Kampf in Städten ausgebildete Elitetruppen, in »erhöhte Gefechtsbereitschaft« versetzt worden, die jetzt zur Verfügung standen. Doch General Stechbarth hatte Bedenken. Er befürchtete, dass die Truppentransporte unterwegs von Potsdam nach Berlin in den Autoschlangen der Ostdeutschen, die sich aus der Provinz nach West-Berlin aufgemacht hatten, stecken bleiben könnten. Zudem bestand ein Teil der Truppe aus gerade erst eingezogenen Wehrpflichtigen, die noch nicht an der Waffe ausgebildet worden waren. Aber das Problem löste sich dann auf andere Weise. Ähnlich wie am 17. Juni 1953, als englische Truppen die West-Berliner daran hinderten, in den aufständischen Osten vorzudringen, sperrte nun die West-Berliner Polizei den Raum um das Brandenburger Tor. Die Beruhigung der Lage dort war auch ein Grund, dass Streletz die Gefechtsbereitschaft wieder aufhob. In den Mittagsstunden des 11. November war die Gefahr gebannt, dass die Grenze mit Gewalt geschlossen würde. Die DDR-Führung hatte einen minimalen Vorteil erlangt, der in der Kontrolle des symbolträchtigen Brandenbur-

ger Tores lag. Sie hatte gleichzeitig die Einrichtung neuer Grenzübergänge verfügt. Damit hoffte sie, den Druck auf die bisherigen
Übergangsstellen verringern und ein Mindestmaß an geregelten
Kontrollen erreichen zu können. Das *Neue Deutschland* präsentierte in der Wochenendausgabe
vom 11. und 12. November das Kommunique der ZK-Tagung, das
dort beschlossene Aktionsprogramm der SED, einen Bericht über
die neuen Reiseregelungen und die Demonstration der Berliner
SED-Basis am 10. November im Berliner Lustgarten. 150 000 Berliner Genossen waren in der Erwartung guter Nachrichten gekommen. Einer der Redner drückte die Dramatik der Situation aus:
»Der Sozialismus steht zwischen Chance und Untergang.« Viele
Sprecher forderten einen Parteitag und keine Parteikonferenz, wie
Krenz sie versprach. Er nahm eine der Losungen – »Nicht me-
ckern, sondern ackern« – auf und kündigte an: »Wir haben ein
großes Werk vor, eine Revolution auf deutschem Boden, die uns
einen Sozialismus bringt, der ökonomisch effektiv, politisch demokratisch, moralisch sauber und in allem den Menschen zugewandt
ist.«[534] So prasselten die alten Worthülsen auf die verunsicherten
SED-Leute herab, die spürten, dass ihnen die ganze Wahrheit vor-
enthalten wurde. Die Rebellion in der SED hielt an und stürzte die
Parteichefs in der Provinz. Krenz sah sich genötigt, auf das Verlangen nach einem Parteitag einzugehen. Er berief deswegen das ZK
der SED zur 11. Tagung am 13. November ein.

Um dem Druck der Parteibasis nachzugeben, beschloss das
Zentralkomitee an diesem Tag, einen Parteitag für den 15. bis
17. Dezember in Berlin einzuberufen. In der Debatte machte sich
wiederum Katastrophenstimmung breit. Viele schilderten die Lage:
»Zurzeit werden draußen in den Betrieben die Parteisekretäre rei-
henweise abgeschlachtet«, »… das ist wie ein Fass Dynamit …«,
»… als ob wir in der mittelalterlichen Inquisition wären«, »An der
Basis sind die Genossen kaputt …« Nahezu alle Politbüromitglieder kündigten ihren Rücktritt an. Krenz aber wollte ein solches
»Liquidatorentum«[535] nicht mittragen und ordnete an, die angekündigten Rücktritte geheim zu halten.

Irritierte Opposition

Auch die Opposition war bis zum 9. November davon ausgegangen, dass die Grenze lange Bestand haben würde. Eine gewisse Ausnahme stellte der Demokratische Aufbruch dar, der die von Edelbert Richter vertretene Auffassung übernommen hatte, dass die deutsche Frage offen sei und sich beide Teile aufeinander zu reformieren sollten. Am 10. November tagte die Kontaktgruppe erneut und setzte sich mit der Maueröffnung auseinander. Einige Beteiligte wie Gerd Poppe waren in der Nacht in West-Berlin gewesen. Auch Oppositionelle konnten ihre Freudentränen nicht unterdrücken. Die unmittelbare politische Konsequenz aus der Maueröffnung war nun die Forderung der Opposition nach einem Runden Tisch. Die bislang erfolgreichen Oppositionellen wussten jetzt, dass mit der Maueröffnung neue Akteure auf einer größeren Bühne mitmischen würden. Wieder einmal war die Lage unkalkulierbar geworden. Sogar Verschwörungstheorien gingen um. Danach habe die Staatssicherheit die Grenze als Ventil geöffnet[536], um die Bevölkerung von der Straße zu bringen. Aber auch ohne solche Vermutungen stand die Frage im Raum, ob die bis vor wenigen Wochen schweigende Bevölkerung jetzt weiter für politische Rechte demonstrieren würde. Ein Abhörprotokoll des MfS am Morgen des 10. November fing solche Zweifel ein:

»FRAU N.: Die Stimmung gestern sei ›volksfestartig‹ gewesen.

HERR F. erklärte dann, dass sie die Situation in den Nachrichten verfolgt haben, und sie haben auch die ›bewegenden Szenen‹ gesehen.

FRAU N.: Gibt es eigentlich so etwas Planloses von Politik. Das ist doch keine Politik.

HERR F.: Das ist auch keine Politik. Wie kann man denn die Grenze öffnen, ohne das Geldproblem gelöst zu haben.

FRAU N.: Ja, jetzt ist auch abzusehen, was geschieht. Die Leute rennen rüber, um dort zu arbeiten und Westgeld zu haben.

HERR F.: … Wir haben auch schon unser Unverständnis zum Ausdruck gebracht … Wir sind jetzt aber auch gewöhnt, dass wir unsere Sensation zum Frühstück erhalten …«[537]

Ein Teil derer, die den Aufstand politisch gestaltet hatten, sah sich nun politisch enteignet. Sebastian Pflugbeil vom Neuen Forum äußerte sich im ARD-Fernsehen am nächsten Tag kritisch zur Grenzöffnung. Vor allem aber wurden Äußerungen von Bärbel Bohley beachtet. Ein Satz aus einem Rundfunkinterview, den auch die *Berliner Zeitung* am 13. November abdruckte, sollte ihr unentwegt vorgehalten werden: »Die Menschen sind verrückt, und die Regierung hat den Verstand verloren.« Dieser Satz stiftete keine Beziehungen, gab keine Orientierung und begründete keine Macht bzw. Gegenmacht zur SED. Erläuternde Äußerungen konnten die einsetzende Kritik nicht mehr abmildern. So erklärte sie: »40 Jahre haben diese Leute in der DDR geschlafen. Vor acht Wochen haben wir alle noch geschlafen, und heute ist alles anders. Haben wir jetzt noch die Kraft, eigene Perspektiven zu entwickeln?« Und zur Art und Weise der Maueröffnung sagte sie: »In einem Nebensatz fällt die Mauer, hinter der ich ein Leben lang gelebt habe. Das kränkt mich, weil mir bewusst geworden ist, dass ich jahrelang ein Objekt gewesen bin.« Als Perspektive für die DDR müsse »zwischen Kapitalismus und Sozialismus nach einem neuen Weg«[538] gesucht werden. In diesem Sinne hatte das Neue Forum in Berlin am 12. November die Maueröffnung als »Festtag« begrüßt, aber zugleich vor befürchteten Folgen gewarnt. Wir »wollen keine Gesellschaft haben, in der Schieber und Ellenbogentypen den Rahm abschöpfen. Ihr seid die Helden einer politischen Revolution, lasst euch jetzt nicht ruhig stellen durch Reisen und schuldenerhöhende Konsumspritzen.«[539]

In einem Brief an Bärbel Bohley hieß es: »Wie kommen Sie dazu, die führende Rolle der SED zu unterstützen, wo doch inzwischen alle Parteien (auch SED) und politischen Gruppierungen davon abgerückt sind? – Wie kommen Sie dazu, die Öffnung der Grenzen am 9.11.89 als zu früh zu verurteilen? Seit 28 Jahren trennt die hässliche Mauer unsere Familien, Freunde und unser Volk! Jeder Tag Mauer ist ein Tag zu viel!!!«[540] Kritik an den führenden Leuten des Neuen Forums kam auch aus zahlreichen Regionalgruppen. Ein großer Teil der Oppositionellen hatte ohnehin die Maueröffnung begrüßt. Jetzt kam es zu ersten Differenzierungskämpfen innerhalb des oppositionellen Lagers. Nach wie vor handelten alle Oppositionsgruppen, Bewegungen und auch die SDP zusammen, wenn es um die Entmachtung der SED ging. Aber der Mangel an Zielvorstellungen in der deutschen Frage wirkte sich sofort auf die Strukturen der im Aufbau befindlichen Oppositionsbewegungen aus. Hans-Jochen Tschiche gestand am 15. November angesichts der Ratlosigkeit über Ziele und Strukturbildung des Neuen Forums ein: »…im Moment herrscht Spannung, was wir tatsächlich wollen«[541]. Anderen Gruppen ging es nicht viel besser, und schnell vermittelte sich in der Öffentlichkeit der Eindruck einer zerfahrenen und unsicheren Opposition, die sich in Teilen Sorgen um den Erhalt der DDR machte. Andere Stimmen wurden kaum noch gehört.

Wolfgang Ullmann von Demokratie jetzt war derartig nervös geworden, dass er noch am 13. November um Mitternacht mit Matthias Artzt in meiner Wohnung erschien, um zu erörtern, ob die Opposition nicht zur Grenzschließung aufrufen solle, da die DDR ansonsten wirtschaftlich schnell ausbluten würde. Die Idee wurde verworfen. Auch der von Ullmann angesprochene Vertreter der SDP, Stephan Hilsberg, wies das Ansinnen zurück. Dabei war Ullmanns Hoffnung, dass eine souveräne DDR weiterexistieren könne, keinesfalls mit der Haltung der SED völlig identisch. Er – wie auch andere Oppositionelle – war vom Erfolg der Revolution euphorisiert und meinte, dass im Aufbegehren, etwa in den großen Demonstrationen, ein selbstbewusstes »Staatsvolk der DDR«[542] entstanden sei. Ein Irrtum, wie sich bald zeigen sollte.

Im November kursierten im oppositionellen Lager die unterschiedlichsten Konzepte für das Überleben der DDR. Dazu gehörte das Papier »Zukunft durch Selbstorganisation« einer Potsdamer Forschungsgruppe. Beteiligt waren auch Gerd Gebhardt und Matthias Artzt von Demokratie jetzt. Dieses »Modell einer neuen Gesellschaftsstruktur der DDR« fußte auf der aus den Naturwissenschaften bekannten Selbstorganisationstheorie, die auf soziale und politische Prozesse angewendet wurde. Diese originelle und nicht wenige intellektuell überfordernde Studie wollte eine »Erneuerung der DDR« als Entwicklungsprozess »aus der Erstarrung verwalteter Objekte im Subjektmonopolismus zur Selbstorganisation in Subjektpluralität« aufzeigen. Sie enthielt eine radikale Kritik der sozialistischen Organisationsgesellschaft, die das Individuum in eine »Objektrolle« gedrängt habe. Demgegenüber bestünde die Notwendigkeit, bei autonomer Wahrung eigener Interessen eine »Integration der DDR in das Globalsystem einer entstehenden Weltgesellschaft« zu ermöglichen und dabei im Inneren die »Autonomie an die pluralen Handlungssubjekte« weiterzugeben. Dies sei durch eine Symbiose möglich. »Die Vergesellschaftung der Produktionsmittel ist die singuläre welthistorische

Leistung des Sozialismus und sollte auf eine höhere evolutionäre Integrationsebene unter neuen Modalitäten ... übernommen werden, aber dort verknüpft werden mit der ebenso singulären Leistung des Kapitalismus, die Produktivkraftentwicklung maximiert und die wissenschaftlich technische Revolution entfesselt zu haben.« So könne ein »kapitalistischer ›Motor‹ in einem sozialistischen Fahrzeug«[543] wirken.

In weiteren Papieren von Demokratie jetzt wurde unmittelbar auf die Maueröffnung reagiert. Dem westlichen Kapital sei »klarzumachen, dass ein Verkauf von Grund und Boden bzw. eine Reprivatisierung gesellschaftlichen Eigentums ausgeschlossen bleibt und die DDR nicht als Konkursmasse zur Disposition steht«. DDR-Bürger sollten sofort »ohne besondere Genehmigungsverfahren« »Kleinbetriebe« gründen können. Die Subventionen sollten an die »Bedürftigen und nicht an die Produzenten« gezahlt werden. Das Ganze sollte außerdem durch »Finanzprogramme der Bundesregierung und nicht durch das nach Gewinnmaximierung trachtende Privatkapital«[544] ermöglicht werden. Solche intellektuellen und idealistischen Papiere hatten bei allen rationalen Anteilen keine Chance zur realpolitischen Umsetzung.

Auch andere Stimmen, die sich für den Erhalt einer sozialistischen DDR aussprachen – wie einige Kirchenleute oder der Schriftsteller Stefan Heym –, konnten nie irgendwelche praktizierbaren Wege aufzeigen. In ihrem antikapitalistischen Impetus, den Restbeständen der SED-Sprache und der Angst vor dem »bösen« Kapital war der Ideologiegehalt sehr hoch. So konnte es nicht ausbleiben, dass im November das Vertrauen der Bevölkerung in die Opposition schwand. In öffentlichen Versammlungen schlug sich die Enttäuschung nieder. Handwerker, kleine Geschäftsleute, Arbeiter und Vertreter der technischen Intelligenz forderten die Oppositionellen auf, ihre Interessen wahrzunehmen. Das Gesamtbild der Opposition wurde durch ihre intellektuellen Sprecher geprägt, und so gingen andere Positionen nahezu unter, auch im Neuen Forum. Auch hier wurde die Einheit gefordert.[545]

Am 20. November schrieb eine Bürgerversammlung in Henningsdorf bei Berlin einen »Aufruf an die Vorstände der neuen demokratischen Parteien und Bewegungen«, um sie zu bitten, »sich nicht in endlosen Debatten über einzelne intellektuelle Spielarten zu verlieren, die Demokratie damit zu zerreden, zu zersplittern und letztlich zu töten«. Der immer noch herrschenden Macht müsse ein »gleichwertiger Partner«, »eine zielbewusste demokratische Opposition« entgegentreten. Die Henningsdorfer schrieben: »Wir haben auf diese Opposition gehofft und vertraut. Nun aber beginnt unsere Hoffnung zu schwanken und unser Vertrauen zu sinken, weil wir sehen müssen, dass die demokratischen Gruppierungen offenbar nicht in der Lage sind, eine gemeinsame Basis und einen gemeinsamen, gangbaren Weg aus dem herrschenden Chaos zu finden ... Wen sollen wir wählen, wenn ihr unser Vertrauen nicht rechtfertigt? Eine der Blockparteien, deren Parteiapparat in 40-jähriger sklavischer Hörigkeit erstarrt war – und vielleicht immer noch ist? ... gebt uns, den Bürgern dieses Landes, die dringend notwendige Perspektive mit einem klaren und umsetzbaren Programm. Riskiert nicht den Untergang der Demokratiebewegung ...«[546] So deutete sich an, dass die späteren Erfolge der Blockparteien nicht deren Attraktivität selbst zu verdanken waren, sondern von der Schwäche der Opposition herrührten.

»Wir sind ein Volk« – Machtkämpfe

Reisen und demonstrieren

Auf der letzten Seite der Wochenendausgabe vom 11. und 12. November berichtete das *Neue Deutschland* über die Reisen der DDR-Bürger in den Westen und spielte den Massenansturm herunter. Millionen waren seit dem 10. November in die Bundesrepublik gereist, allein am Sonntag, den 12. November, vier Millionen. Und umgekehrt hatten sich unzählige Westdeutsche in die DDR begeben. Im *Neuen Deutschland* hieß es: »Die Heimat mal von der anderen Seite sehen, dann wieder nach Hause«, »Stippvisite zur Reeperbahn und wieder zurück zur Arbeit«, »Zu Besuch bei der Tante«. Kilometerlange Autoschlangen hatten sich an den Grenzübergangsstellen gebildet, von denen viele lediglich provisorisch eingerichtet waren. Auf bundesdeutscher Seite wurden die DDR-Bürger begeistert empfangen. Kirchengemeinden, Vereine und private Initiativen richteten Verpflegungsstellen ein, Geschenke wurden überreicht, die Hilfsbereitschaft kannte keine Grenzen. Gefüllte Einkaufstüten, Südfrüchte und natürlich Bananen wurden verteilt. Über Tage hinweg herrschte an der grünen Grenze Volksfeststimmung. Menschen aus durch die Grenze getrennten Nachbarorten

237

statteten sich gegenseitig Besuche ab, feierten Gottesdienste und Feste aller Art.

An den Empfangsstellen für das durch die Bundesregierung seit 1987 für jeden Einreisenden aus der DDR gezahlte Begrüßungsgeld in Höhe von 100 DM bildeten sich lange Schlangen. Insgesamt wurde dafür über eine Milliarde Mark ausgegeben. Mompers Vorschlag, die Ostdeutschen sollten das Geld zum Kurs von 1:4 eintauschen, lehnte die Bundesregierung ab. Der inoffizielle Umtauschkurs stieg bald auf 1:10 und mehr. Die Intensität dieser deutsch-deutschen Begegnungen in beiden Richtungen war mehr als nur ein Abarbeiten des seit Jahrzehnten aufgestauten Nachholbedarfs. Für die Ostdeutschen war der Besuch im Westen auch eine elementare politische Demonstration. Sie erlebten mit den Massenbesuchen, was noch alles möglich war. Sollten sie sich jetzt nach dem errungenen Triumph über den Honecker-Sozialismus mit der Krenz-Reform abfinden? Die DDR-Bürger waren derart politisiert, dass sie sich nicht mehr allein mit der Grenzöffnung begnügten. Ihre revolutionäre Energie ließ nicht nach, und sie verfolgten nun weiter gesteckte Ziele. Jetzt verwandelte sich die Legitimationslosung »Wir sind das Volk« in die politische Aussage »Wir sind ein Volk«. Das aber musste erkämpft werden: »Mit Reisefreiheit wollt ihr uns kaufen, wir aber werden unseren Sieg erlaufen.« Und: »Trotz Reisen lassen wir uns nicht bescheißen!«[547] Geradezu kampfeslustig dichtete ein Auerbacher kurzerhand auf die bekannte Melodie des kommunistischen Kampfliedes »Spaniens Himmel breitet seine Sterne« einen neuen Text, der erstmals am 10. November auf einer Demonstration gesungen wurde.

> »Europas Himmel breite deine Sterne
> über alle Menschenrechte aus,
> und der Morgen leuchtet in der Ferne,
> bald geht es zum neuen Kampf hinaus.
> Der Entrechtung werden wir nicht weichen,
> sitzt sie auch in manchen Köpfen fest.
> Mit der Wahrheit werden Fronten weichen,
> deren Inhalt überflüssig ist.«[548]

Nach einem kurzen Rückgang der Teilnehmerzahlen bei den Demonstrationen in den ersten Tagen nach dem Mauerfall stiegen sowohl die Teilnehmerzahl als auch die Anzahl der Demonstrationen noch einmal an. Bis zum 9. November hatte es 321 große Demonstrationen gegeben. Vom 9. bis zum 30. November, also in drei Wochen, erreichte dann die Bewegung mit 550 Demonstrationen und Großkundgebungen einen neuen Höhepunkt. Seit Ende November kamen zu den schon traditionellen Demonstrationen neue Aktivitäten hinzu, an denen ebenfalls Tausende beteiligt waren, wie Betriebsversammlungen, Aktionen zur Erzwingung neuer Grenzübergänge oder viele lokale Unternehmungen zur Entmachtung der SED. Erst ab Mitte Dezember flauten die Demonstrationen etwas ab. Dennoch wurden in diesem Monat noch fast 500 Demonstrationen gezählt. Weihnachten stand vor der Tür, die Menschen waren physisch erschöpft, aber sie hatten innerhalb eines guten Monats neue Ziele erreicht.

Bis Oktober hatten die DDR-Bürger für Reformen und für die elementarsten Grundfreiheiten demonstriert. Danach richteten sich die Demonstrationen gegen die Stabilisierung der sozialistischen Krenz-Wende, gegen die SED, gegen die FDJ, gegen die Kampfgruppen, gegen die Modrow-Regierung: »Bald kommt der Lenz, doch vorher geht der Krenz!«, »Rücktritt der gegenwärtigen Regierung«. Und in Anspielung auf den wegen Korruption verhafteten FDGB-Chef Harry Tisch: »Wir bitten Krenz und Maleuda zu Tisch!« Wieder richteten sich unzählige Losungen und Plakate gegen das MfS: »Stasi in die Produktion, einen Hammer haben wir schon«, »Stasi in die Produktion, nicht zum Zoll – ohne Lohnausgleich«.

Die Wiedervereinigung Deutschlands war in Plauen schon im Oktober, vereinzelt am 4. November in Berlin, verstärkt am 6. November in Leipzig Thema gewesen. Nach dem Mauerfall war der Damm gebrochen. Das wichtigste Symbol wurde die schwarz-rot-goldene Fahne, die tausendfach geschwenkt wurde. Neben den schlichten Rufen »Deutschland, Deutschland« oder »Deutschland einig Vaterland« gab es auch Begründungen: »Wir leben nur einmal, deshalb Einheit Deutschlands!«, »Wir brauchen die Einheit«.

Bei den Demonstrationen machte sich aber schon im November eine Minderheit bemerkbar, die mit Gegenlosungen in Erscheinung trat und in die entgegengesetzte Richtung des großen Zuges marschierte. Obwohl auch bei den Einheitsbefürwortern Losungen gegen Rechtsradikale gerufen wurden, wurden sie nun von der Gegenseite mit Sprüchen wie »Nazis raus!« bedacht. Die Einheitsbefürworter konterten mit »Rote raus«. Um die Polarisierung nicht eskalieren zu lassen, haben sich Pfarrer und Künstler mehrfach für eine Beruhigung eingesetzt. Eine wohl sehr wirksame Maßnahme war der Aufruf von Superintendent Magirius und Kapellmeister Masur, am 18. Dezember still und mit Kerzen für das Gedenken an die Opfer des Stalinismus zu demonstrieren. Fast 200 000 Leipziger folgten dem Aufruf. Deutschlandfahnen waren zu sehen, die Leipziger Glocken läuteten, und das unübersehbare Kerzenmeer überstrahlte die Aggressionen.[549] Ähnliche stille Demonstrationen fanden in Karl-Marx-Stadt (Chemnitz), Schwerin, Potsdam und Halle statt.

Die die Mehrheit der Demonstranten beschäftigende deutsche Frage verdrängte aber andere tagespolitische Themen keineswegs. Aufmerksam wurde die Lage in den Ländern verfolgt, in denen sich die Auseinandersetzung mit den Kommunisten noch zuspitzte: »Wie lange wird das Volk erpresst, wie in Prag und Bukarest?«, »Für Solidarität mit den Bürgern Rumäniens und gegen Terrorisierung«, »Prag – Bukarest – Peking«. Viele Losungen betrafen die Wirtschaft: »Wirtschaft ohne Gewinn gleich Arbeiten ohne Sinn«. Schüler und Studenten forderten »Russisch fakultativ«. In Orten, wo die Bevölkerung wie in Zossen an den Folgen der Stationierung sowjetischer Truppen litt, hieß es: »Russen raus!« Aber auch die Selbstvergewisserung der eigenen Kraft war ein Thema. »Wir sind die 0,1 Prozent Gegenstimmen« stand auf einem Plakat unter Anspielung auf die angebliche 99,9-prozentige Zustimmung zur SED bei den Scheinwahlen. Und immer wieder versicherten die Demonstranten »Solange die SED regiert, wird weiter demonstriert« und »Vorwärts – bleibt nicht stehen, dann muss Egon auch bald gehen«. Die Demonstranten in der DDR bestimmten das Tempo, sie nahmen die Entwicklung voraus: »SED – das ist wahr, das ist euer letztes Jahr.« Sie waren nicht eingezwängt in Verträge und Vereinbarungen, in den Status quo, in die Dogmatik der Architektur des europäischen Hauses. Sie waren gewohnt zu warten und hatten erfahren, dass Ungeduld die Zeit beschleunigt. Die Bevölkerung trieb auch jetzt wieder die Politik vor sich her. Nahezu gehetzt rief der Kandidat des Politbüros Günter Sieber während der ZK-Sitzung: »Die Forderung der Zeit ist der Kampf gegen die Zeit, um die Zeit, für die Zeit, für die Deutsche Demokratische Republik, unsere Heimat.«[550]

In einer Diskussion am 30. November zwischen bundesdeutschen Sozialdemokraten und dem SDP-Gründer Markus Meckel sprach Hans-Ulrich Klose das »Zeitproblem« an: »Ich frage mich immer, nachdem sie [die DDR-Bürger] 40 Jahre lang gewartet haben und den Traum vom besseren Leben geträumt haben – das ist ein sehr menschlicher Traum –, werden sie noch einmal zehn Jahre warten? Ich glaube nicht, dass sie das tun werden.«[551] Und Johannes Kuppe verwies auf den »Zeitfaktor ... zumal in Zeiten, wo die Massen so demonstrativ Geschichte machen«[552]. Meckel bestätigte: »Zeit – das ist natürlich das große Problem, da wir nicht genau wissen, wohin die Entwicklung läuft ... Das heißt, wir müssen schneller handeln, wir müssen so schnell wie möglich handeln ...«[553]

Am 11. Dezember erklärte Helmut Kohl in West-Berlin auf der Tagung des CDU-Bundesausschusses, dem sogenannten kleinen Parteitag: »Nicht wir oder andere in West und Ost bestimmen heute Inhalt, Richtung und Tempo dieser Prozesse. Die Entwicklung in der DDR wird von den Menschen dort gestaltet, sie kann nicht vom ›grünen Tisch‹ oder mit dem Terminkalender in der Hand geplant werden.« Die Versammlung beschloss Leitlinien zur Deutschlandpolitik, die die Wiedervereinigung anvisierten. Der anwesende Rainer Eppelmann vom Demokratischen Aufbruch bekannte, dass ihm alles zu schnell gehe. »Wir brauchen Zeit ... auch Zeit vor Ihnen.«[554]

Der Zehn-Punkte-Plan Helmut Kohls

Auf die ansteigende Demonstrationswelle in der DDR mit der dominierenden Forderung nach Wiedervereinigung musste die Bundesregierung reagieren. Mit dieser Kraft im Rücken konnte sie die höchst sensible Problematik angehen.[555] Zunächst hatte der Bundeskanzler sehr vorsichtig agiert, da ein Vorpreschen in der deutschen Frage alliierte Vorbehaltsrechte berührt hätte und die Idee einer Wiedervereinigung bei den engsten westlichen Verbündeten nicht gerade auf Wohlwollen stieß. Die US-Regierung sendete zuerst positive Signale, auch wenn sie die Hürden sehr hoch legte. Frankreich und Großbritannien verfolgten das Ringen um Demokratie mit Sympathie, mochten allerdings aus europapolitischen Gründen und auch wegen mentaler Vorbehalte eine Wiedervereinigung nicht ins Kalkül nehmen. Die Bundesregierung betonte, dass die deutsche Frage in den europäischen Einigungsprozess eingebettet sein müsse, und beschränkte sich auf Gesprächskontakte in die

DDR, auch mit der Opposition. Auch bot sich Willy Brandt für Vermittlungen an. Ein deutschlandpolitisches Konzept für den Fall einer möglichen Wiedervereinigung gab es aber nicht. Schneller als Bonn war Hans Modrow, der am 17. November seine Regierung bildete. Er gestand die wirtschaftliche Misere ein, selbst ein Staatshaushaltsplan könne nicht mehr aufgestellt werden. Darum versprach er sich Hilfe von der Bundesrepublik. Er schlug vor, eine »Vertragsgemeinschaft« zu bilden, die allerdings die Selbstständigkeit der DDR beinhalten sollte.

Ein entscheidender Anstoß kam am 21. November in Bonn von einem Moskauer Abgesandten, Nikolai Portugalow, der zu den deutschlandpolitischen Fachleuten im Zentralkomitee der KPdSU gehörte. Portugalow, der mit Horst Teltschik im Bundeskanzleramt zusammentraf, hatte seine Reise auch gegenüber der DDR-Regierung geheim gehalten. Er führte nichts Schriftliches mit sich, da er befürchtete, bei seiner Durchreise durch Ost-Berlin vom MfS durchsucht zu werden.[556] So übergab er nur vor Ort gefertigte handschriftliche Notizen. Er erkundigte sich nach den deutschlandpolitischen Plänen der Bundesregierung und ließ durchblicken, dass Gorbatschow Handlungsbedarf sehe, da er die Instabilität der neuen SED-Führung erkannt habe. Die wichtigste Nachricht des Moskauer Emissärs war aber, dass Moskau in der Deutschlandfrage über den Status quo hinausdachte. Teltschik wurde nun zum Inspirator einer elementaren Neuausrichtung der Deutschlandpolitik Kohls. In internen Debatten entstand ein Programm zur Überwindung der deutschen Teilung, das Kohl abschließend selbst bearbeitete. Als er am 28. November im Bundestag für alle Fraktionen überraschend seinen »Zehn-Punkte-Plan zur Überwindung der Teilung Deutschlands und Europas« vorstellte, existierte damit erstmalig eine konkrete Leitlinie für eine Annäherungspolitik im Rahmen der von der Bundesrepublik eingegangenen Verträge, die eine künftige Wiedervereinigung ermöglichen sollte.

Der Plan sah vor, dass sich die Bundesregierung weiterhin um die Lösung aller Probleme sorgen wollte, die sich aus der Massenflucht und dem Reiseverkehr ergäben. Das Angebot finanzieller Hilfen wurde erneuert, wenn es zu einem »grundlegenden Wandel des politischen und wirtschaftlichen Systems« käme. Dazu gehöre auch die »Freilassung aller politischen Gefangenen«. Die von Modrow vorgeschlagene »Vertragsgemeinschaft« solle aufgenommen werden, indem »konföderative Strukturen« zu entwickeln seien »mit dem Ziel, eine Föderation, d. h. eine bundesstaatliche Ordnung, in Deutschland zu schaffen«. Alles solle innerhalb »der Architektur Gesamteuropas« geregelt werden, einschließlich des »Zugangs der DDR zum europäischen Markt«. Dabei seien »zügige Schritte in der Abrüstung und Rüstungskontrolle« zu gehen. Der letzte Punkt hieß: »Mit dieser umfassenden Politik wirken wir auf einen Zustand des Friedens in Europa hin, in dem das deutsche Volk in freier Selbstbestimmung seine Einheit wiedererlangen kann.«[557]

Im Bundestag stimmten alle Fraktionen, mit Ausnahme der Grünen, dem Plan zu. Karsten Voigt von den Sozialdemokraten erklärte ausdrücklich, dass der Plan mit den Prinzipien der sozialdemokratischen Deutschlandpolitik übereinstimme. In den nächsten Tagen wurden in der SPD aber einige Vorbehalte geäußert, insbesondere wurde eine schnelle Wiedervereinigung ausgeschlossen. Die Grünen waren noch auf die »Thesen zu einer neuen Deutschlandpolitik« festgelegt, die Joschka Fischer im November 1989 in der *taz* veröffentlicht hatte. Die deutsche Einheit dürfe nicht, wie es »führende Unionspolitiker nicht müde werden zu behaupten«, wieder auf die Tagesordnung gesetzt werden. »In Deutschland 45 Jahre nach Auschwitz auf alles Nationale panisch zu reagieren ist kein Anlass zur Scham und Kritik, sondern überlebensnotwendige Demokratiepflicht für mindestens weitere 45 Jahre.«[558]

Die USA stimmten dem Plan zu, bestanden aber weiter auf ihren Vorbehaltsrechten in der Deutschlandpolitik. Die Bundesregierung sollte daran gehindert werden, allein zu handeln. Kritischer waren die Franzosen und Engländer, die ihre Rechte nicht geschmälert sehen wollten. Der französische Präsident François Mitterrand plante gar einen offiziellen Besuch in der DDR, der die ostdeutsche Regierung aufwerten sollte. Offen verärgert gab sich Gorbatschow. Er telefonierte am 10. Dezember mit dem neuen SED-Vorsitzenden, Gregor Gysi, dem er Unterstützung für die angeschlagene SED zusicherte.[559]

Mit dem Zehn-Punkte-Plan war Helmut Kohl in die Offensive gegangen. Zwar hatte der Plan keine zeitlichen Angaben gemacht, auch blieb die Intensität der zu treffenden Vereinbarungen unklar. Aber er steckte einen Handlungsrahmen ab, der von der ostdeutschen Bevölkerung als Wiedervereinigungspolitik verstanden werden konnte.

»Für unser Land«

Der Zehn-Punkte-Plan Helmut Kohls spaltete die SED-kritischen Geister in der DDR. Jetzt versuchten Intellektuelle dem politischen Trend und den Forderungen der Straße entgegenzuwirken. Die Rettungsversuche für die DDR kulminierten in dem Appell »Für unser Land«, der am 29. November im *Neuen Deutschland* abgedruckt wurde. In diesem Appell hieß es: »Entweder können wir auf der Eigenständigkeit der DDR bestehen und versuchen, mit allen unseren Kräften und in Zusammenarbeit mit denjenigen Staaten und Interessengruppen, die dazu bereit sind, in unserem Land eine solidarische Gesellschaft zu entwickeln, in der Frieden und soziale Gerechtigkeit, Freiheit des Einzelnen, Freizügigkeit aller und die Bewahrung der Umwelt gewährleistet sind. Oder wir müssen dulden, dass, veranlasst durch starke Zwänge und durch unzumutbare Bedingungen, an die einflussreiche Kreise aus Wirtschaft und Politik in der Bundesrepublik ihre Hilfe für die DDR knüpfen, ein Ausverkauf unserer materiellen und moralischen Werte beginnt und über kurz oder lang die Deutsche Demokratische Republik durch die Bundesrepublik vereinnahmt wird.«[560]

Mit der Veröffentlichung des Appells wurde gleichzeitig eine Unterschriftensammlung organisiert. Erstunterzeichner waren prominente Künstler wie Christa Wolf und Stefan Heym, Kirchenleute wie Bischof Christoph Demke und einige Oppositionelle wie Friedrich Schorlemmer, Konrad Weiß und Ulrike Poppe. Der Appell erneuerte noch einmal mit der Erinnerung an die »sozialistischen und humanistischen Ideale« die Gründungslegende der DDR, berührte das Trauma der unaufgearbeiteten deutschen Schuld, an dem Intellektuelle und Künstler, die Kirchenleute und nicht wenige Oppositionelle litten. Der Appell bot das Bild einer wahren, früher vom Stalinismus verhüllten DDR, die mit hohen Idealen ausgestattet nun künftige Solidarität verhieß.

Die beteiligten Oppositionellen waren nicht rechtzeitig von ihren Legitimationsstrategien einer systemimmanenten Opposition heruntergekommen, und ihr überschießend moralisches Politikverständnis machte sie blind für die irrationalen Effekte des Appells. Manche haben später eingeräumt, dies nicht überblickt zu haben. Schorlemmer erklärte, er habe einem anderen Text zugestimmt als dem abgedruckten, zog aber seine Unterschrift nicht zurück. Die zweite Gruppe wurde von kritischen Künstlern angeführt, die, verheddert in den alten Sprachmustern, meinten, aus der Entstalinisierung des Sozialismus eine dauerhafte Position entwickeln zu können. Und schließlich wurde der Appell von der SED unterstützt, die den Appell für ihren Machterhalt instrumentalisierte. Hier deutete sich der postkommunistische Kunstgriff an, die Legitimation aus der ideologischen Konstruktion des Klassenkampfs in einen neuen fiktiven Konflikt, den zwischen Ost und West, zu überführen.

Der Appell führte umgehend zu einer Polarisierung der politischen Kräfte, auch in der Opposition, zumal ihn sogar Krenz und andere SED-Größen unterzeichnet hatten. Keine der Oppositionsbewegungen hat insgesamt den Appell unterstützt, der semantisch nicht einmal ihre Position vom September spiegelte. Vielfach kam es zu harten Gegenäußerungen. Auch nahmen zahlreiche unabhängige Personen des öffentlichen Lebens Stellung. Der Theologieprofessor Wolf Krötke polemisierte gegen die Verdächtigungen gegenüber den »einflussreichen Kreisen« im Westen, die den »Ausverkauf« organisieren wollten: »Hat denn niemand bemerkt, dass das genau die alten stalinistischen Propagandatöne sind? ... Erinnert sich denn niemand mehr daran, dass einmal ein ganzes Volk unter den Verdacht gestellt wurde, mit seinem Geld die Deutschen auszukaufen, ja auszusaugen? ... Es darf darum nicht verschleiert werden, dass die ›sozialistische Alternative‹ erst auf dem Grunde riesiger Anleihen bei den geistigen Werten rechtsstaatlicher Demokratien, zu denen auch die Bundesrepublik gehört, eine Art Glaubwürdigkeit bekommt (um von den riesigen Anleihen materieller Art zu schweigen). Mit dem Geist der Abgrenzung und des Angstmachens muss es ein Ende haben.«[561] Der katholische Theologe Heinz-Josef Durstewitz schrieb: »Was wir brauchen, ist nicht Moralität auf dem Kontrast von Worthülsen und alten Feindbildern.« Zur Entwicklung des Landes bedürfe es »unbedingt der Hilfe von außen, auch der Bundesrepublik Deutschland«, die nicht schon wieder »verteufelt«[562] werden dürfe.

Auch innerhalb der Opposition gab es harsche Kritik am Appell. Der Demokratische Aufbruch protestierte mit einer scharfen Presseerklärung. Die »Initiative zur demokratischen Umgestaltung Plauen« startete eine Unterschriftenaktion mit einem Gegenaufruf »Für die Menschen in unserem Land«. Dieser kritisierte die Fiktion eines »sogenannten erneuerten Sozialismus«. »Wie dieser ›eigenständige Weg aus der Krise‹ aussehen soll, erfahren wir ebenfalls nicht, denn es gibt kein Konzept für einen solchen Weg. Stattdessen malt man das Schreckgespenst des ›Ausverkaufs‹ und der ›Vereinnahmung‹ durch die BRD an die Wand.« Der Aufruf befürwortete eine Föderation entsprechend dem Zehn-Punkte-Plan Kohls und bekräftigte: »Denn wir sind und bleiben ein Volk.«[563] Auch das Neue Forum in Plauen unterstützte diesen Aufruf, begrüßte den Zehn-Punkte-Plan, forderte einen Volksentscheid über einen Zusammenschluss beider deutscher Staaten und verwahrte sich gegen den Aufruf »Für unser Land«.

Es gab auch Kritik, die sich an den intellektuellen Unterzeichnern festmachte: »Die DDR-Bevölkerung ist über Nacht gespalten. Wie groß die Anteile der jeweiligen Meinung sind, weiß keiner. Jeder aber weiß, dass diese Spaltung Gefahren in sich birgt. Die Radikalisierung derjenigen, die sich auch noch von denen betrogen fühlen, die bisher ihre Wortführer waren, wird vorangetrieben. Sie verlangen nach der Einheit Deutschlands und nach Beseitigung des Sozialismus. Für beides wollen sie streiken. Und sie werden es wohl früher oder später tun. Soll man dieses Volk nun als dummen und von bösen Triebkräften des Unterbewusstseins erfassten Mob verurteilen? Gewiss, das Volk hat ebenso nicht immer recht, wie eine Partei nicht immer recht hat. Aber diese Entwicklung liegt in der Folgerichtigkeit des Aufeinandertreffens von Umständen und Bedingungen. Die Rufe des Volkes nach Aufhebung des Sozialismus und nach Errichtung der deutschen Einheit sind von daher richtig und bedürfen keiner weiteren Legitimation.«[564]

Auch die deutschen Dichter waren gespalten. Günter Kunert, einige Jahre vorher aus der DDR vertrieben, schrieb: »Als erlebe man auf groteske Weise die Wiederholung einer klassischen deutschen Misere, der einst so wunderbare Geistesblüten entsprangen. Die gegenwärtigen aber sind bereits welk. Trotz überwältigender Kenntnis der trostlosen Lage und ihrer kaum minder trostlosen Ursache wird die längst mumifizierte Utopie beschworen ... den ›demokratischen Sozialismus‹ einzuläuten.«[565] Stefan Heym, einer der Initiatoren des Aufrufs, hatte – die alte offizielle Sprachregelung ironisierend – zunächst begeistert über die Freiheitsbewegung sagen können »Hurra dem Pöbel«. »Doch das Tempo lässt sich nicht bremsen, die Geschichte duldet kein Patt.«[566] Im Dezember 1989 beschimpfte er dann jedoch die am mangelnden Bewusstsein leidenden Ostdeutschen. Er war angewidert, als sich diese über die Grabbeltische in westlichen Kaufhäusern hermachten, die für ihn als Westreisenden im Übrigen immer zugänglich gewesen waren. Unwürdig erschien ihm das für eine Arbeiterklasse mit dem geschichtlichen Auftrag, den erneuerten Sozialismus aufzubauen. Für ihn war es die unfrohe Wiederkehr des verführten Pöbels, der schon am 17. Juni 1953 die Läden stürmte. Und das Streben nach der Einheit erinnerte ihn an »ein Volk, ein Reich, ein …«[567]

Der Appell »Für unser Land« ging schließlich trotz einiger Hunderttausend Unterschriften unter, da die Bevölkerung ihn ignorierte und sich die Opposition mehrheitlich von ihm distanzierte, als klar wurde, in welchem Maße er von der SED instrumentalisiert wurde. Plötzlich gab es Klagen, dass in Betrieben und öffentlichen Einrichtungen Unterschriftsverweigerer dies im guten, alten DDR-Stil begründen mussten. Wieder einmal zeigte sich, dass die politischen Ziele auch die Art der Mittel bestimmten.

Konzepte der Opposition

Die deutschlandpolitischen Positionen Oppositioneller, die neben unbeschränkter Reisefreiheit auch das Selbstbestimmungsrecht der Deutschen, föderative Strukturen zwischen beiden deutschen Staaten und Blockfreiheit vorsahen, basierten auf der Vorstellung von einem sehr langen Vereinigungsprozess im europäischen Zusammenhang. Solche Vorstellungen mussten nun der neuen Lage angepasst werden. In allen großen Oppositionsbewegungen wurde seit Ende November um programmatische Lösungen gerungen und gestritten. Am 2. Dezember tagte die Programmkommission des Demokratischen Aufbruchs in Berlin und setzte sich mit dem Zehn-Punkte-Plan Kohls auseinander. Die Kommission erklärte: »Was in eine ferne Zukunft gerückt schien, ist auf die Tagesordnung gesetzt: Die Einigung der Deutschen Nation.« Der Demokratische Aufbruch sähe im Kohl-Plan »einen beachtlichen Beitrag zur Verwirklichung auch seiner deutschlandpolitischen Vorstellungen. Wir gehen von einer einheitlichen deutschen Nation aus. Für uns ist die Zweistaatlichkeit historisch bedingt und kann deshalb nicht von Dauer sein.« Es gelte, »sofort Formen und Wege einer gesamtnationalen Verständigung zu finden«[568]. Diese Erklärung, die den Eindruck einer Willenskundgebung des gesamten Demokratischen Aufbruchs machte, erfuhr sofort heftige Kritik. Der Vorstand verschob die Herausgabe der Erklärung noch am gleichen Tag. Der Kreisverband Berlin-Friedrichshain des Demokratischen Aufbruchs warf am 5. Dezember der Programmkommission vor, sie habe die »Positionen der vorläufigen Grundsatzerklärung verlassen«[569].

Der Vorstand der SDP gab am 3. Dezember eine »Erklärung der SDP zur deutschen Frage« heraus: »Die Sozialdemokraten in der DDR bekennen sich zur Einheit der Deutschen Nation.« Nachfolgend wurde aber eine »Wiedervereinigung im Sinne eines Anschlusses an die BRD« aus sozialen, wirtschaftlichen und politischen Gründen abgelehnt. Eine »Konföderation« solle gebildet werden, wobei die schnelle »Einsetzung einer demokratisch gewählten Regierung« den Vorrang haben müsse, um »unsere Interessen ... kraftvoll vertreten«[570] zu können.

Am 14. Dezember legte Demokratie jetzt seine »Deutschlandpolitischen Thesen« vor, die einen »Dreistufenplan der nationalen Einigung« enthielten. Auch dieser Plan erinnerte an die deutsche Schuld, sah die Grenzen von 1945 als unantastbar an und wollte die »neue politische Einheit« in einem Reformprozess verwirklichen. Dabei sollte der Demokratisierungsprozess in der DDR mit sozialen und gesellschaftspolitischen Reformen im Westen einhergehen und zur Bildung einer »Deutschen Nationalversammlung« führen. Dann sollte ein »Nationalvertrag« zwischen beiden Staaten abgeschlossen werden, der einen »Staatenbund« mit Schritten zu einer »wirtschafts-, steuer- und finanzpolitischen Einheit« ermöglichen solle. Schließlich solle im Rahmen einer Entmilitarisierung ein »Bund Deutscher Länder«[571] gegründet werden, der sich einer »solidarischen Weltwirtschaftsordnung« verpflichtet fühle.

Ähnlich wie in vielen Regionen nahm auch das Neue Forum in Rostock in der nationalen Frage eine kritische Haltung gegenüber den Berliner Initiatoren ein. Hier war es vor allem Joachim Gauck, der strikt für eine Entideologisierung eintrat. In einem Beitrag auf der Vollversammlung des Neuen Forums Rostock am 13. Dezember erklärte er in Abgrenzung zu den Vertretern der Zweistaatlichkeit: »Ich frage mich, ob es angebracht ist, diesen Einheitswillen zu diskreditieren oder zu zensieren ... Wir sind nicht in erster Linie Lehrer des Volkes, sondern Teil des Volkes ...« Den Einheitsprozess »sollten wir aber nicht verzögern, sondern deutlich fördern, begleiten und mitbestimmen«. Und gegen die Verfechter eines reformierten Sozialismus stellte er fest: »Ganz fraglich ist, wie der ›neue‹ Sozialismus wirtschaftlich fundiert sein soll. Was wir jetzt brauchen, sind aber nicht ungewisse Versuche, sondern realistische Wirtschaftskonzepte.«[572]

Die Opposition sprach eine andere Sprache als die Demonstranten. Die Bevölkerung erwartete die schlichte Botschaft, dass die Einheit Deutschlands jetzt, so bald als möglich, hergestellt werden solle. Dieses Element fehlte, und wichtige Wortführer der Opposition versagten sich dem immer stärker werdenden Drängen der Demonstranten. Diese aber merkten, dass sie sich in dieser Frage nur selbst vertreten konnten.

Vorbereitung des Runden Tisches

Trotz vieler Unschärfen der Konzepte konnten die neuen oppositionellen Gruppierungen im November den Druck auf die SED weiter erhöhen. Dabei waren sie sich des Rückhalts der Demonstranten sicher. Die SDP forderte zu weiteren Demonstrationen auf, da von Reformen erst gesprochen werden könne, »wenn das Machtmonopol der SED aufgehoben«[573] sei. Der Demokratische Aufbruch und andere Gruppen forderten im November die Enteignung der SED und der Blockparteien. Schon am 10. November forderte Konrad Weiß von Demokratie jetzt, dass Krenz abgelöst und Christa Wolf Staatsratsvorsitzende werden solle, die freilich darauf nicht einging. Vor allem aber versuchte die Opposition den Autoritätsverlust der SED zu nutzen.

Einen Tag nach dem Mauerfall traf sich die Kontaktgruppe der Opposition in Berlin, um die Einberufung eines Runden Tisches vorzubereiten. Nach dem Scheitern des Dialogs zu Bedingungen der SED musste ein Verfahren gefunden werden, das nicht nur die bisherige Gewaltfreiheit sicherstellte, sondern in einem gleichberechtigten Dialog eine höchstmögliche Verbindlichkeit von Vereinbarungen und die Unumkehrbarkeit des Demokratisierungsprozesses garantierte. Die Idee eines Runden Tisches hatte es in der Opposition schon unmittelbar nach den Wahlfälschungen im Mai gegeben. Die Initiative Absage an Praxis und Prinzip der Abgrenzung verlangte »autorisierte Gesprächsrunden, bei denen in Offenheit und gegenseitigem Vertrauen ein aufrichtiger und verantwortungsvoller Dialog«[574] geführt werde, der die Weichen für die Demokratisierung stellen solle. Am 9. Oktober hatte auch Christa Wolf einen Runden Tisch als Vermittlungsinstanz vorgeschlagen. Diese Idee drängte sich auf, weil in Polen und Ungarn die Runden Tische den Übergang zur Demokratie erfolgreich bewerkstelligt hatten, eine Entwicklung, welche die SED-Führung mit Sorge beobachtete. Die größte öffentliche Resonanz hatte der Vorschlag von Wolfgang Ullmann, der bei einer Veranstaltung von Demokratie jetzt am 27. Oktober in der Gethsemanekirche die Forderung nach einer Volksabstimmung über die führende Rolle der SED und einen Runden Tisch erhob.

Am 30. Oktober verhandelte ich mit Ullmann darüber, und wir vereinbarten, die Kontaktgruppe mit dem Vorschlag zu beschäftigen. Die SDP und der Demokratische Aufbruch gingen mit der Forderung nach einem Runden Tisch auch an die Öffentlichkeit. Am 10. November legte die Kontaktgruppe die weitere Strategie fest. Gerhard Bächer für die GI Grüne Partei, Gutzeit und Hilsberg für die SDP, Heinz Küchler für Dj, Klaus Ihlau für die VL und ich für den DA gaben als Ergebnis eine »Gemeinsame Erklärung« heraus, in der es hieß: »Angesichts der krisenhaften Situation in unserem Land, die mit den bisherigen Macht- und Verantwortungsstrukturen nicht mehr bewältigt werden kann, fordern wir, dass sich Vertreter der Bevölkerung der DDR zu Verhandlungen am Runden Tisch zusammensetzen, um Voraussetzungen für eine Verfassungsreform und für freie Wahlen zu schaffen.«[575]

Beteiligt sein sollten die neuen oppositionellen Organisationen, die Kirchen, Initiativen in einigen Großbetrieben und Künstler. Das Neue Forum trat dieser Forderung nicht bei, da es darauf bestand, die Führungsrolle der SED nicht infrage zu stellen, weil die Opposition das Machtvakuum nicht füllen könne. Am 17. November traf sich die Gruppe erneut in der Wohnung von Hilsberg mit Ullmann, Heinz Küchler, Christoph Singelnstein, Werner Fischer, Gutzeit, mir und Poppe. Dabei wurde vereinbart, dass außer den oppositionellen Organisationen nur die in der Volkskammer vertretenen Parteien teilnehmen sollten. Damit sollten eine Privatisierung etwa durch die Beteiligung von Künstlern verhindert und außerdem die zahlreichen SED-abhängigen Massenorganisationen ausgeschlossen werden. Als Tagungsort wurde das Dietrich-Bonhoeffer-Haus in Berlin vorgeschlagen, wo am 7. Dezember erstmals der Runde Tisch zusammentreten sollte. Am gleichen Tag sprach Ullmann mit Bischof Forck über die moderierende Beteiligung der Kirchen.

Die SED konnte sich zwar gegen die Forderung nach einem Runden Tisch nicht mehr zur Wehr setzen, wollte aber nun den Eindruck erwecken, selbst die Initiative ergriffen zu haben. Sie verfügte auch in dieser Phase noch über Informationen über die

Absichten und Vorgehensweisen der Opposition, da diese mit der Berlin-Brandenburgischen Kirche in Verhandlungen stand. Die SED registrierte: »Durch einen Telefonanruf von Konsistorialpräsident Stolpe bei Genossen Peter Kraußer, Leiter der Arbeitsgruppe Kirchenfragen des ZK, wurde bekannt, dass sich morgen in kirchlichen Räumen die ›bekannten Gruppen und Initiativen‹ (Stolpe) treffen, um sich ihrerseits auf den Runden Tisch vorzubereiten (Anlage). Nicht einbezogen sind die in der Volkskammer vertretenen Parteien und gesellschaftlichen Organisationen.«[576] So überraschte das *Neue Deutschland* am 21. November seine Leser mit der Behauptung, dass die SED einen Runden Tisch angeregt habe. Am gleichen Tag wurde allerdings durch die Kirchen bekannt gemacht, dass sie den Vorschlag der Opposition aufgegriffen hätten. In der Sitzung der Kontaktgruppe am 24. November wurden die Kirchen offiziell gebeten, die Einladung zum Runden Tisch auszusprechen[577], nachdem es nochmals Gespräche zwischen Kirchenvertretern der Berlin-Brandenburgischen Kirche und der Opposition in den Räumen der Sophiengemeinde gegeben hatte.

Die letzten Vorbereitungen der Kontaktgruppe wurden am 1. Dezember getroffen. Wieder wurden die paritätische Besetzung des Runden Tisches mit je 15 Vertretern der Parteien der Volkskammer und der neuen oppositionellen Parteien und Bürgerbewegungen bekräftigt und Fragen der Geschäftsordnung erörtert. Für die erste Sitzung des Runden Tisches wurden fünf Grundforderungen formuliert. Danach sollte im ersten Punkt ein Antrag an die Volkskammer gestellt werden, den Artikel 1 der Verfassung von 1974 außer Kraft zu setzen, in dem die staatliche Organisation »unter der Führung der Arbeiterklasse und ihrer marxistisch-leninistischen Partei« festgeschrieben war. Aufgehoben werden sollte auch Artikel 3, nach dem die »Nationale Front« als politische Handlungsebene aller »Parteien und Massenorganisationen« ausgewiesen war. Die zweite Forderung verlangte die Offenlegung der wirtschaftlichen und finanziellen Lage der DDR. Die dritte Grundforderung hieß: »Rechtliche Regelung der Beziehung der beiden deutschen Staaten.« Viertens wurde die gesetzliche Neuregelung von Wahlen verlangt. Und im letzten Punkt wurde ein Bericht zur Untersuchung der Gewaltexzesse vom 7. und 8. Oktober gefordert.[578]

Zum 7. Dezember lud das Sekretariat des Bundes der Evangelischen Kirchen (BEK) in Abstimmung mit der Arbeitsgemeinschaft

Christlicher Kirchen und dem Sekretariat der Berliner Bischofskonferenz zum ersten Rundtischgespräch in das Dietrich-Bonhoeffer-Haus in Berlin ein. Zusätzlich wurden durch die Opposition
auch an die Altparteien Einladungen ausgesprochen. Auf der letzten Sitzung des zerfallenden Blocks der Altparteien am 28. November nahmen diese das Angebot an. Allerdings versuchten sie
die paritätische Zusammensetzung des Runden Tisches durch das
Nachschieben von Massenorganisationen zu verändern.

Die Volkskammer und die Regierung Modrow

»Ich liebe doch alle!«

Das kommunistisch gesteuerte Scheinparlament, die Volkskammer,
wurde seit Jahrzehnten zweimal im Jahr einberufen, um von der
SED längst gefasste Beschlüsse einstimmig abzusegnen. Als trotz
der Demokratisierungsversprechen von Krenz der Volkskammerpräsident und Mitglied des Politbüros Horst Sindermann die Volkskammer nach dem Rücktritt des Vorsitzenden des Ministerrats
Willi Stoph nicht einberief, regte sich unter den Abgeordneten
Unmut. Dabei besaß die SED in dieser politischen Zustimmungsmaschine ohnehin die Mehrheit.[579] Die Abgeordneten wollten nun
an den politischen Entscheidungen beteiligt werden. Am 13. November fand die 11. Tagung in der 9. Wahlperiode der Volkskammer
statt. Plötzlich stimmte das Pseudoparlament nach dem Mehrheits-
prinzip ab. Die Blockparteien demonstrierten ihre Unabhängigkeit
von der SED. Volkskammerpräsident Sindermann musste zurücktreten. In einer Kampfabstimmung zwischen Manfred Gerlach und
Günther Maleuda, dem Vorsitzenden der Demokratischen Bauernpartei, setzte sich Letzterer knapp durch. Die Volkskammerabgeordneten verlangten die Offenlegung der wirtschaftlichen Lage,
was ihnen allerdings nur unvollständig gewährt wurde. Sie wähl-
ten Hans Modrow zum Ministerpräsidenten – wie immer mit über
99 Prozent.

Zu einem dramatischen Höhepunkt der Sitzung wurde der Auftritt des einundachtzigjährigen Ministers für Staatssicherheit Erich
Mielke. Er, Sindermann und der gerade zurückgetretene Stoph sollten über ihre Tätigkeit Rechenschaft ablegen, weil die Abgeordneten vermuteten, dass die drei über die heraufziehende Krise infor-

miert waren. Sie boten allerdings nur weinerliche Auftritte und schoben die Misere auf Honecker und dessen Stellvertreter Mittag. Mielke wollte das MfS, das seit Wochen in der Öffentlichkeit angegriffen wurde, rechtfertigen, berief sich auf dessen Friedensauftrag und erklärte, immer vollständige Informationen gegeben zu haben. Als er die Abgeordneten mit »Genossen« ansprach, hagelte es Proteste. Als er davon redete, dass das MfS »einen außerordentlich hohen Kontakt zu allen werktätigen Menschen« habe, lachten die Abgeordneten. Als er dann auch noch versicherte: »Ich liebe, ich liebe doch alle. Ich liebe doch, ich setzte mich doch dafür ein«[580], erscholl höhnisches Gelächter. Die Kammer reagierte damit auf die reichlich perverse Verwendung von Begriffen wie Liebe (statt Kontrolle) und Kontakte (statt Überwachung). Die Sitzung wurde auch im Fernsehen der DDR übertragen. Damit hatte die Revolution eine neue und später immer wieder kolportierte Sprachepisode. Das gefürchtete Machtinstrument der SED war durch die bislang willfährigen Abgeordneten lächerlich gemacht worden. Innerhalb des MfS führte der Auftritt Mielkes zu Protesten und erschütterte das Selbstbewusstsein dieses SED-Organs. Dessen wichtigste Waffe, die Angst, war stumpf geworden.

Der Schriftsteller Thomas Rosenlöcher fand für diese Banalität des Bösen eine Beschreibung: »Der Sicherheitsminister im Zustand der Unsicherheit ... Sein nach Worten schnappender Mund. Das Gelächter, als er behauptet, doch immer alles gemeldet zu haben ... Gerade im Dümmlichen erscheint das Menschliche besonders rein. Er liebt uns, er liebt uns alle. Daher musste er uns vor uns selber schützen. Insofern gibt es das Böse gar nicht. Selbst Judas wollte seinen Herrn nur vor sich selbst bewahren. Und mit dem Kuss, mit dem er ihn verriet, suchte er ihm besonders nah zu sein ... Und während dieser Mielke-Fisch nach Worten schnappt, schauen Millionen zu. Auch ich betrachte diesen kahlen Krempling mit unverhohlener Genugtuung. Der Täter wird zum Opfer und der Zuschauer zum Täter. Als wohnte ich einer Hinrichtung bei. So tut er mir am Ende noch leid.«[581]

Das Volkskammermandat Mielkes wurde gestrichen. Auf Vorschlag der SED trennte sich die Kammer schon am 13. November von 27 Abgeordneten, die durch Nachfolgekandidaten ersetzt wurden. Der personelle Austausch hielt bis in das Jahr 1990 an. Fast die Hälfte der Abgeordneten verlor in dieser rechtlich fragwürdigen Selbstreinigung ihr Mandat. Die Kammer setzte am 17. November eine Kommission ein, die ein neues Wahlgesetz ausarbeiten sollte. Am 1. Dezember strich sie den Führungsanspruch der SED aus der Verfassung. Der neue Artikel 1 der Verfassung hieß nun: »Die Deutsche Demokratische Republik ist ein sozialistischer Staat der Arbeiter und Bauern. Sie ist die politische Organisation der Werktätigen in Stadt und Land.« Weggefallen war der Nachsatz »unter Führung der Arbeiterklasse und ihrer marxistisch-leninistischen Partei«. Die CDU versuchte vergeblich, den Sozialismuszusatz streichen zu lassen. Ein mehr als symbolischer Beschluss der Volkskammer war das Verbot für die Spitzenkader der SED, weiterhin persönlich eine Waffe zu tragen.

Säuberungen

Die Volkskammer machte sich seit dem 17. November zur Vorhut einer groß angelegten Säuberungskampagne. »Säuberungen« von Partei, Staat und Gesellschaft waren stets ein Bestandteil kommunistischer Herrschaft gewesen. Der Partei- und Staatskörper war von »Schädlingen« frei zu halten. Säuberungen hatten all jene getroffen, die tatsächlich oder vermeintlich der gerade opportunen Politik nicht genehm waren. Jetzt suchte der SED-Staat Schuldige für das Dilemma und wollte zugleich den Volkszorn auf die alte Führungsgarde umlenken. Die vom Zentralkomitee der SED beauftragte Zentrale Parteikontrollkommission hatte am 16. November festgelegt, dass die gerade zurückgetretenen 1. Bezirkssekretäre, Gerhard Müller in Erfurt und Hans Albrecht in Suhl, wegen Gesetzesverletzungen zur Rechenschaft zu ziehen seien. Diesen Ball fing nun die Volkskammer auf. Sie setzte einen »Zeitweiligen Ausschuss zur Überprüfung von Fällen des Amtsmissbrauchs, der Korruption, der ungerechtfertigten persönlichen Bereicherung« ein.

Noch vor der nächsten Volkskammersitzung begannen die DDR-Medien über das luxuriöse Leben der SED-Führung zu berichten. Zunächst stand die Siedlung der Politbüromitglieder in Wandlitz im Visier. Dort lebte die SED-Prominenz in einem streng bewachten Areal in Einfamilienhäusern mit besonderen Einkaufsmöglichkeiten, auch westlichen Konsumgütern. Krenz hatte die Siedlung noch rechtzeitig am 19. November verlassen. Besonders tat sich das Jugendfernsehen »Elf 99« hervor, das gerade erst im September eingerichtet worden war, um die Jugend besser erreichen zu können.

Die einsetzende Empörung machte sich weniger an den kleinbürgerlichen Standards der SED-Oberen fest als vielmehr an den für Normalbürger unerreichbaren Zugängen zu Westwaren für DDR-Mark. Dazu wurden Einzelheiten über die Sonderjagdgebiete der alten SED-Führung bekannt, wo aufwendige Jagdhäuser entdeckt wurden. Auch waren die Kinder der führenden Partei- und Staatsfunktionäre mit Häusern und anderen Wohltaten versorgt worden. Seit dem 28. November ermittelte die Staatsanwaltschaft. Die Empörung steigerte sich noch, als am 1. Dezember der CDU-Politiker Heinrich Toeplitz, selbst tief in Akte des Willkürstaates verstrickt, in der Volkskammer die ersten Ergebnisse der Kommission vorstellte. Er informierte über die Selbstbedienung der SED-Spitze, Urlaubsreisen mit Regierungsflugzeugen, zusätzliche Geldzahlungen, Orden mit hohen Dotierungen. Die Wut über das süße Leben der »Avantgarde der Arbeiterklasse« schlug sich in unzähligen Losungen auf den Demonstrationen nieder. Die Leute fühlten sich betrogen:

> »Sie haben uns eingezäunt,
> wie in ihr Jagdgebiet,
> sie haben rumgeballert,
> bis uns Hören und Sehen
> vergangen war,
> sie haben uns das Fell
> über die Ohren gezogen
> und mit unseren Hörnern
> die Kamine
> ihrer Hütten geschmückt.
> Sie warfen uns zum letzten
> Halali
> den Hunden zum Fraß,
> beißen wir,
> aber nicht
> ins Gras.«[582]

Die Opposition hatte von Beginn der Revolution an die Wiederherstellung des Rechts verlangt, die Blockparteien hatten nachgezogen, und die Demonstranten klagten es ein. Die Losungen hießen »Recht muss Recht werden«, »Links um zum Rechtsstaat«, »Mit dem Gericht zum Volke«.[583] Die SED konnte dieses Begehren nicht mehr ignorieren. Noch im Oktober hatte sie, um die

Demonstrationen insgesamt zu diskreditieren, einige Prozesse gegen ausgewählte Demonstranten führen lassen, die tatsächlich randaliert hatten. Als aber der politische Druck stärker wurde, revidierte die SED schon Ende Oktober in kleinen Schritten die politische Instrumentalisierung der Justiz. Vor allem versuchte nun auch eine Reihe von Staatsanwälten, Richtern und Rechtsanwälten die Kontrolle durch die SED und das MfS loszuwerden. Die internen Debatten um die Unabhängigkeit des Justizwesens waren aber nur von mäßigem Erfolg gekrönt, da das Justizpersonal selbst in die politisch motivierte Rechtsbeugung verstrickt war. Dennoch kam es zu zahlreichen Entlassungen, unter anderem des Generalstaatsanwalts.[584] Auch der Justizminister Modrows, Hans-Joachim Heusinger, musste gehen.

Nun sollten ausgewählte führende SED-Funktionäre des Honecker-Regimes als Sündenböcke herhalten. Neben Parteiausschlüssen wurden Ermittlungsverfahren eingeleitet, etwa am 1. Dezember gegen den zurückgetretenen Erfurter SED-Bezirkschef Gerhard Müller und weitere Funktionäre. Am 3. Dezember wurden die Mitglieder des Politbüros Günter Mittag und Harry Tisch verhaftet, am 7. Dezember Mielke und am 8. Dezember Willi Stoph und weitere Spitzenleute. Auch gegen Hermann Axen und Honecker wurden Haftbefehle ausgestellt, Letzterer aber wegen Haftunfähigkeit sofort wieder entlassen. Der Vorwurf gegen Honecker und andere lautete auf Amtsmissbrauch, Korruption und gar Hochverrat. Allein die Beschränkung auf wenige ausgewählte Spitzen der SED und der unsinnige Hochverratsvorwurf zeigten, wie weit weg die Modrow-Justiz von rechtsstaatlichen Prinzipien war. Der so inszenierte Schein des Rechts beeindruckte die Bevölkerung nicht. Auch die Verurteilung einiger Volkspolizisten wegen ihrer Methoden bei Vernehmungen von verhafteten Demonstranten konnte kein Vertrauen mehr schaffen.

Regierung Modrow

Der am 13. November von der Volkskammer als Ministerpräsident gewählte Hans Modrow konnte im Westen von seinem Ruf als angeblich beliebter Reformer und volkstümlicher Politiker profitieren. Kaum jemand wusste, dass Modrow im Laufe seiner Parteikarriere als früherer 1. Sekretär der Kreisleitung in Berlin-Köpenick und als 1. Bezirkssekretär in Dresden an Repressionsakten beteiligt war. Systematisch wurde er jetzt von der SED-Presse als Landesvater und überparteilicher Staatschef aufgebaut. Sie rühmte seine »Regierung des Volkes und der Arbeit«. Und immer häufiger nannte sie ihn in einer Art sprachlicher Mimikry »Premier« in einer »demokratischen Koalition«, um ein bisschen westlichen Glanz über den Nomenklaturkadern der SED erscheinen zu lassen. Am 12. Dezember schrieb die *Berliner Zeitung* unter Berufung auf eine Umfrage, dass »fast 90 Prozent der Befragten für modernen Sozialismus« votiert hätten und nur 9,8 Prozent für einen »modernen Kapitalismus« wie in der »BRD«. Außerdem stünde in der »Sympathie-Wertigkeitsliste« der »Ministerpräsident Modrow mit Abstand an erster Stelle«[585]. Auf den Demonstrationen war davon nichts zu spüren, niemand rief nach Modrow. Im Zerfallsprozess der SED blieb er für seine Partei unersetzlich, war er doch die Maske der ums politische Überleben kämpfenden Kommunisten. Mit ihm hatte die SED als letzte Machtbastion den Staat und seine Apparate in der Hand. Im November 1989 wurde zum Wechsel an der Spitze gesungen:

> »Wenn die Deformer von gestern
> heute die Reformer sind,
> dann kann irgendwas nicht stimmen
> oder bin ich taub und blind.«[586]

In der 12. Sitzung der Volkskammer am 17. November stellte Modrow sein Kabinett vor, das jetzt nur noch 28 statt bisher 44 Minister aufwies. Auch waren nun drei Frauen statt bisher einer im Kabinett vertreten. Mehrere Minister waren aus der Stoph-Regierung übernommen worden. Ein großer Teil der Minister war auch als IM beim MfS registriert. Ob dies vom MfS beeinflusst war oder sich zufällig ergab, mag dahingestellt sein. In jedem Fall konnte Modrow mit einer absolut loyalen Mannschaft rechnen.[587] Die Blockparteien der nun als Koalition firmierenden Regierung stellten mehr Minister als in der Stoph-Regierung, Lothar de Maizière, zuständig für Kirchenfragen, wurde Modrows Stellvertreter. Ursprünglich wollte Modrow den Konsistorialpräsidenten Stolpe für dieses Amt als CDU-Vertreter gewinnen. Stolpe sagte zu, wurde aber durch den Berliner Bischof Forck daran gehindert, der für diesen Fall Stolpes Dienstentlassung ankündigte.

In seiner Regierungserklärung versprach Modrow die Unumkehrbarkeit der Demokratisierung, die Einbeziehung der verschie-

denen Interessengruppen, den Aufbau rechtsstaatlicher Verhältnisse, eine Verwaltungsreform, eine Wirtschaftsreform und eine
umweltfreundliche Politik. Er brauchte von der Bundesregierung
Geld, viel Geld, aber die letzte Ware, die Mauer, war verfallen. So
waren seine Karten nicht besonders gut, als er am 20. November
an der Seite von Krenz und Schalck-Golodkowski mit Kanzleramtsminister Seiters verhandelte. Seiters verlangte erneut Schritte
zur Demokratisierung, Reiseerleichterungen für Westdeutsche und
die Offenlegung der ökonomischen Lage der DDR. Weitere Verhandlungen standen in Aussicht, aber kein schnelles Geld.

Wie in der Regierungserklärung angekündigt, wurde das MfS in
Amt für Nationale Sicherheit (AfNS) umbenannt. Als zuständiger
Minister wurde der bisherige Stellvertreter des Ministers für Staatssicherheit, Wolfgang Schwanitz, berufen. Modrow ging insgeheim
am 21. November einen neuen Pakt mit dem AfNS ein, das nun
nicht mehr der Partei, sondern der Regierung unterstellt war.
In seiner Rede vor den Generalen bei der Amtseinführung von
Schwanitz erläuterte er seine Strategie in der Regierung und gegenüber der Gesellschaft und legte hier im Gegensatz zu seiner Regierungserklärung seine Mittel und Ziele unverstellt offen. Der neue
Name sei nötig geworden, um Angriffe auf das MfS »offensiver
abzuweisen«. Nachdem die Volkskammer die Tagung am 13. November benutzt habe, »um Dampf abzulassen«, habe die folgende
Tagung dank der Koalitionspartner der Regierung einen »Vertrau-
ensvorschuss« gebracht.

Den Koalitionspartnern habe er erklärt, dass es darum gehe,
trotz der schwierigen Lage wieder »politisch offensiv« zu werden.
Gegenüber der Bundesrepublik wolle die Regierung »verhandlungs-
offen erscheinen«, und es solle nicht der Anschein erweckt werden,
die DDR sei schon »ausverkauft«. Und Modrow bedauerte: »Früher hat jeder Grenzübergang der DDR zig oder hundert Millionen
gebracht. Jetzt haben wir 93 Grenzübergänge, also 63 dazu, und
nun versuchen wir mühsam nachzuklagen, ob wir daraus noch irgendetwas Ökonomisches auf die Beine bringen können, und sie
sind nicht sehr entgegenkommend.« Er habe die Koalitionspartner
darauf verwiesen, dass nun nur noch der »Artikel 1 der Verfassung« gegen Geld verhandelt werden könne, da Kohl auf dessen
Streichung bestünde. Wenn die Volkskammer zu früh die führende
Rolle der SED streiche, »wenn sozusagen gar nichts mehr da ist,
dann sind wir nur am Bettelstab«. Außerdem habe er seine Koali-

tionspartner daran erinnert, dass im Falle zu deutlicher Kritik an der SED ihre »Minister genauso baden« gingen wie die SED-Funktionäre.

Im Umgang mit der Opposition müssten die Regierung und das AfNS umdenken. Man solle nicht davon ausgehen, »das alles ist der Feind auf der Straße und dagegen haben wir zu kämpfen ... Aber umgekehrt, auf der Straße ist nun nicht nur der Freund, und wie fassen wir das nun künftig an, wie werden wir damit fertig?« Die Opposition erhöbe immer neue Forderungen, wolle immer »aufsatteln«, aber keine Verantwortung übernehmen. Deswegen solle sie jetzt einbezogen werden, wenn sie konstruktiv mitarbeite. Das sei beim Neuen Forum möglich. Als besonderes Problem nannte er die SDP, die die »Spaltung der Arbeiterklasse« bedeute. Da solle sich das AfNS einen »Kopf machen«. Der Geheimdienst war also nach wie vor gefragt, konspirativ in die politischen Auseinandersetzungen einzugreifen. Die Herstellung eines neuen Vertrauens in der Bevölkerung sowie die doppelte Strategie von Integration und Bekämpfung anderer Parteien und der Opposition betrachtete er als eine »wichtige Seite auch der Wahlarbeit, die mal im nächsten Jahr auf uns zukommt«[588].

In seiner Erwiderung kündigte Schwanitz zwar die Einschränkung der Maßnahmen gegen Andersdenkende an und sprach auch von einer neuen »Sicherheitsdoktrin«. Aber faktisch änderte sich nichts, da er bekräftigte, »die Regierung und die Parteiführung« zu unterstützen, »alle möglichen Vereinigungen, insbesondere die SDP« zu observieren, »verfassungsfeindliche Pläne und Aktivitäten« aufzudecken, die »IM-Arbeit wieder zu aktivieren« und gegen die Politik Modrows gerichtete »Losungen, Demonstrationen und andere Aktivitäten« aufzuklären.[589]

Die Umbenennung des MfS in AfNS wurde von der Opposition und der Bevölkerung als semantische Manipulation, als Täuschungsmanöver erkannt. Auf diesem Wege konnte Modrow keinen Popularitätsgewinn erzielen. So versuchte er es auf einem anderen. Mit Instinkt für die undemokratischen Traditionen der politischen Kultur in Deutschland ging er daran, den antipolnischen Chauvinismus zu mobilisieren. Am 23. November beschloss die Regierung »Maßnahmen gegen Schieber und Spekulanten«. Schuldige an der Wirtschaftsmisere wurden gesucht. Die Verdächtigungen richteten sich gegen Polen, die die DDR angeblich auskauften und das Währungsgefälle zwischen West und Ost nutzten. Polen sollten die Transitstrecken nicht verlassen dürfen. In den Geschäften wurden Kontrolleure eingesetzt, die darüber wachen sollten, dass die Polen nichts einkaufen. Der Ausweis sollte beim Einkauf vorgezeigt werden. Das *Neue Deutschland* druckte Fotos von verhafteten polnischen Schiebern. Der Versuch fand heftigen Widerspruch in der Bevölkerung, in den Kirchen und der Opposition. Auch die polnische Regierung legte Beschwerde ein. Das Neue Forum gab am 30. November einen Aufruf gegen diese Ablenkungsmanöver heraus: »Mit großer Besorgnis verfolgen wir die Kampagne gegen die Ausländer in der DDR ... Lasst Euch nicht für dumm verkaufen! ... Wer versucht, durch Hetzkampagnen Schuld von sich auf Ausländer zu schieben? Wer versucht uns vom politischen Kampf abzulenken?«[590]

Mehr Glück hatte Modrow mit der Affäre um Alexander Schalck-Golodkowski. Modrow gab dem in Auflösung begriffenen Zentralkomitee der SED am 3. Dezember bekannt, dass Schalck in der Nacht aus der DDR geflüchtet sei. Die Medien meldeten unmittelbar darauf die Flucht, und die Staatsanwaltschaft leitete eine Fahndung ein. Schalck war seit Jahren als Chef des Bereichs »Kommerzielle Koordinierung (KoKo)« mit deren verzweigten Unternehmungen im Westen der wichtigste Devisenbeschaffer der SED gewesen. Er hatte hohe Parteiämter inne und war im MfS als Offizier im besonderen Einsatz (OibE) angebunden. Seine dunklen Geschäfte im Westen waren zwar durch westliche Geheimdienste aufgeklärt, wurden allerdings dort nicht unterbunden. Schalck war auch unter Krenz Unterhändler der SED-Führung mit der Bundesregierung gewesen. Im trüben Feld der Geheimhaltung und Fehlinformationen über die Schuldenlast der DDR war er für die Öffentlichkeit ein geradezu idealer Sündenbock für die wirtschaftliche Misere. Bald nach dem Regierungsantritt Modrows tauchten in der westlichen Presse erste Berichte über die Geschäfte von Schalck auf. Am 1. Dezember kochten in der Volkskammer Gerüchte hoch, dass Schalck 100 Milliarden DM in der Schweiz deponiert habe. Schalck fürchtete, als Bauernopfer benutzt zu werden. Nachdem ihm von der SED-Führung und vom MfS Schutz verweigert wurde, floh er nach West-Berlin, wo er sich am 6. Dezember der Staatsanwaltschaft stellte. Kurz vor seiner Flucht informierte er die Parteiführung und gab Hinweise auf die von ihm im Westen angelegten Gelder.

In den nächsten Tagen wurde eine regelrechte Kampagne der

DDR-Medien entfacht. Die Mitarbeiter der KoKo sollten Kontrollgruppen einsetzen, Versammlungen einberufen, und der Polizei sollten Hinweise gegeben werden. Selbst die Volksarmee wurde aktiviert. Es entstand der Eindruck, dass Schalck-Golodkowski das Volksvermögen der DDR beiseitegeschafft habe. Die moralische Entrüstung schlug hohe Wellen. Die Stimmung war noch angeheizt worden, weil am 3. Dezember Mitglieder des Neuen Forums in Rostock-Kavelstorf aufgrund von zufälligen Hinweisen aus der Bevölkerung ein Waffenlager der KoKo entdeckt und besetzt hatten.

Die Schalck-Affäre produzierte damals viele Legenden mit halben Wahrheiten. Sie beschäftigte noch Jahre später einen Untersuchungsausschuss des Deutschen Bundestags. Der ehemalige Oberbürgermeister von Dresden, Wolfgang Berghofer, behauptete nicht unwidersprochen, er sei Zeuge gewesen, als Modrow intern verlauten ließ, das MfS und Schalck sollten als Sündenböcke herhalten, um den Volkszorn von der SED abzulenken.[591] Auch wenn diese Aussage nicht bestätigt ist, war damals schon offensichtlich, dass die Schalck-Affäre zur Stabilisierung der Modrow-Regierung benutzt wurde. Aber Affären dieses Zuschnitts kühlen sich rasch ab, und auch diese konnte letztlich nicht von den wahren Verursachern der Krise ablenken. Der Skandal fiel auf die SED zurück.

Die SED im freien Fall

Nach dem Mauerfall setzte bei den Führungskadern eine beispiellose und von den Demonstranten gefeierte Rücktrittswelle ein. Alle SED-Bezirkssekretäre, ein Großteil der Kreissekretäre und einige Hundert Funktionäre in Verwaltungen, Kommunen, Betrieben, den von der SED kontrollierten Massenorganisationen und anderen Einrichtungen verloren ihr Amt oder traten zurück. Auch die Mitgliederzahl der SED schrumpfte, bis Ende November verließen 600 000 Genossen ihre Partei. Der Zusammenbruch der SED-Strukturen löste selbst in Moskau Erschrecken aus. Gorbatschow riet Krenz in einem Brief vom 16. November, der DDR-Bevölkerung eine Konföderation auf der Basis der dauerhaften Selbstständigkeit beider deutscher Staaten schmackhaft zu machen. Da dieser Vorschlag nicht aus der SED kommen sollte, übernahmen die Blockparteien diesen Part. Der neue NDPD-Vorsitzende Günter Hartmann sprach sich umgehend für die Wiederbelebung des »auf staatlicher Souveränität beider Partner basierenden Konföderationsgedankens«[592] aus. Auch Lothar de Maizière befürwortete am 23. November eine Konföderation, »in der sich die Einheit der Nation widerspiegelt«[593]. Doch die Bevölkerung wollte längst mehr.

Um die Auflösungstendenzen innerhalb der SED zu bremsen, berief Krenz für den 3. Dezember die 12. Tagung des ZK ein. Mit der Opferung weiterer Spitzenfunktionäre und der Konzeptionierung des Parteitags hoffte er die innerparteiliche Lage beruhigen zu können. Er täuschte sich jedoch. Immer mehr Parteigliederungen verlangten eine völlige Neuordnung und auch den Rücktritt von Krenz. Am 30. November bildete sich im Berliner Werk für Fernsehelektronik (WF) eine Rebellengruppe aus unzufriedenen SED-Mitgliedern einschließlich der SED-Reformer an der Humboldt-Universität. Diese Gruppe erarbeitete die »WF-Plattform«, in der es hieß: »Mit dem bevorstehenden Parteitag muss die Parteibasis der SED ihre Partei zurückerobern … Die derzeitige Parteitagsvorbereitung führt nicht zur moralischen Säuberung und politischen Konsolidierung der Partei … Wir wollen eine Partei, deren Name wirklich zum Programm wird, die sich zur Vereinigung und Einheit der kommunistischen und sozialistischen Strömung der deutschen Arbeiterbewegung in der DDR bekennt … Wir wollen mit dieser Partei gemeinsam mit anderen politischen Kräften für eine lebenswerte sozialistische deutsche Alternative wirken.«[594] Der Anspruch, durch Säuberung zur »Menschheitsrettung«, wie es hieß, beizutragen, sicherte der Plattform die Aufmerksamkeit der zutiefst deprimierten SED-Mitglieder. Ausdrücklich wollte sie die Regierung Modrow, die letzte Machtposition der SED, stützen. Der Plattform schlossen sich schnell andere Parteigliederungen an.

Mitglieder der Plattform und einige der neu gewählten Bezirksparteisekretäre übernahmen nun faktisch die Macht in der SED. Als am Morgen des 3. Dezember das Politbüro zusammentrat, wurde Krenz diktiert, dass das Politbüro und das Zentralkomitee zurückzutreten hätten. Beide Gremien lösten sich noch während der turbulenten Sitzung des ZK auf. Krenz war plötzlich nicht mehr Generalsekretär der SED. Vorher wurde noch eine Reihe von Altkadern der SED aus der Partei ausgeschlossen, unter ihnen Erich Honecker und Erich Mielke. Auf dieser letzten Sitzung des ZK ergriff der greise Altkommunist Bernhard Quandt weinend das Wort, weil er nicht begreifen konnte, dass »unsere ruhmreiche Partei, in Gefahr ist, (sich) aufzulösen«. Aus Verzweiflung machte er einen Vorschlag: »Ich bin dafür, Genosse Erich Honecker und

Genosse Egon Krenz, wir haben im Staatsrat die Todesstrafe aufgehoben, ich bin dafür, dass wir sie wieder einführen und dass wir die alle standrechtlich erschießen, die unsere Partei in eine solche Schmach gebracht haben, dass die ganze Welt vor einem großen, einem solchen Skandal steht, den sie noch niemals gesehen hat.«[595]

Herbert Krocker war designierter Leiter des Arbeitsausschusses geworden, der nun mit den Bezirkssekretären den Parteitag vorzubereiten hatte. Gregor Gysi war noch vom Zentralkomitee zum Leiter einer parteiinternen Untersuchungskommission ernannt worden. Noch in der Nacht wurden die Räume des Politbüros von ihm versiegelt. Die SED hinterließ ein Machtvakuum, das Modrow kaum auszufüllen vermochte. Für Egon Krenz gab es keine Basis mehr, er trat am 6. Dezember auch als Staatsratsvorsitzender zurück. Sein Amt nahm Manfred Gerlach ein.

Besetzungen des MfS – der Schlag

Ängste und Entschlossenheit

Anfang Dezember hatte die Politisierung der DDR-Bevölkerung einen neuen Höhepunkt erreicht. Die Modrow-Regierung versuchte weiterhin den Anschein von Normalität zu erwecken, das umbenannte MfS arbeitete wie gewohnt. Die Flucht Schalcks und die Korruptionsaffären hatten die Menschen erbittert. Die Demonstrationen nahmen immer schärfere Formen an. An vielen Orten war es zu gefährlichen Situationen gekommen, weil Demonstranten – oder Provokateure – zu Übergriffen aufreizten. Bei der Montagsdemonstration am 27. November in Leipzig wurde ein Redner des Neuen Forums ausgepfiffen. Als die Demonstration am Bezirksamt des AfNS vorbeizog, waren aggressive Töne zu hören. Eine Greifswalder kirchliche Initiative schlug vor, am Sonntag, dem 3. Dezember, in der Mittagszeit eine Menschenkette unter dem Motto »Ein Licht für unser Land« quer durch die DDR von Nord nach Süd und Ost nach West zu veranstalten, um dem Reformverlangen sichtbaren Ausdruck zu verleihen. Hunderttausende Kerzenträger bildeten an diesem Sonntag eine sich fast lückenlos durch die DDR ziehende Menschenkette.

Völlig überraschend und ohne Absprachen hatte am 1. Dezember bei einer Versammlung des Neuen Forums in Karl-Marx-Stadt (Chemnitz) einer der dortigen Sprecher zu einem Generalstreik für den 6. Dezember aufgerufen. Dieser Streik sollte unter anderem die Forderung nach der Auflösung der Kampfgruppen in den Betrieben, die Auflösung des Amtes für Nationale Sicherheit und die Einführung der sozialen Markwirtschaft unterstützen. Noch am Abend wurde im DDR-Fernsehen über den Aufruf berichtet. Obwohl viele Belegschaften streikbereit waren und es in den ersten Dezembertagen immer wieder zu politisch motivierten Warnstreiks kam, schwächten die Initiatoren den Aufruf ab, zumal die Berliner Forum-Vertreter sich strikt dagegen aussprachen.

In den Betrieben entlud sich die Ungeduld nun weniger in Streiks als vielmehr in der Auflösung der Betriebsparteiorganisationen der SED. Ebenso begannen die Arbeiter und Belegschaften, die in den Betrieben verankerten kommunistischen »Kampfgruppen der Arbeiterklasse« zu entwaffnen und aufzulösen, die vielerorts schon an einem Mangel an »Kämpfern« litten. Noch am 28. November hatte Egon Krenz das Weiterbestehen der SED-eigenen Truppe bestätigt. Der Zerfallsprozess war aber nicht aufzuhalten. In einigen Betrieben griffen die Belegschaften zur Selbsthilfe. Am 4. Dezember geschah dies in Karl-Marx-Stadt im VEB 1. Maschinenfabrik. Am 6. Dezember veranlasste das Innenministerium die Entwaffnung der Kampfgruppen. Am 14. Dezember ordnete die Regierung ihre Auflösung bis zum 30. Mai 1990 an.[596]

Die Radikalisierung innerhalb der Bevölkerung beruhte auch auf der Sorge, dass Teile der Opposition sich nicht entschieden genug für das Ende des Sozialismus und die Wiedervereinigung einsetzen würden. Immer wieder wurden Oppositionelle inständig gebeten, nicht in die Falle der SED-Reformer zu laufen. An das Neue Forum schrieb eine Jugendliche, die überlegte, in den Westen zu gehen: »Ihr braucht uns ja doch nicht mehr. ›Spielt‹ doch jetzt mit Euch selbst … Doch eine Zukunft ohne Wiedervereinigung gibt mir keine Hoffnung mehr … Nun wartet man auf den Streik. Sie lehnten ihn jedoch ab … Ich sah stolz zu Euch auf. Hörte zu, als Stefan Heym und Christa Wolf sprachen, doch ich kann nicht mehr in den Spiegel sehen, ohne dort Heucheleien zu erkennen … Ich bitte Sie, geben Sie den Willen des Volkes frei … Zurückgelassen mit seinen inneren Konflikten, Heimat im Kopf und Tränen in den Augen. Das Gefühl, verlassen zu sein. Doch tun Sie endlich was. Geht doch wieder mal in die Kirche, wo alles angefangen hat, und findet den Kontakt ohne Lüge mit dem Volk wieder, den ihr langsam verliert.«[597]

In einem Brief an Rainer Eppelmann vom 2. Dezember schilderte eine Frau die früheren Verfolgungen und Enteignungen und ging auf die aktuelle Lage ein: Die jüngsten Ereignisse »bewegen unsere Menschen in unserem Lande in einer Weise, dass kaum zwei Menschen sich begegnen, um nicht den Tagesstand des jetzigen Ausmaßes zu erörtern ... Ohnmächtige Wut, Verzweiflung, wechselte um in Gleichgültigkeit, Ratlosigkeit, Interesselosigkeit. Das System hat den Menschen das Denken untersagt. Die Angst hat den Menschen das Sprechen verlernt ... Jetzt können unsere Menschen wieder sprechen ... Doch wir meinen, dass es jetzt an der Zeit ist, für ein ›Einig Deutschland‹ sich einzusetzen ... Ich finde, es tut nicht gut, wenn die Reformer daran einen Zweifel lassen, dass überhaupt über das Thema ›Sozialismus‹ und ein ›demokratischer Sozialismus‹ noch zu sprechen ist. Dieses System ist ein Wolf, und ein Wolf bleibt ein Wolf, wenn man ihm auch einige Zähne zieht ... Dieses intelligente Verschleiern mit allen Raffinessen und Hinterhältigkeiten. Feindbilder aufzubauen über Kapitalismus und Demokratie ... Nur ein winziger Funken und die Zange würde wieder langsam und zielgerichtet zugehen. Zu viele Erniedrigungen sind die Erfahrung. Wenn der Einzelne wieder auf sich gestellt ist, alle Schichten der Demonstration zur Ruhe kommen, werden sie wieder zugreifen, die Stasi und ihre Helfershelfer, sie sind alle noch unter uns ... Wir müssen und können nur für eine Wiedervereinigung sein, sonst fallen wir wieder zurück in die Sprachlosigkeit.«[598]

Größte Erregung machte sich in der Bevölkerung breit, als in diesen Tagen Gerüchte umgingen, in den Zentralen des MfS würden Akten vernichtet.[599] Zeugen berichteten, Akten würden abgefahren und auf Müllkippen verbrannt. Andere erzählten, aus den Schornsteinen seien verkohlte Papierreste geflogen. Über die internen Vorgänge beim Umbau des MfS zum AfNS wusste kaum jemand Bescheid. In den Ämtern des Sicherheitsdienstes liefen tatsächlich die Reißwölfe heiß. Schon seit Ende Oktober war das MfS besorgt, dass Demonstranten in seine Gebäude eindringen könnten. Schließlich waren auch am 17. Juni 1953 solche Dienstgebäude besetzt und zerstört worden. Vor allem die kleineren Kreisdienststellen galten als gefährdet, zumal viele Demonstrationen an diesen Objekten vorbeiführten. Deswegen wurden Akten, vor allem Unterlagen zur Repression und Überwachung von Personen, zunächst in die

Bezirksämter gebracht. Ab Mitte November begann dann die Vernichtung von Akten im großen Stil. Dieser Prozess beschleunigte sich, als im November die Demonstranten immer wütender den Geheimdienst angriffen. Das AfNS befand sich in einem Dilemma. Auf der einen Seite versuchte der Geheimdienst nach wie vor die oppositionellen Organisationen zu infiltrieren. Noch Mitte November eröffnete er gegen besonders aktive Oppositionelle, etwa den Jenaer Theologen Albrecht Schröter, neue Operative Vorgänge. Und am 2. Dezember ließ der Leiter des AfNS Schwanitz unter dem Titel »Zur operativen Arbeit in Sammlungsbewegungen« neue Richtlinien zur Bekämpfung der Opposition in Umlauf gehen.[600] Auf der anderen Seite verschlechterten sich die Bedingungen für eine wirksame operative Arbeit rasch. Es gab konzeptionelle Unklarheiten über die zukünftige Funktion des Amtes. Der Verfall der SED, in deren Auftrag das Amt immer gearbeitet hatte, schwächte die Legitimation der Tschekisten. Außerdem verweigerten sich zahlreiche IM. Am 3. Dezember rief das Neue Forum dazu auf, Kontrollgruppen zu gründen, welche die Verschleierungsversuche und Manipulationen der SED durchkreuzen sollten. Am frühen Morgen des 4. Dezember wurde auch im DDR-Hörfunk über Aktenvernichtungen berichtet. Die gespannte Lage dieser Tage gibt das »Wolfslied« von Ulrich Wießner wieder:

> »Wolfslied
> Friss, lieber Reißwolf, friss!
> Friss unsre Stahlschrankakten.
> Bald suchen sie nach Fakten,
> wo unser Reichtum steckt.
> Friss, guter Reißwolf, friss!
> Friss die geheimen Zahlen,
> die von den letzten Wahlen,
> eh sie das Volk entdeckt.
> Friss, lieber Reißwolf, friss!
> Uns nagt die Angst am Herzen:
> Vorm Haus, da glüh'n die Kerzen,
> mehr als am Weihnachtsbaum.
> Friss, guter Reißwolf, friss!
> Da kommen Demonstranten,
> sind gegen Spekulanten,
> woll'n uns den Pelz verhaun.«[601]

In den Friedensgebeten wurde wieder eindringlich zur Gewaltlosigkeit aufgerufen. In der Thomaskirche in Leipzig wurde am
4. Dezember gebetet: »Wir bitten dich, Herr unser Gott, lass die
Demonstrationen heute Abend friedlich verlaufen. Lass lernen, auf
den andren zu hören, Toleranz zu üben und gewaltlos zu bleiben. Lass uns vorankommen bei der Erneuerung unseres Landes.«[602]

Nach dem Friedensgebet begann die Demonstration von 200 000
Menschen. Auf der Kundgebung erhielt Jürgen Tallig vom Neuen
Forum viel Beifall, weil er den Menschen aus dem Herzen sprach:
»Unsere Revolution ist in ihre zweite Phase getreten. Nachdem wir
in der ersten unsere elementaren Rechte erkämpft haben, steht nun
die Machtfrage auf der Tagesordnung ... die Beseitigung der SED-
Herrschaft in allen Bereichen und die Übernahme der Verantwortung durch Vertreter des Volkes ... Die Basis der SED, scheint es,
ist nun endlich aufgewacht. Guten Morgen Genossen! Lange habt
ihr gebraucht, um euch dieser Clique zu entledigen. Meint nun
nicht, dass ihr euch damit an die Spitze unserer Bewegung stellen
könnt. Die SED hat das Recht, unser Land zu führen, verwirkt ...
Es geht nicht um eine neue Führung oder eine kosmetische Trennung von Staat und Partei, sondern um die Auflösung dieser Partei
und ihrer Machtstrukturen ... Wir fordern gleiche Bedingungen
für alle politischen Kräfte. Wir fordern einen Runden Tisch mit
Entscheidungs- und Beschlusskompetenzen als Übergangslösung.
Die Wahl einer verfassungs- und gesetzgebenden Versammlung –
diese opportunistische Volkskammer ist einfach nicht berechtigt,
über unserer Zukunft zu entscheiden ... Wir sind nicht mehr ge-
willt, uns hinhalten zu lassen. Schon fährt die Staatssicherheit
nachts Unterlagen zur Vernichtung. Wir meinen es ernst.«[603]

Erfurt

Das Netz der 600 Dienststellen des MfS/AfNS hatte bislang gehalten. Jetzt aber brauchte es nur noch ein Signal und beherzte
Menschen, die bereit waren, die Risiken der offenen Auseinandersetzung auf sich zu nehmen, um es zu zerreißen. Dies geschah zuerst in Erfurt. Am Morgen des 4. Dezember beschlossen Frauen der
Bürgerinneninitiative Frauen für Veränderung, gegen die Aktenvernichtung im Bezirksamt des AfNS vorzugehen.[604] Es gelang
ihnen schnell, Oppositionelle, Kirchenleute, Betriebsbelegschaften

und Angestellte zu mobilisieren. Die Menschenmenge umstellte die MfS-Gebäude, und Autofahrer, unter ihnen Propst Falcke und Fahrzeuge der städtischen Müllabfuhr, blockierten die Zugänge. Fahrzeuge, die den Komplex verlassen wollten, wurden nach Papieren durchsucht. Als die Demonstranten immer energischer Einlass forderten, gab der Bezirkschef, Generalmajor Joseph Schwarz, nach. Zunächst wurde einer zehnköpfigen Frauengruppe gestattet, die Räume zu besichtigen, unter ihnen Kerstin Schön, Gabriele Stötzer (Kachold) und Almuth Falcke. Später kamen weitere Kontrollgruppen in die Gebäude, insgesamt mehr als einhundert Menschen. Nach Verhandlungen und im Beisein des herbeigeholten Militärstaatsanwalts sorgten die Besetzer für die Versiegelung der Archive, inspizierten Waffen und Informationstechnik. Sie fanden auch Überreste von umfangreichen Aktenvernichtungen. Umgehend organisierten sie eine Bürgerwache, die von Ulrich Scheidt angeleitet wurde. Noch am gleichen Tag wurden weitere Objekte des Staatssicherheitsdienstes in der Stadt aufgespürt und besetzt. Die Aktivisten gründeten am Tag darauf ein Bürgerkomitee, in dem neben einzelnen Bürgern die Vertreter der Opposition, der CDU, der LDPD und der Kirchen Stimmrecht hatten. Das Bürgerkomitee nahm Kontrollfunktionen wahr, untersuchte Unrechtsakte des Sicherheitsdienstes und richtete ein Bürgerbüro ein, an das sich ehemals Verfolgte wenden konnten.

Die Nachricht über die Besetzung der Erfurter Bezirksverwaltung des AfNS verbreitete sich rasch und wurde zum Signal für die Besetzungswelle in der gesamten DDR.[605] Vor allem die Berliner Zentrale des AfNS, die telegrafisch vom Erfurter Leiter der Bezirksverwaltung unterrichtet worden war, war aufgeschreckt. Umgehend erteilte Schwanitz allen Bezirks- und Kreisämtern den Befehl, die Aktenvernichtung einzustellen. In weiteren Schreiben verwies er auf die sich zuspitzende Lage und forderte die Ämter auf, den Besetzern entgegenzukommen, sensible Akten aber nicht einsehen zu lassen.[606] Die Nachrichten aus Erfurt lösten Kopflosigkeit und abstruse Planungen in vielen Ämtern aus.

Leipzig

Da am Abend des 4. Dezember in Leipzig das Montagsgebet stattfinden würde, galt die dortige Bezirksverwaltung in der »Runden Ecke« als besonders gefährdet. Das Neue Forum befürchtete direkte Angriffe auf das Gebäude, ließ vor ihm Kerzen aufstellen und postierte seine Mitglieder, die Armbinden mit der Aufschrift »Keine Gewalt!« trugen. Bei der Montagsdemonstration am 30. Oktober war ein Teil der Demonstranten längere Zeit vor dem MfS-Gebäude stehen geblieben und hatte Losungen gegen die Stasi gerufen. Die Vertreter der Opposition hatten Mühe gehabt, die Demonstranten vom Haus fernzuhalten. Das MfS stellte sich auf die Verteidigung mit Wasserschläuchen, chemischen Mitteln und Schlagstöcken ein. Schusswaffen sollten nur im äußersten Fall eingesetzt werden. Außerdem bat das MfS die Leipziger Opposition erstmals am 12. November um Beistand. Der Leiter der Bezirksverwaltung des MfS, Manfred Hummitzsch, schickte Offiziere, um die Oppositionellen für eine »Sicherheitspartnerschaft« zu gewinnen. Die MfS-Offiziere bedankten sich für den Einsatz für Gewaltlosigkeit, sparten für den Fall eines Sturms auf ihr Gebäude aber auch nicht mit Drohungen. Die Oppositionellen verlangten, dass das MfS von sich aus einen Beitrag leisten solle. Am 15. November veröffentlichte die *Leipziger Volkszeitung* sowohl eine Erklärung des MfS, die darauf verwies, dass Gewaltlosigkeit unbedingt notwendig sei, als auch eine gemeinsame Erklärung des Neuen Forums, des Demokratischen Aufbruchs und der SDP, die sich ebenfalls für Gewaltlosigkeit aussprach und auf die noch ausstehende demokratische Kontrolle des MfS hinwies.[607]

Außerdem versuchte das Leipziger MfS mehrfach, durch öffentliche Äußerungen den Eindruck zu erwecken, dass nach seiner Umstrukturierung als AfNS das verkleinerte Amt unersetzlich sei, weil es rechtsradikale Aktivitäten bekämpfen müsse. Hummitzsch gab am 14. November ein verunglücktes Interview in einem Leipziger Sender. In einer Mischung aus alter Sprache und neuem Selbstmitleid beklagte er sich über den »Druck auf Menschen, die seit Wochen, Monaten und auch seit Jahren standhaft, zuverlässig und treu alle Aufgaben erfüllen, auch unter veränderten Bedingungen, den Staat schützen und die Menschen vor Schaden bewahren«[608]. Die Leipziger hatten genug von diesem Schutz. Sie kommentierten das mit Sprechchören und Plakaten vor dem MfS-Gebäude: »Rechtssicherheit ist die beste Staatssicherheit!«, »Faultierfarm«, »Abschaum«, »Ihr seid das Letzte«, »Gebt die Akten raus«, »Sollen die Menschen im Lande bleiben, müsst ihr die Stasi und Kampfgruppen vertreiben!«, und immer wieder sangen sie »Stasi – deine Zeit ist rum«. Am 27. November rückten die Demonstranten wieder gegen das AfNS-Gebäude vor. Die Ordner der Opposition konnten die erregten Menschen kaum beruhigen.

Als am 4. Dezember nach der Besetzung in Erfurt der Druck der Straße und der Opposition eine explosive Situation geschaffen hatte, suchte auch der neue Staatssicherheitsminister Schwanitz nun Hilfe bei denen, die er bislang bekämpft hatte. Am Mittag sprach er mit Vertretern der Bürgerbewegung und Theologen in Berlin wie Christian Ladwig, Michael Passauer, Reinhard Schult, Bärbel Bohley und Wolfgang Schnur. Es wurde vereinbart, dass Schnur am Abend nach Leipzig fahren sollte, um dort beruhigend auf die Demonstranten einzuwirken. Das Leipziger AfNS hatte inzwischen umfangreiche Sicherheitsvorkehrungen für eine Verteidigung des Gebäudes getroffen. Bevor Schnur jedoch in Leipzig eintraf, hatten Oppositionelle, die von den Erfurter Vorgängen gehört hatten, selbst die Initiative ergriffen. Sie wurden um 18.30 Uhr nach langem Hin und Her von den Offizieren eingelassen, nachdem sie gedroht hatten, andernfalls das Feld den Demonstranten zu überlassen.

Als der Demonstrationszug vor der Runden Ecke angekommen war, ertönten die Sprechchöre »Stasi in den eignen Knast«, »Stasi, mach die Türen auf«, »Macht die Betriebe frei von Stasi und Partei«, »Besetzt das Stasi-Gebäude«. Aus den vordersten Demonstrantenreihen wurden 30 Bürger ausgewählt, die zusammen mit Journalisten und den schon im Gebäude befindlichen Bürgerrechtlern eine Kontrollgruppe bilden sollten. Einer der Aktivisten, Michael Kleinert, verkündete den Demonstranten über Megafon, dass nun mit der Kontrolle begonnen worden sei. Die vieltausendköpfige Menge konnte es kaum fassen – dann sang sie immer wieder: »So ein Tag, so wunderschön wie heute, so ein Tag der dürfte nie vergeh'n.«

Noch in der Nacht besetzte das sich rasch formierende Bürgerkomitee auch die Kreisdienststelle des MfS in Leipzig. Es musste sich allerdings noch bis zum 6. Dezember mit den hinzugezogenen Regierungsbeauftragten, der Staatsanwaltschaft und vielen Täuschungs- und Ablenkungsmanövern des AfNS auseinandersetzen, bis ein »Maßnahmeplan des Bürgerkomitees Leipzig zur Gewährleistung der öffentlichen und parlamentarischen Kontrolle im Bereich der öffentlichen Sicherheit«[609] von allen Seiten gebilligt war und damit faktisch die Tätigkeit des AfNS in Leipzig eingestellt wurde. Die Besetzer, die das bislang Unglaubliche gewagt hatten, waren innerlich sehr bewegt. Noch in der Nacht dichtete der todmüde Reinhard Berndorf in der Kantine der Runden Ecke:

»Wo Judas seine Kinder zeugte
in der Runden Ecke
Mit Arglist folgten sie mir
Auf allen Wegen, den verstiegensten
Bis in meine Verse
So viel Volk davor in Bewegung
Wogen von Füßen
Auch ich trieb meine Schuhe zur Eile an
Um den Ring, tanzte vor mir selber her
Wie eine Fahne.«[610]

Rostock

Am Nachmittag des 4. Dezember organisierten Oppositionelle eine erste Mahnwache vor dem Bezirksamt des AfNS in Rostock unter dem Motto »Mahnwachen gegen die Vernichtung von Beweismitteln«. Die Ausgänge wurden besetzt, und mit hinzugekommenen Bürgern wurde das Hauptgebäude belagert. Sie forderten die Kontrolle des Amtes und seine Übergabe an die Volkspolizei. Am Haupteingang wurde ein Plakat angebracht »Sicherheit für unsere Akten«[611]. Gegen 22 Uhr gaben die Eingeschlossenen auf. Oppositionelle und Rostocker Bürger besetzten das Amt. Die herbeigeholte Bezirksstaatsanwaltschaft und die Polizei übernahmen die Einrichtung. Alle Geheimdienstler mussten das Haus verlassen. Am 5. Dezember wurden die Räume versiegelt.[612]

Kreisdienststellen

Noch am 4. Dezember hatten die Erfurter an Oppositionelle in anderen Städten, vor allem in Thüringen, appelliert, es ihnen gleichzutun. An diesem Tag wurden die Thüringer Kreisdienststellen des MfS in Arnstadt, Eisenach, Gotha, Nordhausen, Saalfeld und Stadtroda besetzt und die Aktenvernichtung gestoppt. Außerhalb Thüringens fielen Kreis- und Bezirksämter in Bad Doberan, Greifswald, Parchim, Rathenow, Stendal, Stralsund, Teschendorf, Weißwasser, Wernigerode und Zittau in die Hände der Bürgerkomitees. In Eisleben hatten Bürger beobachtet, dass verschlossene Lastkraftwagen die Kreisdienststelle verließen. Spontan blockierten sie daraufhin das Gebäude. In vielen Objekten war die Aktenvernichtung noch im vollen Gang, als man die Häuser zu besetzen begann. In Nordhausen wurden deswegen die Heizungskessel von den Besetzern gelöscht. In manchen Orten standen die Besetzer vor leeren Regalen, weil fast alle Akten vernichtet waren. Aber es gab auch brisante Funde. Neben Waffen fielen, wie in Nordhausen, den Besetzern die Listen von Oppositionellen und Kirchenleuten, die in Isolierungslager verbracht werden sollten, in die Hände.

Der Großteil der Kreisdienststellen wurde am oder unmittelbar nach dem 5. Dezember besetzt, etwa in Bad Liebenwerda, Guben, Herzberg, Jena[613], Lübben, Weißwasser, Wartin, alle Kreisdienststellen im Bezirk Magdeburg und weitere Objekte des Sicherheitsdienstes. Häufig kam es zu gefährlichen Situationen. In Saalfeld verweigerten die teilweise alkoholisierten MfS-Mitarbeiter unter Drohungen die Versiegelung der Räume.[614] Auch der Staatsanwalt stellte sich dort auf die Seite der Geheimdienstler. Erst der Druck von Demonstranten ermöglichte am 5. Dezember die Versiegelung der Akten. In Weimar riefen nach einer Absprache am Abend des 4. Dezember zahlreiche Oppositionelle, unter ihnen der Schriftsteller Wulf Kirsten, die eingeschüchterten Offiziere der Kreisdienststelle an und forderten die Herausgabe ihrer Akten. Am nächsten Tage kam es vor dem Gebäude zu Tumulten. Es drohte eine gewaltsame Erstürmung durch die Menge. Hans-Jürgen Olbrecht vom Neuen Forum konnte die Menschen nur mit Mühe zurückhalten. Schließlich gaben die Offiziere nach.[615] Nahezu überall verliefen die Besetzungen geordnet, auch wenn es immer wieder kritische Situationen gab.[616] In Schmalkalden erstürmte eine Menschenmenge am 6. Dezember die Kreisdienststelle, weil sich die Sicherheitsleute gewehrt hatten. Hier fielen Akten in die Hände der Erstürmer. Dadurch wurden Namen von Hauptamtlichen und von Spitzeln in der Stadt ebenso bekannt wie auch Vernehmungsmethoden und andere Menschenrechtsverletzungen. Aus Angst vor der Wut der Bevölkerung flohen die eingeschüchterten Geheimdienstler aus der Stadt.

Suhl

Die Bezirksverwaltung des MfS in Suhl fiel am 5. Dezember. Bernd Winkelmann berichtet: »Am Abend des 5. Dezember waren wir mit ca. 3000 Menschen zu einer Vollversammlung des Neuen

Forums in der Stadthalle versammelt, als wir hörten, dass in der Bezirkszentrale der Staatssicherheit Akten verbrannt werden. Die 3000 Teilnehmer brachen sofort auf, um das zu verhindern. Auf den Straßen schlossen sich viele an. Etwa 5000 Menschen standen dann vor den Toren der ›Stasiburg‹, wie das riesige Gelände oberhalb von Suhl genannt wurde. Hinter dem hohen Metallzaun standen Soldaten mit Maschinenpistolen, Handgranaten und Feuerwehrschläuchen im Anschlag. Hinter ihnen liefen Offiziere hin und her.

Zu dritt versuchten wir durch das Tor mit der Stasi zu verhandeln. Unsere Forderung war, dass wir durch ein Bürgerkomitee und mithilfe des Bezirksstaatsanwaltes die Archive der Stasi-Zentrale versiegeln lassen. Lange Zeit reagierte kein Stasi-Offizier auf unsere Rufe. Die Massen hinter uns wurden immer aggressiver. In unsere Rufe ›Keine Gewalt!‹ schrien andere hinein: ›Drückt das Tor ein, macht sie kalt!‹ Die ersten Gegenstände flogen. Der Druck der Massen brachte das große Eisentor zum Wanken. Wir riefen einem Stasi-Offizier zu: Wenn wir nicht in fünf Minuten ein Megafon bekämen und nicht in 15 Minuten mit einer Gruppe von 15 Bürgervertretern hineingelassen würden, würde sich die Leitung des Neuen Forums zurückziehen und dem Geschehen seinen Lauf lassen. Sofort wurden unsere Forderungen erfüllt. Im Stasi-Gebäude wurden wir aber zunächst wieder hingehalten. Als wir längere Zeit nach draußen keine Nachricht gaben, ging vor dem Tor großer Tumult los. Ein Soldat warf eine Tränengasgranate in die Menge, ein hoher Offizier erschoss sich, wie wir später erfuhren, in seinem Dienstzimmer und hinterließ einen Zettel mit der Aufschrift: ›Ich schieße nicht auf mein eigenes Volk.‹ Zwei von uns gingen ans Tor. Ich sah mich wie im Film, als ich mit dem Megafon auf einer Holzkiste am Tor stand und versuchte, die Gewalt zu bändigen. Wir informierten dann alle 15 Minuten die Demonstranten draußen über den Fortgang unserer Verhandlungen. Das ließ sie ruhig werden und führte dazu, dass der Chef der Bezirksbehörde, Generalmajor Gerhard Lange, uns den Rundgang durch das Gebäude freigab. Es war eine gespenstische Szene, als wir durch die endlosen bunkerähnlichen Archivkeller gingen und plötzlich ›streng vertrauliche‹ Stasi-Akten in der Hand hielten. Wie im Traum waren wir uns der Situation und Gefahr bewusst, aber wir fühlten uns merkwürdig sicher. Es war eine unsichtbare Hand, die uns führte. Das schienen die Stasi-Leute zu spüren und ließen uns gewähren. Mithilfe des Bezirksanwaltes versiegelten wir wenigstens einen Teil der Archive, Kellerräume und Büros.

Am nächsten Tag blockierten die Busfahrer von Suhl mit Bussen und LKWs alle Zufahrten zum Stasi-Gelände und fuhren mit einem Bus durch das Tor der Anlage. Sofort strömten Hunderte Suhler auf das Gelände. Generalmajor Lange rief Hilfe suchend im Büro des Neuen Forums an und drohte den Schießbefehl an, wenn die Menschen gewaltsam in die Gebäude eindrängen. Vor Ort organisierten wir ein ›Bürgerkomitee zur Auflösung der Staatssicherheit‹. Mithilfe der Volkspolizei, die endlich die Weisung aus Berlin bekam, mit uns zusammenzuarbeiten, entließen wir bis in die späte Nacht hinein die etwa 600 Mitarbeiter der Stasi, die an diesem Tag in der Bezirksbehörde Dienst hatten. Die Funktionäre der Staatssicherheit mussten, als sie ihre ›Burg‹ verließen, sich und ihre Aktentaschen und Autos jetzt von denen kontrollieren lassen, die sie jahrzehntelang mit infamen Methoden überwacht und eingeschüchtert hatten – eine ganz handgreifliche, aber gewaltfreie Entmachtung der Übermacht des Staates.«[617]

Halle, Frankfurt/Oder, Cottbus

Nicht überall konnten die Besetzer die AfNS-Dienststellen völlig unter ihre Kontrolle bringen. In Halle versuchten Aktivisten des Neuen Forums um Frank Eigenfeld in den Morgenstunden des 5. Dezember gegen das Bezirksamt des AfNS vorzugehen.[618] Sie suchten zunächst Unterstützung beim Bezirksstaatsanwalt, dem sie über Aktenvernichtungen berichteten. Der erklärte sich jedoch für nicht zuständig. Als aber während der Verhandlungen zwei Soldaten der Wachmannschaften des AfNS den Bezirksstaatsanwalt alarmierten, weil sie Aktenvernichtungen bemerkt hatten, wurde der Militärstaatsanwalt eingeschaltet. In den Mittagsstunden gelang es den Bürgerrechtlern, etwa 150 Hallenser zu mobilisieren. Nur einem kleinen Teil von ihnen wurde der Zutritt gestattet. Eine Gruppe von etwa 15 Personen begann mit der Versiegelung von Räumen. Die Wartenden zerstreuten sich im Laufe des Abends. Die Gruppe war bald überfordert, zumal sich in Halle kein Bürgerkomitee gebildet hatte, das die Überwachung der Dienststelle kontinuierlich hätte übernehmen können. Es dauerte Tage, bis die Kreisämter im Bezirk kontrolliert und ihre Aktenbestände nach Halle gebracht werden konnten. Zwischendurch meldete die Bezirksverwaltung nach Berlin, dass sie trotz der Versiegelungen wieder arbeitsfähig sei.

Am Vormittag des 5. Dezember animierten zwei Frauen vom Neuen Forum einige Bekannte, um gegen die Aktenvernichtung in der Bezirksverwaltung Frankfurt/Oder vorzugehen.[619] Die Offiziere ließen die Gruppe zwar ein, täuschten sie aber, öffneten die Räume nicht und beteuerten, keine Unterlagen vernichtet zu haben. Am Nachmittag gelang es den Frauen, mehr als 1000 Einwohner der Stadt zu mobilisieren. Unter diesem Druck gaben die Geheimdienstler nach. Schließlich übernahm die Polizei die Wache. Erst am nächsten Tag wurde die Verkollerungsanlage des AfNS in der Nähe des Friedhofs gefunden. Bürger hatten ihre Beobachtungen an die Besetzer weitergegeben. Nach ähnlichem Muster verlief auch die Besetzung in Cottbus. Hier konnte eine völlige Schließung des Amtes erreicht werden.

Dresden, Karl-Marx-Stadt (Chemnitz), Magdeburg, Neubrandenburg, Potsdam, Schwerin

In den Morgenstunden des 5. Dezember zeigten Dresdener Oppositionelle vom Neuen Forum und vom Demokratischen Aufbruch, darunter Arnold Vaatz und Johannes Pohl, den Leiter des Bezirksamts des AfNS[620] wegen Aktenvernichtung an. Gegen Mittag begannen Bürgergruppen mit dem Militärstaatsanwalt die Räume des Amtes zu versiegeln. Um den Druck zu erhöhen, hatten Vaatz und Herbert Wagner über einen lokalen Sender die Dresdener zu einer friedlichen Demonstration aufgerufen. Es kamen 5000 Menschen, die sich nicht abhalten ließen, das Gebäude zu besetzen. Ihnen fiel auch der Chef des Amtes, Generalmajor Horst Böhme, in die Hände, der entwaffnet und in einem Raum eingesperrt wurde. Da einige Bürger gewalttätig wurden, gab Vaatz die Parole aus: »Jeder, der Gewalt anwendet, ist ein Stasi!«[621] Das verhinderte weitere Übergriffe. In der Nacht übernahmen Bürger und die Volkspolizei die Bewachung des Hauses.

Auch in Karl-Marx-Stadt (Chemnitz) wurden die Archive der Bezirksverwaltung des AfNS ab dem 5. Dezember versiegelt. Schon am Vortag hatten Oppositionelle damit begonnen, aus dem Gebäudekomplex herausfahrende Fahrzeuge nach Akten zu durchsuchen. Einige Kreisdienststellen im Bezirk wurden ebenfalls an diesem Tag besetzt.[622] Eine völlige Besetzung gelang jedoch nicht.

Ähnlich verlief der Zugriff der Bürger auf das Bezirksamt des AfNS in Neubrandenburg. Einige Kreisdienststellen im Bezirk waren schon am 4. Dezember ins Visier von Initiativgruppen des Neuen Forums geraten, so in Teschendorf, Uckermünde und Malchin.[623] In den nächsten Tagen konnten weitere besetzt und mithilfe von Staatsanwälten versiegelt werden. In Neubrandenburg scheiterte ein solcher Plan, weil die Bezirksverwaltung des AfNS weit außerhalb der Stadt lag und die von den Initiatoren bestellten Busse für die Demonstranten nicht kamen. Am 5. Dezember verhandelten Pfarrer Ulrich von Saß und weitere Bürgerrechtler mit dem Bezirksamt ohne nennenswerte Ergebnisse. Allerdings versiegelte der zu Hilfe gerufene Staatsanwalt das Archiv. Während von den 22 Kreisämtern nur noch zwei weiterarbeiten konnten, war das Bezirksamt in Neubrandenburg rasch wieder arbeitsfähig. Die Mitarbeiter schickten auch noch eine Warnung an die Berliner Zentrale: »Mit Sorge haben wir die … Demontage des Staates verfolgt … Ist man sich wirklich nicht der Gefahr bewusst, dass die Offenlegung von Akten und Unterlagen des ehemaligen MfS zum Brudermord in diesem Lande führen wird?« Es war wohl weniger das schlechte Gewissen als vielmehr die Angst, die die Mitarbeiter des AfNS eine umgehende Aktenvernichtung fordern ließ. In völliger Verkennung der Verhältnisse fügten sie ihrem Schreiben allerdings noch hinzu: »Das Volk braucht, wenn es souverän bleiben will, einen Sicherheitsapparat.«[624] Das Neubrandenburger Amt wurde im Zuge der allgemeinen Auflösungsprozesse ab Januar 1990 aufgehoben.

Als nahezu missglückt muss die Besetzung der Magdeburger AfNS-Zentrale angesehen werden. Der dortige Runde Tisch hatte am 5. Dezember ein Bürgerkomitee zusammengestellt, das in den nächsten Tagen nur sehr zögerlich arbeitete. Kirchliche Vertreter hatten davon abgeraten, eine rasche Besetzung durchzuführen, um den Auflösungsprozess friedlich zu gestalten. Auch in Magdeburg wurden die Akten mithilfe der Staatsanwaltschaft sichergestellt. Die Vernichtung ging unter der Hand allerdings weiter. Es sollte sich später herausstellen, dass das Bürgerkomitee selbst von IM und hauptamtlichen Offizieren des MfS unterwandert war.[625] Trotz der Kontrolle der Bezirksämter in Schwerin und Potsdam[626] am 5. Dezember durch Bürgergruppen konnten diese nicht völlig lahmgelegt werden.

Gera

In Gera gelang die Besetzung der Bezirksverwaltung erst spät. Der Bezirkschef Michael Trostorff erwies sich als geschickter Taktierer. Um einer Besetzung zuvorzukommen, lud er Pressevertreter ein und ließ vor diesen eine Verkollerungsmaschine und das Zentralarchiv versiegeln. Die Aktenvernichtung ging insgeheim jedoch weiter. Offensichtlich fühlten sich die Geraer als letzte Bastion gegen die Konterrevolution. So versandten sie am 9. Dezember an die bewaffneten Organe der DDR einen »Aufruf zum Handeln« unter der Überschrift »Heute wir – morgen Ihr«: »Beherzigen wir die Erkenntnisse von Lenin über die Fragen der Macht ... Genossen, Bürger, heute richtet sich der Hass eines Teiles unseres Volkes, geschürt durch eine Minderheit unserer Bevölkerung, gegen das ehemalige MfS und jetzige Amt für Nationale Sicherheit. In unserem Bezirksamt gibt es Erkenntnisse, dass Bestrebungen existieren, diesen ›Volkszorn‹, nachdem das Amt für Nationale Sicherheit zerschlagen ist, schnell auf die Strukturen und Kräfte der anderen bewaffneten Organe zu lenken, um diese ebenfalls zu zerschlagen. Sollte es uns allen gemeinsam nicht kurzfristig gelingen, die Anstifter, Anschürer und Organisatoren dieser hasserfüllten Machenschaften gegen die Machtorgane des Staates zu entlarven und zu paralysieren, werden diese Kräfte durch ihre Aktivitäten einen weiteren Teil der Bevölkerung gegen den Staat, die Regierung und alle gesellschaftlichen Kräfte aufbringen.«[627] Dieser Putschaufruf ging ins Leere, da andere bewaffnete Formationen hofften, in einer erneuerten DDR ihren Platz zu finden.

Noch arbeitete in Gera kein funktionierendes Bürgerkomitee. Am 13. Dezember besichtigten Vertreter von Parteien und Kirchen das Stasi-Archiv. Trostorff versuchte diese Besucher von der Notwendigkeit der Aktenvernichtung wegen ihrer sozialen Sprengkraft zu überzeugen. Funktionäre der Blockparteien und der örtlichen Staatsorgane unterstützten dies auf einer Sitzung am 14. Dezember im Rathaus. Mit Mühe konnten der Vertreter des Neuen Forums, Michael Beleites, und Pfarrer Roland Geipel eine Verschiebung der Aktenvernichtung erreichen. Als sich am 20. Dezember endlich ein Bürgerkomitee bildete, stellte sich heraus, dass es mehrheitlich von den Blockparteien und der SED/PDS besetzt war, die sich hinter die Geheimpolizei stellten.

In dieser Pattsituation wurde der 1983 ausgebürgerte Roland

Jahn, der inzwischen als Journalist für das ARD-Magazin »Kontraste« arbeitete, von der verfahrenen Situation in Gera in Kenntnis gesetzt. Jahn kam mit einem Kamerateam nach Gera und brachte die ehemaligen Jenaer Oppositionellen Peter Rösch und Thomas Auerbach mit, die wie er in der Untersuchungshaftanstalt des MfS in Gera eingesessen hatten. Diese führten in Begleitung eines Militärstaatsanwalts vor laufender Kamera im Bezirksamt ein Gespräch mit Trostorff, der eingestand, dass sein Amt noch im Besitz sämtlicher Waffen war. Diese Aussage wurde in der »Kontraste«-Sendung am 2. Januar 1990 gesendet. Spontan kam es in Gera und Jena zu Streiks. Der Regierungsbeauftragte für den Bezirk Gera sah sich genötigt, die Entwaffnung des AfNS anzuordnen. Am 4. Januar versuchten Teilnehmer der wöchentlichen Donnerstagsdemonstration das Bezirksamt zu stürmen. Das Bürgerkomitee konnte sie beruhigen und übernahm unter großer Bürgerbeteiligung vom 6. bis 8. Januar das Amt. Während der Arbeiten meldeten Sender, dass das Geraer Bezirksamt zum bewaffneten Putsch aufgerufen habe. Es stellte sich heraus, dass am Zentralen Runden Tisch in Berlin der Putschaufruf vom 9. Dezember als Beleg für die Nichtreformierbarkeit der Geheimpolizei verlesen worden war. Die Besetzer zwangen Trostorff, in einer Presseerklärung bekannt zu machen, dass es keinen aktuellen Putschaufruf gebe.[628]

Nachspiele

Am 8. Dezember registrierte die Berliner Zentrale, dass von 13 Bezirksverwaltungen – ohne Cottbus und Berlin – vier nicht mehr, eine kaum noch, fünf leicht eingeschränkt und drei fast normal arbeitsfähig waren.[629] In der letzten Dezemberwoche wurde von den 15 Bezirksverwaltungen berichtet, dass sieben überhaupt nicht mehr und acht nur eingeschränkt arbeiteten.[630] Hinter diesen Zahlen stand eine nahezu unglaubliche Belastung der Besetzer bzw. der Bürgerkomitees, die in diesen Wochen oft bis zur physischen Erschöpfung arbeiteten. Hunderte konspirative Objekte und Wohnungen wurden aufgespürt, Telefon- und Abhöranlagen abgeschaltet, Akten aus Verstecken geborgen oder die geplanten Isolierungslager entdeckt. Immer neue Geheimnisse, etwa die vielen geheimen Kommandostellen des MfS, wurden gelüftet. So erfolgte am 6. Dezember die Besetzung des MfS-Bunkers und Ausweichführungspunktes »Wilhelmsburg« durch Einwohner von Bad Berka. In vie-

len Fällen führten die professionellen Geheimdienstler die Bürgerkomitees mit schlauen Täuschungsmanövern jedoch hinters Licht.
Auch ging vielerorts die Aktenvernichtung verdeckt weiter. In
Mühlhausen lud der örtliche Stasi-Chef die Bürgerinitiative von
sich aus zur Begehung seines Objektes ein, um einer Besetzung zuvorzukommen. Die Kernbereiche wurden dabei allerdings nicht
gezeigt. Erst Tage darauf wurde die Stelle unter der Regie von MfS-
Leuten geschlossen.[631]

Die Besetzung der MfS-Zentralen war trotz einiger Zwischen-
fälle und langwieriger Hinhaltemanöver friedlich abgelaufen. Dies
war auch dem Umstand zu verdanken, dass die Bürgerkomitees
strikt legalistisch vorgingen und die Volkspolizei und die Staatsanwaltschaft einbezogen, wenngleich deren Loyalität Grenzen
hatte. Neben den intensiven Bemühungen um Gewaltfreiheit bei
diesen revolutionären Aktionen hatte ungewollt auch die SED-
Führung bzw. die Modrow-Administration ihren Anteil daran,
dass die Bürgerkomitees die Kontrolle übernehmen konnten. Die
SED versuchte ihre Gewaltinstrumente so lange als möglich zu halten und sie zu tarnen. Schließlich kämpfte sie nicht mehr mit
vollem Einsatz für das MfS, um selbst wieder handlungsfähig zu
werden.[632]

Als Modrow am 7. Dezember erneut die Anweisung gab, Akten
zu vernichten, konnte dies nur verhindert werden, weil die Bürgerkomitees sofort die Bevölkerung alarmierten. In Rostock und anderen Städten kam es erneut zu großen Demonstrationen. Einige
Ämter mussten daher nochmals einer Kontrolle der Bürger unterstellt werden. Proteste gegen die Generalität, ihre Privilegien und
ihr Allmachtsgehabe wurden nun auch im AfNS laut. Das Wach-
regiment »Feliks Edmundowitsch Dzierzynski«, benannt nach dem
ersten sowjetischen Geheimdienstchef, rebellierte, drohte gar mit
Demonstrationen. Es wollte nicht zum Prügelknaben für die Ver-
fehlungen des MfS gemacht werden.

Um ein Gegengewicht zu den Bürgerkomitees zu schaffen, setzte
Modrow nach den ersten Besetzungen Regierungsbeauftragte für
die Bezirke ein.[633] Die dreiköpfigen Kommissionen, die aus Vertretern des Ministerrats, des Innenministeriums und des AfNS bestanden, sollten die AfNS-Ämter wieder stabilisieren und dabei mit den
Bürgerkomitees einen Konsens über Aktenvernichtungen herstellen. Ihnen schlug vielfach Misstrauen entgegen.[634]

Mit den Besetzungen der Bezirksämter konnten die Bürgerkomitees der Diktatur eine schwere Niederlage beibringen. Allerdings war der Kampf gegen das MfS damit noch nicht zu Ende. Noch war das AfNS durch die Regierung nur formal aufgelöst, nicht überall funktionierte die Kontrolle, versiegelte Räume wurden erbrochen, Staatsanwälte und Volkspolizei kollaborierten mit dem MfS, das Schicksal der Akten war ungewiss, und in Berlin arbeitete noch die Zentrale des Apparats mit Tausenden Mitarbeitern. Hier hatte es am 6. und 7. Dezember lediglich Besuche von Bürgerrechtlern ohne greifbare Ergebnisse gegeben. In der Zentrale in Berlin wurde zudem fieberhaft daran gearbeitet, die Verbindung mit noch arbeitenden Außenposten strengstens zu tarnen.[635]

Runde Tische

Zwischen Konsolidierung und Revolution

Als der Zentrale Runde Tisch am 7. Dezember im Dietrich-Bonhoeffer-Haus in Berlin zusammentrat, war die SED empfindlich geschwächt. Statt vom am Vortag zurückgetretenen Krenz wurde die SED von Gregor Gysi vertreten. Den Regierungsparteien SED, CDU, LDPD, DBD und NDPD mit je drei stimmberechtigten Teilnehmern saßen zunächst die neuen oppositionellen Organisationen Demokratischer Aufbruch, Demokratie jetzt, Grüne Partei, Initiative Frieden und Menschenrechte, SDP, Vereinigte Linke mit je zwei und Neues Forum mit drei stimmberechtigten Teilnehmern gegenüber. Unter tumultuarischen Umständen erzwangen sich Frauen, die zum einige Tage vorher gegründeten »Unabhängigen Frauenverband« (UFV) gehörten, Zutritt und erhielten zwei Sitze. Auch der Freie Deutsche Gewerkschaftsbund (FDGB) durfte nun mit zwei Vertretern auf Regierungsseite teilnehmen. Dadurch saßen sich statt je 15 nun je 17 Vertreter von Opposition und Regierungslager gegenüber. Bei der zweiten Sitzung, am 18. Dezember, wurden nochmals beide Seiten verstärkt. Ins Lager der Opposition wurde die Grüne Liga aufgenommen und auf Regierungsseite die Vereinigung der gegenseitigen Bauernhilfe (VdgB). Damit waren auch SED-abhängige Massenorganisationen vertreten. Weitere Organisationen, auch neu entstandene Parteien, bekamen Beobachter- bzw. Gästestatus. Die klare Polarisierung zwischen den beiden Lagern verwischte sich in dem Maße, wie sich die Blockparteien unabhängig gaben. Der Runde Tisch musste seine Legitimität aus der Bewegung schöpfen, die zu ihm geführt hatte. Die kirchlichen Moderatoren, Oberkirchenrat Martin Ziegler, Monsignore Karl-Heinz Ducke und Pfarrer Martin Lange, waren für die Vermittlung zwischen den alten politischen Kräften und den neuen Bewegungen gut geeignet, weil sie mehr oder weniger Erfahrungen mit politischer Konfliktminimierung hatten.

Auf der ersten Sitzung wurde das »Selbstverständnis« des Runden Tisches formuliert: »Die Teilnehmer des Runden Tisches treffen sich aus tiefer Sorge um unser in eine Krise geratenes Land, seine Eigenständigkeit und seine dauerhafte Entwicklung. Sie fordern die Offenlegung der ökologischen, wirtschaftlichen und finanziellen Situation in unserem Land. Obwohl der Rundtisch keine parlamentarische oder Regierungsfunktion ausüben kann, will er sich mit Vorschlägen zur Überwindung der Krise an die Öffentlichkeit wenden. Er fordert von der Volkskammer und der Regierung, rechtzeitig vor wichtigen rechts-, wirtschafts- und finanzpolitischen Entscheidungen informiert und einbezogen zu werden. Er versteht sich als Bestandteil der öffentlichen Kontrolle in unserem Land. Geplant ist, seine Tätigkeit bis zur Durchführung freier, demokratischer und geheimer Wahlen fortzusetzen.«[636]

Mit dieser Erklärung war die Machtkontrolle durch die Opposition erstmals institutionalisiert. Aus dem Hinweis, dass sich der Runde Tisch um die Eigenständigkeit und dauerhafte Entwicklung der DDR sorge, konnte keine Festlegung gegen den freien Willen des Volkes abgeleitet werden. Auf dieser Sitzung wurde bestimmt, dass eine neue Verfassung ausgearbeitet, ein Wahl- und Parteiengesetz erarbeitet und die MfS-Nachfolgeeinrichtung AfNS unter ziviler Kontrolle aufgelöst werden solle. Als Wahltermin wurde der 6. Mai 1990 vereinbart. Das Selbstverständnis bedeutete eine substanzielle Stabilisierungsaufgabe im Krisenmanagement und legte die Teilnehmer auf Kompromisse fest. Der Runde Tisch changierte damit zwischen Konsolidierung und Revolution.

Dafür gab es gleich am ersten Versammlungstag ein dramatisches Exempel. Vor dem Bonhoeffer-Haus zog eine Demonstration auf, die lautstark ihre Meinung äußerte, Pfeifkonzerte, Proteste gegen die Wahlfälschungen und »Stasi raus«-Rufe waren zu hören. Die Versammlung war irritiert. Würden die Demonstranten das Haus betreten, würden sie diesen Dialog akzeptieren? Hastig wurde überlegt, eine Erklärung zu verabschieden, die den Demonstranten von den ernsthaften Bemühungen berichten sollte. Auch wurde vorgeschlagen, »beherzte Männer« sollten sich den Demonstranten stellen. Doch bevor sich die aufgescheuchte Versammlung einig wurde, zogen die Demonstranten weiter – Aufatmen in Saal. Wolfgang Ullmann sagte: »... also kehren wir wieder zur Tagesordnung zurück. Liebe Anwesende, lasst uns das zur Lehre dienen und jetzt Nägel mit Köpfen machen. Sie schreien, weil sie ein Ergebnis wollen.«[637]

Die Sitzungen des Runden Tisches wurden zumeist live im Rundfunk und im Fernsehen übertragen. Der aufmerksame Hörer stellte zwischen den beiden Lagern häufig einen Unterschied in der Sprache fest, der viel über die vertretenen Inhalte aussagte, wie es etwa in dem kurzen Dialog zwischen den Regierungsparteien und dem Neuen Forum in der Debatte um eine öffentliche Erklärung des Runden Tisches zum Ausdruck kommt:

> »STIEF (NDPD): Es geht um die Bestrafung der Schuldigen an der gegenwärtigen Situation bei gleichzeitiger Sicherung der öffentlichen Ordnung.
> Es geht um die Sicherung der Produktion, wobei die Abwendung von Streiks aus nationaler Verantwortung gegenwärtig unerlässlich ist.
> Es geht um die Sicherung der Versorgung der Bevölkerung.
> Es geht um den Schutz des ehrlichen Bürgers.
> Es geht um die Bewahrung der sozialen Sicherheit.
> SCHULT (NF): Was sollen diese Sprüche?
> STIEF (NDPD): Das hat damit nichts zu tun – wir brauchen draußen nach meiner Auffassung für die Bürger einfache Worte.
> SCHULT (NF): Na, solche Sprüche!?
> HENRICH (NF): Hören Sie doch einmal hin, was die Bürger rufen! Was die Bürger rufen – hinhören! So etwas hat nicht einer gerufen!«[638]

Runder Tisch gegen den Staatssicherheitsdienst

Für die Opposition begann am Runden Tisch ein Machtkampf, der zunächst noch völlig asymmetrisch war. Ihr Potenzial war die Öffentlichkeit, vor allem die westlichen Medien und die revolutionäre Bewegung auf den Straßen. Die Gegenseite verfügte trotz allem Niedergang immer noch über den Staatsapparat, sie besaß stets einen Informationsvorsprung, einschließlich der noch wirksamen AfNS-Strukturen, sie konnte auf große Ressourcen an Kompetenz und Kenntnissen über ökonomische und innenpolitische Verhältnisse zurückgreifen und konnte sich insgesamt noch auf die parteieigenen Medien verlassen. Zum Medium des Machtkampfs wurde das Ringen um die Auflösung des AfNS, den unsichtbaren Kern der Diktatur. Am 7. Dezember wurde festgelegt: »Die Regierung der DDR wird aufgefordert, das Amt für Nationale Sicherheit unter ziviler Kontrolle aufzulösen und die berufliche Eingliederung der ausscheidenden Mitarbeiter zu sichern. Über die Gewährleistung der eventuell notwendigen Dienste im Sicherheitsbereich soll die Regierung die Öffentlichkeit informieren.«[639] Außerdem wurde die Regierung aufgefordert, eine Vernichtung von MfS-Dokumenten zu verhindern.

Inzwischen hatte im MfS ein Kaderaustausch stattgefunden. Fast alle Generäle waren durch jüngere Offiziere ersetzt worden. Die am 4. Dezember von Schwanitz aus Angst vor den Bürgerkomitees bei den Besetzungen gestoppte Aktenvernichtung war durch die Beauftragten Modrows am 7. Dezember wieder aufgenommen worden. Am 8. Dezember verfügte Modrow unter dem Eindruck der anhaltenden Proteste der Bevölkerung und des Beschlusses des Runden Tisches die Auflösung des AfNS. Die Aktenvernichtung wurde erneut untersagt, das Verbot aber nicht überall durchgesetzt. Vieles blieb in der Schwebe. Seit dem 11. Dezember plante Modrow zusammen mit seinen Koalitionspartnern einen Coup, der sich allerdings zu einem Bumerang entwickeln sollte. Am 14. Dezember beschloss die Regierung anstelle des AfNS zwei neue Geheimdienste einzurichten.[640] Das AfNS sollte durch einen stark verkleinerten Dienst – mit immerhin noch 10 000 Mitarbeitern – ersetzt werden, den »Verfassungsschutz«. Zu dessen Leiter wurde Generalmajor Heinz Engelhardt bestimmt. Außerdem sollte ein Auslandsdienst mit 4000 Mitarbeitern geschaffen werden, der den schlichten Namen »Nachrichtendienst« erhalten sollte. Werner Großmann, einer der leitenden Offiziere der HVA, der Spionageabteilung des MfS, sollte dessen Chef werden. Für die ausscheidenden Geheimdienstler wurden Übergangsgelder festgelegt, die oft fünfstellige Beträge erreichten.

Modrow betrieb mit den Bezeichnungen »Verfassungsschutz« und »Nachrichtendienst« eine sprachliche Mimikry, denn beide Bezeichnungen entsprachen den bundesdeutschen Diensten. Zudem unterlief das Vorhaben eindeutig den Beschluss des Runden Tisches. So befasste sich der Runde Tisch auch auf seiner zweiten Sitzung am 18. Dezember mit dem Thema, ohne die Absichten Modrows überblicken zu können. Der Runde Tisch forderte eine Beteiligung an der von Modrow eingesetzten Kontrollkommission und erklärte sich nicht damit einverstanden, dass seine ursprüngliche Forderung nach einer zivilen Kontrolle der Auflösung unterlaufen wurde. Das Thema sollte deswegen auf der nächsten Sitzung erneut debattiert werden. Noch am 18. Dezember verlangte Martin Gutzeit die sofortige »Offenlegung der gegen Friedens-, Umwelt- und Menschenrechtsgruppen angewandten Vorgehensweisen sowie die Benennung der in diese Gruppen eingeschleusten Personen«[641]. Lothar Bisky fragte unter Gelächter nach, ob denn »tatsächlich jemand eingeschleust« worden sei, dann »müssten Sie die doch kennen«. Reinhard Schult vom Neuen Forum, der später einer der energischsten Kämpfer gegen das MfS/AfNS wurde, widersprach der Forderung: »... wir können ja nicht von diesem Tisch hier zum Stasi-Spitzeljagen aufrufen«. Der Antrag wurde nur von den beiden Stimmen der Sozialdemokraten unterstützt. Einer der beiden, Ibrahim Böhme, der IM »Maximilian«, hatte nach einem Blick in die Runde auch seine Hand gehoben. Der Kelch war an ihm und anderen noch einmal vorübergegangen.

Auf der vierten Sitzung des Runden Tisches am 27. Dezember war die Auflösung des AfNS wiederum Thema. Die Opposition sah sich von Modrow hintergangen, da dieser den Auflösungsbeschluss vom 7. Dezember ignoriert, neue Geheimdienste gegründet und umfangreiche Entschädigungen für entlassene MfS/AfNS-Mitarbeiter gewährt hatte. Die Regierung wurde kategorisch aufgefordert, bei wichtigen Beschlüssen den Runden Tisch vorher zu informieren. Er verlangte zu seiner nächsten Sitzung am 3. Januar 1990 einen Bericht der Regierung. Die Vertreter der Opposition forderten eine öffentliche Debatte und verlangten die Auflösung des AfNS, bevor an eine Neugründung gedacht werden könne. Martin Gutzeit warnte, »dass eine Schlange immer wieder ihre Haut wechselt, aber das Tier, das darunter ist, immer das gleiche bleibt. Dagegen müssen wir ganz scharf protestieren.«[642] Eine Erklärung der Opposition, die als Vorlage 4.7 eingebracht wurde, nahm der Runde Tisch nach längerer Debatte bei Stimmenthaltung der SED an: »Die Weisung vom 14.12.1989 zur Bildung eines Verfassungsschutzes ist bis zum 6.5.1990 auszusetzen. Von der Bildung eines selbstständigen Verfassungsschutzes ist Abstand zu nehmen. Konzepte sind öffentlich zu diskutieren.«[643]

Diese Auseinandersetzung ergab sich aus der schier unüberbrückbaren Differenz zwischen den im revolutionären Prozess entstandenen neuen Machtansprüchen und dem Beharrungsvermögen der alten Kräfte. Kompromisse liefen auf Machtteilung hinaus, nicht nur am Runden Tisch in Berlin, sondern auch bei Bürgerkomitees, Arbeitsgruppen und Untersuchungskommissionen in den Regionen. Auf diese faktische Machtteilung verübte Modrow in der Sitzung vom 27. Dezember noch einmal einen Anschlag. Er ließ den »Entwurf einer Ordnung über die Tätigkeit von Bürgerkomitees« einbringen, der vorher in der Regierung lediglich zur Kenntnis genommen worden war. Vollmundig hieß es, dass die Regierung die »nationale Bürgerbewegung« unterstütze. Dazu könnten sich Bürgerkomitees gründen, die an »die Verfassung, die Gesetze und andere Rechtsvorschriften gebunden« seien. Sie sollten eine »Sicherheitsgemeinschaft« mit der »Volkspolizei und anderen zuständigen Organen« bilden und »kommunale Probleme und Anliegen der Bürger gemeinsam mit den dafür zuständigen staatlichen Organen« bearbeiten. »Die Handlungsfähigkeit der örtlichen Volksvertretungen, ihrer Räte und anderer Staatsorgane im Territorium und zur Verwirklichung der ihnen obliegenden Aufgaben muss gewährleistet bleiben.« Die »übergeordneten Staatsorgane« sollten in Konfliktfällen entscheiden.[644] Wolfgang Ullmann kommentierte: »Das ist eine Sprache, die in unserem Lande vielfach üblich ist und darum leider auch in den Geruch der Phrasenhaftigkeit gekommen ist.« Stattdessen müsse, so Ullmann, ein »Hinweis auf die Grundrechte« und die »zehn Prinzipien der Helsinki-Erklärung aus Korb 3« oder die »allgemeinen Menschenrechtserklärungen«[645] erfolgen.

Mehrheitlich verwarf der Runde Tisch diese Neuauflage des gerade gescheiterten Konzepts der antifaschistischen Nationalen Front, die nun in das Gewand der Bürgerbewegung schlüpfen wollte. Wegen der Ver- und Behinderungsstrategie seitens Modrow konstatierte Reinhard Schult, »bisher ist festzustellen, dass die Regierung den Runden Tisch anscheinend missachtet«. Die Opposition bestand auf der öffentlichen Kontrolle der Regierung. Lothar Bisky von der SED/PDS hielt mit Unterstützung von de Maizière dagegen, dass ein »Vetorecht« die Lage im Lande destabilisieren werde. Schult erwiderte, dass nicht der Runde Tisch, sondern »die Regierung die Situation destabilisiert«[646]. Die Debatte mündete in den neuerlichen Beschluss, dass die Regierung dem Runden Tisch schriftlich und rechtzeitig Gesetzes- und Regierungsvorlagen zuzustellen habe. Noch war nicht entschieden, ob Modrow sich fügen würde.

Regionale und kommunale Selbstorganisation und Runde Tische

Schon seit Oktober hatte der revolutionäre Prozess die Regionen erfasst. In wenigen Wochen beteiligten sich Tausende Menschen an der Kontrolle der von der SED beherrschten Apparate. Dazu wurden neben den staatlichen Institutionen neue Strukturen geschaffen, für die sich schnell die Bezeichnung Runder Tisch durchsetzte, obwohl sie sich unterschiedliche Aufgaben stellten und die Zusammensetzung ebenfalls verschiedenen Modalitäten folgte.[647] Die ersten neuen kommunalen Instanzen waren aus den Dialogangeboten bzw. Rathausgesprächen im Oktober hervorgegangen. Solche Konsultativgruppen, Bürgerkomitees, Paritätischen Kommissionen oder Dialogforen hatten noch um ihre Anerkennung ringen müssen. Als die Debatten um den Zentralen Runden Tisch öffentlich wurden, bildeten sich um den 20. November herum in den Regionen erste Runde Tische. Seit der ersten Dezemberwoche luden auch die Räte der Bezirke, der Kreise und vieler Kommunen zu Runden Tischen ein, die bis Januar installiert wurden. Sie wollten damit ihrem Autoritätsverlust entgegenwirken. Obwohl der Berliner Runde Tisch mitsamt seiner Geschäftsordnung als Leitbild galt, waren die regionalen Runden Tische weder von den Verfahren noch von der Besetzung her einheitlich geregelt.

Bisweilen versuchten staatliche Einlader die Runden Tische zu instrumentalisieren, stellten Bedingungen oder luden nur Teilnehmer ein, die sich zum Sozialismus bekannten. Als in Pößneck am 12. Dezember der erste Runde Tisch des Kreises zusammentrat, wurden die Teilnehmer mit einem Arbeitspapier des Rates des Kreises über die »Erneuerung in der kommunalpolitischen Arbeit« überrascht, das faktisch die bestehenden Verhältnisse festschrieb. Bezeichnenderweise hieß ein Programmpunkt »Maßnahmen zur Erhöhung der sozialistischen Demokratie«. Obwohl sich die SED und die alten Kräfte eine Mehrheit verschafft hatten, konnten sich die Oppositionsvertreter mit den kirchlichen Moderatoren im Laufe des Dezember durchsetzen.[648] In einigen kleineren Städten wie etwa in Bad Langensalza scheiterte der Runde Tisch nach kurzer Zeit, da die dortige »Demokratische Basisgruppe« zu schwach war. In den ersten Wochen mussten sich die Oppositionellen und Kirchenleute gegen Obstruktionen, Täuschungen, falsche Auskünfte oder die Thematisierung von Nebensächlichkeiten wehren. Der Informationsvorsprung und die fachliche Kompetenz der staatlichen Organe wurden gnadenlos ausgenutzt, um Zuständigkeiten und Einfluss zu wahren. Die Neuen konnten sich allerdings auf die anhaltenden Demonstrationen stützen. Es bildete sich eine machtpolitische Doppelstruktur auf allen Ebenen heraus, in der schließlich die Runden Tische seit Januar 1990 ein Übergewicht bekamen.

Die kirchlichen Vertreter verschiedener Konfessionen nahmen vielfach eine hervorragende Stellung ein und beanspruchten bisweilen ein eigenes Stimmrecht. Sie verfügten über Sprachfertigkeit und nahezu allein über Erfahrungen mit demokratischen Verfahren. Mit der Verselbstständigung der Blockparteien löste sich die Polarisierung zwischen alten und neuen Kräften auf. An vielen Runden Tischen nahmen auch Vertreter der Massenorganisationen teil, etwa FDJ und FDGB, auch Vertreter der Nationalen Volksarmee, der Volkspolizei oder der Wirtschaft. Bisweilen wurden diese Gruppierungen aber auch ausgeschlossen. Auf oppositioneller Seite waren neben den landesweiten Oppositionsbewegungen auch regionale und örtliche Initiativen oder Zusammenschlüsse vertreten.

Am dichtesten war das Netz der Runden Tische in den sächsischen und thüringischen Bezirken. Viele Runde Tische bildeten Untergruppen bzw. themenbezogene Arbeitsgruppen oder installierten für bestimmte Themen wiederum eigene Runde Tische. Zu den Aufgaben gehörte die Kontrolle und Sicherung der Arbeitsfähigkeit der kommunalen Verwaltungen. Ein wichtiges Thema war der Auflösungsprozess des MfS/AfNS. Dessen Eigentum, Immobilien, Autos, Telefonanschlüsse der von MfS, Volkspolizei und SED benutzten Sondernetze für die Nachrichtenübermittlung wurden an soziale Einrichtungen, Kommunen oder auch an private Personen übergeben. Ein umstrittenes Thema waren auch die Einstellungen von Mitarbeitern des MfS in staatlichen und wirtschaftlichen Bereichen.

Die Runden Tische bemühten sich oft im Zusammenhang mit Untersuchungsausschüssen um die Aufklärung von Menschenrechtsverletzungen. Zahllose Bürger wandten sich mit Hilfsgesuchen und Beschwerden über das tausendfach erlebte SED-Unrecht, Berufsverbote, Haft, Enteignungen und Benachteiligungen an die Runden Tische. Um die Chancengleichheit in den Medien wurden heftige Kämpfe geführt. Häufig kümmerten sich die Runden Tische um regionale Wirtschaftsprobleme, die Zulassung von neuen Gewerben und die Regelung westdeutscher Wirtschaftsaktivitäten. Ein Dauerthema waren ungelöste Besitzfragen von Immobilien und der allgemeine Verfall der Bausubstanz. Auch die Mängel des Gesundheitswesens, fehlendes Personal und unzureichende Versorgung mit Medikamenten und anderen Hilfsmitteln kamen auf die Tagesordnung.

Ein besonderes Themenfeld war das Bildungswesen, das bislang in fester Umklammerung der SED gestanden hatte. In einigen Orten wie in Erfurt etablierte sich ein »Runder Tisch Bildung«. In vielen Kreisen wurden die Schulräte und besonders belastete Lehrer abberufen. Am 24. Januar 1990 beschloss etwa der Runde Tisch Stadt und Kreis Fürstenwalde weitreichende Maßnahmen zur »Durchsetzung der Trennung von Schule und Parteien/politischen Organisationen. D. h. Pionierorganisation, FDJ, GST, Jugendweiheausschüsse…«[649] Auch an der Trennung der Verwaltungen und der Wirtschaft von den Parteistrukturen der SED wurde gearbeitet. Häufig wurden die gravierenden Umweltprobleme, die Belastungen der Städte, des Wassers und der Luft, der Mangel an Energie und andere Versorgungsprobleme angesprochen. Ebenso wurden verschiedentlich »Runde Tische der Jugend« installiert, die vorrangig mit der Abwicklung der FDJ beschäftigt waren. Auch die regionalen Runden Tische tagten öffentlich. Auf diese Weise erfuhren die Menschen von bislang geheim gehaltenen Missständen, unmenschlichen Zuständen in Alters- und Pflegeheimen, gesundheitlich gefährlichen Umweltschäden, wirtschaftlichen Miseren in Industriebetrieben und der kollektivierten Landwirtschaft.

Die Erfahrung mit den Runden Tischen

Die Runden Tische sind alsbald mit ambivalenten Bewertungen in die Erinnerungskultur eingegangen. Später klagten viele Beteiligte, dass sie häufig getäuscht und »über den Tisch gezogen« worden seien. Anderen blieben die Runden Tische in besserer Erinnerung. Nachdem die Abwehrkämpfe der Nutznießer der alten Machtstrukturen überwunden waren, setzte sich oft eine Konsensdemokratie mit einstimmiger Beschlussfassung durch. Die Erfahrung der Demokratisierung, die wachsenden Möglichkeiten der Selbstbestimmung und die freie Sprache wurden als Beglückung erfahren.

Detlev Lintzel, ein Verwaltungsleiter der Diakonie in Wittenberg, blickt auf der Heimfahrt am 21. Dezember auf den zweiten Verhandlungstag am Runden Tisch des Bezirkes Halle zurück: »Wir haben geredet, und einer hat dem anderen zugehört. Da war an diesem Runden Tisch, trotz der Einbrüche in manchen Fragen, etwas entstanden, was es so in 40 Jahren DDR nicht gegeben hat. Wir können offen kämpfen: für Menschlichkeit, für die Freiheit der Individualität. Und nach den langen 40 Jahren sind Menschen genug da, die eine Sprache miteinander haben ... Ich fuhr, und ich träumte zugleich den Traum der Brüderlichkeit, davon also, dass alles möglich ist.« Aber Lintzel lässt sich nicht von seinem Traum übertölpeln und fügt hinzu: »Ich will nüchterne Arbeit leisten in Halle, sonst nichts. Aber das ist zuallererst Drecksarbeit und Mühe, um zu begreifen, was alles verändert werden muss.«[650]

Einen guten Monat später berichtet er am Runden Tisch über das Gesundheitswesen im Bezirk. Es sind erschütternde Daten über Altersarmut und Pflegenotstand, über medizinische Unterversorgung und Isolation, über das Verdrängen und Verschweigen der in den letzten Jahren immer weiter sich verschlechternden Lage alter Menschen, die dem Propagandabild eines blühenden sozialistischen Sozialwesens nicht entsprechen. Er appelliert an die Teilnehmer des Runden Tisches, sofort das Mögliche zu tun, vor allem das Schweigen zu brechen. Lintzel sucht Worte, die »seine Wut und teilweise Verzweiflung« ausdrücken könnten. Er leiht sich eine dichterische Sprache:

> »Wenn die Gräuel ein bestimmtes Maß erreicht haben,
> gehen die Beispiele aus.
> Die Untaten vermehren sich
> und die Wehrufe verstummen.
> Die Verbrechen gehen frech auf die Straße
> und spotten laut der Beschreibung ...
> Als der Beredte sich entschuldigte,
> dass seine Stimme versage,
> trat das Schweigen vor den Richtertisch,
> nahm das Tuch vom Antlitz und
> gab sich zu erkennen als Zeuge. (Bert Brecht)

... Wo bleibt die Medienwirksamkeit, wenn geistig und körperlich Behinderte, wenn Insassen von Alters- und Pflegeheimen vorgezeigt werden sollen, die doch auch Menschen sind wie wir hier am Tisch und zu denen aus irgendwelchen Gründen wir morgen gehören können ... Diese Nichtöffentlichkeit, von der ich eben sprach, hat einen tieferen Grund, ist identisch mit dem Zustand des Gesundheits- und Sozialwesens in unserem Land und im Bezirk Halle, sonst würde ich nicht darüber sprechen: Das Elend hat keine Lobby! ...
Aber dieser Zentralismus, das wissen wir heute alle, hatte kein Herz, in ihm war keine Lobby für das Elend, und es gehört zu der Ironie der Geschichte, dass eine der zentralen Figuren dieses Zentralismus heute in Lobetal[651] ist ... Ich kann nur sagen: machen wir es wie der kleine Herr Blüm[652] von drüben, reden wir davon, wie teuer es ist, krank zu sein! ... Natürlich ist es billiger zu schweigen – scheinbar! Die Folgen, wir alle haben sie vor uns, und darum fordere ich Sie alle auf: Reden wir davon, schaffen wir dem Gesundheits- und Sozialwesen in der Gesamtheit, die ich hier meine, eine Lobby.«[653]

Machtübernahmen in Städten und Kommunen

Bei allem Ernst macht die Politik den Menschen auch Spaß, und immer noch blüht der Volkswitz. Am St. Nikolaustag, dem 6. Dezember, wird im vogtländischen Reichenbach unter Jubel ein passender Vers bei einer Demonstration vorgetragen:

> »Lieber, guter Nikolaus
> Schmeiß die Bonzen endlich raus
> die uns um unsere Jugend gebracht,
> die nur betrogen – Tag und Nacht ...
> Was wir Jahrzehnte stumm ertragen,
> soll nun die bösen Buben plagen.
> Lass dieses Weihnachtsfest auf Erden
> fürs deutsche Volk das schönste werden.«[654]

Im Zuge des raschen machtpolitischen Aufstiegs der Runden Tische erteilten die Beteiligten, wie in Erfurt und Halle, den Räten der Bezirke Aufträge, die diese auszuführen hatten. In einigen Fällen, z. B. in Erfurt, gingen aus dieser Institution Interimsparlamente hervor.[655] In Plauen hatten mit der Gruppe der 20 die Bürger am Runden Tisch die Stadtleitung übernommen. In Dresden wurde auf Stadtebene überhaupt auf einen Runden Tisch verzichtet. Im Dezember bildete sich die »basisdemokratische Fraktion«, zu der Vertreter aller oppositionellen Gruppen gehörten. Die Fraktion zog in das Stadtparlament ein und konnte wesentlichen Einfluss gewinnen. Der seit dem 1. Dezember in Werdau arbeitende »Werdauer Runde Tisch« organisierte am 18. Januar eine freie Wahl zu einem Bürgerrat, der die Kontrolle der Stadt übernahm und bis zu den Maiwahlen 1990 im Amt blieb.

In Gotha trat am Tag der Besetzung der Kreisdienststelle des MfS/AfNS am 5. Dezember der gesamte Rat der Stadt zurück. Er hatte vorher eine Verwaltungsreform angekündigt, die Auflösung der Nationalen Front vorgeschlagen, die SED aus den Volksbildungsinstitutionen entfernt, dem oppositionellen Bürgerkomitee Räumlichkeiten zur Verfügung gestellt und mit dem Bürgerkomitee die Einberufung eines Runden Tisches vereinbart. Der Bürgermeister trat im Januar 1990 zurück. Auch hier teilte sich seitdem der Runde Tisch mit der Stadtverordnetenversammlung und der Verwaltung die Macht bis zu den Kommunalwahlen.[656]

Ein origineller Sonderfall war die Entmachtung der SED im Landkreis Eichsfeld. Über Jahrzehnte hatte die Staatspartei vergeblich versucht, hier die katholischen Traditionen zu brechen. Sie hatte in das Eichsfeld eine kommunistische Funktionärsschicht eingeschleust, die alle wichtigen Ämter besetzt hatte. Große Demonstrationen, die begeistert gefeierte Grenzöffnung und neue oppositionelle Gruppierungen, eine kleinere protestantische und zwei katholisch geprägte, die »Demokratische Initiative« und das »Christliche Zentrum«, hatten der SED-Macht zugesetzt. In dieser Lage beschloss die Eichsfelder CDU, den SED-Vorsitzenden des Rates des Kreises zu stürzen. Am 7. Dezember wurde der CDU-Kandidat Werner Henning vom Kreistag nach einer revolutionären Rede mit Mehrheit zum Vorsitzenden des Rates des Kreises Heiligenstadt gewählt. Bald darauf wurden Bernd Beck als Bürgermeister von Heiligenstadt und Dieter Althaus als neuer Kreisschulrat, beide von der CDU, gewählt. Henning öffnete kraft seines Amtes bald darauf alle Grenzübergänge, entfernte alle SED-Kader aus ihren Machtpositionen und suchte Kontakt zur Bonner Regierung. Die Eichsfelder CDU nannte sich nur noch »CDU Eichsfeld« und wollte sich der West-CDU anschließen. Schließlich kündigte

Henning an, das Eichsfeld im Alleingang in das Bundesland Niedersachsen einzugliedern. Aus dem Plan wurde zwar nichts, aber die Eichsfelder dankten es ihm 20 Jahre lang durch seine Wiederwahl zum Landrat.[657]

Auf der Suche nach einer neuen Identität

Aufarbeitung der Geschichte

Am 5. Oktober wurde im Lagebericht der Volkspolizei im Bezirk Erfurt ein Verbrechen vermerkt: »In Stadtilm Ilmbrücke über L 10 48 Schmiererei mit weißer Farbe: ›Dieser Staat, Ihr werdet sehen, wird noch im Museum stehen‹.«[658] Der Vers war als Selbstermutigung, auch als Drohung gedacht und liest sich nachträglich fast wie eine Weissagung. Die DDR wurde nicht, wie es die herrschende Partei verkündete, zur Krönung der deutschen Geschichte, sondern zum anschaulichen Beispiel von Geschichtlichkeit. Die Entzauberung der DDR hatte dabei längst vor 1989 begonnen; sie war von der Opposition der 1980er-Jahre betrieben worden und gelangte 1989 an einen Höhepunkt. Der neue Umgang mit der Geschichte richtete sich gegen die Manipulation der Wirklichkeit und war Ausdruck des physischen und psychischen Freiheitsverlangens. Auch wurde das Interesse an Geschichte ein wichtiger Bestandteil der Identitätssuche und schließlich auch der Legitimation der Revolution.

Die SED wusste, warum sie strengstens über die Geschichtswissenschaften wachte und warum Kritik an ihren geschichtspolitischen Mythen unter Strafe stand. Es ging ums »Allerheiligste«[659], wie der Altkommunist Bernhard Quandt am 3. Dezember im Zentralkomitee der SED verzweifelt erklärte, als an der Stalinisierung der KPD unter Ernst Thälmann in den 1920er-Jahren Kritik geäußert wurde. Die Aufklärung der aktuellen Zeitgeschichte wurde zum revolutionären Instrument. Am 4. November stand auf Plakaten »Geschichte erkennen, Archive öffnen« und »Rehabilitiert Havemann und alle Opfer von 1968«.[660] Ebenfalls am 4. November, einen Monat vor der Besetzung der MfS/AfNS-Zentrale in Leipzig, als MfS-Offiziere Bürgerrechtler baten, für Gewaltfreiheit zu sorgen, erklärte Petra Lux vom Neuen Forum einem MfS-Offizier über das vom MfS getragene »System der Angst«: »Und wenn

Sie das abbauen wollen, dann geht das, glaube ich, nur durch eine ganz konkrete, mit Namen und Adressen verbundene Aufarbeitung von solchen Anfragen von Bürgern ... Und die kann man nicht damit abtun, indem man sagt, jetzt sind wir für eine Wende ... Trotzdem bleibt im Raum stehen die Frage nach der Vergangenheit. Und da frage ich jetzt noch mal, wie stellen Sie sich das vor? Es werden Tausende Menschen kommen, die psychischen Druck erlitten haben.«[661]

Im November regten Oppositionelle an, die Aufarbeitung der Geschichte des Kommunismus zu systematisieren und zu diesem Zweck ein Archiv zu schaffen. Christian Dietrich wandte sich mit diesem Anliegen an die SDP und die anderen Bewegungen.[662] Die einsetzende gesellschaftliche Geschichtsdebatte ergriff Ende November Betriebe, öffentliche Einrichtungen und besonders die Schulen. Ein Schüler schrieb an Bärbel Bohley: »Am 10.11.89 hat sich die Klasse 12/2 der EOS ›F.F. Runge‹ geschlossen geweigert, eine Geschichtsarbeit, Thema: Antifaschistischer Schutzwall ... zu schreiben. Meine Klassenkameraden, wie auch ich würden gern von einem kompetenten Historiker erfahren, was wirklich am 17.6.53 geschah ... und bitte Sie herzlich, uns zu unterstützen, die Wahrheit zu erfahren.«[663]

Am 28. Oktober 1989 las der Schauspieler Ulrich Mühe im Deutschen Theater unter großer öffentlicher Aufmerksamkeit aus Walter Jankas Buch *Schwierigkeiten mit der Wahrheit*[664], das bis dahin nur im Westen erscheinen durfte. Janka, der im spanischen Bürgerkrieg aufseiten der Kommunisten gekämpft hatte, war 1957 als sogenannter Revisionist unter Walter Ulbricht zu fünf Jahren Zuchthaus verurteilt worden. Er hatte sein Schweigen nach fast dreißig Jahren gebrochen. Jetzt wurde auch die schweigende Kollaboration der kommunistischen Intellektuellen und Künstler mit den Verbrechen Ulbrichts zum Thema. Eine ähnliche Veranstaltung mit einem Konzert im Schauspielhaus fand für Gustav Just am 5. Dezember statt, der ebenfalls als Revisionist verurteilt worden war. Unter den Schriftstellern war es vor allem wieder Christoph Hein, der in vielen Veranstaltungen und veröffentlichten Texten die Diskussion um die kommunistischen Verbrechen, vor allem in der Stalin-Ära, in Gang hielt. Bei der Veranstaltung für Just begründete Hein die Notwendigkeit einer Aufarbeitung der kommunistischen Geschichtssicht: »Justs Buch hilft uns, eine Weltsicht zu zerstören, die viele, die wir alle hingenommen haben, mehr oder weniger wissend, dass sie verlogen ist, dass sie sich gegen uns richtete, da sie uns zu disziplinieren suchte. Sie wollte unser Gedächtnis und unsere Erinnerung töten, um unsere Seelen zu gewinnen.«[665]

Die zurückgewonnene Fähigkeit des öffentlichen Sprechens ermöglichte es nun vielen, ihre Leidensgeschichte zu erzählen. In etlichen Orten bildeten sich Vereinigungen, die sich um die Aufarbeitung kümmerten. Das Neue Forum unterhielt zahlreiche »Arbeitskreise Geschichte«, die sich zunächst um die Aufklärung von DDR-Unrecht kümmerten. So begann das Ehepaar Ilona und Karl-Heinz Rothe, beide Mitglieder der Arbeitsgruppe »Vergangenheitsbewältigung« des Neuen Forums, im November in Greußen Informationen über die beiden großen Deportationswellen[666] aus den Grenzgebieten zu sammeln und Betroffene zu suchen. Im Mai und Juni 1952 waren in der Aktion »Ungeziefer« etwa 9000 Menschen in kürzester Frist in das Hinterland der DDR deportiert worden. Nach dem Mauerbau 1961 waren es nochmals 3000 Personen, die in der Aktion »Festigung« ausgesiedelt wurden. Das Ehepaar Rothe mobilisierte die Presse, wurde bei der Regierung vorstellig und organisierte am 28. April 1990 in Erfurt ein großes Treffen der Zwangsdeportierten, zu dem 1500 Menschen kamen.

Aufsehen erregten auch die dem Vergessen entrissenen zehn Speziallager des sowjetischen Geheimdienstes (NKWD), die von 1945 bis 1950 bestanden, zwei davon in ehemaligen NS-Konzentrationslagern. Sie sollten der Entnazifizierung dienen, waren aber vorwiegend mit Kritikern und Gegnern der kommunistischen Machtergreifung belegt worden. Von den mehr als 230 000 Gefangenen sind etwa 100 000 ums Leben gekommen.[667] Die Debatte wurde angestoßen, als Anfang 1990 im Wald von Fünfeichen ein Massengrab entdeckt wurde. Es stellte sich heraus, dass es sich nicht um NS-Opfer handelte, sondern um Insassen eines der Speziallager. Ehemalige Häftlinge wandten sich nun an den Runden Tisch.[668]

Im Zusammenhang mit dem Kampf um die Erhaltung der Akten des MfS schrieb eine Karl-Marx-Städter (Chemnitzer) Initiative am 10. Dezember: »Im Rahmen der Bürgerinitiativen wird demnächst eine Arbeitsgruppe ›Aufarbeitung der Geschichte der DDR‹ ihre Tätigkeit aufnehmen, weil wir die Aufhellung dieser Problematik unmöglich den – sagen wir – ›Professionellen‹ überlassen können. Denn leider haben viele von diesen in der Vergangenheit manchmal wie Hörige gegenüber vorgegebenen Denkschemata und vertrauensunwürdigen Politikern gehandelt.«[669]

Die Geschichtsverfälschungsmaschine der SED geriet im Herbst ins Stocken. Die SED-abhängige akademische Geschichtswissenschaft erkannte rasch, dass sie nicht wie bisher weiterarbeiten konnte. Schon am 6. November räumte die Leitstelle aller Gesellschaftswissenschaften, das »Institut für Marxismus-Leninismus beim ZK der SED«, ihre bisherige Manipulation ein und versprach Abhilfe: »Der Geschichtswissenschaft darf nicht die Aufgabe gestellt sein, vorgegebene politische Wertungen zu legitimieren.«[670] Mit diesem Eingeständnis waren zwar nahezu alle Ergebnisse der DDR-Geschichtsschreibung zu Recht entwertet, aber eine wirkliche Veränderung trat dennoch nicht ein. Die SED-Historiker konnten nicht aus ihren Denkmustern heraus, sondern übernahmen nun erneut das Geschäft der Legitimation der Politik. So entwickelte sich rasch eine »Wende«-Ideologie, die sich auf die Krenz-Modrow-Administration einstellte.

Der bundesdeutsche Nestor der Kommunismusforschung, Hermann Weber, kritisierte damals die gewendete DDR-Geschichtswissenschaft wegen des Kunstgriffs, den vermeintlich neuen Sozialismus vom Geruch des Stalinismus reinigen zu wollen, indem sie eine »neue Leerformel« kreierte. Der Stalinismus wurde als ein eigenständiges Regime oder gar als eigenständige Gesellschaftsformation betrachtet, der mit dem wirklichen Sozialismus bzw. Kommunismus nichts gemein habe. Der Stalinismus habe den Sozialismus allenfalls »deformiert« und »entartet«, ohne jedoch die Grundtendenzen des wahren Sozialismus zerstört zu haben. Honecker und Mielke seien zwar Stalinisten gewesen, hätten aber die wahre sozialistische Tradition, wie sie etwa in Rosa Luxemburg manifest war, nicht beseitigen können.[671] Auch Margot Honeckers liebster Trichter zur Indoktrination der Jugend, das »Zentralinstitut für Geschichte der Akademie der pädagogischen Wissenschaften«, mühte sich ab November um eine Wende. Das Personal konnte zwar in den Lehrplänen einige Phrasen beseitigen, doch ein neuer Ansatz, der die Übel der Erziehungsdiktatur aufgehoben hätte, wurde nicht gefunden.[672]

Die Geschichtsdebatte kulminierte Anfang Januar 1990 in dem Ruf nach Gründung einer Arbeitsgruppe unabhängiger Historiker, der vor allem von jüngeren und vor 1989 ins Abseits gestellten Historikern, unter anderen Rainer Eckert, Armin Mitter, Stefan Wolle und Ilko-Sascha Kowalczuk, erhoben wurde. Im Aufruf hieß es: »Auf dem Gebiet der Geisteswissenschaften herrscht eine erschreckende Situation. Jahrzehntelang erstickte ein ungenießbarer Brei aus Lügen und Halbwahrheiten jede freie geistige Regung. Scholastische Albernheiten und abgestandene Gemeinplätze wurden ›als einzige wissenschaftliche Weltanschauung‹ ausgegeben ...« In der DDR habe unter der SED vierzig Jahre lang eine »kalte Bücherverbrennung« stattgefunden. »Wie eine tödliche Krankheit« habe sich »fachliche Inkompetenz« über die Geisteswissenschaften gelegt. »Das traurigste Los aber traf die Geschichtswissenschaft.«[673] Im April 1990 wurde dann der Unabhängige Historiker-Verband gegründet. Mit dem Aufruf hatten die Gründer den DDR-Geschichtswissenschaften und den korrumpierten Wissenschaftskadern den Fehdehandschuh hingeworfen. Viele von diesen hatten als geistige Knechte im Repressionsapparat mitgearbeitet, auch als Spitzel für das MfS. Sie hatten die wenigen nicht verstrickten Kollegen ins Abseits gedrängt, junge Leute in ihrer Entwicklung behindert, die Feindbilder formuliert und für all das reichlich Privilegien genossen. Der neue Verband sorgte für Streit, der noch Jahre anhalten sollte, und war auch bei so manchen auf Ausgleich bedachten bundesdeutschen Historikern unbeliebt.

Eines der ersten Ergebnisse dieser engagierten Historiker war eine Dokumentation über die Aktionen des MfS gegen die oppositionellen Bürgerbewegungen und neuen Parteien im Herbst 1989.[674] Der Band wurde in Abertausenden Exemplaren im Januar 1990 direkt vom Lastwagen herab an die Menge verkauft. Die Aufarbeitung der MfS-Akten hatte begonnen. Die DDR-Bürger wollten in der Revolution kein Blut sehen, aber beschriebenes Papier.

Die Verlierer der Geschichte

Die Revolution richtete sich gegen die Diktatur, aber stets auch gegen deren Personal. Die entsprechenden Namen wurden auf den Demonstrationen öffentlich gemacht, ihr Rücktritt gefordert und manchmal auch ihre Bestrafung. Nur sehr selten kam es zu körperlichen Angriffen. In Dresden wurden nach der Besetzung der Bezirksverwaltung des AfNS bei einigen Wohnungen von Geheimdienstlern die Fensterscheiben eingeworfen. Zur Lynchjustiz kam es nirgendwo, auch wenn AfNS-Mitarbeiter solche Ängste häufiger äußerten.

Die SED hatte im September 1989 annähernd 2,3 Millionen Mitglieder gehabt, etwa 20 Prozent der erwachsenen Bevölkerung.

200 000 von diesen gehörten zu den Kadern, zum inneren Kern der Partei, die Aufstiegschancen in den Apparaten hatten. Dazu kam deren familiäres Umfeld sowie Hunderttausende Menschen, die der SED aufs Engste verbunden waren, als IM des MfS, als Funktionäre in anderen Parteien, Massenorganisationen und militärischen Formationen. Millionen hatten bis zum Herbst 1989 geschwiegen, hatten wenigstens formal den Anforderungen der SED Genüge getan, hatten partiell von der Politik der SED profitiert und waren allein deshalb in irgendeiner Weise mit dem System verbunden. Bis zum November waren 66 000 Mitglieder aus der SED ausgetreten. Von November bis Januar 1990 folgte eine Million.[675] Fast eine weitere Million vollzog diesen Schritt in den nächsten anderthalb Jahren. Der Austritt aus der SED erledigte aber nicht die Verstrickung, selbst als ehemalige SED-Mitglieder auf die Straßen gingen oder den Kontakt zum Neuen Forum und anderen oppositionellen Organisationen suchten. Trotz aller Unzufriedenheit der SED-Mitglieder und trotz der Ernüchterung, dass aus den »Siegern der Geschichte« Verlierer geworden waren, blieb die SED/PDS ein wichtiger politischer Faktor.

Immer wieder hatte die Parteiführung versucht, ihre noch zahlreichen Genossen zu mobilisieren. Das missglückte an vielen Orten. Am 9. November kamen in Rostock zu einer solchen SED-Kundgebung 6000 Menschen zusammen. Sie sollte eine Gegendemonstration zu der anschließenden Demonstration der Bevölkerung nach dem Friedensgebet werden. Statt Solidarität erntete die Parteileitung jedoch nur harsche Kritik ihrer Basis. Die SED-Veranstaltung ging schließlich unter, als sich 40 000 Rostocker zu ihrer Demonstration sammelten. Auch in Leipzig demonstrierten einige Tausend Genossen. Kampfparolen waren zu hören, aber auch viel Kritik an der Parteiführung. Immerhin gab es einen Trost für die SED. Die alten Sprachfloskeln waren wieder zu hören, denn wo ein Genosse ist, da sind auch Phrasen. In Berlin schaffte es die SED/PDS am 3. Januar 1990, mehr als 200 000 Genossen und ihre Verbündeten in Treptow auf die Beine zu bringen. Unter der Losung »Wir sind auch das Volk« versuchte die SED/PDS in den Köpfen ihrer Anhänger die Revolution zur Restauration umzufunktionieren. Die Partei sollte im antifaschistischen Kampf gegen »Rechts« alle Einheitsgegner sammeln. Dazu wurden soziale Ängste geschürt und die selbst verschuldete Krise geleugnet. Eine der wirksamsten Propagandalügen war die immer wieder angeheizte Angst vor einem angeblichen »Ausverkauf« der DDR an den Westen.

Die Erfolge der Partei führten bisweilen auch zur Selbstüberschätzung ihrer Führer. Als Gregor Gysi am 2. Februar Gorbatschow in Moskau einen Besuch abstattete, meinte er: »Die Hintermänner und Organisatoren dieser Demonstrationen seien nicht klar. Ein großer Fehler vieler Genossen bestehe jedoch darin, dass sie sich sehr davon beeindrucken lassen. Gut gerechnet, gingen in der ganzen DDR ca. nur 1 Million oder 1,5 Millionen Menschen zu solchen Demonstrationen auf die Straße. Niemand mache sich jedoch Gedanken darum, wie die 15 Millionen denken, die zu Hause blieben.«[676] Wenige Wochen später konnte Gysi an den Wahlergebnissen ablesen, was die Menschen dachten.

Der stolze Ruf »Wir sind das Volk« oder »Wir sind ein Volk« kam zwar von der Mehrheit des Volkes. Aber eine gar nicht so kleine Minderheit hatte einen schweren Abschied zu verkraften – von den Reflexen der Allmachtsphantasien der Diktatur:

> »Stalin stirb! Warum kannst du nicht sterben,
> fault da ein leerer Sarg unter dem Stein,
> wie konnten deine unseligen Erben
> dich vor dem Sensenmann verstecken,
> wie konnten sie dein kaltes Totenbein
> in ihren Herzen wieder wecken
> und wie kamst du in unsere Köpfe rein?
> Stalin stirb in uns, sonst müssen wir verrecken.«[677]

Die Entmachtung der SED und der eigene Funktionsverlust wurden auf die gegensätzlichste Weise bearbeitet und kompensiert. Dabei spielten Ängste und Sorgen um den sozialen Abstieg oft nur eine untergeordnete Rolle. Der Funktionsverlust bedeutete immer auch ein Identitätsproblem. Mit der Mündigkeitserklärung der Bürger erübrigte sich die vormundschaftliche Rolle, die von vielen mindestens als gut gemeint verstanden wurde. In der Rückschau erinnerten sie zumeist ihre Sekundärtugenden, ihre Pflichterfüllung und ihren Fleiß, und bis zu den Funktionären im Politbüro wurde die Verantwortung für das Versagen des Systems »nach oben« abgeschoben.[678]

Manche Funktionäre reagierten mit Wut auf die verschmähte Liebe. Immer wieder einmal stießen einige von ihnen dunkle und anonyme Drohungen aus. In Chemnitz erhielten Künstler, die sich bei der Vertreibung der SED aus den Machtzentren besonders engagiert hatten, Nachrichten wie: »Wir können Ihnen nur raten, die Versuche künftig sein zu lassen, sich in die Politik einzumischen.«[679]

Öffentliches Aufsehen erregte, dass einige hohe SED- und MfS-Kader sich das Leben nahmen, darunter drei MfS-Generale, ein Minister, drei 1. Kreissekretäre der SED. Selbstmord begingen auch Verantwortliche in den Massenorganisationen, der Wirtschaft sowie auch Polizisten und rangniedere MfS-Offiziere. Oft waren diese Menschen dem öffentlichen Druck der Demonstranten, Anklagen wegen Menschenrechtsverletzungen oder Korruptionsvorwürfen ausgesetzt. In vielen Abschiedsbriefen wurde die mit der Revolution verbundene Sinnkrise genannt. Verschiedentlich haben wegen dieser Selbsttötungen Theologen aufgerufen, die Träger des alten Systems menschlich nicht zu verunsichern.[680]

Aber es gab auch Fälle, bei denen trotz aller Existenzängste eine Befreiung empfunden wurde. Heike Liebsch, die in der Dresdener Stadtverwaltung an der Kontrolle der Kirchen während der Oktobertage mitgearbeitet hatte und diese Aufgabe nach eigenem Bekunden wohlmeinend ausfüllte, schrieb am 7. Dezember angesichts ihres Funktionsverlustes in ihr Tagebuch: »...ich konnte und wollte nicht begreifen, dass ich mit diesem Stückchen Kampf um Wahrhaftigkeit – einem Kampf gegen riesige Windmühlenflügel – nur von den mahlenden Balken ablenkte. Während sich Tausende kleine naive Quixotes mühten, drehten sich die Lügen weiter und zermalmten Stück um Stück unsere Selbstachtung. Die Mühlen stehen still. Ich habe die einmalige Chance, mich endlich freizumachen von Lügen und Schweigen.«[681]

Auch IM des MfS oder belastete Politiker der Blockparteien haben versucht, sich freizumachen. Sie wechselten die Seiten und taten sich manchmal mit scharfen Angriffen auf das MfS oder die SED hervor. Jetzt galt für sie:

> »Die Reißwölfe in den Kellern
> haben sich satt gefressen.
> Die Reißwölfe in den Köpfen:
> Vergessen
> Vergessen
> Vergessen.«[682]

Die »Herbstgesellschaft«

Zivilgesellschaft

Beim Zerfall der Herrschaftsstrukturen darf eine Akteursebene nicht unterschätzt werden, die im Einzelfall wenig Aufsehen erregte, der Revolution aber einen irreversiblen Charakter verlieh – die fast explosionsartige Entfaltung der Zivilgesellschaft in nur wenigen Monaten. Es glich einem Aufatmen nach Jahrzehnten des Erstickens aller freien gesellschaftlichen Bewegungen. Ohne rechtliche Grundlage schlossen sich Menschen zusammen, gründeten Vereine und Bürgerinitiativen, veränderten und verselbstständigten staatliche Strukturen und Organisationen, gaben informellen Zusammenschlüssen einen offiziellen Rahmen, holten durch jetzt entstehende Interessengemeinschaften lange Entbehrtes nach und schufen Neues. So viele Anfänge gab es noch nie. In der Erinnerung ist dieser völlig spontane und auch nicht homogen verlaufende Prozess als »Herbstgesellschaft« bewahrt worden, als eine Art kultureller und sozialer Goldgräberrausch.

Die politische Voraussetzung der Rekonstruktion von Gesellschaft war die erzwungene Trennung von Partei, Staat und Gesellschaft. Eine Reihe von Massenorganisationen der SED, oft bis zur Bedeutungslosigkeit zusammengeschmolzen, verselbstständigte sich, freilich aufgepäppelt durch Finanzspritzen der Modrow-Regierung. Die Freie Deutsche Jugend (FDJ), die sich Jahrzehnte als »Kampfreserve der SED« verstand, wurde nach langem Ringen am »Runden Tisch der Jugend« von ihrem Eigentum getrennt. Sie bekam schon ab November durch neue Jugendorganisationen der CDU und der LDPD Konkurrenz. Auch die SDP und der Demokratische Aufbruch hatten eigene Jugendverbände gegründet.

Bewegung kam auch in das rigide von der SED geführte Bildungswesen. Schüler, Eltern und auch Lehrer demonstrierten in mehreren Städten, etwa in Stralsund, Leipzig und Berlin, für Reformen. In einigen Regionen bildeten sich Schülerräte. Es gab Fahrrad-, Frauen-, Jugend-, Bauern- und Rentnerdemonstrationen. Ebenso mussten auch die staatlichen Institutionen umgebaut werden. Für solche Bemühungen war die Volkspolizei ein Musterbeispiel. Die ungeliebte »Vopo«, bislang im Dienst von SED und MfS, durchlief in wenigen Monaten einen vollständigen Wandel. Die Lageberichte der Volkspolizei weisen noch im Oktober 1989 aus, wie sie ihren politischen Auftrag gegen Oppositionelle und Demonstranten erfüllte. Im November zeigte sich schon größte Zurückhaltung. Im Dezember erklärte sich die Volkspolizei mit der »Wende« solidarisch, und bald darauf kooperierte sie mit westdeutschen Dienststellen.[683] Seit Dezember gab es Bemühungen, eine unabhängige Polizeigewerkschaft aufzubauen. Wenn sich dort auch noch zäh der alte Geist hielt, war es doch die Sorge um die Zukunft, die zum Umdenken nötigte. Ab Januar 1990 gingen die Polizisten nun selbst auf die Straße, um für demokratische Rechte zu demonstrieren: »Auch wir sind das Volk«, »Für eine demokratische Polizei«, »Keine Befehle gegen das Volk«. Auch Soldaten und Matrosen demonstrierten seit dem 17. Dezember für Reformen in der Armee.

Überall kamen Bürgerinitiativen in Gang, die oft lange niedergehaltene kommunale Probleme in Angriff nahmen. So gründete sich am 13. November die »Bürgerinitiative für die Bewahrung der Spandauer Vorstadt«, die den großflächigen Abriss des letzten Berliner Altstadtgebietes verhindern konnte. Ähnliche Initiativen kämpften im ganzen Land für den Stopp des Abrisses von Altbausubstanz und die Erhaltung verfallender historischer Gebäude. In Freyburg an der Unstrut bildete sich nach einem Friedensgebet am 3. November eine Bürgerinitiative, der es gelang, die berühmte und im Verfall begriffene Neuenburg, auch unterstützt von westlichen Geldgebern, zu retten.

Unzählig waren die Bürgerinitiativen, die sich wegen dringender Umweltprobleme in Regionen und Kommunen zu Wort meldeten. In Leipzig schaffte es der »Ökolöwe«, ein Zusammenschluss mehrerer Umweltgruppen, mithilfe von Demonstrationen der Bevölkerung den Großtagebau Cospuden zu stoppen. In Neustadt an der Orla wurde der Kampf gegen eine riesige Schweinemastanlage, die die gesamte Region vergiftete, aufgenommen und schließlich gewonnen. In einigen Orten wandten sich die Bürgerinitiativen gegen die zahlreichen großflächigen militärischen Sperrgebiete. Die Umweltbewegung war durchaus nicht auf die politischen Organisationen beschränkt, sondern wurde in zahlreichen kommunalen und kirchlichen Initiativen aktiv. Um die Jahreswende 1989/1990 wurde ein »Grüner Runder Tisch« eingerichtet.

Die »Herbstgesellschaft« löste eine wahre Inflation von politischen Deklarationen aus, Aufruf folgte auf Aufruf. Idealistische

Utopien schossen ins Kraut. Eine Magdeburger »Freie Initiative
'89 – Volksentscheid«, die am 18. November 1989 eine Unterschriftensammlung initiierte, wollte in der Verfassung das Prinzip
der »Direkten Demokratie« mit anthroposophischem Einschlag
verankern.[684] Aus Rostock kam am 26. November ein »Aufruf zu
vereinten Bürgerinitiativen für einen neuen Sozialismus«, der aus
dem humanistischen Erbe, »ob christlicher, marxistischer oder anderer Ausprägung«, neue Grundlagen für die »Gesellschaftsgestal-
tung« erschließen wollte, um »die Gefahr eines gesellschaftlichen
Chaos« zu bannen.[685] Im Dezember wurde der »Appell der 89«
veröffentlicht, der eine Volksabstimmung anregte, durch die in der
DDR »eine totale militärische Abrüstung« erreicht werden sollte,
»damit unser Land sich aus seiner gesellschaftlichen und ökonomischen Krise befreien« könne und »eine Kultur entwickeln, die
das Leben reicher macht, ohne den nur auf Gewinnstreben ausge-
richteten Gesellschaften verfallen zu müssen«[686]. Hinzu kamen
zahlreiche Programmschreiber, welche die alten und neuen Parteien mit Vorschlägen für eine Neuordnung der DDR, einen neuen
Nationalstaat oder ein neues Europa überschütteten. Ergänzt
wurde dies durch Papiere, die aus der Bundesrepublik, der Schweiz
oder Frankreich kamen. Weltverbesserer aller Couleur, religiöser
Sondergemeinschaften und politischer Sekten sahen in der Um-
bruchsituation der DDR eine Chance.

Ziviler Ersatzdienst

Die Bewegung für einen »Sozialen Friedensdienst«, der die seit
1964 geltende Regelung des waffenlosen Dienstes der Bausoldaten
in der NVA ablösen wollte, war von mehreren Tausend Menschen
getragen und hatte seit Mitte der 1980er-Jahre eigene Netzwerke
ausgebildet. Seit Oktober 1989 waren auf Demonstrationen immer wieder Forderungen nach einem Zivildienst erhoben worden.
Anfang November ergriff der sächsische Landesjugendpfarrer
Harald Bretschneider die Initiative und erreichte in Verhandlungen
mit dem Dresdener Wehrbezirkskommando, dass 50 junge Männer am 20. November in einem Pilotprojekt in diakonischen Einrichtungen ohne gesetzliche Grundlage einen Zivildienst ableisten
konnten. Seit Dezember wurden unter kirchlicher Beteiligung Verhandlungen für den Zivilersatzdienst mit der Regierung geführt,
begleitet von nachdrücklichen Aktionen der Wehrdienstverweige-

rer. Am 20. Februar 1990 beschloss schließlich die Regierung eine Verordnung für den Zivildienst, die von der Volkskammer bestätigt wurde.[687]

Gefangenenrevolten

Die Protestwelle erreichte im November auch die Haftanstalten, so z. B. in Cottbus, Halle, Magdeburg, Schkeuditz. In Bautzen I, dem »Gelben Elend«, kam es Ende November zu ersten Gefangenenstreiks und bald darauf zu Hungerstreiks. Am 1. Dezember forderten Gefangene aus mehreren Haftanstalten die Überprüfung ihrer Urteile und eine menschenwürdige Behandlung. Ab dem 4. Dezember streikten auch die politischen Gefangenen in der MfS-Haftanstalt Bautzen II, die bisher nicht durch Amnestien freigekommen waren. Sie saßen wegen Staatsverbrechen wie angeblicher oder tatsächlicher Spionage, Hilfe bei Fluchtunternehmen oder »staatsfeindlicher Hetze« ein. Schon seit Mitte November hatten Bautzener vor den Gefängnistoren die Freilassung politischer Häftlinge verlangt. Am 13. November stand auf einem Plakat bei einer Demonstration: »Wahrheit jetzt – wer prügelte im Gelben Elend?« Die Gefangenen bildeten einen Gefangenenrat, verlangten bessere Haftbedingungen, die Öffnung der Anstalt für Besuche und den Zutritt von Journalisten. Sie wurden von der Stadtgruppe des Neuen Forums unterstützt, die medizinische und andere Hilfen organisierte und Öffentlichkeitsarbeit übernahm. Es gelang den Häftlingen und dem örtlichen Neuen Forum sogar, dem eingeschüchterten Wachpersonal einen »Runden Tisch Bautzen I«[688] abzutrotzen, an dem Gefangene und Bürger Bautzens mitarbeiteten. Mithilfe der Bundesregierung wurden die politischen Häftlinge bis Mitte Dezember entlassen. Auch in anderen Haftanstalten flackerten immer wieder Häftlingsrevolten auf. Stets ging es um Hafterleichterungen und die Milderung des zumeist überzogenen Strafmaßes.

Wissenschaftsfreiheit

Die Durchdringung wissenschaftlicher Einrichtungen und der Universitäten mit SED-Strukturen sowie die strikte Kader- und Sicherheitspolitik hatten dazu beigetragen, dass Teile der DDR-Wissenschaften den Anschluss an westliche Standards verloren hatten. Seit Oktober äußerte sich auch in diesen Bereichen Unzufriedenheit. In den Gesellschaftswissenschaften, die sich halbherzig auf die Krenz-Wende einstellten, ging es zunächst nur um einige kosmetische Korrekturen. Ein Kongress der kommunistischen Philosophen Ende Oktober brachte daher kaum Neuheiten.

Am 1. November veröffentlichte das *Neue Deutschland* eine Erklärung der Akademie der Wissenschaften der DDR, die Vorschläge für Wege aus der Krise enthielt. Deren Kern bestand in der Zurückweisung der politischen Eingriffe in den Forschungsbetrieb. Neben einer Reihe von Maßnahmen, die für wissenschaftliches Arbeiten eigentlich Allgemeinplätze waren, wurde nun auch gefordert: »Bei der Besetzung von Ämtern und Funktionen in Wirtschaft, Wissenschaft, Volksbildung, Gesundheitswesen usw. sollten Sachkompetenz und Führungsqualitäten, moralische Integrität und Verbundenheit mit dem Sozialismus, nicht Parteizugehörigkeit das entscheidende Kriterium bilden.«[689] Immerhin kam nun eine Selbstorganisation in Gang, die auf die Entideologisierung der Wissenschaften zielte. Überall erhob sich erster Protest gegen das »Reise-, Nomenklatur- und Nachwuchskadersystem«[690] in den Wissenschaften. Rasch formierte sich eine große Zahl von Vereinigungen und Berufsvertretungen, die entweder völlige Neugründungen darstellten oder sich aus dem Organisationsgefüge der SED lösten. Am 19. November wurde in Berlin zur Gründung eines Berufsverbandes der Soziologen aufgerufen.

Befreite Künste

Die Regierung hatte zahlreiche Erleichterungen im kulturellen Bereich zugestanden. Die Zensur und das Druckgenehmigungsverfahren wurden ab dem 1. Dezember endgültig abgeschafft. Somit gehörten die befreiten Künste zu den größten Gewinnern der Herbstgesellschaft. Jetzt erschienen in der DDR all jene Bücher, die oft Jahrzehnte verboten gewesen waren oder nur in der Bundesrepublik erscheinen durften. Verbotene Filme wurden aus den Archiven geholt, verfemte Schriftsteller rehabilitiert. In Gera beschloss am 11. Dezember der Bezirksvorstand des Schriftstellerverbands, Reiner Kunzes Ausschluss von 1977 wieder rückgängig zu machen.

Neue Verlage entstanden oder bildeten sich aus dem illegalen Samisdat wie der Kontext-Verlag mit Benn Roolf und Torsten Metelka. Die Verlage BasisDruck in Berlin und Forum in Leipzig gingen aus Aktivitäten des Neuen Forums hervor. Der Verlag

LinksDruck entstand aus einer Initiative von Mitarbeitern des Aufbau-Verlags. Auch das alte Verlagswesen wurde umstrukturiert.

Nach starkem Druck zahlreicher Schriftsteller und Unterhaltungskünstler genehmigte der neue Kulturminister Dietmar Keller nach Rücksprache mit Krenz und Modrow Konzerte Wolf Biermanns in Leipzig und Berlin. Biermann, der mit Jürgen Fuchs gekommen war, bedankte sich bei den Leipzigern, denen er es verdanke, nach 25 Jahren Verbot wieder in der DDR auftreten zu können. Beide wurden bei ihrem Auftritt am 1. Dezember von 6000 Menschen begeistert gefeiert. Am 2. Dezember fand im Berliner Haus der jungen Talente das Konzert »Verlorene Lieder – Verlorene Zeiten« mit Biermann und anderen ehemals aus der DDR ausgebürgerten Liedermachern wie Stephan Krawczyk, Bettina Wegner oder Gerulf Pannach statt. Viele SED-Genossen empfanden das als Schmach und beschimpften Biermann.

Überall ergriffen junge Künstler aller Genres die Initiative. In den großen Städten entstanden Galerien, Künstlerkneipen und -läden. Vieles davon war improvisiert und »wild« in verlassenen Wohnungen eingerichtet, Lizenzen gab es noch nicht, aber Verbote konnte der marode Kulturapparat auch nicht mehr aussprechen. Etliche dieser Initiativen hatten nur eine kurze Lebensdauer, andere konnten sich halten wie die Berliner Galerie ACUD, im Dezember 1989 gegründet, und das im Laufe der Jahre zur Attraktion werdende Kunst- und Veranstaltungszentrum Tacheles, das im Februar 1990 eröffnet wurde.

Die Wirtschaft

Die von der Ministerin Christa Luft praktizierte Wirtschaftspolitik der Modrow-Regierung suchte nahezu vergeblich nach Auswegen aus der Misere. So wurde die Zusammenarbeit von DDR-Betrieben mit westlichen Firmen angestrebt. Das Hauptproblem war jedoch, dass mit kleineren Korrekturen nicht viel auszurichten war. Zudem wurde immer deutlicher, wie tief die Krise reichte und in welchem Maße viele Betriebe abgewirtschaftet hatten. Die Belegschaften gingen zunächst selbst daran, die Leitungsstrukturen zu verändern. Zuerst wurden die Betriebsorganisationen der SED aus den Betrieben entfernt. Vielfach wurden auch die Direktoren ausgetauscht. Von einer gewissen Bedeutung waren zwei Wirtschaftskonferenzen des Neuen Forums im November 1989 und Februar 1990, die zahlreiche Fachleute aus der Bundesrepublik, dem westlichen Ausland und der DDR zusammenführten.

Nicht völlig verschüttet war zum Glück die Geschäftstüchtigkeit in der DDR. Vor allem in Sachsen und Thüringen wurden schon ab November 1989 Hunderte Anträge auf Zulassung von Handwerks- und Gewerbebetrieben gestellt. Zahlreiche neue Unternehmer begannen mit minimaler Ausstattung zu arbeiten. Die neuen Privaten erwiesen sich auch als höchst erfinderisch im Zahlungsverkehr. Der Tauschwert der Ost-Mark erreichte auf dem freien Markt manchmal nur noch einen Kurs von 1 zu 20. Dennoch war plötzlich auch DM im Umlauf und wurde als Zweitwährung zur Grundlage vieler Geschäfte. Gleichzeitig drängte die bundesdeutsche Wirtschaft auf die DDR-Märkte und erfand viele Provisorien im Handelsbereich.

Die Kirchen

Zu einer nochmaligen intensiven Verbindung zwischen den Kirchen und der Opposition kam es, als Letztere die Kirchen bat, am Zentralen Runden Tisch die Moderation zu übernehmen. Dies bestätigte noch einmal die herausragende gesellschaftliche Position der Kirchen, die sie sich zuvor schon durch die Friedensgebete erworben hatten. Kirchliche Repräsentanten, Pfarrer und andere kirchliche Mitarbeiter leiteten die regionalen und kommunalen Runden Tische, saßen in Untersuchungskommissionen und waren in Bürgerkomitees berufen worden. Zweifellos haben die Kirchen damit eine höchst wichtige Vermittlungsaufgabe erfüllt und dazu beigetragen, dass die Revolution friedlich verlaufen konnte. Anfangs waren die Parteigänger der Demokratisierung aber nur eine Minderheit. Die jahrelangen intensiven offiziellen Gesprächskontakte mit Staatsvertretern und SED-Funktionären sowie die inoffiziellen Kontakte vieler Kirchenleute mit MfS-Offizieren hatten auch eine eigenartige Vertraulichkeit geschaffen, die viele Kirchenvertreter im Herbst 1989 mental an die alte Macht banden. Für die Protestanten verheerend war, dass sich eine Minderheit, ähnlich den »Deutschen Christen« in der NS-Zeit, ideologisch an die kommunistische Ideologie gebunden hatte. Diese geistliche Kollaboration wirkte nach 1990 weiter.

Aus der Not der antireligiösen Politik machten viele Protestanten die Tugend der Sühne eigener Schuld. Dies konnte die jahrzehntelange Unterdrückung und Benachteiligung von Christen als gottgewollte Läuterung verstehen lassen. Hinzu kamen kapitalismus- und zivilisationskritische Orientierungen des demokratiefremden mitteldeutschen Protestantismus, die Dominanz des Ethischen vor dem Recht und die Sehnsucht nach staatlicher Stabilität, die eben aus der Optik von Kirchenleitungen allein der real-existierende Staat garantieren konnte. Wichtige Kirchenvertreter wie der Magdeburger Bischof Christoph Demke, der Berliner Generalsuperintendent Günter Krusche und der Kirchenjurist Manfred Stolpe traten daher nicht nur für Zweistaatlichkeit und Sozialismus ein, sondern kamen den Wünschen der SED in der Revolution immer wieder entgegen. Freilich gab es auch andere Stimmen. Der Thüringer Landesbischof Werner Leich stellte sich rasch um und hielt nun den Sozialismus für abgewirtschaftet und grundsätzlich nicht verwirklichbar. Er sprach sich für eine Vereinigung des Landes und der seit 1969 getrennten Kirchen aus. Schon am 26. November forderte er auf einer öffentlichen Kundgebung die Einheit.

Dass mit der Entmachtung der SED auch die Kirche befreit worden war, wurde kaum angesprochen. Einen Tag nach der Installierung des Runden Tisches gab die Konferenz der Kirchenleitungen ein Wort zur gegenwärtigen Lage heraus, in dem zur Versöhnung aufgerufen wurde. Im ersten Bericht des Moderators des Runden Tisches, des Vorsitzenden des Kirchenbund-Sekretariats Martin Ziegler, äußerte dieser sich über die Opposition: »Der überzogene Anspruch der Gruppen ›Wir sind das Volk‹ wird durch die Realität nicht abgedeckt.« Die neuen Gruppierungen seien noch wenig kompetent, uneindeutig und ohne Organisationsstruktur. »Kirchliche Kopiergeräte und technische Materialien werden den Gruppierungen nicht generell zur Verfügung gestellt, um den Eindruck einer Parteinahme im anlaufenden Wahlkampf zu vermeiden.«[691] Der CDU-Vorsitzende aber, der stellvertretende Präses der Synode und inzwischen stellvertretende Ministerpräsident und Minister für Kirchenangelegenheiten Lothar de Maizière, bedürfe der Fürbitte. Hier schlug bis in das Erbitten göttlichen Schutzes eine alte Antipathie durch. Die Opposition, weitgehend aus den Gemeinden und der Theologenschaft hervorgegangen, hatte seit den 1970er-Jahren für Unruhe in den Beziehungen zwischen Staat und Kirche gesorgt. Jetzt wurden die Kirchenoberen durch die Revolution ebenso getrieben wie die Politik in Ost und West. Immer wieder warnten sie vor Chaos und Gewalt und infizierten auch die Vertreter der EKD mit ihren Sorgen.

Der gesellschaftliche Erneuerungsprozess hat die Kirchen im Herbst nur zögerlich erfasst. Lediglich der Greifswalder Bischof Horst Gienke musste sein Amt aufgeben, als ihm die Synode Anfang November wegen seiner demonstrativen Staatsnähe und seiner Unterstützung Honeckers das Vertrauen entzog. Als sein Nachfolger wurde der SED-kritische Pfarrer Eduard Berger gewählt. Viele Kirchenleute fürchteten die Aufarbeitung der eigenen Vergangenheit. Als die Bürgerkomitees die Aktenvernichtung gestoppt hatten, sollten kirchliche Aufrufe zur Versöhnung den innerkirchlichen Graben zwischen Kollaborateuren mit der Diktatur und deren Opfern einebnen. Die IM-Problematik der Kirchen war damals in der Öffentlichkeit noch nicht bekannt, und es wurde auch nicht für möglich gehalten, dass zahlreiche kirchliche Repräsentanten intensiv mit dem Geheimdienst zusammengearbeitet hatten. Dies wollte das nach den ersten Besetzungen in Bedrängnis geratene AfNS auch nutzen. Oberkirchenrat Ziegler sollte am 6. Dezember vom AfNS gebeten werden, Verantwortliche der Konferenz der Kirchenleitung zu veranlassen, im Fernsehen der DDR Stellungnahmen »zur Beruhigung, Gewaltlosigkeit und Respektierung der Rechtsstaatlichkeit«[692] abzugeben. Ähnliches ist dann auch geschehen. Bischof Demke sprach bei Modrow vor und riet zur Aktenvernichtung.

Auch die mentale Umstellung vieler Kirchenleute auf die demokratischen und pluralistischen Verhältnisse ging ausgesprochen zögerlich voran. Selbst die eigenen Interessen wurden nur zurückhaltend vertreten. Immerhin konnte nun nach Jahrzehnten der Blockade seitens der SED am 15. November ein Gespräch über Volksbildungsfragen erreicht werden. Auch wandten sich die Kirchen im Dezember gegen Tendenzen, den sozialistischen Staatsbürgerkundeunterricht zu reaktivieren. Ebenso verlangten sie die Einschränkung der Kompetenzen des berüchtigten Staatssekretariats für Kirchenfragen.

In der deutschen Frage gaben Vertreter des Bundes der Evangelischen Kirchen und der Evangelischen Kirche in Deutschland am 17. Januar 1990 auf einer Tagung in Loccum eine gemeinsame Erklärung heraus, in der die gewonnene Freiheit und die Überwindung der Trennung gewürdigt wurden. Daraus ergebe sich auch die Möglichkeit einer Intensivierung der kirchlichen Gemeinschaft

»in einer Kirche«[693]. Damit war der Weg einer Neuvereinigung der seit 1969 getrennten evangelischen Kirchen vorgezeichnet. Gegen die Loccumer Erklärung hagelte es in Ost und West Proteste von geistlichen Bedenkenträgern. Sie sei im Kern nationalistisch, bedenke nicht die deutsche Schuld, vernachlässige die Ökumene und die Armen in der Welt, ignoriere das Erbe der Kirche im Sozialismus. Doch außer idealistischen Wunschvorstellungen konnten die Kritiker nicht viel vorbringen. Was sie nicht berücksichtigten, war der Umstand, dass die ostdeutschen Kirchen im Sozialismus strukturell nur überlebt hatten, weil die Westkirchen sie großzügig materiell unterstützt hatten. Seit 1990 mussten daher die ostdeutschen Protestanten in die rettenden Strukturen der EKD flüchten.

Die kleinere katholische Kirche hatte sich über Jahre politisch und gesellschaftlich äußerst vorsichtig verhalten und nur Protest eingelegt, wenn ihre unmittelbaren Lebensinteressen berührt waren. Im Oktober schlossen die kirchliche Basis, die Geistlichen und Gemeinden rasch zur revolutionären Bewegung auf. Viele katholische Kirchen wurden für die Friedensgebete geöffnet, und zahlreiche Theologen gaben Hilfestellungen und stellten auch materielle Ressourcen wie etwa Lautsprecheranlagen zur Verfügung. In den kleinen volkskirchlich geprägten katholischen Gebieten im Eichsfeld und im katholischen Sorbenland war der Klerus eng mit der Revolution verbunden. Im November forderte die Bischofskonferenz die katholischen Laien auf, sich politisch in die Gesellschaft einzubringen. Mehrere Laienverbände wurden gegründet, die Katholiken dazu ertüchtigen sollten, politische Verantwortung zu übernehmen. Im thüringischen Bischöflichen Amt Erfurt-Meiningen gründete sich am 2. Dezember die Katholische Soziale Aktion, die mit Politikern verschiedener Parteien zusammenarbeitete, um spezifische katholische Anliegen zur Geltung zu bringen. So entwarf die Aktion »Wahlprüfsteine«, die den Wählern eine Orientierung über die neue Parteienlandschaft anbieten sollten. Ähnliche Zusammenschlüsse katholischer Christen entstanden auch in anderen Bistümern.

Von der Ost- zur Deutschlandpolitik

Helmut Kohl in Dresden

Die Reaktionen auf den Zehn-Punkte-Plan Bundeskanzler Helmut Kohls zeigten, dass auch die engsten Verbündeten der Bundesrepublik eine kommende staatliche Einheit kritisch betrachteten. Die Franzosen fürchteten um das innereuropäische Gleichgewicht. Die britische Premierministerin Margaret Thatcher mobilisierte alte Ängste vor teutonischen Hegemoniebestrebungen. Lediglich die US-Amerikaner unterstützten Kohls Position nahezu vorbehaltlos, wenngleich sie fürchteten, die Bundesrepublik könnte ihre Westbindung, etwa ihre Nato-Mitgliedschaft, infrage stellen. Alle westlichen Staaten begrüßten aber die innere Demokratisierung in der DDR. Der französische Staatspräsident François Mitterrand adelte die Vorgänge in der DDR, indem er sie als echte Revolution im Gegensatz zum Putsch von 1917 in Russland bezeichnete.

Der wichtigste Widerstand aber kam aus Moskau. Vehement widersprach Michail Gorbatschow dem Zehn-Punkte-Plan auch nach Rücksprache mit Krenz und Modrow. Er sah in ihm einen Faktor der Destabilisierung, da für ihn die DDR eine strategische Position der Sowjetunion war. Diese Punkte seien »in Form von Vorbedingungen, wenn nicht von ultimativen Forderungen« an die souveräne DDR gerichtet. Er hielt ein »derartiges Herangehen für unannehmbar«. Jetzt verbiete es sich, die »Ereignisse künstlich anzupeitschen, politischen Sprengstoff in das noch glühende Feuer« zu werfen, da dies »äußerst gefährlich«[694] sei. Die Bundesregierung solle sich nicht in die inneren Angelegenheiten der DDR einmischen und die alten deutschen Fehler nicht wiederholen. Die Bundesregierung befand sich damit in einer schwierigen Konstellation. Mittelfristig waren alle Staaten am Status quo interessiert, und die Sowjetunion verknüpfte mit dem Erhalt der DDR Eigeninteressen.

Allerdings verfügte die Bundesregierung über ein Argument, dem von den Kritikern des Zehn-Punkte-Plans kaum etwas entgegengesetzt werden konnte. Die Krise in der DDR war nicht von der Bundesrepublik zu verantworten. Sowohl die wirtschaftlich desolate Lage der DDR als auch die politische Krise waren vielmehr hausgemacht. Der anhaltende Flüchtlings- bzw. Übersiedlerstrom – pro Tag mehr als 1000 Menschen – und die Willensbekundungen der DDR-Bevölkerung auf den Demonstrationen zeigten, dass die Ostdeutschen auf ihrem Selbstbestimmungsrecht beharrten. In einer Mitteilung vom 1. Dezember wurde der Bundesregierung aus Ost-Berlin berichtet, dass die Bevölkerung trotz der Schwäche der SED befürchte, es könne zu einem »Rückschlag« kommen. Außerdem seien die politischen Konzeptionen der alten und neuen Kräfte in der Einheitsfrage noch unklar. »Dennoch tritt sie in Losungen bei den Leipziger Demonstrationen, in Leserbriefen in den Zeitungen und in verfälschter Form in der Diskussion des Konföderationsgedankens auf.« Die Kraft der Revolution hatte auch die Diplomaten überzeugt: »Das Freiheitsbewusstsein der Bürger ist so stark ausgeprägt und manifestiert sich in den sich weiterhin vollziehenden Straßendemonstrationen, nicht nur in Leipzig, dass eine Rückkehr zu den alten Verhältnissen ausgeschlossen ist.«[695] Kohl schrieb am 14. Dezember einen langen Brief an Gorbatschow, in dem er den Zehn-Punkte-Plan mit dem eigentlichen Akteur der Entwicklung, der DDR-Bevölkerung, und mit der geschichtlichen Erfahrung rechtfertigte: »Jetzt haben die Menschen in der DDR ihr Schicksal selbst in die Hand genommen und ihre Freizügigkeit, ihre freie Selbstbestimmung und ihr Recht, über die eigene Zukunft zu bestimmen, eingefordert. Kurzum: Die Menschen selbst haben die deutsche Frage auf die Tagesordnung gesetzt!« Jetzt könne »es nicht Sinn und Aufgabe verantwortlicher Politik sein, den Entwicklungen hinterherzulaufen … Wenn bekannt ist, dass ein Fluss nach Gewitterstürmen anschwellen und über die Ufer treten kann, so ist es ein Gebot der Klugheit, aus soliden Baumstämmen Dämme zu bauen, Hindernisse aus dem Flussbett selbst zu beseitigen und seiner ungestümen Kraft eine Richtung zu weisen. Die Wassermenge und die Flussgeschwindigkeit – die beide von der Schwere des Gewitters abhängen – zu vermindern kann mit diesen Maßnahmen nicht erreicht werden – jeder Versuch, dies zu tun, würde erst recht die Dämme zum Brechen bringen.« Damit wurde Gorbatschow signalisiert, dass er auf die Politik der Bundesregierung angewiesen war. Die Dämme, die Kohl zu bauen versprach, seien durch die Geschichte vorgegeben: »Dies ist unsere klare Absage an – deutsche Alleingänge oder Sonderwege und – einen rückwärtsgewandten Nationalismus. Die Zukunft aller Deutschen heißt Europa.«[696]

Die Bundesregierung hatte mehr als genug damit zu tun, in der europäischen Politik ein aufgeschlossenes Klima für die deutsche

Frage zu schaffen und ständig neue Hürden abzubauen. Den Staatsbesuch von Mitterrand in Ost-Berlin konnte sie nicht verhindern. In Bonn wurde inzwischen das für den 19. Dezember geplante Treffen des Bundeskanzlers mit Modrow in Dresden vorbereitet. Umfangreiche finanzielle Hilfen wurden geplant und Rahmen für die angekündigte Vertragsgemeinschaft abgesteckt. Als der Bundeskanzler mit seiner Begleitung am Morgen des 19. Dezember auf dem Flughafen landete, bereiteten ihm die Dresdener einen begeisterten Empfang. Am Flugplatz und auf den Straßen vor dem Hotel schwenkten Tausende Einheimische schwarz-rot-goldene Fahnen und riefen in Sprechchören »Deutschland« und »Helmut«.

In den Verhandlungen mit Modrow wurde eine »Gemeinsame Erklärung« verabschiedet, welche die Öffnung des Brandenburger Tores für Weihnachten vorsah und den Beginn von Verhandlungen zur Bildung einer Vertragsgemeinschaft. Modrow erwartete aus Bonn Geld. Auf sein Begehren nach einem milliardenschweren »Lastenausgleich« ging Kohl nicht ein. Die merkwürdige Idee stammte aus der Bundesrepublik und wurde unter anderem mit den Reparationskosten der DDR gegenüber der Sowjetunion in der Nachkriegszeit begründet. Andere großzügige Hilfen wurden jedoch in Aussicht gestellt. Modrow beharrte auf Zweistaatlichkeit, konnte aber kein überzeugendes wirtschaftspolitisches Reformkonzept vorweisen. Die bundesdeutschen Verhandlungspartner stellten erneut die Forderung nach Fortsetzung der demokratischen Reformen und nach rechtlichen Regelungen, die private Investitionen ermöglichen sollten. Kohl traf sich am nächsten Tag mit Oppositionellen verschiedener Gruppierungen.

Als er am späten Nachmittag des 19. Dezember zur Ruine der Frauenkirche ging, erwarteten ihn mehr als 100 000 Menschen. Ein Meer von Deutschlandfahnen wehte, und auch hier drückten sich in den Sprechchören »Wir sind ein Volk!« die Vergewisserung, in »Deutschland, Deutschland« die Hoffnung und in »Helmut, Helmut« der Ruf nach dem Hoffnungsträger aus. Kohl hielt eine sehr vorsichtige Rede, die auch den Bedenken aus Paris, London und Moskau gerecht werden sollte. Den Dresdenern zollte er seine Anerkennung wegen ihres Mutes in den letzten Wochen. Die Selbstbestimmung stünde allen Völkern zu, »auch den Deutschen«. Der Prozess der Wiedervereinigung müsse mit allen Nachbarn abgestimmt und geschichtlich bedingte Ängste müssten ernst genommen werden. Ein geeintes Deutschland sei nur in einem geeinten

Europa möglich. Er sprach von der Bundesrepublik und der DDR, ließ aber keinen Zweifel daran, dass es um Deutschland ging, um die »deutschen Landsleute« in Ost und West. Jubel brandete auf, als er sagte: »Mein Ziel bleibt – wenn die geschichtliche Stunde es zulässt – die Einheit unserer Nation.«[697]

Die »geschichtliche Stunde« stand zu Fleisch geworden auf dem Platz vor der Frauenkirche. Diese Menschen wollten die Einheit und hatten an den Zeigern der geschichtlichen Uhr so lange gedreht, bis ein Politiker vor ihnen stand, dem sie den Vollzug der Einheit zutrauten. Umgehend wurde das Ereignis Literatur. Auf dem Platz trafen sich die Schriftsteller Heinz Czechowski und Thomas Rosenlöcher sowie der Maler Wolfgang Mattheuer. Mattheuer, der ein Jahr zuvor aus der SED ausgetreten war, hatte immer wieder geklatscht, Rosenlöcher nur einmal versehentlich und Czechowski mehrmals. Dieser blieb skeptisch, war aber beeindruckt: »Wenn ich die Augen schließe, hör ich die Rufe der Masse wie Brandung.«[698]

Kohl hatte in seiner diplomatisch vorsichtigen Rede Mittel und Wege und noch mehr den Zeitpunkt einer möglichen Wiedervereinigung offen gelassen. Aber er hatte den Menschen die Hoffnung nicht genommen und mit der Berufung auf die Geschichte und vor allem mit seinem letzten Satz eine nicht überbietbare Legitimation der Einheit in Anspruch genommen: »Gott segne unser deutsches Vaterland!« Dieser Auftritt und diese Rede wurden für die Leute zu einem Versprechen, das Kohl für Jahre zu einem gesamtdeutschen Machtzentrum werden ließ. Im Ausland hatte nun fast jeder begriffen, dass die Status-quo-Politik überholt war. Die Ostdeutschen konnten nicht mehr übergangen werden. Die Presse im In- und Ausland deutete den Auftritt von Kohl und die Reaktion der Dresdener als den Beginn einer neuen Deutschlandpolitik. Und Kohl wurde von den bewegten Menschen selbst bewegt. Er verließ seine defensiven Positionen. Aber möglich war dies nur, weil er das Volk, das er vereinen wollte, selbst erlebt hatte. »Die veränderte innenpolitische Lagebeurteilung Kohls wurde zur eigentlichen Triebfeder seiner Außenpolitik.«[699]

Bundesdeutsche Innenpolitik und westdeutsche Gesellschaft

Die Regierungskoalition hatte zweifellos den Vorteil, den Entscheidungsprozess in der nationalen Frage gestalten und dabei auch parteipolitische Interessen verfolgen zu können. Die Opposition konnte nur reagieren und den Prozess kritisch begleiten. Ansatzpunkte dazu lieferte Kohls Strategie, viele Fragen offenzuhalten, um sich spätere Optionen nicht vorzeitig zu verbauen. Dazu gehörte auch die Frage der Oder-Neiße-Grenze. Die SPD hingegen fand keine geschlossene Haltung. Auf der einen Seite stand Willy Brandt, den die Chance der Vereinigung emotional stark berührte. Sein Wort vom 10. November »Jetzt wächst zusammen, was zusammengehört« schrieb sich ins Gedächtnis der Deutschen ein. Am 27. Januar 1990 besuchte Brandt die für die deutsche Arbeiterbewegung symbolträchtige Stadt Gotha und wurde dort von 100 000 Menschen gefeiert. Auch hier bekannte er sich zur deutschen Vereinigung. Er führte Gespräche mit der SDP und anderen Oppositionellen.

Auf der anderen Seite stand Oskar Lafontaine, der eine schnelle Wiedervereinigung ablehnte. Am 18. Dezember warnte Lafontaine auf dem SPD-Parteitag vor »nationaler Besoffenheit«, trat für die Zweistaatlichkeit ein, setzte auf einen langen Prozess der Annäherung im Rahmen einer Konföderation, trat gegen die Wirtschafts- und Sozialunion auf und lehnte die Mitgliedschaft eines vereinten Deutschlands in der NATO ab. Unabhängig von der Frage, ob diese Positionen politisch sinnvoll waren, verscherzte sich der in der Bundesrepublik durchaus beliebte Lafontaine damit viele Sympathien in der DDR. Die zweite Oppositionspartei, die Grünen, blieb trotz einiger Ausnahmen insgesamt Gegner der Wiedervereinigung und konnte damit in der DDR nur Minderheiten beeindrucken.

Die Revolution in der DDR wurde in ihrem Verlauf von den westdeutschen Medien wesentlich gefördert. Vom September bis zum November waren sie regelrecht Akteure der Revolution, besonders die in der DDR akkreditierten Journalisten. Sie stellten für die ersten Demonstrationen und für die Opposition die unverzichtbare Öffentlichkeit her und transportierten auch den Einheitswillen und die Begeisterung der Bevölkerung in die Öffentlichkeit. Sie lösten die große Sympathiewelle bei den Westdeutschen aus.

Über Monate gab es im Westen eine Revolutionseuphorie. Bei den millionenfachen wechselseitigen Besuchen wurden unzählige neue Kontakte hergestellt. Auch der DDR-Opposition kamen spontan viele private Hilfen zugute. Die Westdeutschen und West-Berliner feierten jedes Ereignis begeistert mit, das die Einheit einen Schritt näher brachte. So wurde die symbolische Öffnung des Brandenburger Tores zu Weihnachten von der Bevölkerung aus beiden Teilen der Stadt ausgelassen bejubelt.

Während die ostdeutsche Bevölkerung noch mehrheitlich für die Wiedervereinigung kämpfte, antizipierte ein Teil der Westdeutschen bereits die erwartete Einheit. Neben unzähligen privaten, gesellschaftlichen und kirchlichen Initiativen beteiligten sich zahlreiche Kommunen an ersten Hilfsmaßnahmen. Dazu gehörte die Wiederherstellung zahlreicher verrotteter Straßen und Brücken an den Grenzübergangsstellen. Technische Hilfen aller Art wurden auch für kommunale Verwaltungen gewährt. Das erste Beispiel der Hilfe auf Länderebene war die am 5. Dezember vom Land Hessen beschlossene Unterstützung des Landes Thüringen, das es als juristische Person noch gar nicht gab. Diese »Hessen-Hilfe«[700] bestand aus einer Finanzspritze in Höhe von 250 Millionen DM und einem Bürgschaftsrahmen in der gleichen Höhe. Sie kam nach einem Besuchsprogramm der hessischen Landesregierung unter Ministerpräsident Walter Wallmann Anfang Dezember zustande. Die Mittel wurden vor allem für das Gesundheitswesen und für kommunale Aufgaben bereitgestellt.

Bald schon folgten im Dezember großzügige Hilfen aus anderen Bundesländern und aus der privaten Wirtschaft. Da viele westdeutsche Politiker aller Couleur und auch Wirtschaftsleute aus Unkenntnis der Machtverschiebung die Opposition immer noch nicht ernst nahmen, verhandelten sie mit den maroden SED-Apparaten. Das führte zu Protesten. In Dresden hieß es: »Die Gruppe der 20 befürchtet, dass hier jegliche Kontrolle durch die basisdemokratischen Gruppen fehlt. Es besteht die Gefahr, dass die SED diese Zusammenarbeit benutzt, um ihre Position zu stärken und um den Wahlkampf mit günstigen Bedingungen zu beginnen.«[701]

Die Januar-Revolution

Der Treptow-Skandal

Unglaubliches war in der DDR geschehen. Im Dezember wankten die Gerüste der Diktatur, die SED und das MfS. In immer mehr Kommunen hatten die Bürger die Macht übernommen. Die neue politische Pluralität bot ebenso wie der Besuch von Bundeskanzler Kohl in Dresden eine Perspektive. Dennoch machte sich Ende Dezember ein Unbehagen, auch eine neue Angst breit. Viele Menschen befürchteten plötzlich die Restauration der SED-Herrschaft, als wären der Hydra, nachdem ihr die Köpfe abgeschlagen worden waren, neue gewachsen. Das Phänomen der Restauration kulminierte in einem Ereignis, dem Treptow-Skandal, der zu einer Revolution in der Revolution führte.

In der Nacht nach der vierten Sitzung des Runden Tisches am 27. Dezember wurden Teile des sowjetischen Ehrenhains im Treptower Park in Berlin mit nationalistischen Parolen beschmiert. Der Ehrenhain war den gefallenen sowjetischen Soldaten gewidmet. Die Losungen lauteten: »Nationalismus – für ein Europa freier Völker«, »Besatzer raus«, »Volksgemeinschaft statt Klassenkampf«, »Nie wieder Diktatur des Proletariats«, »Vorwärts im nationalen Befreiungskampf«. Diese Parolen mussten die Sowjetunion und deren in der DDR stationierte Truppen provozieren, wie sie auch den erklärten Einheitswillen großer Teile der Bevölkerung diskreditierten. Für die sofort auf Hochtouren laufende SED-Propagandamaschine bestätigte der Vorfall die angeblich vorhandene faschistische Gefahr. Zeitgleich wurde bekannt gegeben, dass es in der DDR zu einem Anstieg rechtsradikaler Straftaten gekommen sei. Die offene Grenze habe zudem Rechtsradikalen aus der Bundesrepublik die Tore geöffnet. Die Volkspolizei erklärte wenig später, dass die Schmierereien von einer Gruppe Neonazis aus dem Westen stammten. Tatsächlich hatten Republikaner und andere rechtsradikale Gruppen in der DDR Flugblätter verteilt und in Leipzig versucht, Demonstrationen in ihrem Sinn zu beeinflussen. In den Vorjahren hatte es immer wieder neonationalsozialistische Phänomene gegeben. Parolen wurden geschmiert, Flugblätter verteilt, und es bildeten sich unter Fußballfans und bis in die bewaffneten Organe hinein Neonazigruppen. Die Opposition hatte darauf schon seit

Jahren reagiert und der SED vorgeworfen, eine wirkliche Aufarbeitung der NS-Zeit zu verhindern und solche Erscheinungen geheim zu halten, um im angeblich antifaschistischen Staat DDR keine internen Ursachen dafür eingestehen zu müssen. Von einer irgendwie ernstlichen rechtsradikalen Gefahr konnte in der Revolution 1989 keine Rede sein. Die Demonstranten hatten sich regelmäßig von solchen Schreihälsen distanziert.

Die Vorfälle in Treptow boten der SED/PDS nun eine Gelegenheit, noch einmal einen antifaschistischen Konsens zu propagieren, in dem sie selbst und auch das MfS eine unersetzliche Rolle zu übernehmen gedachten. Ihre Massenorganisationen, das »Komitee der Antifaschistischen Widerstandskämpfer« und die »Gesellschaft für Deutsch-Sowjetische Freundschaft« riefen am Tag darauf für den 3. Januar 1990 zu einer »Kampfdemonstration« am Tatort auf und forderten eine »Einheitsfront gegen rechts«[702]. Ebenfalls am 28. Dezember protestierte der aus dem MfS hervorgegangene Verfassungsschutz gegen den Auflösungsbeschluss des Runden Tisches, weil in diesem Falle der Kampf gegen den Rechtsradikalismus nicht mehr gewährleistet sei.

Außerdem fand am gleichen Abend das »Donnerstagsgespräch« im DDR-Fernsehen statt. Es war eine Neuheit, dass zu diesem Gespräch Vertreter der Opposition eingeladen waren, unter anderen Joachim Gauck vom Neuen Forum, Steffen Reiche von der SDP und ich als Vertreter des Demokratischen Aufbruchs. Wir wurden von den Moderatoren sofort mit den Vorgängen in Treptow konfrontiert und gefragt, ob jetzt nicht alle politischen Kräfte zusammenstehen sollten, da die Menschen Angst vor dem Erstarken des Rechtsradikalismus hätten. Gauck gab dem Gespräch eine andere Wendung. Die Leute hätten keine Angst vor den Neonazis, sondern vor dem Wiedererstarken der Stasi. Die Strategie, die Opposition über den politischen Antifaschismus einzubinden, war im Dezember mehrfach von Modrow, dem MfS und dem Innenministerium erprobt worden, ein »Block Runder Tisch und Regierung«[703] sollte geschaffen werden. Das alles misslang, aber immerhin hatte die Opposition am Runden Tisch am 27. Dezember einer »Erklärung zu neofaschistischen Tendenzen in der DDR« zugestimmt, in der es hieß, dass das »antifaschistische Klima in der DDR bewahrt«[704] werden solle.

Am 3. Januar kam es dann zu der »Kampfdemonstration« am sowjetischen Ehrenmal. In der Dunkelheit sammelten sich über

200 000 Vertreter des SED-Regimes. Nicht nur die goldunterlegt im Ehrenmal eingravierten Worte Stalins, sondern die Reden in der alten Herrschaftssprache der SED machten die Kundgebung zu einer Manifestation der Restauration. Die DDR sollte unter dem Banner des Antifaschismus gerettet werden. Die überaus gestressten Genossen schöpften Hoffnung. Der SED/PDS-Parteivorsitzende Gregor Gysi erklärte, dass neu über den Sicherheitsdienst nachgedacht werden müsse, er werde jetzt gebraucht. »Wir müssen diese Gefahr bannen, sonst brauchen wir über demokratischen Meinungsstreit und anderes gar nicht erst zu diskutieren. Wie wollen wir denn demokratisch wählen, wenn hier die Neonazis alle Freiräume besetzen?«[705] Die nationalistischen Parolen schienen der maroden kommunistischen Partei neues Leben einzuhauchen. Alles passte zusammen, Planung, Strategie und Taktik der SED und des MfS sowie der kommunistischen Massenorganisationen, der Auftritt der SED-Medien samt deren wiederbelebter Propaganda. Später wurde deswegen immer wieder in vielen Varianten vermutet, dass sich die SED oder ihr Geheimdienst den Skandal selbst organisiert hätten, was allerdings trotz vieler Indizien nicht belegt werden konnte. Sicher ist nur, dass die SED/PDS die Situation nutzte. Nun wurden Oppositionelle und diejenigen, die sich für die Wiedervereinigung aussprachen, in den SED-Medien als Sympathisanten der Rechtsradikalen und die SDP als trojanisches Pferd der Konterrevolution abqualifiziert. Das reichte aus, um die Gesellschaft zu alarmieren.

Auf der fünften Sitzung des Runden Tisches am 3. Januar, also noch vor der Treptower Kundgebung, erstattete Staatssekretär Walter Halbritter Bericht über den Stand der Auflösung des AfNS. Dabei stellte sich heraus, dass Modrow den Auflösungsprozess verzögerte, die Entwaffnung des AfNS ins Stocken geraten war und am Umbau des AfNS zum Verfassungsschutz weitergearbeitet wurde. Insgeheim traf er am 3. Januar strategische Abmachungen mit dem neuen Verfassungsschutz.[706] Inzwischen kamen auch aus den besetzten Bezirksämtern Nachrichten, dass die Bürgerkomitees dort hinters Licht geführt wurden. In vielen Bezirksstädten wurde zäh um die Aktenvernichtung gerungen. Die Opposition setzte daraufhin einen Beschluss durch, nach dem die Regierung bis zum 8. Januar verbindliche Auskünfte über die Auflösung des AfNS zu liefern habe. Die SED/PDS beschäftigte unterdes den Runden Tisch mit einem Ablenkungsantrag. Es sollten die Vorkommnisse in der

Silvesternacht am Brandenburger Tor untersucht werden. Hier hatten die Berliner aus beiden Teilen der Stadt ein euphorisches Einheitsfest gefeiert. Bei dem Einsturz einer Großleinwand hatte es Verletzte gegeben.

Kraftprobe am Runden Tisch und auf der Straße

Während der sechsten Sitzung des Runden Tisches am 8. Januar kam es zum Eklat. Einhellig, auch unterstützt von der CDU und der LDPD, wies die Opposition mit Blick auf den Treptow-Skandal den Versuch zurück, den Erhalt des AfNS/Verfassungsschutzes mit dem Rechtsradikalismus zu begründen. Als der Regierungsbeauftragte Peter Koch seinen Bericht über die Auflösung erstattete, wurde an den hinhaltenden und verwirrenden Ausführungen deutlich, dass Modrow den Runden Tisch hinterging. Die Opposition sprach den Regierungsvertretern das Misstrauen aus. Sie unterbrach die Sitzung und erklärte: »Die Opposition fordert den Ministerpräsidenten auf, unter Beteiligung des Generalstaatsanwaltes und des Ministers des Inneren um 16.00 Uhr einen Bericht über die innere Sicherheit zu geben.«[707] Außerdem wurde verlangt, dass Modrow bis zum 15. Januar einen Stufenplan für die Auflösung der politischen Geheimpolizei vorlegen sollte. Dieses Ultimatum stellte zugleich den Runden Tisch infrage. Auf Regierungsseite kam nur von der CDU Unterstützung. Diese sprach sich zwar gegen den Rückzug der Opposition vom Runden Tisch aus, unterstützte aber im Gegensatz zu den anderen Regierungsparteien die inhaltlichen Forderungen. Die CDU wollte damit auch gegen den Eindruck vorgehen, »dass sich am Runden Tisch Blöcke gegenüberstehen«[708].

Das Ultimatum der Opposition schlug fehl, da sich Modrow gerade auf dem Flug nach Sofia zu einer Tagung der Ostblockstaaten über wirtschaftliche Fragen befand. Er erklärte nach seiner Rückkehr, dass er der Forderung der Opposition nicht nachkommen werde. Zur Bekräftigung seiner unnachgiebigen Haltung gab er am 11. Januar in der Volkskammer eine Regierungserklärung ab. Er bemühte sich, die Legitimität seiner Regierung zu betonen. Er sei nicht »durch einen Staatsstreich Ministerpräsident«[709] geworden. Seine Regierung werde bis zu den Wahlen am 6. Mai im Amt bleiben. Bis dahin sei es unumgänglich, auch einen Geheimdienst zu erhalten, der die DDR vor Neofaschismus und Kriminalität schützen solle.

Nun trat erneut ein weiterer Mitspieler auf den Plan, mit dem Modrow in seiner Auseinandersetzung mit der Opposition nicht gerechnet hatte, das Volk. Die hochpolitisierte Bevölkerung hatte den Treptow-Skandal mit großer Unruhe verfolgt und das bislang vergebliche Ringen der Opposition am Runden Tisch wahrgenommen. Jetzt sprach die SED wieder die alte Sprache, und ihr Ministerpräsident beharrte auf einem politischen Geheimdienst und verstellte jede Perspektive auf eine Wiedervereinigung. Die Demonstrationswelle war im Dezember abgeflaut. In Leipzig war die letzte Montagsdemonstration im alten Jahr nach einem Aufruf der Kirchen still mit Kerzen zu Ende gegangen. Weihnachten ist traditionell Besuchszeit. Am Heiligen Abend um 24 Uhr fiel die Vorschrift für Bundesbürger zum Mindestumtausch. Etwa eine Million Bundesbürger kamen in den Weihnachtsfeiertagen in die DDR.

Mit dem Treptow-Skandal ist die Ruhe dahin. Im Januar kommt es zur dritten großen Protestwelle. Hunderttausende gehen wütend und entschlossen in allen Städten wieder auf die Straßen. Schon am 3. Januar flammen die ersten Warnstreiks in Suhl und Dessau auf. Die Arbeiter protestieren gegen die hohen Übergangsgelder für MfS-Mitarbeiter. Modrow bekommt die Proteste in Berlin unmittelbar zu spüren. Noch während seiner Regierungserklärung am 11. Januar treten Ost-Berliner Bauarbeiter in den Warnstreik und demonstrieren vor der Volkskammer. Ihre Losungen richten sich gegen die SED/PDS, für demokratische Erneuerung und Wiedervereinigung. Eine Losung heißt: »Opposition am Runden Tisch, wir Bauarbeiter unterstützen Dich.« Die lautstarken Demonstrationen in Berlin vor der Volkskammer halten bis in den Abend hinein an. Staatsflaggen werden heruntergerissen und das kommunistische Emblem entfernt.

Als es am nächsten Tag zur Aussprache über die Regierungserklärung kommt, demonstrieren vor dem »Palast der Republik« die Ost-Berliner Taxifahrer. Sie fahren, verstärkt durch Hunderte Privatautos, hupend Runde um Runde um die Volkskammer. Drinnen verläuft es ebenfalls nicht nach Modrows Plan. Die Sprecher der CDU und der LDPD drohen den Rückzug aus der Koalition an. Sie verlangen eine völlige Neuorientierung der Wirtschaft und keine Sanierung der verfehlten Planwirtschaft. Sie warnen Modrow vor dem Versuch, die alte Staatsordnung unter Kuratel der SED/PDS zu konservieren. Und sie sprechen sich gegen eine Neuauflage des

Geheimdienstes aus. Das Zusammenspiel von Demonstranten und Opposition und das Nachziehen von CDU und LDPD haben eine außerordentliche Machtakkumulation ergeben, der Modrow nicht mehr gewachsen ist. Am Ende der Debatte erklärt er, dass es vor den Wahlen am 6. Mai keinen neuen Geheimdienst mehr geben werde.[710] Allerdings gibt es jedoch noch das AfNS, das noch aufgelöst werden muss, und Bevölkerung und Opposition bleiben daher misstrauisch. Tatsächlich arbeitet diese Institution noch, versucht sich zum Verfassungsschutz umzubauen, verfolgt die Vorgänge am Runden Tisch, arbeitet Modrow zu und liefert Material über die angebliche faschistische Gefahr.[711]

»Sturm auf die Stasi – 15. Januar in Berlin

Als am 15. Januar die siebte Sitzung des Runden Tisches beginnt, erscheint Modrow pünktlich. Damit hat sich die Opposition durchgesetzt, und der Runde Tisch ist als Kontrollinstanz von der Regierung anerkannt. Modrow, der sich scharfe Kritik gefallen lassen muss, gesteht nun die Auflösung des AfNS unter ziviler Kontrolle zu, auch mit Beteiligung des Runden Tisches, und bittet um Unterstützung für die Regierung. Der Runde Tisch wird darüber informiert, dass das MfS 85 000 schwer bewaffnete hauptamtliche Mitarbeiter habe, von denen noch knapp die Hälfte in Berlin arbeite. Dazu kämen noch 109 000 inoffizielle Mitarbeiter, was allerdings untertrieben ist. Dennoch übertreffen diese Zahlen die bisherigen Schätzungen. Während der Sitzung kommt plötzlich die Nachricht, dass sich vor der AfNS-Zentrale in der Normannenstraße mehrere Zehntausend Demonstranten gesammelt hätten und ein Sturm auf die Gebäude drohe. Vertreter der Opposition – Markus Meckel, Ibrahim Böhme, Konrad Weiß und andere – machen sich auf, um die Menschen in der Normannenstraße zu beruhigen. Auch Modrow begibt sich dorthin.

Zu der Demonstration hatte das Neue Forum schon am 10. Januar aufgerufen, um den Druck wegen der verzögerten Auflösung zu erhöhen. Jetzt werden die Berliner aufgefordert, Steine und Mörtel mitzubringen, um die Eingänge symbolisch zu vermauern. Etwa 100 000 Menschen sind gekommen, die vehement die Beendigung der Arbeit des AfNS fordern. Der weiträumige Gebäudekomplex ist durch ein gewaltiges Stahltor gesichert. Vor diesem Tor stauen sich die Menschen. Mitten im Tumult öffnen sich die

Tore von innen. Nun strömt die Menge in den Gebäudekomplex und erstürmt einige Gebäude. Dort wird die Einrichtung gründlich demoliert. Gegenstände werden aus den Fenstern geworfen und eine Unmasse von Papier verstreut. Inzwischen sind auch Modrow und die Vertreter des Runden Tisches eingetroffen, die den Demonstranten versichern, dass das AfNS aufgelöst werde. Damit können sie die Menge beruhigen.

Der Sturm auf die Normannenstraße war und blieb eine mysteriöse Angelegenheit. Eigenartigerweise waren nur Funktionsgebäude erobert und verwüstet worden, die keine operative Bedeutung hatten, wie etwa der Kantinenbereich. Bei den Papieren, die verstreut worden waren, handelte es sich zumeist um leere Formulare. Einige Textseiten berichteten über Angriffe des Imperialismus auf die DDR. Und misstrauisch macht auch die Art der Öffnung. Tatsache war, dass sich in der Geheimdienstzentrale inzwischen schon Mitglieder von Bürgerkomitees befanden. Die Bürgerkomitees aus den Bezirksstädten hatten sich Tage vorher in Berlin getroffen und waren höchst verärgert, dass die Berliner Opposition zwar am Runden Tisch präsent war, aber die Zentrale des AfNS in der Hauptstadt bislang nicht lahmgelegt hatte. Sie hatten mit der Führung des Hauses die Versiegelung der Räume vereinbart und waren selbst von der Demonstration überrascht worden. Einer ihrer Vertreter und andere Zeugen berichteten später, dass sie die Tore der Zentrale geöffnet hätten, als der Druck der Demonstranten immer mehr zugenommen habe. Unklar bleibt auch, ob einzelne plötzlich aufgetauchte Rechtsradikale zum Programm der Geheimdienstler gehörten, die damit erneut ihre Existenzberechtigung unter Beweis stellen wollten. Gut belegt ist, dass westliche Geheimdienste die Gunst der Stunde nutzten und Material an sich brachten. Eine Mitwirkung der erfahrenen Geheimdienstler vom MfS/AfNS kann ebenfalls als sicher gelten, da die Ablenkungsstrategien offensichtlich waren.[712]

Auch wenn bis heute keine völlige Klarheit in die Vorgänge am 15. Januar zu bringen ist, für die Öffentlichkeit in der DDR war damit dennoch ein Signal gesetzt. Das gefürchtete MfS war am Ende. Seine Hinterlassenschaft allerdings sollte die Menschen noch lange beschäftigen. Am 15. Januar waren an den Gebäuden des MfS/AfNS mehrere Graffiti zu lesen. Eines lautete: »Ich will meine Akte«, ein Motiv, das bei vielen Demonstrationen vor den Gebäuden des AfNS immer wieder eine Rolle gespielt hatte. Die

Bürgerkomitees hatten die dringend vorgetragenen Bitten aus der Bevölkerung, sofort Einsicht in die Akten zu ermöglichen und die Namen der Spitzel bekannt zu geben, abgelehnt. Sie wollten auf eine rechtliche Regelung warten. Ein anderer Schriftzug am Gebäude hieß »Ihr habt Matthias Domaschk ermordet«. Matthias Domaschk war ein Thüringer Oppositioneller, der am 10. April 1981 unter ungeklärten Umständen in der Untersuchungshaft des MfS in Gera ums Leben gekommen war.[713] Die Demonstranten forderten immer wieder die Aufklärung der Verbrechen der SED und des MfS.

In der Nacht zum 16. Januar konstituierte sich ein Bürgerkomitee, das die Auflösung des AfNS begleiten sollte.[714] In den Sitzungen des Runden Tisches am 18. und 22. Januar wurden weitere Schritte zur Auflösung des Geheimdienstes beschlossen. Unter anderem wurde dem neuen Regierungsbeauftragten für die Auflösung des AfNS, Generaloberst Fritz Peter, ein dreiköpfiges Gremium zugeordnet, Werner Fischer von der Initiative Frieden und Menschenrechte, Georg Böhm von der DBD und Oberkonsistorialrat Ulrich Schröter in Vertretung für Bischof Gottfried Forck.

Die politische Genugtuung über das Ende des Staatssicherheitsdienstes, der Stasi, war nur eine Seite dessen, was die Menschen berührte. Der sich nur langsam lichtende Schleier der Angst, die Erbitterung über die Eingriffe der SED in das Private mithilfe ihres parteieigenen Geheimdienstes, die Zerstörung ethischer Normen, das Verlangen nach Aufklärung von Manipulationen und die Unsicherheit im Umgang mit Verrat, Versagen und eigener Verstrickung konnten mit dem institutionellen Ende des MfS/AfNS nicht aus der Welt geschafft werden. Der Liedermacher Gerhard Schöne gab dem wenige Tage später Ausdruck:

> »Setz dich zu mir, Bruder Judas.
> Nimm vom Hals das Seil!
> Wisch die Tränen von den Wangen.
> 's ist genug kaputt gegangen
> Und wird nicht mehr heil.
> Schriebst ins Klassenbuch Notizen
> Über jedes Kind.
> Lehrtest mit zwei Zungen reden,
> petzen, heucheln, leise treten,
> 's Mäntelchen im Wind.

Trankst als einer meiner Freunde
Brüderschaft mit mir.
Hast in meiner Post gelesen,
hinterm Telefon gesessen,
gingst durch meine Tür.
Dann verfasstest du Berichte,
knüpftest einen Strick.
Daraus wuchs ein Netz von Schlingen.
Manchen, die sich drin verfingen,
brach es das Genick.
Und ich war auch dein Komplize.
Gab dir lange Zeit
Durch mein Schweigen und mein Dulden
eines jeden Mitverschulden
solche Sicherheit.[715]

Friedensgebete, Demonstrationen und politische Streiks

Zu den Besonderheiten der Januar-Revolution gehörte die Abwesenheit des MfS. Aber die Entschlossenheit der Demonstranten, mit dem Sozialismus, der SED und ihrem Gefolge Schluss zu machen, war bekräftigt. Die Verantwortlichen für die Friedensgebete fürchteten sich vor der Ungeduld, beschworen wieder die Gewaltlosigkeit und forderten Toleranz. In der Tat gab es auch Äußerungen, die auf Gewaltbereitschaft hindeuteten. Aber die Demonstranten hielten solche Außenseiter konsequent in Schach. Im Januar verändert sich das Bild der Demonstrationen. Dominierend sind nun die unzähligen schwarz-rot-goldenen Fahnen. Kaum noch verlangt jemand den Erhalt der DDR. Jetzt geht es um Deutschland. »Schwarz-Rot-Gold – wir sind ein Volk.« In Sachsen sind wieder die grün-weißen Flaggen zu sehen: »Das Land Sachsen wird wachsen.« Und die Zahl der Demonstranten erreicht vielerorts neue Rekorde. Allein am 8. Januar demonstrieren in Leipzig, Dresden und Karl-Marx-Stadt (Chemnitz) eine halbe Million Menschen. Die Geschlossenheit der Demonstranten verleiht ihnen eine Kraft wie in den Oktobertagen. Die Losungen und Worte der Transparente werden für das SED-Regime zum Menetekel – gewogen und zu leicht gefunden. Auch reagieren die Demonstranten auf die jüngsten Ereignisse mit politischer Klugheit und Witz: »Zwei Montage nicht auf der Straße, schon hebt die SED die Nase«, »Wenn die SED nicht geht, gehen wir!« Unzählige Losungen sind gegen die Modrow-Regierung und die SED/PDS gerichtet. »SED, das tut weh«, »Haut die Roten auf die Pfoten«, »Gysi weg«, »Gysi go home«, »Lügen haben kurze Beine, Gysi zeig uns doch mal deine«. Und da die Auflösung des politischen Geheimdienstes sich verzögert, rufen die Leute »Hopp, hopp, hopp, Stasi lauf Galopp!«

Besonders verärgert sind die Menschen, dass die SED/PDS und auch westliche Intellektuelle die Einheitsbefürworter in die rechtsextreme Ecke stellen wollen. Gruppen, die einheitsfeindliche Losungen zeigen, werden manchmal recht unsanft von den Demonstrationen vertrieben. Nicht anders ergeht es auch den kleinen Gruppen von Rechtsradikalen, die ebenfalls vertrieben und deren Papiere zerrissen werden. Die passenden Losungen heißen: »Ihr Braunen, ihr Roten, lasst von Deutschland die Pfoten«, »REP und SED – Extreme tun uns weh – wir wählen SPD«, »Weder rot noch braun – Helmut Kohl vertraun«.[716]

In der Januar-Revolution steigt die Zahl der politischen Streiks spontan an. Der immer schon sehr stark gewesene Anteil der Arbeiterschaft hat sich noch einmal erhöht. Sie haben das Vertrauen in den SED-Staat restlos verloren und erwarten eine Verbesserung ihrer Lage nur noch durch eine künftige Wiedervereinigung. Die Arbeiter sind auch am wenigsten anfällig gegen die ideologischen Versatzstücke einer DDR-Identität. Von den insgesamt überwiegend mit politischen Begründungen durchgeführten 206 Streikaktionen in der DDR während der Revolution finden mehr als die Hälfte, nämlich 106, in den Thüringer Bezirken statt.[717] Sachsen nimmt die zweite Position ein. Die politische Streikwelle erreicht hier Anfang Januar 1990 ihren Höhepunkt. So kommt es in Suhl, Weimar, Gotha, Gera und Jena zu Warnstreiks. In Weimar rufen das Neue Forum, der Demokratische Aufbruch und die SDP »angesichts der Festschreibung der Honecker-Ära durch die SED/PDS sowie des weitergehenden Machtmissbrauchs durch die ehemalige Stasi für Donnerstag 13.00–15.00 Uhr zum Warnstreik auf«[718]. Am 11. Januar treten die Belegschaften von 95 Betrieben in den Warnstreik und ziehen mit Plakaten durch die Stadt. Die Bevölkerung reagiert phantasievoll auf jede neue Konstellation. Eine der originellsten Aktionen wird am 21. Januar 1990 im Eichsfeld gestartet, die sogenannte Koffer-Demonstration. Mehr als 50 000

Menschen überqueren mit symbolischem Gepäck die Grenze nach Hessen. Diese »Probe einer Massenflucht« soll eine Drohung sein: »Kommt die SED wieder an die Macht, gehen wir noch in der selben Nacht.«[719]

»Es wird langsam zur Qual – wir brauchen im März die Wahl«

Januar 1990 bis zu den ersten Wahlen 18. 3. und 6. 5. 1990

In der Januar-Revolution war der Versuch der SED/PDS gescheitert, ihre Macht noch einmal zu restaurieren. Das MfS war am Ende, Modrow musste Hilfe bei der Opposition suchen. Die bundesdeutsche Politik steuerte die Vereinigung an. Die freien Wahlen würden kommen. Aber die Menschen demonstrierten ungeduldig weiter, um ihren Vereinigungswunsch zu bekräftigen und die Revolution in Gang zu halten. Am Montag, dem 22. Januar 1990, hieß eine Losung in Leipzig »Es wird langsam zur Qual – wir brauchen im März die Wahl«. Aber es gab auch Ermüdete, Enttäuschte unter den Oppositionellen, deren Utopien von einer alternativen DDR nicht eingelöst worden waren.

> »nach der Revolution
> da gehen sie zurück
> die revolutionäre
> in die kirchen
> an die staffeleien
> zurück zu den bleistiften
> auf die dachböden
> in die keller.«[720]

Verbittert waren vor allem SED- und Staatsfunktionäre sowie die entlassenen MfS-Offiziere. Bisweilen äußerten allerdings auch einige, dass die Revolution für sie zu einer Befreiung geworden sei. Andere hatten es schwer, sich umzustellen. Im März 1990 hoffte ein entlassener Major des MfS: »Eines Tages werden wir wieder gebraucht. In anderer Weise, ganz bestimmt, denn mit diesen Strukturen, das geht nicht mehr. Zur Stunde will uns niemand haben, doch das kann sich von Tag zu Tag ändern.«[721] Und er meinte zu wissen, warum er gebraucht würde: »Es gibt Menschen, denen muss man ihr Glück aufzwingen, sonst kapieren sie es nicht.«[722]

Andere Äußerungen klangen zuversichtlicher, so etwa von der Schriftstellerin Monika Maron, die 1988 in den Westen gegangen war: »Ich wünsche mir, dass das Volk in der DDR, das sich während der letzten Monate über seine eigene Macht so nachdrücklich belehrt hat, die Schmerzen und die Schande des gebeugten Gangs nicht vergisst und nicht das erlösende Gefühl, den Rücken endlich zu strecken und den Blick zu heben. Es sollte niemandem gestatten, sich dieses Augenblicks zu bemächtigen. Nicht den Wölfen, die Kreide gefressen haben; nicht den Kalten Kriegern der Vergangenheit ... nicht der westdeutschen Linken mit ihrer späten Trauer um die Utopie DDR, die sie sich nur durch vorsätzliche Blindheit und Taubheit hat bewahren können. Und es sollte sich wehren gegen die neuen Ideologen aus den eigenen Reihen, die schon wieder bereit sind, dem Volk politische und geistige Unreife zu bescheinigen. Ich wünsche mir, dass die Leipziger, Dresdener, Ost-Berliner und Plauener das schöne Bild, das sie gerade von sich geschaffen und der Welt gezeigt haben, nicht vergessen hinter den Spiegelbildern, die sie in den Schaufenstern der Banken und Warenhäuser finden, während sie nach Begrüßungsgeld und den Bananen anstehen.«[723]

Die DDR-Bürger hatten ihre Freiheitsrevolution nicht vergessen, und dies gab ihnen Selbstbewusstsein. In vielen Städten wurden unmittelbar nach den Demonstrationen Plakate und Spruchbänder gesammelt und aufbewahrt. In Berlin hatte der Verband bildender Künstler schon am 4. November dazu aufgerufen, die Transparente der großen Demonstration abzugeben. Es war ein kurzer Weg »von der Straße ins Museum«[724]. Im April 1990 wurden sie in Berlin und im August in Bonn ausgestellt. Die Leipziger zeichneten noch im Dezember ihren Helden Kurt Masur mit der Ehrenbürgerwürde aus. Ab dem 2. Januar gab es eine Karikaturenausstellung und ab dem 8. Januar eine Ausstellung von Fotos der Montagsdemonstrationen von Gerhard Gäbler. Das Leipziger Neue Forum verkaufte am 5. März in wenigen Stunden 6000 Exemplare der Dokumentation »Jetzt oder nie – Demokratie! Leipziger Herbst '89«[725] auf der Straße. Viele weitere Dokumentationen der Friedensgebete, der Demonstrationen und der Grenzöffnung folgten im ganzen Land.

Am 12. März wurde in Leipzig erstmals der Dokumentarfilm »Leipzig, Aufbruch – Oktober '89« gezeigt. Auch die großen Zeitungen des Westens gaben Sonderdrucke und Chroniken[726] zur Revolution heraus. Der *Spiegel* nannte seine Sondernummer »162 Tage Deutsche Geschichte – das halbe Jahr der gewaltlosen Revolution«[727].

Auch die Westeuropäer blickten auf die DDR. Ausländische Besucher kamen, um das historische Schauspiel zu erleben. In Weimar hängten Niederländer ein Plakat auf und gratulierten zu »eurer wunderbaren Revolution«. Sonderzüge mit Studenten aus Westeuropa, »The train for Democracy«, besuchten osteuropäische Hauptstädte, auch Leipzig. Und Erinnerungsstücke an die untergehende DDR gab es in ganz Europa zu kaufen, auch in den USA und in Japan. Bruchstücke der Mauer und ganze Mauersegmente wurden von der DDR-Firma Limex-Bau im Auftrag der Regierung ins Ausland verkauft. Die DDR-Bürger waren aber nicht nur auf ihr eigenes Schicksal fixiert. Sie nahmen auch Anteil an den Revolutionen ihrer östlichen Nachbarn. Ende Dezember gab es zahlreiche Demonstrationen aus Solidarität mit Rumänien, wo es zu blutigen Kämpfen gekommen war. Allein in Leipzig kamen am 23. Dezember 10 000 Demonstranten zusammen.

Nach dem 9. November war die Zahl der Umsiedler zunächst gesunken, um alsbald wieder anzusteigen. Ende Januar zogen täglich 2000 Ostdeutsche in die Bundesrepublik. Zugleich verschlechterte sich die wirtschaftliche Lage in der DDR. Es musste etwas geschehen. Die doppeldeutige Rede von der »Wende in der Wende« ging um. Waren die Demonstranten dabei, die Einheit gegen die Freiheit einzutauschen? Oder war die Einheit die Folge der Freiheit? Eine Losung vom 22. Januar lautete »Von der BRD lernen, heißt siegen lernen«. Damit war auf witzige Art eine der sozialistischen Propagandaparolen verfremdet, bei der statt BRD Sowjetunion gestanden hatte. Aber der Spruch besagte auch, dass es keine Alternative zu einem wiedervereinten Deutschland gab.

329

Die kleine deutschlandpolitische Bühne

Die zweite Regierung Modrow:
»Regierung der nationalen Verantwortung«

Als Modrow am 15. Januar 1990 am Zentralen Runden Tisch eine schwere Niederlage erlitten hatte, bat er noch in der gleichen Sitzung alle dort vertretenen Parteien und Gruppierungen, in seine Regierung einzutreten.[728] Damit hatte er den Runden Tisch als Steuerungsinstrument anerkannt. Er erklärte, dass er sich in Zukunft nicht mehr seiner Partei, sondern allein dem Volk gegenüber verantwortlich wisse.[729] Das Angebot Modrows stellte die Opposition vor eine äußerst schwierige Entscheidung, die entsprechend hart umkämpft war. Der Eintritt der Opposition hätte der abgewirtschafteten Regierung eine neue Legitimation verschafft und die Opposition in Mithaftung für die Krise genommen. So gab es Stimmen, die zunächst den Offenbarungseid der Regierung forderten und als Preis der Regierungsbeteiligung die Auflösung der SED verlangten.[730] Die Kritiker konnten sich aber nicht durchsetzen. Die Regierungsbeteiligung erschien vielen Oppositionellen unumgänglich, da die sich zuspitzende Krise eine handlungsfähige Regierung erfordere. Auch die SDP, die sich auf ihrer ersten Delegiertenkonferenz am 13. Januar in SPD umbenannt hatte, wollte zunächst nicht in die Regierung eintreten, sondern sich als neue Kraft profilieren. Die CDU, die befürchtete, an der Seite der alten Machthaber an den Pranger gestellt zu werden, wollte nur in der Regierung verbleiben, wenn alle Parteien, auch die SPD, einbezogen würden. Das wurde schließlich auch erreicht. Immer neue Katastrophenmeldungen über den Zustand der DDR, aber auch die Einflussnahme seitens der Berlin-Brandenburgischen Kirche hatten die Oppositionellen in einer bis in die Nacht dauernden Sitzung am 28. Januar erweicht. Überlegungen innerhalb der Opposition, allein eine neue Regierung zu bilden, scheiterten.[731] Schließlich kamen auch noch ein Schuss persönliche Eitelkeit und Gefallen an der neuen Rolle hinzu. In der Nacht zum 29. Januar wurde schließlich bekannt gegeben, dass die Opposition am Runden Tisch mit je einem Minister in die »Regierung der nationalen Verantwortung« eintreten werde. Die Volkskammer wählte die Minister am 5. Februar 1990. Die acht Minister ohne Geschäftsbereich hatten allerdings einen

Preis zu zahlen. Die Bevölkerung, besonders die Demonstranten, feierte diese neue Regierung nicht. Sie hoffte auf ihr schnelles Ende. Realpolitisch, abgesehen von ihrer Funktion als Waschanstalt für die belastete Modrow-Regierung, konnten die neuen Minister wenig bewirken. Der Minister Sebastian Pflugbeil vom Neuen Forum kramte in den Akten des Umweltministeriums und fand bislang unbekannte Daten zur Atomenergie in der DDR. Wolfgang Ullmann von Demokratie jetzt bezog Modrows Positionen bei Verhandlungen in Bonn. Rainer Eppelmann vom Demokratischen Aufbruch überreichte Gorbatschow symbolträchtig bei einer Reise der Regierung nach Moskau eine Kerze, auf der »Spasibo – Danke!« stand. Von Bedeutung war, dass schon in den Verhandlungen um die Regierungsbildung der für den 6. Mai vereinbarte Wahltermin auf den 18. März 1990 vorverlegt worden war. Dieser Termin ging auf Vorabsprachen zwischen der SPD und Modrow zurück. Dies war vorteilhaft für die etablierten Parteien und diejenigen, die aus der Bundesrepublik Unterstützung erwarten konnten. Die kleineren Oppositionsgruppen dagegen befürchteten eine Benachteiligung, da sie auf sich allein gestellt waren.

Die erste große öffentliche Vorstellung der zweiten Regierung Modrow erfolgte im Zusammenhang mit dessen Bonn-Besuch am 13. Februar. Er erschien mit 17 Ministern, darunter den acht neuen. Dieser Ministerausflug wurde zu einer Butterfahrt ohne Butter. Zum wiederholten Male verlangte die DDR-Seite 10 bis 15 Milliarden DM – cash, sofort – als Solidarbeitrag, unabhängig von weiteren Verhandlungen. Aber genau das wollte und konnte Kohl nicht bieten. Modrow stand für das seiner Legitimation verlustig gegangene SED-System, der mit einem solchen Erfolg im bevorstehenden Wahlkampf nicht wuchern sollte. Zudem erschienen derart weitreichende Rettungsmaßnahmen für ein ökonomisch sinnloses Unternehmen unangebracht.

Der neue Machtkampf am Runden Tisch

Seit Anfang Februar brachen immer häufiger Interessenkonflikte innerhalb der beiden Lager am Runden Tisch auf. Die CDU und die LDPD profilierten sich weiter gegenüber der PDS, und die SPD und der Demokratische Aufbruch sprengten immer häufiger das oppositionelle Lager. Die wenige Wochen zuvor noch eng Verbündeten wurden zu Konkurrenten. Die Entwicklung des jungen Parteiensystems der DDR hatte seit Januar Fahrt aufgenommen. Die Sozialdemokraten hatten sich fest an die West-SPD gebunden, die CDU und die Liberalen ebenso an ihre westlichen Namensschwestern, der Demokratische Aufbruch suchte Verbündete im konservativen Lager. Fast täglich formierten sich neue Parteien. Immer stärker machte sich das Engagement westlicher Politiker im anlaufenden Wahlkampf bemerkbar. Ein am 3. Januar 1990 geschlossenes »Wahlbündnis '90«, das fast alle oppositionellen Gruppen vereinte, war durch den Austritt der SPD und des Demokratischen Aufbruchs geschwächt worden. Am Runden Tisch schlugen sich diese Differenzen erstmals handfest am 5. Februar 1990 nieder, als Gerd Poppe für die Initiative Frieden und Menschenrechte den Antrag stellte, alle Parteien sollten erklären, »bei allen öffentlichen Veranstaltungen bis zum 18. März 1990 auf Gastredner aus der Bundesrepublik und aus West-Berlin zu verzichten«[732]. Mit diesem Antrag sollten die Vorteile der etablierten Parteien neutralisiert werden.

Die Sozialdemokraten, der Demokratische Aufbruch und die CDU verwahrten sich in der Debatte gegen das Rednerverbot. Die scharfen Auseinandersetzungen offenbarten, dass von der Konsensdemokratie des Runden Tisches kaum etwas übrig geblieben war.[733] Jetzt war Wahlkampf, und der Runde Tisch war eines seiner Medien. Der Antrag von Poppe wurde mehrheitlich vom Runden Tisch unterstützt. Aber die unterlegenen Parteien hielten sich nicht an den Beschluss. Auch in der Bevölkerung gab es Vorbehalte. In einer Austrittserklärung an das Neue Forum hieß es: »Man kann nicht von Demokratie reden und sie andererseits am Runden Tisch verbieten (Stimmbeteiligung des Neuen Forums am Verbot ausländischer Wahlkampfbeteiligung).«[734]

Reformieren und requirieren

Modrow unternahm mit seiner Wirtschaftsministerin Christa Luft und dem SED-Reformer Wolfram Krause, die die Arbeitsgruppe »Wirtschaftsreform« gebildet hatten, Anläufe, um das desolate Wirtschaftssystem in Schwung zu bringen. Anstelle der Planwirtschaft sollten marktwirtschaftliche Prinzipien zum Zuge kommen. Die Betriebe sollten weitgehend unabhängig agieren können. Die Schlüsselindustrien sollten weiterhin in Staatshand bleiben, während Kleinbetriebe privatisiert oder enteignete repriviert werden sollten. Ausländische Beteiligungen an DDR-Firmen sollten bis zu 49 Prozent betragen können. Am 1. März wurde per Gesetz die Treuhandanstalt gegründet, die die im Staatsbesitz befindlichen sogenannten volkseigenen Betriebe in Kapitalgesellschaften umwandeln und verwalten sollte. Die Initiative für diese Gründung war vom Runden Tisch ausgegangen. Dort hatte Demokratie jetzt am 12. Februar ein Konzept der »Forschergruppe Selbstorganisation« mit Matthias Artzt und Gerd Gebhardt eingebracht, demzufolge das gesamte Volksvermögen über Anteilsscheine an die Bevölkerung bzw. auch an kulturelle Einrichtungen und Kommunen weitergegeben werden sollte. Die Treuhandanstalt sollte das Vermögen verwalten. Einbezogen werden sollte auch das gesamte Vermögen an Grund und Boden, das damit nicht zum Verkauf stünde. Die Verwendung des Grundvermögens sollte über die Mitbestimmung der Bevölkerung geregelt werden. Die Forschergruppe erwartete, dass sich bundesdeutsche und ausländische Investoren beteiligen würden.

Dieser Vorschlag wurde vom Runden Tisch gebilligt und zur Umsetzung an die Modrow-Regierung weitergegeben. Das von der Regierung schließlich erlassene Treuhandgesetz übernahm die Beteiligungs- und Mitbestimmungsideen nicht. Für den Aufbau entsprechender Strukturen samt den Mitbestimmungsmodellen war die verbliebene Regierungszeit viel zu kurz. Die Bundesregierung hatte ihre Hilfszusagen außerdem an eine konsequente Privatisierungspolitik gebunden. Schließlich erschien eine realistische Bewertung des Volksvermögens nahezu unmöglich. Übrig geblieben waren nur die Treuhandanstalt und ein ungelöstes Transformationsproblem. In der letzten Sitzung des Runden Tisches am 12. März wurde Modrow gerügt und noch einmal die unentgeltliche Übertragung des Eigentums an das Volk verlangt. Das aber konnte nur noch eine Empfehlung an das künftige gewählte Parlament sein.[735]

Auf einem anderen gesellschaftspolitischen Feld hatte die Modrow-Regierung allerdings gründliche Arbeit geleistet. Angesichts der zu erwartenden neuen Verhältnisse, in denen die alten SED- bzw. PDS-Kader nicht mehr über ihre Parteifunktionen automatisch begünstigt werden würden, ergriff die Modrow-Administration zahlreiche Vorbeugemaßnahmen, um diesen Personenkreis abzusichern. Modrow erwies sich darin als geschickter »Meister des Rückzugs«, seine geschlagene Truppe vermochte so noch einmal zu requirieren. Die abgewählten oder von den Belegschaften aus ihren Positionen entfernten Altkader aus Wirtschaft und Verwaltung wurden in der Regel mit Posten versorgt, die ihnen günstige Startbedingungen boten. MfS-Mitarbeiter, hauptamtliche SED-Parteiarbeiter, ideologisches Schulungs- und Kontrollpersonal wurden in zivilen Bereichen untergebracht. Auch die materielle Absicherung dieser Personen wurde energisch betrieben. Neben Abfindungen und anderen finanziellen Ausschüttungen wurden Grundstücke und Wohnungen aus Staatsbesitz in großem Umfang billig weitergegeben. Angesichts des Machtverlusts sollten solche Wohltaten den SED-Kadern wenigstens so viel als möglich materielle, personelle und ideologische Ressourcen für die Zukunft sichern.[736]

Am Runden Tisch brachten Oppositionelle ihre Beschwerden über diese Politik vor. Aus der Bevölkerung waren viele Hinweise und Klagen eingegangen.[737] Der wohl geschickteste Schachzug Modrows war eine groß angelegte »Bereinigungsaktion« der Kaderakten. Jeden erwachsenen Bürger hatte in der DDR eine Kaderakte begleitet, die für ihn nicht einsehbar war, aber seine ständige Kontrolle, Förderung und Disziplinierung aus politischen Gründen enthielt. Die Kaderakte war für die Menschen, die nicht zusätzlich noch in die Fänge des MfS geraten waren, schlechthin entscheidend für ihr berufliches Schicksal. In einem Erlass[738] vom 22. Februar ordnete Modrow die Aushändigung dieser Akten an. Allerdings hatte die die Akten führende Stelle die Möglichkeit, diese Personalakten zu säubern und so Verantwortlichkeiten zu vertuschen.

»Wir sind nicht der kleine Michel...«

Der Bonn-Besuch schien auf den ersten Blick für Modrow, den Ministerpräsidenten auf Zeit, eine schwere Niederlage zu sein. Kohl hatte ihn abblitzen lassen. Modrow hatte trotzdem einen Sieg davongetragen, von dem er Wochen zuvor noch nicht einmal hatte träumen können. Was hatte er auch zu verlieren? In acht Wochen waren Wahlen, die in jedem Fall gegen ihn ausgehen würden. Und für den wahrscheinlichen Fall der Wiedervereinigung würde die Bundesrepublik zuerst mit den Schulden des SED-Staates vereinigt. In der westlichen Presse wurde Kohls harte Haltung nicht überall gebilligt, und Modrow konnte einen Mitleidseffekt verbuchen. Noch besser stand er aber vor dem Runden Tisch da. Modrow wertete in der dreizehnten Sitzung des Runden Tisches den Bonn-

Besuch aus. Eine sprachliche Meisterleistung: »Ich kann die Enttäuschung vieler Bürger der DDR verstehen, die sich fragen, ob sie nun keine Brüder und Schwestern mehr sind.« Damit war sein Fehlschlag zu einer Demütigung der Ostdeutschen umformuliert und zugleich die bundesdeutsche Floskel der Zusammengehörigkeit mit den »Schwestern und Brüdern« im Osten bloßgestellt. Und Modrow legte nach: »Ich werde nicht auf Knien um einen solidarischen Beitrag bitten.«[739] Damit übertünchte er den tiefen Spalt zwischen SED und Volk, die Hauptsache der Revolution. Die Bonner Weigerung, seine Politik zu stützen, erschien plötzlich als westdeutscher Akt der Entsolidarisierung gegenüber den Ostdeutschen.

Das wichtigste Stichwort lieferte der Vertreter des Neuen Forums, Werner Schulz: »Wir sind nicht der kleine Michel …« Schulz hatte vorher noch unter Berufung auf Bundespräsident Richard von Weizsäcker erklärt: »Wir haben auch etwas einzubringen.« Das sei die »Erfahrung einer Demokratiebewegung, die einzigartig ist in der deutschen Geschichte«. Doch diese Demokratiegeschichte war eine Revolution, und Modrow stand auf der Seite der Verlierer. Jetzt aber kittete Schulz die Bruchlinie zwischen SED und der Revolution. Schulz und die Minister ohne Geschäftsbereich bedankten sich ausdrücklich bei Modrow. Das war mehr als Höflichkeit. Wolfgang Ullmann (Demokratie jetzt): »Ich stimme voll überein.« Matthias Platzeck (Grüne Partei): »Wir müssen uns auf unsere Möglichkeiten, Kräfte und Fähigkeiten besinnen.« Gerd Poppe (Initiative Frieden und Menschenrechte): Es war »immer nur von Geld« die Rede, es ging »nicht um die Akzeptanz einer spezifischen DDR-Identität«. Tatjana Böhm (Unabhängiger Frauenverband): Es werde versucht, die bundesdeutsche Sozialgesetzgebung »auf die DDR überzustülpen«. Konrad Weiß (Demokratie jetzt): »Meinen Respekt für die Geduld, die Sie [Modrow] im Interesse der Bürger unseres Landes dort aufgebracht haben.« Und Modrow versicherte nochmals, »dass wir dort mit der Würde und der Identität des Bürgers der DDR aufgetreten sind«[740].

Das war nicht der Geist der Revolution, sondern der Geist einer DDR-Identität, die sich über die gerade erstrittene Freiheit erhob und Revolutionäre und Exdiktatoren vereinte. Diese Identität war nicht im Moment erfunden worden, sondern erwuchs aus den Sedimenten der verinnerlichten Unterdrückung, zu denen auch die Annahme eines einheitlichen DDR-Kollektivs und die Minderwer-

tigkeitskomplexe des kleinen DDR-Michel gegenüber dem großen bundesdeutschen Michel gehörten. Dessen Geld wollten alle
haben, aber zugleich fürchteten sie sich vor ihm. Die Bundesrepublik mit ihren 60 Millionen Einwohnern, Kohl, der Kapitalismus,
Deutschland und der Westen überhaupt – alle ante portas. Das war
eine gute Vorlage für eine Propaganda, die alte Feindbilder auf-
polieren wollte. »Ich werde nicht auf Knien bitten« und »Wir sind
nicht der kleine Michel…«, titelte am nächsten Tag das *Neue
Deutschland*.[741]

Der Geist der Revolution erschien aber in den Sachdebatten über
die Versäumnisse der Modrow-Regierung. Selbst Vertreter des
Runden Tisches, die sich bei Modrow bedankt hatten, sahen die
eigentlichen Hemmnisse des wirtschaftlichen Übergangs in der
Untätigkeit oder Konzeptlosigkeit Modrows. Vor allem die Vertreter des Demokratischen Aufbruchs und der Sozialdemokraten
äußerten sich zu den Mängeln. Fred Ebeling vom Demokratischen
Aufbruch kritisierte, dass die Beschlüsse des Runden Tisches über
Sofortmaßnahmen zur Entwicklung der Marktwirtschaft vom
3. Januar 1990 nicht umgesetzt wurden. Es habe »hier sehr gute
Ansatzpunkte für Wirtschaftsreformen gegeben«. Nun müsse festgestellt werden, »dass viele Punkte nicht verwirklicht worden sind
und damit natürlich eine schlechte Ausgangsposition im Zusammenhang mit der Währungsunion und der Umsetzung durch Wirtschaftsreformen vorhanden ist«[742].

Und Dankwart Brinksmeier von der SPD brachte einen Antrag
ein, der auf die rechtlich fragwürdige Versorgung von SED-Funktionären durch die Modrow-Regierung zielte: »Es ergeben sich freie
Rechtsräume, die befürchten lassen, dass mit dem Volkseigentum
nicht mit der nötigen Sorgfalt umgegangen wird.« Es gebe Hinweise, dass »in überstürzter Weise Grundstücke und Häuser zu
Niedrigpreisen an ehemalige und noch tätige Funktionäre des Staates, der Parteien und der gesellschaftlichen Organisationen verkauft werden«. Die Bürger sollten »den Staatsfunktionären in
Gelddingen auf die Finger sehen und sie nicht aus der demokratischen Kontrolle entlassen«[743].

Dennoch konnten auch solche Erklärungen die Rollenverschie-
bung des Runden Tisches zum Sachwalter einer angenommenen
DDR-Identität nicht verhindern. Nachdem den oppositionellen
Kräften der alte politische Gegner abhanden gekommen war, arbeiteten sie ihre politische Energie an neuen Gegnern ab – an den

wahlpolitischen Konkurrenten und vor allem am Westen. Die Generation, die sich im Schulfach »Staatsbürgerkunde« und im Lehrfach »Wissenschaftlicher Kommunismus« gegen die Indoktrination gewehrt hatte, griff nun mangels Alternativen auf das klassenkämpferische Vokabular zurück. So erklärten in einem Antrag mit dem Titel »Gegen die Vereinnahmung der DDR durch die Bundesrepublik« vier oppositionelle Gruppen, »dass es der Bundesrepublik in der Frage der deutschen Einigung nicht um die Menschen in beiden deutschen Staaten geht, sondern um die Ausweitung ihres Machtbereiches und um die Gewinnung billiger Arbeitskräfte«[744]. Die PDS stimmte dem sofort zu. Von der systemimmanenten Opposition war nur ihre Systemimmanenz übrig geblieben.

Mit wenigen Stimmenthaltungen beschloss der Runde Tisch am 5. März eine Sozialcharta, ein umfassendes Sozialprogramm, das in dieser Form weder in der DDR noch in der Bundesrepublik existierte. Der Runde Tisch forderte darin die Regierung auf, die Sozialcharta in die Verhandlungen mit der Bundesrepublik zur Wirtschafts-, Währungs- und Sozialunion einzubeziehen. Als Zielvorgabe hieß es: »Die deutsche Einheit ist auf dem Wege eines wechselseitigen Reformprozesses beider deutscher sozialer Sicherungssysteme in ihren positiven Grundzügen zu vollziehen. Historisch gewachsene soziale Standards in beiden deutschen Staaten sind zu erhalten, weiterzuentwickeln und zu einem höheren sozialen Sicherungsniveau zu führen.«[745] Dieser maximalistische Entwurf, der unter anderem das Recht auf Arbeit und auf Wohnung enthielt, ging von der Annahme aus, dass es in der DDR »soziale Errungenschaften« bzw. einen »sozialen Besitzstand« gab, die erhalten werden müssten. Die reale soziale Lage in der DDR, die millionenfache Altersarmut[746], der Pflegenotstand, der Niedergang des Gesundheitswesens, die Wohnungsnot, spielten offenbar keine Rolle. Es war ein Forderungskatalog an die Adresse der Bundesrepublik.

Die Sozialcharta wurde später zu einem Bestandteil des Mythos Runder Tisch. Noch mehr aber besetzte die sogenannte Verfassung des Runden Tisches diesen Platz. Schon bei der ersten Sitzung am 7. Dezember wurde eine Arbeitsgruppe »Neue Verfassung« eingesetzt. Diese Gruppe kooperierte alsbald mit der Verfassungskommission der Volkskammer und mit Fachleuten aus Ost und West. Vier Arbeitsgruppen – Grundrechte, gesellschaftliche und politische Willensbildung, Eigentums- und Wirtschaftsordnung, Staat – erarbeiteten Teile der neuen Verfassung. Es gelang jedoch nicht, vor den Wahlen am 18. März das Werk fertigzustellen. Auf der letzten Sitzung des Runden Tisches am 12. März konnten nur Aspekte der geplanten Verfassung vorgetragen werden. Darum wurden die vorliegenden Teile einer Redaktionsgruppe übertragen, die daraus einen Entwurf erstellen sollte, der der inzwischen neu gewählten Volkskammer zu übergeben sei. Das erfolgte am 4. April. Einen vom Runden Tisch verabschiedeten Verfassungsentwurf gab es definitiv nicht. Dieser noch bis in die Gegenwart kolportierte Mythos verdeckte ein grundsätzliches Problem. Der Verfassungsentwurf sollte »Errungenschaften« aus der DDR transportieren. Und er sollte dem Grundgesetz der Bundesrepublik ein gleichwertiges Verfassungsrecht entgegensetzen, um einen schnellen Beitritt nach Artikel 23 des Grundgesetzes zu verhindern. Aus diesem Grunde hatten sich die SPD, der Demokratische Aufbruch und die CDU kaum an der Debatte beteiligt und das Werk auch nicht befördert. Sie räumten allein der zukünftigen, frei gewählten Volkskammer das Recht ein, über die Verfassungsfrage zu entscheiden. Richard Schröder bestritt dem Runden Tisch die Befugnis, vorab die verfassungsrechtlichen Weichen zu stellen. »Demokratische Wahl bedingt Befugnis, und nur die Verdienste, die der Wähler honoriert, setzen sich in Befugnis um!«[747]

Die Zuschauer der Live-Übertragungen des Runden Tisches ermüdeten. Die Einschaltquoten gingen zurück. Obwohl der Runde Tisch inzwischen alle anderen Staatsorgane der DDR dominierte, die Regierung kontrollierte und der Volkskammer Gesetze zur Zustimmung vorlegen konnte, verlor er an politischer Bedeutung. Die Bevölkerung interessierte sich vor allem für die Politiker, die schnell und konsequent auf die Einheit hinarbeiteten. Dies aber boten die Vertreter des Runden Tisches nicht. Wer auch immer bei öffentlichen Demonstrationen auftrat und vor den Folgen einer schnellen Wiedervereinigung warnte, wurde ausgepfiffen. Die Menschen betrachteten selbst berechtigte Befürchtungen vor Arbeitslosigkeit als Versuche, die DDR erhalten zu wollen.

Viele Revolutionäre verloren an Ansehen und Einfluss. Die Stimmung schlug um, und auch Milieudifferenzen kamen nun zum Zuge. Die Brigade »Fortschritt« eines landwirtschaftlichen Betriebs im Vogtland schrieb einen Brief an den Minister Sebastian Pflugbeil und forderte ihn auf, sich bei seinem Besuch am 15. Februar beim Bundeskanzler »anständig zu kleiden«. »Mit einem anständigen Hemd, Binder und sauberen Anzug. Man könnte Ihnen sonst keinen Zutritt gewähren ... Außerdem würden wir Ihnen raten, Ihren ungepflegten Bart schneiden zu lassen, damit Sie überhaupt richtig sprechen können. Wir konnten Sie am Runden Tisch nie richtig verstehen. Ihre Darlegungen waren sowieso nur Käse.«[748]

Der Zentrale Runde Tisch und die vielen regionalen Runden Tische sind damals und später immer wieder als Alternative zur parlamentarischen Demokratie idealisiert worden. Stichworte dazu waren Bürgernähe, Sachpolitik, Beteiligungsdemokratie. Das grundsätzliche Problem der Runden Tische aber war deren fehlende Legitimation. So hatten sie nur eine Übergangsfunktion. Die haben sie erfüllt und sich damit selbst überflüssig gemacht. Das Wort Tisch lässt an viele Metaphern denken, von »reinen Tisch machen« bis »über den Tisch ziehen«. Von allem ist auch etwas in der Wirklichkeit geschehen.

Strukturen der Auflösung des MfS/AfNS

Ungeachtet des politischen Bedeutungsverlusts wurde die Kompetenz der Bürgerbewegten in der MfS-Frage anerkannt.[749] Eine wichtige Schaltstelle waren der am 22. Januar ernannte Regierungsbeauftragte für die Auflösung des MfS/AfNS und die Beauftragten des Runden Tisches. Daneben gewannen die im Dezember spontan gebildeten Bürgerkomitees in allen Bezirksstädten an Bedeutung, die in einem lockeren Verbund kooperierten. Sie nahmen umfangreiche Kontrollfunktionen wahr, suchten eine Konsolidierung des angeschlagenen Geheimdienstes bzw. seine Neuformierung zu verhindern und sicherten die Akten vor Vernichtung. Am 10. Februar setzte die Modrow-Regierung ein Staatliches Komitee zur Auflösung des AfNS unter Leitung von Günter Eichhorn ein, das die operative Arbeit der Abwicklung zu leisten hatte. In die verschiedenen sich immer wieder verändernden Strukturen zur Auflösung war auch eine Reihe von MfS-Offizieren eingebunden, die teils als sachkundige Auflöser oder Berater benötigt wurden. Einige von ihnen machten sich so unentbehrlich, dass sie die Übergänge in immer neue Institutionen der Auflösung und schließlich der Verwaltung der Akten schafften. Noch 2007 gab es darüber öffentliche Beschwerden.

Inwieweit die staatlichen Strukturen und ihre kirchlichen oder bürgerbewegten Kontrolleure mitsamt den Bürgerkomitees Machenschaften der cleveren Geheimdienstler überblickten und verhindern konnten, bleibt eine bis heute offene Frage. Auch in den Bürgerkomitees, die sich spontan und ohne Kontrolle gebildet hatten, saßen Agenten. Sicher ist, dass Akten verschwanden und auch an Nachrichtenhändler verkauft wurden. Ihre Hauptaufgabe haben die Komitees erfüllt, die Entlassung Tausender MfS-Mitarbeiter, die Erfassung und Sicherung von Vermögenswerten und Immobilien sowie die Zusammenführung des Aktenmaterials.

Seit den Tagen der ersten Besetzungen der MfS-Zentralen stand für die Bürgerbewegungen die Frage im Vordergrund, ob die personenbezogenen Akten öffentlich zugänglich gemacht werden sollten. In der Regel befürworteten sie das und verwahrten sich gegen die Vernichtung. Zeitweise gab es aber auch andere Stimmen. Es wurde befürchtet, dass diese Akten mit den detaillierten Personendaten auch von Unberufenen genutzt werden könnten. Daraus resultierten zwei folgenreiche Beschlüsse des Runden Tisches. Er entschied, dass alle elektronischen Datenträger vernichtet werden sollten. Damit war ein schneller Zugriff auf Akten verhindert. Faktisch bedeutete dieser Beschluss einen erheblichen Datenverlust und behinderte noch jahrelang die Erschließung der Akten. Auch ein zweiter Beschluss richtete Schaden an. Der Runde Tisch gestattete der HVA, der Spionageabteilung des MfS, die Selbstauflösung. Die Verantwortlichen der HVA haben den Beschluss des Runden Tisches als pauschale Zustimmung zur Vernichtung aller Unterlagen ausgelegt. Die Aufarbeitung dieses repressiven Instruments wurde damit bis in die Gegenwart erschwert.

Die Bevölkerung nahm an dem Auflösungsprozess regen Anteil. An alle mit dieser Aufgabe befassten Stellen wurden Gesuche von Privatleuten, Betriebsbelegschaften, regionalen Runden Tischen und Kommunen gerichtet, in denen um Überprüfung von Personal oder um Auskünfte zu Menschenrechtsverletzungen gebeten wurde. Als die entlassenen MfS-Mitarbeiter in neue Arbeitsverhältnisse kamen, wurde vielfach protestiert.

Die große deutschlandpolitische Bühne

Mit anhaltender Spannung verfolgten die DDR-Bürger die bundesdeutsche Politik. Bundeskanzler Kohl hatte in der deutschen Angelegenheit die weltpolitische Bühne betreten. Zweifellos haben die DDR-Bürger die hohen politischen Hürden kaum überschauen können, die zur Erlangung der deutschen Einheit abgeräumt werden mussten. Allein die Intensität ihres Einheitsverlangens wurde zur Voraussetzung, dass Kohl seine im Zehn-Punkte-Programm festgelegten Ziele veränderte und zu einer offensiven Vereinigungspolitik überging.[750] Die Handlungsspielräume für eine Vereinigungspolitik waren aber äußerst eng. Die Bundesrepublik war in ein dichtes vertragliches System der Europäischen Union und der NATO eingebunden. Verträge verpflichteten die Bundesrepublik zudem gegenüber den osteuropäischen Staaten, und die Sicherheitsinteressen der Großmacht Sowjetunion mussten respektiert werden. Und schließlich berührte die Teilung Deutschlands emotionsbesetzte nationale und europäische Befindlichkeiten. Die politische Handhabung der deutschen Frage war auf die Stabilisierung des Status quo ausgerichtet gewesen, und jede Veränderung hätte unkalkulierbare Konflikte provozieren können. Selbstverständlich kam für Kohl als überzeugten Europäer ein nationaler Alleingang nicht infrage. Die Bundesregierung musste bei ihrer Einheitspolitik das Einverständnis aller Gruppierungen erreichen, deren Interessen sich oft diametral gegenüberstanden.

Allerdings stand die Bundesregierung auch nicht mit leeren Händen da. Als Aktivsaldo für Veränderungen konnte sie darauf verweisen, dass Stabilität nicht mehr durch die bloße Versagung der Erwartungen der ostdeutschen Bevölkerung gewonnen werden konnte. Außerdem konnte die Bundesrepublik ihre enorme wirtschaftliche und finanzpolitische Stärke nutzen. Als Tauschangebot stand auch der Verzicht auf ältere Rechtsansprüche zur Verfügung. Auch konnte versucht werden, Interessen des Auslands durch das Herstellen übergeordneter Interessenlagen zu kompensieren. Und schließlich verfügte die deutsche Seite mit Außenminister Genscher und Bundeskanzler Kohl über zwei Politiker, die die seit der Septemberkrise 1989 bewährte Macht ihrer persönlichen Beziehungen ins Spiel bringen konnten.

Die Sowjetunion, die sich bislang ablehnend zur Wiedervereini-

gung geäußert hatte, verlor ihre ostmitteleuropäischen Satelliten-
staaten, und die zentrifugalen Kräfte im Innern gewannen dramatisch an Stärke. Im Baltikum strebten die Unabhängigkeitsbe-
wegungen den Austritt aus der Union an. Im Januar kam es zu
blutigen Unruhen in Aserbaidschan. Gorbatschow verhängte den
Ausnahmezustand, und seine Truppen richteten ein Blutbad an. Im
russischen Kernland nahmen die Spannungen zwischen Demokraten und konservativen Kommunisten zu. Das wirtschaftlich
ineffektive System führte zu kritischen Versorgungslagen. Anfang
Januar ersuchte die Sowjetunion die Bundesregierung um Lebens-
mittellieferungen. Kohl gewährte diese umgehend und erreichte
damit eine Klimaverbesserung.

Nahezu sensationell war, dass Ende Januar in der Einheitsfrage
positive Signale aus Moskau kamen, die auf einen Umschwung
hindeuteten. Die Krise in der Sowjetunion und der DDR veranlasste Gorbatschow bei Verhandlungen mit Modrow in Moskau,
diesen auf die neue Lage einzustimmen. Bezeichnenderweise wurde
aus Moskau gemeldet, dass die unumgängliche Lösung der deutschen Frage, »nicht auf der Straße geschehen dürfe«[751]. Am 1. Februar gab Modrow auf einer Pressekonferenz in Ost-Berlin überraschend einen Drei-Stufen-Plan für die Herstellung der Einheit als
Konföderation bekannt, der unter dem Titel »Deutschland einig
Vaterland« propagiert wurde. Modrow hatte sich in diesem Plan
auf eine künftige Neutralität Deutschlands festgelegt.

In der jetzt einsetzenden Intensivierung der bundesdeutschen
Diplomatie konnten mit amerikanischer Unterstützung bei zahlreichen Konsultationen einheitliche Positionen des Westens erarbeitet
werden. Dabei waren die Vorbehalte der Engländer und auch der
Franzosen ausgeräumt und deren Interessen berücksichtigt worden. Die Polen verlangten ein Mitspracherecht und die Festschreibung der Oder-Neiße-Grenze. Am 10. Februar verhandelte Kohl in
Moskau mit Gorbatschow, der jetzt ausdrücklich der Vereinigung
zustimmte. Die Modalitäten der NATO-Mitgliedschaft Deutschlands blieben offen. Zu den Erfolgen Kohls gehört die Zustimmung Gorbatschows zu den Zwei-plus-Vier-Verhandlungen, die
die Bundesregierung mit den Westmächten verabredet hatte. In dieser Konstellation sollten deutsch-deutsche Verhandlungen mit den
ehemaligen Siegermächten die außenpolitischen Aspekte der Wiedervereinigung klären, es sollte sich also um keine Verhandlungen
der Mächte über Deutschland handeln. Das erste Zwei-plus-Vier-

Treffen fand am 13. März in Bonn auf der Ebene von Spitzenbeamten statt.

Kohl entschied angesichts der sich zuspitzenden Krise in der DDR, die mit Modrow vereinbarten Verhandlungen zu einer Vertragsgemeinschaft noch vor den Wahlen fallen zu lassen und keine pauschalen Finanzzuschüsse zu gewähren. Stattdessen schlug er noch für Februar Verhandlungen über eine Wirtschafts- und Währungsunion vor, die auch schon von SPD-Politikern empfohlen worden waren. Das bedeutete einen ersten direkten Eingriff in die Wirtschaftspolitik der DDR. Außerdem begann Kohl, wie inzwischen auch die Liberalen und die SPD, seine Machtbasis in der DDR aufzubauen.

Auch die Innenpolitik der Bundesrepublik wurde bald wesentlich durch die Vereinigungspolitik bestimmt. Kohl konnte sich qua Amt seiner Richtlinienkompetenz bedienen und ordnete sein Entscheidungszentrum für die Vereinigungsfragen streng hierarchisch. Im Bundeskanzleramt scharte er einen Kreis von Vertrauten um sich, zuvorderst Rudolf Seiters und Horst Teltschik. Für Kohl und seine engsten Mitarbeiter ging es bei der Gestaltung der Vereinigungspolitik auch um den Machterhalt des Bundeskanzlers. Am 7. Februar bildete das Bundeskabinett den Ausschuss »Deutsche Einheit«. Am gleichen Tag gab Kohl im Bundestag bekannt, dass die Bundesregierung mit der DDR über eine Währungs- und Wirtschaftsunion verhandeln werde.

Die Koalition war sich nicht in allen Fragen einig. Genscher versuchte sich ebenfalls zu profilieren und äußerte mehrfach Kritik an der Marschroute Kohls, etwa bei der Frage, ob das Gebiet der DDR nach einer Wiedervereinigung in die NATO integriert werden könne. Auch den Wünschen der Polen kam Genscher deutlicher entgegen. Ebenfalls war strittig, ob sich die Wiedervereinigung nach Artikel 146, also nach Verabschiedung einer gemeinsamen neuen Verfassung, oder als Beitritt nach Artikel 23 vollziehen solle. Erst im März verständigte sich die Koalition auf letzteren und wesentlich schnelleren Weg.

Für die Opposition war es äußerst schwierig, der Bundesregierung gegenüber eine stringente Gegenpolitik aufzubauen. Die Grünen meldeten sich nahezu völlig ab. So bedauerte Antje Vollmer im Bundestag, dass Gorbatschow den Kalten Krieg verloren habe, und unterstellte Kohl »Invasionsabsichten«[752]. Die oppositionellen Sozialdemokraten hatten sich seit Januar zunehmend positiv zur deutschen Wiedervereinigung geäußert. Allerdings war bei ihnen das Meinungsspektrum wesentlich breiter. Klaus von Dohnanyi hatte seine Partei schon im November 1989 gewarnt: »Ich habe große Sorge, dass die SPD zum zweiten Mal seit 1945 eine historische Chance verpasst. Damals war es die Wirtschaftspolitik, heute ist es die Deutschlandpolitik.«[753] In der Opposition war die SPD dazu verurteilt, als Bedenkenträgerin aufzutreten. Sie kritisierte die Verweigerung der Soforthilfen für die Modrow-Regierung. Das sei keine Politik »Deutschland einig Vaterland«, sondern »Deutschland geizig Vaterland«[754]. Lafontaine und andere verlangten immer wieder, dass die Eingliederungshilfen und andere Vergünstigungen für ostdeutsche Zuzügler gestrichen werden sollten, und verwiesen auf die wirtschaftlichen und sozialen Risiken der Wiedervereinigung. In Teilen der SPD wurden die Wiedervereinigung nach Artikel 23 und eine NATO-Mitgliedschaft abgelehnt. Auch das von Kohl seit Januar beschleunigte Tempo stand in der Kritik, so erklärte Egon Bahr, der immer noch als wichtigster Deutschlandexperte der SPD galt: »Wenn ich einen Weg wüsste, einen verantwortbaren Weg, der von heute auf morgen zur deutschen Einheit führt, dann würde ich ihn sagen und empfehlen zu gehen. Ich sehe ihn nicht, auch weil wir nicht allein in Europa leben.«[755] Ganz anders äußerten sich die Mecklenburger Sozialdemokraten, die einen sofortigen Beitritt des noch zu bildenden Landes Mecklenburg anstrebten.[756]

In der undankbaren Oppositionsrolle musste die SPD trotz ihrer Bemühungen um konstruktive Beiträge auch im Parlament Prügel einstecken, weil sie zu lange an der Stabilisierungspolitik festgehalten hatte. Graf Lambsdorff höhnte in neuer DDR-Sprache: »Mit einigen Wendehälsen in der SPD könnte man ganze Äskulapstäbe drehen.« Und Volker Rühe (CDU) sagte zur SPD: »Wir vergessen nicht, dass fast alle Ihre Gesprächspartner aus den letzten Jahren jetzt im Gefängnis sitzen.«[757]

Aus dem Umstand, dass in der deutschen Frage die Opponenten nicht einheitlich auftraten und in ihrem Lager versucht wurde, Kohl in eine nationalistische und reaktionäre Ecke zu stellen, konnten die CDU und die Koalition Vorteile ziehen. Kohl wurde zum Einheitskanzler, der das bislang als unmöglich Erachtete wagte. Die Bundesregierung stützte sich nicht nur auf die Erwartungen der Ostdeutschen, sondern auch auf eine breite gesellschaftliche Euphorie in der Bundesrepublik. Auf bundesdeutschen Autos waren massenweise Aufkleber »Wir sind ein Volk« zu sehen. Kritische Einlassungen konnten dieser Tendenz nicht viel entgegensetzen. Die Revolution hatte ihre spontanen Ereignisse und Eingebungen auf den Straßen und in den Versammlungsräumen im Osten. Aber die Architektur der postrevolutionären Ordnung lieferte der Westen, wenn auch nicht unumstritten.

Wer vertritt das Volk?

Ost-West-Angleichung der Parteien

Die Ostdeutschen gründeten bis zu den ersten freien Wahlen im März 1990 ein halbes Hundert Parteien oder parteiähnliche Zusammenschlüsse. Diese Gründungen spiegelten den zeitlichen Verlauf der Revolution wider, in dem immer neue politische Ziele möglich wurden. Die aus der Opposition der 1980er-Jahre hervorgegangenen Bürgerbewegungen hatten bis zum Mauerfall am 9. November ein Monopol bei der Interessenvertretung der aufbegehrenden Bevölkerung gehabt. Nach dem Mauerfall am 9. November hatten sich neue Perspektiven eröffnet, die mit dem systemimmanenten Selbstverständnis nicht mehr in Übereinstimmung zu bringen waren. Aus heftigen Flügelkämpfen im Neuen Forum gingen neue Parteien, etwa die Deutsche Forumspartei und die Partei Neues Forum, hervor. Viele Mitglieder traten anderen Parteien bei, etwa den Sozialdemokraten oder – wie in Dresden – der CDU, so Arnold Vaatz und Frank Neubert von der Gruppe der 20. Seit Dezember entstanden Parteien, die eine möglichst rasche Wiedervereinigung anstrebten. Eine große Rolle spielte bei neuen Parteigründungen das Verlangen nach unbelastetem Personal. Obwohl sich die von der SED lösenden Blockparteien immer klarer von sozialistischen Werten distanziert hatten, verziehen ihnen viele Bürger ihre frühere Kollaboration nicht. Die neuen bürgerlichen Parteien verstanden sich als »sauberes« Pendant zu den Blockparteien. Dazu gehörte die F.D.P., die sich bewusst von der LDPD absetzte. Auch auf der äußersten Linken gründeten sich Parteien, die zur verbrauchten SED auf Distanz gingen.

Im November 1989 hatten sich Politiker der CDU und CSU beklagt, dass sie im Osten keine adäquaten Partner hätten. Sie waren aber überzeugt, dass sich »eine schweigende Mehrheit auch konservative Gruppen wünscht«[758]. Durch kräftige Einflussnahme wurde der Mangel behoben. Im Gefolge dieser Entwicklung setzte sich auch die Orientierung am westlichen Links-Rechts-Schema durch. Innerhalb der neuen Parteien wurde mehrfach, wenn auch vergeblich versucht, diesem Zwang zu entgehen. So hieß es in einem Positionspapier des Vorstandes des Demokratischen Aufbruchs vom 7. Januar 1990: Wir dürfen »uns nicht in das bundesdeutsche Parteienspektrum einordnen«. »Wir halten diese Unterscheidung für einen Mythos, für ideologischen Schein. Der DA steht für eine rationale Politik, die die Realitäten ernst nimmt.«[759]. Auch Joachim Gauck berichtet, dass er bei den Flügelkämpfen im Neuen Forum formuliert habe: »Wir sind nicht links, nicht rechts. Wir sind geradeaus!« Die Angleichung an das bundesdeutsche Parteiensystem fand schließlich mit dem einsetzenden Wahlkampf seit Februar und der Ausbildung verschiedener Parteienbündnisse seinen ersten Abschluss. Das bot den DDR-Bürgern, die nun erstmals ihre Rolle als Wähler wahrnehmen konnten, auch eine Orientierungshilfe.

Das Parteienspektrum der DDR vor den Wahlen

Die SED/PDS

Nach dem Rücktritt der SED-Parteispitze bildeten der Arbeitsausschuss und die neuen Bezirksparteivorsitzenden vorläufige dezentrale Machtzentren. Auf dem Sonderparteitag, der am 8. und 9. sowie am 16. und 17. Dezember in Berlin tagte, wurde Gregor Gysi zum Vorsitzenden gewählt. Er und seine Stellvertreter, Wolfgang Berghofer und Hans Modrow, sollten die Hinwendung zur Demokratisierung symbolisieren. Zu einem klaren Selbstverständnis kam die Partei jedoch nicht. Sie schwankte zwischen Kontinuität und Demokratisierung und übernahm wesentliche Bausteine der marxistisch-leninistischen Ideologie. Dem Namen SED wurde der Zusatz »Partei des demokratischen Sozialismus« (PDS) angefügt. Auf dem Parteitag gab es Vorschläge, die Partei ganz aufzulösen. Dies wurde abgewehrt, da Modrow und Gysi behaupteten, das Schicksal der DDR hinge an der Weiterexistenz der Partei. Den Ausschlag gab jedoch ein pragmatisch-juristisches Argument Gysis. Wenn sich die SED/PDS auflöse, ginge ihr Vermögen verloren. Die SED hatte in der langen Regierungszeit viele Milliarden DDR-Mark, Betriebe und Immobilien in ihren Besitz gebracht. An der Erhaltung dieses Besitzes waren auch die Zehntausende hauptamtlichen Mitarbeiter der SED interessiert.

Innerhalb der SED/PDS formierten sich die Konservativen am 31. Dezember mit der Gründung der Kommunistischen Plattform. Weitere innerparteiliche Gruppierungen, die teilweise aus den SED-Reformern hervorgegangen waren, setzten sich für eine schnellere innere Demokratisierung ein. Aus ihren Reihen kamen im Januar auch neue Vorschläge, die Partei aufzulösen und eine größere Nähe zu den Sozialdemokraten zu suchen. Sie reagierten damit auf die Wucht der Januar-Revolution, deren Hauptenergie sich gegen die SED gerichtet hatte. Die Lage wurde kritisch, als am 21. Januar Wolfgang Berghofer und 39 weitere zum Teil höhere Parteifunktionäre des Bezirks Dresden aus der SED-PDS austraten und damit eine neue Austrittswelle provozierten. Berghofer vertrat nun marktwirtschaftliche Positionen und sprach sich für eine baldige Wiedervereinigung aus. Modrow und Gysi gelang es jedoch, die Partei zu stabilisieren. Um den Druck auf sie abzumildern, wurde der formale Rückzug der SED aus Staat und Gesellschaft forciert. Mit der Bildung der »Regierung der nationalen Verantwortung« sollte die ihr zugeschriebene Verantwortung auf die Schultern der Opposition umverteilt werden. Und schließlich sollte eine weitere Namensänderung symbolisch den Neuanfang ausdrücken. Am 4. Februar 1990 wurde aus der SED/PDS die PDS.

Ein weiterer Schachzug war die Teilrückgabe des SED-Vermögens. Im Februar flossen drei Milliarden Mark in die Kassen der Regierung. Der Verbleib weiterer Gelder blieb unklar. Noch über ein Jahrzehnt später fahndeten die deutschen Behörden teils vergeblich nach Milliardenbeträgen. Gysi hatte bei seinem Moskau-Besuch am 2. Februar Gorbatschow gegenüber erklärt: »Die Partei habe eine Reihe ihrer Betriebe abgeben müssen. Sie beginne jedoch auch damit, neue Betriebe aufzubauen und neue juristische Möglichkeiten dafür zu erschließen. Man erhalte Unterstützung von vielen Seiten, darunter auch von bestimmten Personen und Kräften aus der BRD.«[760] Gelder waren auch in die Sowjetunion geflossen.

Bei diesem Besuch versuchte Gysi auf Gorbatschow Einfluss zu nehmen, um dessen neue Zustimmung zur deutschen Einheit zu bremsen. Er fragte, ob in der Sowjetunion nicht weitere Parteibildungen aufgehalten und die Loslösung der Republiken gestoppt werden könne, da er eine weitere Erosion der kommunistischen Zentralmacht befürchtete: »Für die DDR wäre es eine Katastrophe, wenn sich die baltischen Republiken von der Sowjetunion trennen würden.«[761] Und er klagte auch: »Die Losung ›Deutschland, einig Vaterland‹ komme ihm gegenwärtig nur sehr schwer über die Lippen.« Darauf antworte Gorbatschow, »da werde er wohl noch üben müssen«[762].

Bis zum März 1990 sank die Mitgliederzahl der PDS unter 300 000. Die vermögende Restpartei konnte einen gut ausgestatteten Wahlkampf führen. Der Wahlparteitag der PDS am 24. und 25. Februar brachte etwas Ordnung in das organisatorische Chaos. Jetzt präsentierte sich die PDS mit pazifistischen Losungen, die sie noch ein halbes Jahr zuvor verboten hatte, und setzte sich für die Armen und Schwachen ein, als hätte sie keine Verantwortung für die soziale Krise.

Die SDP/SPD

Seit November beschleunigte sich der Aufbau von Parteistrukturen der SDP. Mit ihrer »Erklärung zur Deutschen Frage« vom 3. Dezember bekannte sie sich zur Vereinigung Deutschlands. Ein schneller Anschluss sollte aber vermieden werden, weil die Bevölkerung in diesem Fall »unverantwortbare soziale und politische Lasten zu tragen« habe. Vielmehr sollte eine Konföderation die Gestaltung der Einheit ermöglichen. Mit den Siegermächten solle ein Friedensvertrag ausgehandelt werden, und eine möglichst schnell zu wählende Regierung solle die Interessen der DDR-Bevölkerung in Verhandlungen »kraftvoll vertreten«[763]. Die Wahl solle am 6. Mai 1990 stattfinden. Dieser Vorschlag ging in die Forderungen der Opposition am Runden Tisch ein. Die Verbindung zwischen den Sozialdemokraten und den übrigen oppositionellen Bewegungen riss nie ab, auch wenn die politischen Differenzen zunahmen. Die Sozialdemokraten lehnten basisdemokratische Praktiken ab. Meckel ließ sich bei den schwierigen Verhandlungen um die Regierungsbeteiligung dazu hinreißen, gegenüber Reinhard Schult vom Neuen Forum zu erklären: »Mit Chaoten koalieren wir nicht.«[764]

Nach dem Mauerfall intensivierten sich die Beziehungen zwischen SDP und SPD auf allen Ebenen bis hin zu den Ortsgruppen. Die SPD ließ diesen umfangreiche Unterstützung zu teil werden. Am 14. Dezember luden Hans-Jochen Vogel, Antje Fuchs und Gert Weisskirchen Vertreter verschiedener Oppositionsgruppen zu einem Gespräch ins Berliner Hospiz ein, um für die SPD zu werben. Vor allem Vogel und Willy Brandt bemühten sich um die SDP und sorgten dafür, dass am 17. Dezember die SPD ihre für die ostdeutschen Sozialdemokraten lästigen Parteikontakte zur SED/PDS beendete.

Auf ihrer Delegiertenkonferenz vom 12. bis 14. Januar 1990 beschloss die SDP die Umbenennung der Partei in SPD. Sie befürchtete, dass sich die SED auf der Suche nach symbolträchtigen Namen die Abkürzung SPD aneignen könnte. Die Umbenennung war nicht nur ein deutschlandpolitisches Signal, sondern schnitt auch den ostdeutschen Kommunisten den Weg ab, den in ostmitteleuropäischen Staaten verschiedene kommunistische Parteien durch ihre Umfirmierung als Sozialdemokraten gegangen waren. Inwieweit in der bundesdeutschen SPD die Bereitschaft bestand, mit einer reformierten SED zu fusionieren, mag dahingestellt bleiben.[765]

Gelegentlich traten Differenzen zwischen den beiden deutschen sozialdemokratischen Parteien auf. Am 12. Februar hatte eine Arbeitsgruppe der Ost-SPD ein Papier zum Vereinigungsprozess erarbeitet, in dem für die Neutralität des vereinten Deutschlands plädiert wurde. Diese Vorstellung, die aus der Tradition der DDR-Friedensbewegung stammte, wurde von der Mehrheit der West-SPD abgelehnt. Der erste ordentliche Parteitag und zugleich Wahlparteitag der SPD fand vom 23. bis 25. Februar in Leipzig statt, auf dem sowohl das Wahlprogramm beschlossen als auch ein neuer Vorstand gewählt wurde. Ibrahim Böhme wurde Spitzenkandidat für die Volkskammerwahl. Die wichtigsten Gründer der Partei waren ebenfalls gut platziert worden. Markus Meckel wurde Böhmes Stellvertreter, Martin Gutzeit Vorstandsmitglied und Stephan Hilsberg Geschäftsführer. Willy Brandt nahm den Ehrenvorsitz an. Die Sozialdemokraten waren in guter Stimmung. Eine Umfrage des Leipziger Zentralinstituts für Jugendforschung führte am 6. Februar 1990 zu einer Wahlprognose, die der SPD 59 Prozent, der PDS 12 Prozent, der CDU 11 Prozent, dem Neuen Forum 4 Prozent und der LDPD 3 Prozent voraussagte.

Parteien der »Allianz für Deutschland«

Die Ost-CDU

Unter Hilfestellung der West-CDU wurde am 5. Februar die »Allianz für Deutschland«[766] mit der Ost-CDU, dem Demokratischen Aufbruch und der DSU gebildet. Vorher hatte es auch mit der

Deutschen Forumspartei Gespräche gegeben, eine »Allianz der Mitte« zu bilden, die aber nicht zum Ziel führten. Unter dem neuen Vorsitzenden Lothar de Maizière führte der Reformprozess der Blockpartei CDU allmählich aus der Umarmung der SED heraus. Die Partei verzichtete noch im November auf jeden Bezug auf den Sozialismus. Außerdem berief sie sich auf ihre Gründung als unabhängige Partei im Jahr 1945. Sie verließ am 4. Dezember den Demokratischen Block. Am Runden Tisch wehrte sich die CDU zunehmend, zum Lager der SED-Vasallen gerechnet zu werden. Einen Durchbruch zu einer Neuorientierung brachte der Parteitag der CDU am 16. und 17. Dezember in Berlin. Große Teile der Basis verlangten ein schnelles Zugehen auf die West-CDU und deren Deutschlandpolitik. In dem verabschiedeten Papier »Positionen der CDU zu Gegenwart und Zukunft« bekannte sich die Partei zur Marktwirtschaft und zur Einheit der Nation, die über eine Konföderation erreicht werden sollte. Zwischen den beharrenden Kräften und denen auf Westkurs nahm de Maizière eine vermittelnde Stellung ein. Er wurde als Vorsitzender bestätigt. Mit Gottfried Müller als einem seiner Stellvertreter und Christine Lieberknecht als Vorstandsmitglied sowie Martin Kirchner als Generalsekretär waren auch die CDU-Reformer in den Leitungsfunktionen vertreten. Nach dem Parteitag schien die inhaltliche Umorientierung so weit gediehen, dass die Ost-CDU für zahlreiche Westpolitiker der CDU als Partner infrage kam.

Volker Rühe und Helmut Kohl blieben allerdings noch lange skeptisch, während Wolfgang Schäuble für ein Zusammengehen warb. Schon seit November hatten Vertreter der West-CDU mit Ortsgruppen und Kreisverbänden intensive Kontakte aufgenommen und Kooperationen vereinbart, die sich auf den Angleichungsprozess auswirkten. Einen ernsthaften Konflikt zwischen der Ost-CDU und der West-CDU löste im Januar die anfängliche Weigerung de Maizières aus, die Koalition der Modrow-Regierung zu verlassen. Seit Januar kam es zu Strukturveränderungen. In Thüringen bildete sich am 20. Januar aus den Bezirksverbänden Erfurt, Gera und Suhl der erste Landesverband.

Auf dem Parteitag im Dezember hatte sich de Maizière zur Mitschuld der CDU am DDR-Unrecht bekannt. Er verwies darauf, dass die Partei Teil der SED-Diktatur gewesen sei. Freilich änderte das Schuldbekenntnis nichts daran, dass immer noch ein erheblicher Anteil von belasteten CDU-Funktionären in der Partei agierte. Die CDU hatte aber gegenüber den neuen Bewegungen, auch den in der Allianz vertretenen DA und DSU, einen Vorteil, der auch von Kohl geschätzt wurde. Sie verfügte trotz des Mitgliederschwunds über mehr als 100 000 Mitglieder, hatte eine fast flächendeckende Parteistruktur und besaß eigene Zeitungen. Seit Ende Januar 1990 kam auch das Hilfsprogramm der West-CDU »Freunde helfen Freunden« zum Zuge. Nur langsam verbesserten sich für die CDU die Wahlprognosen.

Der Demokratische Aufbruch (DA)

Eine Leipziger Arbeitsgruppe mit Christoph Kähler veröffentlichte am 23. November den Entwurf eines »Leipziger Programms«, das am 9. Dezember von der Programmkommission als Arbeitsgrundlage für den Parteitag am 16. und 17. Dezember anerkannt wurde. Der Entwurf verzichtete auf Sozialismusvorstellungen und entwickelte ein pragmatisches Politikverständnis. Während sich eine Orientierung an der Marktwirtschaft relativ schnell durchsetzte, blieb die Deutschlandpolitik umstritten.

Schon im Vorfeld des Parteitags war das Vorstandsmitglied Rudi Pahnke an die Öffentlichkeit gegangen und polemisierte gegen die Vertreter einer Vereinigungspolitik. Er operierte mit der Angst vor einem Nationalismus und verwies auf »Befürchtungen der einstmals von der Vernichtung durch Deutschland bedrohten Völker und Staaten«[767]. Seit Anfang Dezember gingen zahlreiche Unterschriftenlisten aus Betrieben ein, die den Demokratischen Aufbruch baten, sich energisch für die Einheit einzusetzen. Die Einheitsgegner ließen sich von diesem Verlangen jedoch nicht beeindrucken. So kam es auf dem Parteitag am 16. und 17. Dezember in Leipzig zur Polarisierung. Die Einheitsbefürworter Schnur und Eppelmann wurden auch wegen ihrer Gespräche mit Bundeskanzler Kohl in Bonn angegriffen. Schnur überstand nur knapp einen Misstrauensantrag.

Ein Streitpunkt war auch die Haltung des DA gegenüber der Modrow-Regierung. Während ich die Meinung vertrat, dass nun auch die Machtübernahme durch die Opposition zur Debatte stünde, warnte Schorlemmer vor einer Destabilisierung der Regierung. Die eigentliche Leistung des Parteitags aber war die Verabschiedung des »Leipziger Programms«, das marktwirtschaftliche, ökologische und soziale Gesichtspunkte berücksichtigte. Die hart umstrittene Passage zur Einheitsfrage nahm zwar die Idee der Blockfreiheit auf, bekannte sich aber zur staatlichen Einigung: »Der Weg führt von vertraglicher Bindung zwischen den deutschen Staaten über einen Staatenbund zu einem Bundesstaat.«[768]

In den Debatten wurden die unterschiedlichen Positionen so vehement vertreten, dass es zu sprachlichen Entgleisungen kam, die nur vor dem Hintergrund der ideologisierten akuten Streitfragen und der Zusammensetzung des Parteitags mit politisch unerfahrenen Menschen erklärbar sind. So gab es Zwischenrufe wie »Rote raus« und »Nazi«. Andreas Apelt schrieb kurz darauf: »Eine Mitte gab es nicht, wer es versuchte, wurde beschuldigt, Sympathisant der einen oder der anderen Richtung zu sein.«[769] Als Vorsitzender wurde Schnur im zweiten Wahlgang bestätigt, und zu seinen Stellvertretern wurden Sonja Schroeter und ich gewählt. Mit Eppelmann, Fred Ebeling, Harald Wagner und Edelbert Richter waren auch einige der ursprünglichen Gründer in den Vorstand gelangt.

Der fortdauernde Streit lähmte den Vorstand, und sein Versuch, durch ein Positionspapier[770] die Parteiflügel zusammenzuhalten, scheiterte Anfang Januar. Auf dem linken Flügel traten einige Protagonisten aus. Am 17. Januar erschien in der *Berliner Zeitung* eine Absage von Friedrich Schorlemmer an den DA, da dieser zu schnell die Einheit wolle und Kohls 10-Punkte-Programm die »größte Katastrophe nach Öffnung der Grenzen«[771] sei. Er sei nicht bereit, sich die sozialdemokratischen und sozialistischen Ideen nehmen zu lassen. In seiner Austrittserklärung konzedierte er, dass eine »Klärung der Parteienlandschaft«[772] nötig sei. Auch »liberal-konservativ« müsse es geben, aber ohne ihn. Er kündigte seinen Übertritt zur SPD an.

Trotz der Schwächung wurden noch beachtliche organisatorische Leistungen erbracht. Schnell bildeten sich Landesverbände. Besonders gut kamen die Thüringer voran, die am 20. Januar in Fischbach einen Landesverband gründeten und sich als Partner der CDU/CSU verstanden. Mitte Januar bezog der Demokratische Aufbruch mit anderen Oppositionsgruppen das »Haus der Demokratie« in der Friedrichstraße in Berlin. Trotz vieler Mängel und fehlender materieller Ressourcen konsolidierte sich die politische Arbeit. Die Physikerin Angela Merkel hatte die Öffentlichkeitsarbeit übernommen. Ab Mitte Januar verhandelte Schnur mehrfach mit der CDU-Führung, wobei der Vorstand dieses Vorgehen billigte. Um seine Linie zu stärken, ließ Schnur den Pfarrer Oswald

Wutzke vom Vorstand als Generalsekretär wählen, obwohl ein solches Amt im Statut der Partei nicht vorgesehen war. Am 3. Februar fand die Hauptausschusstagung des Demokratischen Aufbruchs in Halle statt. Auf der anschließenden Kundgebung verkündete Schnur eine »Allianz der Mitte« und prophezeite, der künftige Ministerpräsident der DDR zu sein. Der Demokratische Aufbruch war zwar nur eine kleine Partei, aber mit ihm war »die Revolution in der CDU«, wie Johannes Gerster dies ausdrückte. Insofern war der DA für die West-CDU wertvoll.

Deutsche Soziale Union (DSU)

Die Deutsche Soziale Union (DSU) war die jüngste Partei in der Allianz. Sie wurde am 20. Januar 1990 in Leipzig durch die Vereinigung von elf kleinen und kleinsten bewusst konservativ auftretenden Parteien gegründet. Sie sprachen sich für die soziale Marktwirtschaft und konsequent gegen den Sozialismus aus. Die Ost-CDU galt ihnen als belastet. Die neuen Parteien wollten den Bürgern Angebote unterbreiten, die sich an der CSU und CDU in der Bundesrepublik orientierten.

Zu den ersten der Neuen gehörte eine Initiative des Leipziger Pfarrers an der Thomaskirche, Hans-Wilhelm Ebeling, der am 25. November 1989 die »Christlich-Soziale Partei Deutschlands (CSPD)« gegründet hatte, zu der auch bald der Jurist Peter-Michael Diestel hinzukam. Die neue Partei gewann noch im Dezember mehrere Tausend Mitglieder und orientierte sich an der CDU/CSU der Bundesrepublik. Als eine weitere größere Partei gründete sich am 12. Dezember in Suhl die Forum-Partei Thüringen (FPT) mit Paul Latussek und Hansjoachim Walther, die eine Abspaltung des Neuen Forums war und ebenfalls einige Tausend Mitglieder gewinnen konnte. Sie wollte zunächst den populären Namen Forum beibehalten. In Sachsen und Südthüringen gründete sich eine CSU, die sich Anfang Januar 1990 mit der Mecklenburger Freien Deutschen Union (FDU) zusammenschloss. Weitere Parteien waren die Christlich-Demokratisch Soziale Union (CDSU), die Christlich Soziale Vereinigung (CSV), die Deutsche Friedensunion (DFU), die Fortschrittliche Volkspartei (FVP), die Junge Union (JU), die Sozial-Bürgerliche Union (SBU) und die Volksunion Sachsen (VUS).

Da ein Teil dieser Parteien sich ausdrücklich zur bayrischen CSU hingezogen fühlte, nahmen sich die Bayern dieser Gruppierungen an. Auf ihre Anregung hin kam es zur Vereinigung mit dem neuen Namen DSU, da die Bayern Wert darauf legten, den Namen CSU nur für ihr Stammland zu reklamieren. Umgehend leitete die CSU Hilfsmaßnahmen ein, da die DSU über keine funktionierenden Kommunikationsstrukturen verfügte. Problematisch war der hektische Zusammenschluss auch, weil die Mitgliedschaft höchst heterogen war, man keine politischen Erfahrungen besaß und über kein durchreflektiertes Programm verfügte. Obwohl sich die DSU als unbelastet und antikommunistisch gab, nahm sie auch frühere Mitglieder der SED und der Blockparteien auf.

Versuche der DSU, sich am Runden Tisch zu beteiligen, wurden dort mehrheitlich abgelehnt. Die Partei erhielt lediglich einen Beobachterstatus. Noch mitten in der Aufbauphase – der offizielle Gründungsparteitag fand am 18. Februar statt – beteiligte sich die DSU an den Verhandlungen zur Allianz für Deutschland, der sie am 5. Februar beitrat. Die Animositäten der Ost-CDU gegenüber der DSU konnten nur durch Vermittlung der West-CDU gemildert werden.

Der »Bund Freier Demokraten«

Die Liberal-Demokratische Partei Deutschlands (LDPD)

Die Liberalen bildeten den »Bund Freier Demokraten« mit der LDPD, der F.D.P. und der DFP. Der Vorsitzende der LDPD, Manfred Gerlach, hatte sich im Oktober und November das Image eines Reformers zugelegt, blieb aber bald hinter der Entwicklung zurück und galt schnell als »Wendehals«. Kurz vor der Installation des Runden Tisches verließ auch die LDPD am 5. Dezember den demokratischen Block. Am 6. Dezember wurde Gerlach zum kommissarischen Staatsratsvorsitzenden gewählt und fühlte sich als Repräsentant der DDR offensichtlich wohl. Dieses Amt hatte er bis zu dessen Aufhebung durch die Volkskammer im März 1990 inne. Am 19. Dezember bekannte sich der Zentralvorstand der LDPD ausdrücklich zur Regierung Modrow, leitete aber den Bruch mit dem Sozialismus als Gesellschaftskonzept ein. Die Partei war mit über 100 000 Mitgliedern und flächendeckenden Strukturen für die bundesdeutsche FDP interessant. Auf unterer Ebene entwickelten sich ab November Partnerschaften zwischen den beiden liberalen Parteien.

Am 26. November 1989 und am 18. Januar 1990 gab es Treffen zwischen den Führungskräften der West-FDP und der LDPD. Da die personelle Erneuerung der LDPD nur schleppend vorankam, unterstützte die FDP seit Dezember auch andere liberale Gruppen. Am 9. und 10. Februar 1990 fand ein Sonderparteitag statt, der zugleich als Erneuerungs- und Wahlparteitag galt. Die LDPD benannte sich in LDP um, wie sie sich schon bis 1952 bezeichnet hatte. Die Partei wurde umstrukturiert, um eine innere Demokratisierung zu ermöglichen. Noch einmal wurde eine völlige Absage an den Sozialismus formuliert. Eine Reihe von belasteten Funktionären verlor ihre Ämter. An die Stelle von Gerlach, der verzichtet hatte, trat der neue Parteivorsitzende Rainer Ortleb aus Rostock. Als prominenter Gast war Otto Graf Lambsdorff erschienen. Am 12. Februar trat die LDP dem Bund Freier Demokraten bei. Dieses Bündnis war keine Liebeshochzeit, die inneren Spannungen konnten vor der Wahl nur mit Mühe unter der Decke gehalten werden.

Deutsche Forumspartei (DFP)

In Karl-Marx-Stadt (Chemnitz) wurde aus der Bürgerbewegung Neues Forum heraus am 13. Dezember zur Gründung einer Partei aufgerufen. Vorausgegangen waren heftige Debatten im Neuen Forum, die sich um die lockeren Strukturen und die fehlende programmatische Klarheit drehten. Am 27. Januar 1990 kam es zum Gründungsparteitag der DFP, die sich als Partei der politischen Mitte verstand und die Einheit anstrebte. Vorsitzender wurde der Karl-Marx-Städter Jürgen Schmieder. Die Partei verfügte vor allem in Sachsen, im südlichen Brandenburg und in Ost-Berlin über Rückhalt.[773]

Die West-CDU zeigte an der neuen unbelasteten Partei Interesse. Kontakte zum Demokratischen Aufbruch hatten ebenfalls bestanden. Anfang Februar warb Bundeskanzler Kohl mehrfach in Gesprächen mit Schmieder um die Partei. Der Vorstand der DFP lehnte allerdings ein Zusammengehen mit der Ost-CDU ab. Stattdessen trat die junge Partei in den Bund Freier Demokraten ein. Die LDP war zwar ebenfalls belastet, versprach aber eine weitgehende Erneuerung. Mit der LDP wurde eine gemeinsame Liste vereinbart, auf der etwa ein Fünftel Vertreter der DFP berücksichtigt wurden. Die bundesdeutsche FDP unterstützte die DFP beim Parteiaufbau.

Die Freie Demokratische Partei (Ost-F.D.P.)

Als eine weitere liberale Partei gründete sich am 4. Februar 1990 die Ost-F.D.P. Unzufriedene Mitglieder der LDPD und bislang nicht engagierte Bürger hatten schon seit Oktober eine liberale Neugründung geplant, konnten sich aber erst im Dezember darauf verständigen. Sie übernahmen westdeutsche Vorlagen in ihr Programm und bildeten rasch Strukturen aus. Der Dessauer Bruno Menzel wurde zum Vorsitzenden gewählt. Die Ost-F.D.P. verstand sich als Partei der Mitte, trat für eine rasche Widervereinigung ein und bezog marktwirtschaftliche Positionen. Die bundesdeutsche FDP unterstützte die junge Partei kräftig, konnte aber die organisatorischen Schwächen bis zur Wahl im März nicht ausgleichen. Unter dem massiven Druck der West-FDP schloss sich auch die Ost-F.D.P. dem Bund Freier Demokraten an.

Nationaldemokratische Partei Deutschlands (NDPD) und Demokratische Bauernpartei Deutschlands (DBD)

Die NDPD war wie die DBD 1948 von der SED als scheinbürgerliche Partei gegründet worden, um die bürgerlichen Parteien CDU und LDP zu schwächen. Als Mitglieder sollten geringfügig belastete NS-Mitläufer gewonnen werden. Die leitenden Funktionäre stellte die SED bzw. wählte sie aus. Die Partei hielt der SED auch im Herbst lange Zeit die Treue und reagierte auf den faktischen Zerfall der SED-Strukturen nur mit vorsichtiger Selbstständigkeit. Im Januar 1990 erklärte sie sich zu einer Partei der Mitte und suchte alsbald den Kontakt zu den Liberalen. Das misslang zunächst, und die NDPD trat allein zu den Wahlen an.

Auch die von der SED 1948 gegründete DBD hielt sich als eine ihrer Filialen während des Herbstes 1989 lange im Schatten der Einheitspartei auf. Eine Erneuerung der Partei fand faktisch nicht statt. Ihr Vorsitzender Günther Maleuda überstand wie alle anderen Spitzenfunktionäre die Umbruchszeit bis zu den Wahlen im März 1990. Sie führte ihren Wahlkampf allein. Viele Mitglieder in den ländlichen Regionen suchten allerdings den Kontakt zur CDU.

Bündnis 90

Neues Forum (NF)

Am 3. Januar 1990 hatten zunächst Demokratie jetzt, Neues Forum, Initiative Frieden und Menschenrechte, Vereinigte Linke, Demokratischer Aufbruch und SDP bekannt gegeben, mit einem »Wahlbündnis '90« zur Volkskammerwahl anzutreten. Wegen des energischen Einschreitens von Martin Gutzeit zogen sich die Sozialdemokraten aber zurück. Wenige Tage später folgte auch der Demokratische Aufbruch. Am 6. Februar kam es dann zu einer Listenverbindung von Dj, IFM und NF unter der Bezeichnung »Bündnis 90«. Das neue Wahlgesetz der DDR erlaubte es auch den Bürgerbewegungen zu kandidieren. Auch die VL hatte sich zurückgezogen, da sie konsequent für eine Zweistaatlichkeit eintrat.

Das Neue Forum bildete im November einen Republiksprecherrat, dem unter anderen die Gründer der Bewegung Bärbel Bohley, Reinhard Schult, Hans-Jochen Tschiche und Sebastian Pflugbeil angehörten. Das Neue Forum verstand sich als außerparlamentarische und basisdemokratische Bewegung, die aber mit eigenen Kandidaten in den Parlamenten vertreten sein wollte. Vielfach existierten neben den politischen Gruppen noch Themengruppen. Durch die starke Dezentralisierung der Bewegung kam es lange nicht zu einheitlichen Programmaussagen. Die im November in die Hunderttausende gehende Mitgliedschaft des Neuen Forums schrumpfte ab Dezember bis auf zehn Prozent des ursprünglichen Bestands. In vielen Kommunen konnte das Neue Forum aber beachtliche Machtpositionen erringen. Erst auf der Landesdelegiertenkonferenz vom 26. bis 28. Januar 1990 in Berlin verständigte sich die Versammlung in einer Programmerklärung vom 28. Januar. Auch jetzt blieb die Programmatik in vielen Bereichen unklar. Eine reglementierte soziale und ökologische Marktwirtschaft sollte helfen, eine eigene Identität der DDR, auch auf sozialistischer Grundlage, zu erhalten. Die Einheit Deutschlands sollte nach einem Volksentscheid hergestellt werden können. In diesem Prozess sollten die Militärblöcke aufgelöst und Deutschland neutralisiert werden.

Demokratie jetzt (Dj)

Ein Kennzeichen der Bürgerbewegung Demokratie jetzt blieb ihr hoher Anteil an Intellektuellen, kirchlichen Mitarbeitern, Theologen, Wissenschaftlern und Künstlern, die auch durch ihre außerordentliche Rolle am Runden Tisch bekannt geworden waren. Die Bewegung brachte es auf etwa 50 Basisgruppen in größeren Städten. Diese sollten sich in Kreisversammlungen und auf der DDR-weiten Vertreterkonferenz regelmäßig treffen. Die Mitarbeit war nicht an eine feste Mitgliedschaft gebunden. Ein Landesausschuss und ein fünfköpfiger Sprecherrat übernahmen koordinierende Aufgaben. Am 14. Dezember legte Demokratie jetzt einen »Drei-Stufen-Plan« für die Vereinigung Deutschlands vor. Diese sollte über Reformen in Ost und West zu einem entmilitarisierten und neutralisierten Deutschland in einer europäischen Gemeinschaft führen. Am 21. Januar 1990 fand die erste Vertreterkonferenz und am 10. Februar die zweite statt. Auf dieser Vertreterkonferenz kam es zur Kandidatenaufstellung für die Wahl. In den »Programmaussagen« wurde eine »solidarische Gesellschaft« angestrebt, die auch eine Alternative zur Bundesrepublik sein sollte. Die Wirtschaft sollte nach ökologischen Kriterien organisiert und statt einer Währungsunion mit der Bundesrepublik sollte ein europäischer Währungsverbund geschaffen werden. In einer rechtsstaatlich demokratisch verfassten Gesellschaft sollte neben parlamentarischen Formen eine breite, direkte Mitwirkungsdemokratie zum Zuge kommen.

Initiative Frieden und Menschenrechte (IFM)

Das politische Gewicht der IFM beruhte auf der Bedeutung langjähriger bewährter Oppositioneller wie etwa ihren Sprechern Werner Fischer, Gerd Poppe und Thomas Rudolph. In größeren Städten bildete sich eine Reihe von Gruppen. Die Strukturen blieben allerdings rudimentär. Die IFM verstand sich als außerparlamentarische und basisdemokratische Opposition, die auch parlamentarisch wirken wollte. Ihre Programmatik ähnelte sehr stark der von Demokratie jetzt.

Wahlbündnis Grüne Partei –
Unabhängiger Frauenverband

Neben der am 24. November 1989 im Rahmen des sechsten Berliner Ökologieseminars in der Bekenntnisgemeinde gegründeten Grünen Partei der DDR entstanden mehrere Splitterparteien, die keinen dauerhaften Bestand haben sollten, wie etwa die Deutsche Umweltschutzpartei in Berlin und die Grüne Sozialistische Partei in Plauen. Im Februar gründete sich auch die Ökologisch-Demokratische Partei (ÖDP), die aber kaum Anhänger zu gewinnen vermochte. Im Gründungsprozess der Grünen Partei entstand gleichzeitig das Aktionsbündnis, die Bewegung »Grüne Liga«, die große Teile der in der DDR zugelassenen Umweltgruppen integrierte. Die GP war anfangs von erfahrenen kirchlichen Vertretern wie Carlo Jordan beeinflusst. Die Partei erteilte dem »stalinistisch geprägten Umgang mit Menschen, Wirtschaft und Umwelt« eine »radikale Absage«. Sofortmaßnahmen in den ökologischen Katastrophengebieten der DDR sollten ergriffen, eine konsequente Abrüstung betrieben, die patriarchalischen Strukturen reformiert und das Bildungswesen ökologisch orientiert werden. Ein Hinweis auf den Sozialismus fehlte.

Die GP schaffte trotz aller Schwierigkeiten des Strukturaufbaus einen langsamen Aufschwung, hatte aber darunter zu leiden, dass ökologische Themen in den turbulenten Zeiten bei der Bevölkerung wohl zurückstehen mussten. Mit der Parteigründung wurde nicht nur die parlamentarische Vertretung grüner Interessen ermöglicht, sondern auch ein wichtiger Schritt in Richtung Übernahme des westdeutschen Parteienspektrums vollzogen. Die West-Grünen unterstützten die junge Partei. Der Gründungsparteitag fand vom 9. bis 11. Februar in Halle statt. Deutschlandpolitisch lehnten sich die Ost-Grünen an ihre westliche Partnerpartei an. Beide deutschen Staaten sollten in ein gemeinsames europäisches Sicherheitssystem eingebunden und die Militärblöcke aufgelöst werden. Am 14. Februar ging die Grüne Partei ein Wahlbündnis mit dem Unabhängigen Frauenverband ein.

Der Unabhängige Frauenverband hatte keine oppositionellen Traditionen, auch wenn nach der Veröffentlichung des Gründungsaufrufs am 26. November einige Frauen aus der Opposition in der neuen Formation mitarbeiteten. Der formale Gründungsakt fand erst am 17. Februar 1990 in Berlin statt. Der Frauenverband vertrat ausgesprochen links-feministische Positionen. Viele der Protagonistinnen kamen aus der SED. Für die Artikulation von Fraueninteressen gab es in der DDR durchaus Bedarf, da die von der SED gesteuerte Massenorganisation, der Demokratische Frauenbund Deutschlands (DFD), lediglich die organisierten Frauen auf die Politik der SED orientierte. Das Bündnis des UFV mit der Grünen Partei war allerdings rein wahltaktischer Natur, auch wenn beide Gruppierungen ähnliche Positionen in der Deutschlandpolitik vertraten.

Aktionsbündnis Vereinigte Linke (VL)

Die Vereinigte Linke konnte im November einige Hundert Anhänger sammeln, die teilweise vom äußersten linken Rand der Opposition der 1980er-Jahre kamen. Eine Strukturbildung misslang zumeist, da autonome Jugendgruppen mit anarchistischem Gehabe größere Versammlungen systematisch störten. In mehreren Bezirken und großen Städten bildeten sich Gruppen, die an der Revolution im Herbst aktiv teilnahmen. Schwerpunkte waren Berlin und Halle. Immerhin konnte die Delegiertenkonferenz am 24. und 25. Februar 1990 ein Wahlprogramm verabschieden. Vereinbart wurde auch, mit der marxistischen Kleinpartei Die Nelken als »Aktionsbündnis Vereinigte Linke« zu den Wahlen anzutreten. Die Vereinigten Linken, deren intellektueller Kopf der Berliner Thomas Klein war, produzierten zahlreiche Texte, die eine Erneuerung des Sozialismus, die Zweistaatlichkeit und ein politisches System mit basisdemokratischen Elementen und Räten vorsahen. Unter den führenden Personen gab es auch IM des MfS wie etwa Wolfgang Wolf. Die SED/PDS wurde abgelehnt, da sie sich nicht hinreichend von ihrer »stalinistischen« Vergangenheit getrennt habe. Gegenüber der Bundesrepublik blieb die Vereinigte Linke extrem kritisch.

Als marxistisch orientierte Kleinpartei traten Die Nelken im Dezember 1989 an die Öffentlichkeit. Sie konnten nur wenige Gruppen bilden. Sie hatten Zulauf von einigen enttäuschten SED-Genossen und manchen ideologischen Querköpfen. Versuche, in der Arbeiterschaft Anhänger zu gewinnen, scheiterten. Auch sie kämpften für einen neuen Sozialismus und gegen das kapitalistische System der Bundesrepublik. Zur Wahl traten sie mit der Vereinigten Linken an.

Die KPD, linke und linksextreme Sekten

Ein eher kurioses Phänomen war die Wiedergründung der KPD im Januar 1990. Einige der SED-Funktionäre, die den Kurs der PDS ablehnten, knüpften an die Geschichte der KPD, die 1946 zur SED geworden war, wieder an. Zu den prominenten Mitgliedern gehörte der aus der SED ausgeschlossene Erich Honecker. Auch der aus dem Fernsehen vertriebene Propagandist Karl-Eduard von Schnitzler und der 1957 als Revisionist verurteilte Wolfgang Harich schlossen sich der KPD an, die jedoch keine Bedeutung erlangte. Zur Wahl trat auch die Freie Deutsche Jugend FDJ auf der Alternativen Jugendliste (AJL) an, auf der noch die Deutsche Jugendpartei (DJP), die Grüne Jugend (GJ) und die Marxistische Jugendvereinigung Junge Linke (MJV) kandidierten. Weiter traten auf: der Bund Sozialistischer Arbeiter – Deutsche Sektion der 4. Internationale, die Spartakist-Arbeiterpartei Deutschlands (SpAD) und die Unabhängige Sozialdemokratische Partei (USPD). Keine von ihnen vermochte nennenswerte Mobilisierungseffekte zu erzielen.

Sonstige Parteien und Massenorganisationen

Die von der SED gegründeten Massenorganisationen, die fast alle in der kommunistischen Volkskammer vertreten waren, brachen seit dem Frühjahr 1990 allmählich zusammen. Die DDR-Bürger schüttelten die ihnen häufig aufgenötigten Mitgliedschaften ab. Zu ihnen gehörten der Kulturbund (KB) und die Vereinigung der gegenseitigen Bauernhilfe (VdgB). Der Freie Deutsche Gewerkschaftsbund (FDGB) löste sich allmählich auf und wurde von den mit dem bundesdeutschen DGB gestützten Einzelgewerkschaften verdrängt. Nur der Demokratische Frauenbund Deutschlands (DFD) konnte sich noch eine Weile halten und trat mit einer eigenen Liste zur Wahl an.

Eine der neuen Parteien war die skurrile Deutsche Biertrinker Union (DBU), die eine Spaßgründung von Rostocker Studenten war. Zu den Splitterparteien mit unterschiedlichsten Profilen gehörten die Christliche Liga, Einheit jetzt, Europäische Föderalistische Partei (EFP), Europa-Union (EU), Unabhängige Volkspartei (UVP) und Vereinigung der Arbeitskreise für Arbeitnehmerpolitik und Demokratie (VAA).

Rechtsextreme Parteien waren nicht zur Volkskammerwahl zugelassen. Solche Gruppierungen konnten sich auf ein in der DDR stets vorhandenes, jedoch sehr kleines rechtsextremes Millieu stützen, das aber aus eigener Kraft und mangels intellektueller Potenzen keine Strukturen bilden konnte. Nationalistische und neonazistische Haltungen entsprangen dem Mangel an demokratischen Werten und Traditionen sowie dem Bedürfnis nach einer nationalen Identität, die die SED ihren Bürgern vorenthielt. Die rechtsextremen Phänomene wurden vom angeblich »antifaschistischen« Staat zumeist ignoriert und verschwiegen. Seit 1990 tauchte dieser Extremismus zunehmend aus dem Untergrund auf.[774] Seit November 1989 versuchten Rechtsextreme die öffentliche Aufmerksamkeit auf sich zu ziehen. Alle Versuche Rechtsextremer, den politischen Schwung der Revolution zu nutzen, etwa durch die Wiedervereinigungsforderung, scheiterten. Seit dem Frühjahr benutzten Rechtsextreme die Ängste vor Arbeitslosigkeit und schürten den Sozialneid gegen Ausländer.

Aufbauhilfe für rechtsextreme Organisationen kam aus der Bundesrepublik. Am 10. Januar 1990 wurden in Leipzig die Mitteldeutschen Nationaldemokraten (MND) und die Jungen Nationaldemokraten gegründet, die angaben, 137 Mitglieder zu haben. Ansätze regionaler Gliederungen bildeten sich später aus. Etwas erfolgreicher waren die Republikaner (Rep), die schon im Dezember in Leipzig und anderen Städten mit westlichem Material, Personal und wenigen Helfern aus der DDR auf sich aufmerksam gemacht hatten. Ende Januar bildeten sich in einigen Städten erste Strukturen aus. Aus der Bundesrepublik wurde auch die Deutsche Volksunion (DVU) importiert, die jedoch zunächst keine Anhänger finden konnte. Ende Januar trat auch die Freiheitliche Deutsche Arbeiterpartei (FDAP) in Erscheinung, die ebenfalls nur wenige Menschen sammelte. Ähnlich erging es der Nationalen Alternative (NA).

Die ersten freien Wahlen am 18. März 1990

Wahlkampf

Seit den letzten demokratischen Wahlen waren in Mitteldeutschland 58 Jahre vergangen. Ungeduldig hatten die Menschen seit Monaten auf diese Wahl gewartet. In Auerbach hieß eine Strophe der umgedichteten volkstümlichen Vogtlandhymne:

> »Wir wollen uns endlich nun rüsten,
> zu unserem nächsten Gefecht.
> Den runden Tisch hat man versprochen;
> Verwirklicht hat die SED ihn schlecht.
> Voran, Kameraden
> zu den Wahlen am 6. Mai!
> und jede Stimme für die SED ist
> eine Stimme an der Demokratie vorbei.«[775]

Die DDR-Bürger kannten Wahlkämpfe nur aus dem Westfernsehen. Der seit Februar einsetzende Wahlkampf übertraf alle ihre Vorstellungen. Fast überall gab es einen gleitenden Übergang von Protestdemonstrationen gegen die SED zu Werbeveranstaltungen der Parteien. Die Großveranstaltungen der Parteien brachten wie im Herbst 1989 Tausende Menschen auf die Straßen. Die SPD wartete mit ihrer westdeutschen Politprominenz auf. Vor allem waren es die Altkanzler Helmut Schmidt und Willy Brandt, die die Wähler in großen Kundgebungen anzogen. Auch Hans-Dietrich Genscher gelang es, Tausende zu mobilisieren. In Halle, seiner Heimatstadt, schien die FDP zur großen Volkspartei zu mutieren. Aber auch die PDS, die am deutlichsten für den Erhalt der DDR eintrat, konnte viele Anhänger auf die Straßen bringen.

Die größte Anziehungskraft übte jedoch Kohl aus, der am 20. Februar bei einer Wahlkampfveranstaltung in Erfurt etwa 100 000 Menschen mobilisierte. Diese Zahl wurde von ihm noch in fünf weiteren Städten übertroffen, am 14. März kamen in Leipzig sogar 300 000 Menschen. Er verkündete: »Keinem wird es schlechter gehen, vielen aber besser!« Mit ihm traten die Chefs der Allianzparteien, Schnur, Ebeling und de Maizière, auf, ohne jedoch die Anziehungskraft des Bundeskanzlers zu erreichen. Die Botschaften der Allianz waren einfach, verständlich und entsprachen dem, was viele Menschen schon lange wollten, soweit sie es überhaupt zu hoffen gewagt hatten:

> »Wir wollen Freiheit und Einheit, denn wir sind ein Volk.
> Nie wieder Sozialismus!
> Nie wieder menschenverachtender Kollektivismus!
> Nie wieder Unterdrückung der Freiheit!«[776]

Bisweilen nahm der Wahlkampf auch äußerst harte und rüde Formen an. Die PDS nahm die drohende Verarmung und die Übel des Kapitalismus aufs Korn und denunzierte das künftige Deutschland als »Großdeutschland« und »Viertes Reich«. Ein Plakat verkündete »Für die Schwachen eine starke Opposition«, ein anderes »Sozial sicher wählen«. Sie war nun nicht mehr wie in den vergangenen Monaten das Hauptziel der Angriffe, da die Parteien sich gegenseitig Konkurrenz machten. Vor allem taten sich die DSU und besonders ihr Generalsekretär Diestel mit scharfen Attacken gegen die SPD hervor, die in die Nähe der SED gerückt wurde. Manchmal ging es allerdings auch gegen die verbündete CDU. Aber auch der Demokratische Aufbruch gab ein Plakat heraus, auf dem die Parteinamen der Gegner ineinander verschränkt waren: PDSPDSPDS. Und die Sozialdemokraten schenkten wiederum der CDU wegen deren Ost-Vergangenheit nichts. So hieß es auf einem Plakat: »Liebe CDU, wer gestern noch Blockflöte übte, kann heute nicht die erste Geige spielen.«

Auch das Abreißen und Beschmieren von Plakaten und das Zerstören von Aufstellern hatte erhebliche Ausmaße angenommen. Weil die PDS davon kaum betroffen war, vermuteten viele, dass arbeitslose MfS-Genossen sich mit diesen Dingen befassten. Der Wahlkampf war eine außerordentliche Materialschlacht. Die jeweiligen Schwesterparteien aus dem Westen investierten Millionen. In der Allianz für Deutschland profitierte vor allem die DSU überproportional von dem Einsatz der CSU. Die PDS, die keine westliche Hilfe hatte, konnte einen ebenbürtigen Aufwand treiben, da ihr offenbar reichliche SED-Millionen zur Verfügung standen.

Von der Ostsee bis zum Thüringer Wald war die DDR mit Wahlplakaten zugepflastert. Die verfallenden und verrußten Städte hatten sich ein buntes Politkleid übergestreift. Darunter waren die schlichten und billigen Plakate ebenso wie diejenigen, die in Werbemanier das Blaue vom Himmel herunter versprachen. Die SPD zeigte auf einem Plakat ein glückliches Paar unter Palmen mit einem Flugzeug am blauen Himmel. Die Allianz versprach auf einem Plakat: »Nie wieder Sozialismus. Ja! Freiheit und Wohlstand.« Die DSU erschien im bayrischen Blau-Weiß. Die NDPD zeigte auf ihren Plakaten »BR D DR«. Dagegen wirkten die Plakate von Bündnis 90 fast abschreckend. Da waren die bärtigen Revolutionäre zu sehen und die Botschaft: »Artikel 23 – kein Anschluss unter dieser Nummer!«

Doch der Wahlkampf wurde nicht nur von Werbedesignern und Generalsekretariaten gestaltet. Die Ostdeutschen hatten sich noch nicht ihre Spontaneität abgewöhnt und produzierten auch im Wahlkampf ganz eigene Sprüche. Sie malten diese auf Plakate und schrieben sie an Wände und Mauern. In Leipzig war zu lesen »Stalinismus, Kommunismus, Sozialismus, alles eeene Pleeiiide – lieber Kohl und seine Leeiiide«. Allerdings war ein Bild von Genscher auf das Plakat geklebt. Und im Gegenzug stand an einer Berliner Mauer »Schnur-stracks in de Misere«. Unzählige Sprüche gingen gegen die PDS, deren Initialen für vieles herhalten mussten: »Partei der Stasi« oder »Pleite durch Sozialismus«, oder »SED und Nelken – beide werden welken«. Und wieder dagegen »Lasst euch nicht verKOHLen«.

Die Endphase des Wahlkampfs war von einem handfesten Stasi-Skandal überschattet. Der Vorsitzende des Demokratischen Aufbruchs, Wolfgang Schnur, wurde als IM des MfS enttarnt. Über Schnur hatte es schon länger Gerüchte und Vermutungen gegeben. Im Januar ging am Runden Tisch ein anonymes Schreiben ein, in dem unter anderen Schnur und de Maizière als IM denunziert wurden. Als die Gerüchte nicht verstummten, gab Kohl für Schnur eine Ehrenerklärung ab, da keinerlei Beweise vorlagen und es auch nicht klar war, wer die Kampagnen steuerte. Da der DA den Anspruch erhob, unbelastet zu sein, hatte ich schon im Januar bei Verhandlungen über die Allianz mit Schnur, Kirchner und de Maizière verlangt, Wahlkandidaten auf mögliche Belastungen zu überprüfen. Danach sollten keine Kandidaten aufgestellt werden, die »die blutige Niederschlagung der Demokratiebewegung in China befürwortet« hatten. Außerdem solle die CDU garantieren, »dass alle Mitarbeiter der Partei entlassen werden, die direkt oder indirekt mit Sicherheitsaufgaben betraut waren und mit dem ehemaligen Ministerium für Staatssicherheit zusammengearbeitet«[777] hatten. Die Runde lehnte jedoch ab.

Anfang März entdeckten Bürgerrechtler in der besetzten Rostocker MfS-Zentrale die Akte Schnurs. Wenige Tage später informierten MfS-Offiziere aus Rostock den *Spiegel*. Es war wohl weniger die Ehrlichkeit der MfSler als vielmehr Rachsucht, weil einer ihrer Mitarbeiter sich nun in einer antikommunistischen Bürgerrechtsbewegung als entschlossener Gegner der DDR ausgegeben hatte. Schnur brach zusammen und erklärte am 14. März in einem Berliner Krankenhaus seinen Rücktritt. Der Hauptausschuss des DA setzte Eppelmann als amtierenden Vorsitzenden ein. Die Enttarnung Schnurs bedeutete für den Demokratischen Aufbruch eine Katastrophe und eine Glaubwürdigkeitskrise. Im ganzen Land hingen noch die Plakate mit seinem Konterfei, die noch einen Tag vor der Wahl überklebt werden mussten. Er stand in seinem Wahlkreis auf dem Stimmzettel, was nicht mehr berichtigt werden konnte. Das Wahlergebnis für den DA blieb daher auch weit hinter den Erwartungen zurück.

Schnur war lange Zeit ein sehr wichtiger IM und Einflussagent des MfS gewesen, der seit Jahren in der Kirche und in oppositionellen Kreisen als IM »Torsten« und IM »Dr. Ralf Schirmer« spionierte. Er hatte ein enges und auch freundschaftliches Verhältnis zu vielen Oppositionellen und verstand es, gerade im kirchlichen Umfeld ein Vertrauensverhältnis aufzubauen. Andererseits ist auch erwiesen, dies ging später aus seinen Akten hervor, dass er Menschen geholfen hatte und trotz seiner anfänglichen IM-Berichte im Herbst 1989 eigenständige Beiträge im Kampf gegen das SED-Regime lieferte. Dieses Doppelleben, das in seiner Persönlichkeitsstruktur angelegt war, war wohl nur zu kompensieren durch die Verlockungen der Macht.[778] Heraus kam ein tiefer Absturz, der auch ein tragisches Element enthielt. Der Vorgang sollte jedoch nicht singulär bleiben.

Der 18. März 1990

Am 18. März 1848 starben in Berlin 90 Revolutionäre im Feuer der preußischen Armee. Diese Revolution scheiterte. Am 18. März 1990 siegte die Revolution mit dem Stimmzettel. Seit Jahrzehnten hatten Widerständler und Oppositionelle freie Wahlen verlangt, auch am 17. Juni 1953. Diese Wahlen waren der DDR-Bevölkerung nicht in den Schoß gefallen, sie waren erkämpft, erbeten, herbeigelaufen und herbeigerufen worden. Und die Bevölkerung nahm diese Wahl ernst – die Wahlbeteiligung lag bei sensationellen 93,22 Prozent. Diesmal kamen keine Wahlschlepper, die zur Beteiligung nötigten, drohten oder Wahlkabinenbenutzer registrierten. Nie vorher und auch nie wieder nachher sollten Wahlen eine so hohe Beteiligung erzielen. Die Revolutionäre waren in die Rolle der Wähler geschlüpft. Erstmals gab es ein demokratisches Wahlgesetz.[779]

Am 18. März 1990 trat der blonde Volkslied- und Schlagersänger Heino mit dunkler Brille, seinem Markenzeichen, am Nachmittag in Dresden auf. In der DDR war er verboten gewesen und galt im Westen als volkstümelnd und rechts, schon weil er einmal auf einer seiner Platten alle drei Strophen des Deutschlandliedes gesungen hatte. Der unbekümmerte und von politischer Korrektheit nicht geschlagene Sänger hatte auch in der DDR seine Fans. Es hatte seiner Beliebtheit nicht geschadet, dass Karl-Eduard von Schnitzler in seinem »Schwarzen Kanal« Heino als Klassenfeind im Visier hatte. In Dresden kamen an diesem Wahltag über 100 000 Menschen zu seinem Konzert, und sein neues Lied rührte die Volksseele und ließ Tränen rinnen.

> »Wenn der letzte Stein der Mauer nicht mehr steht
> und die rote Sonne sterbend untergeht,
> wenn sich Menschen gleicher Sprache wiedersehn
> und die Freudentränen in den Augen stehn,
> wenn ein neuer Morgen winkt nach schwerer Zeit,
> ist es so weit.
> Denn Freiheit und Gerechtigkeit
> und Einigkeit kommt nun in unser Land,
> nur Freiheit und Gerechtigkeit
> und Einigkeit, wie wir sie nie gekannt.
> Die Sonne scheint auf unser Land
> aufs neu vereint durchs Freundschaftsband.
> Wenn ein jeder hilft und ist es auch nicht viel,
> trägt er dennoch damit bei zum großen Ziel,
> denn wer helfen kann, der hatte vorher Glück
> und ein bisschen zahlt er nun davon zurück.
> Nur die Freiheit ist das allerhöchste Gut,
> darum habt Mut.«[780]

Das Wahlergebnis enthielt viele Überraschungen, vor allem den Sieg der Allianz für Deutschland. Die Wahl war eine Option für die schnelle Wiedervereinigung und die in Aussicht gestellte Währungs- und Sozialunion. Umfragen belegten, dass über 90 Prozent der Bevölkerung sowohl die Einheit als auch die Währungsunion wollten.[781]

CDU	40,8 %,	163 Mandate
SPD	21,9 %,	88 Mandate
PDS	16,4 %,	66 Mandate
DSU	6,3 %,	25 Mandate
Bund Freier Demokraten	5,3 %,	21 Mandate
Bündnis 90	2,9 %,	12 Mandate
DBD	2,2 %,	9 Mandate
GP – UFV	2,0 %,	8 Mandate
DA	0,9 %,	4 Mandate
NDPD	0,4 %,	2 Mandate
DFD	0,3 %,	1 Mandat
AVL	0,2 %,	1 Mandat

Die restlichen Parteien erreichten zusammen nur 0,4 % der Stimmen. Auf traditionelle Wahlmilieus konnte keine der nichtkommunistischen Parteien zurückgreifen, hatten die Kommunisten doch durch ihre Gesellschaftspolitik solche Milieus zerstört. Mitteldeutschland war vor 1933 ein Zentrum der Sozialdemokratie gewesen. Jetzt konnte die SPD hier nicht mehr an diese Traditionen anknüpfen. Den Ausschlag gab die Arbeiterschaft, die ihre Interessen vor allem von der Allianz vertreten sah.

Enttäuscht waren die Revolutionäre der ersten Stunde. Ihr Mut wurde nicht honoriert, ihre Politik abgewählt. Viele von ihnen haben sich enttäuscht über das Wahlergebnis geäußert. Die Enttäuschung schlug sich auch in Verschwörungstheorien nieder. Ein Autor behauptete, die »Deutschlandeinigvaterland«-Rufer hätten Geld aus dem Westen bekommen, um Stimmung zu erzeugen, wenigstens vor den Westkameras. In Wirklichkeit hätte in Leipzig »die Sprecherin der Reformgruppen die Menge in Jubel« ausbrechen lassen. »Die Zauberin. Gesa.« Dann aber hätten bezahlte »Wattejacken« eingegriffen. »Funktionierten den Jubel im Hintergrund um zu einem medienwürdigen Ereignis. Zu einem westmedienwürdigen Ereignis. Redlich verdientes Geld.«[782] Wählerstimmen konnte Gesa offensichtlich nicht herbeizaubern.

Der Abend mit den vielen Wahlsondersendungen hatte schon etwas von der Normalität demokratischer Rituale. Die Sieger triumphierten, und die Verlierer versuchten sich in Erklärungen. Selten kam der eigentliche Sieger ins Blickfeld: die Menschen in der DDR. Am Wahlabend bekamen sie Schelte. Oskar Lafontaine rügte sie, weil sie Lust auf Kohl und Kohle hatten. Als Otto Schily, einer der prominenten Grünen, im Fernsehen nach seiner Bewertung des Wahlergebnisses gefragt wurde, zog er eine Banane aus der Tasche und hielt sie in die Kamera. Die Ostzuschauer konnten darüber grübeln, ob er die Banane als kleinen Appetithappen bei sich oder sie sich für diesen Zweck besorgt hatte. Demonstranten in Leipzig hatten, als es schon einmal um Bananen ging, auf ein Transparent geschrieben: »Es geht nicht um Bananen, es geht um die Wurst.« Schily konnte das nicht verstehen, vielleicht plagte ihn auch ein Erlebnisneid. Als sogenannter 68er vermochte er als pseudorevolutionäre Erfahrung lediglich ein mäßiges Kulturhappening vorzuweisen, dessen Veranstalter sich auf alle Freiheitsrechte berufen konnten. Den angeblichen Bananenwählern war es um diese Rechte gegangen, die sie nicht hatten, und dazu auch keine Bananen.

Unkompliziert ging es in mancher ostdeutschen Familie am Wahlsonntag zu. Markus Burkhard hat eine schnoddrige Erzählung einer Geburtstagsfeier am 18. März abgeliefert:

»Es klingelt wieder. Vokuhila steht mit einem großen Blumenstrauß in der Tür. Im Wohnzimmer angekommen, bedrängte Oma ihn sofort mit der Frage: ›Na, junger Mann, was haben Sie denn heute gewählt?‹ Vokuhila haut sich in den Sessel und sagt: ›Allianz für Deutschland. Ist doch logisch. Ich will auch die D-Mark haben.‹ Oma zieht freudig am Vokuhila-Ohrläppchen: ›Na, und die Wiedervereinigung?‹ Vokuhila wirkt verunsichert: ›Ja, die auch. Na klar.‹ Oma fällt ihm um den Hals und gibt ihm dicke Küsse auf die Wange ... Oma lässt nicht locker. Sie will es von Papa wissen. Papa sagt ganz leise: ›Ich hab eben die DBU gewählt und muss jetzt Mama in der Küche helfen.‹ Schnell verlässt Papa das Wohnzimmer und geht ins Schlafzimmer.

Oma krächzt: ›Was hat der gewählt?‹ Vokuhila erklärt Oma, dass die DBU die ›Deutsche Biertrinker Union‹ sei. Oma guckt ganz ungläubig und meint dann: ›Na, wenigstens ... Deutsche ...‹«[783]

Mit der neuen Volkskammer war eines der wesentlichen Ziele der Revolution erreicht worden. Allerdings blieb offen, wer eigentlich die neuen Abgeordneten waren. Der Fall Schnur – bald sollte es auch den Fall Böhme geben – hatte gezeigt, in welchem Maße das Diktaturpersonal präsent war. In dieser Atmosphäre des Misstrauens schlugen die noch vom Runden Tisch eingesetzten Regierungsbevollmächtigten am 21. März der Volkskammer vor, die neuen Abgeordneten auf MfS-Mitarbeit überprüfen zu lassen. Die CDU-Fraktion verweigerte ihre Zustimmung. Die Bürgerbewegungen waren zwar nur mit wenigen Abgeordneten in der Volkskammer vertreten, verfügten in dieser Angelegenheit aber noch über Gewicht. Das Neue Forum und andre Gruppen riefen zu einer Protestkundgebung auf. Vor dem »Palast der Republik«, dem Sitz der Volkskammer, kamen am 29. März 50 000 Menschen zusammen. In Leipzig, wo ebenfalls zum Protest aufgerufen worden war, waren es etwa 10 000 Demonstranten. Auch in anderen Städten, etwa in Karl-Marx-Stadt (Chemnitz), fanden solche Veranstaltungen statt. Es waren jedenfalls mehr Menschen, die sich für das Anliegen einsetzten, als die Bürgerbewegungen an Wählerstimmen bekommen hatten. Vor der Volkskammer sangen die Leute »In der Kammer, in der Kammer sitzt 'ne kleine Wanze«. Und sie riefen »Stasi raus«. Plakate wurden gezeigt: »Demokratie statt Stasikratie«. Die Demonstrationsstimmung des Herbstes 1989 kam zwar nicht mehr auf, aber es war doch ein Signal gesetzt. Der Druck der Straße wirkte. In den ersten Apriltagen wurden tatsächlich die Abgeordneten überprüft, schließlich auch die der CDU. Das Ergebnis wurde aber nicht bekannt gegeben. Stattdessen setzte nun in Regierung und Volkskammer sowie auch bei den Vertretern der Bundesregierung ein heftiges und lang anhaltendes Tauziehen um die Verwendung der Akten ein.

Die Regierung de Maizière

Am Tag nach der Wahl bot der Wahlsieger Lothar de Maizière den Sozialdemokraten Verhandlungen über eine Regierungsbeteiligung an, da der Vereinigungsprozess verfassungsändernde Mehrheiten benötigte. Doch die SPD lehnte ab und begründete dies mit dem rüden Wahlkampf der DSU. Es gab auch weitere Bedenken, da ein Teil der Sozialdemokraten, wie zum Beispiel Ibrahim Böhme, beeinflusst von bundesdeutschen Sozialdemokraten unbedingt in die

Opposition gehen wollte. Ein anderer Teil der SPD, angeführt von Böhmes Stellvertreter Markus Meckel, wollte die Koalition. De Maizière, der nach anfänglichem Zögern bereit war, für das Amt des Ministerpräsidenten zu kandidieren, kam den sozialdemokratischen Forderungen entgegen. Den Ausschlag für die Aufnahme von Koalitionsverhandlungen gab aber ein neuer Stasi-Skandal. Der gerade als SPD-Fraktionsvorsitzender gewählte Ibrahim Böhme musste am 26. März von allen seinen Ämtern zurücktreten. An diesem Tag, Verdachtsmomente hatte es schon vorher gegeben, wurde Böhmes Verstrickung als IM öffentlich. Wieder hatten MfS-Offiziere ihre Hand im Spiel gehabt.

Böhme war seit 1968 IM des MfS gewesen, zuletzt unter dem Decknamen »Maximilian«. Er hatte zahlreiche Aktenbände des MfS mit seinen Berichten über Oppositionelle und Künstler gefüllt. Unter diesen war auch Reiner Kunze, der noch 1990 seine Akten veröffentlichte.[784] Kaum ein IM hat sein Doppelleben so inszeniert wie Böhme.[785] Er dichtete gar manchen kryptischen Satz, der sich nachträglich wie Bedauern über seinen Verrat las: »Ich wüsste gern mich an Eurer Seite – selbst dann, wenn bewusst mir wäre Euer Misserfolg!«[786] In seinen Berichten spielte er Schicksal, dramatisierte Geschehnisse um die Verratenen und erfand manches, nur um seine Bedeutung auch vor dem MfS herauszustreichen. Er war seinen Auftraggebern gegenüber nicht immer ehrlich, lebte sich auch als Oppositioneller aus und hoffte wohl sogar, sich in der neuen Rolle freischwimmen zu können.

Markus Meckel wurde nun kommissarischer SPD-Vorsitzender, was die Koalitionsverhandlungen erleichterte. Am 12. April wählte die Volkskammer de Maizière mit 265 Stimmen zum Ministerpräsidenten der Koalitionsregierung aus Allianz, der SPD und den Liberalen. Es gab 109 Gegenstimmen und neun Enthaltungen. Die Koalition war auch deshalb möglich geworden, weil unter den neuen Politikern viele evangelische Theologen und den Kirchen verbundene Laien waren, die über die Parteigrenzen hinweg eine gemeinsame Sprache finden konnten. Allein in der Regierung bekleideten vier Pfarrer – Hans-Werner Ebeling (DSU), Gottfried Müller (CDU), Markus Meckel (SPD) und Rainer Eppelmann (DA) – Ministerämter. Hinzu kamen Inhaber von kirchlichen Synodal- und Laienämtern wie de Maizière, Regine Hildebrandt (SPD) oder Walter Romberg (SPD). Kirchenleute hatten wichtige Funktionen in der Volkskammer inne, wie der Theologe und Philosoph

Richard Schröder, der Fraktionschef der SPD wurde, oder der Synodalpräsident Reinhard Höppner (SPD), der einer der Vizepräsidenten der Volkskammer wurde. Sie gehörten zwar nicht alle zur Opposition der 1980er-Jahre, waren aber mit dem konziliaren Prozess für Frieden, Gerechtigkeit und Bewahrung der Schöpfung vertraut.

Die Zusammensetzung der Regierung mit zwölf Ministerien für die CDU, sieben für die SPD, drei für die Liberalen, zwei für die DSU und einem für den DA zeigte den personellen Neuanfang. Regierungssprecher wurde Matthias Gehler von der CDU, Angela Merkel vom DA dessen Stellvertreterin. Zu den Ausnahmen gehörte der zum Justizminister bestellte Liberale Kurt Wünsche, der seit Jahrzehnten zum engeren Kreis des Diktaturpersonals gehört hatte. 1967 bis 1972 war er noch unter Walter Ulbricht Justizminister und danach in weiteren hohen Staats- und Parteiämtern gewesen. Die wenigen erfahrenen Minister konnten nicht verhindern, dass die Regierung alsbald als »Laienspielgruppe«[787] bezeichnet wurde, was nichts daran änderte, dass sie Beachtliches leistete.

Das Regierungsprogramm[788] enthielt die Ankündigung einer Polizei- und Justizreform, den Abschluss der Auflösung des MfS und die Wiedereinführung der Länder. Weitgesteckt waren auch die Ziele der mit der Bundesrepublik auszuhandelnden Sozialunion, die eine Rentenerhöhung und Arbeitsförderungsmaßnahmen vorsahen. Für die kommende Währungsunion wurde ein Umtauschverhältnis von 1:1 angestrebt. Die Besitzrechte der DDR-Bürger sollten gewahrt werden, ungeborenes Leben geschützt und Frauen kostenlose Verhütungsmittel zur Verfügung gestellt werden. Viele dieser Handlungsziele konnten auch als Forderungen an die Bundesregierung verstanden werden, da sie aus eigener Kraft nicht hätten finanziert werden können. Die Koalition hatte sich darauf verständigt, die Verhandlungen mit der Bundesregierung über die Vereinigung auf der Grundlage des Artikels 23 zu führen. Ausdrücklich wurde erklärt, dass ein künftiges vereinigtes Deutschland keine Gebietsforderungen an Polen stellen werde und beide deutschen Armeen abrüsten sollten.

Mit diesem Programm wollte die DDR-Regierung der Bundesregierung bei Verhandlungen als selbstbewusste Kraft gegenübertreten. Allerdings war auch ersichtlich, dass es ein ungleiches Verhältnis war und werden würde. Die Regierung musste erst die Grundlagen einer neuen demokratischen Ordnung schaffen, verfügte über keine stabile ökonomische Basis, und die finanzpolitische Krise hing wie ein Damoklesschwert über allen Vorhaben. Aber das verschaffte ihr ganz pragmatisch auch den Gestus des armen Mannes, der nichts außer seinem guten Willen zu verlieren hat. Um handlungsfähig zu sein, musste die neue Regierung versuchen, westliche Möglichkeiten mit östlichen Wünschen zu synchronisieren, ein schwieriges Unterfangen.

Diese erste demokratische Regierung wurde weithin mit Lothar de Maizière identifiziert. Zweifellos hatte er seinen und seiner Partei Aufstieg Helmut Kohl zu verdanken. Schon die körperlichen Unterschiede der beiden Männer forderten die Karikaturisten heraus, den großen, machtvollen Kohl, Kanzler der reichen Bundesrepublik, mit dem kleinen, schmächtigen de Maizière, Ministerpräsident der abgewirtschafteten DDR, zu konfrontieren. Doch de Maizière wurde nie zur Marionette Kohls. Für diesen tauchte de Maizière erst am 10. November 1989 auf, als er zum Vorsitzenden der Ost-CDU gewählt wurde. Ende November bescheinigte ihm ein Berichterstatter an Kohl zwar einen »erheblichen moralischen Vertrauensbonus« in der CDU, aber es sei auch »nicht auszuschließen, dass de Maizière als Vorsitzender scheitert«[789]. Wenig später hieß es in einem Bericht an das Bundeskanzleramt, die Ost-CDU habe gut daran getan »in de Maizière einen untadeligen neuen Vorsitzenden zu küren, der eher durch seine Redlichkeit als durch seine Ausstrahlungskraft überzeugt«[790]. Erstmals kam es Ende Januar bei den Vorbereitungen zur Allianz zu einem Zusammentreffen der beiden. Eine Männerfreundschaft wurde daraus nicht, obwohl sich die Ost-CDU als stabile Größe entpuppte.

De Maizière kam aus dem DDR-loyalen Flügel der Evangelischen Kirchen. Durch seine anwaltliche Tätigkeit war er auch mit Gregor Gysi befreundet, der als Vorsitzender des Ost-Berliner Rechtsanwaltskollegiums lange sein Vorgesetzter gewesen war. De Maizière fragte Gysi am 6. November 1989 um Rat, als er CDU-Vorsitzender werden sollte.[791] Er hatte keine Probleme damit, mit DDR-Funktionären umzugehen. Gegen den Druck aus der West-CDU hielt er lange an dem Projekt eines demokratischen Sozialismus fest, weigerte sich, aus der Modrow-Regierung auszutreten, und glaubte an ein positives Erbe der DDR. Andererseits aber hatte er den Austritt aus dem Block realisiert und stellte sich am Runden Tisch im Januar 1990 auf die Positionen der Bürgerbewegungen ein. Diese langsame Emanzipation aus den DDR-Bindungen war nicht untypisch, es gab sie auch unter Oppositionellen. Er konnte dem DDR-Regime gegenüber loyal sein, weil er in einer preußischen, protestantischen und dazu musischen Familientradition verwurzelt war, die die Pflichterfüllung gegenüber dem Staat als moralische Qualität verstand.

Wie weit seine Dienstbarkeit gegenüber dem SED-Staat ging, konnte nie völlig aufgeklärt werden. Am Runden Tisch gab es anonyme Anschuldigungen, dass de Maizière mit dem MfS zusammengearbeitet habe. Trotz einer Registrierung konnte aber kein eindeutiger Nachweis geführt werden. De Maizière trat wegen solcher Anschuldigungen am 6. September 1991 von allen Parteiämtern zurück. Ein endgültiges Urteil ist nach den vorliegenden Untersuchungen[792] nicht möglich. Er selbst hat mehrfach Schuldbekenntnisse für seine Partei abgelegt. Sein Amt als Ministerpräsident hat er bis an die Grenze seiner Leistungskraft mit dem Willen ausgefüllt, für die Ostdeutschen das Mögliche zu tun. Und wenn es ihm bisweilen gelang, gegen den übermächtigen Bundeskanzler Kohl seinen eigenen Willen durchzusetzen, hat ihm dies Genugtuung bereitet. Beim Sommerfest im Bonner Kanzleramt spielte de Maizière im Quartett die Bratsche. Als Kohl bemerkte, es sei wichtig, dass der erste Mann eines Staates auch die erste Geige spielen könne, reichte ihm de Maizière das Instrument. Auch wenn Helmut Kohl zu Recht als Kanzler der Einheit gefeiert wurde und wird und der Bundeskanzler zwischen der Sonne und Lothar de Maizière stand, ist doch festzuhalten, dass beide gleichermaßen vom Volk und dessen Einheitswillen getrieben wurden und jeder diese Rolle auf seine Weise annahm.

Verfassungsrechtliche Grundlagen

Die Modrow-Regierung hatte zwar mehrfach die DDR-Verfassung ändern müssen, aber die demokratische Volkskammer und die von ihr gewählte Regierung wollten und konnten ihrerseits die noch gültige Verfassung nicht als Rechtsgrundlage anerkennen. Die DDR-Verfassung schrieb eine politische und soziale Struktur vor, die mit demokratischen Grundsätzen unvereinbar war, zumal die Diktatur bis in das einfache Recht hineinreichte. Schon in der ersten Sitzung der Volkskammer am 5. April wurde das Amt des Staatsrates bzw. des Staatsratsvorsitzenden mit verfassungsändernder Mehrheit abgeschafft. Als vorläufiges Staatsoberhaupt wurde die Präsidentin der Volkskammer, Sabine Bergmann-Pohl von der CDU, bestimmt.

Am gleichen Tag wurde den Abgeordneten der Verfassungsentwurf der Arbeitsgruppe des Runden Tisches übergeben. Ungeteilt sprachen sich nur die PDS und Bündnis 90 für diese Verfassung aus, während in den anderen Parteien die Ablehnung überwog. Die Kritiker bemängelten die fehlende Legitimation des Zustandekommens der Verfassung und fürchteten, dass die Inkraftsetzung dieser Verfassung den Beitritt zur Bundesrepublik erschweren werde. Am 26. April stellten Bündnis 90/Grüne den Antrag, den Verfassungsentwurf in Kraft zu setzen. Der Antrag wurde von 179 Abgeordneten abgelehnt, bei 167 Ja-Stimmen und einigen Enthaltungen. Als Reaktion darauf wurde am 16. Juni das »Kuratorium für einen demokratisch verfassten Bund deutscher Länder« gegründet, das aus ost- und westdeutschen Bürgerrechtlern, Politikern und Intellektuellen bestand. Der von ihm später ausgearbeitete Verfassungsentwurf scheiterte jedoch im Bundestag.

Die Regierung beauftragte ihrerseits den Justizminister, gemeinsam mit einer Kommission eine Übergangsverfassung zu entwerfen. Der vorgelegte Entwurf, der sich an der Verfassung der DDR von 1949 orientierte, wurde jedoch von de Maizière verworfen. Stattdessen beschloss die Volkskammer am 17. Juni 1990 das »Gesetz zur Änderung und Ergänzung der Verfassung der DDR (Verfassungsgrundsätzegesetz)«, das in zehn Artikeln eine neue Grundordnung festlegte. Unter Berufung auf die »friedliche und demokratische Revolution« definierte sich die DDR nun als »freiheitlicher, demokratischer, föderativer, sozialer und ökologisch orientierter Rechtsstaat«. »Entgegenstehende Verfassungsgrundsätze besitzen keine Rechtsgültigkeit mehr.« Damit war das Recht der DDR grundlegend verändert: »Vorschriften der Verfassung und sonstiger Rechtsvorschriften sind entsprechend diesem Verfassungsgesetz anzuwenden. Bestimmungen in Rechtsvorschriften, die den Einzelnen oder Organe der staatlichen Gewalt auf die sozialistische Staats- und Rechtsordnung, auf das Prinzip des demokratischen Zentralismus, auf die sozialistische Gesetzlichkeit, das sozialistische Rechtsbewusstsein oder die Anschauungen einzelner Bevölkerungsgruppen oder Parteien verpflichten, sind aufgehoben.« Es folgten Festlegungen zum Eigentum, zur wirtschaftlichen Handlungsfreiheit, Tariffreiheit, Rechtsprechung, Umweltschutz und zum Schutz der Arbeit. Das stellte das sozialistische Wertesystem auf den Kopf. Von Bedeutung waren die Festlegungen zu den Hoheitsrechten des Staates, die den Weg zu dem Staatsvertrag der Wirtschafts-, Währungs- und Sozialunion sowie zum Verzicht auf Souveränitätsrechte im Vereinigungsprozess frei machten: »Die Deutsche Demokratische Republik kann durch Verfassungsgesetz Hoheitsrechte auf zwischenstaatliche Einrichtungen und Einrichtungen der Bundesrepublik Deutschland übertragen oder in die Beschränkung von Hoheitsrechten einwilligen.«[793] Weitere Gesetze mit verfassungsändernder Wirkung regelten die Kommunalverfassung, die Gerichtsverfassung, die Aufgaben der Staatsanwaltschaft, die Wiedereinführung der Länder und die Organisation freier Schulträgerschaften.

Die Kommunalwahlen am 6. Mai 1990

Lokale Runde Tische und Wahlvorbereitung

Die Kommunalwahlen am 6. Mai fielen auf ein symbolträchtiges Datum. Fast genau ein Jahr zuvor, am 7. Mai 1989, hatten die letzten gefälschten kommunistischen Scheinwahlen stattgefunden. Nach dem Wahlgesetz vom 6. März 1990[794] konnte jeder Wahlberechtigte · drei Stimmen abgeben und sie auf verschiedene Listen verteilen. Eine Sperrklausel gab es nicht. In vielen Städten hatten die Bürger über die Runden Tische seit dem Frühjahr faktisch die Macht übernommen oder sich durch Machtteilung ein Mitspracherecht gesichert. Der schon Ende November beginnende Prozess führte zur Durchsetzung der Revolution. Die Kommunen waren im SED-Staat lediglich Organe des zentralistischen Staates gewesen, jetzt sprachen die Bürger mit.

In einigen Städten, so in Karl-Marx-Stadt (Chemnitz), kooptierten die Räte neue Mitglieder aus den Reihen der Opposition. Hier kam es auch gelegentlich mangels rechtlicher Vorgaben zu Konflikten zwischen den Machtzentren, dem Rat der Stadt, dem Runden Tisch und der Demokratischen Oppositionellen Plattform (DOP), einem Zusammenschluss der neuen oppositionellen Gruppierungen. In Leipzig trat am 23. Januar der kommissarische Oberbürgermeister Günter Hädrich aus der SED/PDS aus. Der Runde Tisch sprach am gleichen Tag der Stadtverordnetenversammlung jegliche Legitimität ab. Diese beschloss kurz darauf ihre Selbstauflösung, worauf der Runde Tisch nun allein die Rolle einer Volksvertretung übernahm.

In manchen Städten musste der Machtwechsel regelrecht erzwungen werden. In Rostock hatte sich der Runde Tisch seit Dezember schrittweise gegen den Rat der Stadt und den Oberbürgermeister Henning Schleiff durchgesetzt. Der Rat war am Runden Tisch vertreten, und dieser fasste Beschlüsse, die der Rat umsetzen musste. Nachdem der Rat im Februar versuchte, solche Beschlüsse zu umgehen oder zu verschleppen, verstärkte der Runde Tisch den Druck. Noch aber gab die alte Macht nicht auf. Die Situation eskalierte, als der SED-Stadtschulrat hinter dem Rücken der Mitglieder des Runden Tisches MfS-Mitarbeiter einstellte und der Rat heimlich Sitzungen abhielt. Am 16. März verlangte der Runde Tisch ultimativ die Entlassung des Stadtschulrats. Als das nichts fruchtete, rief das Neue Forum zu einer Protestdemonstration auf. 10 000 Bürger kamen. Das Rathaus wurde besetzt und Schleiff zum Rücktritt gezwungen. Der Runde Tisch bestimmte den Theologen Christoph Kleemann zum kommissarischen Bürgermeister und setzte neue Ratsmitglieder ein, die bis zu den Kommunalwahlen amtierten. Der Vorgang zeigte, dass die Rostocker der Bürgerbewegung zwar in deutschlandpolitischen Fragen nicht folgten, sie aber als revolutionäre Kraft auch noch nach den Volkskammerwahlen akzeptierten.[795]

In Dresden war es nicht zur Installierung eines Runden Tisches auf Stadtebene gekommen, da die Gruppe der 20 diese Funktion ausfüllte und deren Mitglieder die Beteiligung von Massenorganisationen ablehnten. Aus der Gruppe der 20 heraus, die sich eine Mitsprache in der Stadtverordnetenversammlung erkämpft hatte, wurde im Januar die Basisdemokratische Fraktion gebildet, in der die verschiedenen oppositionellen Bewegungen vertreten waren. Mit dieser Neugründung war beabsichtigt, in der Stadt deutlicher Machtfunktionen zu übernehmen. Der Austritt des Oberbürgermeisters Berghofer aus der SED, der damit seinem Ruf als »Bergatschow«[796] gerecht wurde, leitete eine Krise der PDS-Fraktion im Dresdener Stadtparlament ein. Die oppositionelle Basisdemokratische Fraktion erstarkte. Sie beantragte am 16. Februar die Auflösung der völlig diskreditierten Stadtverordnetenversammlung. Diese lehnte den Antrag zwar ab, trat aber bis April nicht mehr zusammen.

Machtübernahmen durch neue Strukturen gab es auch in vielen

kleinen Gemeinden. Mildensee bei Dessau mit seinen 2200 Seelen war 1952 von der Stadt Dessau eingemeindet worden. Seither verfielen der Ort und seine Infrastruktur, da sich niemand um ihn kümmerte und es keine eigene Bürgervertretung gab. Die dortige Pfarrerin Eva-Maria Schneider und Angelika Storz vom Neuen Forum ergriffen die Initiative und leiteten die Wahl einer Gemeindevertretung und eines Bürgermeisters nach der Wahlordnung der Landeskirche ein. Die Stadt Dessau musste zustimmen. Am 3. Februar 1990 fand die Wahl statt, von 27 Kandidaten wurden zwölf in den Gemeinderat gewählt. Es war eine der ersten ordentlichen Wahlen in der Revolution.[797]

Zu den Arbeitsthemen der Runden Tische gehörten neben der Kontrolle der staatlichen Organe, soweit diese noch arbeiteten, die normalen kommunalen Aufgaben der Versorgungssicherung der Bevölkerung und der notdürftigen Erhaltung der oft maroden Infrastruktur. Sie bearbeiteten soziale und medizinische Notstände und behandelten Beschwerden und Eingaben der Bevölkerung, besonders wenn es sich um Folgen von Benachteiligungen und Verfolgung durch die SED handelte. Zunehmend wurden die Runden Tische mit wirtschaftlichen Themen befasst, so zum Beispiel mit der Regulierung der spontanen gewerblichen Neugründungen und den Aktivitäten westlicher Investoren. Zu bestimmen war über die Nutzung von SED- oder MfS-Immobilien und die Verwaltung städtischer Immobilien. Fast überall wurden Telefonanschlüsse vergeben, die durch die Auflösung des MfS und von SED-Stellen frei geworden waren.

Ein Streitpunkt an den Runden Tischen war häufig die Personalpolitik der Kommunen, Kreise und Bezirke, die sich besonders durch die Einrichtung von Arbeitsämtern ergaben. Hier hatte die SED/PDS-Administration versucht, viele ehemalige MfS-Offiziere und Kaderleiter unterzubringen. Viele Schulräte wurden entlassen. Den Runden Tischen waren fast überall auch Arbeitsgruppen zugeordnet, die Amtsmissbrauch und Korruption untersuchten und – soweit dies damals möglich war – auch auf Stasi-Belastungen hin prüften. Ein wichtiges Arbeitsfeld waren die unzähligen Kontakte, Begegnungen und Gemeinschaftsprojekte mit bundesdeutschen Kommunen und Organisationen. Die an den Runden Tischen Beteiligten waren sich bewusst, dass die kommunalen Entscheidungsträger dringend eine demokratische Legitimation benötigten. So haben die Runden Tische auch die Wahlen vorbereitet oder deren

Vorbereitung kontrolliert. Vielerorts vermieden es die Runden Tische, weitreichende Beschlüsse zu fassen, um den später zu wählenden Volksvertretungen nicht vorzugreifen.

Die hochemotionale Erfahrung, über Wochen die eigenen kommunalen Angelegenheiten bearbeiten zu können, erweckte an manchen der regionalen Runden Tische den Wunsch, auch über die Kommunalwahlen hinaus weiterarbeiten zu wollen. Da dies rechtlich nach der Wahl nicht mehr möglich war, bildeten sich verschiedentlich aus dem Personal der Runden Tische Initiativen, die selbst zur Wahl antraten. In Gotha gründete der Moderator des dortigen Runden Tisches, der Superintendent Eckardt Hoffmann, mit anderen eine Freie Wählergemeinschaft, die dem Geist des Runden Tisches verpflichtet war. Sie errang auch einige Sitze im Stadtparlament. Hoffmann erklärte auf der letzten Sitzung am 16. Mai: »Ich denke, dass der Runde Tisch ein Versuch war, die Volksbewegung mit der Regierung ins Gespräch zu bringen – zum Gespräch zu bewegen. Dies war eine geschichtliche Notwendigkeit, weil dieser Dialog dazu beigetragen hat, dass die Distanzen überwunden und teilweise die Emotionen und Aggressionen abgebaut werden konnten, dass es gelang, persönliche Feindbilder abzubauen ... Wir werden international sehr oft von der Öffentlichkeit nach der Rolle der Kirchen gefragt ... Ich kann nur sagen, dass wir diesen Helferakt nicht aus Macht, sondern mit Angst und vielleicht ein Stück mit Vollmacht wahrgenommen haben ... Ich denke, dass wir an einem totalen Neuanfang stehen ... dass wir uns hüten müssten vor einer Überschätzung oder Fehleinschätzung der eigentlichen Demokratieprozesse, auch der Ergebnisse der Wahlen. Übermut und Siegessicherheit sind die schlechtesten Begleiter für die Zukunft.«[798]

Die Wahl und die Wahlergebnisse

Auch dieser für die DDR-Bürger immer noch neuartige Wahlkampf wurde in den großen Städten mit der Unterstützung bundesdeutscher Politiker geführt. Die im Zuge der Revolution erfundenen Dialogrunden erfreuten sich noch großer Beliebtheit. Die Kandidaten verschiedener Parteien stellten sich gemeinsam in Sälen und Kirchen den Fragen der Wähler. Die am besten organisierte und materiell optimal ausgestattete Partei war die PDS, die trotz der Massenaustritte noch über sehr gute Strukturen verfügte. Die Parteienbündnisse der Volkskammerwahlen waren nicht mehr so deutlich erkennbar. Die Parteien des Bundes der Freien Demokraten traten nicht mehr auf gemeinsamen Listen an.

Die Wahlbeteiligung war mit etwa 80 Prozent wiederum sehr hoch. Die Wahlergebnisse vom 6. Mai spiegelten die Stimmverteilung der Volkskammerwahl wider und bestätigten damit den Trend. Auf DDR-Ebene behauptete sich die CDU trotz einiger Verluste wieder als stärkste Partei mit 34,4 Prozent. Die SPD erzielte 21,3, die PDS 14,6, die Liberalen 6,7, die DBD 3,7, die DSU 3,4, das Neue Forum 2,4, der Bauernverband 2,0, der DFD 1,2 und alle anderen 10,4 Prozent. Selbst die großen Parteien konnten mangels Kandidaten nicht in allen Gemeinden und Städten antreten. Die CDU lag vor allem in den sächsischen und Thüringer Bezirken vorn. Hier eroberte sie auch alle Großstädte mit Ausnahme von Leipzig, das die SPD gewann. Die PDS schnitt im Norden gut ab. Die Wahl zeigte, dass die PDS vor allem in Wohngebieten beste Ergebnisse erzielte, in denen sich die SED-Eliten konzentrierten. So erhielt sie in Ost-Berlin 30 Prozent der Stimmen und wurde dort nur von der SPD mit 34 Prozent geschlagen.

Die Kommunalwahl war vor allem in den überschaubaren Gemeinden häufig eine Personenwahl. Viele der neuen kleinen Parteien verschwanden, während eine große Zahl von neuen Wählergemeinschaften, Sportvereinen, Berufsverbänden oder etwa der neue Behindertenverband auftraten. In einigen Regionen Sachsens traten auch evangelische und katholische Kirchengemeinden an. Die DSU verlor deutlich an Stimmen. Besser als zur Volkskammerwahl schnitten die aus den Bürgerbewegungen hervorgegangenen Bündnisse und Wahlgemeinschaften ab, wenngleich sie nicht überall Kandidaten aufstellen konnten. Der Demokratische Aufbruch trat nur in relativ wenigen Kreisen und Gemeinden an und verlor dadurch insgesamt Stimmen, konnte aber in einigen Städten und Regionen Erfolge erzielen und auch mehrere Bürgermeister stellen. In einigen ländlichen Regionen, vor allem im Norden, schnitten die Demokratische Bauernpartei Deutschlands und der Bauernverband mit bis zu 20 Prozent besonders gut ab. Hier schlugen sich die Sorgen der Landbevölkerung nieder, die angesichts der westlichen Importe Existenzängste hatte. Bemerkenswert war auch, dass eine Reihe von Einzelkandidaten zur Wahl antrat. So gelangte in Leipzig der beliebte Superintendent Friedrich Magirius in die Stadtverordnetenversammlung, die ihn wegen seiner Verdienste in der Revolution in das Amt des Leipziger Stadtpräsidenten wählte.

Aufbau der kommunalen Verwaltungen

Nachdem die Volkskammer das »Gesetz über die Selbstverwaltung der Gemeinden und Landkreise in der DDR« am 17. Mai 1990 verabschiedet hatte, stand eine Kommunalverfassung zur Verfügung, an der sich der Aufbau neuer Verwaltungsstrukturen orientieren konnte. Die Lasten für die Kommunen, die sie als desolates Erbe der DDR zu tragen hatten, waren ungeheuerlich. Wirksame Hilfen kamen aus dem Westen. Schon bald nach der Maueröffnung begann sich der Charakter der schon in den 1980er-Jahren eingegangenen deutsch-deutschen Städtepartnerschaften völlig zu ändern. Als die Vormundschaft der SED entfiel, konnten sich echte Partnerschaften zwischen den Bürgern entwickeln. Über diese Partnerschaften wurden umfangreiche Hilfen möglich. Auch entstanden schnell neue Partnerschaften ohne Verträge.

Personelle Unterstützung wurde ebenfalls gern angenommen. Gefragt waren Juristen und Kommunalpolitiker. Der Oberstadtdirektor Hinrich Lehmann-Grube aus Hannover bezog ab Februar ein Büro der Stadt Hannover in Leipzig. Er wurde dann für die SPD der erste frei gewählte Oberbürgermeister dort. Das Personal aus dem Westen konnte die neuen Verwaltungen anleiten und beraten. Städte und Regionen erhielten teilweise dreistellige Millionenbeträge. Aus Niedersachsen kamen 214 Millionen DM für das Leipziger Gesundheitswesen, den Mittelstand, das Verkehrswesen, und den Umweltschutz. Potsdam erhielt von der Stadt Bonn mehr als 2 Millionen DM und dazu zahlreiche Ausrüstungen für das Gesundheitswesen. Omnibusse, Krankenwagen, Polizeifahrzeuge, Telefonanlagen, Rollstühle, Druck- und Vervielfältigungsgeräte und anderes mehr kamen in die Städte.

Die Städte und Gemeinden ihrerseits hatten neben den vielen in Angriff zu nehmenden Aufbauleistungen auch das dringende Verlangen, ihre Identität und ihre Traditionen zu wahren oder wiederherzustellen. Ein unendliches Thema war die Rück- oder Neubenennung von Straßen und Plätzen. Das ist nicht überall gelungen. Noch lange fanden sich die Namen kommunistischer Potentaten auf den Schildern. In zahllosen Orten gab es die »Straße der Einheit«, die an die Zwangsvereinigung von SPD und KPD erinnerte. Viele Kommunen deuteten diese Schilder nun auf die kommende Wiedervereinigung um. In Leipzig wurde am 2. Oktober 1990 der Karl-Marx-Platz wieder in Augustusplatz umbenannt.

Ein besonderes Problem waren die historischen Baudenkmäler – Schlösser, Kirchen, Bürgerhäuser –, die durch die SED vernachlässigt oder bewusst dem Verfall preisgegeben worden waren. Was der Krieg verschont hatte, war dann in der DDR zerstört worden. Auch hier halfen bundesdeutsche Stellen und Privatleute. Aufsehen erregte am 13. Februar eine Initiative um den berühmten Trompetensolisten Ludwig Güttler, die sich den Wiederaufbau der Frauenkirche in Dresden zum Ziel setzte. Der Vorschlag wurde am Gedenktag der Zerstörung dieser Kirche unterbreitet und traf auf Vorbehalte. Die Ruine war ein emotional aufgeladener Ort, der deutsche Kriegsschuld und die Tragik deutscher Bombenopfer miteinander verschränkte. Der Tag der Zerstörung und die Ruine waren in Dresden dem Kriegsgedenken gewidmet und waren auch ein Symbol der oppositionellen Friedensbewegung geworden, die dort seit 1981 große Treffen organisierte. Nach einem guten Jahrzehnt war das Werk gelungen, und die Frauenkirche wurde nun auch zu einem Denkmal für Dresdener Bürgersinn, für innerdeutsche Solidarität und internationale Versöhnung. Und damit verkörpert sie ebenfalls ein Ziel der Revolution.

6

Abwicklung der DDR und die Wiedervereinigung

März bis 3. Oktober 1990

Der politische Raum DDR zerbröselte, seine Zeit ging zu Ende. Der Geist der Revolution suchte das Neue, die Einheit, die Wiederherstellung des Rechts, das demokratische Deutschland, die Akzeptanz der Welt. Eile war geboten. Und immer noch lief der Motor der Revolution – das Volk, die Gesellschaft der DDR. Sie trieb die nationale und internationale Politik vor sich her und feierte ihre Erfolge.

Günter Ullmann dichtete:

> »domino
> erst fällt ein kleines steinchen
> dann die mauer
> minister paragrafen 40 Jahre
> nichts mehr ist von dauer«[799]

Die Volkskammer verabschiedete ein Gesetz nach dem anderen, oft war der Zeitfaktor der wichtigste Berater. Die Wirtschaft barg viele Risiken. Nichts schien mehr richtig steuerbar, schon gar nichts, was sich gegen den Geist der Revolution stemmte. Viele beteiligte Menschen waren überfordert. Im Fernsehen sahen die Zuschauer übermüdete Abgeordnete. Zugleich gab es aber diejenigen, die die knappe Zeit als Gestaltungselement einsetzten, etwa die Konstrukteure des Einigungsvertrages.

Der »Zug zur deutschen Einheit ist abgefahren« war überall zu hören. Viele jubelten, andere, nicht nur verbitterte Kommunisten, konnten das Wort Deutschland nicht ertragen, für sie klang es wie »Großdeutschland«. Oppositionelle strebten nach der einen und geeinten freien und gerechten Welt, und nun kam nichts anderes als ein vereintes Deutschland. Konrad Weiß schrieb im Sommer

1990: »Ich habe meine Heimat verloren: dieses graue, enge, hässliche Land. Dieses schöne Land ... In diesem Land bin ich aufgewachsen, es war das Land meiner ersten Liebe, das Land meiner Träume, das Land meines Zorns ... Doch nun stürmt ein raues, grelles, hemdsärmliges Vaterland auf uns ein.«[800]

In der Bundesrepublik wurde Günter Grass nicht müde, die Schrecken der Vereinigung auszumalen. Die Ostdeutschen würden kolonialisiert, ins Elend gestoßen, Ideen der Konföderation oder eines Dritten Weges seien verpönt, die Polen hätten Grund, Angst vor Deutschland zu haben. Im Mai 1990 schrieb er: »Was mit Mut begann, nach all den Demütigungen Selbstbewusstsein förderte, Witz, sogar Heiterkeit zuließ und kurze Zeit lang in beiden Staaten Freude machte, ist in Kümmernis umgeschlagen: der deutschen Einheit Pate heißt Freudlosigkeit ... Harte Währung soll mangelnden Geist wettmachen.«[801]

Die Mehrheit ließ sich die Vorfreude auf Deutschland allerdings nicht nehmen. Im Sommer 1990 gab es einen gesamtdeutschen Jubel der besonderen Art. Es schien, als wollte sich der Fußballgott seinen Anteil an der deutschen Einheit sichern. Bei der Fußballweltmeisterschaft in Italien wurde die Bundesrepublik Deutschland am 8. Juli nach einem 1:0-Sieg über Argentinien Weltmeister. Es war kein DDR-Spieler dabei, aber im Osten wurde der Sieg begeistert gefeiert. Als der Teamchef Franz Beckenbauer, wenig um politische Korrektheit bemüht, erklärte, dass Deutschland für viele Jahre unschlagbar sein werde, weil nun auch noch die besten Spieler aus dem Osten dazukämen, machte er die Ostdeutschen auf sich selbst stolz.

Misstrauisch hatte der ehemals verfolgte Schriftsteller Radjo Monk in Leipzig die nationale Stimmung und auch das Auftauchen von Rechtsextremen verfolgt. In einem Tagebucheintrag vom 9. Juli schilderte er seine Beobachtungen: »Am Connewitzer Kreuz stoßen wir auf einen Trupp Jugendlicher, sie tragen T-Shirts in den Landesfarben, den Adler auf der Brust. Trinken Sekt aus der Flasche, schwenken eine riesige Fahne und tanzen. Etwas Sonderbares fällt mir auf, nämlich die subtile Veränderung im rituellen Verhalten: Vor einem halben Jahr noch waren die Deutschland-Gesänge wesentlich aggressiver. Es wurde hart im Takt geklatscht und ›Deutsch – land‹ gerufen, als müsse man sich Mut zurufen vor einer tödlichen Schlacht. Nun hat der Ruf eine Melodie bekommen. Sie rufen nicht mehr Deutschland, sondern singen das Wort, und in-

Am 15. Januar dringen Tausende Berliner in das Hauptgebäude des MfS ein,
nachdem das Neue Forum zu einer Demonstration aufgerufen hatte.

Der SDP-Gründer Martin Gutzeit und Ibrahim Böhme (IM Maximilian) am
Zentralen Runden Tisch am 8. Januar 1990.

Am 22. Dezember wird das Brandenburger Tor für den Besucherverkehr geöffnet, Mitte Helmut Kohl, (weiter rechts) Walter Momper, Hans-Dietrich Genscher und Hans Modrow.

In vielen Städten protestieren die Mitarbeiter des Gesundheitswesens wegen ihrer schlechten Ausrüstung, hier in Erfurt am 16. Januar 1990.

Wahlkampf der SPD in Leipzig mit Willy Brandt am 25. Februar 1990 auf dem Karl-Marx-Platz.

Wahlkampf des Bündnis 90/Grüne in Leipzig im Februar 1990. Auf den Plakaten Marianne Birthler, Jens Reich und Wolfgang Ullmann.

Die Allianzparteien DA, DSU, CDU, Bund Freier Demokraten und die SPD unterzeichnen am 12. April den Koalitionsvertrag. (1. Reihe von links) Rainer Eppelmann, Markus Meckel, Lothar de Maizière, Hans-Wilhelm Ebeling, Rainer Ortleb, (2. Reihe von links) Richard Schröder, Oswald Wutzke, Hans-Joachim Walter, Günther Krause, Jürgen Schmieder, N. N.

Die Bevölkerung nimmt Anteil an der Arbeit der ersten frei gewählten Volkskammer. Im Gespräch mit der Abgeordneten Vera Lengsfeld fordern Studenten höhere Stipendien.

In der Nacht zum 1. Juli 1990 warten vor den Umtauschstellen Tausende Berliner auf die Ausgabe der D-Mark. Die ersten Scheine werden begeistert gefeiert.

Unmittelbar vor der Währungsunion werden die Kaufhallen von Ostprodukten geräumt und mit westlichen Angeboten aufgefüllt. Hier in Berlin.

Im Frühjahr 1990 werden die DDR-Autos, wie die einst geliebten »Trabbis«, verschrottet, hier in Sachsen.

Hungerstreik für die Öffnung und den Verbleib der Stasi-Akten in Leipzig vom 14.–17.9.1990 vor der »Runden Ecke«.

*Am 31. August 1990 wird der Einigungsvertrag in Berlin unterzeichnet:
Wolfgang Schäuble, Lothar de Maizière, Günther Krause (von links).*

*Wie hier in Dresden in der Leipziger Straße feiern zahllose Menschen am
2. Oktober 1990 die Nacht der Wiedervereinigung.*

dem das Wort eine Melodie bekommt, verliert es seine Schärfe. Die Jugendlichen tanzen im Kreis um ein imaginäres Lagerfeuer und hüpfen dabei wie kleine Bären. Auch das ist neu: nicht mehr der angriffslustige Sturmschritt ist angesagt, sondern Rundtanz ... Wer um einen Kreis tanzt ... will nicht erobern, ihm geht es vielmehr um Bewahrung, um Beschwörung vielleicht auch, aber nicht um Expansion. Eine gewisse Zufriedenheit steckt dahinter; der Beginn der Kontemplation.«[802]

Währungs-, Wirtschafts- und Sozialunion

Der erste Staatsvertrag

Als am 1. Juli 1990 der Vertrag über die Währungs-, Wirtschafts- und Sozialunion[803] in Kraft tritt, wird die Wirtschafts- und Rechtsordnung der Bundesrepublik von der DDR übernommen. Die DDR-Scheine mit den Köpfen von Marx, Engels, Goethe, Schiller und Clara Zetkin werden nun Spielgeld genannt, die Aluminiummünzen Alu-Chips. In vielen Varianten war seit Januar auf den Demonstrationen die Losung zu hören gewesen: »Kommt die D-Mark nicht nach hier, gehen wir zu ihr.« Es handelte sich dabei um keine leere Drohung. Seit Jahresbeginn 1990 hatte sich das Abwanderungsproblem zugespitzt. Bundeskanzler Kohl wollte keine Finanzhilfen für ein dysfunktionales Wirtschaftssystem gewähren und trat daher seit Januar ebenso wie die SPD-Politikerin Ingrid Matthäus-Maier für eine Währungsunion ein. Vielen Fachleuten war klar, dass das eine Rosskur werden würde. Warnungen standen neben Befürwortungen. Aufsehen erregen vor allem die Vorbehalte des Bundesbankpräsidenten Karl Otto Pöhl und des Sachverständigenrats für die wirtschaftliche Entwicklung.[804] Sie machen auf die Risiken für die bundesdeutsche Finanzwirtschaft aufmerksam, auf den maroden Zustand der DDR-Wirtschaft und auf das Produktivitätsgefälle. Die Ostbetriebe würden anfallende Kosten, vor allem die Löhne, nicht zahlen können. Auch ihre östlichen Absatzmärkte seien nicht in der Lage, mit harter Währung zu handeln.

Kohl bleibt bei der Priorität des Politischen vor den ökonomischen Bedenken und wählt den kürzeren, wenn auch riskanten Weg. Die Verhandlungen klammern zwar das Problem der durch

Willkürakte der DDR verworrenen Eigentumsverhältnisse aus, finden aber Mittel, die Risiken abzufedern. Die DDR soll das bundesdeutsche Sozialsystem übernehmen, entstehende Mehrkosten werde die Bundesrepublik tragen. Auch der defizitäre Staatshaushalt soll vom Bundeshaushalt ausgeglichen werden. Am 16. Mai gründen der Bund und die Länder den »Fonds Deutsche Einheit«, der den Wiederaufbau der DDR finanzieren soll. Am 18. Mai unterzeichnen die Finanzminister Theo Waigel und Walter Romberg den Vertrag.

Als nach der Volkskammerwahl die Weichen für die Währungsunion gestellt werden, setzen in der DDR rasch Demonstrationen ein, auf denen ein Umtauschkurs von 1:1 gefordert wird. Die Ostdeutschen marschieren wieder. In Berlin sind es am 5. April 100 000 Menschen, in den Bezirksstädten Zehntausende.[805] Die PDS versucht sich zum Spitzenreiter der Bewegung zu machen. Aber auch die Regierungskoalition, andere Parteien und die Gewerkschaften stellen die gleiche Forderung. Die Wucht dieser Demonstrationen gibt schließlich den Ausschlag für die Entscheidung Kohls. Dieser hatte zwar vorher nie einen Kurs von 1:1 versprochen, aber die Ostdeutschen hatten ihn so verstanden.

Dass die DDR bei einer Währungsunion Souveränitätsrechte aufgeben müsste, erschreckt die Bürger nicht, im Gegenteil. In einer Zuschrift an Rainer Eppelmann schreibt eine Frau »voller Vertrauen auf eine bessere Zukunft, eine Zukunft, in der unsere Kinder und Enkelkinder wieder eine Perspektive sehen, in unserem vereinten Deutschland arbeiten und leben können. Wenn wir das erreichen könnten, wären allen gegensätzlichen Kräften, die ja in Ost und West vertreten sind, viele Argumente genommen und die einheitliche Währung würde ihnen das Handwerk legen.«[806] Es geht den Menschen ums Geld, aber sie wissen auch, dass sie mit dieser Währung mit einem Bein in der Freiheit stehen. Und sie wollen auch Gleichheit, die gleichen Bedingungen wie die Bundesdeutschen.

Das Verhandlungsergebnis kann sich für alle Seiten sehen lassen. Bargeld und Bankguthaben werden für Kinder unter 14 Jahren bis zu 2000 Ostmark, für Personen bis 59 Jahre bis 4000 Ostmark, für noch ältere bis 6000 Ostmark zum Kurs von 1:1 umgetauscht. Höhere Guthaben werden zum Kurs von 2:1 getauscht. Regelmäßig wiederkehrende Zahlungen wie Renten, Gehälter und Mieten werden 1:1 umgestellt. Als Durchschnitt ergibt sich ein Kurs von

1:1,8. Für die Masse der durchschnittlichen Verdiener in der DDR mit kleinen Sparguthaben ist die Umrechnung günstig.

Die makroökonomischen Weiterungen sollten erst in der zweiten Jahreshälfte spürbar werden. Über Zweckmäßigkeit und Alternativen zur Währungsunion wurde noch lange Zeit in Politik und Wissenschaft gestritten. Walter Heering hat später angesichts der Kritik festgestellt: »… tatsächlich war die Ausgangssituation geprägt von Überschätzung der ökonomischen Potenz Westdeutschlands bei gleichzeitiger gravierender Unterschätzung der ökonomischen Anpassungsprobleme in Ostdeutschland. Das mag man kritisieren, rückblickend indes hatte gerade diese Naivität ihr Gutes: Ohne den überschäumenden Optimismus der ersten Stunde und die damit einhergehende Unterschätzung der anstehenden Vereinigungs- und Transformationskosten hätten grundsätzliche Entscheidungen und Weichenstellungen kaum mit dem Elan und der Entschlossenheit getroffen werden können, die angesichts des objektiven Zeitdruckes notwendig waren.«[807] So ist das in Revolutionen.

1. Juli 1990 – Einkaufen mit DM

Schon in den Tagen vor dem Geldumtausch beginnt die Aufregung. Während unerkannt und heimlich von einigen kommunistischen Wirtschaftskadern kriminelle Aktionen eingefädelt werden, versuchen die kleinen Leute, für sich Vorteile zu organisieren. Der Schwarzhandel mit Ostgeld blüht. Billiges Ostgeld wird angeboten, das die Käufer günstig 1:1 oder 1:2 in DM umtauschen können. DDR-Bürger mit größeren Ersparnissen fragen bei weniger Betuchten nach freien Umtauschkapazitäten. Ostwaren, bei denen eine Preiserhöhung erwartet wird, locken zu Hamsterkäufen. Manche Geschäfte haben ihren Verkauf eingeschränkt und stellen ihr Warensortiment um.

Um 0 Uhr am 1. Juli werden in vielen Städten Feuerwerke abgebrannt, hupende Autos fahren durch die Städte, Restgelder werden vertrunken. Obwohl der Tag kaum angefangen hat, singen die Leute wieder einmal »So ein Tag, so wunderschön wie heute ….« Noch in der Nacht stellen sie sich bei Banken und Sonderschaltern an, um am Morgen Restgeld einzuzahlen und DM-Bargeld in Empfang zu nehmen. Das Ministerium des Inneren meldet: »Ab gegen 22.00 Uhr sammelten sich an der Filiale der Deutschen Bank, im Haus der Elektroindustrie in Berlin-Mitte, bis zu ca. 10 000

Personen an, um entsprechend der Presseveröffentlichung ihre
DM-Auszahlung bereits am 1.7.1990, 00.00 Uhr, zu realisieren.
Ca. 300 bis 400 Personen waren angetrunken und störten den nor-
malen Ablauf. Durch den zielgerichteten Einsatz von operativen
Kräften der Deutschen Volkspolizei konnte beruhigend auf den
Ablauf eingewirkt und eine Normalisierung erreicht werden. We-
gen Kreislaufschwäche mussten insgesamt 32 Bürger ambulant
behandelt werden.«[808]

In vielen Orten setzt sich der nächtliche Jubel den ganzen Tag
über fort. Manche schwenken ihre neuen Scheine, und wieder einmal fließen Freudentränen. Ungewohnt ist das neue Geld, und jedermann braucht Zeit, um zu begreifen, dass dieses hier normales
Geld, nicht Begrüßungsgeld ist. Thomas Rosenlöcher beschreibt in
seinem literarischen Tagebuch die ersten Tage der Währungsunion:
»Auch auf dem Bahnhof wollten sie nun Westgeld haben, und
Münze um Münze hieß es aus dem Portemonnaie vorzuklauben,
um jedes der plötzlich viel schwereren Stücke auf seinen Wert hin
zu prüfen; ein Fremder im eigenen Land, das mir freilich auch nie
gehörte.«[809]

Die Menschen schauen und kaufen Dinge, die sie nur aus der
Werbung im Westfernsehen kennen: Fischstäbchen, wirklich weichen Weichkäse, Wein im Tetrapack … Ostprodukte haben es dagegen schwer, selbst wenn sie billiger sind. Die Käufer lassen sie
liegen, wenn sie überhaupt noch im Sortiment sind. So ergeht es
ganzen Branchen der Lebensmittelindustrie, auch dem DDR-Brot.
In ihrer Not versuchen Fabriken etwa in Berlin und Leipzig Direkt-
verkäufe zu organisieren. Auch Landwirte protestieren. Sie können
die Vorteile der EG noch nicht nutzen und finden für ihre Produkte
keine Abnehmer. Debattiert wird über die neuen Preise. Die ehemals subventionierten Lebensmittel wie Brot und Brötchen sind
teurer geworden. Vieles andere aber billiger wie Butter, Eier, Geflü-
gel. Der gefühlten Teuerung stehen Prüfvergleiche von Warenkör-
ben gegenüber, die bisweilen eine Verbilligung gegenüber den alten
DDR-Preisen nachweisen. Auch Betriebe für industrielle Konsum-
güter organisieren den Straßenverkauf, weil sie ihre Produkte nicht
absetzen können. Täglich gehen bei der Regierung Meldungen
über die schwierige Umstellung auf die Marktwirtschaft ein. Es beginnt die Zeit der Imbissbuden und Straßenstände, der Sonderver-
käufe und Werksläden, die für einige Jahre die Stadtbilder prägen
werden. Sie zeugen einerseits von den enormen Anpassungsschwie-

rigkeiten, wie sie andererseits auch die Wirtschaftsgesinnung der Bevölkerung dokumentieren.

Der Unwiderstehlichkeit von Westwaren unterlagen auch die DDR-Jeans. Jeans waren lange Zeit verboten gewesen oder wurden als ideologieverdächtige Produkte der amerikanischen Unkultur denunziert. Doch die DDR-Jugend – und schließlich auch die Erwachsenen – war hartnäckig. Wer irgendwie konnte, besorgte sich Jeans aus dem Westen. »Jeans sind eine Einstellung und keine Hose«, spöttelte der Schriftsteller Ulrich Plenzdorf. In den 1970er-Jahren gab die SED auf, erlaubte das Tragen von Jeans und ließ sie sogar produzieren. Doch diese DDR-Nietenhosen waren keine, Schnitt und Material stimmten nicht. Die Jagd auf die echten West-Jeans ging weiter. Die DDR produzierte schließlich bessere, die dem Original sehr nahe kamen. Sie hießen »Boxer« oder »Wisent«. Doch auch sie kamen gegen die West-Jeans nicht an, die den »Mythos des Authentischen« für sich beanspruchen konnten. Inzwischen war »das Wissen um das Original, die ursprüngliche Herkunft derart symbolisch aufgeladen, dass qualitative Vergleiche vollkommen in den Hintergrund traten. ›Ostjeans blieben Ostjeans‹.«[810] Nach dem 9. November 1989 war es leichter, an die Echten heranzukommen, nach der Währungsunion konnte sie sich jedermann leisten. Die DDR-Firmen blieben auf ihren Produkten sitzen und gingen in Konkurs. Es dauerte, bis Jeans zu normalen Kleidungsstücken werden konnten.

Ausgerechnet Karl Marx hatte von der Metaphysik der Waren gesprochen. Die Theorie wurde mit dem neuen Geld Praxis, wie dies Thomas Rosenlöcher beschrieb. Er hatte für wenig Westgeld in den ersten Juli-Tagen eine Ostuhr erstanden: Sie »verkaufte mir eine fast schon kostenlose Ruhlataschenuhr. Freilich musste das Grobchronometer erst gründlich geschüttelt werden; zu lange standen die Zeiger reglos, aber die eigentlich herrschende Zeit hatte die Uhr an sich selbst gemessen. An ihrer Rasselmechanik und ihrem Plastegehäuse: von vornherein überholt von den zeigerlosen, auf leisen Nummersohlen daherkommenden Leuchtschriftuhren der digitalen, westlichen Welt: pulsierende Ziffern, auftauchend im Nu und wieder verschwindend ins Nichts. Als wäre die Zeit abgeschafft zugunsten des blinkenden Kurzaugenblicks. Wogegen die Planwirtschaftsuhr jede Weltsekunde erst mühsam herticken musste. Oder eben schon immer stillstand, verdrossen den Tag verwartend. Ein Menetekel von Anfang an und nun in wenigen Wochen zu einem Untergangsdenkmal geworden. Leicht wogen in meiner Hand die vierzig gefrorenen Jahre.«[811]

»Errungenschaften« der DDR-Wirtschaft und Privatisierung

Über den katastrophalen Zustand der Wirtschaft wurde stets nur hinter vorgehaltener Hand geredet, Witze gerissen und geklagt. Die DDR-Führung hatte den bevorstehenden Staatsbankrott vertuscht. Selbst die Bundesregierung ging noch bis zum Frühjahr 1990 von einer günstigeren Substanz der DDR-Wirtschaft aus. Die schlechte Betriebs- und Arbeitsorganisation, die überalterten Anlagen in der Industrie, der Mangel an Rohstoffen und Ersatzteilen, die ineffiziente Energiewirtschaft, die maroden Gas-, Wasser- und Stromleitungen, die heruntergekommenen Straßen und Schienen waren das Ergebnis fehlender Investitionen. Ein Fünftel der Ausrüstungen war älter als 20 Jahre, an Kommunikationsmitteln mangelte es. Auf einen Telefonanschluss mussten Privatleute und Betriebe oft viele Jahre warten. Die Arbeitsproduktivität lag bei etwa 30 Prozent im Vergleich zur bundesdeutschen. In vielen Industriezweigen und in der Landwirtschaft, hier besonders für Frauen, war schwere körperliche Arbeit verbreitet. Viele Havarien wurden nur bekannt, wenn ganze Regionen von Stromausfällen oder Verkehrsstörungen betroffen waren. Die zumeist längst überholten Produkte konnten nur noch in der Sowjetunion und anderen Ostblockstaaten abgesetzt oder als Billigwaren im Westen vertrieben werden. Die DDR hatte Antikes aus Museen und von enteigneten Privatleuten und selbst alte Pflastersteine exportiert. »Ach wär ich doch ein Pflasterstein, so könnt ich schon im Westen sein«, spotteten die Leute. Im Inland wurde Schweinefleisch ohne Schinken und Lenden verkauft, die gingen in den Westen, wo sie als Sonderangebote dienten.

Die wirtschaftliche Misere sowie die Umweltschäden und deren gesundheitliche Folgen wurden erst in der Revolution bekannt. Aufsehen erregten etwa die Zustände in der Braunkohleverarbeitung und der Chemieindustrie. Dafür stand der berüchtigte Bitterfelder »Silbersee«, eine Chemiekloake, in die seit Jahren giftigste Rückstände gepumpt worden waren. Ans Licht kam auch das Desaster der DDR-Atomindustrie. Ein entscheidender Faktor war die Wismut AG in Sachsen und Thüringen, die über Jahrzehnte Uran in die Sowjetunion geliefert hatte. Schon die Opposition der 1980er-Jahre hatte auf die Kontaminierung[812] aufmerksam gemacht. 1990 wurde die Uranproduktion eingestellt und ein milliardenschwerer Sanierungsbedarf festgestellt. Keinen Aufschub duldete auch die Sicherung des Kernkraftwerks bei Greifswald, das seit 1973 arbeitete. Wegen mangelnder Sicherheitsvorkehrungen, technischer Fehler und schrottreifer Bauteile konnte der Betrieb nur unter höchstem nuklearem Risiko aufrechterhalten werden, und es hatte schon streng geheim gehaltene Störfälle gegeben. Dies war zum Thema am Runden Tisch geworden, da der Minister ohne Geschäftsbereich, Sebastian Pflugbeil vom Neuen Forum, seine Stellung für die Aufklärung nutzte.[813] Gutachter aus der Bundesrepublik kamen zu ähnlichen Ergebnissen. Hier war nichts mehr zu reparieren. Im Februar und März 1990 mussten zwei Blöcke abgeschaltet werden, die letzten wurden im Juni und Dezember 1990 vom Netz genommen.

Zu den technisch bedingten Arbeitsplatzverlusten kam hinzu, dass Tausende Mitarbeiter des MfS, der Parteiapparate und anderer politischer Strukturen freigesetzt wurden. Zu Buche schlug vor allem, dass kurz nach der Einführung der Deutschen Mark einige Betriebe nicht mehr weitergeführt werden konnten. Die Arbeitslosenzahlen stiegen bis zum Sommer auf fast 200 000. Bislang hatte es keine Arbeitslosen gegeben, da Arbeitszwang bestand und aufgrund der niedrigen Arbeitsproduktivität jede Hand trotz 43¾ Stunden Wochenarbeitszeit und vieler Sonderschichten gebraucht wurde.

Schon seit Januar gab es öffentliche Proteste, die die unterschiedlichsten Interessenlagen widerspiegelten. Am 23. Januar protestierten in Leipzig die genossenschaftlich organisierten Taxifahrer, die eine Gleichstellung mit dem staatlichen VEB Kraftverkehr und eine Verbesserung der privatwirtschaftlichen Bedingungen einforderten. Nennenswerte Demonstrationen und Kurzstreiks gegen Arbeitsentlassungen in Großbetrieben setzten jedoch erst nach der Währungsunion ein. Ab Juli wurden fast täglich Warnstreiks gemeldet. Beteiligt waren auch Lehrer, Angestellte der Kommunen und Journalisten. Auch wurde verschiedentlich eine Aufbesserung der Löhne verlangt. Solche Aktionen waren noch selten mit einer grundsätzlichen Kritik der sich erst langsam durchsetzenden marktwirtschaftlichen Ordnung verbunden. Die Debatte über die im Kapitalismus verloren gehenden »sozialen Errungenschaften« der DDR wurde von der PDS angestoßen und konnte zunächst nur wenige Menschen mobilisieren. Das Recht auf Arbeit in der DDR wurde beschworen, ohne auf deren reale Bedingungen zu verweisen. Ebenso wurde das Recht auf Wohnung herausgestellt, ohne auf die jahrelangen Wartezeiten bei Wohnraum Bezug zu nehmen. Der Zustand des viel gepriesenen Gesundheitswesens mit seiner kostenlosen Versorgung zeigte die Notstände besonders deutlich. Die im Vergleich zur Bundesrepublik viel niedrigere durchschnittliche Lebenserwartung und die hohen gesundheitlichen Belastungen in manchen Industrierevieren sprachen für sich. Mehrere Hundert Mitarbeiter des Gesundheitswesens demonstrierten in Leipzig am 2. Februar unter der Losung »Mensch, bleib gesund, wir können dir nicht helfen!«[814]

Erst in den Folgejahren konnten umfassende Bilanzen der von der DDR-Wirtschaft hinterlassenen »Altlasten« aufgestellt werden.[815] Danach war die Hälfte des Trinkwassers chemisch kontaminiert, die Luftbelastung durch Staub- und Schwefeldioxid überschritt alle Grenzwerte, nur ein Prozent der Mülldeponien war in Ordnung, die anderen waren häufig wild angelegt, und toxische Stoffe gelangten in das Grundwasser. Zahlreiche Industrie- und Bergbauflächen waren belastet und landwirtschaftliche Flächen überdüngt. Auch die großflächigen militärischen Bereiche waren gefährlich verschmutzt. Das Militär hatte Unmengen an Munition und andere unbrauchbare Ausrüstung hinterlassen. Investoren mussten von der Verantwortung für die vorgefundenen Altlasten freigestellt werden, um überhaupt Neuansiedelungen zu ermöglichen. Die DDR hinterließ zudem eine miserable Bausubstanz in den Städten und Gemeinden mitsamt den Wohnungen und Heimen für Behinderte und Alte. Unzählige wertvolle alte Baudenkmäler waren verfallen oder vom Verfall bedroht. Vielfach begann die Sanierung schon 1990 unter dem Begriff »Aufbau Ost«. Die Revolution war die Rettung.

Im Gegensatz zur Wirtschaftspolitik Modrows betrieb die Regierung de Maizière eine konsequente Privatisierungspolitik. Zentraler Bestandteil dieser Politik wurde das am 17. Juni von der Volkskammer verabschiedete zweite Treuhandgesetz. Die Treuhandanstalt sollte möglichst gewinnbringend die mehr als 10 000 volkseigenen Betriebe verkaufen, wobei die Erlöse zur Sanierung eingesetzt werden sollten. Aber bis zum 2. Oktober 1990 waren erst weniger als 200 Betriebe veräußert worden. Dies lag an der minderen Attraktivität der Betriebe, dem hohen Sanierungsbedarf, der hohen Verschuldung, den unklaren Eigentumsverhältnissen und dem raschen Wegbrechen der Ostmärkte.

Die Privatisierungspolitik der Treuhand kam in die öffentliche Kritik, weil über 80 Prozent der Investoren aus dem Westen kamen. Manche DDR-Bürger fühlten sich benachteiligt, da sie den Kaufpreis nicht aufbringen konnten oder die Kredite nicht ausreichten. Im Oktober 1990 gab es 537 800 Arbeitslose und 1 771 576 Kurzarbeiter, zusammen 26,2 Prozent der Beschäftigten.[816] Zur Hoffnung gab allerdings Anlass, dass noch 1990 trotz rechtlicher und bürokratischer Hemmnisse über 100 000 Betriebe neu gegründet wurden.[817] Insgesamt bestätigten sich die Prognosen, die den Zusammenbruch der DDR-Wirtschaft im Falle einer Währungsunion vorausgesagt hatten.

Der wilde Osten – Gesellschaft im Umbruch

Neuheiten

Die DDR-Bürger kannten die westdeutsche Alltagskultur aus dem Fernsehen, seit dem 9. November 1989 hatten sie diese besichtigt, und im Frühjahr hielt sie Einzug in ihre Lebenswelt. Zu den Neuheiten gehörten Sexbörsen und Erotikmärkte, trotz der Proteste besorgter Eltern. Die bunten Illustrierten berichteten vom angeblichen Sexhunger der Ostdeutschen, klatschten über das flotte Leben der Stars und Sternchen oder gaben Ratschläge für Übergewichtige. In Sachsen stieg der erste Schönheitswettbewerb. In den Großstädten traten Hütchenspieler auf, an den Türen klingelten Vertreter, die »klinkenputzend« Staubsauger, Lexika und ökologische Reinigungsmittel verkaufen wollten. Die Angst vor »Drückerbanden« ging um. Die Briefkästen füllten sich mit bunter Werbung, und ab und zu gab es Informationsblätter über das neue Sozialsystem. Die alten Rituale verschwanden oder passten sich an. Schon im Frühjahr gelobten bei der Jugendweihe die Vierzehnjährigen – nicht mehr alle – statt dem Sozialismus nun der Demokratie die Treue. In den Betrieben gab es schon bald keine Brigadefeiern und -tagebücher mehr, und auf die Auszeichnung »Unserer Besten« wurde verzichtet. In den Wohnblöcken fielen die Versammlungen der Hausgemeinschaften aus, private Besucher mussten nicht mehr in die Hausbücher eingetragen werden. Niemand musste sich mehr zu freiwilligen Arbeitseinsätzen, den »Subbotniks«, verpflichten, der Zwang zum Flaggen an Feiertagen entfiel.

Als Frucht ihrer Revolution fiel den Leuten die neue Mobilität in den Schoß – Reisen und Autos. Nach den Stippvisiten und Kurzreisen in den Westen waren nun Urlaubsreisen nach dem Katalog möglich. Die Billigstrände in aller Welt wurden von Ostdeutschen bevölkert. Die bundesdeutschen Reisebüros kamen schon bald nicht mehr nach. Nicht nur die kleinen Leute ließen alles stehen und liegen, auch Volkskammerabgeordnete und Regierungsmitarbeiter fehlten plötzlich bei wichtigen Sitzungen. Die westliche Presse mokierte sich. Aber was wussten bundesdeutsche Journalisten schon von der ostdeutschen Sehnsucht nach fernen Horizonten?

Noch mehr hatten es die Autos den Ostdeutschen angetan. Schon während der Modrow-Regierung war es leichter geworden, Westautos einzuführen. Und irgendwie hatten viele Leute das Geld dazu aufgebracht. Mit der Währungsunion rollte nun die Blechlawine in die DDR. Automärkte und -ausstellungen der großen westdeutschen Hersteller zeigten, was möglich war. Vor allem gingen Gebrauchtwagen in die DDR, deren Preise immer weiter stiegen. »Trabbi« und Wartburg wurden verramscht. Stattdessen besorgten sich nun die jungen Leute alte Mercedes und BMW, deren PS-Kraft durchaus noch dazu ausreichte, um sich in den schönen altmodischen Alleen ohne Leitplanken zu Tode zu fahren. Sie veranstalteten legale und illegale Autorallyes und schraubten an den alten Karren mithilfe vieler improvisierter Werkstätten herum. Selbst Umweltschützer, die nun Ökofreaks hießen, selbst protestantische Asketen und Antikapitalisten, die vor Westflitter und Warenrausch gewarnt hatten, fuhren nun in ihren neuen alten Autos vor – eine Revolution des Alltags. Rasch gewöhnten sich die Menschen an all das Neue, nur sie selbst waren geblieben, wie sie waren. So besang Karl-Heinz Bomberg August 1990 deren »Lebensläufe«:

> »Erich kriegte wenig mit.
> Ging ganz still den Alltagsschritt.
> Als die Änderung gekommen,
> Ist er leise mitgeschwommen.
> Theodor hat laut gelogen,
> dass sich stark die Balken bogen.
> Lügt ganz unverdrossen weiter
> Und steigt hoch die goldne Leiter.«[818]

Zivilgesellschaft, Medien, Institutionen

Im zivilen Bereich stellte man sich zunehmend auf die westlichen Standards ein. Im Februar fanden die ersten Betriebsratswahlen im VEB Kraftverkehr Leipzig statt. Der FDGB löste sich auf, die bundesdeutschen Gewerkschaften zogen ein. Erste Tarifverträge wurden abgeschlossen. Im Februar bildeten sich Mietervereine, gründete sich ein Unternehmerverband und auch – wir befinden uns schließlich in Deutschland – ein Beamtenbund, obwohl es noch keine Beamten gab.

Unter reger Anteilnahme der Bevölkerung kam die Medienlandschaft in Bewegung. Erste Risse in der gleichförmigen SED-Medientapete hatte es im November gegeben, auch wenn die Berichterstattung konsequent für Modrow Partei ergriff, sich kaum von den alten Feindbildern löste und die Strategie der SED/PDS publizistisch untermauerte. Stück um Stück verzichteten die Medien dank der Entwicklung dann doch auf die alten ideologischen Phrasen, bis zum Schluss nur noch die angebliche soziale Sicherheit der DDR und deren Antifaschismus als Parolen gegen die Wiedervereinigung aufbereitet werden konnten.[819] Eine gewisse Ausnahme war das Jugendfernsehen »Elf99«, wo auch Oppositionelle auftreten konnten. Eine unerwartete Veränderung gab es auch im Hörfunk, der im Volksmund verächtlich als »Konsumsender« verspottet wurde. Erste kritische Sendungen waren zu hören, wobei das »Jugendradio DT 64« Vorreiter war. Am 11. November trat das staatliche Rundfunkkomitee zurück. Rundfunkjournalisten gründeten Redaktionsräte, um selbst über die Programme entscheiden zu können. In den Sendern kam es zum Tauziehen zwischen den Räten und den noch vorhandenen SED-Strukturen. Im Dezember setzten sich schließlich die Redaktionsräte durch. Am 2. Februar wurden die Sender der »Stimme der DDR« wieder in »Deutschlandsender« umbenannt, der ab Sommer 1990 dann mit anderen Strukturen den »Deutschlandsender Kultur« bildete.

Die Regierung stellte zudem Weichen zur Gründung von Landesrundfunkanstalten, welche die zentralistische DDR-Struktur ablösen sollten. Im Mai sendete als erste Anstalt Antenne Brandenburg. Am 1. Juli folgten Sachsenradio und Sender aus den anderen neu zu bildenden Ländern. Immer noch gab es ein eindeutiges personelles Übergewicht der SED-Journalisten, die für die SED/PDS Partei ergriffen und tendenziöse Angriffe auf Oppositionelle starteten. Am Runden Tisch war ein Mediengesetz in Aussicht gestellt worden, das allerdings auf sich warten ließ. Die Missstände konnten auch durch ein Kontrollgremium, den im Januar vom Runden Tisch ausgehandelten Hörfunkrat, kaum behoben werden.[820]

Ab Januar 1990 kam es zu etwa hundert Zeitungsgründungen. Ein Teil entstand im Umkreis des Neuen Forums. Der BasisDruck-Verlag gab die erfolgreichste Zeitung heraus, *Die Andere,* die im Januar mit 80 000 Exemplaren erschien. Der Opposition standen auch einige neue, unabhängige Zeitungen nahe wie die seit Dezember in Erfurt erscheinende *Neue Erfurter Zeitung* oder das im Januar 1990 herausgegebene *Karl-Marx-Städter* (Chemnitzer) *Wochenblatt.* Auch einige kleinere Zeitungen entstanden, so das vom kirchlichen Friedensseminar Königswalde um Andreas Weigel seit dem 5. Januar 1990 herausgegebene *Werdauer Wochenblatt,* aber auch Informationsblätter des Neuen Forums wie *klartext* in Altenburg und der *Scheibenberger Anzeiger.* Letztlich schaffte es aber kaum eine dieser Zeitungen, auf Dauer zu existieren, wenn ihnen nicht bundesdeutsche Verleger unter die Arme griffen, wie das etwa bei der *Altmark-Zeitung* der Fall war, die seit dem 10. Januar erschien.[821]

Die bislang der SED gehörenden Bezirkszeitungen erklärten sich im Januar als unabhängig. Das SED-Blatt *Das Volk* in Erfurt hatte am 13. Januar den Namen *Thüringer Allgemeine* angenommen. In Erfurt hatten Tage zuvor vor dem Redaktionsgebäude Tausende Demonstranten in Anspielung auf den Zeitungsnamen gerufen: »Wir sind das Volk!« und »Schreibt die Wahrheit, schreibt die Wahrheit!«. Beinahe wäre es zum Sturm auf die Redaktion gekommen, die überwiegend aus ehemaligen SED-Genossen bestand.[822] Eine Journalistin bekannte, es sei »gar nicht so einfach, plötzlich die Wahrheit zu schreiben«[823]. Als nach der Wiedervereinigung das Gros der Tageszeitungen an bundesdeutsche Mediengruppen verkauft und Fernsehen und Rundfunk nach föderalistischen Prinzipien geordnet wurden, waren die personellen Probleme noch längst nicht vom Tisch.

Erste Veränderungen gab es im Bildungswesen. Nur zehn Prozent der Schüler des einheitlichen Schulsystems waren in der DDR bis zum Abitur gekommen. 1990 stiegen die Zahlen sprunghaft an. Fahnenappelle, die Nötigung zur Mitgliedschaft bei den Jungen Pionieren und der FDJ entfielen. Umstellen mussten sich die Lehrer, denen nun der politische Zugriff auf die Seelen der Schüler nicht mehr erlaubt war. Die Lehrpläne konnten 1990 nur dürftig retuschiert werden. Immerhin fielen die ideologischen und militärischen Fächer aus. Die Masse der Lehrer machte weiter, während weit mehr als die Hälfte der Direktoren ausgetauscht wurde. Die dringend nötige Schulreform sollte von den neu zu bildenden Ländern in Angriff genommen werden.

An den Hochschulen kamen Reformen ebenfalls nur langsam voran. Die starke ideologische Ausrichtung hatte dazu geführt, dass weit mehr als einhundert Lehrstühle nur für Marxismus-Leninismus existierten. Seit Ende der Modrow-Regierung drängte dieses Propagandapersonal in andere Fächer, etwa in die Bereiche Soziologie und Politologie. Gut ausgebildetes wissenschaftliches Personal war meist an den Akademien beschäftigt. Zu den personellen Schwierigkeiten kam noch ein enormer Sanierungsbedarf der Hochschulen hinzu.

Intellektuelle Diskurse

Die DDR-Literatur verlor ihren Nimbus als Medium gesellschaftlicher Prozesse. Viele DDR-Künstler hatten eine hervorragende Rolle in der Revolution gespielt, gerade auch wegen ihrer eigenen, unverwechselbaren Sprache. Viele Menschen hatten sich mit ihren Problemen persönlich an die Künstler gewandt und sie damit gewiss auch überfordert. Jetzt kam ins Gerede, dass mancher am System der Auftragskunst und der Privilegien teilgehabt hatte. Vor allem wurden nun Texte anders gelesen. In der Meinungsdiktatur kommunizierte der Leser mit dem Schriftsteller und mit dem Zensor. Er las »zwischen den Zeilen«, rieb sich an dem kulturpolitischen Anspruch, der die Wahrheit kanalisieren wollte, und spürte der Findigkeit des Autors nach, die Wahrheit in Metaphern, Mythen und historische Stoffe zu verpacken. Jetzt war die Dechiffrierung der Wahrheit nicht mehr nötig, und man begann zu fragen, ob Schriftsteller nicht selbst zum verlängerten Arm der Zensur geworden, ob sie in der aufgezwungenen Knechtschaft selbst Knechte gewesen waren. Offensichtlich war, dass es eine »DDR-Literatur« als homogenes Kulturphänomen nicht gegeben hatte, wenngleich sich nicht wenige der Literaten dieser von der SED gestellten Aufgabe verpflichtet gefühlt hatten.[824] Neben denen, die sich willig oder widerstrebend fügten, hatte es aber immer auch Künstler gegeben, die sich dem kulturpolitischen Zugriff entzogen, in den

Westen gingen, sich in Subkulturen verschanzten oder im Lande gegen die Angst, »die am tiefsten eingreifende Macht, über die die Diktatur verfügt, um Literatur innerhalb ihrer Grenzen zu beherrschen«[825], anschrieben. Jetzt wurde auch das Maß des freien Geistes bilanziert:

> »Null Uhr
> Wenn um Mitternacht Lichter verlöschen
> Und ein kleiner, erschöpfter Staat für
> Immer untergeht. Stellt Schuld sich ein.
> Derer, die durch Kulturträger im Ramsch der Selbstgefälligkeit
>   Abortdienste
> Versahen. Es war: Ein hündisches Kriechen
> Der zeitgenössischen Intelligenz der
> Vormaligen DDR vor den politischen Begriffen.«[826]

Die Sprache des Sozialismus hielt sich unter Intellektuellen auch nach dessen Untergang, auch bei den am Sozialismus orientierten Utopisten, die Trauerarbeit leisteten. Eine kleinere Gruppe hatte sich von den Utopien gelöst, unter anderen Monika Maron, Uwe Kolbe, Helga Schubert, Rolf Schneider, Günter de Bruyn. Lutz Rathenow konnte sich nur sarkastisch zum Thema äußern. »Wer wollte von einem Gefangenen nach 28 Jahren Landesarrest verlangen, nicht durch die urplötzlich aufgestoßene Tür hinauszudrängen, sondern sich um eine Totalsanierung seines Knastes mit Umbau in einen normalen Wohnblock zu kümmern?«[827] Insgesamt ist häufig in der pauschalen Kritik an den Künstlern der DDR übersehen worden, dass gelungene ästhetische Lösungen, die es vielfältig gab, die Distanz zur Diktatur dokumentierten, und sei es auch in Worten und Bildern, die sich weit von der westlichen Moderne entfernt hatten.[828]

Gerungen wurde um den Begriff und die Sache »Sozialismus« im Westen nicht weniger als im Osten. In Ost- und Westdeutschland, in ganz Europa kamen politische Mythen ins Straucheln. Es begann eine unendliche »Wende-Debatte«, in der nach der Umkrempelung der Machtverhältnisse der Geist einen neuen Ort suchte.[829] Der Sozialdemokrat Thomas Meyer klagte 1990: »Das große Wort scheint verbraucht. Vergewaltigt, aufgepäppelt, entstellt, geschminkt, an den Pranger gestellt, auf die Bühne gezerrt, umjubelt, ausgepfiffen, ins Versteck gebracht. Nun liegt es auf der Intensivstation. Die

Erben sind zahlreicher als die Ärzte an diesem semantischen Krankenbett.«[830] Während Meyer den Begriff mit dem Stichwort soziale Demokratie füllen wollte, haben andere in Ost und West mit wenigen Korrekturen die sozialistische Kampfsprache weiterhin verwendet. Diesmal richtete sie sich gegen die demokratische Revolution, die zum kolonialistischen Feldzug westdeutscher Revanchisten gegen das DDR-Volk erklärt wurde. Den Einmarsch der »Wessis« stellten gern auch westdeutsche Autoren dar. Sie hatten wohl selbst kein schlechtes Gewissen, fanden aber ein Thema, mit dem sie die eigene, im Osten gerade untergegangene Ideologie noch einmal ins Bild setzen konnten: »Als sie anrückten … aus dem westlichen Berlin mit drei Omnibussen und rot und weiß und blau lackierten Autos, aus denen Musik hämmerte, lauter als die starken Motoren, und mit breitachsigen, herrischen Fahrzeugen das Dorf besetzten, wie es seit den russischen Panzern, dem Luftwaffengebell und den Ribbeckschen Jagdfesten nicht mehr besetzt war …«[831] Da »stehen wir auf dem Acker, und der Vorsitzende zeigt einen Brief vom jüngsten Ribbeck, dem Enkel, der pocht aufs Grundbuch, den besten Boden, die Ställe, den Wald will er und den Fleck, auf dem ich hocke, die Bodenreform zum Arschabwischen …«[832]

Seilschaften

Im Sommer 1990 bekommt ein Begriff Hochkonjunktur: Seilschaften. Seilschaften entstehen als nicht öffentliche Machtbeziehungen in rechtsfreien oder rechtlich unklaren Situationen.[833] In den trüben Gewässern noch unklarer Rechtsverhältnisse fischen eine Menge Leute, die sich eine neue Existenz aufbauen wollen, vor allem die Funktionärseliten der sich auflösenden Sicherheits-, Militär- und Staatsapparate, der Altparteien und der staatlichen Wirtschaft. Dabei geht es um die Aneignung von Grundstücken, dubiose Umgründungen von genossenschaftlichen und kooperativen Wirtschaftseinheiten in private Hand, unkontrollierte Ausgründungen aus Großbetrieben sowie Vermögensverschiebungen aller Art. Solche Seilschaften nutzen die Beziehungen in die noch nicht erneuerten Verwaltungen, zu dem nicht ausgetauschten Justizpersonal, sie üben Druck auf Mitwisser und Alteigentümer aus oder zahlen mit Beteiligungen und Schweigegeldern.

Die mentalen Voraussetzungen für diese Art Geschäfte sind günstig, da es an einer ethisch fundierten Wirtschaftsgesinnung mangelt. Die Dysfunktionalität der DDR-Wirtschaft hat selbst Gutwillige genötigt, die gesetzlichen Normen der DDR zu unterlaufen, Pläne und Bilanzen zu fälschen oder irregulär Material zu beschaffen. In der Vermischung von öffentlichem Wirtschaften und privater Vorteilsnahme gedieh eine Selbstbedienungsmentalität, die sich in der Revolution noch einmal richtig entfalten kann. In vielen Fällen sind bundesdeutsche Investoren beteiligt, die das nötige rechtliche und ökonomische Wissen einbringen und ebenfalls die Gunst der Stunde zu nutzen verstehen. Erste Gerichtsverfahren gegen diese Praktiken finden schon 1990 statt. Um das Wuchern dieser Kriminalität zu bekämpfen wird 1991 in Berlin die »Zentrale Ermittlungsgruppe für Regierungs- und Vereinigungskriminalität (ZERV)« eingerichtet, die in zehn Jahren gut 4000 Ermittlungsverfahren wegen dieser Art Wirtschaftskriminalität einleitet.

Diese Revolutionswehen beflügeln die ost- und westdeutsche Kriminalliteratur. Bis 1993 erscheinen 53 Kriminalromane, die sich mit den Machenschaften der Jahre 1989 und 1990 befassen.[834] Hier wimmelt es von Ganoven, von ehemaligen MfS-Offizieren und Volkspolizisten, auch von westlichen und sowjetischen Geheimdienstlern, von Ost- und Westspekulanten, die morden, entführen und betrügen, die Eigentum an sich bringen und in Seilschaften agieren. Und es fehlen auch nicht die Helden aus den gleichen Milieus. Die zumeist fiktiven oder aus authentischem Material großzügig montierten Geschichten zeigen, dass die Wirklichkeit der Phantasie reichlich Stoff liefert. Jedoch nicht nur die Autoren der Wende-Krimis, auch die verunsicherte Bevölkerung versucht sich einen Reim auf die Seilschaften zu machen. Ist die neue Zeit wieder voller Betrug? Die alten Bösewichte, je nach ideologischen Vorlieben ausstaffiert, sind noch unterwegs.

»Gefühlsstau« und Transformationsschmerzen

Kaum eine Revolution ist wie die deutsche 1989/1990 derart wissenschaftlich begleitet und kommentiert worden. Ökonomen überlegen, wie eine Marktwirtschaft in Gang gesetzt werden könne, Politologen untersuchen Einstellungen und Parteipräferenzen, und Soziologen erforschen Milieus und soziale Gruppen. Ein Thema wird entdeckt, das die Öffentlichkeit besonders interessiert – die mentalen Differenzen zwischen den West- und Ostdeutschen. In die anfänglich schmunzelnd vorgebrachten Klassifikationen »Ossi«

und »Wessi«, »Zonis« und »Bundis« schleichen sich Dissonanzen ein: »Jammerossi« und »Besserwessi«. Als Wort des Jahres wird 1989 »Reisefreiheit« und 1990 »neue Bundesländer« gewählt. Als sich zeigt, dass die Wiedervereinigung nicht so einfach verläuft, wird 1991 »Besserwessi« zum Wort des Jahres gekürt. Noch feiern die Ostdeutschen jedes Ereignis, das sie der Einheit näher bringt. Dennoch wird auch klar, die Ostdeutschen sind anders. Das liefert Stoff für unzählige Untersuchungen.[835]

Freya Klier schrieb 1990 in ihrem Buch *Lüg Vaterland. Erziehung in der DDR* über die Folgen der kommunistischen Erziehung: »Wir ahnen, dass wir uns tief zu unseren Wurzeln hinuntergraben müssen. Und mag der Schlüssel zum Verständnis des westlichen Teils Deutschlands im alles beherrschenden Spiel seiner Wirtschaft zu finden sein – der Schlüssel zum Verständnis seines östlichen Teils liegt in der Erziehung.«[836] Zur Sensation wurde das Buch *Der Gefühlsstau* von Hans-Joachim Maaz, dem Leiter der Psychotherapeutischen Klinik der Diakonie in Halle. Er legte eine »Psychologie der Revolution« mitsamt der Psychopathologie der DDR-Gesellschaft und ihrer Revolutionäre vor. Seinen Schlussfolgerungen wurde zwar in Teilen widersprochen, aber zweifelsfrei konnte er aus seiner Erfahrung nachweisen, dass die DDR-Bürger nicht nur den unbedingten Freiheitswillen mitbrachten, sondern durch die lange Diktatur auch in einer Art geprägt waren, die Bundesdeutsche kaum verstanden. Die DDR-Bürger litten nach Maaz an den Folgen der Unterdrückung, einer Selbstunsicherheit, an Blockierungen und Gehemmtheit, an einem Gefühlsstau. Das habe sich dann in der Revolution gemildert. »Das Überwinden der Tabus und Verbote, das Aufrichten, das Aus-Sich-Herausgehen und das Erheben der Stimme, das schrittweise Überwinden der neurotischen Gehemmtheit mithilfe der kollektiven Verbundenheit: das war nicht nur ein politischer Protest, das war ein Stück kollektiver psychischer Befreiung.«[837]

Dies habe aber nicht ausgereicht, denn in der Revolution habe es wieder Tabus gegeben. So sei es aus Gehemmtheit nicht zu einer klaren Machtübernahme durch die Bürgerbewegungen und die Demonstranten gekommen. Darum gebe es jetzt vor der Wiedervereinigung »reale und aktivierte neurotische Ängste«, soziale Ängste, Angst vor dem Weiterwirken der Stasi, Ängste vor neuen Zwängen, die durch den Wohlstandsgewinn nicht kompensiert werden könnten. Selbst die in der Revolution praktizierte Gewaltfreiheit sei teilweise Ausdruck des Gefühlsstaus. »Unsere inneren Verletzungen ... behindern unsere Fähigkeit zur offenen und klaren Auseinandersetzung und schwächen unseren Mut zum Schuldbekenntnis, zur Reue und zur Sühne. Dann ist es uns wiederum nicht möglich, unsere Vergangenheit zu bewältigen, uns wird die Kraft zur Strafe fehlen. Und wenn wir nicht bewusst strafen wollen, werden wir uns unbewusst rächen müssen.«[838] Nicht allein die formale Befreiung, sondern eine innere Befreiung bringe freie Menschen hervor, die das wiedervereinte Deutschland benötige. »In beiden Teilen Deutschlands ist dazu ein emotionaler Verarbeitungsprozess vonnöten, der Entfremdung, Schmerz über den durch nichts zu entschädigenden Mangel an Trauer über verlorene Möglichkeiten und Chancen einschließt.«[839]

Zu den Belastungen aus der Vergangenheit kommt nun noch der »Wendestress« durch die Nötigung zu einem Sprachwandel.[840] Ausgerechnet den Ostdeutschen, deren Noch-Staat in den eindrucksvollen semantischen Kämpfen der Sprachrevolte »Deutsche Diskutierende Republik« genannt wurde, fehlen nun die Worte, um sich in den neuen Verhältnissen zu orientieren. Viele Ost-Worte verschwinden oder sind gegenstandslos geworden, vom Aktivisten bis zum Zentralorgan. Und neue aus dem Westen müssen gelernt werden, vom Azubi bis zum Zweckverband. Neben dem lexikalischen Wandel müssen auch Sprachgewohnheiten verändert werden. Da Teile der DDR-Sprache Nachhall und Echo einer Realität sind, die sich auflöst, dominiert die Wortwanderung von West nach Ost; nur Weniges findet gegenläufig in den westdeutschen Sprachschatz Aufnahme.

Die Ostdeutschen sind in Sprachdingen durchaus sensibilisiert und sind es aus DDR-Zeiten gewohnt, konspirative Zwischentöne zu entschlüsseln. Sie sind deshalb nicht nur über manche feministischen Sprachübertreibungen, über die Belehrungen in Sachen Marktwirtschaft oder über die übervorsichtige Sprache der »political correctness« der Westdeutschen amüsiert, sondern fühlen sich oft genug gekränkt. Nicht nur Otto Schily spricht von Bananen, ein Großteil der Westmedien weidet sich an den mit Plastiktüten behängten ostdeutschen Käufern – die Tüten heißen schließlich im Westen auch »Türkenkoffer«. Geradezu Transformationsschmerzen löst bei den Ostdeutschen die funktionalistische und standardisierte Verwaltungssprache aus, vor der es kein Entrinnen gibt. Und sie spüren, dass sich mit den beliebig anwendbaren westdeutschen »Plastikwörtern«[841] wie Kommunikation, Energie, Information, Entscheidung, Identität, Strategie, Modernisierung, Modell, Wachstum, Projekt, Verwertung, Management oder Trend der Gehalt und die biografische Erfahrung einer spontanen demokratische Revolution nicht beschreiben lassen, es sei denn, sie wird auf ein technokratisches Projekt verkürzt.

Das Unwohlsein im Übergang verstärkt antidemokratische Haltungen und Stimmungen aus den Restbeständen der undemokratischen deutschen politischen Kultur. Rechte und linke Demagogen versuchen seitdem aus den Frustrationen politisches Kapital zu schlagen. Sie sind immer dann erfolgreich, wenn sie Erfahrung und Erinnerung der Revolution eliminieren können.

Die Rückkehr der Länder

1990 ergab sich ein sprachliches Problem, wenn das Gebiet der DDR nicht mehr als DDR bezeichnet werden sollte, auch wenn mancher Westdeutsche noch Jahre nach der Wiedervereinigung in die »DDR« reiste, weil Ex- oder ehemalige DDR etwas umständlich klang. Ostdeutschland oder der Osten war eigentlich nicht richtig, da etwa in Thüringen der geografische Mittelpunkt Deutschlands liegt. Aber Mitteldeutschland mochte auch kaum jemand sagen, es war politisch nicht korrekt, und die Oder war die Ostgrenze. So kamen die Begriffe »Neue Länder« oder »Fünf Neue Länder« auf. Auch das knirschte, da dabei Ost-Berlin außen vor blieb und ein Teil der Länder auf eine mehr als tausendjährige Staatlichkeit verweisen konnte. Juristisch völlig korrekt war die Bezeichnung »Beitrittsgebiet«, da der Begriff das staatsrechtliche Verfahren der Wiedervereinigung ausdrückte. Aber ein Beitrittsgebiet konnte genauso wenig eine Heimat sein wie ein »nicht sozialistisches Währungsgebiet«, wie in korrekter DDR-Sprache die westlichen Länder genannt wurden.

Noch komplizierter war es mit der Bezeichnung der Einwohner des fraglichen Gebietes, der DDR-Bürger, die gerade dabei waren, die DDR abzuschaffen. Waren sie nach Vollzug der Operation dann nur noch Bürger? Doch dieser Begriff war kontaminiert, denn das Bürgertum war die feindliche Klasse, die erfolgreich liquidiert worden war. Und wem das Ideologische gleichgültig war, der hatte Erinnerungen an die demütigende Frage des Genossen Volkspolizisten, der gerade einen Parksünder ertappt hatte: »Nun, Bürger, was haben wir denn falsch gemacht?« Der Mauerfall hatte 16 Millionen zu Weltbürgern gemacht, und dass sie Deutsche waren, hatten sie nie vergessen. Doch auch sie wollten im Allgemeinen etwas Besonderes sein. Als etwas Besonderes bot sich ihre landsmannschaftliche Herkunft an. Zur Beute der inszenierten SED-Kultur hatte auch gehört, dass sie nicht nur um ihre nationale, sondern auch um ihre regionale Identität gebracht worden waren.

Eine DDR-Identität hatte es nie gegeben, noch weniger hatte die Bevölkerung die politische Gliederung in Bezirke angenommen. Durch das Gesetz über die »Demokratisierung des Aufbaus und der Arbeitsweise der staatlichen Organe« vom 23. Juli 1952 waren die Länder Mecklenburg, Brandenburg, Sachsen-Anhalt, Sachsen und Thüringen in 14 Bezirke mit 217 Kreisen aufgeteilt worden. Hinzu kam als weiterer Bezirk Ost-Berlin. Das Prinzip des »demokratischen Zentralismus« sollte die Zugriffsmöglichkeiten der SED auf die Regionen erweitern und gewachsene Identitäten zerstören. Weder mental noch kulturell konnte aber die Verbundenheit der Bevölkerung mit ihren Ländern aufgehoben werden. Auch die Landeskirchen, die territorial in etwa den Ländern entsprachen, trugen zur landsmannschaftlichen Identifikation bei. Die Demonstrationen zeigten mit Insignien, Fahnen und Losungen sinnfällig, dass auch ein politischer Wille zur Wiedereinführung der Länder vorhanden war. In Sachsen tauchten die weiß-grünen Flaggen mit wettinischem Wappen schon Ende November 1989 bei den Demonstrationen auf. Aber auch die Unterregionen, etwa das Thüringer Eichsfeld oder das sächsische Vogtland, blieben identitätsstiftend. »Vogtland, meine Heimat«, hieß es auf einem der Spruchbänder. Und in erzgebirgischen Gemeinden wurde das alte Heimatlied »Deitsch und frei wolln mer sei« wieder öffentlich als Hymne zum Abschluss der Demonstrationen gesungen.

Zu den bekanntesten Aktionen der Identitätswahrung gehörte die schon im Oktober auf Demonstrationen geforderte Rückbenennung von Karl-Marx-Stadt in Chemnitz. Am 25. November gründete sich die Initiative »Für Chemnitz«, an der sich unter anderen Künstler, Handwerker und Lehrer beteiligten. In einer Unterschriftenaktion sammelte sie bis Ende Januar 1990 43 000 Unterschriften.[842] Die Befragung der Bürger fand im April statt. Am 23. April 1990 wurde das Ergebnis bekannt gegeben. 76,14 Prozent entschieden sich für den alten Namen Chemnitz.

Schon in der Opposition der 1980er-Jahre war die Wiedereinführung der Länder gefordert worden. Der Parteiaufbau der neuen oppositionellen Gruppierungen und der etablierten Parteien begann sich im Januar nach Länderstrukturen zu organisieren. Auch zahlreiche Runde Tische der Bezirke bereiteten sich auf die Wiedereinführung der Länder vor. Eine Reihe von Gemeinden versuchte durch Eingaben an die Modrow-Regierung ihre Kreiszugehörigkeit zu verändern.

Erleichternd für eine Wiedereinrichtung der Länder war, dass die um ihre Kompetenz gebrachten Länder rechtlich weitergelebt hatten. »Einen Rechtsakt, mit dem ihre Beseitigung ausgesprochen worden wäre, hat es nie gegeben.«[843] Die Koalitionäre der Regierung de Maizière hatten sich auf die Einführung der Länder geeinigt und sahen auch eine Länderkammer vor, die aber wegen Zeitmangel nicht mehr eingerichtet werden konnte. Die äußerst schwierige Aufgabe der Länderbildung wurde vom Minister für Regionale und Kommunale Angelegenheiten koordiniert. Das Ministerium setzte »Politisch Beratende Ausschüsse« für jedes der neu zu bildenden Länder ein. Als problematisch wurde empfunden, dass die zu bildenden Länder als solche nicht vertreten waren und wegen der immer noch zentralistischen Ausrichtung demokratische Willensbildungen nicht gebührend berücksichtigt werden konnten. Auch hier diktierte die knappe Zeit das Vorgehen.

Das Verfassungsänderungsgesetz der Volkskammer vom Juni 1990 räumte die Hindernisse aus der zentralistischen DDR-Verfassung aus dem Weg. Das Ländereinführungsgesetz wurde am 22. Juli beschlossen, aber durch den Einigungsvertrag faktisch noch einmal verändert. Dadurch wurden die umfassende Rechtsangleichung an das Grundgesetz, die Übertragung von Verwaltungskapazitäten der Regierung an die Länder und die Modalitäten für die Bildung der Landtage und der Landtagswahlen geregelt, die für den 14. Oktober geplant waren. Verfassungen gaben sich die neuen Bundesländer erst in den Folgejahren.

Am politischen Prozess der Länderbildung[844] beteiligten sich Fachleute und Politiker aus der Bundesrepublik, die ihre Erfahrungen mit dem bundesdeutschen Föderalismus gemacht hatten und nun nach besseren Lösungen suchten. Sie schlugen mehrere Varianten vor, die möglichst bevölkerungsreiche und lebensfähige Länder entstehen lassen sollten. Die Teilung der DDR in einen Nord- und in einen Südstaat, aber auch eine Dreiteilung und die

Bildung von vier Ländern wurden erörtert. Diese Vorschläge scheiterten an den Ostdeutschen, die sich mehrheitlich auf die regionalen Identitäten festgelegt hatten. Selbst Sachsen-Anhalt, das kaum ältere Traditionen hatte und erst 1945 entstanden war, bewahrte seine Selbstständigkeit.

Die Debatten in der Bevölkerung drehten sich vor allem um den Zuschnitt der Länder. Die Volkskammer hatte aus praktischen Gründen entgegen dem ursprünglichen Vorhaben der Restitution der Länder in den Grenzen von 1952 eine bloße Zusammenlegung der Bezirke beschlossen. In strittigen Kreisen sollten Befragungen durchgeführt werden. Obwohl sich die Bevölkerung der Kreise Senftenberg und Bad Liebenwerda und ebenso Altenburg für Sachsen ausgesprochen hatten, wurden sie durch die jeweiligen Kreistage und die Volkskammer an Brandenburg und Thüringen angeschlossen. Für eine zweite Runde der Befragungen, die nach den Landtagswahlen stattfinden sollte, hatten sich fast 150 Orte angemeldet. Letztlich kam es nur zu wenigen Veränderungen. In einigen Ländern war die Hauptstadtfrage strittig. In Thüringen wurde schließlich für Erfurt und gegen Weimar entschieden und in Sachsen-Anhalt wurde Magdeburg anstatt Halle Hauptstadt.

Auch gab es mehrere Sezessionsversuche. Im sächsischen Vogtland wurde der Vorschlag gemacht, diesen Landesteil an das bayerische Vogtland und damit an Bayern anzuschließen. Vorpommern mit Greifswald, der Rest des kriegsbedingt an Polen verlorenen Pommern und das niederschlesische Restgebiet mit Görlitz sollten eigene Bundesländer werden. Ein ähnlicher Vorschlag kam auch von den Sorben aus der Lausitz. Alle diese Versuche scheiterten. In einigen südlichen Landkreisen Sachsen-Anhalts gab es Bürgerinitiativen, die das Unstrutgebiet Thüringen zuschlagen wollten, war es doch das Stammland der mittelalterlichen Thüringer gewesen.[845]

Die Auseinandersetzungen um die Grenzziehungen waren Teil der Revolution. Sie sollten nicht nur die Verwaltungsakte der DDR des Jahres 1952 rückgängig machen, sondern auch den politischen und kulturellen Raum neu ordnen. Kommunalpolitiker, Lehrer, Pastoren, Hobbyhistoriker und viele andere zeichneten Karten, schrieben Eingaben, organisierten Bündnisse, Aktionen, Abstimmungen, Befragungen und Straßenblockaden, an denen manchmal mehrere Tausend Menschen beteiligt waren. Kreise zwischen Brandenburg und Sachsen sowie vogtländische Städte und Gemeinden, die durch die Grenzziehung 1952 an Brandenburg bzw. Thüringen gefallen waren, galten als »Krawallgebiete«[846]. Der Volkskammerausschuss bekam allein aus der Bevölkerung 1700 Vorschläge. Auch Westdeutsche beteiligten sich.[847] Bei all diesen Vorschlägen spielten bisweilen wirtschaftliche Erwägungen eine Rolle, auch war das kommunale Selbstbestimmungsrecht tangiert, doch meist ging es um Heimat, um eine kleine Utopie aus historischem Stoff.

Erich Loest, ein Sachse, der viele Jahre in den Gefängnissen des Sachsen Walter Ulbricht gesessen hatte, hat 1990 die Wiederkunft Sachsens literarisch als die Rückkehr der Göttin Saxonia gestaltet: »Unstet stelle ich sie mir vor, mal in Dresden, auf einem Brückengeländer hockend, mal im Erzgebirge durch die toten Wälder streifend, dann wieder erquickt sie sich im Leipziger Messetrubel. Sie ist von mäßiger Eleganz und ein wenig füllig. Der miserable Zustand der kleinen alten Städte drückt ihr aufs Gemüt. Früher hat sie gern in der Zschopau gebadet, das ist nun in der Dreckbrühe unmöglich ... Dort sitzt sie auf einem Stein und blickt ins graue Geplätscher. Das Lied, das sie anstimmt, ist ein grün-weißes Lamento ... Saxonia strich sich den Rock glatt, hob den Kopf und machte sich auf den Weg aus den Wäldern auf Dresden zu. Was auch geschehen wird, eines bleibt gültig bis an mein Lebensende: Ich bin kein Berliner.«[848]

Die parlamentarische und politische Abwicklung der DDR

Regierung und Volkskammer

Der erste tief greifende Schritt der de-Maizière-Regierung, die Vereinigung so schnell und so gut wie möglich herbeizuführen, war mit dem ersten Staatsvertrag zur Wirtschafts-, Sozial- und Währungsunion erfolgt, der aber viele Fragen offen ließ, etwa die rechtliche Behandlung der Eigentumsproblematik. Die Situation des Kabinetts, das seine eigene Abschaffung organisieren musste, war höchst unkomfortabel. Es trug für die Vereinigung zweier Länder mit völlig ungleichen Lebensverhältnissen Verantwortung. In der DDR waren durch Unrechtsakte und Umverteilungen neue Besitzstände geschaffen, die inzwischen akzeptiert und gerechtfertigt wurden. Die durch die finale Krise gebeutelte DDR-Gesellschaft traf nun auf die bundesrepublikanische, deren Sozialstruktur und politische Kultur sich ebenfalls von den gemeinsamen Ursprüngen entfernt hatten. Politisches Handeln, das mehr sein wollte, als den Untergang zu verwalten, stieß so auf Grenzen, welche die Möglichkeiten der gerade gewonnenen Freiheit ernüchternd reduzierten. Fast jedes Regierungsmitglied erhielt aus der Bevölkerung Hunderte Zuschriften mit Klagen, Vorwürfen und Vorschlägen, die von den Schwierigkeiten des Transformationsprozesses zeugten. Manchmal drohten die Schreiber und erinnerten daran, dass sie schon einmal eine Regierung weggefegt hätten. Einigen der revolutionären Minister fehlte es nicht an Gestaltungswillen. Doch wirkliche Chancen zur Verwirklichung gab es kaum. Dazu gehörten auch die Sonderwege des Abrüstungs- und Verteidigungsministers Eppelmann, der sich lange für den Erhalt der Nationalen Volksarmee einsetzte. Der Minister und ehemalige Waffendienstverweigerer wollte die Soldaten nicht auf die Straße setzen. Gut 88 000 Offiziere und Mannschaften wurden am 3. Oktober mit den Uniformen der Bundeswehr eingekleidet.[849]

Die Vereinigung auf dem Weg über Verträge musste im Konsens aller relevanten Kräfte in der DDR und der Bundesrepublik ermöglicht werden. Da der Anschluss der DDR nach Artikel 23 des Grundgesetzes auch Verfassungsänderungen in der Bundesrepublik erforderte, musste sich die Bonner Koalition mit den oppositionellen Sozialdemokraten verständigen. Da die Sozialdemokraten durch Wahlerfolge im Sommer 1990 im Bundesrat die Mehrheit hatten, mussten auch die Bundesratsmitglieder überzeugt werden. Oskar Lafontaine versuchte als Kanzlerkandidat der SPD diese Lage zur Profilierung zu nutzen. In der DDR spielten parteipolitische Konkurrenzen ebenfalls eine Rolle. Dies schlug sich schließlich im August im Bruch der Koalition nieder, als nacheinander die Liberalen und die SPD die Regierung verließen. Und selbst zwischen Ost- und West-CDU kam es zu Differenzen. Dafür waren die Verwirrungen verantwortlich, die nach dem Besuch von de Maizière am 1. August bei Kohl an dessen Urlaubsort am Wolfgangsee entstanden. De Maizière hatte unmittelbar nach seiner Visite bekannt gegeben, dass die Bundestagswahl vorgezogen werde, und konterkarierte damit die parteipolitische Strategie Kohls. Der Zwang zum Konsens sorgte dafür, dass alle Beteiligten ihren Forderungen Nachdruck verleihen konnten. Ob dies dem Einigungswerk genutzt hat, mag dahingestellt sein. Dass das Kabinett de Maizière bis zum Schluss durchgehalten hat, trotz aller Regierungskrisen, trotz immer neuer Stasi-Verdächtigungen und unsinniger Korruptionsvorwürfe gegen einzelne Minister, spricht dafür, dass die Beteiligten mit ihrer Aufgabe gewachsen waren.

Die Volkskammer war keineswegs bereit, alle Wünsche der Bundesregierung oder der bundesdeutschen Parteien zu erfüllen. So hat sie aktiv in die Verhandlungen zum Einigungsvertrag eingegriffen und sich bisweilen auch durchgesetzt. Zudem beschloss die Volkskammer Gesetze auch noch nach dem Abschluss der Verhandlungen zum Einigungsvertrag, sodass mehrfach nachverhandelt werden musste. Die Bundesregierung hat die Aktivitäten der Volkskammer des Öfteren sorgenvoll verfolgt. Unbeholfenheiten und Verfahrensfehler konnten angesichts des Mangels an parlamentarischer Professionalität nicht ausbleiben. Immerhin konnte die Erfahrung aus den Kirchenparlamenten, den Synoden, genutzt werden. Der Hauptunterschied zur parlamentarischen Praxis des Bundestags aber lag in der Benutzung der Sprache. Die Abgeordneten der Volkskammer verzichteten weithin auf Scheinfragen und andere inszenierte Wortspielereien, die nicht auf die Sachdebatte, sondern lediglich auf öffentliche Aufmerksamkeit zielten. Sprachanalysen zufolge war die Volkskammer ein »tendenziell konsensorientiertes Parlament, in dem weitgehend konstruktiv debattiert und mit dem Präsidium im Bezug auf die Debattenorganisation kooperiert wurde«[850]. Das erinnerte noch an den Runden Tisch.

Den Abgeordneten war klar, dass sie in einem Parlament saßen, das nicht mehr lange existieren würde, nur gut sechs Monate. In dieser Zeit verabschiedete die Kammer immerhin 164 Gesetze und 93 Beschlüsse. Die Abgeordneten waren von dem Neuen beflügelt, das diese Volkskammer repräsentierte – junger Wein in alten Schläuchen. Die Mehrheit der Gesetze und Beschlüsse schuf die Voraussetzungen für die Vereinigung durch die Rechtsangleichung an die Bundesrepublik. Der Beitritt zur Bundesrepublik wurde am 23. August mit Wirkung zum 3. Oktober 1990 beschlossen.

Auf ihrer ersten Sitzung am 12. April hatte die Kammer in einer Erklärung[851] auf Unrechtsakte der SED, vor allem auch auf die Anti-Israel-Politik reagiert: »Wir bitten die Juden in aller Welt um Verzeihung. Wir bitten das Volk Israel um Verzeihung für Heuchelei und Feindseligkeit der offiziellen Politik gegenüber dem Staat Israel und für die Verfolgung und Entwürdigung jüdischer Mitbürger nach 1945 in unserem Land … Wir erklären, uns um die Herstellung diplomatischer Beziehungen und um vielfältige Kontakte zum Staat Israel bemühen zu wollen.«[852] Und die Volkskammer gedachte auch des 17. Juni 1953, was noch wenige Monate zuvor ein Straftatbestand gewesen wäre. Der Gedenktag war in der Bundesrepublik noch ein Feiertag, der »Tag der deutschen Einheit«. Am 17. Juni 1990 war auf einer gemeinsamen Sitzung des Bundestags und der Volkskammer im Schauspielhaus Berlin der Konsistorialpräsident Manfred Stolpe als Redner bestimmt worden. Noch wenige Monate zuvor hatte er vor der Einheit Deutschlands als Friedensgefahr gewarnt. Jetzt erklärte er: »Am 9. Oktober 1989 wurde vollendet, was am 17. Juni 1953 misslang.«[853]

Eine Sonderrolle nahmen die Kommunisten ein, die sich in der für sie ungewohnten Rolle der Opposition befanden. Sie wurden oft Zielscheibe heftiger Angriffe aller anderen Fraktionen, die sich auf die Verbrechen der Vergangenheit und die von ihnen verursachte Krise bezogen. Jetzt klagten die Kommunisten Toleranz für sich ein, verwiesen auf ihren Antifaschismus und bezichtigten die Volkskammer, undemokratisch zu sein.[854] Eine Episode erregte die Leute. Der »Palast der Republik«, der Sitz der Volkskammer, musste wegen Asbestbelastung geräumt werden, sodass die Volkskammer in ein Provisorium umziehen musste. Das Wappen der DDR war schon abmontiert worden. Jetzt schien es, als hätte der teure »Palazzo protzo« oder »Erichs Lampenladen«, wie ihn die Berliner nannten, dem demokratischen Parlament beinahe noch sein Gift einhauchen können.

Der Einigungsvertrag

Der zweite Staatsvertrag, der »Vertrag zwischen der Bundesrepublik Deutschland und der Deutschen Demokratischen Republik über die Herstellung der Einheit Deutschlands«[855] wurde auf Vorschlag von de Maizière »Einigungsvertrag« genannt. Die Verhandlungen wurden für die Bundesrepublik von Innenminister Wolfgang Schäuble und für die DDR vom Staatssekretär beim Ministerpräsidenten Günther Krause geführt, denen Fachleute und Arbeitsgruppen aus den jeweiligen Ministerien zur Seite standen. Begleitende Verhandlungs- und Entscheidungsrunden gab es außerdem in Berlin und Bonn zwischen den Parteien.

De Maizière setzte alles daran, die Interessen der DDR-Bürger zu wahren und in dem Vertragswerk zu fixieren. Außerdem wollte er den Eindruck vermeiden, die Ostdeutschen seien im Einigungsprozess nicht gleichberechtigt. Er wusste wohl, dass die DDR materiell kaum etwas und strukturell gar nichts beitragen konnte. Die Ostdeutschen hätten bitten oder auch fordern müssen. Der Protestant de Maizière hatte aber eine Formel gefunden, welche die Erfüllung der ostdeutschen Erwartungen der bundesdeutschen Seite geradezu zur Pflicht machte. Schon bei der Eröffnung der Verhandlungen sagte er, dass »die Teilung durch Teilen überwunden« werden müsse. Die bundesdeutsche Seite, personifiziert durch Schäuble, war um der schnellen Vereinigung willen daran interessiert, nur solche Fragen zu verhandeln, die sich als strittig erwiesen. Wenn es zu keiner Einigung kam, sollten diese Probleme dem späteren Gesetzgeber im vereinten Deutschland überlassen bleiben. Auch sollten die Kosten der ohnehin teuren Einheit nicht aus dem Ruder laufen. Manche Verhandlungsrunden waren belastet von der gegenseitigen Unkenntnis der Lebensverhältnisse, und Missstimmungen kamen auf, wenn für eine Seite wichtige Fragen nicht gebührend berücksichtigt wurden.

Beide Seiten einigten sich darauf, dass die Vereinigung als Beitritt nach Artikel 23 des Grundgesetzes erfolgen solle, da der andere mögliche Weg nach Artikel 146 einen zeitraubenden Umweg über eine neue Verfassung bedeutet hätte und die Ausgestaltung dann allein dem gesamtdeutschen Gesetzgeber zugefallen wäre. Damit war auch entschieden, dass das Grundgesetz als zukünftige Verfassung des vereinten Deutschlands gelten würde. Allerdings mussten, das wurde auch im Artikel 4 des Einigungsvertrages festgeschrieben, diejenigen Artikel verändert werden, die die Bundesrepublik als Teil- oder Kernstaat definierten und auf eine künftige Wiedervereinigung angelegt waren. Daraus folgten sechs Änderungen. Ausnahmen bei der generellen Angleichung an bundesdeutsches Recht mussten extra definiert werden. Die Neufassung des Artikels 23 stärkte die europäische Einbindung der Bundesrepublik. Die nötigen Grundgesetzänderungen, die 14 Artikel betrafen, wurden 1994 von der Verfassungskommission des Bundestags und des Bundesrats vorgenommen. Unklare Rechtsfragen wurden durch mehrere Verfassungsgerichtsurteile entschieden.[856]

Der Einigungsvertrag wurde in drei Verhandlungsrunden ausgehandelt. Bei der ersten, am 6. Juli in Ost-Berlin, legte die DDR-Seite einen Entwurf vor, der in den Folgewochen von den Ministerien in Bonn und durch die Bundesländer sowie durch alternative

Entwürfe kommentiert wurde. In der zweiten Runde, vom 1. bis 3. August, präsentierte Krause eine Grobskizze, die teilweise auch von bundesdeutscher Seite vorbereitet worden war. Mit der dritten Verhandlungsrunde, seit dem 20. August, wurden die noch strittigen Themen zusammengefasst. Erneut setzten hektische Gespräche zwischen den Parteien in Bonn ein. Mehrfach drohte der Vertragsabschluss zu scheitern. Auch die Ost-Berliner Regierung gab sich in einigen Fragen unnachgiebig. Früher oder später waren alle zum Erfolg verurteilt, da sich niemand mehr das Scheitern anlasten lassen wollte. Das vielhundertseitige Werk mit 45 Artikeln, einem Protokoll und drei Anlagen wurde erst kurz vor der Ratifizierung fertiggestellt.

Der Einigungsvertrag enthielt Regelungen zur Gültigkeit von abgeschlossenen Verträgen beider Staaten, zum Aufbau der öffentlichen Verwaltung und Justiz einschließlich einer Verpflichtung des gesamtdeutschen Gesetzgebers, Gesetze zur Rehabilitierung von Opfern der SED-Diktatur zu erlassen, zum Vermögen und zu Staatsschulden der DDR, zur Aufgabenbestimmung der Treuhandanstalt, zur Angleichung der Sozialsysteme und Rentenregelungen, zum Erhalt der kulturellen Substanz der DDR, zum Aufbau einer föderalen Struktur der Rundfunkanstalten und zur Anerkennung von beruflichen Abschlüssen. Mit dem Einigungsvertrag wurde eine Reihe von Gesetzen der Volkskammer annulliert bzw. als Aufgabe an den gesamtdeutschen Gesetzgeber weitergegeben.

Einige Artikel spiegeln die Interessen der bundesdeutschen Seite wider. Vor allem die Finanzregelung für die Länder war ein Ergebnis der Interessenwahrung der westdeutschen Länder. Zwar sollte die Finanzverfassung der Bundesländer grundsätzlich übernommen werden. Der Vertrag hielt aber fest, dass bis 1994 nicht der Länderfinanzausgleich zum Zuge kommen sollte, vielmehr sollte die Unterstützung der neuen Länder aus dem »Fonds Deutsche Einheit« erfolgen.

Viele Vereinbarungen stellten Versuche dar, Besitzstände im Osten zu bewahren. Eine besonders schwierige Materie war die Regulierung der Eigentumsfrage, die nach Möglichkeit den vielfachen Rechtsbruch kommunistischer Herrschaft heilen sollte. Nach der Währungsunion hatten sich beide Regierungen am 15. Juni auf eine gemeinsame Erklärung »zur Regelung offener Vermögensfragen« geeinigt, die auch Bestandteil einer Anlage zum Zwei-plus-Vier-Vertrag wurde. Die Erklärung wurde als Anlage auch dem

Einigungsvertrag zugefügt. Außerdem verabschiedete die Volkskammer noch am 31. August das »Gesetz zur Regelung offener Vermögensfragen«, das ebenfalls als Anlage dem Einigungsvertrag hinzugefügt wurde. Um die Prinzipien der Regelungen war heftig zwischen den Verhandlungspartnern und auch zwischen den bundesdeutschen Parteien gestritten worden. Festgelegt wurde schließlich, dass die Enteignungen einschließlich der Regelungen der Bodenreform von 1945 bis 1949 unter sowjetischer Hoheit nicht rückgängig gemacht werden sollten. Für Enteignungen und andere Formen des Vermögensentzugs seit 1949 sollte das Prinzip »Rückgabe vor Entschädigung« gelten.

Diese Grundsätze waren von Anfang an problematisch, da sie trotz vieler Ausnahmeregelungen und Sonderbestimmungen den Verhältnissen oft nicht gerecht wurden, da inzwischen neue Rechtsverhältnisse entstanden waren. Die DDR-Seite wollte diese Besitzstände nach Möglichkeit schützen. Der Gesetzgeber und die Gerichte sollten mit diesen Problemen noch über Jahre befasst bleiben. Die komplizierte Rechtslage erschwerte häufig wirtschaftliche Aktivitäten und verletzte vielfach das Gerechtigkeitsempfinden. Letztlich war aber die Eigentumsproblematik mehr eine Folge jahrzehntelangen Unrechts als eine Wirkung der gewählten Mittel, das Unrecht zu heilen.

Zu einem nahezu unlösbaren Problem wurde die Regelung des Schwangerschaftsabbruchs, der in der Bundesrepublik mit dem Paragraphen 218 StGB als Indikationslösung gesetzlich geregelt war. In der DDR galt nämlich seit 1974 eine bedingungslose Fristenlösung, die besonders in den Kirchen umstritten war. Auf westdeutscher Seite trat die SPD für eine Liberalisierung ein und wollte die Debatte um eine gemeinsame Lösung zunächst nutzen, um eine neue Praxis im Westen zu erreichen. Auch die Liberalen waren nicht abgeneigt, solchen Vorstellungen zu folgen. In der DDR traten nahezu alle Parteien, auch die Ost-CDU, für die Wahrung dieses Rechts ein. De Maizière drohte gar noch kurz vor Verhandlungsabschluss mit dem Scheitern des Vertrags, wenn die DDR-Lösung nicht übernommen werde. Der Kompromiss sah schließlich vor, dass das DDR-Recht für zwei Jahre bis zu einer neuen Lösung weitergelten konnte, obwohl dies grundgesetzwidrig war. Dabei wurde dem »Tatortprinzip« Vorrang gegeben, nach dem im Osten Abtreibungen nicht strafbar waren, auch wenn westdeutsche Frauen dies nutzten. Diese Übergangslösung wurde 1992 vom

Bundestag revidiert, hatte aber auch dann noch keinen Bestand vor dem Bundesverfassungsgericht.

Der bürokratische Apparat der Bundesregierung leistete eine außerordentliche Arbeit. Wolfgang Schäuble[857] muss ohne Zweifel als der wichtigste politische Architekt des Einigungsvertrages auf bundesdeutscher Seite gelten, der damit eine innenpolitische Leistung vollbrachte, die der außenpolitischen von Helmut Kohl ebenbürtig zur Seite steht. Es entbehrt nicht der Tragik, dass Schäuble wenige Tage nach der Vereinigung, am 12. Oktober, von einem geisteskranken Mann angeschossen wurde und seither querschnittsgelähmt ist. Seine politische Beweglichkeit hat er behalten.

Aber am Zustandekommen des Einigungsvertrags waren auch Ostdeutsche beteiligt, die durch die Wahlen dazu legitimiert waren. Der Einigungsvertrag hat später viel Kritik erfahren. Doch Revolutionen und ihre Institutionalisierung folgen nicht der Weisheit nachträglicher Kritiker, sondern halten politische Situationen im Fluss. Die immer wieder in Umlauf gesetzte Legende stimmt nicht, dass der Einigungsvertrag ein Diktat des Westens war. Markus Meckel schrieb später: »Es ist uns gelungen, die institutionellen Abläufe auf dem Weg zur deutschen Einheit so zu gestalten, dass sie als Weg der Selbstbestimmung der Ostdeutschen beschrieben werden können.«[858] Am 20. September 1990 wurde der Einigungsvertrag von beiden Parlamenten ratifiziert. In der Volkskammer stimmten nur die Fraktionen der PDS und Bündnis 90/ Grüne dagegen. Im Bundestag stimmten 90 Prozent für den Vertrag. Der Bundesrat folgte mit einstimmigem Beschluss am 21. September.

Die Gegenwart der Vergangenheit im Recht

Menschenrechte, Rechtsstaatlichkeit und die Überwindung des Vorrangs der Politik vor dem Recht gehörten immer zu den erklärten politischen Zielen von Widerstand und Opposition.[859] Das in der Revolution aufgerichtete Recht hielt sich in den Grenzen des von der Opposition der 1980er-Jahre erfolgreich praktizierten Legalismus, der auch Prinzip der Regierung de Maizière und der Volkskammer war. Ein »Recht der Revolution«, das sich allein aus dem Umsturz begründete, gab es nur in Ansätzen. Dies schlug sich sowohl in den behutsamen Korrekturen der DDR-Verfassung als auch in der vorsichtigen Neuordnung der Rechtspflege nieder. Es handelte sich um weiche Übergänge hin zum Rechtsstaat und um ein hohes Maß an Rechtskontinuität.[860] Insgesamt musste in kurzer Zeit die schwer überschaubare Rechtsmaterie des »Staatsuntergangs und der Staatsnachfolge«[861] mit schwerwiegenden vermögens- und schuldenrechtlichen Konsequenzen abgearbeitet werden. Die gefundenen Lösungen hatten in späteren Grundsatzurteilen zumeist Bestand, waren aber politisch und moralisch oft schwer vermittelbar. Das wiederum löste bis heute anhaltendes Unbehagen aus. Wolfgang Schäuble, der in seinen Verhandlungen selbst nicht immer gute Erfahrungen mit der Rechtskontinuität gemacht hatte, deklarierte diesen Umstand als Folge einer »unvollendeten Revolution«. Eine »richtige Revolution hätte das alte sozialistische Recht ... für null und nichtig erklärt«. Das aber sei keine Option gewesen, da »radikale Akte für das eigentliche Ziel, die Einheit«[862], Gefahren heraufbeschworen hätten. Ein hoher Preis, denn nicht nur in den Köpfen, auch im Recht wurde die DDR nie ganz beseitigt.

Das Unbehagen an dieser Art Revolution machte sich vor allem am Umgang mit den Tätern fest. Der Schriftsteller Walter Kempowski, der acht Jahre im Zuchthaus Bautzen gesessen hatte, schrieb am 31. Dezember 1989 in sein Tagebuch: »Was für ein Jahr! Im Jahr des 100. Geburtstages von Hitler eine reguläre bürgerliche Revolution! Und wir waren dabei! ... Aber irgendetwas war nicht in Ordnung mit Leipzig/Einundleipzig: ›Es fehlte das Blut‹, wie S. sagte. Kein Stasi-Mann wurde an einer Laterne aufgehängt, und die ›Staatsmacht‹ gab nicht einen Schuss ab. Die bürgerliche Revolution wurde nicht besiegelt.«[863] Das fehlende Blutsiegel war das Markenzeichen einer friedlichen Revolution, bei der – wie so oft in der Geschichte – gerade in der Rechtsfrage Fluch und Segen schwer auseinanderzuhalten waren.

Der DDR-Bevölkerung wurde in der Revolution häufig unterstellt, sie würde Rache nehmen wollen. Ein Argument, das benutzt wurde, um Akten zu vernichten oder zu verschließen. Tatsächlich blieb Gewalt auf wenige periphere Episoden beschränkt. Die Bürger waren bereit, den Preis für den friedlichen Umbruch zu entrichten. Viele waren zornig, aber sie zuckten mit den Achseln. Das bedichtete Uwe Kolbe:

>>die schuldigen
sterben, leider, meist
an schnupfen
in einem großen bett
nahe beim flughafen
also
eines natürlichen todes<<[864]

Nachdem schon im Dezember 1989 die ersten Ermittlungsverfahren gegen Spitzenfunktionäre der SED aufgrund von Korruptionsvorwürfen eingeleitet worden waren, begannen im Januar 1990 die Ermittlungen zu den Fälschungen der Kommunalwahl vom Mai 1989.[865] Wahlfälschung war in der DDR nach §211 des Strafgesetzbuchs ein Straftatbestand. Einige der etwa hundert Anzeigen waren schon von Bürgerrechtlern im Mai 1989 erstattet, damals aber von der Justiz verschleppt worden. Nach der Volkskammerwahl begannen die ersten Prozesse. Angeklagt waren zumeist Bürgermeister und Parteifunktionäre, die die Weisung zur Fälschung gegeben hatten. Am 20. Juni erging das erste Urteil gegen den Brandenburger Oberbürgermeister Klaus Mühe, der zu einer Geldstrafe verurteilt wurde. Aufsehen erregte der Prozess gegen den ehemaligen Leipziger Oberbürgermeister Bernd Seidel, der am 20. Juni 1990 zu sechs Monaten Haft verurteilt wurde. Die Verteidigung berief sich zumeist auf die durch vorgesetzte SED-Stellen ergangenen Anweisungen. Und die Verteidiger verfügten auch über ein probates Mittel, die Prozesse zu verzögern. Sie stellten Befangenheitsanträge gegen die Richter, die ebenfalls in das SED-Anweisungssystem verstrickt gewesen waren. >>Unbefangener Richter gesucht<<[866], titelte eine Zeitung. Trotzdem ergingen noch 1990 gegen mehrere Bürgermeister Urteile.

Mehrfach wurden Politiker und Wirtschaftsfunktionäre von der Justiz wegen Veruntreuung von Geld und Sachwerten verfolgt. Zu den bekanntesten Vorfällen gehört der Skandal um den seit Februar 1990 aus Jena verschwundenen und von der Staatsanwaltschaft Gera gesuchten Leiter des volkseigenen Carl-Zeiss-Werks, Wolfgang Biermann, der auch Mitglied des ZK der SED war. Biermann hatte in Jena viele Jahre eine selbstherrliche Politik betrieben, sich in die Stadtangelegenheiten eingemischt, das Zeiss-Werk mit einem verfehlten Mikroelektronikprogramm ruiniert und an westdeutsche Gäste teure Kulturgüter verschenkt. Er schlüpfte in

Saarbrücken als privater Gast beim dortigen Wirtschaftsminister Hajo Hoffmann unter, wo er im August ausfindig gemacht wurde. Die Staatsanwaltschaft stellte ein Auslieferungsgesuch, das jedoch abgelehnt wurde.

Schwierig gestalteten sich die Versuche, die ehemaligen Mitglieder des Politbüros der SED sowie den ehemaligen Vorsitzenden der Ost-CDU, Gerald Götting, vor Gericht zu bringen. Viele von ihnen waren wegen verbrecherischer Untreue noch während der Modrow-Regierung verhaftet worden. Bei den Veruntreuungen handelte es sich bisweilen um Millionenbeträge. Die zumeist sehr alten Männer wurden allerdings bald als haftunfähig betrachtet und entlassen. »Es handelt sich um Leute, die aus der Verantwortung aus einem tätigen Leben plötzlich in ein Nichtstun gestürzt und in Untersuchungshaft genommen worden sind. Die meisten Leute sind verfallen.«[867]

Eine Sonderrolle spielte in der Öffentlichkeit die justizielle Verfolgung Erich Honeckers. Gegen ihn waren mehrere Anzeigen, ebenfalls wegen Veruntreuung und wegen des Schießbefehls an der Grenze, eingegangen. Schon im Januar wurde Honecker in ein Militärkrankenhaus der Sowjetarmee eingeliefert und galt über Monate als haftunfähig. Im August stand fest, dass Honecker nicht mehr vor ein DDR-Gericht gestellt werden würde. Im Sommer wurden auch die ersten Ermittlungsverfahren gegen die Todesschützen der damals bekannten 200 Erschossenen an der Grenze eingeleitet. Der Militärstaatsanwalt war zwar der Meinung, dass es sich hier nicht um schwere Menschenrechtsverletzungen handele, stellte aber auch erstmalig bei der von der SED verhassten Zentralen Erfassungsstelle für DDR-Unrecht[868] in Salzgitter ein Rechtshilfeersuchen. Derselbe Staatsanwalt verschleppte auch die Untersuchung des Grenzmordes an Chris Gueffroy im Februar 1989. Dessen Mutter Karin Gueffroy hatte am 12. Januar 1990 Anzeige erstattet. Diese Anzeige war im Sommer 1990 noch nicht einmal vorgeprüft worden.

Schon während der Modrow-Regierung konnten politische Urteile kassiert werden, auch wenn dies nur in bescheidenem Maße geschah. Zunächst wurden die Urteile gegen einige prominente SED-Dissidenten wie Walter Janka oder Wolfgang Harich kassiert. Nach den freien Wahlen wurde die Kassation von Urteilen großzügiger gehandhabt. Nun profitierten auch verurteilte Bürgerrechtler wie Vera Lengsfeld-Wollenberger davon. Dennoch wurden solche

Verfahren auch jetzt noch hinausgezögert oder abgewiesen. Bis Anfang Juni waren etwa 500 Kassationsverfahren beantragt, 51 wurden zur Verhandlung zugelassen und nur acht waren abgeschlossen. Bei 250 000 politischen Häftlingen in der DDR waren dies denkbar geringe Zahlen. Seit dem Sommer nahmen die Proteste gegen die täterfreundliche Justiz zu. Am 13. August drängte der DSU-Vorsitzende Hansjoachim Walther in der Volkskammer auf Aufhebung aller politischen Urteile, verlangte von Gregor Gysi Entschädigungen aus dem SED-Vermögen und forderte den Rücktritt der täterfreundlichen Minister Wünsche und Diestel. Tage darauf demonstrierten Justizopfer vor dem Justizministerium. Die Volkskammer sah sich nun veranlasst, ein Rehabilitierungsgesetz vorzubereiten, das auch Entschädigungen vorsah.

Trotz der Reformgesetze veränderte sich das Justizwesen schon wegen der Kontinuität des Personals kaum. Zwar waren bis Ende März mehr als hundert Richter abgelöst worden und viele Staatsanwälte zurückgetreten. Doch unbelastete Richter und Staatsanwälte gab es kaum. Zu den Ausnahmen gehörte etwa Armin Göllner, der wegen seiner kritischen Haltung zur SED-Justiz 1984 zu drei Jahren Haft verurteilt worden war. Das SED-treue Personal hatte auch von dem langgedienten Justizminister Kurt Wünsche nichts zu befürchten. Im Juni gestattete er dem Justizpersonal, die eigenen Personalakten selbst zu bereinigen und neue Lebensläufe zu verfassen. Er wurde für seine Partei zur Belastung und trat am 3. Juli aus der LDPD aus, ohne jedoch zunächst sein Amt aufzugeben. Die am schwersten belasteten Juristen und viele ehemalige MfS-Offiziere ließen sich als Rechtsanwälte registrieren.

Die DDR-Justiz hatte vor der Vereinigung nicht mehr die Kraft und ihr Personal auch nicht den Willen, wirklich rechtsstaatliche Verhältnisse zu schaffen. 1991 wurde die Zentrale Ermittlungsgruppe für Regierungs- und Vereinigungskriminalität (ZERV) unter Leitung von Manfred Kittlaus installiert, die allerdings ständig unterbesetzt war. Sie leitete 16 323 Ermittlungsverfahren wegen Regierungskriminalität ein, die zu 260 Anklageerhebungen führten. Etwa hundert Angeklagte wurden zu Freiheitsstrafen mit Bewährung oder Geldstrafen verurteilt. Im Bereich der Gewalttaten an der innerdeutschen Grenze wurden 111 Anklagen aus gut 6000 Ermittlungsverfahren vor die Gerichte gebracht. Dabei kam es zu 119 Verurteilungen. In 25 Fällen wurde die Strafe nicht zur Bewährung ausgesetzt.[869]

Die Strafverfolgung politischen Unrechts folgte dem im Grundgesetz festgehaltenen Grundsatz »Nulla poena sine lege«[870] (»Keine Strafe ohne Gesetz«), das ein Rückwirkungsverbot auch für politische Straftaten bedeutet. Entgegen internationalem Recht hat die Bundesrepublik diesen Grundsatz auch bei schweren Menschenrechtsverletzungen nach dem Krieg angewendet. Außerdem war im Einigungsvertrag festgelegt worden, dass sowohl bundesdeutsches Strafrecht als auch DDR-Strafrecht herangezogen werden müsse. Für die Strafzumessung war die jeweils mildere Variante vorgesehen, sodass nur schwerwiegende Unrechtstaten einzelner Funktionäre verfolgt werden konnten. Damit mussten von den Gerichten die Gesetze, Normen oder Befehlslagen der DDR, auch wenn sie »rechtsstaatlich als Unrecht« zu bewerten waren, »wenn es um die Verantwortung der Täter geht, so behandelt werden, als wäre es Recht«[871].

Das wurde durch die Anwendung der »Radbruchschen Formel« gemildert, nach der DDR-Gesetze als »unrichtiges Recht« behandelt wurden, wenn der Widerspruch zwischen Recht und Gerechtigkeit unerträglich erschien. In der Rechtsprechung wurde nur das vorsätzliche Töten an der Grenze und bei bestimmten Todesurteilen als Straftat auf der Grundlage von »unbeachtlichem Recht« behandelt.[872] Beteiligte Staatsanwälte haben kritisch angemerkt, »dass der Entwicklung der DDR und ihrer Staats- und Gesellschaftsordnung durch die Rechtspflege der DDR Vorrang vor dem Individualrechtsgüterschutz eingeräumt wird, sodass beispielsweise die Justizpraxis, durch die das Recht der Meinungsfreiheit auf die Äußerung der von der SED gewünschten Meinungen reduziert und das Menschenrecht auf Ausreise praktisch auf Null zurückgeführt wird, sich einer strafrechtlichen Ahndung entzieht«[873]. Und Bernhard Jahntz urteilte, »dass wegen der Beachtung des Rückwirkungsverbotes die – auch durch menschenrechtswidrige Urteile geprägte – nationale Rechtssicherheit der DDR-Rechtsordnung für schützenswerter erachtet wird als die elementarsten Menschenrechte der unter solcher Diktatur lebenden DDR-Bürger«. Das »ist und bleibt ... abartig«[874].

Die Bundesrepublik ist in der Rechtsfrage der Revolution nicht in Gänze gefolgt. So unvermeidbar es aus politischen Gründen gewesen sein mag, bestimmte Bereiche des DDR-Rechts weiter gelten zu lassen, können doch die Folgen nicht übersehen werden. »Problematisch sind die Einflüsse, die die Anpassung an den Rechtszustand in der DDR direkt oder indirekt im Grundgesetz hinterlassen haben, insbesondere in der Frage des Schutzes des Eigentums und des Lebens.«[875]

In der Einheitseuphorie 1990 glaubte so mancher, dass die politische Einheit eine Art Verbrüderung von Opfern und Tätern, von Rechtstreuen und Rechtsbrechern, von Diktaturpersonal und Demokraten sein müsse. Manche wollten schon 1990 »teilungsbedingte Straftaten« amnestieren und nicht verfolgen. Der Versuch der Bundesregierung, sämtliche Spionagetätigkeiten des MfS bzw. der HVA über den Einigungsvertrag zu amnestieren, schlug allerdings fehl. Ungeachtet dessen betrieb die bundesdeutsche Justiz bis in die Gegenwart eine Art Rechtsrevisionismus. Zahlreiche politische Akte der Revolution wurden später als rechtsstaatswidrig oder als verfassungsfremd deklariert. Dazu gehören die Urteile, die die von der frei gewählten Volkskammer beschlossene Rentenkappung der Systemnahen für rechtswidrig erklärten.[876] Und dazu gehört die schleichende rechtliche Revision der in der Revolution erzwungenen und durch das Stasi-Unterlagengesetz (StUG) geregelten Aktenöffnung mit der damit verbundenen öffentlichen Benennung von inoffiziellen und hauptamtlichen Mitarbeitern des MfS. Hier operiert das Justizwesen mit Datenschutz- und Persönlichkeitsrechten, die dem Personal der Diktatur zuzubilligen seien.[877] Bundesdeutsche Politiker glaubten zudem erklären zu müssen: »Jeder von uns hätte sich wohl im Zweifel nicht anders verhalten, wenn er in diesen vierzig Jahren in der DDR hätte leben müssen.«[878] Das ist nicht überprüfbar. Sicher ist nur, dass diese Personen in diesem Fall 1989 ein Problem bekommen hätten.

Kampf um die Stasi-Akten – Risiken einer Revolution

Seit dem Frühjahr 1990 brachten die Medien fast täglich neue Meldungen über MfS-Belastungen, über Verbrechen dieses Geheimdienstes, über die Zuträger, über die vielfältigen Methoden der Kontrolle und der Zersetzung. Namen wurden genannt, Adressenlisten von MfS-Objekten und -Trefforten veröffentlicht. Eine Regelung für den Umgang mit den Akten wurde unumgänglich. Nach der stecken gebliebenen Überprüfung der Volkskammerabgeordneten beauftragte der Ministerrat Innenminister Peter-Michael Diestel mit der Fortführung der Auflösung des MfS/AfNS und der Regelung des Umgangs mit den Akten. Diestel unterstellte sich das staatliche Komitee zur Auflösung des MfS und entzog den Bürgerkomitees alle Kontrollrechte. Am 16. Mai beschloss der Ministerrat die Einsetzung einer Regierungskommission, der neben einigen Theologen und Juristen auch die prominenten SED-Dissidenten Stefan Heym und Walter Janka angehörten. Auch die Einsetzung eines Volkskammerausschusses zur Kontrolle des Auflösungsprozesses war vorgesehen. Dieser wurde am 7. Juni als Sonderausschuss von der Volkskammer eingesetzt. Die Regierungskommission arbeitete an wichtigen Gesetzesvorhaben wie etwa einem Rehabilitierungsgesetz.

Zum eigentlichen Machtzentrum der Kontrolle und Planung der weiteren Verwendung des gewaltigen MfS-Archivs wurde der Sonderausschuss der Volkskammer, dessen Vorsitzender Joachim Gauck vom Bündnis 90 wurde. Der Ausschuss bezog eine größere Anzahl erfahrener Mitglieder der Bürgerkomitees in seine Arbeit ein. Eine seiner wichtigsten Unternehmungen war die von ihm selbst vorgenommene Überprüfung der immer noch höchst geheim im Regierungsapparat arbeitenden »Offiziere im besonderen Einsatz (OibE)« des MfS. Der Ausschuss bediente sich dabei einer Datenbank – des sogenannten Finanzprojekts –, die nahezu vollständig alle Namen, Registriernummern und Gehälter der hauptamtlichen MfS-Mitarbeiter enthielt. Die Aktion wurde zeitweilig von Diestel blockiert, der den Abgeordneten den Zugang zu den MfS-Archiven verwehrte.

Der Ausschuss und die Regierungskommission erarbeiteten auch Entwürfe für den Umgang mit den personenbezogenen Unterlagen des MfS, das über etwa vier Millionen Ostdeutsche und zwei Millionen Westdeutsche Akten angelegt hatte.[879] Diese Entwürfe sahen in ihrer Essenz vor, dass die Akten nicht für geheimdienstliche Zwecke weiterverwendet und nicht vernichtet werden sollten. Die Bürger sollten ihre Akten einsehen können. Außerdem sollte die dezentrale Aufbewahrung auf dem Gebiet der DDR erhalten bleiben. Ein solcher Entwurf, der nach Beratung mit West-Berliner Datenschützern an die Volkskammer gehen sollte, wurde an das Bonner Innenministerium gegeben. Daraufhin erhielt der Volkskammerausschuss am 22. August ein Telefax von Eckart Werthebach, einem hohen Beamten im BMI, der für die Beratung der DDR-Regierung in Sicherheitsfragen zuständig war. Er teilte mit, dass die Bundesregierung dem Gesetzentwurf »nachdrücklich« widerspreche. Die Akten müssten »zentral verwaltet« werden, der

Präsident des Bundesarchivs solle als Sonderbeauftragter das Archiv leiten, und eine »differenzierte Vernichtungsregelung« sei »unbedingt«[880] erforderlich.

Jetzt bahnte sich ein schwerwiegender Konflikt an, der eine Vorgeschichte hatte. Schon seit dem zeitigen Frühjahr 1990 war in der Bundesrepublik die Sorge geäußert worden, dass Abhörprotokolle des MfS an die Öffentlichkeit kommen könnten, wodurch bundesdeutsche Politiker möglicherweise in Misskredit gebracht würden.[881] Im Sommer eskalierte die Debatte, da solche Protokolle aus dubiosen Quellen an die Medien gelangten und auch dem Verfassungsschutz zugespielt worden waren. Außerdem war aus dem Diestel-Ministerium Aktenmaterial, auch Abhörprotokolle, an bundesdeutsche Politiker weitergegeben worden. Weitere Materialien kamen auf anderen Wegen in die Hände von Landesregierungen, so auch nach Nordrhein-Westfalen. Die ungeregelten Aktenlieferungen verunsicherten die Politiker, möglicherweise war dies auch beabsichtigt. Seither verfestigte sich in der bundesdeutschen Politik die Einstellung, dass die personengebundenen Dossiers prinzipiell als rechtswidrig erhobene Daten einzuschätzen seien. Darum sollten zumindest diejenigen Akten vernichtet werden, die Westdeutsche betrafen. Der Zugriff des Verfassungsschutzes sollte gewahrt werden und die Akten unter bundesdeutsche, das hieß zunächst noch westdeutsche, Verwaltung kommen.

Trotz des Bonner Drucks und der willfährigen Haltung Diestels wehrten sich eine Mehrheit in der Regierungskommission und der Sonderausschuss der Volkskammer. Am 24. August verabschiedete die Volkskammer das »Gesetz über die Sicherung und Nutzung der personenbezogenen Daten des ehemaligen MfS/AfNS«, das eine dezentrale Lagerung der Akten in den zukünftigen Ländern unter zentraler Leitung vorsah. Geheimdienste sollten die Akten nicht nutzen dürfen. Politische Verbrechen sollten anhand der Akten verfolgt werden können und Überprüfungen ermöglicht werden. Betroffene sollten Einsicht erhalten, und die Akten sollten zur Rehabilitierung verwendet werden. Schließlich sollten die Unterlagen auch für wissenschaftliche und bildungspolitische Zwecke Verwendung finden.

Die westdeutsche Seite gab aber noch nicht auf. Während des Gesetzgebungsverfahrens wurden die letzten strittigen Punkte des Einigungsvertrages behandelt. Dabei wurde entgegen dem Volkskammergesetz festgelegt, dass die MfS-Unterlagen vom Bundesarchiv übernommen werden sollten. Die bundesdeutsche Seite akzeptierte das Volkskammergesetz nicht, weil dieses die Vernichtung von Akten, vor allem derjenigen, die Westdeutsche betrafen, nicht geregelt hatte und weil sie Überprüfungen nicht wollte. Das Volkskammergesetz würde dem Persönlichkeitsschutz und dem Datenschutz nicht gerecht werden, hieß es zur Begründung.

Auf diese Ignoranz reagierte die Volkskammer umgehend. Es kam zu einer neuen Abstimmung, bei der das Gesetz vom 24. August noch einmal mit übergroßer Mehrheit bestätigt wurde. Außerdem verlangte das Parlament jetzt, dass das Gesetz vom Einigungsvertrag übernommen werden solle. Der Protest weitete sich schnell aus. Bürgerrechtler, Vertreter des Neuen Forums und der Bürgerkomitees mit Bärbel Bohley und Katja Havemann besetzten nach einer Demonstration einen Teil des Gebäudes des ehemaligen MfS in der Berliner Normannenstraße und traten dort in einen Hungerstreik. Diese sogenannte zweite Besetzung führte zu einer breiten Solidarisierung in der Bevölkerung. 50 000 Unterschriften wurden in kürzester Zeit gesammelt. Kommunen und Betriebsbelegschaften protestierten. Am 5. September richtete das Bürgerkomitee eine Mahnwache in Leipzig ein. Am 14. September kam es auch hier zum Hungerstreik. Mehrere Demonstrationen folgten.

Der wichtigste Verbündete der Protestierenden wie auch der Volkskammer war aber die gebotene Eile, da der Einigungsvertrag schnellstens fertiggestellt werden musste. Der Vorsitzende des Sonderausschusses, Gauck, vermittelte und machte einige Angebote, die manchen Erwartungen der Bundesregierung entgegenkamen. So konnte er, obwohl er mit den Besetzern nicht in allen Fragen übereinstimmte, erreichen, dass der Einigungsvertrag noch einmal verändert wurde und die Substanz des Volkskammergesetzes als Auftrag an die Gesetzgebung nach der Wiedervereinigung festgeschrieben wurde.

Der Einigungsvertrag hielt in einer Ergänzung fest, dass die Akten für die Rehabilitierung, zur Feststellung auf IM-Tätigkeit, zur Überprüfung von Mandatsträgern der Parlamente und des öffentlichen Dienstes sowie für die Aufklärung und Verfolgung politischer Verbrechen benutzt werden dürften. Insgesamt aber blieb diese Ergänzung weit hinter den Erwartungen der Volkskammer und der Bürgerrechtler zurück. Es musste noch einmal verhandelt werden. Am 18. September wurde in einem offiziellen Briefwechsel festgelegt, dass der »gesamtdeutsche Gesetzgeber die Grundsätze, wie sie in dem von der Volkskammer am 24. August 1990 verabschiedeten Gesetz über die Sicherung und Nutzung der personenbezogenen Daten« festgelegt wurden »berücksichtigt«[882]. Zudem sollte die politische, historische und juristische Aufarbeitung der MfS-Aktivitäten gewährleistet werden. Eine dezentrale Aufbewahrung und Verwaltung des Schriftguts sollte möglich gemacht werden. Die Volkskammer akzeptierte diesen Kompromiss. Sie wählte entsprechend der ausgehandelten Vereinbarung Gauck als Sonderbeauftragten der Bundesregierung für die Unterlagen.

Die letzten Sitzungen der Volkskammer waren noch einmal von der Dramatik der MfS-Problematik geprägt.[883] Am 28. September wurde in der Volkskammer nach tumultuarischem Sitzungsverlauf in nichtöffentlicher Sitzung der lange hinausgeschobene Bericht über MfS-Verstrickungen von Abgeordneten vorgelegt. Für viele Betroffene wurde es eine Stunde der Wahrheit. Die Beschuldigten konnten Stellung nehmen. Manche stritten alles ab, andere bekannten sich und dokumentierten eindrücklich Reue.

Die politischen Probleme mit ehemaligen MfS-Mitarbeitern waren noch längst nicht gelöst. Die OibE waren nicht alle enttarnt worden, der sowjetische Geheimdienst hatte Personal und Daten übernommen und konnte seine Spionage gegen die Bundesrepublik ausbauen, ehemalige MfS-Offiziere organisierten Netzwerke und Seilschaften. Immerhin begann schon 1990 die Aufarbeitung mit den Akten von Betroffenen. Jürgen Fuchs konnte seine Akten in Gera einsehen. Reiner Kunze gab noch 1990 eine Dokumentation seiner Akten heraus.[884] Erich Loest bekam seine Akte aus einer zweifelhaften Quelle in Leipzig zugesteckt – gegen Geld. Umgehend dokumentierte er seine Verfolgung in einem Buch.[885] Erst das 1991 im Bundestag verabschiedete Stasi-Unterlagengesetz (StUG) machte eine breite und geregelte Aufarbeitung möglich. Die Verpflichtung des Gesetzgebers aufgrund der in letzter Minute erreichten Zusätze des Einigungsvertrags zu einer rechtlichen Lösung des MfS-Problems lag in der Logik der Revolution, die im Herbst 1989 mit den Forderungen nach Beseitigung dieser politischen Geheimpolizei ein konkretes politisches Ziel gehabt hatte. Auch die frei gewählte Volkskammer, der Widerspruch der Bevölkerung und die protestierenden Bürgerrechtler im September 1990 folgten dieser Logik. »Wie ein Clash of Cultures prallten die Interessen der bundesdeutschen Exekutive und der DDR-Bevölkerung aufeinander.«[886]

Diese kategoriale Differenz wurzelte in den unterschiedlichen Erfahrungen und reicht bisweilen bis in die Gegenwart. Damals wurde die bundesdeutsche Position vor allem von Wolfgang Schäuble vertreten, der sich um die deutsche Einheit wie nur wenige anderer bemüht hat. Ihm mussten die Zusätze zum Einigungsvertrag geradezu abgerungen werden. Über seine Bedenken gegenüber der Öffnung der Akten, die er gern vernichtet gesehen hätte, hat er unmittelbar danach berichtet. Mit den geöffneten Akten, so Schäuble, könne »Denunziantentum und Verletzung von Persönlichkeitsrechten getrieben werden«. Für Ostdeutsche, zumal wenn sie vom MfS bearbeitet worden waren, waren die Akten schon als solche Produkte von Denunziantentum und Verletzung von Persönlichkeitsrechten, die erst beim Studium der Akten verstehbar wurden und erst damit bearbeitet werden konnten.

Schäuble schrieb: »Und niemand wird die Gefahr übersehen dürfen, dass eben im Zweifel dem Akteninhalt doch eher geglaubt wird als dem Dementi eines durch Akten Belasteten. So kann am Ende die Krake Staatssicherheit mit der Hinterlassenschaft dieser Akten ihre verwerfliche Tätigkeit weiter ausüben.«[887] Sieht man einmal davon ab, dass auch Ostdeutsche Teilnehmer einer entwickelten Schriftkultur waren, die zwischen Text und Wirklichkeit unterscheiden können, bestanden für sie die Nachwirkungen der Diktatur und des MfS gerade im Verschweigen und Beschweigen der Taten. Sie wussten, warum das MfS versucht hatte, große Mengen seiner Akten zu vernichten, und wollten die Vernichtung des Diktaturwissens mit anderen Mitteln nicht hinnehmen. Gerade die Aktenvernichtung hatte im Dezember 1989 den Sturm auf die MfS-Zentralen ausgelöst und im Januar, März und September 1990 die Menschen noch einmal auf die Straßen gebracht.

Maßgebliche bundesdeutsche Politiker trieb nicht allein die Sorge um, dass irgendwelche Peinlichkeiten öffentlich werden könnten. Sie hatten auch kein Gespür für die existenzielle Bedeutung der Revolution, kein Sensorium dafür, dass die Freiheit, die gerade errungene Freiheit, im Lesen und Aussprechen und auch im Herausschreien des Unrechts konkret wird. Für einen Teil der westdeutschen politischen Klasse war und blieb selbst das Stasi-Unterlagengesetz ein rechtsstaatliches Monstrum: »Der Rechtsstaat im Stasi-Strudel«[888]. Eine merkwürdige Allianz, die von den entmachteten Kommunisten bis ins konservative Lager reichte, hatte schon 1990 auf andere Modelle der Vergangenheitsaufarbeitung verwiesen. Der polnische nicht-kommunistische Ministerpräsident Tadeusz Mazowiecki plädierte im August 1989 in seiner Regierungserklärung für einen »dicken Strich« unter die Vergangenheit. Und in Spanien verständigten sich die Sozialisten und Konservativen nach dem Ende der Diktatur auf das Beschweigen der unter Franco begangenen Verbrechen. In Polen hielt diese Politik nicht lange, in den 1990er-Jahren wurde der Zugang zu den Akten nach vielen Skandalen gesetzlich geregelt.[889] Und selbst in Spanien waren die politischen Verbrechen der Vergangenheit bald nicht mehr zu ignorieren. Für die ostdeutschen Revolutionäre wurden das Gesetz zur Aktenöffnung und die auf seiner Grundlage arbeitende Behörde das zur Institution geronnene Erbe der demokratischen Revolution.

Außenpolitik – der »Zwei-plus-Vier«-Vertrag

Für die Bundesregierung stand außer Frage, dass die Wiedervereinigung Deutschlands nicht ohne Zustimmung der Siegermächte und aller europäischen Nachbarn erreicht werden konnte. Als zentraler Verhandlungsrahmen dienten die im Februar verabredeten »Zwei-plus-Vier«-Gespräche der Außenminister. Gleichzeitig fanden auf vielen Ebenen vorbereitende und begleitende Verhandlungen statt.[890] Das erste Außenministertreffen am 5. Mai 1990 in Bonn, an dem auch Meckel als DDR-Außenminister teilnahm, thematisierte eines der Kardinalprobleme der deutschen Vereinigung. Der sowjetische Außenminister Eduard Schewardnadse lehnte eine künftige NATO-Mitgliedschaft Deutschlands ab. Er schlug vor, die innerdeutsche Vereinigung weiter voranzutreiben, aber die internationalen Fragen später zu behandeln. Die künftige Souveränität Deutschlands sei in einem mehrjährigen Prozess herzustellen. Dies war für die Deutschen unannehmbar, da ein solches Vorgehen auch auf den inneren Prozess Auswirkungen gehabt hätte. Die Außenminister verständigten sich allerdings darauf, den KSZE-Prozess zu vertiefen und auszubauen, damit Deutschland fester in die europäischen Strukturen eingebunden werden könne.

Auch das zweite Außenministertreffen am 22. Juni in Ost-Berlin brachte in der Bündnisfrage keine Lösung, da die Westmächte auf der NATO-Mitgliedschaft bestanden. Unmittelbar vor dem dritten Treffen am 17. Juli in Paris kam es zum Durchbruch. Am 15. und 16. Juli verhandelten Kohl und Genscher in Moskau und im kaukasischen Archys mit Gorbatschow und Schewardnadse. Die Bilder der Politiker mit Strickjacke vor dem Lagerfeuer am wilden Gebirgsbach gingen um die Welt. Hier geschah das »Wunder von Moskau«[891]. Gorbatschow hatte erklärt, dass die Deutschen selbst entscheiden sollten, welchem Bündnis sie angehören wollten, auch in Bezug auf die NATO. Kohl hatte der Sowjetunion einen Vertrag zur Zusammenarbeit angeboten, weitere großzügige Hilfsleistungen zugesagt und versprochen, die Obergrenze der deutschen Streitkräfte auf 370000 Mann zu reduzieren und bis zum Abzug der sowjetischen Armee keine NATO-Verbände in Ostdeutschland zu stationieren. Die Westmächte hatten schon vorher eine Änderung der NATO-Strategie und eine Zusammenarbeit mit dem Warschauer Pakt angeboten. Letztlich hatte die Sowjetunion aufgrund ihrer eigenen Krise kaum noch eine Alternative.[892]

Auf dieser Grundlage konnte das dritte Außenministertreffen in Paris in den meisten Fragen wesentliche Fortschritte bringen. Polen stimmte einer Einigung über Verfahren der abschließenden Regelung der Grenzfrage zu, derzufolge ein entsprechender Vertrag erst nach der Vereinigung Deutschlands abgeschlossen würde. Auf dem vierten Außenministertreffen vom 10. bis 12. September in Moskau – de Maizière war wegen des Bruchs der Koalition in seiner Eigenschaft als amtierender Außenminister dabei – wurden die letzten Hürden genommen, die durch Forderungen der Briten entstanden waren. Eine Einigung war möglich geworden, weil Kohl und Gorbatschow noch in den letzten Tagen vor dem Treffen einen abschließenden Finanzdeal ausgehandelt hatten. Die Bundesregierung sagte 15 Milliarden DM als Finanzhilfen zu, davon einen kleinen Teil als Kredite. Der Großteil des Geldes sollte für den Abzug der sowjetischen Truppen bis 1994 und für ein Wohnungsbauprogramm zugunsten des Militärs eingesetzt werden. Am 12. September unterzeichneten die sechs Außenminister in einem feierlichen Rahmen im Beisein von Gorbatschow den »Vertrag über die abschließende Regelung in Bezug auf Deutschland«[893]. Der Vertrag bestimmte die zukünftigen Grenzen, die Truppenstärke der Bundeswehr, den Verzicht der NATO, bis zum Abzug der sowjetischen Truppen auf ostdeutschem Territorium zu operieren, die freie Bündniswahl und schließlich die Gewährung der vollen Souveränität Deutschlands. Der Vertrag musste nun noch von den Parlamenten der Siegermächte ratifiziert werden.

Diese überragende außenpolitische Leistung, die Deutschland die volle Souveränität einbrachte, wurde bald schon als Sternstunde der Diplomatie bezeichnet. Bundeskanzler Kohl, der schon als »Kanzler der Einheit« galt, wurde gefeiert und seine Leistung selbst von seinen innenpolitischen Gegnern respektiert. Auch die oft bitterbösen Karikaturen zeigten jetzt einen schlauen und listigen Kanzler. Sein Erfolg beruhte nicht zuletzt auf seinem Festhalten an der Westbindung der Bundesrepublik. Es gelang ihm und seinem Außenminister Genscher, die bis auf wenige Differenzen intensiv zusammenarbeiteten[894], zumeist in persönlichen Gesprächen mit Politikern in Ost und West, Vorbehalte abzubauen und ihnen die Ängste zu nehmen. Kohl und Genscher verstanden es wie kaum andere Politiker, den Prozess an den vielen Klippen »durch Sprache« vorbeizusteuern. Sie benutzten die Sprache der statischen Entspannungspolitik und bestimmten dabei zugleich die Bewegung und das Ziel. »Das politische Handeln folgte den rhetorischen Vorgaben – aus Sprache wurde Politik.«[895] Die Länder der Europäischen Union erhielten die Zusage, dass der europäische Prozess weitergehe, und gegenüber Frankreich machte Kohl das Zugeständnis einer künftigen Währungsunion. Ein weiterer Gewinner war der amerikanische Präsident George Bush, der die Vereinigung unterstützte und dadurch die Stärkung des westlichen Bündnisses erreichte.[896]

Der Beitrag der ostdeutschen Politik konnte nur geringfügig sein.[897] In einer schwierigen Phase der Verhandlungen – die Sowjetunion verweigerte dem zukünftigen Deutschland noch die NATO-Mitgliedschaft – ging die neue Ost-Berliner Regierung eigene Wege. Außenminister Meckel, partiell von de Maizière unterstützt, unternahm Reisen nach England, den USA, Italien und zum NATO-Hauptquartier nach Brüssel, wo er für eine weitgehende Strukturveränderung der NATO, für die Nichtausdehnung der NATO auf Ostdeutschland, den Ausbau der KSZE-Strukturen und für eine Denuklearisierung Deutschlands und Europas warb. Eine NATO-kritische Haltung nahm auch der Minister für Abrüstung und Verteidigung Eppelmann ein. Er vertrat die Auffassung, dass es erst in einem geeinten Europa zu einer gemeinsamen deutschen Armee kommen könne. Er sprach sich für gemischte NATO- und Warschauer-Pakt-Truppen aus. Deutschland solle eine Doppelmitgliedschaft anstreben. Die DDR-Armee solle als territoriale Streitmacht in Teilen unter einem eigenen Kommando erhalten bleiben.[898] Die Vorstellungen beider Politiker stießen im Westen auf Ablehnung. In diesen Konstrukten drückte sich das Herkommen von Meckel und Eppelmann als führende Leute in der oppositionellen Friedensbewegung der 1980er-Jahre aus, wo neutralistische Vorstellungen auf die Blockfreiheit eines künftigen vereinten Deutschlands zielten. Meckel hatte als Berater zwei Theologen aus der Friedensbewegung verpflichtet, die diese Modelle nach wie vor vertraten.[899] Nach dem Kaukasus-Gespräch zwischen Gorbatschow und Kohl waren solche Vorstellungen jedoch obsolet geworden, und Meckel und Eppelmann waren pragmatisch genug, den Fortgang der Diplomatie zu akzeptieren.

Die wirklichen Verlierer dieser Vereinigungsdiplomatie waren die ostdeutschen Kommunisten, die daher später Gorbatschow des Verrats bezichtigten. Am 18. Mai besprach sich der Leiter der Internationalen Abteilung des ZK der KPdSU, Valentin Falin, mit Gysi angesichts der kommenden Einheit. Falin war einer der energischsten Gegner von Gorbatschows Deutschlandpolitik im Kreml und versuchte bis 1991 die Vereinbarungen zu stören. Aus dem Gespräch sind Worte Gysis dokumentiert: »Er hoffe, es werde Kohl ergehen wie der Frau des Fischers im Märchen, die ihre Gier übertrieb, sodass beim letzten Wunsch alles zusammenbrach.«[900]

Es brach aber nichts zusammen. Die Revolution kam zu ihrem Ziel. Der eigentliche Beweger war das Volk, der große Lümmel, der von dem spannenden und auch trickreichen diplomatischen Machtpoker nicht viel verstand. Kohl hat durch seine Politik immer wieder Fakten geschaffen, die alles beschleunigten. Aber er und andere Politiker konnten dies nur, weil der Freiheitswille der ostmitteleuropäischen Völker zum unabweisbaren Gegenstand der internationalen Politik wurde. Der französische Außenminister Roland Dumas sagte bei der Unterzeichnung des Zwei-plus-Vier-Vertrags: »Zum ersten Mal in der Geschichte sind alle Völker Europas geneigt, sich zu den gleichen Werten der Freiheit, der Demokratie, der Achtung der Menschenrechte und des Rechtstaates zu bekennen.«[901] Die ostmitteleuropäischen Völker waren nicht erst seit 1989 der Freiheit zugeneigt, sie waren es schon sehr lange. Manche Politiker misstrauten dieser Dynamik aber. Der italienische Ministerpräsident Giulio Andreotti fand es gar Anfang Dezember 1989 höchst riskant, dass »der Eindruck entstehe, die Mauer sei durch eine Volksbewegung viel leichter und schneller überwunden worden als mit Hilfe geduldiger Diplomatie«. Es solle verhindert werden, »dass die Regierungen die Kontrolle über die Geschehnisse«

verlören.[902] Ihm war nicht klar, dass die Subjekte dieser Geschehnisse unsichtbar am Verhandlungstisch saßen und den Subtext aller Erklärungen und Entscheidungen schrieben.

Die Wiedervereinigung

Der Wahlstaatsvertrag – die ostdeutschen Parteien im Schmelztiegel

Die eigentliche Bestätigung und demokratische Legitimation der Vereinigung sollte die erste gesamtdeutsche Wahl zum Bundestag bringen. Die bundesdeutschen Parteien hatten den 2. Dezember 1990 als Wahltermin verabredet. Seit dem Frühjahr wurden unterschiedliche Modelle ins Gespräch gebracht. Die Debatten zogen sich bis in den Herbst hin. Eine Schwierigkeit lag in der Inkompatibilität der beiden deutschen Parteiensysteme. In der Bundesrepublik hatte sich auch als Wirkung der Wahlgesetzgebung ein gefestigtes Parteiensystem entwickelt, das es aufgrund der Fünf-Prozent-Sperrklausel neuen bzw. kleinen Parteien nahezu unmöglich machte, im Bundestag vertreten zu sein. Auch Listenverbindungen waren nicht gestattet.

Das Parteiensystem der DDR dagegen war unmittelbar aus der revolutionären Entwicklung hervorgegangen. Neben den etablierten und mehr oder weniger reformierten Altparteien standen die jungen oppositionellen Parteien und Bürgerbewegungen sowie die später hinzugekommenen neuen Parteien. In der DDR war die Wahlgesetzgebung auf die vielgliedrige Parteienlandschaft und parteiähnliche Zusammenschlüsse zugeschnitten worden. Trotz des Angleichungsprozesses der ostdeutschen Parteien an ihre westdeutschen Partner litten diese an struktureller und personeller Instabilität. Im August wurde der CDU-Generalsekretär Martin Kirchner seiner Ämter enthoben, weil seine IM-Tätigkeit nachgewiesen wurde. Am 24. September musste Henry Schramm, Spitzenkandidat der Grünen in Halle, aus dem gleichen Grund zurücktreten.

Im Juli setzte eine heftige Debatte über den Wahlmodus ein, die zum Streit zwischen den östlichen und westlichen und innerhalb der Parteien sowie zur Gefährdung der Koalition führte. Die Liberalen und die SPD traten für eine in beiden deutschen Staaten einheitliche Fünf-Prozent-Sperrklausel ein und wollten auch keine

Listenverbindungen ermöglichen. Das hätte das parlamentarische Aus der vielen kleinen Parteien und Bewegungen bedeutet, einschließlich der PDS, der fünf Prozent in ganz Deutschland nicht zugetraut wurden. Die CSU und die mit ihr verbündete DSU wollten im eigenen Interesse die Sperrklausel getrennt in beiden Wahlgebieten. Die CDU in Ost und West fand keine gemeinsame Linie. In den Verhandlungen setzten sich schließlich die SPD und die Liberalen durch. Am 3. August wurde von beiden Regierungen der Wahlstaatsvertrag[903] unterzeichnet und umgehend von den Parlamenten verabschiedet. Gegen diesen Vertrag strengten die Republikaner und die Grünen beim Verfassungsgericht Organklage an. Am 29. September erging ein Urteil, nach dem nun doch in beiden Teilen Deutschlands getrennt die Fünf-Prozent-Sperrklausel angewendet werden musste und auch Listenverbindungen im Osten zulässig wurden.

Dieser Prozess führte zu einem weitgehenden Einschmelzen der Revolutionstraditionen und einer fast kompletten Angleichung beider Parteiensysteme. Für die Sozialdemokraten war die Angleichung schon seit Januar 1990 im Gang. Eine der originären Revolutionsparteien, der Demokratische Aufbruch, beschloss auf einem Sonderparteitag in Ost-Berlin am 4. August, der CDU beizutreten. Innerhalb der CDU wurde ein Arbeitskreis »Demokratischer Aufbruch« gegründet. Einige starke Gruppen des DA bewahrten allerdings ihre kommunalpolitische Identität noch über Jahre hinweg. Nicht so glatt verlief dieser Prozess bei der DSU. Diese neue Partei hatte bei den Volkskammerwahlen beachtlichen Erfolg gehabt und war mit zwei Ministern im Kabinett de Maizière vertreten. Aber ihr Minister Diestel geriet in der DSU unter scharfe Kritik. Während die Partei sich ein antikommunistisches Profil zulegte, ging Diestel in der MfS-Frage eigene Wege. Obwohl er sich bei westdeutschen Politikern beliebt gemacht hatte, weil er mithilfe von MfS-Leuten in der DDR untergetauchte RAF-Terroristen enttarnen ließ, gingen in der DSU bald Gerüchte über angebliche Belastungen Diestels als IM des MfS um. Er wurde als U-Boot der alten Kräfte betrachtet. Schlichtungsgespräche in der DSU führten zu nichts. Nach einem dramatischen Parteitag am 30. Juni, auf dem Hansjoachim Walther zum Vorsitzenden gewählt wurde, traten die DSU-Gründer Hans-Wilhelm Ebeling und Diestel von der DSU zur CDU über.

Walther gehörte zu den originellsten Politikern in der Volkskammer. Mit Mühe konnte de Maizière am 17. Juni einen Antrag der DSU abwehren, der auf einen sofortigen Beitritt der DDR zur Bundesrepublik nach Artikel 23 zielte, ohne die Verhandlungen zum Einigungsvertrag abzuwarten. Dieser Antrag war auch von Abgeordneten anderer Fraktionen unterstützt worden, überraschenderweise auch von Konrad Weiß vom Bündnis 90. Die DSU verlangte eine Enteignung des Parteienvermögens der Altparteien, erreichte aber lediglich ein Gesetz, das dieses Vermögen unter Treuhandverwaltung stellte. Die Partei ruinierte jedoch ihren Ruf, weil einige Parteimitglieder Kontakte zu den rechtsextremen Republikanern aufgenommen hatten. Dies und die anhaltenden inneren Spannungen leiteten den Niedergang der DSU ein, die bei den Landtagswahlen am 14. Oktober und noch mehr am 2. Dezember in die Bedeutungslosigkeit fiel.

Dem Konzentrationsprozess fiel auch die ehemalige Blockpartei DBD zum Opfer. Chancenlos beschloss der Vorstand am 25. Juni die Fusion mit der CDU. Daraufhin trat ihr Vorsitzender Günther Maleuda zurück, der sich nun der PDS anbot. Die Ost- und West-CDU schlossen sich auf dem Hamburger »Vereinigungsparteitag« am 1. und 2. Oktober zusammen. Angela Merkel war eine der drei Delegierten, die vom Demokratischen Aufbruch kamen. Helmut Kohl wurde als Vorsitzender bestätigt, und Lothar de Maizière wurde sein einziger Stellvertreter.

Auch bei den Liberalen[904] übte die bevorstehende Bundestagswahl einen starken Druck zur Vereinheitlichung aus. Nach der Volkskammerwahl im März hatte sich die LDP im Alleingang zum »Bund Freier Demokraten – die Liberalen« ernannt und ihre beiden Bündnispartner, die Revolutionsparteien Ost-FDP und DFP, brüskiert. Bald darauf erhielt sie Zuwachs durch die ehemalige Blockpartei NDPD, die sich angesichts ihrer Chancenlosigkeit nach einem Partner umsehen musste. Auf ihrem Vereinigungsparteitag am 10. und 11. August schlossen sich die West-FDP mit der LDP und der NDPD, der Ost-FDP und der DFP zu einer gesamtdeutschen Partei zusammen. Rainer Ortleb und Bruno Menzel, beide aus den Revolutionsparteien hervorgegangen, wurden stellvertretende Parteivorsitzende. Da die ostdeutschen Parteien wesentlich mehr Mitglieder besaßen, hatte die West-FDP einen besonderen Delegiertenschlüssel konstruiert, um sich auf dem Parteitag die Mehrheit zu sichern.

Die aus den Bürgerrechtsorganisationen hervorgegangenen Parteien und Bewegungen standen wegen der Fünf-Prozent-Hürde unter dem Druck, eine gemeinsame Listenverbindung einzugehen. Das führte zu unendlich schwierigen Verhandlungen, da die inhaltlichen Konzepte sehr verschieden waren. Es gelang aber eine Abgrenzung zu den marxistischen Gruppen wie der Vereinigten Linken und zu PDS-Mitgliedern, die über den UFV in ein solches Bündnis hätten kommen können. Da das Verfassungsgericht zwei Wahlgebiete zugelassen hatte, endeten die Querelen mit den West-Grünen, die mit marxistischen Gruppen zusammenarbeiten wollten. Für das Ost-Wahlgebiet kam schließlich das Bündnis 90/Die Grünen zustande, das einige Abgeordnetenmandate gewinnen konnte. Für die Landtagswahlen wurde nicht in allen Ländern ein Bündnis zusammengebracht.

Nach dem Ende der Volkskammer am 3. Oktober wurden im Bundestag 144 ostdeutsche Abgeordnete der Volkskammer bis zur ersten gesamtdeutschen Wahl kooptiert. Der am 2. Dezember gewählte Bundestag spiegelte kaum noch die historisch politischen Gegebenheiten der Revolution wider. Die Revolutionsparteien waren, mit der Ausnahme der kleinen Gruppe von Bündnis 90/Die Grünen, in den etablierten Parteien der Bundesrepublik aufgegangen. Hier konnten sie zwar noch ihre Prägung einbringen, aber eine öffentliche symbolische Repräsentanz blieb ihnen versagt. Ausgerechnet die umbenannte kommunistische Partei, die PDS, gegen die die Revolution gerichtet gewesen war, konnte den Eindruck erwecken, Vertreterin des Ostens zu sein.

Diplomatische Schlussakte

Der »Zwei-plus-Vier-Vertrag« musste noch die Ratifizierungsverfahren durchlaufen. Dies konnte in der Sowjetunion erst Mitte Oktober geschehen. Nach den Vereinbarungen sollten aber schon im Vorgriff die Siegermächte noch vor dem 3. Oktober die Vorbehaltsrechte suspendieren und damit die Souveränität Deutschlands herstellen. Eine entsprechende Vereinbarung wurde am 1. Oktober in New York unterzeichnet. Allerdings traten noch in der letzten Septemberwoche einige Unsicherheiten auf. Die Sowjetunion verlangte erneut Geld und bestand darauf, dass vereinbarte Zahlungen sofort geleistet werden. Außerdem ging in Bonn am 26. September ein Brief von Gorbatschow an den Bundeskanzler ein, mit dem sich der Sowjetführer ungeschminkt in die inneren Angelegenheiten der

Deutschen einmischte. Gorbatschow sprach sich gegen eine »Hexenjagd« aus, verlangte einen »Schlussstrich« unter die Vergangenheit und protestierte gegen die »bereits begonnene Verfolgung von Mitgliedern der SED und ihrer Führung im Geiste eines primitiven Antikommunismus«. Er und Kohl seien »Kinder des Kalten Krieges«, den »Unrecht auf beiden Seiten begleitet« hätte. Nun sollten die »ehemaligen Gegner« gezwungen werden, »den bitteren Kelch bis zur Neige zu leeren«. Und als Drohung fügte er hinzu, dass der Oberste Sowjet, der den Zwei-plus-Vier-Vertrag noch ratifizieren müsse, die Vorgänge beobachte, was »ganz gewiss nicht ohne Wirkung bleiben«[905] werde. Die Bundesregierung reagierte auf diese Hilfsaktion für die SED nicht, zumal sie ohnehin nicht in die Ermittlungen der Justiz hätte eingreifen können. Die Sowjetunion stellte erneut finanzielle Forderungen und verzögerte die Ratifizierung bis zum 4. März 1991. Inzwischen war Gorbatschow Zug um Zug von seiner liberalen Linie abgerückt. In das um Unabhängigkeit ringende Baltikum waren im Januar sowjetische Truppen einmarschiert und hatten ein Blutbad angerichtet. Die Vorgänge zeigten, dass das Zeitfenster für das Erreichen der deutschen Souveränität sehr eng gewesen war.

Der Verlust der DDR als Vorposten der sowjetischen Weltmacht hat sowjetische Politiker und Militärs geschmerzt. Sinnfälliger Ausdruck dieses Verlusts war das Ausscheiden der DDR aus dem Warschauer Pakt, der schließlich 1991 aufgelöst wurde. Minister Eppelmann überreichte am 24. September dem Oberkommandierenden des Paktes, Armeegeneral Pjotr Luschew, die Austrittsurkunden. Die Bilder dieser Zeremonie waren ein Symbol der zu Ende gehenden Revolution. Der frühere Pazifist, ein vom MfS verfolgter Protagonist der Bewegung Schwerter zu Pflugscharen, verabschiedete die Ostdeutschen vom kommunistischen Militarismus.

Am 2. Oktober 1990 tagte die Volkskammer zum letzten Mal. Jens Reich war der letzte Debattenredner. Er erinnerte an die Verantwortung der Politik für die Zukunft Deutschlands und verwies auf eine geschichtspolitische Aufgabenstellung: »Die deutsche Einheit ist ein Epochenwechsel, und sie ist zu wichtig, als dass sie für Millionen zur Erinnerung an ein gebrochenes Versprechen, an einen Dolchstoß werden darf. Das muss verhindert werden.«[906] Das letzte Wort hatte die Präsidentin der Kammer, Sabine Bergmann-Pohl. Diese Rede nahm auf, was in der ersten Sitzung am 5. April in der Volkskammer zu hören gewesen war. »Diese Revolution war ein Akt demokratischer Selbstbestimmung.«[907] Die Regierung tauschte mit der Bundesregierung Noten aus, die feststellten, dass die Voraussetzungen für die Vereinigung geschaffen waren. De Maizière lud am Abend im Berliner Schauspielhaus zu einem Festakt ein. Kurt Masur dirigierte die 9. Symphonie Ludwig van Beethovens. An diesem Tag schloss die DDR alle diplomatischen Vertretungen, und die Bundeswehr übernahm das Kommando über die NVA.

Der 3. Oktober – »Tag der deutschen Einheit«

Am 3. Oktober 1990, dem Tag der Wiedervereinigung, war noch kein ganzes Jahr vergangen, seit der SED-Staat am 7. Oktober 1989 einen triumphalen 40. Jahrestag hatte feiern wollen und aus diesem Grund mehr als 3000 DDR-Bürger zusammenschlagen und verhaften ließ. Den alten »Tag der Deutschen Einheit« am 17. Juni, den Konrad Adenauer, Herbert Wehner und Willy Brandt in Erinnerung an den Volksaufstand 1953 ein Jahr darauf kreiert hatten, gab es nicht mehr. Der neue Feiertag fiel auf einen traditionslosen Kalendertag, als handele es sich um einen blutleeren Verwaltungsakt. Damals und später wurde bemängelt, dass nicht der 9. Oktober, der Tag der ersten friedlichen Demonstration in Leipzig, oder der 9. November, der Tag der Maueröffnung, gewählt wurde. Der eine stand für die Freiheit, der andere für die Einheit. Doch die Gerade-noch-DDR-Bürger sagten sich, dass man die Feste feiern solle, wie sie fallen. Der Auftakt versprach, dass der neue Feiertag sich selbst tragen würde. Schon am 2. Oktober begannen die Volksfeste. Es war ein Jahr mit vielen Volksfesten gewesen, am 9. November, als die Mauer fiel, die Öffnung des Brandenburger Tors in Berlin und Silvester 1989/90 am selben Ort, der Wahltag im März, die Währungsunion, die Fußballweltmeisterschaft und noch viele andere lokale Ereignisse. Das Land war in Feierstimmung, auch wenn sich die ersten der vorausgesagten Krisensymptome einstellten und die Arbeitslosigkeit im Osten zunahm.

In Leipzig stand das Volksfest am 2. Oktober unter dem Motto »Leipzig – mitten in Deutschland«. Bei vielen dieser Veranstaltungen mit viel Musik traten auch Politiker auf. Genscher kam in seine Heimatstadt Halle und sprach auf dem Festplatz auf dem Obermarkt. Aber die Leute feierten auch auf ihre Weise, in Gaststätten und Freizeiträumen, im Freundeskreis und wieder auf der Straße.

In Dresden gab es schon eine »Gaststätte zur deutschen Einheit«. Auch spielten wieder Sprüche und Worte eine Rolle. Witzbolde hatten an das Marx-Engels-Monument auf dem Platz der Republik in Berlin »Wir sind unschuldig« gesprayt. Und vor allem war das ganze Land in Schwarz-Rot-Gold gekleidet.

Aber auch die politischen Verlierer meldeten sich. Durch Leipzig zog ein Trauerzug mit 500 Menschen, die das Ende der DDR beklagten. In Ost-Berlin waren neben den vielen schwarz-rot-goldenen Fahnen auch DDR-Fahnen mit dem Emblem Hammer und Zirkel zu sehen. Störungen der Volksfeste gab es aber nur wenige. In Berlin auf dem Alexanderplatz randalierten einige Autonome, die vorwiegend aus West-Berlin gekommen waren. Im Reichstag schimpfte Günter Grass vor den Fraktionen der Grünen und Bündnis 90: »Kein vielfältiger ›Bund deutscher Länder‹, dessen Bürger ich gern wäre, hat Zukunft; ein Monstrum will Großmacht sein. Dem sei mein Nein vor die Schwelle gelegt.«[908]

Der Schriftsteller Radjo Monk beschrieb die Nacht in einer Leipziger Vorortkneipe: »Der Saal war brechend voll, die Hausband spielte Stimmungslieder ... Der Tisch war gedeckt mit einer großen DDR-Flagge. Ein Messer lag da, und jeder schnitt das Emblem ein Stück weit auf. Nachdem das Messer die Runde gemacht hatte, war das Emblem abgetrennt ... Zwischendurch gab es eine kuriose Unterbrechung: Striptease ... Kurz vor Mitternacht wurde der Fernseher angeschaltet, Bilder vom Brandenburger Tor. Meppe rief: ›Ruhe – seid doch mal ruhig!‹ Und allmählich beruhigte man sich tatsächlich, erhob sich, stand mit einem Glas zwischen Daumen und Zeigefinger unbeholfen herum. Kunz stieg auf einen Stuhl und stimmte das Deutschlandlied an. Die dritte Strophe. Anfangs zögerlich, dann ziemlich selbstsicher, sangen die Leute ›... blühe deutsches Vaterland‹. Der erwartete Schauer auf dem Rücken blieb aus. Jemand sprang auf einen Tisch und tanzte mit einer DDR-Fahne. Gelächter quoll im Raum ... Ich wunderte mich, wie selbstverständlich das alles auf mich wirkte. Die nationale Woge ein angenehmes Plätschern. Die Leute lachten, umarmten einander, stießen mit Sektgläsern an. Alles erinnerte an Silvester, und das war also der Beginn des Jahres eins.«[909]

Um Mitternacht wurden unter lautem Getöse unzählige Feuerwerke abgebrannt. Die Leute schauten im Fernsehen dem feierlich ausgestalteten Vollzug des Beitritts der DDR zur Bundesrepublik vor dem Reichstag zu. Sie sahen die Politiker Helmut Kohl, Lothar de Maizière, Willy Brandt, Richard von Weizsäcker und in der zweiten Reihe viele andere, die meisten freudig ergriffen. Eine große Nationalflagge wurde aufgezogen. Die Nationalhymne erklang. Auf dem Platz vor dem Reichstag feierten eine halbe Million Menschen. Viele ausgelassen, Tränen und Freudenrufe, selbst ekstatische Ausbrüche des Überwältigtseins.

Der Morgen des 3. Oktober begann mit einem ökumenischen Gottesdienst in der Ost-Berliner Marienkirche. Die Kirche stand noch einmal im Blickpunkt der Öffentlichkeit. Doch bevor dieser Gottesdienst stattfand, war es zu einer öffentlichen Kontroverse in den evangelischen Kirchen gekommen. Politiker in Hochstimmung, so auch Rudolf Seiters, hatten vorgeschlagen, dass im Land die Glocken geläutet werden sollten. In der Kirche erhob sich Widerspruch. Die evangelische Kirche hatte ihre neue Rolle noch nicht gefunden. Das Jahrhundert war mit Wechselbädern über sie gekommen. Nicht wenige Kirchenleute hatten mit dem NS-Staat kollaboriert. Als sie ihre Schuld betrachteten und neue Wege suchten, haben sich wieder nicht wenige mit dem SED-Staat politisch und ideologisch eingelassen. Für manche durchaus unversehens, wurde der Schatz, den sie zu hüten hatten, das an die Wahrheit gebundene Wort, zur Kraft der Freiheit. Nun aber wollten sie keinesfalls erneut mit irgendjemandem kollaborieren, auch nicht mit einer Ordnung, die den Opfern der Diktatur in ihren Gemeinden die Freiheit garantierte.[910] Es wurde aber dennoch geläutet, viele Gemeinden taten dies aus Dankbarkeit über das Ende der Bedrückung. Es gab auch einzelne Hirtenworte. Der Thüringer Landesbischof Werner Leich mahnte in seinem Hirtenwort zum Tag der Deutschen Einheit zur Solidarität mit denen, die in wirtschaftliche Schwierigkeiten kommen würden. Und er sprach aus, was viele fühlten: »Gott hat uns mehr geschenkt, als wir erwartet haben: die friedliche Revolution, die Freiheit und eine offene Zukunft. Wer wollte dafür heute Gott nicht von Herzen danken!«[911]

Um 11 Uhr fand ein Staatsakt in der Philharmonie statt. Am Nachmittag wurden Sabine Bergmann-Pohl, Lothar de Maizière, Günther Krause, Rainer Ortleb und Hansjoachim Walther zu Bundesministern ernannt. Es gab zudem einen Empfang der Bundestagspräsidentin Rita Süssmuth im Reichstag. Kohl bekam dabei ein Paar schwarz-rot-goldene Schuhe von einem Schuhmachermeister geschenkt. Ob er sie je trug, ist unbekannt. Vor dem Reichstag waren wieder Hunderttausende Menschen versammelt. Das alles sprach für die Freude und die Erwartungen an das vereinte Deutschland.

Deutschland

Ostdeutsche hatten sich immer geärgert, wenn ihre westdeutschen Verwandten von Deutschland sprachen und die Bundesrepublik meinten. Die Ostdeutschen riefen schließlich auf der Straße nach »Deutschland« und verwendeten den Begriff »Wiedervereinigung«. Die Politik benutzte im gesamten Prozess aber konsequent »Vereinigung« oder »deutsche Einheit«[912]. Sie sparte sich mit der juristisch und politisch nüchternen Kurzform eine aufgeladene Debatte darüber, an welches vereinte Deutschland nun anzuknüpfen sei. Nur in den Sonntagsreden setzte sich schließlich der Begriff »Wiedervereinigung« durch. Aber die historische Neuheit erzeugte auch einen Bedarf an semantischen Figuren, die sowohl die Teile wie das Ganze abbilden konnten. West und Ost, Neu und Alt, ehemalig und früher wurden gebraucht. Zudem waren die politisch vereinten Deutschlandteile immer noch wirtschaftlich, sozial, gesellschaftlich, kulturell und mental verschieden. Nach der Herstellung der »äußeren« wurde bald nach der »inneren« Einheit gerufen. Dazu begannen seit 1990 die intelligenten und auch notwendigen Debatten über den Standort der Deutschen[913], die Stellung Deutschlands in Europa, über deutsche Sonderwege und auch über die Frage: Wie neu ist eigentlich die vereinte Bundesrepublik Deutschland?

Zunächst gab es einen scheinbar eindeutigen Befund. Die DDR war dem Geltungsbereich des Grundgesetzes beigetreten. Dieses Grundgesetz ist dadurch nicht wesentlich verändert worden. Die alte Bundesrepublik ist in politischer und rechtlicher Hinsicht der Kernstaat der neuen. Doch diese Feststellung befriedigt nicht, da sie die historische Dimension ausblendet, die für eine Nation manchmal wichtiger ist als die staatliche Kontinuität. Schon in der ersten Runde der Verhandlungen zum Einigungsvertrag versuchte Lothar de Maizière die künftige vereinigte Bundesrepublik als etwas Neues darzustellen. Es war nicht die Lust am Fabulieren mit Symbolen, sondern eine durch die Revolution selbst aufgenötigte Haltung. Er wollte die Fahne ändern und gar die erste Strophe der lange verbotenen DDR-Nationalhymne auf die Melodie des Deutschlandliedes singen lassen. Diese Vereinigungssymbolik scheiterte, weil sie überzogen war.

Mit der Forderung, Berlin als Hauptstadt Deutschlands zu bestimmen, hat er sich hingegen durchgesetzt. Vehement wehrten sich etliche westdeutsche Provinzfürsten dagegen. Berlin, das war absehbar, wäre nicht mehr eine Residenz unter anderen gewesen. Der Kompromiss, den Schäuble fand, sah schließlich eine semantische Lösung vor. Berlin würde Hauptstadt, Bonn sollte bis zu einer späteren Regelung Regierungssitz bleiben. Der semantische Kampf dauerte noch bis zum 20. Juni 1991, als Berlin als Regierungssitz durch Bundestagsbeschluss durchgesetzt wurde. Um das zu verhindern, waren in Bonn sinnigerweise Montagsgebete abgehalten worden, die allerdings nicht erhört wurden. Den Befürwortern Bonns wurde im Gegenzug betulicher Provinzialismus vorgeworfen. Diese betonten dagegen den mit Bonn verbundenen demokratischen Neuanfang nach dem Krieg. Berlin aber hatte das Argument für sich, dass es mit einem Neuanfang für ganz Deutschland verbunden war.[914] Die Versuche, für die neue Bundesrepublik den Begriff »Berliner Republik« zu kreieren, scheiterten allerdings an möglichen und unmöglichen Vorbehalten.[915] Der Begriff etablierte sich nicht im Sprachgebrauch, da er nur ein intellektuelles Echo auf Weimar und Bonn war.

Es blieb und bleibt bei der Bundesrepublik Deutschland oder eben einfach Deutschland. Das Neue und Einzigartige an dieser deutschen Republik ist ihre Genese, die in sie eingeschrieben ist. Deutschland hat sich einer demokratischen Revolution zu verdanken, diese Revolution war ein zivilisatorisches und nationales Ereignis und zugleich ein europäisches. Timothy Garton Ash hat 1990 vom europäischen »Völkerfrühling« und »Bürgerfrühling«[916] gesprochen. Der juristische Gründungsakt der Republik am 3. Oktober ist der letzte Teil der Erzählung von der »Gründungslegende«[917] der Republik. Was sich formal als Beitritt des kleineren deutschen Teilstaates zur größeren Bundesrepublik vollzog, füllte erstmals in der deutschen Geschichte die Zeile »Einigkeit und Recht und Freiheit« mit Leben. Das gilt auch dann, wenn dieser glückliche Wandel bislang nicht überall im Westen angekommen und im Osten nicht von allen verkraftet ist. Die Integration der Revolution in die politische Kultur der Bundesrepublik ist noch im Gang. Das Sprachpotenzial der Revolution, das half, zwischen Diktatur und Demokratie zu unterscheiden, ist noch nicht ausgeschöpft. Mit immer größerem Erfolg versteckt sich die Partei, deren Macht die Revolution gebrochen hatte, hinter dem demokratisch veredelten Begriff

»Links«. Die Erinnerung an die Revolution ist noch kein gesellschaftliches Allgemeingut. Und in der Rechtskultur stehen die mildernden Umstände mehr im Blick als das tatsächliche DDR-Unrecht.

Dennoch: Die Revolution 1989 und 1990 hat eine geschichtliche, aber auch eine gegenwärtige Dimension. Deutschland und Europa befinden sich seither in einem Veränderungsprozess, der alte Verletzungen heilen kann und allen eine Zukunft eröffnet. »Damit kann Geschichte endlich aufhören, manichäische oder selbst hegelianische Züge zu tragen. Statt Position, Negation und einem dritten Weg gibt es 101 Wege voran, oder 87 oder 163.«[918]

Gegenwärtige Politik und Erinnerung sind miteinander verknüpft. Das bedeutet, dass in der Politik das Vergangene weiterwirkt und nach wie vor Konflikte konturiert. Die Vielstimmigkeit der Erinnerung ist das Spiegelbild politischer Auseinandersetzungen. Im Umgang mit den Erinnerungen an die Diktaturen und deren Überwindung käme es im Sinne von intelligenten Lösungen darauf an, »sich bewusst auf den überaus schwierigen und konfliktreichen Dialog mit anderen einzustellen, also das ›Dialegesthai‹, das gemeinsame Herausfinden im Gespräch als Erkenntnis-, als Praxisform zu wählen«[919].

Dieses – vielleicht nicht im idealen Sinne – war auch der Geist der Revolution. Deren Energie hielt sich im Zaum einer dialogischen Vernunft, in den Kirchen, friedlich auf den Straßen, an den Runden Tischen und schließlich in der Diplomatie. Für die ostdeutsche Seite hat dies Markus Meckel, der das ganze Jahr über beteiligt war, später so ausgedrückt: »Die deutsche Einheit wurde in einem erstaunlich geordneten Prozess möglich, und ich behaupte, in einem Prozess der Selbstbestimmung der Ostdeutschen.«[920] Das war es auch, was die Ostdeutschen mitbrachten. Belanglos sind alle anderen Mitbringsel vom Grünen Pfeil an der roten Ampel bis zum Kinderkrippensystem. Die westdeutsche Seite brachte ihre ökonomische Kraft, ihre politische Erfahrung, ihre Medienmacht, die Gerüste einer funktionierenden Demokratie und wohl als Wichtigstes ein: die spontane Solidarität der Gesellschaft, die revolutionäre »Brüderlichkeit« des teilnehmenden Handelns. Wir Deutsche, so »normal«[921] wir nach Ansicht des amerikanischen Historikers Charles S. Maier nach einem schuldbeladenen Jahrhundert auch geworden sind, lieben die Wunder, das »Wirtschaftswunder«, das »Wunder von Bern 1954« und auch das »Wunder der Wiedervereinigung«.

Vielleicht benutzen wir dieses Wort, weil wir uns selbst zu wenig zutrauen. Nach 1989 und 1990 können wir uns jedoch etwas zutrauen, wir haben die große Gelegenheit der Freiheit, den Kairos der Nation, ergriffen. Doch wenn schon von Wundern geredet werden soll, sollten wir vom Wunder der deutschen Sprache sprechen. Als wir sie im Osten und im Westen auf der Suche nach Auswegen benutzten, lernten wir wieder aussprechen, was uns am Herzen und auf der Zunge lag: Deutschland.

Abkürzungsverzeichnis

AfNS	Amt für Nationale Sicherheit (Nachfolger des MfS)
AGM	Arbeitsgruppe Menschenrechte
AJL	Alternative Jugendliste
AKG	Arbeitskreis Gerechtigkeit
AKSK	Arbeitskreis Solidarische Kirche
ApuZ	*Aus Politik und Zeitgeschichte*
Ast	Außenstelle
AVL	Aktionsbündnis Vereinigte Linke
BEK	Bund der Evangelischen Kirchen
BFD	Bund Freier Demokraten
BSA	Bund Sozialistischer Arbeiter – Deutsche Sektion der 4. Internationale
BStU	Bundesbeauftragte(r) für die Unterlagen der Staatssicherheitsdienste der ehemaligen Deutschen Demokratischen Republik
BV	Bezirksverwaltung (des MfS)
CDSU	Christlich-Demokratisch Soziale Union
CL	Christliche Liga
CSPD	Christlich-Soziale Partei Deutschlands
CSV	Christlich Soziale Vereinigung
DA	Demokratischer Aufbruch
DArch	*Deutschland Archiv*
DAS	Daheim ausharrende Sozialisten
DBD	Demokratische Bauernpartei Deutschlands
DBU	Deutsche Biertrinker Union
DFD	Demokratischer Frauenbund Deutschlands
DFP	Deutsche Forumspartei
DFU	Deutsche Friedensunion
DI	Demokratische Initiative
Dj	Demokratie jetzt
DJP	Deutsche Jugendpartei

DOP	Demokratische Oppositionelle Plattform
DSU	Deutsche Soziale Union
DUP	Deutsche Umweltschutzpartei
DVU	Deutsche Volksunion
EFP	Europäische Föderalistische Partei
Ej	Einheit jetzt
EOS	Erweiterte Oberschule
EU	Europa-Union
EZA	Evangelisches Zentral-Archiv
F. D. P.	Freie Demokratische Partei (Ost-FDP)
FAS	*Frankfurter Allgemeine Sonntagszeitung*
FAZ	*Frankfurter Allgemeine Zeitung*
FDAP	Freiheitliche Deutsche Arbeiterpartei
FDGB	Freier Deutscher Gewerkschaftsbund
FDJ	Freie Deutsche Jugend
FDU	Freie Deutsche Union
FPT	Forum-Partei Thüringen
FR	*Frankfurter Rundschau*
FVP	Fortschrittliche Volkspartei
GJ	Grüne Jugend
GL	Grüne Liste
GMS	Gesellschaftlicher Mitarbeiter Sicherheit
GNU	Gesellschaft für Natur und Umweltschutz
GP	Grüne Partei
GSP	Grüne Sozialistische Partei
GST	Gesellschaft für Sport und Technik
GVS	Geheime Verschlusssache
HVA	Hauptverwaltung Aufklärung (im MfS)
IAPPA	Initiative Absage an Praxis und Prinzip der Abgrenzung
IFM	Initiative Frieden und Menschenrechte
IfUG	Initiative für Unabhängige Gewerkschaften
IG	Interessengemeinschaft Stadtökologie
IM	Inoffizieller Mitarbeiter
JN	Junge Nationaldemokraten
JU	Junge Union
KB	Kulturbund
KJV	Kommunistischer Jugendverband
KKL	Konferenz der Kirchenleitungen
KoKo	Bereich Kommerzielle Koordinierung im Ministerium für Außenhandel der DDR

LDP	Liberal-Demokratische Partei (nach Umbenennung der LDPD)
LDPD	Liberaldemokratische Partei Deutschlands
LSTU	Landesbeauftragte(r) für die Stasi-Unterlagen
LVZ	*Leipziger Volkszeitung*
MfS	Ministerium für Staatssicherheit
MJV	Marxistische Jugendvereinigung Junge Linke
MND	Mitteldeutsche Nationaldemokraten
NA	Nationale Alternative
NDPD	Nationaldemokratische Partei Deutschlands
NF	Neues Forum
NVA	Nationale Volksarmee
OBM	Oberbürgermeister
ÖDP	Ökologisch-Demokratische Partei
OibE	Offizier im besonderen Einsatz
OV	Operativer Vorgang
Rep	Republikaner
SAPMO	Stiftung Archiv der Parteien und Massenorganisationen der DDR im Bundesarchiv
SBU	Sozial-Bürgerliche Union
SDP	Sozialdemokratische Partei
SED	Sozialistische Einheitspartei Deutschlands
SpAD	Spartakist-Arbeiterpartei Deutschlands
Stasi	Staatssicherheit
StUG	Stasi-Unterlagengesetz
SZ	*Süddeutsche Zeitung*
taz	*Tageszeitung*
UFV	Unabhängiger Frauenverband
USPD	Unabhängige Sozialdemokratische Partei Deutschlands
UVP	Unabhängige Volkspartei
VAA	Vereinigung der Arbeitskreise für Arbeitnehmerpolitik und Demokratie
VdgB	Vereinigung der gegenseitigen Bauernhilfe
VEB	Volkseigener Betrieb
VL	Vereinigte Linke
VP	Volkspolizei
VPKA	Volkspolizeikreisamt
VUS	Volksunion Sachsen
WF	Werk für Fernsehelektronik
ZAG	Zeitweilige Arbeitsgruppe

ZAIG   Zentrale Auswertungs- und Informationsgruppe
ZERV   Zentrale Ermittlungsgruppe für Regierungs- und
           Vereinigungskriminalität
ZK   Zentralkomitee
ZV   Zentralvorstand

Literaturverzeichnis

Adler, Hans-Gerd, *Wir sprengen unsere Ketten. Die friedliche Revolution im Eichsfeld. Eine Dokumentation*, Leipzig 1990

Agethen, Manfred/Buchstab, Günter (Hg.), *Oppositions- und Freiheitsbewegungen im früheren Ostblock*, Freiburg/Basel/Wien 2003

Ahbe, Thomas/Hofmann, Michael/Stiehler, Volker, *Wir bleiben hier! Erinnerungen an den Leipziger Herbst '89*, Leipzig 1999

Aktion Sühnezeichen/Friedensdienste (Hg.), *Ökumenische Versammlung für Gerechtigkeit, Frieden und Bewahrung der Schöpfung, Dresden – Magdeburg – Dresden, Eine Dokumentation*, Berlin 1990

Aldenhövel, Josef Lütke/Mestrup, Heinz/Remy, Dietmar (Hg.), *Mühlhausen 1989/1990. Die Wende in einer thüringischen Kreisstadt*, Münster 1993

Alisch, Steffen, »Die Gebetswand in der Leipziger Thomaskirche«. In: Grabner, Wolf-Jürgen/Heinze, Christiane/Pollack, Detlef (Hg.) 1990

Antos, Gerd/Fix, Ulla/Kühn, Ingrid (Hg.), *Deutsche Sprache und Kommunikationserfahrungen zehn Jahre nach der »Wende«*, Frankfurt/M. 2001

Arbeitsgemeinschaft ehemals verfolgter Sozialdemokraten (Hg.), *Der 9. November in der Geschichte der Deutschen*, Bonn 1998

Arbeitsgemeinschaft Musik Ost/West (Hg.), *Herbstzeitlose. Lieder und Texte zur Wende*, Eberswalde-Finow 1990

Arendt, Hannah, *Über die Revolution*, München 1974

Arendt, Hannah, *Elemente und Ursprünge totaler Herrschaft*, 2. Aufl., München/Zürich 1991

Arendt, Hannah, *Vita activa oder Vom tätigen Leben*, München 1996

Ash, Timothy Garton, *Ein Jahrhundert wird abgewählt. Aus den Zentren Mitteleuropas 1980–1990*, München/Wien 1990

Ash, Timothy Garton, *Im Namen Europas. Deutschland und der geteilte Kontinent*, München/Wien 1993

Auerbach, Thomas, »Vorbereitung auf den Tag X. Die geplanten Isolierungslager des MfS«. In: *Analysen und Berichte*, Reihe B, Nr. 1/95, Hg. BStU, Abteilung Bildung und Forschung

Bahr, Eckkard, *Sieben Tage im Oktober. Aufbruch in Dresden*, Leipzig 1990

Bahrmann, Hannes/Links, Christoph, *Chronik der Wende. Die DDR zwischen 7. Oktober und 18. Dezember 1989*, Berlin 1994

Bahrmann, Hannes/Links, Christoph, *Chronik der Wende 2. Stationen der Einheit. Die letzten Monate der DDR*, Berlin 1995

Baule, Bernward, »Freiheit und Revolution. Die Bedeutung von 1989 für die

Berliner Republik«. In: ders. (Hg.), *Hannah Arendt und die Berliner Republik*, Berlin 1996, S. 82–106

Baumann, Peter, »Ohne Titel«. In: Arbeitsgemeinschaft Musik Ost/West (Hg.) 1990, S. 164

Baumgart, Franzjörg, *Die verdrängte Revolution*, Düsseldorf 1976

Becker, Falko, »Bleib bei uns«. In: Arbeitsgemeinschaft Musik Ost/West (Hg.) 1990

Beleites, Michael, *Untergrund. Ein Konflikt mit der Stasi in der Uran-Provinz*, Berlin 1991

Beleites, Michael/Geipel, Roland, »Späte Besetzung – frühe Aktenöffnung«. In: *Späte Besetzung – frühe Aktenöffnung. Das Bürgerkomitee und die Kontrolle der Stasi-Auflösung in Gera. Zeitzeugenberichte*, herausgegeben vom Landesbeauftragten des Freistaates Thüringen für die Unterlagen des Staatssicherheitsdienstes der ehemaligen DDR, Erfurt 2003

Beleites, Johannes, »Die Stasi-Auflösung: Tagung anlässlich des 15. Jahrestages der Besetzung von MfS-Dienststellen. Leipzig 4./5. Dezember 2004«. In: *DArch* 2005/2, S. 313–316

Belwe, Katharina, *Psychosoziale Befindlichkeit der Menschen in den neuen Bundesländern nach der Wende im Herbst 1989*, Bonn 1991

Bennewitz, Inge/Potratz, Rainer, *Zwangsaussiedelungen an der innerdeutschen Grenze*, Berlin 1994

Berndorf, Reinhard, *Herbstmarathon. Innenräume einer Revolution*, Leipzig 2006

Bernhardt, Martin, »Besetzung der Kreisdienststelle des MfS des Kreises Ueckermünde am 5. 12. 1989 nachachtundvierzigstündiger ›Belagerung‹«. In: *Horch und Guck* 8 (1999) 28, S. 59–61

Berschin, Helmut, »Deutschlandbegriff im sprachlichen Wandel«. In: Weidenfeld, Werner/Korte, Karl-Rudolf (Hg.) 1999, S. 217–225

Besier, Gerhard, *Der SED-Staat und die Kirche 1969–1990. Die Vision vom »Dritten Weg«*, Frankfurt/M. 1995a

Besier, Gerhard, *Der SED-Staat und die Kirche 1983–1991, Höhenflug und Absturz*, Frankfurt/M./Berlin 1995b

Besier, Gerhard/Wolf, Stephan (Hg.), »*Pfarrer, Christen und Katholiken«. Das Ministerium für Staatssicherheit der ehemaligen DDR und die Kirchen*, Neukirchen-Vluyn 1991

Bessel, Richard/Jessen, Ralph, *Die Grenzen der Diktatur. Staat und Gesellschaft in der DDR*, Göttingen 1996

Beyer, Achim, »Die Täter verwöhnt – die Opfer verhöhnt«. In: Weber, Jürgen (Hg.) 2006, S. 103–134

Bialas, Wolfgang, *Vom unfreien Schweben zum freien Fall. Ostdeutsche Intellektuelle im gesellschaftlichen Umbruch*, Frankfurt/M. 1996

Bickhardt, Stephan (Hg.), *Recht ströme wie Wasser. Christen in der DDR für Absage an Praxis und Prinzip der Abgrenzung*, Berlin 1988

Blasius, Anke, *Der politische Sprachwitz in der DDR. Eine linguistische Untersuchung*, Hamburg 2003

Bluhm, Harald, »Revolution – eine begriffs- und ideengeschichtliche Skizze«. In: *Berliner Debatte INITIAL* 9 (1998) 5, S. 3 ff.

Böckenförde, Ernst Wolfgang, »Der Zusammenbruch der Monarchie und die Entstehung der Weimarer Republik«. In: Bracher, Karl Dietrich/Funke, Manfred/Jacobsen, Hans-Adolf (Hg.), *Die Weimarer Republik 1918–1933. Politik, Wirtschaft, Gesellschaft*, Köln 1988

Bohley, Bärbel u. a. (Hg.), »…und die Bürger melden sich zu Wort« (Nachdruck von: »Urkunde. 40 Jahre DDR«, Samisdat, Berlin 1989), Frankfurt/M. 1989

Bohse, Reinhard/Hartmann, Grit/Heise, Ulla/Hoch, Mattthias/Kurz, Josef/Möbius, Ameli/Sprink, Rolf (Hg.), *Neues Forum Leipzig. Jetzt oder nie – Demokratie! Leipziger Herbst '89*, Leipzig 1989

Bollinger, Stefan (Hg.), *Das letzte Jahr der DDR. Zwischen Revolution und Selbstaufgabe*, Berlin 2004

Bomberg, Karl-Heinz, *Sing mein neualtes Lied. Zwischentexte*, Berlin 1996

Booß, Christian, »Seilschaften vor und nach der Wende – Fallstudien aus den ländlichen Regionen Brandenburgs«. In: *Materialien der Enquete-Kommission »Überwindung der Folgen der SED-Diktatur im Prozess der deutschen Einheit« (13. Wahlperiode des Deutschen Bundestages)*, Band III,3, Baden-Baden 1999, S. 2323–2393

Booß, Christian, »Geteilte Interessen bei der deutschen Einheit. Bundesrepublikanische Widerstände gegen die Öffnung der Stasi-Akten und das Volkskammergesetz vom 24. August«, Berlin 2007 (Veröffentlichung geplant)

Brand, Christoph-Matthias, *Souveränität für Deutschland. Grundlagen, Entstehungsgeschichte und Bedeutung des Zwei-plus-Vier-Vertrages vom 12. September 1990*, Köln 1993

Bredel, Ursula/Dittmar, Norbert, »›naja dit sind allet so + verschiedene dinge die einem da durch-n kopp gehen … zuviel neues mit eenen schlach‹. Verfahren sprachlicher Bearbeitung sozialer Umbruchsituationen«. In: Reiher, Ruth/Kramer, Undine (Hg.) 1993

Bresch, Ulrike u. a.(Hg.), »Oktober 1989. Wider den Schlaf der Vernunft. Dokumentation«. In: *Temperamente. Blätter für junge Literatur* 1/1990, Berlin

Brinkel, Wolfgang/Rodejohann, Jo (Hg.), *Das SPD-SED-Papier. Der Streit der Ideologien und die gemeinsame Sicherheit*, Freiburg i. Br. 1988

Brinkschulte, Wolfgang/Gerlach, Hans Jörgen/Heise, Thomas, *Freikaufgewinnler. Die Mitverdiener im Westen.* Frankfurt/M./Berlin 1993

Brunssen, Frank, »Die Revolution in der DDR. Ambivalenzen einer Selbstbefreiung«. In: *APuZ* B 45/1999, S. 3–14

Brussig, Thomas, *Wie es leuchtet*, Frankfurt/M. 2004

Bundesministerium für Umwelt, Naturschutz und Reaktorsicherheit, »Die ökologische Schadenbilanz der SED-Wirtschafts- und Umweltpolitik 1989/1990«. In: *Materialien der Enquete-Kommission »Überwindung der Folgen der SED-Diktatur im Prozess der deutschen Einheit« (13. Wahlperiode des Deutschen Bundestages)*, Band III,3, Baden-Baden 1999

Bürgerkomitee Bautzener Straße e. V. (Hg.), *MfS-Bezirksverwaltung Dresden – eine erste Analyse*, Dresden 1992

Bürgerkomitee Erfurt (Hg.), *Geheimdienste – Nein danke! Bericht des Bürgerkomitees über die Auflösung des MfS/AfNS*, Erfurt 1990

Bürgerkomitee Leipzig (Hg.), *Stasi intern, Macht und Banalität*, Leipzig 1991

Bürgerkomitee Sachsen-Anhalt (Hg.), *Was im Herbst begann ... Die Auflösung der Staatssicherheit im ehemaligen Bezirk Magdeburg, Eine Materialsammlung*, Magdeburg 1996

Bürgerkomitee Sachsen-Anhalt (Hg.), *Die Auflösung des MfS – die Arbeit der Bürgerkomitees in den Bezirken 1989/90. Tagungsband 26./27.9.1997*, Magdeburg 1998

Burghardt, Barbara/Musigmann, Wolfgang (Hg.), *Offene Arbeit – Selbstauskünfte*, Erfurt 1991

Burkhard, Markus, *Macht ihr eure Wende – ich bin verliebt*, Berlin 2007

Burkhardt, Armin, »›Verehrte Abgeordnete! ... Danke schön.‹ Zum Kommunikationsstil der Volkskammer in der Phase ihrer Selbstabwicklung«. In: Reiher, Ruth/Baumann, Antje (Hg.) 2004

Burz, Ulfried/Derndarsky, Michael/Drobesch, Werner (Hg.), *Brennpunkt Mitteleuropa*, Wien 2000

Caborn, Joannah, *Schleichende Wende. Diskurse von Nation und Erinnerung bei der Konstituierung der Berliner Republik*, Münster 2006

Ciecior, Uwe, »Schläge mit Knüppel. Schuhe aus, Hosen auf. Gedächtnisprotokoll eines vom 6.–9. Oktober vom Dresdener Hauptbahnhof aus Zugeführten«. In: *Horch und Guck* 10/2001/4, S. 48 f.

Claus, Werner (Hg.), *Medien-Wende – Wende-Medien. Dokumentation des Wandels im DDR-Journalismus. Oktober 1989 bis Oktober 1990*, Berlin 1991

Czechowski, Heinz, *Die Pole der Erinnerung. Autobiografie*, Düsseldorf 2006

Dahrendorf, Ralf, »Der Blick zurück: Das (kurze) sozialdemokratische Jahrhundert«. In: ders. 2004

Dahrendorf, Ralf, »Müssen Revolutionen scheitern?« In: ders. 2004 (Vorlesung aus dem Jahr 1990)

Dahrendorf, Ralf, *Wiederbeginn der Geschichte. Vom Fall der Mauer zum Krieg im Irak. Reden und Aufsätze*, München 2004

Dalos, György, »Der politische Umbruch in Ost- und Mitteleuropa und seine Bedeutung für die Bürgerbewegung in der DDR«. In: *Materialien der Enquete-Kommission »Aufarbeitung von Geschichte und Folgen der SED-Diktatur in Deutschland«* (12. Wahlperiode des Deutschen Bundestages), hrsg. vom Deutschen Bundestag, Baden-Baden 1995, Band VII/1, S. 540

Darton, Robert, *Der letzte Tanz auf der Mauer*, München/Wien 1991

Das andere Blatt (Hg.), *Keine Überraschung zulassen! Berichte und Praktiken der Staatssicherheit in Halle bis Ende November 1989*, Halle 1990

Delius, Friedrich Christian, *Die Birnen von Ribbeck*, Reinbek 1991

Demuth, Christian/Lempp, Jakob (Hg.), *Parteien in Sachsen*, Dresden/Berlin 2006

Detjen, Claus, *Die anderen Deutschen. Wie der Osten die Republik verändert,* Bonn 1999

Deutsche Einheit. Sonderedition aus den Akten des Bundeskanzleramtes 1989/90. Bearbeitet von Hanns Jürgen Küsters und Daniel Hofmann, München 1998

Deutscher Bundestag (Hg.), *Protokolle der Volkskammer der DDR: 10. Wahlperiode (5. 4. – 2. 10. 1990),* Nachdruck in 3 Bänden, Opladen 2000

Dietrich, Christian, »Fallstudie Leipzig 1987 – 1989. Die politisch-alternativen Gruppen in Leipzig vor der Revolution. In: *Materialien der Enquete-Kommission »Aufarbeitung von Geschichte und Folgen der SED-Diktatur in Deutschland« (12. Wahlperiode des Deutschen Bundestages),* hrsg. vom Deutschen Bundestag, Baden-Baden 1995, Band VII/1

Dietrich, Christian/Schwabe, Uwe (Hg.), *Freunde und Feinde, Dokumente zu den Friedensgebeten in Leipzig zwischen 1981 und dem 9. Oktober 1989,* mit einem Vorwort von Harald Wagner, Leipzig 1994

Digusch, Gunnar, *Das Ende der Nationalen Volksarmee und der Aufbau der Bundeswehr in den Neuen Ländern,* Frankfurt/M. 2004

Dönert, Albrecht/Rommelt, Paul, »Die Leipziger Montagsdemonstration«. In: Grabner, Wolf-Jürgen/Heinze, Christiane/Pollack, Detlef 1990

Dornheim, Andreas/Schnitzler, Stephan (Hg.), *Thüringen 1989/90. Akteure des Umbruchs berichten,* Landeszentrale für politische Bildung, Erfurt 1995

Driftmann, Markus, *Die Bonner Deutschlandpolitik 1989/90. Eine Analyse der deutschlandpolitischen Entscheidungsprozesse angesichts des Zerfalls der DDR,* Münster 2005

Dümke, Wolfgang/Vilmar, Fritz (Hg.), *Kolonisierung der DDR. Kritische Analysen und Alternativen des Einigungsprozesses,* Münster 1995

Eberhardt, Hans, »Thüringens staatliche Einheit in Vergangenheit und Gegenwart«. In: *175 Jahre Parlamentarismus in Thüringen (1817 – 1992). Schriften zur Geschichte des Parlamentarismus in Thüringen,* Heft 1, hrsg. vom Thüringer Landtag, Jena 1992, S. 107 – 121

Eckart, Karl/Hacker, Jens/Mampel, Siegfried (Hg.), *Wiedervereinigung Deutschlands,* Berlin 1998

Eckelmann, Wolfgang/Hertle, Hans-Hermann/Weinert, Rainer, *FDGB intern. Innenansichten einer Massenorganisation der SED,* Berlin 1990

Eckert, Rainer, »Die revolutionäre Krise am Ende der achtziger Jahre und die Formierung der Opposition«. In: *Materialien der Enquete-Kommission »Aufarbeitung von Geschichte und Folgen der SED-Diktatur in Deutschland« (12. Wahlperiode des Deutschen Bundestages),* hrsg. vom Deutschen Bundestag, Baden-Baden 1995. Band VII/1, S. 667

Eckert, Rainer, »Widerstand und Opposition in der DDR. Siebzehn Thesen«. In: *Zeitschrift für Geschichtswissenschaft* 44 (1996) 1, S. 4 – 65

Eckert, Rainer, »Die Aktivitäten kleinerer oppositioneller Gruppen«. In: Kuhrt, Eberhard in Verbindung mit Buck, Hannsjörg F. und Holzweißig, Gunter (Hg.) 1999, S. 705 – 718

Eckert, Rainer, »Das historische Jahr 1990«. In: *APuZ* 40/2005/4

Eckert, Rainer/Kowalczuk, Ilko-Sascha/Stark, Isolde (Hg.), *Hure oder Muse? Klio in der DDR. Dokumente und Materialien des Unabhängigen Historiker Verbandes*, Berlin 1994

Egerter, Wolfgang, *Ein Wunsch geht in Erfüllung. Aufzeichnungen 1989–1997*, Erfurt 2006

Eikermann, Helmut, »Tatort Deutschland. Die Wende im Krimi – eine Übersicht«. In: *Berliner Lesezeichen*, Heft 1/Oktober 1993, S. 95–103

Eisenfeld, Bernd, »Die Ausreisebewegung – eine Erscheinungsform widerständigen Verhaltens«. In: Poppe, Ulrike/Eckert, Rainer/Kowalczuk, Ilko-Sascha (Hg) 1995, S. 192–223

Eisenfeld, Bernd, »Rechtsextremismus in der Ära Honecker«. In: *Halbjahresschrift für südosteuropäische Geschichte, Literatur und Politik* 13/2001, S. 5–10.

Eisenfeld, Bernd/Kowalczuk, Ilko-Sascha/Neubert, Ehrhart, *Die verdrängte Revolution. Der Platz des 17. Juni 1953 in der deutschen Geschichte*, Bremen 2004

Ellmenreich, Renate, *Matthias Domaschk, Die Geschichte eines politischen Verbrechens in der DDR und die Schwierigkeiten, dasselbe aufzuklären.* Hrsg. vom Landesbeauftragten des Freistaates Thüringen für die Unterlagen des Staatssicherheitsdienstes der ehemaligen Deutschen Demokratischen Republik, Erfurt 1996

Emmerich, Wolfgang, *Kleine Literaturgeschichte der DDR*, erw. Neuausgabe, Leipzig 1996

Engler, Wolfgang, *Die Ostdeutschen. Kunde von einem verlorenen Land*, Berlin 1999

Eppelmann, Rainer, *Fremd im eigenen Haus. Mein Leben im anderen Deutschland*, Köln 1993

Eppelmann, Rainer, *Gottes doppelte Spur. Vom Staatsfeind zum Parlamentarier*, Holzgerlingen 2007

Eppelmann, Rainer/Faulenbach, Bernd/Mählert, Ulrich (Hg.), *Bilanz und Perspektiven der DDR-Forschung*, Paderborn 2003

Eppelmann, Rainer/Meckel, Markus/Grünbaum, Robert (Hg.), *Das ganze Deutschland. Reportagen zur Einheit*, Berlin 2005

Falcke, Heino, »Kirchen im Friedensbund Gottes. Ekklesiologische Aspekte des Friedensauftrages der Kirche heute. Vorlesung vom 24.11.1985«, maschinenschriftl., Bestand Neubert

Falcke, Heino, »Die unvollendete Befreiung, die Kirchen, die Umwälzung in der DDR und die Vereinigung Deutschlands«. In: *Ökumenische Existenz heute*, Nr. 9, München 1991

Faulenbach, Bernd, »Der 9. November in der deutschen Geschichte«. In: *Freiheit und Recht. Die Stimme der Widerstandskämpfer und Verfolgten*, Dezember 2003/3/4, S. 3–7

Felber, Konrad, *Vom Neuen Forum zum Leiter der Außenstelle der »Gauck-Behörde« Chemnitz*, Limbach-Oberfrohna 1995

Fiedler, Wilfried, »Recht als überflüssige Dimension? Zur Bedeutung rechtlicher Faktoren für die Wiedervereinigung Deutschlands«. In: Eckart, Karl/Hacker, Jens/Mampel, Siegfried (Hg.) 1998, S. 285–306

Findeis, Hagen, »Überblick über die sozialethischen Gruppen in Leipzig Anfang 1989«. In: Grabner, Wolf-Jürgen/Heinze, Christiane/Pollack, Detlef 1990, S. 91–96

Fischer, Alexander/Heydemann, Günther (Hg.), Die politische »Wende in Sachsen«. Rückblick und Zwischenbilanz, Weimar/Köln/Wien 1995

Fischer, Angelika, Entscheidungsprozeß zur deutschen Wiedervereinigung, Frankfurt/M. 1996

Fischer, Frank, »Im deutschen Interesse«. Die Ostpolitik der SPD von 1969 bis 1989, Husum 2001

Fischer, Hans Friedrich, »Kirche und Friedensgebete in Leipzig«. In: Sievers, Hans-Jürgen 1990, S. 13–20

Forum-Verlag (Hg.), Von Leipzig nach Deutschland, Leipzig 1991

Franke, Ulrike/Fünfstück, Andreas/Pollack, Detlef/Rasch, Joachim/Weiß, Thomas, »Der Pfarrer im Spannungsfeld von Kirche und Gesellschaft. Auswertung von Interviews mit Leipziger PastorInnen vor und nach der Wende«. In: Grabner, Wolf-Jürgen/Heinze, Christiane/Pollack, Detlef 1990, S. 47–62

Freese, Christopher, Die Privatisierungstätigkeit der Treuhandanstalt. Strategie und Verfahren der Privatisierung in der Systemtransformation, Frankfurt/M. 1995

Friedrich, Margot, Eine Revolution nach Feierabend. Eisenacher Tagebuch eine Revolution. Im Anhang die vollständigen Protokolle des Runden Tisches in Eisenach, Marburg 1991

Fritze, Lothar, Täter mit gutem Gewissen. Über menschliches Versagen im diktatorischen Sozialismus, Köln/Weimar 1998

Fröhlich, Jürgen, »Liberal-Demokratische Partei Deutschlands«. In: Stephan, Gerd-Rüdiger u. a., Die Parteien und Organisationen der DDR. Ein Handbuch, Berlin 2002

Gauchet, Marcel, »Die totalitäre Erfahrung und das Denken des Politischen«. In: Rödel, Ulrich (Hg.), Autonome Gesellschaft und libertäre Demokratie, Frankfurt/M. 1990

Gedenkstätte für die Opfer politischer Gewalt Moritzplatz Magdeburg u. a. (Hg.), »Die Vergangenheit läßt uns nicht los …« Haftbedingungen politischer Gefangener in der SBZ/DDR und deren gesundheitliche Folgen, Magdeburg 1997

Gehrke, Bernd, »Die ›Wende‹-Streiks«. In: Gehrke, Bernd/Hürtgen, Renate (Hg.), Der betriebliche Aufbruch im Herbst 1989: Die unbekannte Seite der DDR-Revolution, Berlin 2001

Gehrke, Bernd/Rüddenklau, Wolfgang (Hg.), Das war doch nicht unsere Alternative. DDR-Oppositionelle zehn Jahre nach der Wende, Münster 1999

Geisel, Christof, Auf der Suche nach einem dritten Weg. Das politische Selbstverständnis der DDR-Opposition in den 80er Jahren, Berlin 2005

Genin, Salomea, »Wie ich in der DDR aus einer jüdisch-sich-selbst-hassenden Kommunistin zu einer Jüdin wurde«. In: *Umweltblätter,* Juli 1989, Samisdat, S. 59–74

Genscher, Hans-Dietrich, *Erinnerungen,* Berlin 1995.

Gensike, Thomas, »Mentalitätswandel und Revolution. Wie sich die DDR-Bürger von ihrem System abwandten«. In: *DArch* 1992/12, S. 1266–1283

Gerlach, Manfred, *Mitverantwortlich,* Berlin 1991

Gesamtdeutsches Institut (Hg.), *Dokumentation zur Entwicklung der Blockparteien der DDR von Ende September bis Anfang Dezember 1989,* Bonn 1989

Gesamtdeutsches Insitut (Hg.), *Dokumentation zur politischen Justiz in der ehemaligen DDR und Aufarbeitung ihrer Vergangenheit in 6 Teilen (I–VI). November 1989–Mai 1991,* Berlin 1991

Gewerkschaftliche Monatshefte 12/89, »Revolution im Osten«, Themenheft Dezember 1989

Geyer, Herrmann, *Nikolaikirche, montags um fünf. Die politischen Gottesdienste der Wendezeit in Leipzig,* Darmstadt 2007

Gill, David/Schröter, Ulrich, *Das Ministerium für Staatssicherheit. Anatomie des Mielke-Imperiums,* Berlin 1991

Glaeßner, Gert-Joachim (Hg.), *Eine deutsche Revolution. Der Umbruch in der DDR, seine Ursachen und Folgen,* Frankfurt/M. 1991

Goeckel, Robert F., *Die evangelische Kirche und die DDR. Konflikte, Gespräche, Vereinbarungen unter Ulbricht und Honecker,* Leipzig 1995

Goertz, Joachim, *Die Solidarische Kirche in der DDR. Erfahrungen. Erinnerungen. Erkenntnisse,* Berlin 1999

Good, Colin, »Die sprachliche Inszenierung der Hauptstadtdebatte. Oder: ›Wie kann es Konsens geben, die eine klassisch-klare Entscheidung erfordert?‹« In: Reiher, Ruth/Läzer, Rüdiger 1993, S. 117–125

Gorbatschow, Michail, *Umgestaltung und neues Denken für unser Land und die ganze Welt* (Ausgabe für die DDR), Berlin 1987

Gorbatschow, Michail, *Wie es war. Die deutsche Wiedervereinigung,* Berlin 1999

Görtemaker, Manfred, *Geschichte der Bundesrepublik Deutschland. Von der Gründung bis zur Gegenwart,* München 1999

Grabner, Wolf-Jürgen/Heinze, Christiane/Pollack, Detlef (Hg.), *Leipzig im Oktober. Kirchen und alternative Gruppen im Umbruch der DDR. Analysen zur Wende,* Berlin 1990

Grafe, Roman, *Die Grenze durch Deutschland. Eine Chronik von 1945 bis 1990,* Berlin 2002

Grashoff, Udo, »*In einem Anfall von Depression…*« Selbsttötungen in der DDR, Berlin 2006

Grass, Günter, *Ein Schnäppchen namens DDR. Letzte Reden vorm Glockengeläut,* Frankfurt/M. 1990

Grosser, Dieter, *Das Wagnis der Währungs-, Wirtschafts- und Sozialunion. Politische Zwänge im Konflikt mit ökonomischen Regeln,* Stuttgart 1998

Grosser, Dieter/Bierling, Stephan/Kurz, Friedrich, *Die sieben Mythen der Wiedervereinigung. Fakten und Analysen zu einem Prozess ohne Alternative*, München 1991

Groth, Joachim-Rüdiger (Hg.), *Literatur im Widerspruch. Gedichte und Prosa aus 40 Jahren DDR*, Köln 1993

Grünbaum, Robert, »Eine Revolution in Deutschland? Der Charakter des Umbruchs in der DDR von 1989/90«. In: *Geschichte in Wissenschaft und Unterricht 7 (1999) 8, S. 438–450*

Grünbaum, Robert, *Deutsche Einheit*, Opladen 2000

Gutzeit, Martin, »Der Weg in die Opposition. Über das Selbstverständnis und die Rolle der ›Opposition‹ im Herbst 1989 in der ehemaligen DDR«. In: Euchner, Walter (Hg.), *Politische Opposition in Deutschland und im internationalen Vergleich*, Göttingen 1993a, S. 84–114

Gutzeit, Martin, »Die Stasi – Repression oder Geburtshilfe?« In: *Von der Bürgerbewegung zur Partei: Die Gründung der Sozialdemokratie in der DDR*, hrsg. von Dieter Dowe, Friedrich-Ebert-Stiftung, Bonn 1993b, S. 41–52

Gutzeit, Martin/Hilsberg, Stephan, »Die SDP/SPD im Herbst 1989«. In: Kuhrt, Eberhard u. a. 1999, S. 607–704

Gysi, Gregor/Falkner, Thomas, *Sturm aufs Große Haus. Der Untergang der SED*, Berlin 1990

Haase-Hindenberg, Gerhard, *Der Mann, der die Mauer öffnete. Warum Oberstleutnant Harald Jäger den Befehl verweigerte und damit Weltgeschichte schrieb*, München 2007

Habermas, Jürgen, *Die nachholende Revolution*, Frankfurt/M. 1990

Hahn, Reinhardt O. (Hg.), *Ausgedient. Ein Stasi-Major erzählt*, Halle/Leipzig 1990

Hammer, Klaus (Hg.), *Chronist ohne Botschaft. Christoph Hein. Ein Arbeitsbuch. Materialien, Auskünfte. Bibliographie*, Berlin/Weimar 1992

Hanisch, Günter/Hänisch, Gottfried/Magirius, Friedrich/Richter, Johannes, *Dona nobis pacem. Fürbitten und Friedensgebete Herbst '89 in Leipzig*, Leipzig 1996

Hasse, Peter, »Der Königsmörder und der Wendewahnsinn. Stasi-Auflösung: Bezirksverwaltung Karl-Marx-Stadt«. In: *Horch und Guck 9 (2000) 30, S. 42–57*

Haufe, Gerda/Bruckmeier, Karl (Hg.), *Die Bürgerbewegungen in der DDR und in den ostdeutschen Bundesländern*, Opladen 1993

Haus der Geschichte der Bundesrepublik Deutschland/Zeitgeschichtliches Forum (Hg.), *Der Weg zur Wiedervereinigung*, Köln 1999

Heber, Norbert/Lehmann, Johannes, *Keine Gewalt! Der friedliche Weg zur Demokratie. Eine Chronik in Bildern*, Berlin 1992

Heckert, Markus, »Keiner geht hier weg: Im Dezember 1989 besiegten die Jenaer ihre Angst«. In: *Gerbergasse 18, 1 (1996) 3*

Heering, Walter, »Die Wirtschaftspolitik der Regierung Modrow und ihre Nachwirkungen«. In: *Materialien der Enquete-Kommission »Überwindung der Folgen der SED-Diktatur im Prozeß der deutschen Einheit« (13. Wahl-periode des Deutschen Bundestages)*, Band III,3, Baden-Baden 1999

Heidingsfeld, Uwe-Peter, »Evangelische Kirche und Wiedervereinigung – Anmerkungen zu einem schwierigen Verhältnis«, *idea Dokumentation* 10/2006

Hein, Christoph, *Horns Ende*, Berlin/Weimar 1985

Hein, Christoph, »Die Zensur ist überlebt, nutzlos, paradox, menschen- und volksfeindlich, ungesetzlich und strafbar«. In: *Die Zeit* Nr. 50 vom 4. 12. 1987, S. 57–59. Gekürzt dokumentiert in: Judt, Matthias (Hg.) 1997, S. 360 f.

Hein, Christoph, »Die fünfte Grundrechenart. Rede auf dem Treffen Berliner Schriftsteller am 14. 9. 1989«. Abgedruckt in: *Sonntag* vom 29. 10. 1989, S. 3 (Titel hier: »Gutgemeint ist das Gegenteil von wahr«)

Heisenberg, Wolfgang, *Die Vereinigung Deutschlands in europäischer Per-spektive*, Baden-Baden 1992

Helwig, Gisela, »Ins Abseits geraten. Rentnerinnen und Rentner in der DDR«. In: *DArch* 2006/2, S. 236–243

Henke, Klaus-Dietmar, »Menschliche Spontaneität und die Sicherheit des Staa-tes. Zur Rolle der weltanschaulichen Exekutivorgane in beiden deutschen Diktaturen und in den Reflexionen Hannah Arendts«. In: Suckut, Siegfried/ Süß, Walter (Hg.) 1997

Henke, Klaus-Dietmar/Steinbach, Peter/Tuchel, Johannes (Hg.), *Widerstand und Opposition in der DDR*, Köln/Weimar/Wien 1999

Henrich, Rolf, *Der vormundschaftliche Staat – Vom Versagen des real existie-renden Sozialismus*, Reinbek bei Hamburg 1989

Herles, Helmut/Rose, Ewald (Hg.), *Vom Runden Tisch zum Parlament*, Bonn 1990

Hertle, Hans-Hermann, *Chronik des Mauerfalls: Die dramatischen Ereignisse um den 9. November 1989*, Berlin 1996a

Hertle, Hans-Herrmann, *Der Fall der Berliner Mauer. Die unbeabsichtigte Selbstauflösung des SED-Staates*, Opladen 1996b

Hertle, Hans-Herrmann/Stephan, Gerd-Rüdiger (Hg.), *Das Ende der SED. Die letzten Tage des Zentralkomitees*, Berlin 1997

Hertle, Hans-Hermann, »Wußte der eine, was der andere tat? SED und MfS beim Mauerfall«. In: Suckut, Siegfried/Süß, Walter (Hg.) 1997, S. 271–292

Hertle, Hans-Herrmann/Junkernheinrich, Martin/Koch, Willy/Nooke, Gün-ther, *Vom Ende der DDR-Wirtschaft zum Neubeginn in den Neuen Bundes-ländern*, Hannover 1998

Hertle, Hans-Hermann, »›Es gab keinen Befehl zur Öffnung der Grenze!‹ Über die Rolle des Ministeriums für Staatssicherheit beim Mauerfall. Gespräch mit Gerhard Niebling, Generalmajor a. D., Leiter der Zentralen Koordi-nierungsgruppe des MfS«. In: *DArch* 1999a/5, S. 744–749

Hertle, Hans-Hermann, »›Zieht Euch zurück, laßt sie laufen!‹ Wie die Mauer am Grenzübergang Invalidenstraße fiel. Gespräch mit S. W., Oberstleutnant

a. D., ehem. stellvertretender Leiter der Paßkontrolleinheit am Grenzübergang Invalidenstraße«. In: *DArch* 1999b/5, S. 749–755

Hertle, Hans-Hermann/Elsner, Kathrin, *Mein 9. November : Der Tag, an dem die Mauer fiel,* Berlin 1999

Hertzsch, Klaus-Peter, *»Sag meinen Kindern, dass sie weiterziehen«,* Stuttgart 2002

Herz, Andrea, *Wahl und Wahlbetrug im Mai 1989. DDR-Kommunalwahlen im Thüringer Raum,* Erfurt 2004

Herz, Andrea/Lißner, Bernhard, *Vom »Sicherungseinsatz 40. Jahrestag (Oktober 1989) zur verordneten Polizei-Demonstration (Januar 1990). Dokumente aus dem Bestand des Führungsstabes der Bezirksbehörde der Deutschen Volkspolizei Erfurt.* Herausgegeben vom Landesbeauftragten des Freistaates Thüringen für die Unterlagen des Staatssicherheitsdienstes der ehemaligen DDR und dem Thüringischen Hauptarchiv Weimar, Erfurt 1995

Heydemann, Günther/Jesse, Eckard (Hg.), *15 Jahre deutsche Einheit. Deutsch-deutsche Begegnungen, deutsch-deutsche Beziehungen,* Berlin 2006

Heydemann, Günther/Mai, Gunter/Müller, Werner (Hg.), *Revolution und Transformation in der DDR 1989/90,* Berlin 1999

Heym, Stefan, »Je voller der Mund, desto leerer die Sprüche. Vier Wochen Aktuelle Kamera«. In: *Stern* vom 10. 2. 1977. Abgedruckt in: Judt, Matthias (Hg.) 1997, S. 353 f.

Hildebrand, Gerold, »Wehrpflichtverweigerer«. In: Gehrke, Bernd/Rüddenklau, Wolfgang (Hg.) 1999

Hildebrandt, Jörg/Thomas, Gerhard (Hg.), *Unser Glaube mischt sich ein … Evangelische Kirche in der DDR 1989. Berichte, Fragen, Verdeutlichungen,* Berlin 1990

Höffer, Volker, *»Der Gegner hat Kraft«. MfS und SED im Bezirk Rostock.* Der Bundesbeauftragte für die Unterlagen des Staatssicherheitsdienstes der ehemaligen DDR (Hg.), Berlin 1997

Hoffmann, Christa, »Aufklärung und Ahndung totalitären Unrechts: Die Zentralen Stellen in Ludwigsburg und Salzgitter«. In: *APuZ* B 4/1993

Hoffmann, Dieter, *Gedichte aus der DDR selig,* Darmstadt 1999

Hoffmann, Eckardt (Hg.), *Niemand konnte sie auslöschen. Die friedliche Revolution im Herbst 1989 in Gotha,* Friedrichroda 2001

Hoffmann, Eckardt/Kratochwil, Reinhard, *»Davon hängt unsere Zukunft ab«. Die große Demonstration auf dem Gothaer Hauptmarkt am 29. Oktober 1989,* Schriftenreihe des Landesbeauftragten des Freistaates Thüringen für die Unterlagen des Staatssicherheitsdienstes der ehemaligen DDR, Erfurt 2002

Hoffmann, Lutz, »Die Währungsunion – Eine Entscheidung mit Folgen«. In: *Vierteljahreshefte zur Wirtschaftsforschung* 69/2000/2, S. 152–162

Hoffmeister, Hans/Hempel, Mirko (Hg.), *Die Wende in Thüringen. Ein Rückblick,* 2. Auflage, Arnstadt/Weimar 2000

Hohmann, Katharina/Hanada, Heike (Hg.), *Hotel van der Velde,* Weimar 2007

Hollitzer, Tobias, »Der friedliche Verlauf des 9. Oktober«. In: Heydemann, Günther/Mai, Gunter/Müller, Werner (Hg.) 1999

Hollitzer, Tobias, »Wir leben jedenfalls von Montag zu Montag«. Zur Auflösung der Staatssicherheit in Leipzig. Erste Erkenntnisse und Schlussfolgerungen, Schriftenreihe der BStU, Analysen und Berichte Nr. 1/99, Berlin 1999

Hollitzer, Tobias/Bohse, Reinhard (Hg.), Heute vor 10 Jahren. Leipzig auf dem Weg zur Friedlichen Revolution, Fribourg 2000

Honecker, Erich, »Verantwortungsloses Gerede«. In: Kirche im Sozialismus 1988/5, S. 172

Horsch, Holger, »Hat nicht wenigstens die Stasi die Stimmung im Lande gekannt?« MfS und SED im Bezirk Karl-Marx-Stadt. Der Bundesbeauftragte für die Unterlagen des Staatssicherheitsdienstes der ehemaligen DDR (Hg.), Berlin 1997

Hübner, Peter, Konsens, Konflikt und Kompromiß: soziale Arbeiterinteressen und Sozialpolitik in der SBZ/DDR 1945 – 1970, Berlin 1995

Hübner, Peter/Tenfelde, Klaus, Arbeiter in der SBZ/DDR, Essen 1999

Hübner, Werner, namentlich ausgewiesene Textpassage in: Gysi, Gregor/Falkner, Thomas 1990, S. 44

Hürtgen, Renate, »›Die Erfahrung laß ick mir nicht nehmen!‹ Demokratieversuche der Belegschaften in den DDR-Betrieben zwischen Oktober 1989 und Januar 1990« In: Gehrke, Bernd/Rüddenklau, Wolfgang (Hg.) 1999

Israel, Jürgen, Zur Freiheit berufen. Die Kirche in der DDR als Schutzraum der Opposition, Berlin 1991

Jäger, Andrea, Schriftsteller aus der DDR. Ausbürgerungen und Übersiedlungen von 1961 bis 1989. Autorenlexikon, Frankfurt/M. 1995

Jäger, Manfred, Kultur und Politik in der DDR 1945 – 1990, Köln 1994

Jäger, Wolfgang, Die Überwindung der Teilung. Der innerdeutsche Prozess der Vereinigung 1989/90. Geschichte der deutschen Einheit, Bd. 3, Stuttgart 1998

Jäger, Wolfgang/Walter, Michael, Die Allianz für Deutschland. CDU, Demokratischer Aufbruch und Deutsche Soziale Union 1989/90, Köln/Weimar/Wien 1998

Jähn, Adina, Die »friedliche Revolution« in der DDR. Die Berichterstattung der SED-Bezirkszeitungen »Das Volk« und der WAZ über die politischen Vorgänge im Herbst 1989, Saarbrücken 2007

Jahntz, Bernhard, »Die juristische Aufarbeitung der SED-Herrschaft – eine vorläufige Bilanz«. In: Suckut, Siegfried/Weber, Jürgen (Hg.) 2003, S. 309 – 335

Jander, Martin unter Mitarbeit von Voß, Thomas, »Die besondere Rolle des politischen Selbstverständnisses bei der Herausbildung einer politischen Opposition in der DDR außerhalb der SED und ihrer Massenorganisationen seit den siebziger Jahren«. In: Materialien der Enquete-Kommission »Aufarbeitung von Geschichte und Folgen der SED-Diktatur in Deutschland« (12. Wahlperiode des Deutschen Bundestages), hrsg. vom Deutschen Bundestag, Baden-Baden 1995, Band VII/1, S. 896 ff.

Jander, Martin, »Formierung und Krise politischer Opposition in der DDR. Die ›Initiative für unabhängige Gewerkschaften‹«. In: Poppe, Ulrike/Eckert, Rainer/Kowalczuk, Ilko-Sascha (Hg.) 1995

Jander, Martin/Schroeder, Klaus, »Zwei Bewegungen, keine Revolution«. In: *Zeitschrift des Forschungsverbundes SED-Staat* 3 (1997) 4, S. 43–59

Janka, Walter, *Schwierigkeiten mit der Wahrheit*, Reinbek bei Hamburg 1989

Jankowski, Martin, *Rabet oder Das Verschwinden einer Himmelsrichtung*, Scheidegg 1999

Jankowski, Martin, *Der Tag, der Deutschland veränderte. 9. Oktober 1989*, Leipzig 2007

Jarausch, Konrad H., »Zehn Jahre danach: die Revolution von 1989/90 in vergleichender Perspektive«. In: *Zeitschrift für Geschichtswissenschaft* 48/2000/10, S. 909–924

Jarausch, Konrad H., *Die Umkehr. Deutsche Wandlungen 1945–1995*, München 2004

Jarausch, Konrad H./Sabrow, Martin (Hg.), *Weg in den Untergang. Der innere Zerfall der DDR*, Göttingen 2000

Jesse, Eckhard (Hg.), *Eine Revolution und ihre Folgen. 14 Bürgerrechtler ziehen Bilanz*, Berlin 2000

Jesse, Eckard (Hg.), *Friedliche Revolution und deutsche Einheit. Sächsische Bürgerrechtler ziehen Bilanz*, Berlin 2006

Joppke, Christian, *East german Dissidents and the Revolution of 1989. Social Movements in a Leninist Regime*, New York 1995

Jordan, Carlo/Kloth, Hans Michael (Hg.), *Arche Nova, Opposition in der DDR. Das »Grün-ökologische Netzwerk Arche« 1988–1990*, Berlin 1995

Judt, Matthias (Hg.), *DDR-Geschichte in Dokumenten. Beschlüsse, Berichte, interne Materialien und Alltagszeugnisse*, Berlin 1997

Kalb, Martin, *Die Herstellung der deutschen Einheit. Der Beitrag von George Bush*, Saarbrücken 2007

Kallabis, Heinz, *Ade, DDR! Tagebuchblätter 7. Oktober 1989–8. Mai 1990*, Treptow 1990

Kammradt, Steffen, *Der Demokratische Aufbruch. Profil einer jungen Partei an Ende der DDR*, Frankfurt/M. 1997

Karls, Kuno (Hg.), *Fiek'n hätt schräb'n ut Hagenow…*, Hagenow 1997

Kartmann, Norbert/Schipanski, Dagmar (Hg.), *Hessen und Thüringen. Umbruch und Neuanfang 1989/1990*, Frankfurt/M. 2007

Kaufmann, Arthur, »Die Radbruchsche Formel vom gesetzlichen Unrecht und vom übergesetzlichen Recht in der Diskussion um das im Namen der DDR begangene Unrecht«. In: *Neue Juristische Wochenschrift* 48/1995

Keller, Dietmar/Kirchner, Matthias (Hg.), *Biermann und kein Ende. Eine Dokumentation zur DDR-Kulturpolitik*, Berlin 1991

Keller, Dietmar/Scholz, Joachim, *Volkskammerspiele. Der Demokratie schuldig – die Schuld der Demokratie. Eine Dokumentation aus der Arbeit des letzten Parlaments der DDR*, Berlin 1991

Kempowski, Walter, *Alkor. Tagebuch 1989,* München 2001

Kempowski, Walter, *Hamit. Tagebuch 1990,* München 2006

Kielmansegg, Peter Graf, *Das geteilte Land. Deutsche Geschichte 1945–1990,* München 2007

Kierkegaard, Sören, *Religion der Tat,* Leipzig 1911

Kiessler, Richard/Elbe, Frank, *Ein runder Tisch mit scharfen Ecken,* Baden-Baden 1993

Kleemann, Christoph, »Rostock im Herbst 1989 – Aufbruch«. In: Probst, Lothar 1991

Klein, Thomas, »Außer Reden nichts gewesen? Der Runde Tisch zwischen Volkskammer und Modrow-Regierung«. In: Gehrke, Bernd/Rüddenklau, Wolfgang 1999

Klemens, Gregor (Hg.), *Geheime Verschlußsache. Aus Akten und Dokumenten der SED,* Berlin 1990

Klemperer, Victor, *LTI. Notizbuch eines Philologen,* Halle 1947

Klemperer, Victor, *So sitze ich denn zwischen allen Stühlen. Tagebücher 1950–1959,* hrsg. von Walter Nowojski, Berlin 1999

Kleßmann, Christoph/Sywottek, Arnold, »Arbeitergeschichte und DDR-Geschichte. Einige Bemerkungen über Forschungsperspektiven«. In: Hübner, Peter/Tenfelde, Klaus 1999

Klier, Freya, *Lüg Vaterland. Erziehung in der DDR,* München 1990

Klier, Freya, *Oskar Brüsewitz – Leben und Tod eines mutigen DDR-Pfarrers.* Hg. vom Bürgerbüro e. V. zur Aufarbeitung von Folgeschäden der SED-Diktatur, Berlin 2004

Kloth, Hans Michael, *Vom »Zettelfalten« zum freien Wählen. Die Demokratisierung der DDR 1989/90 und die »Wahlfrage«,* Berlin 2000

Knabe, Hubertus (Hg.), *Aufbruch in eine andere DDR, Reformer und Oppositionelle zur Zukunft ihres Landes,* Reinbek bei Hamburg 1989

Koch, Uwe; Eschler/Stephan (Hg.), *Zähne hoch. Kopf zusammenbeißen. Dokumente zur Wehrdienstverweigerung in der DDR von 1962–1990,* Kückenshagen 1994

Kohl, Helmut, »Rede des Bundeskanzlers vor der Frauenkirche in Dresden«. Abgedruckt in: *Bulletin. Presseamt der Bundesregierung* Nr. 150, S. 1261 f.

Kohl, Helmut, *Erinnerungen 1982–1990,* München 2005

Kohl, Helmut, *Erinnerungen 1990–1994,* München 2007

Kohl, Helmut, *Helmut Kohl: Ich wollte Deutschlands Einheit.* Dargestellt von Kai Diekmann und Ralf Georg Reuth, Berlin 1996

Kolbe, Uwe, »Gebundene Zungen. Ein offener Brief. Austin, Texas 8. 11. 1989«. In: Naumann, Michael (Hg.) 1990, S. 88 f.

Kolbe, Uwe, »die schuldigen«. In: Groth, Joachim-Rüdiger (Hg.), *Literatur im Widerspruch. Gedichte und Prosa aus 40 Jahren DDR,* Köln 1993

Kolosa, Benno, »Ährenkranz. Sommer 1989«. In: Arbeitsgemeinschaft Musik Ost/West (Hg.) 1990, S. 17

Königsdorf, Helga, *Unterwegs nach Deutschland. Über die Schwierigkeit, ein Volk zu sein: Protokolle des Aufbruchs,* Reinbek bei Hamburg 1995

Kontaktgruppe, Stadtjugendpfarramt (Hg.), »Ich zeige an. Berichte von Betroffenen zu den Ereignissen am 7. und 8. Oktober 1989 in Berlin«, Berlin November 1989, Samisdat

Korte, Karl-Rudolf, *Deutschlandpolitik in Helmut Kohls Kanzlerschaft. Regierungsstil und Entscheidungen 1982–1989*, Stuttgart 1998

Kowalczuk, Ilko-Sascha/Mitter, Armin/Wolle, Stefan (Hg.), *Der Tag X – 17. Juni 1953. Die »Innere Staatsgründung« der DDR als Ergebnis der Krise 1952/54*, Berlin 1996

Kowalczuk, Ilko-Sascha (Hg.), *Freiheit und Öffentlichkeit. Politischer Samisdat in der DDR 1985–1989*, Berlin 2002

Kowalczuk, Ilko-Sascha/Sello, Tom (Hg.), *Für ein freies Land mit freien Menschen. Opposition und Widerstand in Biografien und Fotos*, Berlin 2006

Kowalczuk, Ilko-Sascha, »›Born in the GDR‹. Ronald Reagan und die Ostdeutschen«. In: Trotnow, Helmut/Weiß, Florian 2007, S. 272–295

Kowalczuk, Ilko-Sascha, »Berlin 1987 – auf dem Weg zur friedlichen Revolution? Inszenierung, Wahrnehmung, Realität«. In: *DArch* 2007/4, S. 681–688

Krech, Hans, *Der Untergang der DDR – als Katalysator für das globale Ende des Kalten Krieges*, Berlin 2005

Krone, Tina (Hg.), »*Sie haben so lange das Sagen, wie wir es dulden*«. *Briefe an das Neue Forum September 1989 – März 1990*, Berlin 1999

Krötke, Wolf, »Die Kirche und die ›friedliche Revolution‹ in der DDR«. In: *Zeitschrift für Theologie und Kirche* 87/1990/4, S. 521–544

Kruczek, Manfred, »Wie die ›Fahrrad-Fraktion‹ die Stasi besetzte. Ein Beitrag vom Potsdamer Herbst '89«. In: *Horch und Guck* 9 (2000) 32, S. 33–35

Kuhn, Ekkehard, *Der Tag der Entscheidung – Leipzig 9. Oktober*, Berlin/Frankfurt/M. 1992

Kuhn, Ekkehard, *Gorbatschow und die Einheit. Aussagen der wichtigsten russischen und deutschen Beteiligten*, Bonn 1993

Kühnhard, Ludger, *Revolutionszeiten. Das Umbruchjahr 1989 im geschichtlichen Zusammenhang*, München 1994

Kuhrt, Eberhard in Verbindung mit Buck, Hannsjörg F. und Holzweißig, Gunter (Hg.) im Auftrag des Bundesministeriums des Innern, *Am Ende des realen Sozialismus (1). Die SED-Herrschaft und ihr Zusammenbruch*, Opladen 1996a

Kuhrt, Eberhard in Verbindung mit Buck, Hannsjörg F. und Holzweißig, Gunter (Hg.) im Auftrag des Bundesministeriums des Innern, *Am Ende des realen Sozialismus (2). Die wirtschaftliche und ökologische Situation der DDR in den achtziger Jahren*, Opladen 1996b

Kuhrt, Eberhard in Verbindung mit Buck, Hannsjörg F. und Holzweißig, Gunter (Hg.), *Am Ende des realen Sozialismus (3). Opposition in der DDR von den 70er Jahren bis zum Zusammenbruch der SED-Herrschaft*, Opladen 1999

Kuhrt, Eberhard in Verbindung mit Buck, Hannsjörg F. und Holzweißig,

Gunter (Hg.) im Auftrag des Bundesministeriums des Innern, *Am Ende des realen Sozialismus (4). Die Endzeit der DDR-Wirtschaft,* Opladen 2000

Kulturring in Berlin e.V. (Hg.), *Das Pankower Modell. Momente des Runden Tisches im Stadtbezirk Berlin-Pankow 1989–1990,* Berlin 2003

Kunze, Reiner, *»Deckname ›Lyrik‹«,* Frankfurt/M. 1990

Kupke, Martin/Richter, Michael, *Der Kreis Oschatz in der friedlichen Revolution 1989/90,* Dresden 2002

Kurucz, Gyula (Hg.), *Das Tor zur deutschen Einheit. Grenzdurchbruch Sopron 19. August 1989,* Berlin 2000

Küttler, Thomas/Röder, Jean Curt, *Die Wende in Plauen. Eine Dokumentation,* Plauen 1993

Lahann, Birgit, *Genosse Judas. Die zwei Leben des Ibrahim Böhme,* Berlin 1992

Lämmert, Eberhard, »Beherrschte Literatur. Vom Elend des Schreibens unter Diktaturen«. In: Rüther, Günther (Hg.), *Literatur in der Diktatur. Schreiben im Nationalsozialismus und DDR-Sozialismus,* Paderborn/München/Wien/Zürich 1997

Landesbeauftragter des Freistaates Thüringen (Hg.), *» Wir können ja hier offen reden…« Äußerungen vom Politbüro-Kandidaten und Erfurter Bezirks-Chef Gerhard Müller,* Erfurt 1997

Landesbeauftragter für Mecklenburg-Vorpommern für die Unterlagen des Staatssicherheitsdienstes der ehemaligen Deutschen Demokratischen Republik (Hg.), *Aufbruch '89 – Über den Beginn der Wende in Schwerin. Dokumentation,* Schwerin 1994

Landtag Mecklenburg-Vorpommern (Hg.), *Leben in der DDR. Leben nach 1989 – Aufarbeitung und Versöhnung. Zur Arbeit der Enquete-Kommission ›Leben nach 1989 – Aufarbeitung und Versöhnung‹,* Bd. I–X, Schwerin 1996

Lapp, Peter Joachim, *Ausverkauf. Das Ende der Blockparteien,* Berlin 1998

Läzer, Rüdiger, »›Nähe und Distanz am Runden Tisch‹ – Konfliktkommunikation und Argumentieren im politischen Kontext am Beispiel des Zentralen Runden Tisches der DDR«. In: Reiher, Ruth/Kramer, Undine (Hg.), *Sprache als Mittel von Identifikation und Distanzierung,* Frankfurt/M. 1993, S. 251–267

Läzer, Rüdiger, »Der gewendete Journalismus im Untergang der DDR. Zum Wandel von Strategien der Kommentierung innenpolitischer Konflikte«. In: Reiher, Ruth/Läzer, Rüdiger (Hg.) 1993, S. 87–106

Leich, Werner, »Gesellschaft mit menschlichem Angesicht«. In: *Kirche im Sozialismus* 1988/5, S. 171

Liebsch, Heike, *Dresdner Stundenbuch. Protokoll einer Beteiligten im Herbst 1989,* Wuppertal 1991

Lindenberger, Thomas, »Die Diktatur der Grenzen«. In: ders. (Hg.), *Herrschaft und Eigen-Sinn in der Diktatur. Studien zur Gesellschaftsgeschichte der DDR,* Köln/Weimar/Berlin 1999

Lindner, Bernd (Hg.), *Zum Herbst '89. Demokratische Bewegung in der DDR,* Leipzig 1994

Lindner, Bernd, *Die demokratische Revolution in der DDR 1989/90,* Bundeszentrale für politische Bildung, Reihe Deutsche Zeitbilder, Bonn 1998

Links, Christoph/Bahrmann, Hannes, *Wir sind das Volk. Die DDR im Aufbruch. Eine Chronik,* Berlin/Wuppertal 1990

Links, Christoph/Nitsche, Sybille/Taffelt, Antje, *Das wunderbare Jahr der Anarchie. Von der Kraft des zivilen Ungehorsams 1989/90,* Berlin 2004

Lintoiu, Alice-Erika (Hg.), *Im November. Fotoinstallation auf dem Alten Garten in Schwerin. Zeitzeugenaufzeichnungen 1989 und Tagebucheinträge 2004,* Schwerin 2005

Lintzel, Detlev, *Einhundertneunzig Tage. Der Runde Tisch des Bezirkes Halle,* Hg. Hermann-Josef Rupieper, Halle 1997

Loest, Erich, *Der Zorn des Schafes. Aus meinem Tagewerk,* Leipzig 1990

Loest, Erich, *Nikolaikirche,* Leipzig 1995

Loest, Erich, *Durch die Erde geht ein Riß. Ein Lebenslauf,* München 1996. Nachdruck der Erstausgabe von 1981

Löffler, Katrin, *Die Zerstörung. Dokumente und Erinnerungen zum Fall der Universitätskirche Leipzig,* Leipzig 1993

Löhn, Hans-Peter, *»Unsere Nerven lagen allmählich blank«. MfS und SED im Bezirk Halle.* Der Bundesbeauftragte für die Unterlagen des Staatssicherheitsdienstes der ehemaligen DDR, Berlin 1996

Lüdtke, Alf, »Sprache und Herrschaft in der DDR«. In: Lüdke, Alf/Bender, Peter (Hg.), *Akten. Eingaben. Schaufenster. Die DDR und ihre Texte. Erkundungen zu Herrschaft und Alltag,* Berlin 1997

Luther, Horst u.a., »Gutachten über das Informationsblatt ›Grenzfall‹«. In: *DArch* 1993/5, S. 624–632

Maaz, Hans-Joachim, *Der Gefühlsstau. Ein Psychogramm der DDR,* Berlin 1990

Mählert, Ulrich, *Kleine Geschichte der DDR,* München 2007

Maier, Charles S., *Das Verschwinden der DDR und der Untergang des Kommunismus,* Frankfurt/M. 1999

Maier, Gerhard (Hg.), *Die Wende in der DDR,* Bonn 1990

Maier, Harry, »Mittelstand in den neuen Bundesländern«. In: *Materialien der Enquete-Kommission »Überwindung der Folgen der SED-Diktatur im Prozess der deutschen Einheit« (13. Wahlperiode des Deutschen Bundestages),* Band III,1 Baden-Baden 1999

Maron, Monika, »Ich war ein antifaschistisches Kind«. In: Naumann, Michael (Hg.) 1990

Marxen, Klaus/Werle, Gerhard/Schäfer, Petra, *Die Strafverfolgung von DDR-Unrecht. Fakten und Zahlen* (hrsg. von der Stiftung Aufarbeitung, Berlin), Berlin 2007

Mayer, Wolfgang, *Dänen von Sinnen. Thüringer »Wende-Macher« ausgeliefert,* Böblingen 1991

Meckel, Markus, *Selbstbewusst in die Deutsche Einheit. Rückblicke und Reflexionen*, Berlin 2001

Meckel, Markus/Gutzeit, Martin, *Opposition in der DDR. Zehn Jahre kirchliche Friedensarbeit – kommentierte Quellentexte*, Köln 1994

Mehlhorn, Ludwig, »Demokratie jetzt«. In: Kuhrt, Eberhard u.a. 1999, S. 574–597

Mehlhorn, Ludwig, »Der politische Umbruch in Ost- und Mitteleuropa und seine Bedeutung für die Bürgerbewegung in der DDR«. In: *Materialien der Enquete-Kommission »Aufarbeitung von Geschichte und Folgen der SED-Diktatur in Deutschland« (12. Wahlperiode des Deutschen Bundestages)*, hrsg. vom Deutschen Bundestag, Band VII/2, Baden-Baden 1995, S. 1409

Meinel, Reinhard/Wernicke, Thomas (Hg.), *Mit tschekistischem Gruß: Berichte der Bezirksverwaltung für Staatssicherheit Potsdam 1989*, Potsdam 1990

Menge, Marlies, *»Ohne uns läuft nichts mehr.« Die Revolution in der DDR*, Stuttgart 1990

Menzel, Rebecca, *Jeans in der DDR. Vom tieferen Sinn einer Freizeithose*, Berlin 2004

Merkel, Wolfgang, *Systemtransformation. Eine Einführung in die Theorie und Empirie der Transformationsforschung*, Opladen 1999

Mestrup, Heinz, *Stadt, Kreis und Kreisparteiorganisation der SED in Mühlhausen während des politischen Umbruches im Herbst 1989*, Schriftenreihe des Landesbeauftragten des Freistaates Thüringen für die Unterlagen des Staatssicherheitsdienstes der ehemaligen DDR, Erfurt 1996

Meuschel, Sigrid, »Revolution in der DDR«. In: *Die DDR auf dem Weg zur deutschen Einheit, Probleme, Perspektiven, Offene Fragen. Dreiundzwanzigste Tagung zum Stand der DDR-Forschung in der Bundesrepublik Deutschland. 5.–8. 6. 1990*, Edition Deutschland Archiv, Köln 1990

Meyer, Thomas, *Was bleibt vom Sozialismus?* Reinbek bei Hamburg 1991

Misselwitz, Hans, »Die 2+4-Verhandlungen aus der Sicht eines Zeitzeugen«. In: Timmermann, Heiner, *Die DDR – Analysen eines aufgegebenen Staates*, Berlin 2001, S. 697–709

Mitter, Armin/Wolle Stefan (Hg.), *»Ich liebe euch doch alle!« Befehle und Lageberichte des MfS. Januar–November 1989*, Berlin 1990

Mitter, Armin/Wolle, Stefan, »Aufruf zur Bildung einer Arbeitsgruppe unabhängiger Historiker in der DDR (10. Januar 1990)«. In: Eckert, Rainer/Kowalczuk, Ilko-Sascha/Stark, Isolde (Hg.) 1994

Mommsen, Wolfgang J., *1848 – Die ungewollte Revolution*, Frankfurt/M. 1998

Monk, Radjo, *Blende 89*, Frankfurt/M. 2005

Moreau, Patrick/Süß, Walter/Weinke, Annette/Meining, Stefan, »Die Politik der letzten SED-Regierung und ihre Folgen«. In: *Materialien der Enquete-Kommission »Überwindung der Folgen der SED-Diktatur im Prozess der deutschen Einheit« (13. Wahlperiode des Deutschen Bundestages)*, Band III,3, Baden-Baden 1999, S. 2008–2173

Müller, Klaus-Dieter, »›Jeder kriminelle Mörder ist mir lieber ...‹« In: Gedenkstätte für die Opfer politischer Gewalt Moritzplatz Magdeburg u.a. (Hg.), *»Die Vergangenheit läßt uns nicht los ...«* Haftbedingungen politischer Gefangener in der SBZ/DDR und deren gesundheitliche Folgen, Magdeburg 1997, S. 7–127

Müller-Enbergs, Helmut (Hg.), *Was will die Bürgerbewegung?* Augsburg 1992

Müller-Enbergs, Helmut/Schulz, Marianne/Wielgohs, Jan (Hg.), *Von der Illegalität ins Parlament. Werdegang und Konzepte der neuen Bürgerbewegungen*, Berlin 1992

Mutius, Bernhard von (Hrsg.), *Die andere Intelligenz. Wie wir morgen denken werden*, Stuttgart 2004

Nagy, Laszlo, »Das paneuropäische Picknick und die Grenzöffnung am 11. September 1989«. In: *Potsdamer Bulletin für Zeithistorische Studien*, 23/24. Oktober 2001, S. 24–40

Nakath, Detlef/Stephan, Gerd-Rüdiger (Hg.), *»Vorwärts immer, rückwärts nimmer!« Interne Dokumente zum Zerfall von SED und DDR 1988/89*, Berlin 1994

Nakath, Detlef/Neugebauer, Gero/Stephan, Rüdiger (Hg.), *»Im Kreml brennt noch Licht.« Die Spitzenkontakte zwischen SED/PDS und KPdSU 1989–1991*, Berlin 1998

Naumann, Martin, *Wende-Tage-Buch*, Leipzig 1998

Naumann, Michael (Hg.), *»Die Geschichte ist offen«*, Reinbek bei Hamburg 1990

Neubert, Ehrhart, »Diese Leute betrachten die Demokratisierung immer noch als ein Planspiel«. In: *Hannoversche Allgemeine Zeitung* vom 30.10. 1989

Neubert, Ehrhart, *Eine protestantische Revolution*, Osnabrück 1990

Neubert, Ehrhart, *Untersuchung zu den Vorwürfen gegen den Ministerpräsidenten des Landes Brandenburg Dr. Manfred Stolpe*, Fraktion Bündnis im Landtag Brandenburg (Hg.), Potsdam 1993

Neubert, Ehrhart, »Protestantisches an der Revolution«. In: *Berliner Debatte INITIAL* 9 (1998) 5, S. 14–26

Neubert, Ehrhart, »Der ›Demokratische Aufbruch‹«. In: Kuhrt, Eberhard u.a. 1999, S. 537–572

Neubert, Ehrhart/Eisenfeld, Bernd (Hg.), *Macht, Ohnmacht, Gegenmacht. Grundfragen zur politischen Gegnerschaft in der DDR*, Bremen 2001

Neubert, Ehrhart, *Geschichte der Opposition in der DDR 1949–1989*, 3. Auflage, Berlin 2002

Neubert, Ehrhart, »Die Opposition in den Achtzigerjahren«. In: Eppelmann, Rainer/Faulenbach, Bernd/Mählert, Ulrich (Hg.), *Bilanz und Perspektiven der DDR-Forschung*, Paderborn 2003, S. 180–187

Neubert, Ehrhart, »Ethische und rechtliche Aspekte von Widerstand und Opposition in der DDR«. In: Leiner, Martin/Neubert, Hildigund/Schacht, Ulrich/Seidel, Thomas A. (Hg.), *Gott mehr gehorchen als den Menschen.*

Christliche Wurzeln, Zeitgeschichte und Gegenwart des Widerstandes, Göttingen 2005, S. 243–278

Neubert, Ehrhart, »›Nieder mit der DDR‹. Isolierter, unbekannter und verkannter Widerstand«. In: *Jahrbuch für Historische Kommunismusforschung,* Berlin 2006, S. 194–216

Neues Forum Bautzen (Hg.), *Geschichte und Entwicklung des Neuen Forums in Bautzen. September 1989 bis zur Volkskammerwahl 1990,* Bautzen 1990

Neues Forum Leipzig, *Jetzt oder nie – Demokratie! Leipziger Herbst '89,* Leipzig 1990

Neuhaus, Friedemann, »Geschichtsunterricht im Übergang«. In: Heydemann, Günther/Mai, Gunter/Müller, Werner (Hg.) 1999, S. 611–637

Niemann, Andreas/Süß, Walter, »*Gegen das Volk kann nichts mehr entschieden werden«. MfS und SED im Bezirk. Neubrandenburg,* Der Bundesbeauftragte für die Unterlagen des Staatssicherheitsdienstes der ehemaligen DDR (Hg.), Berlin 1996

Nitsche, Sybille, »Kalaschnikows zu Kirchenglocken«. In: Links, Christoph/Nitsche, Sybille/Taffelt, Antje 2004, S. 141–147

Nitsche, Sybille, »Protokoll mit kirchlichem Siegel«. In: Links, Christoph/Nitsche, Sybille/Taffelt, Antje 2004, S. 148–152

Nitsche, Sybille, »Von einem der auszog, Verbotenes zu tun«. In: Links, Christoph; Nitsche, Sybille; Taffelt, Antje 2004, S. 115–119

Nooke, Günter, »Die friedliche Revolution in der DDR 1989/90«. In: Agethen, Manfred/Buchstab, Günter (Hg.) 2003

Oktober 1989. Wider den Schlaf der Vernunft. Temperamente 1, Berlin 1989

Oldenburg, Fred, »Die Rekonstruktion sowjetischer Deutschlandpolitik 1988–1991«. In: Timmermann, Heiner 2001, S. 745–777

Opp, Karl-Dieter, »Wie erklärt man die Revolution in der DDR?« In. *Neue Soziale Bewegungen* 1/1992 (Themenheft: Von der DDR zu den FNL), S. 16–23

Opp, Karl-Dieter/Voß, Peter/Gern, Christian, *Die volkseigene Revolution,* Stuttgart 1993

Oschließ, Wolf, »*Vierzig zu Null im Klassenkampf?« Sprachliche Bilanz von vier Jahrzehnten DDR,* Berlin 1990a

Oschließ, Wolf, »*Wir sind das Volk«. Zur Rolle der Sprache bei den Revolutionen in der DDR, Tschechoslowakei, Rumänien und Bulgarien,* Köln/Wien 1990b

Otto, Wilfriede, »Widerspruch und abweichendes Verhalten in der SED«. In: *Materialien der Enquete-Kommission »Aufarbeitung von Geschichte und Folgen der SED-Diktatur in Deutschland« (12. Wahlperiode des Deutschen Bundestages),* hrsg. vom Deutschen Bundestag, Band VII/1, Baden-Baden 1995, S. 1437–1491

Packowski, Andrej, »Polen 1989–1998: Die Politik in den Archiven – Die Archive in der Politik«. In: Dagmar Unverhau (Hg.), *Lustration, Aktenöffnung, demokratischer Umbruch in Polen, Tschechien, der Slowakei und Ungarn,* Münster 1999

Papenfuß, Dietrich/Schieder, Wolfgang, *Deutsche Umbrüche im 20. Jahrhundert*, Köln/Weimar/Wien 2000

Petrick, Heinz, *Das Neue Forum und die Deutsche Forumspartei im Bezirk Cottbus 1989/90*, Potsdam 2001

Pflugbeil, Sebastian, »Das Neue Forum«. In: Kuhrt, Eberhard u. a. 1999, S. 507–536

Pflugbeil, Sebastian, »Das Vergehen eines Ministers«. In: Links, Christoph/Nitsche, Sybille/Taffelt, Antje 2004, S. 134–140

Pirkner, Theo/Hertle, Hans-Herrmann/Kädtker, Jürgen/Weinert, Rainer, *Wende zum Ende. Auf dem Weg zu unabhängigen Gewerkschaften?*, Köln 1990

Plato, Alexander von, *Die Vereinigung Deutschlands – ein weltpolitisches Machtspiel. Bush, Kohl, Gorbatschow und die geheimen Moskauer Protokolle*, Berlin 2002

Polenz, Peter von, »Die Sprachrevolte in der DDR im Herbst 1989«. In: *Zeitschrift für germanistische Linguistik* 1993/21, S. 127–149

Pollack, Detlef, »Bedingungsfaktoren der friedlichen Revolution 1989/90«. In: Eppelmann, Rainer/Faulenbach, Bernd/Mählert, Ulrich (Hg.) 2003, S. 188–195

Pollack, Detlef, *Die Entzauberung des Politischen: Was ist aus den politisch-alternativen Gruppen der DDR geworden? Interviews mit führenden Vertretern*, Leipzig 1994

Pollack, Detlef, *Politischer Protest. Politisch alternative Gruppen in der DDR*, Opladen 2000

Pollack, Detlef/Rink, Dieter (Hg.), *Zwischen Verweigerung und Opposition. Politischer Protest in der DDR 1970–1989*, Frankfurt/M. 1997

Poppe, Ulrike/Eckert, Rainer/Kowalczuk, Ilko-Sascha (Hg), *Zwischen Selbstbehauptung und Anpassung, Formen des Widerstandes und der Opposition in der DDR*, Berlin 1995

Pörksen, Uwe, *Plastikwörter. Die Sprache einer internationalen Diktatur*, Stuttgart 1988

Probst, Lothar, *Rostock – Stadt an der Warnow*, Bremen 1991

Probst, Lothar, »*Der Norden wacht auf*«. *Zur Geschichte des politischen Umbruchs in Rostock im Herbst 1989*, Bremen 1993a

Probst, Lothar, *Ostdeutsche Bürgerbewegungen und Perspektiven der Demokratie. Entstehung, Bedeutung und Zukunft*, Köln 1993b

Prokop, Siegfried (Hg.), *Die kurze Zeit der Utopie. Die »zweite DDR« im vergessenen Jahr 1989/90*, Berlin 1994

»Punkband Wutanfall: Leipzig in Trümmern. Leipzig 1989«. In: Arbeitsgemeinschaft Musik Ost/West (Hg.) 1990, S. 34

Rasenberger, Hans, *Die Dorfrepublik. Aus der Geschichte des Elbgrenzdorfes Wendisch Wehningen-Broda, Rüterberger Dorfrepublik 1967–1989*, Eigenverlag 1992

Rathenow, Lutz, »Nachdenken über Deutschland«. In: Knabe, Hubertus (Hg.) 1989

»Reden auf der großen Demonstration auf dem Alexanderplatz in Berlin,

Texte vom 4.11.1989«, Druck ohne Herausgeberschaftsangabe 1989, Sammlung Neubert

Reich, Jens, »1989 Tagebuch der Wende (14 Folgen)«. In: *Die Zeit* 9.9. 1994–17.3.1995

Reich, Jens, »Warum ist die DDR untergegangen? Legenden und sich selbst erfüllende Prophezeiungen«. In: *APuZ* B 46/1996

Reiher, Ruth/Baumann, Antje (Hg.), *Mit gespaltener Zunge? Die deutsche Sprache nach dem Fall der Mauer*, Berlin 2000

Reiher, Ruth/Baumann, Antje (Hg.), *Vorwärts und nichts vergessen. Sprache in der DDR: Was war, was ist, was bleibt*, Berlin 2004

Reiher, Ruth/Kramer, Undine (Hg.), *Sprache als Mittel von Identifikation und Distanzierung*, Frankfurt/M. 1993

Reiher, Ruth/Läzer, Rüdiger, *Wer spricht das wahre Deutsch? Erkundungen zur Sprache im vereinten Deutschland*, Berlin 1993

Rein, Gerhard, *Die Opposition in der DDR. Entwürfe für einen anderen Sozialismus*, Berlin 1989

Rein, Gerhard, *Die protestantische Revolution 1987–1990. Ein deutsches Lesebuch*, Berlin 1990

Remy, Dietmar, *Die Formierung der Opposition in Mühlhausen/Thür. im Herbst 1989*. Schriftenreihe des Landesbeauftragten des Freistaates Thüringen für die Unterlagen des Staatssicherheitsdienstes der ehemaligen DDR, Erfurt 1995

Remy, Dietmar, *Opposition und Verweigerung in Nordthüringen*, Duderstadt 1999

Ress, Georg, »Grundgesetz«. In: Weidenfeld, Werner/Korte, Karl-Rudolf (Hg.) 1999, S. 403–416

Reum, Monika/Geißler, Steffen, *Auferstanden aus Ruinen ... und wie weiter? Chronik der Wende in Karl-Marx-Stadt/Chemnitz*, Chemnitz 1991

Richter, Edelbert, *Erlangte Einheit – verfehlte Identität, Auf der Suche nach den Grundlagen für eine neue deutsche Politik*, Berlin 1991

Richter, Manfred/Zylla, Elsbeth (Hg.), *Mit Pflugscharen gegen Schwerter, Erfahrungen in der Evangelischen Kirche in der DDR 1949–1990*, Bremen 1991

Richter, Michael, *Die Staatssicherheit im letzten Jahr der DDR*, Weimar 1996

Richter, Michael, *Entscheidung für Sachsen. Grenzkreise und -kommunen bei der Bildung des Freistaates Sachsen 1989–1994. Bürgerwille und repräsentative Demokratie*, Dresden 2002

Richter, Michael/Sobeslavsky, Erich, *Die Gruppe der 20. Gesellschaftlicher Aufbruch und politische Opposition in Dresden 1989/90*, Köln/Weimar/ Wien 1999a

Richter, Michael/Sobeslavsky, Erich, *Entscheidungstage in Sachsen. Berichte von Staatssicherheit und Volkspolizei über die friedliche Revolution im Bezirk Dresden. Eine Dokumentation*, Dresden 1999b

Riecker, Ariane/Schwarz, Annett/Schneider, Dirk, *Laienspieler*, Leipzig 1992

Ritter, Gerhard A., *Der Preis der deutschen Einheit. Die Wiedervereinigung und die Krise des Sozialstaates*, München 2006

Roesler, Jörg, »Kontinuität im Umbruch. Das Wohlstandsstreben der Ostdeutschen, die ›April-Ereignisse‹ 1990 und die Wohlfahrtsversprechen der Bundesregierung in der ›Wende‹«. In: *DArch* 2007/4, S. 656–670

Rosenlöcher, Thomas, *Die verkauften Pflastersteine*, Frankfurt/M. 1990

Rosenlöcher, Thomas, *Die Wiederentdeckung des Gehens beim Wandern. Harzreise*, Frankfurt/M. 1991

Rösler, Irmtraud/Sommerfeld, Karl-Ernst (Hg.), *Probleme der Sprache nach der Wende*, Frankfurt/M. 1998

Rüddenklau, Wolfgang, *Störenfried – ddr-opposition 1986–1989. Mit Texten aus den »Umweltblättern«*, Berlin 1992

Rupieper, Hermann-Josef (Hg.), *Friedliche Revolution 1989/90 in Sachsen-Anhalt*, Halle 2000

Rüther, Günther, »Nur ein ›Tanz in Ketten?‹ DDR-Literatur zwischen Vereinnahmung und Selbstbehauptung«. In: ders. (Hg.), *Literatur in der Diktatur. Schreiben im Nationalsozialismus und DDR-Sozialismus*, Paderborn/München/Wien/Zürich 1997

Sabrow, Martin, »Der Wille zur Ohnmacht und die Macht des Unwillens«. In: Neubert, Ehrhart/Eisenfeld, Bernd (Hrsg.), *Macht Ohnmacht Gegenmacht. Grundfragen zur politischen Gegnerschaft in der DDR*, Bremen 2001, S. 317 ff.

Sabrow, Martin, »Die DDR in der Geschichte des 20. Jahrhunderts«. In: *DArch* 2008/1, S. 121–130

Sächsische Staatskanzlei, *1989. Chronologie der Wende in Sachsen*, Dresden 1999

Sauer, Heiner/Hanns-Otto Plumeyer, *Der Salzgitter-Report. Die Zentrale Erfassungsstelle berichtet über Verbrechen im SED-Staat*, Frankfurt/M. 1993

Schädlich, Hans Joachim, »Traurige Freude«. In: Naumann, Michael (Hg.) 1990

Schädlich, Hans Joachim, *Über Dreck, Politik und Literatur, Aufsätze, Reden, Gespräche, Kurzprosa*, Berlin 1992

Schaefgen, Christoph, »Opfer von SED-Unrecht im strafrechtlich fassbaren Bereich«. In: Baumann, Ulrich/Kury, Helmut (Hg.), *Politisch motivierte Verfolgung: Opfer von SED-Unrecht*, Freiburg i. Br. 1998

Schäfer, Hermann, »Von der Diagnose über die Therapie zur Heilung – die Musealisierung der DDR-Geschichte«. In: Eppelmann, Rainer/Faulenbach, Bernd/Mählert, Ulrich (Hg.) 2003, S. 420–428

Schäuble, Wolfgang, *Der Vertrag. Wie ich über die deutsche Einheit verhandelte*, Stuttgart 1991

Schiewe, Jürgen, *Die Macht der Sprache. Eine Geschichte der Sprachkritik von der Antike bis zur Gegenwart*, München 1998

Schlögel, Karl, *Die Mitte liegt ostwärts. Europa im Übergang*, München/Wien 2002

Schlögel, Karl, *Im Raume lesen wir die Zeit. Über Zivilisationsgeschichte und Geopolitik*, München/Wien 2003

Schlosser, Horst Dieter, *Die deutsche Sprache in der DDR zwischen Stalinismus und Demokratie. Historische, politische und kommunikative Bedingungen*, Köln 1990

Schmidt, Werner (Hg.), *Künstler aus der DDR 1949–1989. Ausgebürgert*, Katalog, Dresden 1990

Schmitt, Dieter, *Doktrin und Sprache in der ehemaligen DDR bis 1989*, Frankfurt/M. 1993

Schmitz, Michael, *Wendestress. Die psychosozialen Kosten der deutschen Einheit*, Berlin 1995

»Schnauze! Gedächtnisprotokolle 7. und 8. Oktober 1989, Berlin, Leipzig, Dresden«, Berlin 1992

Schneider, Peter, *Der Mauerspringer* (Erstveröffentlichung 1982), Reinbek bei Hamburg 1995

Schneider, Rolf, »Wann blühen die Steine?« In: *Frankfurter Allgemeine Magazin* vom 26.1.1990. Vorabdruck des ersten Teiles von: Schneider, Rolf, *Frühling im Herbst. Notizen vom Untergang der DDR*, Göttingen 1991

Schneider, Rolf, *Frühling im Herbst. Notizen vom Untergang der DDR*, Göttingen 1991

Schneider, Wolfgang, *Demontagebuch. DEMO MONTAG TAGEBUCH DEMOMONTAGE*, Leipzig/Weimar 1990

Schnitzler, Stephan, *Der Umbruch in der DDR auf kommunalpolitischer Ebene. Eine empirische Studie zum Demokratisierungsprozeß von 1989/90 in der Stadt Erfurt*, Göttingen 1996

Schönbohm, Jörg, *Zwei Armeen und ein Vaterland. Das Ende der Nationalen Volksarmee*, Berlin 1992

Schöne, Jens, *Erosion der Macht. Die Auflösung des Ministeriums für Staatssicherheit in Berlin*, Berlin 2004

Schönfelder, Jan, *Mit Gott gegen Gülle. Die Umweltgruppe Knau/Dittersdorf 1986 bis 1991. Eine regionale Protestbewegung in der DDR*, Rudolstadt/Jena 2000

Schönfelder, Jan, *Kirche, Kerzen, Kommunisten. Die demokratische Revolution in Neustadt an der Orla 1989/90*, Weimar/Jena 2006

Schorlemmer, Friedrich, *Worte öffnen Fäuste. Die Rückkehr in ein schwieriges Vaterland*, München 1992

Schröder, Albrecht, *Die Wende in Jena. Tagebuchnotizen. Dokumente. Fotos*, Jena 2000

Schübel, Theodor, *Vom Ufer der Saale. Geschichten aus der Zwischenzeit*, Berlin 1992

Schuhmann, Frank, *100 Tage,. die die DDR erschütterten*, Berlin 1990

Schuller, Wolfgang, »Die sowjetische Militärjustiz und ihre Lager als Instrument der kommunistischen Herrschaft in der Sowjetischen Besatzungszone Deutschlands«. In: Friedrich-Ebert-Stiftung (Hg.), *Der 17. Juni 1953*, Berlin 1993, S. 69ff.

Schuller, Wolfgang, *Das Sichere war nicht sicher. Die erwartete Wiedervereinigung*, Leipzig 2006

Schulze, Harald (Hg.), *Das Signal von Zeitz, Reaktionen der Kirche, des Staates und der Medien auf die Selbstverbrennung von Oskar Brüsewitz 1976. Eine Dokumentation*, Leipzig 1993

Schumann, Silke, *Vernichten oder offenlegen. Zur Entstehung des Stasi-Unterlagengesetzes*, Berlin 1995

Schwabe, Uwe, »Chronik. Demonstrationen, Kundgebungen und Streiks in der DDR vom August 1989 bis zur ersten freien Volkskammerwahl am 18. März 1990«. In: Ahbe, Thomas/Hofmann, Michael/Stiehler, Volker 1999, S. 129–228

Schwabe, Uwe, »Der Herbst '89 in Zahlen«. In: Kuhrt, Eberhard u. a. 1999, S. 719–735

Schwabe, Uwe, »Die Entwicklung der Leipziger Opposition in den achtziger Jahren«. In: Heydemann, Günther/Mai, Gunter/Müller, Werner (Hg.) 1999, S. 159–172

Schwabe, Uwe/Eckert, Rainer (Hg.), *Von Deutschland Ost nach Deutschland West. Oppositionelle oder Verräter?*, Leipzig 2003

Schwanitz, Rolf, *Zivilcourage. Die friedliche Revolution in Plauen anhand von Stasiakten sowie Rückblicke auf die Ereignisse im Herbst 1989*, Plauen 1998

Seifert, Katharina, *Durch Umkehr zur Wende. Zehn Jahre »Ökumenische Versammlung in der DDR« – eine Bilanz*, Leipzig 1999

Sensel, Regina, »Vor der Wende (Dienstbesprechung)«. In: Swoboda, Jörg, *Die Revolution der Kerzen. Christen in den Umwälzungen der DDR*, Wuppertal/Kassel 1992, S. 84

Siegel, Günter, »Die Kreisdienststelle Mühlhausen des Ministeriums für Staatssicherheit im Herbst 1989«. In: Aldenhövel, Josef Lütke/Mestrup, Heinz/Remy, Dietmar (Hg.) 1993, S. 197–228

Sievers, Hans-Jürgen, *Stundenbuch einer Revolution. Die Leipziger Kirchen im Oktober 1989*, Göttingen 1990

Siewert, Klaus (Hg.), *Vor dem Karren der Ideologie. DDR-Deutsch und Deutsch in der DDR*, Münster 2004

Silagi, Michael, *Staatsuntergang und Staatsnachfolge mit besonderer Berücksichtigung des Endes der DDR*, Frankfurt/M. 1996

Silomon, Anke, *Synode und SED-Staat. Die Synode des Bundes der Evangelischen Kirchen in der DDR in Görlitz vom 18. bis 22. September 1987*, Göttingen 1997

Sobota, Katharina, *Neubeginn oder Kontinuität: Zur rechtlichen Identität des Freistaats Thüringen* (Hg. Landeszentrale für politische Bildung Thüringen), Erfurt 1997

Spiegel Spezial Nr. 2/1990, »162 Tage Deutsche Geschichte – das halbe Jahr der gewaltlosen Revolution«

Spielhagen, Edith (Hg.), *So durften wir glauben zu kämpfen ... Erfahrungen mit DDR-Medien*, Berlin 1993

Spindler, Anja, *Protestkulturen in Nordhausen im Herbst '89*, Erfurt 2007 (Schriftenreihe der Landesbeauftragten für die Stasiunterlagen Thüringen)

Spinelli, Barbara, *Der Gebrauch der Erinnerung. Europa und das Erbe des Totalitarismus*, München 2002

Spittmann-Rühle, Ilse/Helwig, Gisela (Hg.), *Von Weimar nach Bonn. Freiheit und Einheit als Aufgabe. Berliner Kongress Mai 1989*, Köln 1989

Stadt Auerbach (Hg.), *Die Wende im Kreis Auerbach – Versuch einer Chronik der Jahre 1989/90*, Plauen 1994

Stadtverwaltung Großenhain (Hg.), *Großenhain im Aufbruch : Die Ereignisse der Wende*, Großenhain 2001

Staud, Toralf, *Auf dem Moped in die Freiheit. Wendegeschichten aus der Altmark*, Halle 2000

Stein, Eberhard, *»Sorgt dafür, daß sie die Mehrheit nicht hinter sich kriegen!« MfS und SED im Bezirk Erfurt*, Schriftenreihe der BStU, Berlin 1999

Steinbach, Peter, *»Der 9. November in der deutschen Geschichte des 20. Jahrhunderts und in der Erinnerung«*. In: *APuZ* B 43–44/1999, S. 3–11

Stephan, Gerd-Rüdiger, *»Vorwärts immer, rückwärts nimmer!« Interne Dokumente zum Zerfall von SED und DDR 1988/89*, Berlin 1994

Stolle, Uta, *Der Aufstand der Bürger. Wie 1989 die Nachkriegszeit in Deutschland zu Ende ging*, Baden-Baden 2001

Stolpe, Manfred, *Den Menschen Hoffnung geben. Reden, Aufsätze, Interviews aus zwölf Jahren*, Berlin 1991

Sturm, Daniel Friedrich, *Uneinig in die Einheit. Die Sozialdemokratie und die Vereinigung Deutschlands 1989/90*, Bonn 2006

Suckut, Siegfried, *»Widerspruch und abweichendes Verhalten in der LDP(D)«*. In: *Materialien der Enquete-Kommission »Aufarbeitung von Geschichte und Folgen der SED-Diktatur in Deutschland«* (12. Wahlperiode des Deutschen Bundestages), hrsg. vom Deutschen Bundestag, Band VII/2, Baden-Baden 1995, S. 1492–1549

Suckut, Siegfried (Hg.), *Das Wörterbuch der Staatssicherheit. Definitionen zur »politisch-operativen Arbeit«*, Berlin 1996a (Stichwort Konterrevolution)

Suckut, Siegfried, *»Die LDP(D) in der DDR. Eine zeitgeschichtliche Skizze«*. In: *APuZ* B 16–17/1996b, S. 31–38

Suckut, Siegfried/Süß, Walter (Hg.), *Staatspartei und Staatssicherheit. Zum Verhältnis von SED und MfS*, Berlin 1997

Suckut, Siegfried/Weber, Jürgen (Hg.), *Stasi-Akten zwischen Politik und Zeitgeschichte. Eine Zwischenbilanz*, München 2003

Surynt, Izabela/Zybura, Marek (Hg.), *Die »Wende«*, Hamburg 2007

Süß, Walter, *Staatssicherheit am Ende. Warum es den Mächtigen nicht gelang, 1989 eine Revolution zu verhindern*, Berlin 1999

Swoboda, Jörg, *Die Revolution der Kerzen. Christen in den Umwälzungen der DDR*, Wuppertal/Kassel 1992

Taffelt, Antje, *»Von der Kolonie zur Selbstbestimmung«*. In: Links, Christoph/Nitsche, Sybille/Taffelt, Antje 2004 S. 38–47

Tantscher, Monika, »Die letzten Grenzopfer«. In: *DArch* 1999/5, S. 729–743

taz (Hg.), *DDR-Journal zur Novemberrevolution. August bis Dezember 1989: Vom Ausreisen bis zum Einreißen der Mauer,* Berlin 1989

taz (Hg.), *DDR-Journal Nr. 2 – Die Wende der Wende. Januar bis März 1990: Von der Öffnung des Brandenburger Tores zur Öffnung der Wahlurnen,* Berlin 1990

Teltschik, Horst, *329 Tage. Innenansichten der Einigung,* Berlin 1991

Templin, Wolfgang/Weißhuhn, Reinhard, »Die Initiative Frieden und Menschenrechte«. In: Kuhrt, Eberhard u. a. 1999

Tetzner, Reiner, *Leipziger Ring. Aufzeichnungen eines Montagsdemonstranten, Oktober bis Mai 1990,* Frankfurt/M. 1990

Thaysen, Uwe, *Der Runde Tisch oder Wo blieb das Volk? Der Weg der DDR in die Demokratie,* Opladen 1990

Thaysen, Uwe (Hg.), *Der Zentrale Runde Tisch. Wortprotokoll und Dokumente,* Bände I–V, Wiesbaden 2000

Thomas, Rüdiger, »Wie sich die Bilder gleichen. Ein Rückblick auf den deutsch-deutschen Literatur- und Bilderstreit«. In: *DArch* 2007/5, S. 872–882

Thompson, Mark R., »Die ›Wende‹ in der DDR als demokratische Revolution«. In: *APuZ* B 45 1999, S. 15–23

Thränhardt, Dietrich, *Geschichte der Bundesrepublik Deutschland,* Frankfurt/M. 1996

Tilly, Charles, *Die europäischen Revolutionen,* München 1993

Timm, Angelika, »*Hammer, Zirkel, Davidstern«. Das gestörte Verhältnis der DDR zu Zionismus und Staat Israel,* Bonn 1997

Timmer, Karsten, »Für eine zivile Gemeinschaft zivilisierter Bürger«. In: Heydemann, Günther/Mai, Gunter/Müller, Werner (Hg.) 1999

Timmer, Karsten, *Vom Aufbruch zum Umbruch. Die Bürgerbewegung in der DDR 1989,* Göttingen 2000

Timmermann, Heiner (Hg.), *Die DDR – Analysen eines aufgegebenen Staates,* Berlin 2001

Trömmer, Markus, *Der verhaltene Gang in die deutsche Einheit. Das Verhältnis zwischen den Oppositionsgruppen und der (SED-)PDS im letzten Jahr der DDR,* Frankfurt/M. 2002

Trotnow, Helmut/Weiß, Florian, *Tear down the Wall. US-Präsident Ronald Reagan vor dem Brandenburger Tor, 12. Juni 1987,* Berlin 2007

Ueberschär, Ellen, »Ein neuer Kirchenkampf? Kirchliche Deutungen im Vorfeld des 17. Juni«. In: Greschat, Martin/Kaiser, Jochen-Christoph (Hg.), *Die Kirchen im Umfeld des 17. Juni 1953,* Stuttgart 2003

Umweltbibliothek Großhennersdorf (Hg.), *Lausitzbotin. Das Jahr 1989 in der sächsischen Provinz im Spiegel einer Zittauer Oppositionszeitschrift,* Bautzen 1999

Unabhängiger Untersuchungsausschuss Rostock (Hg.): *Arbeitsberichte über die Auflösung der Rostocker Bezirksverwaltung des Ministeriums für Staatssicherheit,* Rostock 1990

Unabhängiger Verein zur historischen, politischen und juristischen Aufarbeitung der DDR-Vergangenheit e. V. (UVA) (Hg.), *Bericht der Arbeitsgruppe zur Aufarbeitung der SED-Archive*, Rostock 1995

Und diese verdammte Ohnmacht. Report der Untersuchungskommission zu den Ereignissen vom 7. und 8. Oktober in Berlin, Berlin 1991

Urich, Karin, »Die Besonderheiten der Bürgerbewegung in Dresden 1989/90. Dargestellt am Beispiel der ›Gruppe der 20‹«. In: Timmermann, Heiner (Hg.) 2001, S. 221–233

Veen, Hans-Joachim/Eisenfeld, Berd/Kloth, Hans Michael/Knabe, Hubertus/Maser, Peter/Neubert, Ehrhart/Wilke, Manfred (Hg.), *Opposition und Widerstand in der SED-Diktatur. Lexikon*, Berlin/München 2000

Victor, Christoph, »Oktoberfrühling. Wende in Weimar«, *Weimarer Schriften* 49/1992

Voegelin, Eric, *Die Politischen Religionen*, München 1993 (Nachdruck der Erstveröffentlichung Wien 1938)

Voigt, Heinz, »Wie rauskommen aus der ›Prädulie‹? Die Stasi und die Wende im Bezirk Karl-Marx-Stadt«. In: *Gerbergasse 18*, 3 (1998) 10, S. 7–10

Voigt, Heinz, »Sie können da nicht rein! Erinnerung an die Besetzung der MfS-Kreisdienststelle Jena am 4. Dezember 1989«. In: *Gerbergasse 18*; 9 (2004) 35, S. 16–17

Volkskammer der Deutschen Demokratischen Republik, 10. Wahlperiode. Informationsmaterial. Die Abgeordneten der Volkskammer nach den Wahlen vom 18. März 1990, Berlin 1990

Wagner, Armin, »Die Kampfgruppen der Arbeiterklasse (1953–1990)«. In: Dietrich, Torsten/Ehlert, Hans/Wenzke, Rüdiger, *Im Dienste der Partei. Handbuch der bewaffneten Organe der DDR*, S. 281–331.

Wagner, Manfred, »GVS über Reduzierung des Bestandes: Im Dezember 1989 liefen die Reißwölfe heiß«. In: *Gerbergasse 18*, 17 (2000) 2, S. 17–20

Wagner-Kyora, Georg, »Eine protestantische Revolution in Halle«. In: Heydemann, Günther/Mai, Gunter/Müller, Werner (Hg.) 1999

Walther, Joachim, *Sicherungsbereich Literatur. Schriftsteller und Staatssicherheit in der Deutschen Demokratischen Republik*, Berlin 1996

Weber, Hermann, *DDR – Grundriss der Geschichte 1945–1990*, Hannover 1976 (Neuauflage 1991)

Weber, Hermann, »Werden die Verbrechen des Stalinismus in der DDR aufgearbeitet?« In: *DArch* 1989/12, S. 1345

Weber, Herrmann, »Die DDR-Geschichtswissenschaft im Umbruch?« In: *DArch* 1990/7, S. 1058–1070

Weber, Jürgen, *Deutsche Geschichte 1945–1990*, München 2001

Weber, Jürgen (Hg.), *Illusionen, Realitäten, Erfolge*, München 2006

Weidenfeld, Werner, *Der deutsche Weg*, Berlin 1990

Weidenfeld, Werner, *Außenpolitik für die deutsche Einheit. Die Entscheidungsjahre 1989/90*, Stuttgart 1998

Weidenfeld, Werner/Korte, Karl-Rudolf (Hg.), *Handbuch zur deutschen Einheit 1949–1989–1999*, Bonn 1999

Weilemann, Peter R. u.a., *Parteien im Aufbruch. Nichtkommunistische Parteien und politische Vereinigungen in der DDR vor der Volkskammerwahl am 18. März 1990*, Melle 1990

Weinke, Anette, »Die DDR-Justiz im Jahr der ›Wende‹«. In: *DArch* 1997/1, S. 41–62

Weinke, Anette, »Die DDR-Justiz in der Wende 1989/90«. In: Heydemann, Günther/Mai, Gunter/Müller, Werner (Hg.) 1999

Werdin, Justus (Hg.), *Unter uns: die Stasi : Berichte des Bürgerkomitees zur Auflösung der Staatssicherheit im Bezirk Frankfurt/Oder*, Berlin 1990

Wernicke, Rolf, *Zur Auflösung der MfS-Kreisdienststelle Saalfeld*, Schriftenreihe des Landesbeauftragten des Freistaats Thüringen für die Unterlagen des Staatssicherheitsdienstes der ehemaligen DDR, Erfurt 2003

Wettig, Gerhard, »Niedergang, Krise und Zusammenbruch der DDR. Ursachen und Vorgänge«. In: Kuhrt, Eberhard u.a. 1996a, S. 379–455

Wielgohs, Jan/Schulz, Marianne/Müller-Enbergs, Helmut, *Bündnis 90. Entstehung, Entwicklung, Perspektiven*, Berlin 1992

Wielgohs, Jan/Schulz, Marianne, »Die revolutionäre Krise am Ende der achtziger Jahre und die Formierung der Opposition«. In: *Materialien der Enquete-Kommission »Aufarbeitung von Geschichte und Folgen der SED-Diktatur in Deutschland (12. Wahlperiode des Deutschen Bundestages)«*, hrsg. v. Deutschen Bundestag, Bd. VII/2, Baden-Baden 1995, S. 1950

Wilke, Manfred, »›Wenn wir die Partei retten wollen, brauchen wir Schuldige.‹ Der erzwungene Wandel der SED in der Revolution 1989/90. Interview mit Wolfgang Berghofer«. In: *Jahrbuch für Historische Kommunismusforschung* 2007, S. 408 f.

Wimmer, Micha/Proske, Christine/Braun, Sabine/Michalowski, Bernhard (Hg.), *Wir sind das Volk, Die DDR im Aufbruch. Eine Chronik in Dokumenten und Bildern*, München 1990

Winkelmann, Bernd/Wurschi, Brigitta, *Aufbruch '89. Kleine Chronik der Herbstereignisse 1989 in der Bezirksstadt Suhl. September bis Dezember*, Suhl 1990

Winkelmann, Bernd, *Damit neu werde die Gestalt dieser Erde. Politische Spiritualität im Umbruch unserer Zeit*, Leipzig 1997

Winkelmann, Bernd, »Es geschieht an uns. Die tragende Kraft politischer Spiritualität. Erfahrungen aus den Kirchen und Gruppen in der DDR und in der Wendezeit«, Vortrag, Computerausdruck, 28.10.2003, Adelsborn, Bestand Bernd Winkelmann

Winkler, Heinrich August, *Weimar 1918–1933. Die Geschichte der ersten deutschen Demokratie*, München 1993

Wirsching, Andreas, *Abschied vom Provisorium. Geschichte der Bundesrepublik Deutschland 1982–1990*, München 2006

Wolf, Christa, »Sprache der Wende. Rede auf dem Alexanderplatz 4.11. 1989«. In: dies., *Reden im Herbst*, Berlin/Weimar 1990a

Wolf, Christa, *Angepaßt oder mündig?? Briefe an Christa Wolf im Herbst 1989*, Berlin 1990b

Wolfrum, Edgar, *Die geglückte Demokratie. Die Geschichte der Bundesrepublik Deutschland von den Anfängen bis zur Gegenwart,* Stuttgart 2006

Wolkokonow, Dimitri, *Die sieben Führer,* Frankfurt/M. 2001

Zeitgeschichte(n) e.V. Halle, *Ereignisse im Herbst 89 in Halle/Saale,* Halle o.J.

Zelikow, Philip/Rice, Condoleezza, *Sternstunde der Diplomatie. Die deutsche Einheit und das Ende der Spaltung Europas,* Berlin 1997

Zeplin, Rosemarie, »Die Geschichte ist offen«. In: Naumann, Michael (Hg.) 1990

Ziegenhagen, Ilse, »Made in GDR. Jürgen Kuczynski« (Reportage). In: *Sonntag,* Nr. 14 vom 2.4.1989

Zimmer, Gabriele, »Von der SED zur PDS«. In: Dornheim, Andreas/Schnitzler, Stephan (Hg.), *Thüringen 1989/90. Akteure des Umbruchs berichten,* Landeszentrale für politische Bildung, Erfurt 1995

Zimmering, Raina, *Mythen in der Politik der DDR. Ein Beitrag zur Erforschung politischer Mythen,* Opladen 2000

Zimmermann, Brigitte/Schütt, Hans-Dieter (Hg.), *ohnMacht. DDR-Funktionäre sagen aus,* Berlin 1992

Zschorch, Gerald, »Null Uhr«. In: Groth, Joachim-Rüdiger (Hg.) 1993

Zwahr, Hartmut, *Ende einer Selbstzerstörung. Leipzig und die Revolution in der DDR,* Göttingen 1993

Zwahr, Hartmut, »Zeitzeugenschaft. Wiederbegegnung mit einem Text vom 6., 7. und 8.November 1989«. In: Burz, Ulfried/Derndarsky, Michael/Drobesch, Werner (Hg.) 2000, S.141–154

Zweig, Stefan, *Sternstunden der Menschheit,* Frankfurt/M. 1998

Archivalien

Archiv der Bürgerbewegung Leipzig
BStU Zentralarchiv MfS-Schriftgut
Evangelisches Zentralarchiv der EKD Berlin
Matthias-Domaschk-Archiv der Gesellschaft für Zeitgeschichte Jena
Matthias-Domaschk-Archiv in der Robert-Havemann Gesellschaft
Private Sammlungen
Stiftung Archiv der Parteien und Massenorganisationen der DDR im Bundesarchiv (SAPMO-DDR)

Materialien

Dokumentationen in: *Deutschland Archiv, Zeitschrift für Fragen der DDR und der Deutschland Politik/Zeitschrift für das vereinigte Deutschland,* Jahrgänge 28–30
ena (Evangelischer Nachrichtendienst) 1981–1989
epd-Dokumentation. Ein Informationsdienst, hrsg. vom Evangelischen Presse-

dienst, Zentralredaktion Frankfurt/M., Haus der Evangelischen Publizistik, Jahrgänge 1969 bis 1990

Kirche im Sozialismus – Zeitschrift zu Entwicklungen in der DDR, hrsg. von der Berliner Arbeitsgemeinschaft für kirchliche Publizistik

Kirchliches Jahrbuch für die Evangelische Kirche in Deutschland, begründet von Johannes Schneider und Joachim Beckmann, Gütersloh, Bände 1989 und 1990

Materialien der Enquete-Kommission »Aufarbeitung von Geschichte und Folgen der SED-Diktatur in Deutschland« (12. Wahlperiode des Deutschen Bundestages), hrsg. vom Deutschen Bundestag in 18 Teilbänden, Baden-Baden 1995 ff.

Materialien der Enquete-Kommission »Überwindung der Folgen der SED-Diktatur im Prozess der deutschen Einheit« (13. Wahlperiode des Deutschen Bundestages), hrsg. vom Deutschen Bundestag in 14 Teilbänden, Baden-Baden 1999 ff.

Ministerium des Inneren der DDR, *Lageberichte Öffentliche Ordnung und Sicherheit 1990*

Presse- und Informationsamt der Bundesregierung, Zentrales Dokumentationssystem (Hg.), *Deutschland,* 84 Bände

Wer war wer in der DDR? Ein Lexikon ostdeutscher Biographien, Müller-Enbergs, Helmut/Hoffmann, Dieter/Herbst, Andreas (Hg.), 4. Ausgabe, Berlin 1996

Anmerkungen

(Die vollständigen Buch- und Zeitschriftentitel finden sich im
Literaturverzeichnis)

1   Vgl. Mommsen 1998.
2   Vgl. Baumgart 1976.
3   Winkler 1993, S. 33–68.
4   Vgl. Böckenförde 1988.
5   Kowalczuk/Mitter/Wolle (Hg.) 1996, S. 25.
6   Vgl. Eisenfeld/Kowalczuk/Neubert 2004.
7   Grosser/Bierling/Kurz 1991, S. 78.
8   Jander/Schroeder 1997, S. 43–59.
9   Tilly 1993.
10 Zum Revolutionsbegriff vgl. Kühnhard 1994, S. 11–39; Bluhm 1998, S. 3–13; Grünbaum 1999, S. 438–450.
11 Arendt 1974, S. 184.
12 Reich 1996, S. 4.
13 Falcke 1991.
14 Vgl. Gehrke/Rüddenklau 1999.
15 Neubert 1990; ders. 1998, S. 14–26.
16 Engler 1999, S. 339.
17 Dahrendorf, Ralf, »Müssen Revolutionen scheitern?« In: ders. 2004, S. 23.
18 Habermas 1990.
19 Baule 1996, S. 87.
20 Vgl. Merkel 1999.
21 Arendt 1996, S. 253.
22 A. a. O., S. 240.
23 A. a. O., S. 252.
24 Zitiert nach: Schiewe 1998, S. 190.
25 Klemperer 1947.
26 Klemperer 1999.
27 Heym 1977. Abgedruckt in: Judt 1997, S. 353 f.
28 Schlosser 1990, S. 160.
29 Dazu Schlosser 1990; Schiewe 1998; Blasius 2003.
30 MfS Ast Chemnitz. AKG 2123, Bd. 1: »Verbreitung von »Hetzgedichten« im Bezirk Karl-Marx-Stadt. 1978–1980, Bl. 2.
31 Oschließ 1990b, S. 9.
32 Polenz 1993, S. 127–149.

33 Schmitt 1993, S.122.
34 Bredel/Dittmar 1993, S.148.
35 Anders bei Sabrow 2008, S.121–130.
36 Thaysen, Bd. IV 2000, S.1087f.
37 Ash 1990, S.424.
38 Schäuble 1991, S.11.
39 Dazu Meuschel 1990.
40 Nitsche/Taffelt 2004a, S.147.
41 Kallabis 1990, S.253.
42 Schübel 1992; Egerter 2006.
43 Teltschik 1991, S.375.
44 Menge 1990.
45 Königsdorf 1995.
46 Vgl. Schneider, Rolf 1990, Notiz Nr.20.
47 Völlger, Winfried, »Die maßlose Gesellschaft« (Diskussionsbeitrag anläss-
    lich der 27.Tage der Kinder- und Jugendliteratur in Leipzig, 12.5.1989,
    Computerausdruck. Informations- und Dokumentationsstelle der EKD
    Berlin, Akte Demokratisierung DDR.
48 Abgedruckt in *Neues Deutschland* vom 20.1.1989.
49 Zimmering 2000, S.13.
50 Vgl. Wolkokonow 2001, S.494–529.
51 Vgl. Süß 1999, S.76–99.
52 Wettig 1996a, S.379–455.
53 Vgl. Kowalczuk 2007, S.681–688.
54 Interview im *Stern* vom 9.4.1987; Nachdruck in *Neues Deutschland* am
    10.4.1987.
55 Bialas 1996, S.289f.
56 Ziegenhagen 1989.
57 Kolosa 1990, S.17.
58 Schneider, Peter 1995, S.57.
59 Vgl. Schädlich 1990, S.164.
60 BStU ZA MfS HA XX/AKG, Bl.53.
61 Sensel 1992, S.84.
62 Bessel/Jessen 1996.
63 Lüdtke 1997, S.15.
64 Lindenberger 1999, S.25.
65 Zitiert nach: Süß 1999, S.102.
66 MfS Leipzig, Abt.VI/3, Information 422, Leipzig, den 24.8.1989, Quelle:
    GMS »Roland Hempel«.
67 Dazu Otto 1995, S.1437–1491.
68 Vgl. Klemens 1990. S.169–185.
69 Besier/Wolf 1991, S.608.
70 Sabrow 2001, S.317ff.
71 Fritze 1998, S.225f.
72 Genin 1989, S.59–74.

73 Blasius 2003, S. 301–336.

74 Vgl. Gensike 1992, S. 1266–1283.

75 BStU MfS ZAIG 4165, Hinweise über einige beachtenswerte Aspekte der Reaktion der Bevölkerung der DDR zu Problemen des Handels und der Versorgung, Januar 1988, Bl. 76.

76 BStU MfS ZAIG 4246, Hinweise zur Reaktion auf die Verordnung über Reisen von Bürgern der DDR nach dem Ausland vom 30. 11. 1988, 27. 1. 1989, Bl. 4.

77 Sacks, Ingrid, »Ein Brief aus Stuttgart…« In: *Freie Presse* vom 22. 8. 1989. Datiert mit 9. 8. 1989.

78 Anonym. Reim auf einen Leserbrief. August/September Plauen. Abgedruckt in: Küttler/Röder 1993, S. 29 f.

79 Hein 1985.

80 Vgl. Jäger, Manfred 1994, S. 217–235.

81 Dazu: Walther 1996.

82 Vgl. Jäger, Manfred 1994, S. 214 f.

83 A. a. O., S. 187.

84 Vgl. Emmerich 1990, S. 256 f.; Jäger, Andrea 1995; Werner Schmidt nennt 665 Künstler, darunter auch bildende Künstler, die zwischen 1949 und 1989 in den Westen gegangen sind. Vgl. Schmidt 1990, S. 8.

85 Hein 1987, S. 57–59. Gekürzt dokumentiert in: Judt (Hg.) 1997, S. 360 f.

86 »Mattheuer, Wolfgang. SED-Austritt«. In: Judt (Hg.) 1997, S. 347.

87 Vgl. Kowalczuk 2007. S. 272–295.

88 »Punkband Wutanfall: Leipzig in Trümmern, Leipzig 1989«. Gekürzt. In: Arbeitsgemeinschaft Musik Ost/West (Hg.) 1990, S. 34.

89 Vgl. Klier 2004.

90 Schulze 1993.

91 Besier 1995b, S. 15.

92 Falcke 1985.

93 Initiative Frieden Menschenrechte (Hg.), *Die Kirche,* August 1988, Samisdat, S. 5.

94 Leich 1988, S. 171.

95 Honecker 1988, S. 172.

96 Vgl. Seifert 1999.

97 Aktion Sühnezeichen/Friedensdienste (Hg.) 1990, S. 72 ff.

98 Konferenz der Kirchenleitungen, 124. Tagung, Vorlage Nr. 3/2, 2./3. 6. 1989. Meinungsbildung zu Anfragen im Zusammenhang mit der Kommunalwahl (Wachsmatrizenabzug), Bestand Neubert.

99 Ueberschär 2003, S. 127.

100 Vgl. Goeckel 1995.

101 Erst nach der Revolution wurde das politische Gutachten bekannt, das mehrere Professoren der Humboldt-Universität für das MfS erstellten. Vgl. Luther 1993, S. 624–632.

102 BStU MfS HA XX/AKG 236, Bl. 2, HA IX/2, Rechtliche Einschätzung

zur beabsichtigten Herausgabe eines sogenannten Informationsblattes durch feindlich-negative Kräfte in Berlin – Hauptstadt der DDR, Berlin 3.7.1986.

103 BStU MfS HA XX/AKG 236, Bl. 27, Hauptabteilung IX/2, Vorschlag zur Durchführung rechtlicher Maßnahmen zur Verhinderung der Herstellung des sogenannten Informationsblattes »Grenzfall«, Berlin 20.11. 1987.

104 BStU MfS, Sekretariat des Ministers, Postausgangsbuch 1987, 26.11. 1987, Bl. 345 f.

105 Dazu Schwabe, Uwe, in: Heydemann, Günther/Mai, Gunter/Müller, Werner (Hg.) 1999, S. 159–172.

106 Vgl. Kloth 2004.

107 MfS, Dokumentenverwaltung, Nr. 103 590, Mielke an Leiter der Diensteinheiten, Berlin 19. 5. 1989, VVS-Nr. 0008, MfS-Nr. 38/89, abgedruckt in: Mitter/Wolle 1990, S. 43.

108 BStU. MfS HA XX Nr. 1995, Bl. 000 181.

109 Erklärung von 25 Gruppen zu den Vorgängen in China. Abgedruckt in: *Umweltblätter* Nr. 7, Samisdat, S. 47.

110 Frauenfriedenskreis Eisenach. Brief an den Botschafter der Volksrepublik China in der DDR, Eisenach Juni 1989, Margot Friedrich und sieben weitere Unterschriften. Bestand Margot Friedrich.

111 AKSK-Regionalgruppe Thüringen, »Erklärung zur Unterdrückung der Demokratiebewegung in China und der Berichterstattung in den DDR-Medien. 8. 6. 1989«. In: Goertz 1999, S. 241.

112 Wolfgang Musigmann war Leiter der »Offenen Jugendarbeit« der evangelischen Kirche in Erfurt.

113 Müller, Gerhard, »Schlusswort auf der Sitzung der Bezirksleitung Erfurt der SED am 5. Juli 1989«. Abgedruckt in: Landesbeauftragter des Freistaates Thüringen (Hg.) 1997, S. 162 f.

114 Vorbereitungsgruppe Arbeitskreis Frieden Wittenberg, »Umkehr führt weiter. Wo gesellschaftliche Erneuerung nötig wird. Thesen zum Kirchentag in Halle 1988«. In: Bickhardt, Stephan/Lampe, Reinhard/Mehlhorn, Ludwig (Hg.), *Über das Nein hinaus. Aufrisse II, radix-Blätter*, Samisdat 1988. Abgedruckt in: Kowalczuk 2002, S. 32.

115 Tschiche, Hans-Jochen, »Teilhabe statt Ausgrenzung – Wege zu einer solidarischen Lebens- und Weltgestaltung«. In: *Arbeitsmaterialien des Fortsetzungsausschusses Frieden konkret beim Evangelischen Jungmännerwerk*, Berlin Sophienstraße 19, Februar 1988. Wachsmatrizenabzug. Bestand Neubert.

116 Vgl. Timmer 2000.

117 Vgl. Höck, Dorothea, »›Sprache, die für dich dichtet und denkt‹. Zum Verhältnis von Propagandasprache und Herrschaft«; Stockmann, Ulrich, »Macht – Herrschaft – Gewalt. Aspekte der politischen Theorie Hannah Arendts« (Samisdat). Beide abgedruckt in: Kowalczuk (Hg.) 2002, S. 230–251.

118 Konzeption zur Verteidigung des Forschungsprojektes »Die Analyse des aktuellen Erscheinungsbildes politischer Untergrundtätigkeit, der Herausarbeitung wesentlicher Tendenzen ihrer Entwicklung und die Ableitung grundsätzlicher Konsequenzen für die weitere politisch-operative Arbeit und ihrer Leitung auf diesem Gebiet«, BStU, MfS, ZAIG 7972, Bl. 15. Dazu auch: Süß 1999, S. 84.

119 Mehlhorn, Ludwig, »Öffentlich anwesend sein. Ein Diskussionsbeitrag«. In: Bickhardt/Lampe/Mehlhorn (Hg.) 1988. Abgedruckt in: Kowalczuk (Hg.) 2002, S. 183.

120 Abgedruckt in: Mitter/Wolle (Hg.) 1990, S. 165.

121 Bickhardt, Stephan u.a. (Hg.), »Spuren. Zur Geschichte der Friedensbewegung in der DDR«, radix-Blätter Nr. 6, Berlin 1988, Samisdat.

122 Bohley, Bärbel u.a. (Hg.) 1989.

123 Mehlhorn, Ludwig, Brief an die Bischöfe Dr. Gottfried Forck und Dr. Martin Kruse, 27.8.1986. Abgedruckt bei: Mehlhorn in: Kuhrt 1999, S. 587.

124 Vgl. Silomon 1997.

125 »IAPPA: Offener Brief an den Staatsratsvorsitzenden Erich Honecker vom 23.1.1989«. Abgedruckt bei: Mehlhorn in: Kuhrt u.a. (Hg.) 1999, S. 588.

126 Richter, Edelbert, »Zweierlei Land – eine Lektion – Konsequenzen aus der deutschen Misere«, Samisdat, Berlin 1989, S. 9.

127 Bohley u.a. (Hg.) 1989, S. 11.

128 A.a.O., S. 172.

129 A.a.O., S. 180.

130 A.a.O., S. 190.

131 Hoffmann, Dieter 1999, S. 125.

132 Vgl. Eisenfeld in: Poppe/Eckert/Kowalczuk (Hg.), 1995, S. 192–223; Remy 1999, S. 142–165.

133 Vgl. Brinkschulte/Gerlach/Heise 1993.

134 Wochenübersicht des MfS vom 22.6.1987; BStU, ZA, ZAIG 4571, Bl. 114.

135 Dazu Victor 1992, S. 11–19.

136 Vgl. Mayer 1991.

137 Rüddenklau 1992, S. 234.

138 Arbeitskreis Gottesdienste für Gerechtigkeit und Frieden in der Bekenntnisgemeinde Berlin-Treptow, »Brief an das Präsidium der Synode des BEK, Berlin 15.9.1988, Analyse (erste Bestandsaufnahme) zu Ausreisebegehren und innerem Frieden in der DDR, Matthias-Dommaschk-Archiv, Berlin.

139 Arbeitsgruppe Ausreise des Arbeitskreises Gerechtigkeit (AKG), »Erklärung vom 1.3.1989, Kontaktadresse Doreen Penno«. Fliegendes Blatt. Matthias-Dommaschk-Archiv, Berlin.

140 Mielke, Erich, »Referat auf der Zentralen Dienstbesprechung des MfS. 28.4.1989. BStU MfS ZA ZAIG TB 3«. Zitiert nach: Grafe 2002, S. 344.

141 Zur Fluchtproblematik vgl. die chronologische Übersicht bei: Grafe 2002.
142 Kurucz 2000; Nagy 2001, S. 24–40.
143 Wortprotokoll über die 222. Sitzung des Deutschen Bundestages vom 17.6.1980, S. 17 943.
144 Vgl. Spittmann-Rühle/Helwig 1989.
145 BStU MfS ZAIG 4088. Reaktion der Bevölkerung in der DDR zum Rücktritt Brandts vom Amt des Bundeskanzlers, 13.5.1974, Bl. 3.
146 Weber, Hermann, Neuauflage 1991, S. 208.
147 *Der Tagesspiegel* vom 2.12.1988.
148 Vgl. Jach, Michael, »Schutzschild gegen Machtmissbrauch der SED«. In: *Die Welt* vom 9.1.1989; Bremer, Jörg, »Kiel sieht keinen Bedarf für Erfassungsstelle«. In: *FAZ* vom 4.1.1989.
149 Vgl. Hoffmann, Christa 1993, S. 42.
150 *Horizont* 7/1988.
151 *Die Welt* vom 22.5.1989.
152 Brinkel/Rodejohann 1988, S. 20.
153 Wortprotokoll des Deutschen Bundestages zur Gedenkstunde am 17.6. 1989, S. 11 297.
154 »Die Lüge beenden«. In: *taz* vom 19.8. 1989.
155 Brüggen, Willi, »Heim ins Reich« – oder was?« In: *taz* vom 29.8.1989.
156 Vgl. Trotnow/Weiß 2007.
157 Ausführungen zur Politik der USA bei: Weber, Jürgen 2001, S. 259.
158 Spinelli 2002, S. 114.
159 Thaysen, Uwe, »Die ausgelieferte Opposition«. In: Neubert/Eisenfeld (Hg.) 2001, S. 37.
160 Vgl. Flügge, Reiner, »Fragen an ein Streitpapier«. In: *Kontext* 3.7.1988, Samisdat, S. 45 f.
161 Roolf, Benn, »Das SPD/SED-Papier. Eine ›Fehlersuche‹ oder der Versuch, ein ungutes Gefühl zu rationalisieren«. In: *Kontext* 22.11.1988, Samisdat, S. 20 f.
162 Schorlemmer 1992, S. 171.
163 Schädlich 1992, S. 101.
164 BStU Sonderakte Stolpe, Bd. 2, Information des MfS, Nr. 71/1988 vom 8.2.1988 über das Gespräch von Lambsdorff mit leitenden Vertretern der Evangelischen Kirche Berlin-Brandenburg am 4.2.1988, Bl. 159 f.
165 Vgl. Stolpe 1992, S. 200 f.
166 Vgl. Auerbach 1995.
167 Rein 1990, S. 181.
168 BStU MfS ZAIG 8622. Genosse Minister im Anschluss an sein Referat auf der Dienstkonferenz am 13. Dezember 1988, Bl. 7.
169 Einsatzvermerk der Abt. XIX der BV Berlin vom 13.6.1989; BStU, MfS, BV Berlin, Abt. XIX–15, Bl. 68.
170 MfS, Dokumentenverwaltung, Nr. 103 605, Mielke persönlich an Leiter der Diensteinheiten. Berlin 5.7.1989, VVS-Nr. 0008, MfS-Nr. 50/89, abgedruckt in: Mitter/Wolle (Hg.) 1990, S. 95.

171 BStU MfS AKG HA IX. Zur Anwendung des sozialistischen Rechts bei der offensiven Bekämpfung öffentlichkeitswirksamer feindlich negativer Aktivitäten unter den gegenwärtigen Lagebedingungen, Berlin 07.07. 1989, S. 7.

172 MfS ZAIG B/215. Dienstbesprechung beim Minister für Staatssicherheit. Berlin 31. 8. 1989. Abgedruckt in: Mitter/Wolle (Hg.) 1990, S. 125.

173 Zur Fehldeutung der Krisenzeichen vgl. Weber 2001, S. 262 f.

174 Kluge, Christoph, »Galileo Galilei«. In: Arbeitsgemeinschaft Musik Ost/ West (Hg.) 1990, S. 56.

175 BStU MfS ZAIG.B/215. Dienstbesprechung beim Minister für Staatssicherheit. Berlin 31. 8. 1989. Abgedruckt in: Mitter/Wolle (Hg.) 1990, S. 127.

176 Winter, Jo, »Gedicht ohne Titel«. In: Arbeitsgemeinschaft Musik Ost/ West (Hg) 1990, S. 27.

177 Mehrfach abgedruckt, hier zitiert nach: Lindner 1998, S. 69.

178 Vgl. SAPMO–BArch, DY 301IV 212035161.

179 Vgl. *Neues Deutschland* vom 19. 9. 1989, S. 2.

180 Süßkind, Martin E., »Die SPD diskutiert über ihren Deutschlandkurs«. In: *SZ* vom 15. 9. 1989.

181 *Neues Deutschland* vom 19. 9. 1989.

182 *Neues Deutschland* vom 19. 9. 1989.

183 *Neues Deutschland* vom 30. 9. 1989.

184 N. N., »Brief an Margot Friedrich in Eisenach. Ende September 1989«. Der Brief wurde von der bundesdeutschen Botschaft nach Ost-Berlin gebracht und von der Ständigen Vertretung am 3. 10. 1989 abgeschickt. Sammlung Margot Friedrich.

185 Hein 1989, S. 3.

186 Wienecke, Reinhard, »Erinnerung an meine verlorene Schwester. Musik ders. gekürzt«. In: Arbeitsgemeinschaft Musik Ost/West (Hg.) 1990, S. 46.

187 Winter, Jo, »was für ein land«. In: Arbeitsgemeinschaft Musik Ost/West (Hg.) 1990, S. 55.

188 Bohley u. a. (Hg.), 1989, S. 11.

189 A. a. O., S. 195.

190 N. N., »Für all jene, die Bürger einer sozialistischen DDR bleiben wollen!«, Berlin September 1989. Handschriftlich. Robert-Havemann-Archiv RHG/GR 01.

191 BStU MfS ZAIG 4602, Bericht vom 19. 6. 1961 über Vorkommnisse anlässlich des 17. Juni, Bl. 19.

192 BStU MfS ZAIG 26 517, Information 920/89.

193 Vgl. Süß 1999, S. 219–232.

194 Templin/Weißhuhn in: Kuhrt u. a. (Hrsg.) 1999, S. 202.

195 Vgl. Gutzeit/Hilsberg in: Kuhrt u. a. (Hg.) 1999, S. 607–704; Gutzeit 1993b, S. 41–52.

196 Gutzeit/Hilsberg in: Kuhrt u. a. (Hg.) 1999, S. 608.

197 Abgedruckt in: Meckel/Gutzeit 1994, S. 355 f.
198 A. a. O., S. 675 f.
199 A. a. O., S. 676–678.
200 Abgedruckt bei: Gutzeit/Hilsberg in: Kuhrt u. a. (Hg.) 1999, S. 680. Unterzeichner mehrheitlich Theologen: Markus Merkel, Ibrahim Böhme, Angelika Barbe, Rainer Hartmann, Steffen Reiche, Dankward Brinksmeier, Arndt Noack, Martin Gutzeit, Konrad Ellmer, Gotthard Lemke, Joachim Görz.
201 BStU MfS HA XX/AKG/K 5860/89, 25. 7. 1989. Aktivitäten gegnerischer Kräfte im Zusammenhang mit der Beantragung der Gründung einer Partei in der DDR durch einen DDR-Staatswissenschaftler.
202 Vgl. Reich 1995; Pflugbeil in: Kuhrt u. a. (Hg.) 1999, S. 507–536.
203 Bohley, Bärbel, »Entscheidend sind Freiräume. Ansichten über die Gesellschaft von unten. Interview mit Stephan Bickhardt«, In: Bickhardt/Lampe/Mehlhorn (Hg.) 1988, S. 80–82. Abgedruckt in: Kowalczuk (Hg.) 2002, S. 366, 369.
204 Michael Arnold u. a., »Aufbruch 89 – Neues Forum«, Wachsmatrizenabzug. Ohne Datum (hrsg. am 10. 9. 1989. Vielfach abgedruckt, u. a. in: Rein 1989, S. 13 f.
205 Michael Arnold, Bärbel Bohley, Katrin Bohley, Martin Böttger, Erika Drees, Frank und Katrin Eigenfeld, Hagen Erkrath, Olaf Freund, Katja Havemann, Alfred Hempel, Rolf Henrich, Jan Hermann, Martin Klähn, Kathrin Menge, Reinhard Meinel, Otmar Nickel, Christine und Sebastian Pflugbeil, Reinhardt Pumb (IM »Pille«/»Paule« MfS XV/2234/77), Eva und Jens Reich, Hanno Schmidt, Reinhard Schult, Jutta und Eberhard Seidel, Lutz Strophal, Rudolf Tschäpe, Catrin Ulbricht. Nachträglich in den Gründerkreis kooptiert wurden Heiko Lietz und Hans Jochen Tschiche.
206 ADN-Meldung vom 21. 9. 1989, 18.42 Uhr. Abgedruckt bei: Pflugbeil in: Kuhrt u. a. 1999, S. 524.
207 Krone 1999, S. 51.
208 Schult, Reinhard u. a., »Rundbrief und Problemkatalog«, Berlin 1. 10. 1989, Wachsmatrizenabzug, 6 Seiten, Sammlung Neubert. Problemkatalog abgedruckt in: Rein 1989, S. 16–19.
209 Internes Papier der SED: »Einige Argumente zum Konzept eines illegalen sogenannten ›Neuen Forums‹«, September 1989, maschinenschriftlich. Kopie Sammlung Neubert.
210 Fernschreiben des Staatssekretärs Franz Bertele an den Chef des Bundeskanzleramtes. Berlin 20. 9. 1989. In: *Deutsche Einheit* 1998, S. 409 f.
211 Jordan/Kloth 1995, S. 189.
212 Mehlhorn in: Kuhrt u. a. (Hg.) 1999, S. 574–597.
213 Fischbeck, Hans-Jürgen, »Vortrag am 13. 8. 1989 in Treptow«. Abgedruckt bei: Mehlhorn in: Kuhrt u. a. (Hg.) 1999, S. 589 f.
214 Weigt, Gerhard, »Vortrag am 13. 8. 1989 in Treptow«. Abgedruckt bei: Mehlhorn in: Kuhrt u. a. (Hg.) 1999, S. 590 f.

215 »›Demokratie jetzt: Aufruf zur Einmischung in eigener Sache‹. Thesen für eine demokratische Umgestaltung der DDR«, Berlin 12.9.1989, Wachsmatrizenabzug. Sammlung Neubert. Vielfach nachgedruckt u.a. in: Rein 1989, S.59–64.

216 Ebd.

217 Die Erstunterzeichner waren Wolfgang Apfeld, Michael Bartozek, Stephan Bickhardt, Hans-Jürgen Fischbeck, Reiner Flügge, Martin König, Reinhard Lampe, Ludwig Mehlhorn, Ulrike Poppe, Wolfgang Ullmann, Gerhard Weigt, Konrad Weiß.

218 Vgl. Kammradt in: Kuhrt u.a. (Hg.) 1999, S.537–572.

219 Schorlemmer, Friedrich u.a., »20 Thesen. Umkehr führt weiter. Wo gesellschaftliche Erneuerung nötig wird«. Vorgetragen auf dem Kirchentag in Halle 23.–26.6.1988. Abgedruckt in: Schorlemmer 1992, S.42–46.

220 Richter, Edelbert, »Abgrenzung und nationale Identität«. In: *Aufrisse I*, 2.Auflage, Samisdat, Berlin 1988, S.71f. Abgedruckt in: Kowalczuk 2002, S.440.

221 »Programmatische Erklärung«. Abgedruckt in: Kuhrt u.a. (Hg.) 1999, S.558f.

222 Eckert, Reiner, »Die Aktivitäten kleinerer oppositioneller Gruppen«. In: Kuhrt u.a. (Hg.) 1999, S.705–718.

223 Klein, Thomas, »Ist die DDR reif für eine Reform ihres gesellschaftlichen Systems?« In: *Kontext* Nr.6 Juli 1989, Samisdat. Abgedruckt in: Rein 1989, S.112–118; Klein in: Gehrke/Rüddenklau (Hg.) 1999.

224 »Vereinigte Linke. Böhlener Plattform. Böhlen Anfang September 1989«. Abgedruckt in: Rein 1989, S.105–111.

225 Bresch 1990, S.34f.

226 »Weimarer Bürger. Entschließung. Weimar 20.9.1989«, handschriftlich, 66 Unterschriften, Sammlung Neubert.

227 Vgl. Winkelmann/Wurschi 1990, S.4f.

228 Evangelisches Gesangbuch Nr. 395, Vers 3; zur Entstehungsgeschichte vgl. Hertzsch 2002.

229 Vgl. Hoffmann, Eckardt (Hg.) 2001.

230 Leich, Werner, Vorsitzender der Konferenz der Kirchenleitung, Schreiben vom 4.9.1989 mit Sperrfrist 9.9.1989 an die Gemeinden des BEK, A 1013–3144/89.

231 Besier 1995, S. 417.

232 »Beschluss der Synode des BEK vom 15.–19. September 1989«. Abgedruckt in: Rein 1989, S. 216.

233 Vgl. Besier 1995, S. 580f.

234 Abgedruckt in: Küttler/Röder 1993, S. 31.

235 Schedlinski, Rainer, »gibt es die ddr überhaupt? Berlin September 1989«. In: *Oktober 1989*, S.8.

236 Wekwerth, Manfred, »Rede im Berliner Ensemble. 18.9.1989«. In: *Oktober 1989*, S.8.

237 Müller, Heiner, »Fernsehen. Gedicht. September 1989«. In: *Oktober 1989*, S. 8.
238 »Resolution des Berliner Schriftstellerverbandes. Aus Sorge um die weitere Entwicklung des Sozialismus. 14.9.1989«. Abgedruckt in: Rein 1989, S. 151 f. Zur Resolution vgl. Grünbaum, Robert, »Revolutionäre oder Zaungäste? Die DDR-Schriftsteller«. In: Kuhrt u. a. (Hg.) 1999, S. 595–612.
239 »Komitee für Unterhaltungskunst. Resolution der Rockmusiker, Liedermacher und Unterhaltungskünstler: Wenn wir nichts unternehmen, arbeitet die Zeit gegen uns. Berlin 18. September 1989«. Abgedruckt in: Rein 1989, S. 150 f.
240 »Gewerkschaftsgruppe Künstlerisches Personal und Vertrauensleute des Deutschen Theaters. Offener Brief an Ministerpräsident Willi Stoph. Berlin 26. September 1989«, maschinenschriftlich, Kopie, Sammlung Neubert.
241 Hein 1989, S. 3.
242 Ebd.
243 BStU ZA MfS HA XX/AKG 84.
244 Vgl. Schnitzler 1996, S. 47.
245 Sievers 1990, S. 21, 49.
246 Vgl. Hübner, Peter 1995.
247 Kleßmann/Sywottek in: Hübner/Tenfelde 1999, S. 901.
248 Vgl. Eckelmann/Hertle 1990.
249 Hürtgen in: Gehrke/Rüddenklau (Hg.) 1999, S. 202.
250 »Offener Brief der Gewerkschafter von VEB Bergmann-Borsig. Wir müssen den Menschen neue Perspektiven bieten. Berlin 28.9.1989«. Abgedruckt in: Rein 1989, S. 152 f.
251 Vgl. Löffler 1993.
252 Dietrich/Schwabe 1994, S. 381.
253 Hanisch/Hänisch/Magirius/Richter 1996, S. 18 f.
254 Hollitzer/Bohse 2000, S. 348.
255 Dazu: Dietrich/Schwabe (Hg.) 1994, S. 385–398.
256 Hanisch/Hänisch/Magirius/Richter 1996, S. 21.
257 Ebd.
258 Vgl. Süß 1999, S. 205.
259 Suckut 1996a. Hier Stichwort Konterrevolution, S. 221 f.
260 BStU MfS Sekretariat des Ministers 664. Fernschreiben vom 22.9.1989 an die 1. Sekretäre der Bezirksleitungen der SED, Bl. 61.
261 Dietrich/Schwabe (Hg.) 1994, S. 419 f.
262 A. a. O., S. 422.
263 Hollitzer/Bohse (Hg.) 2000, S. 394.
264 Vgl. Sievers 1990, S. 47.
265 Zwahr 1993, S. 25.
266 »Werktätige des Bezirkes fordern: Staatsfeindlichkeit nicht länger dulden«. In: *Leipziger Volkszeitung* vom 6.10.1989.

267 Beispiele in: Sächsische Staatskanzlei, *1989. Chronologie der Wende in Sachsen,* Dresden 1999, S. 26 f.
268 Vgl. Hollitzer/Bohse (Hg.) 2000, S. 388.
269 Vgl. BStU MfS, ZAIG, Nr. 416/89, Information über Bestrebungen feindlicher, oppositioneller Kräfte zur Schaffung DDR-weiter Sammlungsbewegungen/Vereinigungen, Berlin 19. 9. 1989. Abgedruckt in: Mitter/Wolle (Hg.) 1990, S. 160.
270 BStU HA XX/9 1773, Strafrechtliche Einschätzung des sogenannten Gründungsaufrufes der ›Demokratischen Initiative – Initiative zur demokratischen Erneuerung der Gesellschaft (DI)‹, Bl. 23 f.
271 BStU MfS ZAIG 7314, Plan der Maßnahmen zur Gewährleistung der Sicherheit während des 40. Jahrestages der Gründung der Deutschen Demokratischen Republik – 6. bis 8. Oktober 1989, unterzeichnet von Armeegeneral Mielke, Minister für Staatssicherheit, bestätigt von Honecker als Generalsekretär des ZK der SED und Vorsitzenden des Nationalen Verteidigungsrates der DDR am 27. 9. 1989, Bl 16 f.
272 Vgl. Hildebrand, Gerold, »Wehrpflichtverweigerer«. In: Gehrke/Rüddenklau (Hg.) 1999, S. 347.
273 Winter, Jo, »Vers«. In: Arbeitsgemeinschaft Musik Ost/West (Hg.) 1990, S. 71.
274 »Sich selbst aus der Gesellschaft ausgegrenzt«. In: *Neues Deutschland* vom 2. 10. 1989, S. 2.
275 Becker, Falko, »Bleib bei uns«. In: Arbeitsgemeinschaft Musik Ost/West (Hg.) 1990, S. 52.
276 Beispiele in: Sächsische Staatskanzlei 1999, S. 31.
277 »Die Mahnwache, Mahnwache für die politischen Gefangenen in der DDR, Information« (Flugblatt) 4. 10. 1989, Wachsmatrizenabzug, Informations- und Dokumentationsstelle der EKD Berlin, Akte DDR-Demokratisierung.
278 Hanisch/Hänisch/Magirius/Richter 1996, S. 36.
279 A. a. O., S. 38.
280 Fritz Mauthner, zitiert nach: Schiewe 1998, S. 194.
281 Zu den Vorgängen in Dresden vom 3. – 9. 10. 1989 vgl. Bahr 1990.
282 Lageberichte der Volkspolizei im Oktober, Bezirk Erfurt. 5. 10. 1989. Bestand der LSTU Thüringen. Lfd. Nr. 146, 151, Bl. 24 f.
283 Ebd., Bl. 20–31.
284 Umweltbibliothek Großhennersdorf (Hg.) 1999, S. 170.
285 Zitiert nach: Sievers 1990, S. 61.
286 Kranz, Erich u. a., »Offener Brief an den Rat des Bezirkes Erfurt. Abteilung Inneres. Weimar 4. 10. 1989«, Ormikabzug, Bestand Neubert.
287 »Gemeinsame Erklärung der Kontaktgruppe vom 4. 10. 1989«. In: Kuhrt u. a. (Hg.) 1999, S. 459 f.
288 »Neues Forum, Aufruf des Neuen Forum, Berlin 4. 10. 1989«, Flugblatt, Informations- und Dokumentationsstelle der EKD Berlin, Akte DDR-Demokratisierung.

289 Reich, Jens, »Brief an den Vorsitzenden des Obersten Sowjets der UdSSR Michail Gorbatschow über die Botschaft der UdSSR in der DDR. Berlin 4. 10. 1989«, Wachsmatrizenabzug, Sammlung Neubert.
290 Küttler/Röder 1993, S. 34.
291 Dietrich/Schwabe (Hg.) 1994, S. 449.
292 Ciecior in: *Horch und Guck* 10/2001/4, S. 48 f.
293 Abgedruckt in: Bahr 1990, S. 75 f.
294 »Neues Forum, Erklärung zum 40. Jahrestag der DDR«. Abgedruckt in: Rein 1989, S. 15 f.
295 »Werktätige des Bezirkes fordern: Staatsfeindlichkeit nicht länger dulden«. In: *Leipziger Volkszeitung* vom 6. 10. 1989.
296 Dietrich/Schwabe (Hg.) 1994, S. 451.
297 BStU MfS ZAIG 17 026, Bl. 2.
298 Schubert, Matthias, »Rede an Mitbürgerinnen, Mitbürger und Kinder. Markgrafpieske 7. 10. 1989«, maschinenschriftlich, Kopie. Informations- und Dokumentationsstelle der EKD Berlin, Akte DDR-Demokratisierung.
299 Vgl. »Schnauze! Gedächtnisprotokolle ... 1992.
300 Schwanitz 1998.
301 Wimmer/Proske/Braun/Michalowski 1990, S. 64.
302 Kontaktgruppe, Stadtjugendpfarramt (Hg.) S. 56. Einzelne Berichte wurden seit dem 8. 10. 1989 ausgegeben.
303 Abgedruckt in: Gutzeit/Hilsberg 1999, S. 681.
304 Meckel/Gutzeit 1994, S. 394f.
305 Lehmann, Theo, »Ein Volk baut eine Mauer. Predigt über Nehemia 9.33, 8. 10. 1989 Karl Marx-Stadt«. In: Swoboda 1992, S. 165.
306 Sprechergruppe junger Theaterschaffender im Verband der Theaterschaffenden, »Aufruf im 41. Jahr der DDR. Berlin 8. 10. 1989«, Ormikabzug, Sammlung Neubert.
307 Zitiert nach: Rein 1989, S. 162 f.
308 Kontaktgruppe Stadtjugendpfarramt (Hg.) 1989, S. 125.
309 Darstellung und Bewertung nach: Richter/Sobeslavsky 1999a.
310 A. a. O., S. 58.
311 Vgl. Urich in: Timmermann 2001, S. 221–233.
312 Küttler/Röder 1993, S. 41.
313 Gabriele Zimmer war von 2000 bis 2003 Bundesvorsitzende der PDS.
314 Zimmer in: Dornheim/Schnitzler 1995, S. 257 f.
315 Abgedruckt bei: Auerbach 1995, S. 134f.
316 Fernschreiben des Ministers an die Leiter der Diensteinheiten des MfS, 8. 10. 1989. MfS.ZA.DSt 103 625 (VVS 71/89). Abgedruckt bei: Auerbach 1995, S. 136.
317 Ebd.
318 Vgl. Aldenhövel/Mestrup/Remy 1993; Remy 1995; Mestrup 1996.
319 Nach einem Bericht von Bischof Werner Krusche. Aufgeschrieben von Metzner, Karl, »Zum 90. Geburtstag von Altbischof Dr. Krusche«, Erfurt 6. 8. 2007, Computerausdruck, Sammlung Neubert.

320 Vollständig abgedruckt in: Sievers 1990, S. 75 f.
321 Hanisch/Hänisch/Magirius/Richter 1996, S. 51.
322 A. a. O., S. 58.
323 A. a. O., S. 55.
324 A. a. O., S. 45.
325 A. a. O., S. 49.
326 Bohse/Hartmann/Heise/Hoch/Kurz/Möbius/Sprink 1989, S. 82.
327 Vgl. Kuhn 1992, S. 144.
328 Loest 1995, S. 515f.
329 Victor 1992, S. 58.
330 Jankowski 2007.
331 Zu dieser Debatte vgl. Hollitzer in: Heydemann/Mai/Müller (Hg.) 1999, S. 248f.
332 Bohse/Hartmann/Heise/Hoch/Kurz/Möbius/Sprink (Hg.) 1989, S. 100.
333 Kuhn 1992, S. 148.
334 Rede des Ministers des Inneren, 21. 10. 1989, MfS. ZA. ZAIG 8617, Bl. 49.
335 Ebd., Bl. 49 f.
336 »Politbüro des ZK der SED: Erklärung vom 11. 10. 1989«. In: *Neues Deutschland* vom 12. 10. 1989.
337 Stephan 1994, S. 158.
338 Gerlach, Manfred, »Dem Fortschritt den Weg bahnen«. In: *Der Morgen* vom 13. 10. 1989, S. 3. Abgedruckt in: Gesamtdeutsches Institut 1989, S. 13.
339 Schreiben des Leiters der Bezirksverwaltung Gera an die Leiter der Struktureinheiten, 10. 10. 1989. Abgedruckt in: Auerbach 1995, S. 139.
340 Befehl 9/89 des Vorsitzenden des Nationalen Verteidigungsrates der Deutschen Demokratischen Republik über Maßnahmen zur Gewährleistung der Sicherheit und Ordnung in Leipzig, 13. 10. 1989. Abgedruckt in: Auerbach 1995, S. 140.
341 Vgl. »Von Besonnenheit geprägt«. In: *Sächsisches Tageblatt* vom 11. 10. 1989.
342 »OBM und Ratsmitglieder suchen das Gespräch«. In: *Leipziger Volkszeitung* vom 13. 10. 1989, S. 3.
343 »Dialog, Besonnenheit und aufeinander zugehen!« In: *Leipziger Volkszeitung* vom 13. 10. 1089, S. 1.
344 Bohse/Hartmann/Heise/Hoch/Kurz/Möbius/Sprink (Hg.) 1989, S. 104.
345 Zu dieser Auseinandersetzung vgl. Klein in: Gehrke/Rüddenklau (Hg.) 1999, S. 225.
346 »Dringende Bitten: Erklärung kirchlicher Amtsträger zu den Demonstrationen. Berlin 9. 10. 1989«. Abgedruckt in: Kuhrt u. a. (Hg.) 1999, S. 460.
347 Hilsberg, Stephan, »Protokollvermerk zu einem Treffen verschiedener Gruppierungen beim Generalsuperintendent Krusche, Berlin 16. 10. 1989«. In: Kuhrt u. a. (Hg.) 1999, S. 460 f.
348 Olthoff, D. u. a., »Nicht demonstrieren!« (Flugblatt), Leipzig 16. 10.

1989, Informations- und Dokumentationsstelle der EKD Berlin, Akte DDR-Demokratisierung.

349 »Meditation in der Nikolaikirche am 16.10.1989«. In: Hanisch/Hänisch/Magirius/Richter 1996, S.62.

350 Ebd.

351 A.a.O., S.69.

352 *Neues Deutschland* vom 19.10.1989, S.1.

353 Dazu: Eckert 2005, S.18.

354 Lintoiu 2005, S.17.

355 Sekretariat des BEK. Schnellinformation vom 19.10.1989 mit Anlage: Pressemitteilung. Sperrfrist 19.10.1989 – 17.00 Uhr.

356 Neubert 1989.

357 Neubert 1993, S.61.

358 Der Mitschnitt (Kassette) befindet sich im Matthias-Domaschk-Archiv, Berlin.

359 Informationen (der SED), »Zum ›Neuen Forum‹ und anderen illegalen oppositionellen Gruppierungen in der DDR«, 1989/7 Nr. 261, 4 Seiten.

360 Fernschreiben des Generalsekretärs Egon Krenz an die 1. Sekretäre der Bezirks- und Kreisleitungen der SED, 24.10.1989. Abgedruckt in: Auerbach 1995, S 141 f.

361 Vgl. Hollitzer/Bohse (Hg.) 2000, S.457. Nach Angaben des Generalstaatsanwalts Günter Wendland wurden 3456 Personen festgenommen. Vgl. *Neues Deutschland* vom 20.11.1989, S.3.

362 »Wer folgt denn dort wem?« In: *Junge Welt* vom 10.10.1989.

363 Zitiert nach: Richter/Sobeslavsky 1999b, S.38.

364 Bartsch, Michael, »Im Bereich der Einschwingkurve eines Gummiknüppels«. Vollständiger Text in: Bahr 1990, S.42 f.

365 Alisch in: Grabner/Heinze/Pollack 1990, S.139.

366 Sievers 1990, S.72.

367 Angaben nach: Süß 1999, S.319.

368 Reum/Geißler 1991, S.65.

369 Schneider, Rolf 1991, S.161.

370 Wirsching 2006, S.631.

371 Dazu die bislang fundierteste Analyse der Friedensgebete: Geyer 2007.

372 Dazu: Wagner-Kyora in: Heydemann/Mai/Müller (Hg.) 1999, S.361 f.

373 Voegelin 1993, S.6.

374 Reum/Geißler 1991. Umschlag, Innenseite.

375 Vgl. Ahbe/Hofmann/Stiehler 1999.

376 Übertragung von 1. Korinther 13.11. In: Sievers 1990, S.74.

377 Vgl. Winkelmann 1997.

378 Winkelmann, Vortrag am 28.10.2003 in Adelsborn, Computerausdruck, S.5. Archiv Bernd Winkelmann.

379 Winkelmann 2003, S.5.

380 Winkelmann/Wurschi 1990, S.12 f.

381 Kleemann in: Probst 1991, S.36.

382 Ortsgruppe Zeitz des Demokratischen Aufbruchs, »Aufruf: Nicht immer noch – nur reden – sondern handeln!«, Flugblatt, Ormikabzug, 27.10. 1989, Sammlung Neubert.

383 Abgedruckt in: Adler 1990, S.38.

384 Landesbeauftragter für Mecklenburg-Vorpommern für die Unterlagen des Staatssicherheitsdienstes der ehemaligen Deutschen Demokratischen Republik (Hg.) 1994, S.45.

385 A.a.O., S.47.

386 A.a.O., S.183.

387 Hertle/Stephan 1997, S.139f.

388 Vgl. Hertle 1996a, S.89; Süß 1999, S.375.

389 MFS ZAIG 3756, Information 471/89, 23.10.1989.

390 BStU MfS ZAIG 3756, Information 485/89, 30.10.1989.

391 Vgl. Schwabe in: Kuhrt u.a. (Hg.) 1999, S.719–735.

392 Vgl. Stolle 2001.

393 Vgl. Hoffmann/Kratochwil 2002.

394 BStU MfS ZAIG 17091, Listen vom 22.10.–30.10.1989, Bl.1–42.

395 Die umfassendste Darstellung bei Schwabe in: Ahbe/Hofmann/Stiehler 1999, S.129–228.

396 Vgl. BStU MfS ZAIG 17085, 17088, 17091.

397 Zahlreiche Beispiele mit Bildern aus Leipzig bei Schneider, Wolfgang 1990; Tetzner 1990.

398 Schädlich in: Naumann 1990, S.163.

399 Vgl. Oschließ 1990a.

400 Zwahr 1993, S.9. Im Folgenden sind viele Anregungen von Zwahr aufgenommen.

401 Vgl. Spindler 2007, S.43.

402 Vgl. Schiewe 1998, S.265–268.

403 Ursprünglich von Erich Honecker: »Den Sozialismus in seinem Lauf, hält weder Ochs noch Esel auf.«

404 Ursprünglich täglich auf der Titelseite des *Neuen Deutschland*: Proletarier aller Länder vereinigt euch!

405 Dazu die Ausführungen bei Schlosser 1990, S.186.

406 Zwahr in: Burz/Derndarsky/Drobesch 2000, S.154.

407 Vgl. BStU MfS BV Rostock XX 421, Bl.87.

408 Zitiert nach: Claus 1991, S.191–193.

409 »Mein Herz schlägt mir bis zum Hals hoch bei all dem, was bei euch passiert.« In: *Tagesspiegel* vom 25.10.1989.

410 Bohley, Bärbel, »Eine Auskunft über Biermann!« Leserbrief von Bärbel Bohley an das *Neue Deutschland,* der leider nicht abgedruckt wurde. Flugblatt, Berlin Ende Oktober 1989, Sammlung Neubert.

411 Abgedruckt in: *Berliner Zeitung* vom 28./29.10.1989.

412 SAPMO SED ZK Arbeitsgruppe Kirchenfragen, Zur weiteren Arbeit mit kirchlichen und CDU-Verlagen, Bl.76.

413 Dazu: *Und diese verdammte Ohnmacht...* 1991.

414 Vgl. Richter/Sobeslavsky 1999b, Dokument 70, S. 399–403.
415 Hertle/Stephan (Hg.) 1997, S. 141.
416 Holz, Wolfgang, »Antrag an die VP-Inspektion Berlin-Mitte zur Genehmigung einer Veranstaltung«, maschinenschriftlich, Kopie, Informations- und Dokumentationsstelle der EKD Berlin, Akte DDR-Demokratisierung.
417 Befehl 10/89 des Vorsitzenden des Nationalen Verteidigungsrates der Deutschen Demokratischen Republik über Maßnahmen zur Gewährleistung der Sicherheit und Ordnung in der Hauptstadt der DDR, Berlin, 1. 11. 1989. Abgedruckt in: Auerbach 1995, S. 144.
418 Vgl. die Darstellung des 4. 11. 1989 und die überzeugende Zurückweisung der Annahme, dass der 4. 11. vom MfS inszeniert wurde, in: Süß 1999, S. 385–413.
419 Dieses und folgende Zitate der Reden vom 4. 11. 1989 in: »Reden auf der großen Demonstration auf dem Alexanderplatz in Berlin. Texte vom 4. 11. 1989«. Druck ohne Herausgeberschaftsangabe 1989, Sammlung Neubert.
420 Wolf in: dies. 1990a, S. 119–121.
421 Kuhn, Andreas, »Der Wendehals«. Text auf dem Kopf stehend abgedruckt in: Arbeitsgemeinschaft Musik Ost/West (Hg.) 1990, S. 86.
422 Junge Gemeinde Schildow, »Transparenz – Losungen, welche nicht in der Zeitung standen, Demo 4. 11. 1989 in Berlin«, Ormikabzug, 6 Seiten, Sammlung Neubert.
423 BStU MfS ZAIG 17 088, Bl. 14 (Losung 137).
424 Reich 1996, S. 5.
425 Schorlemmer 1992, S. 291.
426 Spira in: »Reden auf der großen Demonstration 1989«.
427 Vgl. Schwabe in: Kuhrt u. a. (Hg.) 1999, S. 719–735.
428 Hanisch/Hänisch/Magirius/Richter 1996, S. 119.
429 A. a. O., S. 123.
430 Vgl. dazu: Zwahr 1993, S. 136.
431 Bohse/Hartmann/Heise/Hoch/Kurz/Möbius/Sprink (Hg.) 1989, S. 205.
432 Darstellung des 6. 11. 89 in Dresden bei Richter/Sobeslavsky 1999a, S. 166–171.
433 Loest 1996, S. 205.
434 Vgl. Gehrke in: Gehrke/Hürtgen 2001, S. 247–270.
435 Vgl. Jander in: *Materialien der Enquete-Kommission…* 1995, Bd. VII/1, S. 896 ff.; Jander in: Poppe/Eckert/Kowalczuk (Hg.) 1995.
436 Gauchet in: Rödel 1990, S. 220.
437 Vgl. Henke in: Suckut/Süß 1997, S. 305.
438 Arendt 1991, S. 661.
439 Vgl. Tantscher in: *DArch* 1999/5, S. 729–743.
440 Kurzdarstellung bei Hertle/Junkernheinrich/Koch/Nooke 1998, S. 11–22. Ausführlich mit Dokumenten: Hertle 1996b.
441 Zitiert nach: Hertle 1996b, Dokument 7, S. 460.

442 Zentralvorstand (ZV) der LDPD, »Einmütiger Beschluss des Sekretariats des ZV der LDPD«, maschinenschriftliche Kopie, Informations- und Dokumentationsstelle der EKD Berlin, Akte Demokratisierung DDR.

443 »Forderungen der Parteiführung der LDPD«. In: *Der Morgen* vom 3.11. 1989, S.1.

444 Gerlach, Manfred, »Die Entscheidungen, um die es geht. Rede am 4.11.1989 in Berlin«. In: *Der Morgen* vom 6.11.1989, S.1f.

445 Gerlach, Manfred, »Es ist eine Revolution«. Interview in: *Der Spiegel* 45/1989, S.36.

446 Hauptvorstand der CDU. Abteilung. Agitation, »Information für die Vorsitzenden der CDU-Ortsgruppen«, Berlin Oktober 1989, Faltblatt (36a).

447 Korn, »Erklärung der Betriebsleitung und Betriebsgewerkschaftsleitung der Union Druckerei Berlin. 10. Oktober 1989«, maschinenschriftliche Kopie, Informations- und Dokumentationsstelle der EKD Berlin, Akte DDR-Demokratisierung.

448 »Was wir wollen, was wir brauchen: Reformen und Erneuerung – Vertrauen und neue Kraft«. In: *Neue Zeit* vom 28.10.1989.

449 »Wille unserer Mitglieder verpflichtet zu konsequentem Nachdenken und Handeln. Interview mit dem amtierenden Vorsitzenden der CDU, Wolfgang Heyl«. In: *Neue Zeit* vom 7.11.1989, S.1f.

450 Rasenberger 1992.

451 MFS ZAIG 3756 Information 471/89, 23.10.1989, Bl.145.

452 MFS ZAIG 3756 Information 485/89, 30.10.1989, Bl.155.

453 MFS ZAIG 3756 Information 471/89, 23.10.1989, Bl.145.

454 Vgl. BStU ZA HA XX/9 1773, Hauptabteilung XX, Operativinformation über feindliche Äußerungen und Aktivitäten von Fischer, Werner, Berlin 14.10.1989, Bl.53–55.

455 »Neues Forum: Ansätze zur Basisdemokratie, Berlin 23.10.1989«. Abgedruckt in: *Oktober 1989* 1989, S.170–172.

456 Brief an Bärbel Bohley 24.10.1989. In: Krone (Hg.) 1999, S.90.

457 Ebd.

458 MFS ZAIG 3756 Information 485/89, 30.10.1989, Bl. 155.

459 »Demokratischer Aufbruch: Vorläufige Grundsatzerklärung, Berlin 29.10.1989«. Abgedruckt in: Kuhrt u.a. (Hg.) 1999, S.559–561.

460 »Demokratischer Aufbruch: Resolution des Demokratischen Aufbruch, Berlin 29.10.1989«, Computerausdruck, Sammlung Neubert.

461 »Demokratischer Aufbruch: Brief an die Kinder, Berlin 29.10.1989«. In: Kuhrt u.a. (Hg.) 1999, S.561.

462 Vgl. Protokoll der ersten Sitzung des Vorstandes des DA, Berlin 4.11. 1989. Abgedruckt in: Kuhrt u.a. (Hg.) 1999, S.562–565.

463 »Demokratie jetzt: Bürgerbewegung Demokratie jetzt für Volksentscheid«. Aufruf, verbreitet am 27.10.89 in der Gethsemanekirche Berlin, Wachsmatrizenabzug, Sammlung Neubert.

464 »Demokratie jetzt: Was können wir tun?«, Oktober 1989 (Redaktions-
schluss 30.9.1989), Sammlung Neubert.

465 Meckel/Gutzeit 1994, S.397.

466 Gabler, Carola (Hg. für Basisgruppe 3, Prenzlauer Berg der SDP), »Aufruf an alle ehemaligen und Noch-SED-Mitglieder«, Anfang November
1989 Berlin, Flugblatt.

467 BStU MfS BV Rostock XX 421, Bl.89–92.

468 Hamel, Mario u.a., »Gründungsinitiative für eine Grüne Partei in der
DDR«, Berlin 5.11.1989, Wachsmatrizenabzug, Sammlung Neubert.

469 Gemeinsame Erklärung der Kontaktgruppe vom 3.11.1889. Abgedruckt
in: Kuhrt u.a. (Hg.) 1999, S.461.

470 Glosinski, Uwe u.a., »Resolution. Dresden 4.11.1989«, Lichtpause,
Sammlung Neubert.

471 Kolbe in: Naumann (Hg.) 1990, S.88f.

472 Forschungsprojekt »Philosophische Fragen der Erarbeitung einer Konzeption des modernen Sozialismus«, »Zur gegenwärtigen Lage der DDR
und Konsequenzen für die Gestaltung der Politik der SED, Sektion Mar-
xistisch-leninistische Philosophie an der Humboldt-Universität, Berlin
8.10.1989«, maschinenschriftliches Manuskript, 16 Seiten, Kopie.

473 Vgl. Eckert in: Kuhrt u.a. (Hg.) 1999, S.704–706.

474 Parteiaktiv der Akademie der Wissenschaften der DDR in Vorbereitung
des 10. Plenums des ZK der SED, »Standpunkt, 31.10.1989«, Berlin,
maschinenschriftliche Kopie, 7 Seiten, Sammlung Neubert.

475 »Zur Erneuerung der sozialistischen Demokratie«. In: *Neues Deutschland* vom 5.11.1989; »Was erwarten wir von der 10.Tagung des Zentralkomitees der SED?« In: *Neues Deutschland* vom 9.11.1989.

476 Hübner, Werner, namentlich ausgewiesene Textpassage in: Gysi/Falkner
1990, S.44.

477 Niederschrift des Gesprächs von Egon Krenz und Michail Gorbatschow
am 1.11.1989 in Moskau. In: Hertle 1996b, S.471.

478 A.a.O., S.466.

479 A.a.O., S.469.

480 A.a.O., S.477.

481 A.a.O., S.478.

482 A.a.O., S.471.

483 Müller, Gerhard, »Rede auf der Tagung der Bezirksleitung Erfurt der
SED am 5.November 1989«. Abgedruckt in: Landesbeauftragter des
Freistaates Thüringen (Hg.) 1997, S.187.

484 MfS ZAIG 3756 Information 485/89, 30.10.1989, Bl.161.

485 Unabhängiger Verein zur historischen, politischen und juristischen Aufarbeitung der DDR-Vergangenheit e.V. (UVA) (Hg.) 1995, Anlage 11, 12.

486 »Herrn Vogels ›Prüfsteine‹«. In: *Neues Deutschland* vom 3.11.1989, S.2.

487 Leicht, Robert in: *Die Zeit* vom 6.10.1989.

488 Aufzeichnung eines Telefonats zwischen Egon Krenz und Helmut Kohl
am 26.10.1989. Abgedruckt in: Hertle 1996b, S.443–448.

489 Vorlage des Ministerialdirigenten Jung an Bundeskanzler Kohl, Bonn 3.11.1989. Abgedruckt in: *Deutsche Einheit* 1998, S.478 f.
490 Jäger, Wolfgang 1998, S.35.
491 Textpassage für den Bericht des Bundeskanzlers zur Lage der deutschen Nation im geteilten Deutschland. Abgedruckt als Faksimile in: *Deutsche Einheit* 1998, S.491.
492 Vgl. Befehl 11/89 des Vorsitzenden des Nationalen Verteidigungsrates der Deutschen Demokratischen Republik über Maßnahmen zur Gewährleistung der Sicherheit und Ordnung in den Bezirken der DDR, Berlin, 3.11.1989. Abgedruckt in: Auerbach 1995, S.145f.
493 Hertle/Stephan (Hg.) 1997, S.65.
494 A.a.O., S.136.
495 A.a.O., S.141.
496 A.a.O., S.142.
497 A.a.O., S.198.
498 Vgl. A.a.O., S.472.
499 Vgl. A.a.O., S.242.
500 Vgl. Abdruck des Beschlusses in: Hertle/Elsner 1999, S.19.
501 *Neues Deutschland* vom 9.November 1989, S.1. Abgedruckt in: Wolf 1990, S.170. Die Unterzeichner waren Bärbel Bohley, Neues Forum, Ehrhart Neubert, Demokratischer Aufbruch, Uta Forstbauer, Sozialdemokratische Partei, Hans Jürgen Fischbeck, Demokratie jetzt, Gerd Poppe, Initiative Frieden und Menschenrechte, Christa Wolf, Volker Braun, Ruth Berghaus, Christoph Hein, Prof. Kurt Masur, Ulrich Plenzdorf.
502 A.a.O., S.333.
503 Hertle/Stephan (Hg.) 1997, S.304.
504 A.a.O., S.305.
505 Zeplin in: Naumann (Hg.) 1990, S.181.
506 Hertle 1996a; ders. 1999a, 1996b; S.744–749; ders./Elsner 1999; ders., »Der 9.November 1989 in Berlin«. In: *Materialien der Enquete-Kommission*, Bd.VII,1 1995, S.787–872; ders. in: Suckut/Süß (Hg) 1997, S.271–292; ders. S.749–755.
507 Hertle 1996a, S.171.
508 Karls 1997, S.49.
509 Schaubild der »Tagesschau« um 20.00 Uhr in: Hertle/Elsner 1999, S.63.
510 Die Begriffe Irrtum, Fiktion und Ventillösung für die sich aus Missverständnissen und Zufällen steigernden Handlungsabläufe bei Hertle/Elsner 1999, S.5.
511 Georg, Joachim, »Berlin 11 – 89«. In: Arbeitsgemeinschaft Musik Ost/West (Hg) 1990, S.106 (gekürzt).
512 Schädlich in: Naumann (Hg.) 1990, S.163.
513 Drees, Ludwig, »Aus der Isolation zu Wegen der Identifikation«. In: Redaktion *radix-Blätter* (Hg.), *Aufrisse I*, 2.Auflage, S.23–28, Samisdat, Berlin 1987. Abgedruckt in: Bickhardt 1988, S.44–49.
514 Hertle/Elsner 1999.

515 Brussig 2004.
516 Zweig 1998, S.7.
517 Vgl. Arbeitsgemeinschaft ehemals verfolgter Sozialdemokraten (Hg.) 1998; Faulenbach 2003, S.3–7; Steinbach 1999, S.3–11.
518 Vgl. Neubert 2006, S.194–216.
519 Vgl. Hertle/Elsner 1999, S.174f.
520 Vgl. Haase-Hindenberg 2007.
521 Loest 1977.
522 Schlögel 2003, S.27.
523 Rostropowitsch, Mstislaw, »Sieg über die Trennung«. In: *Spiegel-Spezial* II/1990, S.9.
524 Gorbatschow 1987, S.257f.
525 Arbeitsgruppe Menschenrechte der Lukasgemeinde Leipzig-Volkmarsdorf (AGM) (Hg.), »Dokumentation der Podiumsdiskussion am 8.7. 1989 auf dem Stadtkirchentag in Leipzig«, in: *Forum für Kirche und Menschenrechte* 1, Leipzig 1989, Samisdat, S.43f.
526 Ebd. Der damals anwesende Günther Nooke erinnert sich, dass Eppler gesagt habe: »Die Mauer gehört zur Statik des europäischen Hauses.« Als er aus dem Publikum mit der »entwaffnenden Frage« konfrontiert wurde, was denn eigentlich wäre, »wenn in der DDR die Menschen demokratisch entschieden, dass sie diese Mauer gar nicht wollten«, »wusste er keine Antwort«. Nooke 2003, S.184f.
527 Vgl. Hertle/Stephan (Hg.) 1997, S.73.
528 ZK der SED, 10. Tagung 8.–10.11.1989, »Was tun? Schritte zur Erneuerung, Aktionsprogramm der SED, Sonderdruck, S.4.
529 Hertle/Stephan (Hg.) 1997, S.390.
530 A.a.O., S.405.
531 A.a.O., S.433.
532 Stephan 1994, S.245.
533 Zu den ersten Reaktionen der Bundesregierung auf die Maueröffnung vgl. Weidenfeld 1998, S.10–41.
534 *Neues Deutschland* vom 11./12.11.1989, S.3.
535 Hertle/Stephan (Hg.) 1997, S.439–459.
536 So Wolfgang Ullmann in Gesprächen noch Ende der 1990er-Jahre.
537 MfS BV Erfurt, OV Milan Abteilung 26/5 Information A/119/89, Bd. 1781, Bl.101. Telefongespräch zwischen Heino Falcke, Erfurt, und Hildigund Neubert (beide Demokratischer Aufbruch), Berlin, 10.11.1989, 7.48 Uhr.
538 Zitiert nach: Schlicht, Uwe, »Oppositionsgruppen fordern Gespräche am runden Tisch«, in: *Tagesspiegel* vom 15.11.1989.
539 Erklärung des Neuen Forums, Berlin 12.11.1989, Sammlung Neubert.
540 Krone (Hg.) 1999, Brief Nr.176, 26.11.1989.
541 Tschiche, Hans-Jochen, »Außerparlamentarische Opposition, Partei oder Plattform mit politischem Arm?« In: *taz* vom 15.11.1989.
542 Ullmann, Wolfgang, »Endlich gibt es ein DDR-Staatsvolk«. Interview in: *taz* vom 18.11.1989.

543 Gebhardt, Gerd u. a. (Unabhängige Forschergruppe zur Kritik neuer Gesellschaftsmodelle), »Zukunft durch Selbstorganisation«, Potsdam/Berlin 4.11.1989 mit Ergänzungen vom 16.11.1989, Computerausdruck, Sammlung Neubert.

544 Artzt, Matthias, »Sofortmaßnahmen, um die letzte Chance zu erhalten, die die DDR-Gesellschaft hat, einen Weg zum demokratischen Sozialismus zu gehen«, Diskussionspapier, maschinenschriftlicher Durchschlag, November 1989, Sammlung Neubert.

545 Vgl. Beer, Manfred, »Rede am 18.11.1989, Leipzig«. In: Bohse/Hartmann/Heise/Hoch/Kurz/Möbius/Sprink (Hg.) 1989, S.266 (dort fälschlich Bär statt Beer).

546 Bürgerversammlung in der katholischen Kirche von Henningsdorf, »Aufruf an die Vorstände der neuen demokratischen Parteien und Bewegungen«, 20.11.1989, Computerausdruck, Sammlung Neubert.

547 Diese und die folgenden Losungen und Sprechchöre in diesem Abschnitt aus einer Berichterstattung des MfS aus den Städten Berlin, Dresden, Bautzen, Meiningen, Ilmenau, Pirna, Gotha, Dresden, Halle, Karl-Marx-Stadt, Weißwasser, 12.11. bis 20.11.1989. BStU ZAIG 17085, Bl. 14–18.

548 Stadt Auerbach (Hg.) 1994. Text U. Wolf, gekürzt.

549 Zur Polarisierung vgl. Tetzner 1990, S.72–80.

550 Sieber, Günter am 8.11.1989. In: *Neues Deutschland* vom 11./12.11. 1989, S.9.

551 Friedrich-Ebert-Stiftung (Hg.), »Vortragsveranstaltung ›Gesellschaftliche Erneuerung in der DDR‹, 30.11.1989, Bonn, S.28.

552 A.a.O., S.32.

553 A.a.O., S.35.

554 Zitiert nach Teltschik 1991, S.74f.

555 Driftmann 2005.

556 Dies erzählte Portugalow dem Autor bei einem Treffen in Brüssel im Jahr 2002.

557 »Bulletin des Presse- und Informationsamtes der Bundesregierung vom 29. November 1989«.

558 *taz* vom 16.11.1989.

559 Vgl. Telefonat Michail Gorbatschow mit Gregor Gysi am 10. Dezember 1989. In: Nakath/Neugebauer/Stephan 1998, S.89–92.

560 »Noch haben wir die Chance einer sozialistischen Alternative zur BRD«. In: *Neues Deutschland* vom 29.11.1989, S.1.

561 Krötke, Wolf, »Bedenken zum Aufruf ›Für unser Land‹«, maschinenschriftliche Kopie, Berlin Dezember 1989, Informations- und Dokumentationsstelle der EKD Berlin, jetzt EZA, Akte DDR-Demokratisierung.

562 Durstewitz, Heinz-Josef, »Nicht Moral, sondern Fakten – Zum Aufruf ›Für unser Land‹«, maschinenschriftliche Kopie, Berlin Dezember 1989, Informations- und Dokumentationsstelle der EKD Berlin, jetzt EZA, Akte DDR-Demokratisierung.

563 Initiative zur demokratischen Umgestaltung Plauen, »Für die Menschen in unserem Land, Plauen 1.12.1989«. Abgedruckt in: Küttler/Röder 1993, S.63.

564 Neubert, Ehrhart, »Perspektiven ohne SED, Berlin 3.12.1989«. Vervielfältigtes Material, Sammlung Neubert.

565 Kunert, Günter, »Traum verloren. Die Idee des Sozialismus scheitert«. In: *FAZ* vom 30.11.1989.

566 Heym, Stefan, »Hurra dem Pöbel«. In: *Spiegel* 45/1989, S.30.

567 Zit. nach Roltsch, Jutta, »Wir brauchen Boden unter den Füßen«. In: *FR* vom 13.12.1989.

568 »Presseerklärung des DA (Programmkommission) zur Deutschlandfrage«, Berlin 2.12.1989. Abgedruckt in: Kuhrt u.a. (Hg.) 1999, S.566.

569 Brenning, Norbert u.a., »Erklärung des Kreisverbandes Berlin-Friedrichshain des DA, Berlin 5.12.1989«, maschinenschriftliche Kopie, Sammlung Neubert, Akte DA.

570 »Erklärung der SDP zur deutschen Frage, Berlin 3.12.1989«. Abgedruckt in: Kuhrt u.a. (Hg.) 1999, S.683 f.

571 Initiativkreis Dj, »Deutschlandpolitische Thesen (Dreistufenplan der nationalen Einigung)«, maschinenschriftliche Kopie, Informations- und Dokumentationsstelle der EKD Berlin, jetzt EZA, Akte DDR-Demokratisierung.

572 Gauck, Joachim, »Diskussionsbeitrag zum Thema ›Einheit‹«, Rostock 13.12.1989«. Abgedruckt in: Probst 1991, S.75.

573 Hilsberg, Stephan/Barbe, Angelika/Gutzeit, Martin, »Erklärung der SDP, November 1989«, Ormikabzug, Informations- und Dokumentationsstelle der EKD Berlin, Akte DDR-Demokratisierung.

574 Abgedruckt in: Rein 1989, S.66.

575 Gemeinsame Erklärung der Kontaktgruppe der Opposition vom 10. November. 1989. Abgedruckt in: Kuhrt u.a. (Hg.) 1999, S.462.

576 Neubert 1993, S.62.

577 Schreiben der Kontaktgruppe der Opposition an das Sekretariat der Berliner Bischofskonferenz und das Sekretariat des Bundes der Evangelischen Kirchen, Berlin 24.11.1989. Abgedruckt in: Kuhrt u.a. (Hg.) 1999, S.463.

578 Vgl. Protokoll der Sitzung der Kontaktgruppe am 1.12.1989. Abgedruckt in: Kuhrt u.a. (Hg.) 1999, S.464f.; vgl. auch: dieselben, »Protokoll über die 3. Sitzung des Vorstandes des ›Demokratischen Aufbruchs‹ am 2.12.1989 in der Geschäftsstelle Marienburger Str. 12/13«, S.465 f.

579 Seit 1986 hatte die SED von den 500 Abgeordneten sich selbst 127, der CDU, der LDPD, der DBD; der NDPD je 52, dem FDGB 61, der FDJ 37, der DFD 32, dem KB 21 und dem VdGB 14 Mandate zugeteilt. Die Mehrheit der SED ergab sich aus den Doppelmitgliedschaften der Mandatsträger der Massenorganisationen.

580 Die Rede von Erich Mielke ist abgedruckt in: *DArch* 1990/1, S.121.

581 Rosenlöcher 1990, S.52.

582 Eggers, Gerd, »Gedicht 33«. In: Schuhmann 1990, S. 190.

583 BStU MfS ZAIG 17 085.

584 Vgl. Weinke, Anette, »Die DDR-Justiz im Jahr der ›Wende‹«. In: *DArch* 1997/1, S. 41 – 62.

585 »Meinungsumfrage – Fast 90 Prozent der Befragten für modernen Sozialismus«, in: *Berliner Zeitung* vom 12. 12. 1989, S. 4. Ähnliche Ergebnisse im *Neuen Deutschland* vom 25./26. 11. 1989.

586 Bomberg 1996, S. 56.

587 Dazu Süß 1999, S. 495 – 504.

588 BStU MfS ZAIG 4886, Dienstbesprechung anlässlich der Einführung des Genossen Generalleutnant Schwanitz als Leiter des Amtes für Nationale Sicherheit durch den Vorsitzenden des Ministerrates der DDR, Genossen Hans Modrow, 21. 11. 1989. Abgedruckt in: Nakath/Stephan (Hg.) 1994, S. 253 – 267.

589 Antwort von Wolfgang Schwanitz auf die Ausführungen von Modrow, 21. 11. 1989, in: BStU MfS ZAIG 4886, Bl. 39.

590 Udelnow, Alexej u. a., »Aufruf des NF, Berlin 30. 11. 1989«, Flugblatt, Sammlung Neubert.

591 Vgl. Wilke 2007, S. 408 f.

592 *National-Zeitung* vom 18./19. 11. 1989.

593 Vgl. *Neue Zeit* vom 23. 11. 1989.

594 Gysi/Falkner 1990, S. 62 f.

595 Hertle/Stephan (Hg.) 1997, S. 469.

596 Vgl. Wagner, Armin 1998, S. 281 – 331.

597 Anonymer Brief an das Neue Forum, 2. 12. 1989. In: Krone (Hg.) 1999, Brief Nr. 183, S. 233.

598 N. N., »Brief (handschriftlich) an Pfarrer Eppelmann, D-dorf 2. 12. 1989«, Sammlung Neubert (einige orthografische Verbesserungen).

599 Wagner, Manfred 2000, S. 17 – 20.

600 BStU MfS ZAIG 13 957.

601 Wießner, Ulrich, »Wolfslied«. In: Swoboda 1992, S. 263.

602 Hanisch/Hänisch/Magirius/Richter 1996, S. 187.

603 Tallig, Jürgen, »Rede am 4. 12. 1989 in Leipzig«. Abgedruckt in: Hollitzer 1999, S. 240 f.

604 Zu den Vorgängen in Erfurt siehe Stein 1999; Bürgerkomitee Erfurt (Hg.) 1990.

605 Vgl. Beleites 2005, S. 313 – 316; Richter, Michael 1996, S. 73 – 95.

606 BStU MfS ZAIG 3815 und 7944.

607 Vgl. Hollitzer 1999, S. 230 f.; vgl. auch: Bürgerkomitee Leipzig (Hg.) 1991.

608 Hollitzer 1999, S. 74

609 A. a. O., S. 252 f.

610 Berndorf 2006, S. 131 f.

611 Höffer 1997, S. 40.

612 Vgl. auch: Unabhängiger Untersuchungsausschuss Rostock (Hg.) 1990.

613 Heckert 1996, S. 22; Voigt 2004, S. 16 f.
614 Zur Besetzung in Saalfeld siehe Wernicke 2003, S. 101–123.
615 Vgl. Hohmann/Hanada 2007, S. 84–91.
616 Vgl. Stadtverwaltung Großenhain (Hg.) 2001, S. 71.
617 Winkelmann 2003, Bestand Bernd Winkelmann, S. 7 f.
618 Vgl. Löhn 1996.
619 Werdin 1990.
620 Bürgerkomitee Bautzener Straße e. V. (Hg.) 1992.
621 Richter/Sobeslavsky 1999a, S. 181.
622 Horsch 1995; Felber 1995; Voigt 1998, S. 7–10; Hasse 2000, S. 42–57.
623 Vgl. Bernhardt 1999, S. 59–61.
624 Niemann/Süß 1996, S. 59.
625 Bürgerkomitee Sachsen-Anhalt (Hg.) 1998; Bürgerkomitee Sachsen-Anhalt (Hg.) 1996.
626 Kruczek 2000, S. 33–35; Meinel/Wernicke 1990.
627 Bezirksamt für Nationale Sicherheit Gera: »Telegramm an die Staatorgane und bewaffneten Organe der DDR vom 9. 12. 1989; BStU, Ast Gera, BdL Nr. 23, Bl. 38 f. Abgedruckt in: Herles/Rose 1990, S. 50.
628 Beleites/Geipel 2003, S. 26.
629 Richter, Michael 1996, S. 100.
630 BStU MfS ZAIG 14 976, Bl. 26. Ungeordnetes Material, erstellt zwischen dem 20. und 27. 12. 1989.
631 Siegel 1993, S. 197–228.
632 Vgl. Süß 1999, S. 656 ff.
633 Vgl. BStU MfS SdM 2336, Bl. 258.
634 Vgl. »Offener Brief von Werner Schulz u. a. aus Karl-Marx-Stadt vom 10. 12. 1989«. In: Reum/Geißler 1991, S. 119 f.
635 BStU AfNS HA XX/4 459, Notizen zum Einsatz der »Tarntafel Typ 308«, 6. 12. 1989, Bl. 3.
636 Bund der Evangelischen Kirchen, »Beschlüsse des Rundtischgespräches am 7./8. 12. 1989«, Anlage 6 zu A 1011 – 4256/89, Informations- und Dokumentationsstelle der EKD Berlin, S. 2.
637 Thaysen, Bd. I 2000, S. 37.
638 A. a. O., S. 66.
639 A. a. O., S. 88.
640 BStU MfS ZAIG 7943.
641 Thaysen, Bd. I 2000, S. 145.
642 A. a. O., S. 245.
643 Thaysen, Bd. V 2000, S. 42.
644 Thaysen, Bd. I 2000, S. 198 f.
645 A. a. O., S. 199.
646 A. a. O., S. 225–227.
647 Die bezirklichen und regionalen Runden Tische sind bisher nur unvollständig dokumentiert. Michael Richter, Hannah-Arendt-Institut, gab mir dankenswerterweise Einblick in sein Manuskript zur Revolution in Sach-

sen und in die von ihm zusammengetragenen Materialien von 51 sächsischen Runden Tischen, einschließlich Altenburg; Kupke/Richter 2002; Kulturring in Berlin e. V. (Hg.) 2003; Friedrich 1991; weitere unveröffentlichte Materialien im Bestand Neubert zu Gera und Pösneck. Im fortlaufenden Text werden veröffentlichte Quellen zu den Runden Tischen angemerkt.

648 Dazu: »Materialien des Runden Tisches des Kreises Pösneck, Akte DA Pösneck, Andreas Gließing«, Bestand Neubert.

649 Schreiter, Jürgen, »Themenbereich Bildungswesen/Beschlüsse, Protokoll Runder Tisch Stadt + Kreis Fürstenwalde 24. 1. 1990«, maschinenschriftliche Kopie, Informations- und Dokumentationsstelle der EKD Berlin, Akte DDR-Demokratisierung/Runder Tisch.

650 Lintzel 1997, S. 31f.

651 Gemeint ist Erich Honecker, der nach kurzer Untersuchungshaft am 30. 1. 1990 im Pfarrhaus der evangelischen Pflegeanstalt Lobetal Unterkunft fand.

652 Norbert Blüm, damals Bundessozialminister.

653 Lintzel 1997, S. 94–98.

654 K. R., »Vers«. In: Sächsische Staatskanzlei 1999, S. 158.

655 Vgl. Schnitzler 1996.

656 Vgl. Hoffmann (Hg.) 2001.

657 Vgl. Nitsche in: Links/Nitsche/Taffelt 2004, S. 115–119.

658 »Lageberichte der Volkspolizei im Oktober, Bezirk Erfurt, 5. 10. 1989«, Bestand der LSTU Thüringen, lfd. Nr. 196, Bl. 33.

659 Hertle/Stephan (Hg.) 1997, S. 470.

660 BStU MfS ZAIG 17 088, Bl 14 (Losung 129, 143).

661 Gespräch zwischen Petra Lux (Neues Forum) und Oberst Peter Winkler (MfS Leipzig) am 4. 11. 1989. Heimlicher Tonbandmitschnitt von Michael Arnold (Neues Forum). Abgedruckt in: Hollitzer 1999, S. 68.

662 Brief von Christian Dietrich an SDP, DA und Dj vom 27. 11. 1989; Archiv Stiftung Aufarbeitung; Bestand Markus Meckel; Nr. 16.

663 Brief an Bärbel Bohley, Oranienburg, 23. 11. 1989. Abgedruckt in: Krone (Hg.) 1999, Dokument 171, S. 216.

664 Janka 1989.

665 Zitiert nach Hammer 1992, S. 168.

666 Die Aktionen werden umfassend dokumentiert in: Bennewitz/Potratz 1994.

667 Vgl. Schuller 1993, S. 69 ff.; mittlere Zahlen gibt an: Müller 1997, S. 7–127.

668 Range, Hans Peter, »Brief an Runder Tisch Berlin, z. Hdn. I. Böhme; R. Eppelmann, I. Köppe, W. Schnur, 15. 1. 1990«, Bestand Neubert.

669 Vgl. Reum/Geißler 1991, S. 120.

670 Zitiert nach: Weber, Hermann 1989, S. 1345.

671 Vgl. Weber, Hermann 1990, S. 1058–1070.

672 Vgl. Neuhaus 1999, S. 611–637.

673 Mitter/Wolle 1994, S. 22.
674 Mitter/Wolle (Hg.) 1990.
675 Vgl. Otto 1995, S. 1437–1491.
676 »Gespräch zwischen Gregor Gysi und Michail Gorbatschow am 2.2. 1990 in Moskau«. In: Nakath/Neugebauer/Stephan (Hg.) 1998, S. 147.
677 Eggers, Gerd, »Gedicht 33«. In: Schuhmann 1990, S. 190.
678 Vgl. Zimmermann/Schütt 1992.
679 Vgl. Reum/Geißler 1991, S. 111.
680 Vgl. Grashoff 2006, S. 236–245.
681 Liebsch 1991, S. 174.
682 Eggers, Gerd, »Gedicht 33«. In: Schuhmann 1990, S. 191.
683 Herz/Lißner 1995.
684 Hartmann, Jürgen u. a., »Freie Initiative '89 – Volksentscheid, 18. 11. 1989 Magdeburg«, maschinenschriftliche Kopie, Sammlung Neubert.
685 Bachmann, Sybille u. a., »Aufruf zu vereinten Bürgerinitiativen für einen neuen Sozialismus, Rostock 26. 11. 1989«, maschinenschriftliche Kopie, Informations- und Dokumentationsstelle der EKD Berlin, Akte DDR-Demokratisierung.
686 »Appell der 89, Berlin Dezember 1989«, Wachsmatrizenabzug, Sammlung Neubert.
687 Vgl. Koch/Eschler 1994.
688 Neues Forum Bautzen (Hg.) 1990, S. 126.
689 »Erklärung des Präsidiums der Akademie der Wissenschaften«. In: *Neues Deutschland* vom 1. 11. 1989.
690 Furkert, Jens, »Grundsätzliche Gedanken zur Wissenschaftskrise in der DDR, Berlin 8. 11. 1989«, Computerausdruck, Sammlung Neubert.
691 »Konferenz der Kirchenleitungen des Bundes der Evangelischen Kirchen in der DDR, Protokoll vom 13. 12. 1989 der 129. Sitzung der KKL am 8. 12. 89«, Sammlung Neubert.
692 BStU AfNS HA XX/4 459, Vermerk vom 6. 12. 1989, Bl. 2.
693 Vgl. Heidingsfeld 2006.
694 Schreiben des Generalsekretärs Gorbatschow an Bundeskanzler Kohl ohne Datum (handschriftlicher Vermerk 18. 12. 1989). In: *Deutsche Einheit* ... 1998, S. 659.
695 Fernschreiben der Ständigen Vertretung bei der DDR an den Chef des Bundeskanzleramtes, Ost-Berlin 1. 12. 1989. In: *Deutsche Einheit* ... 1998, S. 590 f.
696 Schreiben des Bundeskanzlers Kohl an Generalsekretär Gorbatschow, Bonn 14. 12. 1989. In: *Deutsche Einheit...* 1998, S. 646–648.
697 Rede des Bundeskanzlers vor der Frauenkirche in Dresden. Abgedruckt in: *Bulletin, Presseamt der Bundesregierung*, Nr. 150, S. 1261 f.
698 Czechowski 2006, S. 221.
699 Weidenfeld 1998, S. 206.
700 Vgl. Kartmann/Schipanski 2007.
701 Richter/Sobeslavsky 1999a, S. 481.

702 *Neues Deutschland* vom 30./31.12.1989.
703 Zitiert nach: Süß 1999, S.686.
704 Thaysen, Bd. I 2000, S.253.
705 *Neues Deutschland* vom 4.1.1990.
706 BStU MfS ZAIG 14291.
707 Thaysen, Bd. II 2000, S.334.
708 A.a.O., S.338.
709 *Neues Deutschland* vom 12.1.1990.
710 BStU MfS ZAIG 14291, Bl. 10.
711 BStU MfS ZAIG 13666 und 13744.
712 Vgl. Zeitzeugenbericht in: Schöne 2004, S.103–105. Zu den Vorgängen vgl. auch: Richter, Michael 1996, S.153–168.
713 Vgl. Ellmenreich 1996.
714 Vgl. Gill/Schröter 1991, S.183–202.
715 Schöne, Gerhard, »Bruder Judas, 21.1.1990«. In: Swoboda 1992, S.248.
716 Die Mehrzahl der zitierten Losungen der Januar-Revolution ist entnommen aus: Tetzner 1990, S.83–89.
717 Vgl. Gehrke in: Gehrke/Hürtgen (Hg.) 2001, S.247–270.
718 Victor 1992, S.144.
719 Adler 1990, S.119.
720 Baumann 1990, S.164 (gekürzt).
721 Hahn 1990, S.27.
722 A.a.O., S.53.
723 Maron 1990, S.134.
724 Vgl. Schäfer, Hermann 2003, S.421.
725 Neues Forum Leipzig 1990.
726 *taz* (Hg.), *DDR-Journal, Bd. 1 und 2, 1989 bzw. 1990.*
727 *Spiegel Spezial* Nr. 2/1990.
728 Überlegungen von Oppositionellen zur Regierungsbildung und Ablösung von Modrow hatte es schon im Dezember gegeben. Schnur hatte schon eine Kabinettsliste zusammengestellt. Er schlug u.a. als Innenminister Ullmann und Stolpe als Finanzminister vor. Der Plan wurde schließlich fallen gelassen.
729 Vgl. Moreau/Süß/Weinke/Meining 1999, S.2008–2173.
730 Vgl. Neubert, Ehrhart in: Ahlers, Detlef, »Die Furcht, in der Regierung ›verheizt‹ zu werden«. In: *Die Welt* vom 23.1.1990.
731 Auskünfte des beteiligten Andreas Apelt (DA) an den Verfasser.
732 Thaysen, Bd.III 2000, S.628.
733 Vgl. Läzer in: Reiher/Kramer (Hg.) 1993, S.251–267.
734 Krone (Hg.) 1999, Brief Nr.258, S.343.
735 Vgl. Thaysen, Bd. IV 2000, S.1079–1088.
736 Heering 1999, S.2291ff.
737 Vgl. Thaysen, Bd. IV 2000, S.1063–1078.
738 »Verordnung zur Arbeit mit Personalunterlagen vom 22.2.1990«, Gesetzblatt der DDR I, S.84.

739 Thaysen, Bd. III 2000, S. 784.
740 A. a. O., S. 785–793.
741 *Neues Deutschland* vom 20. 2. 1990, S. 1 f.
742 Thaysen, Bd. III 2000, S. 791.
743 A. a. O., S. 791f.
744 A. a. O., S. 853.
745 Herles/Rose (Hg.) 1990, S. 238f.
746 Vgl. Helwig, Gisela, »Ins Abseits geraten. Rentnerinnen und Rentner in der DDR«, In: *DArch* 2006/2, S. 236–243.
747 Richard Schröder, 16. Sitzung des Runden Tisches, 12. 3. 1990. In: Thaysen, Bd. IV 2000, S. 1105.
748 Krone (Hg.) 1999, S. 342.
749 Zu den Strukturen der Auflösung: Gill/Schröter 1991, S. 177–291.
750 Vgl. Fischer, Angelika 1996.
751 Teltschik 1991, S. 120.
752 *Die Welt* vom 19. 1. 1990.
753 *Die Welt* vom 29. 11. 1990.
754 *Süddeutsche Zeitung* vom 1. 3. 1990: »SPD sieht Kohl als Nachfahren Wilhelm II.«
755 Zitiert nach: Bahrmann/Links 1995, S. 119 f.
756 *FAZ* vom 14. 2. 1990: »Beratungen über den Weg zur Einheit«.
757 *Die Welt* vom 19. 1. 1990.
758 *Die Welt* vom 29. 11. 1990.
759 Positionspapier des Vorstandes des Demokratischen Aufbruchs, Berlin 7. 1. 1990. In: Kuhrt u. a. (Hg.) 1999, S. 561.
760 Nakath/Neugebauer/Stephan (Hg.) 1998, S. 145.
761 A. a. O., S. 153.
762 A. a. O., S. 157.
763 Erklärung der SDP zur Deutschen Frage, Berlin 3. 12. 1989. In: Kuhrt u. a. (Hg.) 1999, S. 683 f.
764 Meckel 2001, S. 107.
765 Vgl. a. a. O., S. 96.
766 Dazu: Jäger/Walter 1998.
767 Pahnke, Rudi, »Zum Verhältnis der beiden deutschen Staaten, 10. 12. 1989«, Typoskript, vervielfältigt, Sammlung Neubert.
768 »Leipziger Programm, 17. 12. 1989«, gedruckte (Jenaer) Ausgabe, S. 15.
769 Andreas Apelt, Brief an Neubert, Berlin 19. 12. 1989.
770 Erklärung des Vorstandes des DA vom 6. 1. 1990. »Mit großer Besorgnis …«, Computerausdruck, Kopie, Archiv Neubert.
771 Interview mit Friedrich Schorlemmer, *Berliner Zeitung* vom 17. 1. 1990.
772 Brief von Friedrich Schorlemmer an den Vorstand des DA, Wittenberg 15. 1. 1990, eingegangen beim Vorstand etwa 20. 1. 1990, Sammlung Neubert.
773 Vgl. Petrick 2001.

774 Eisenfeld 2001, S. 5–10.
775 Abgedruckt in: Stadt Auerbach (Hg.) 1994. Text von F. Schulze. Der Vers entstand, als noch der 6. Mai Wahltermin war.
776 Handzettel der Allianz, Sammlung Neubert.
777 Internes DA-Papier für die Verhandlungen mit der CDU zur Allianz, Januar 1990.
778 Vgl. Süß 1999, S. 691–703.
779 Gesetz zur Änderung und Ergänzung der Verfassung der DDR, 20. Februar 1990; Gesetz über die Wahlen zur Volkskammer der DDR am 18. 3. 1990, Gesetzblatt der DDR, 23. 2. 1990, Teil I, Nr. 9.
780 »Freiheit und Gerechtigkeit« (gekürzt), Text: Peter Orloff. Zur Verfügung gestellt von HEINO Rathaus-Café Bad Münstereifel.
781 Vgl. Jäger 1998, S. 417–421.
782 Jankowski 1999, S. 224f.
783 Burkhard 2007, S. 66f.
784 Kunze 1990.
785 Vgl. Lahann 1992.
786 Böhme, Manfred Ibrahim, »Menschen«, Gedicht vom 28. 7. 1985, an Markus Meckel geschickt. In: Archiv Stiftung Aufarbeitung, Bestand Markus Meckel Nr. 16.
787 Riecker/Schwarz/Schneider 1992.
788 Abgedruckt in: DArch 1990/5, S. 795–809.
789 Vorlage für Bundeskanzler Kohl, Ende November 1989. In: Deutsche Einheit… 1998, S. 549.
790 Fernschreiben der Ständigen Vertretung bei der DDR an den Chef des Bundeskanzleramtes. Berlin (Ost), 1. 12. 1989. In: Deutsche Einheit… 1998, S. 591.
791 Besier, Gerhard, »Rat unter Freunden«. In: Focus vom 4. 3. 1996, S. 91.
792 Süß 1999, S. 579–587.
793 Gesetzblatt der DDR I, S. 299.
794 »Gesetz über die Wahlen zu den Kreistagen, Stadtverordnetenversammlungen, Stadtbezirksversammlungen und Gemeindevertretungen am 6. 5. 1990«, Gesetzblatt der DDR, 7. 3. 1990, Teil I, Nr. 13.
795 Vgl. Probst 1993a, S. 52–67.
796 Richter/Sobeslavsky 1999a, S. 196.
797 Nitsche in: Links/Nitsche/Taffelt 2004, S. 148–152.
798 Hoffmann, Eckhardt (Hg.) 2001, S. 333.
799 Ullmann, Günter, »domino«. In: Groth (Hg.) 1993, S. 189.
800 Weiß, Konrad, »Der Heimatverlust schmerzt«. In: Der Spiegel 1990/8, S. 27.
801 Grass 1990, S. 21f.
802 Monk 2005, S. 259.
803 Grosser 1998.
804 Vgl. Hoffmann, Lutz 2000, S. 152–162.
805 Roesler 2007, S. 656–670.

806 N. N., Brief (handschriftlich) an Pfarrer Eppelmann, Düsseldorf 2.12. 1989, Sammlung Neubert (einige orthografische Verbesserungen).
807 Heering 1999, S.2312.
808 Ministerium des Inneren, Lagebericht Öffentliche Ordnung und Sicherheit Nr.123 für die Zeit vom 30.6.1990 4.00 Uhr bis 1.7.1990 4.00 Uhr, Bl.2.
809 Rosenlöcher 1991, S.10.
810 Menzel 2004, S.179.
811 Rosenlöcher 1991, S.36f.
812 Beleites 1991.
813 Vgl. Pflugbeil in: Links/Nitsche/Taffelt 2004, S.134–140.
814 Forum-Verlag (Hg.) 1991, S.65.
815 Vgl. Bundesministerium für Umwelt, Naturschutz und Reaktorsicherheit in: *Materialien der Enquete-Kommission*, Bd.III,3 1999, S.2875–2891.
816 Angaben nach: Belwe 1991.
817 Vgl. Maier, Harry in: *Materialien der Enquete-Kommission*, Bd.III,1 1999, S.829–974.
818 Bomberg 1996, S.58.
819 Vgl. Läzer in: Reiher/Läzer (Hg.) 1993, S.87–106.
820 Vgl. Spielhagen 1993.
821 Staud 2000, S.133–139.
822 Jähn 2007.
823 Spring, Roy P., »Das hat ›das Volk‹ noch nicht erlebt«. In: *Die Zeit* vom 2.2.1990.
824 Emmerich 1996, S.517–525; Rüther 1997, S.249–282.
825 Lämmert in: Rüther (Hg.) 1997, S.35.
826 Zschorch in: Groth (Hg.) 1993, S.190.
827 Rathenow in: Knabe 1989, S.285.
828 Vgl. Thomas 2007, S.872–882.
829 Vgl. Surynt/Zybura 2007.
830 Meyer 1991, S.130.
831 Delius 1991, S.7
832 A.a.O., S.45.
833 Vgl. Booß 1999, S.2323–2393.
834 Eikermann 1993, S.95–103.
835 Vgl. Schmitz 1995.
836 Klier 1990, S.13.
837 Maaz 1990, S.145.
838 A.a.O., S.168.
839 A.a.O., S.233.
840 Vgl. Reiher/Baumann 2000; Antos/Fix/Kühn 2001; Rösler/Sommerfeld 1998; Siewert 2004.
841 Pörksen 1988.
842 Vgl. Reum/Geißler 1991, S.110.
843 Sobota 1997, S.22.

844 Vgl. Jäger 1998, S. 461–469.
845 Eberhardt 1992, S. 107–121.
846 Richter, Michael 2002.
847 Brief an den Demokratischen Aufbruch von Friedwert M. vom 22.1.
    1990, Sammlung Neubert.
848 Loest 1990, S. 26 f.
849 Vgl. Schönbohm 1992; Eppelmann 1993, S. 381–418; Digusch 2004.
850 Burkhardt 2004, S. 87.
851 Dokumentiert in *DArch* 1990/5, S. 794f.
852 Zitiert nach: Timm 1997, S. 9.
853 Stolpe 1991, S. 257.
854 Vgl. Keller/Scholz 1991.
855 Abgedruckt (ohne Anlagen) in *DArch* 1990/10, S. 1637–1656; Presse-
    und Informationsdienst der Bundesregierung; Bulletin Nr. 104; S. 877 ff.,
    Bonn 6.9.1990.
856 Vgl. zur Übersicht: Ress, Georg, »Grundgesetz«. In: Weidenfeld 1999,
    S. 403–416.
857 Schäuble 1991.
858 Meckel 2001, S. 121.
859 Neubert 2005, S. 243–278.
860 Vgl. Fiedler 1998, S. 285–306.
861 Vgl. Silagi 1996.
862 Schäuble 1991, S. 16.
863 Kempowski 1989, S. 593.
864 Kolbe in: Groth (Hg.) 1993, S. 189.
865 Zum Thema vgl. Gesamtdeutsches Institut (Hg.) 1991.
866 *Liberaldemokratische Zeitung,* Halle 30.6./1.7.1990.
867 Reuter, Lothar (Stellvertreter DDR-Generalstaatsanwalt), »Kein Pro-
    zess gegen die verfallenen Greise«. In: *Süddeutsche Zeitung* vom 31.3./
    1.4.1990.
868 Sauer/Plumeyer 1993.
869 Vgl. Jahntz 2003, S. 309–335. Andere Bewertung und etwas andere An-
    gaben bei: Marxen/Werle/Schäfer 2007.
870 Entsprechend Grundgesetz Artikel 103, 2: Eine Tat kann nur bestraft
    werden, wenn die Strafbarkeit gesetzlich bestimmt war, bevor die Tat be-
    gangen wurde.
871 Schaefgen 1998, S. 43.
872 Vgl. Kaufmann 1995, S. 81.
873 Schaefgen 1998, S. 43.
874 Jahntz 2003, S. 323.
875 Ress, Georg, »Grundgesetz«. In: Weidenfeld/Korte (Hg.) 1999, S. 416.
876 Vgl. Beyer 2006, S. 103–134.
877 Vgl. Bundesverfassungsgericht – Pressestelle – Pressemitteilung Nr. 115/
    2005 vom 16. November 2005. Zum Beschluss vom 25. Oktober 2005 –
    1 BvR 1696/98; Pressestelle des Landgerichts Zwickau. Medieninforma-

tion vom 11. 3. 2008: Entscheidung des Landgerichtes Zwickau zu Reichenbacher Ausstellung »Christliches Handeln in der DDR«.
878 Schäuble 1991, S. 268. Vgl. auch Vgl. Kohl 1996, S. 350.
879 Vgl. Schumann 1997.
880 Gill/Schröter 1991, S. 287.
881 Schäuble, Wolfgang, Interview des WDR, 29. 3. 1990 (»Morgenmagazin«).
882 Gill/Schröter 1991, S. 289.
883 Volkskammer der Deutschen Demokratischen Republik: 10. Wahlperiode, Berlin 1990, 37. Tagung am 28. September 1990: stenografische Niederschrift [Berichterstattung des Sonderausschusses zur Kontrolle der Auflösung des MfS/AfNS], S. 1801–1862.
884 Kunze 1990.
885 Loest 1990.
886 Booß, Christian, »Geteilte Interessen bei der deutschen Einheit. Bundesrepublikanische Widerstände gegen die Öffnung der Stasi-Akten und das Volkskammergesetz vom 24. August«, Berlin 2007 (Veröffentlichung geplant), Manuskript vom Verfasser zur Verfügung gestellt, S. 5.
887 Schäuble 1991, S. 273.
888 Kleine-Cosak, Michael, »Der Rechtsstaat im Stasi-Strudel«. In: *FAZ* vom 11. 5. 2000.
889 Zu den Schwierigkeiten der Aktenöffnung in Polen vgl. Packowski 1999, S. 177 ff.
890 Vgl. Weidenfeld 1998; *Deutsche Einheit* ... 1998; Plato 2002.
891 Teltschik 1991, S. 313.
892 Vgl. Oldenburg 2001, S. 745–777.
893 Dokumentiert in: Kiessler/Elbe 1993, S. 252–260.
894 Genscher 1995. Dort zu den Zwei-plus-Vier-Verhandlungen S. 709–923.
895 Weidenfeld 1998, S. 631.
896 Kalb 2007.
897 Vgl. Misselwitz 2001, S. 697–709.
898 Vgl. *DArch* 1990/8, S. 1170 f.
899 Vgl. die Darstellung der ostdeutschen Position bei Meckel 2001, S. 135–147.
900 Nakath/Neugebauer/Stephan (Hg.) 1998, S. 195 f.
901 Brand 1993, S. 237.
902 A. a. O., S. 156.
903 Abgedruckt (mit Anlage vom 7. 8. 1990) in: *DArch* 1990/9, S. 1477–1480.
904 Zur Geschichte der Liberalen vgl. Gerlach 1991; Suckut 1995, S. 1492–1549; ders., 1996b, S. 31–38; Lapp 1998; Fröhlich 2002.
905 *Deutsche Einheit* ... 1998, S. 1550.
906 Deutscher Bundestag (Hg.) 2000, S. 1871.
907 A. a. O., S. 1872.
908 Grass 1990, S. 60.

909 Monk 2005, S. 263 f.
910 Vgl. Heidingsfeld 2006.
911 Leich, Werner, »Hirtenwort des Bischofs«. In: *Glaube und Heimat* 39 vom 30. 9. 1990, S. 1.
912 Dazu: Berschin 1999, S. 217–225.
913 Vgl. Weidenfeld 1990.
914 Vgl. Good 1993, S. 117–125.
915 Caborn 2006.
916 Ash 1990, S. 451.
917 Detjen 1999, S. 139.
918 Dahrendorf 2004, S. 235.
919 Mutius 2004, S. 26.
920 Meckel 2001, S. 98.
921 Maier, Charles S. 1999, S. 510.

Bildnachweis

Tafel 1: Bundesstiftung zur Aufarbeitung der SED-Diktatur (Bundesstiftung Aufarbeitung) / Uwe Gering, Berlin; Tafel 2 oben: Ostkreuz, Agentur der Fotografen / Harald Hauswald, Berlin; Tafel 2 unten: Matthias-Domaschk-Archiv, Berlin; Tafel 3 oben: Bundesstiftung Aufarbeitung; Tafel 3 unten: Archiv Bürgerbewegung Leipzig / Rainer Kühn; Tafel 4 oben: Matthias-Domaschk-Archiv; Tafel 4 unten: Matthias-Domaschk-Archiv / Jörg Zickler; Tafel 5 oben: Bundesstiftung Aufarbeitung, Presse und Informationszentrum der Bundesregierung / Arne Schambeck; Tafel 5 unten: Matthias Domaschk-Archiv; Tafel 6 oben: Matthias Domaschk-Archiv / Bundesbehörde für die Stasi-Unterlagen (BStU), Berlin; Tafel 6 unten: Matthias Domaschk-Archiv; Tafel 7: BStU; Tafel 8: Evangelisch-Lutherisches Pfarramt Friedrichroda; Tafeln 9 und 10: Ostkreuz, Agentur der Fotografen / Harald Hauswald; Tafel 11 oben: Angelika Januszewski, Erfurt; Tafel 11 unten: Ostkreuz, Agentur der Fotografen / Harald Hauswald; Tafel 12 oben: Matthias-Domaschk-Archiv / Klaus Mehnert; Tafel 12 unten: Ostkreuz, Agentur der Fotografen / Harald Hauswald; Tafel 13 oben: Stiftung Aufarbeitung / Klaus Lehnartz; Tafeln 13 unten und 14 oben: Stiftung Aufarbeitung, Presse und Informationszentrum der Bundesregierung / Heiko Specht; Tafel 14 unten: Claus Bach; Weimar; Tafel 15 oben: Stiftung Aufarbeitung; Tafel 15 unten: Stadtarchiv Eisenach / L. Mittelbach; Tafel 16: Archiv Bürgerbewegung Leipzig / Isolde Alicke; Tafel 17 oben: Stiftung Aufarbeitung / Thomas Uhlemann, Tafel 17 unten: Bundesarchiv / Grimm; Tafel 18 oben: Stiftung Aufarbeitung, Bundesarchiv / Oberst; Tafel 18 unten: Angelika Januszewski; Tafel 19: Archiv Bürgerbewegung Leipzig / Beatrice Steven; Tafel 20: Archiv Bürgerbewegung Leipzig; Tafel 20 unten: Stiftung Aufarbeitung, Bundesarchiv / Oberst; Tafel 21: Stiftung Aufarbeitung, Bundesarchiv / Jan Bauer; Tafeln 21 unten und 22 oben: Ostkreuz, Agentur der Fotografen / Harald Hauswald; Tafel 22 unten: Stiftung Aufarbeitung / Uwe Gering; Tafel 23: Archiv Bürgerbewegung Leipzig; Tafel 24 oben: Stiftung Aufarbeitung / Bernd Settnik; Tafel 24 unten: Stiftung Aufarbeitung, Bundesarchiv / Matthias Hiekel

Register

PIPER

Rolf Hosfeld, Hermann Pölking

Die Deutschen 1815 bis 1918

Fürstenherrlichkeit und Bürgerwelten

Die Deutschen 1918 bis 1945

Leben zwischen Revolution und Katastrophe

Die Deutschen 1945 bis 1972

Leben im doppelten Wirtschaftswunderland

Die Deutschen 1972 bis heute

Auf dem Weg zu Einheit und Freiheit

Als ob Sie dabei gewesen wären: Auf dieser Piper Zeitreise erleben Sie deutsche Geschichte neu – in einer multimedialen Form, die einmalig ist.

Die Bücher bieten auf rund 500 Seiten spannend und informativ aufbereitete Lektüre. Hochwertig ausgestattete Bände, durchgehend farbig bebildert mit rund 450 teils noch nie zuvor veröffentlichten Fotos, anschaulichen Grafiken und Karten. Buch und DVDs im mattierten Folienschuber. Die drei DVDs zu jedem Buch enthalten Filmmaterial, das bislang so noch nicht zu sehen war: Bilder des alltäglichen Lebens aus allen Regionen Deutschlands. Aufnahmen, die in mehr als zwanzig Jahren intensiver Recherche eigens für dieses Projekt zusammengetragen, ausgewertet, restauriert, geschnitten und vertont wurden. Die Sprecher sind bekannte Schauspieler wie Gudrun Landgrebe, Hanns Zischler und Peter Kaempfe.

01/1707/01/R

PIPER

Stéphane Courtois, Nicolas Werth,
Jean-Louis Panné, Andrzej Paczkowski,
Karel Bartosek, Jean-Louis Margolin

Das Schwarzbuch des Kommunismus

Unterdrückung, Verbrechen und Terror. Mit dem Kapitel
»Die Aufarbeitung des Sozialismus in der DDR« von Joachim
Gauck und Ehrhart Neubert. Aus dem Französischen von Ir-
mela Arnsperger, Bertold Galli, Enrico Heinemann, Ursel
Schäfer, Karin Schulte-Bersch, Thomas Woltermann. 1008 Sei-
ten mit 32 Seiten Schwarzweiß-Abbildungen. Gebunden

Dieses Buch wird den Blick auf dieses Jahrhundert verändern. Es zieht die grausige Bilanz des Kommunismus, der
prägenden Idee unserer Zeit. 80 Millionen Tote, so rechnen
die Autoren vor, hat die Vision der klassenlosen Gesellschaft gekostet, mehr als der Nationalsozialismus zu verantworten hat. Mit dieser These lösten die Autoren eine beispiellose Debatte aus. Es geht den Autoren nicht nur um eine
Generalinventur des roten Terrors, sie benennen auch Mitwisser, intellektuelle Mittäter im Westen.

»›Das Schwarzbuch des Kommunismus‹ ist nicht nur eine
Chronik der Verbrechen, sondern auch eine
Unglücksgeschichte jener ›willigen Helfer‹ im Westen, die
sich 90 Jahre lang blind und taub machten.«
Frankfurter Allgemeine

01/1022/02/R

PIPER

David Ensikat
Kleines Land, große Mauer

Die DDR für alle, die (nicht) dabei waren. 208 Seiten mit
23 Abbildungen im Text. Gebunden

David Ensikat erzählt die Geschichte der DDR auf unterhalt-
same, leicht zugängliche Weise. Dabei begegnen wir dem
eifrigen Funktionär ebenso wie dem regimekritischen Pfarrer,
der heimlich für die Stasi arbeitet. Wir lernen, wie man
durch das Verfahren des »Zettelfaltens« eine Wahl mit sagen-
haften 99 Prozent Zustimmung gewinnt – obwohl doch
überall im Land die Leute über den »Scheiß-Osten« schimp-
fen; wir erfahren, wie die Geheimpolizei Menschen zum
Verrat am besten Freund anstiftete, wie viele Beifallsarten es
bei einem Parteitag gab, wie es zur »Kaffeekrise« kam und
warum eine empörte Verkäuferin dem Schüler David E. ins
Hausaufgabenheft schrieb, er benehme sich »unmöglich«
im Spielwarenladen.

01/1741/01/R